**AutoCAD**와
기계설계제도

예문사

## 주요 저서

- **1996** 전산응용기계설계제도
- **1997** 제도박사 98 개발
- **1998** 기계도면 실기/실습 「도서출판 일진사」
- **2001** 전산응용기계제도 실기 「고시연구원」
- **2002** Practical Engineering Drawing 시리즈(2권) 저
- **2006** Creative Engineering Drawing 시리즈(5권) 저
  KS규격집 기계설계 「예문사」
- **2007** 전산응용기계제도 실기/실무 「예문사」
  전산응용기계제도 실기 출제도면집 「예문사」
- **2012** AutoCAD-2D 활용서 「예문사」
  AutoCAD-2D와 기계설계제도 「예문사」
- **2015** 기능경기대회 공개과제 도면집 「예문사」
- **2018** 권사부의 인벤터-3D 실기 「예문사」
- **2023** 컴퓨터응용가공선반/밀링기능사 필기 「예문사」
- **2023** 기계 인벤터 3D/2D 실기 활용서 「예문사」

## 저자 약력

다솔유캠퍼스 대표
고용노동부 과정평가형 자격 지정종목 검토위원
산업통상자원부 기술표준원 ISO 기계제도 표준위원

## 대표 강좌

권사부의 도면해독 실기이론
기계AutoCAD-2D 3일 완성
인벤터-3D/2D 실기
인벤터-3D 실기
기계제도-2D

# 늘 **기본에 충실히**
# 탑을 쌓듯이 **차근차근**

**아무리 훌륭한 CAD 솔루션이라 할지라도 설계자 위에 있을 수는 없습니다.**
**그것은 설계를 하기 위한 틀이고 도구일 뿐입니다.**
**중요한 것은 창조적인 설계 능력과 도면화할 수 있는 설계 제도 기술입니다.**

이 책은 기계설계제도의 기본에서 기하공차 적용 부분까지 자격증취득은 물론
실무에서도 활용할 수 있도록 심도 있게 구성해 놓았으며,
과제도면은 유형별 분류 및 부품명 해설을 통해 도면 분석에 보다 쉽게 접근할 수 있도록 하였습니다.

이 책이 기계설계분야에 첫발을 내딛는 입문자, 비전공자들에게 밝은 빛이 되어줄 것이라 믿습니다.

다솔유캠퍼스 연구진들의 땀과 정성으로 만든 이 책이 누군가에게는 기회를 만들 수 있는 초석이 되었으면 하는 바람입니다.

권 신 혁

Creative Engineering Drawing

# Dasol U-Campus Book

**1996**

전산응용기계설계제도

**1998**

제도박사 98 개발

기계도면 실기/실습

**2001**

전산응용기계제도 실기

전산응용기계제도기능사 필기

기계설계산업기사 필기

**2007**

KS규격집 기계설계

전산응용기계제도 실기 출제도면집

**2008**

전산응용기계제도 실기/실무

AutoCAD-2D 활용서

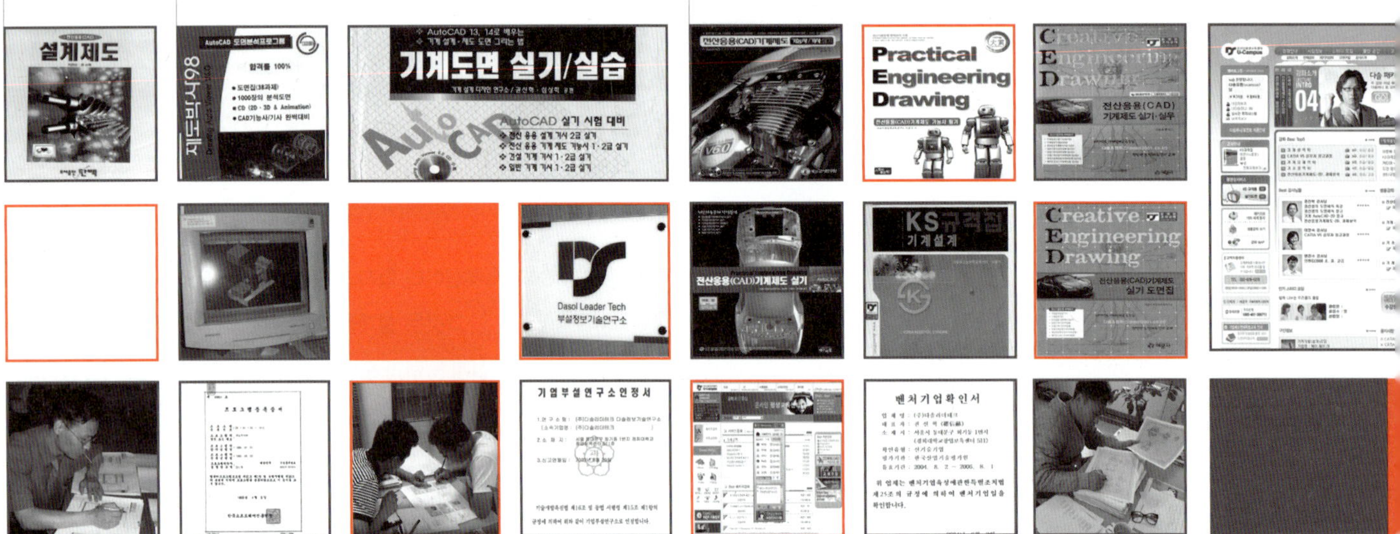

**1996**

다솔기계설계교육연구소

**2000**

㈜다솔리더테크

설계교육부설연구소 설립

**2001**

다솔유캠퍼스 오픈

국내 최초 기계설계제도

교육 사이트

**2002**

(주)다솔리더테크

신기술벤처기업 승인

**2008**

다솔유캠퍼스 통합

**2010**

자동차정비분야

강의 서비스 시작

**2012**

홈페이지 1차 개편

Since 1996

# Dasol U-Campus

다솔유캠퍼스는 기계설계공학의 상향 평준화라는 한결같은 목표를 가지고 1996년 이래 교재 집필과 교육에 매진해 왔습니다.

앞으로도 여러분의 꿈을 실현하는 데 다솔유캠퍼스가 기회가 될 수 있도록 교육자로서 사명감을 가지고 더욱 노력하는 전문교육기업이 되겠습니다.

**2011**

전산응용제도 실기/실무(신간)
KS규격집 기계설계
KS규격집 기계설계 실무(신간)

**2012**

AutoCAD-2D와 기계설계제도

**2013**

전산응용기계제도실기 출제도면집

**2014**

NX-3D 실기활용서
인벤터-3D 실기/실무
인벤터-3D 실기활용서
솔리드웍스-3D 실기/실무
솔리드웍스-3D 실기활용서
CATIA-3D 실기/실무

**2015**

CATIA-3D 실기활용서
기능경기대회 공개과제 도면집

**2017**

CATIA-3D 실무 실습도면집
3D 실기 활용서 시리즈(신간)

**2018**

기계설계 필답형 실기
권사부의 인벤터-3D 실기

**2019**

박성일마스터의 기계 3역학
홍쌤의 솔리드웍스-3D 실기

**2020**

일반기계기사 필기
컴퓨터응용가공선반기능사
컴퓨터응용가공밀링기능사

**2022**

건설기계설비기사 필기
기계설계산업기사 필기
전산응용기계제도기능사 필기
CATIA-3D 실기/실무 II

**2023**

UG NX-3D 실기 활용서
GV-CNC 실기/실무 활용서
인벤터3D/2D 실기활용서

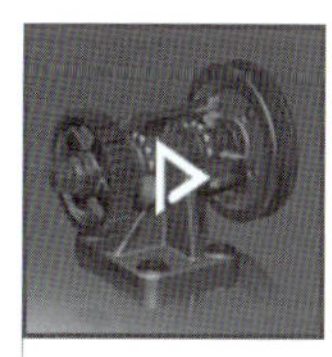

**2013**

홈페이지 2차 개편

**2015**

홈페이지 3차 개편
단체수강시스템 개발

**2016**

오프라인
원데이클래스

**2017**

오프라인
투데이클래스

**2018**

국내 최초 기술전문교육
브랜드 선호도 1위

**2020**

홈페이지 4차 개편
Live클래스
E-Book사이트(교사/교수용)

**2021**

모바일 최적화 1차 개편
YouTube 채널다솔 개편

**2022**

모바일 최적화 2차 개편

## AutoCAD-2D 3일완성
## **무료수강 방법**을 알아볼까요?

※ 유튜브에서도
동일한 강좌를
무료로 수강할 수 있습니다.

※ 도면해독 실기이론 강좌는
유료 강좌입니다.

### Step 01

http://www.dasol2001.co.kr/
다솔유캠퍼스 회원가입 후
로그인

### Step 02

강좌안내에서
**실기-AutoCAD-2D**
선택 후 수강신청

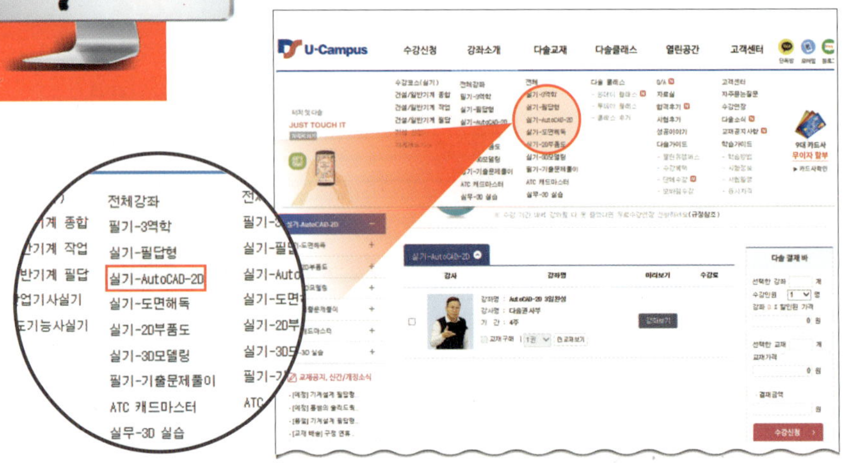


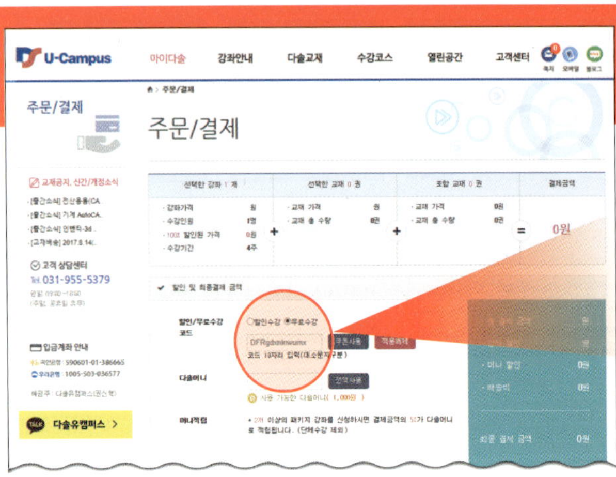


**무료수강코드**
AutoCAD-2D
**DFRgdxnlnwumx**

### Step 03

결제페이지에서
무료수강 선택 후 수강코드 입력
- 쿠폰 사용

### Step 04

내 강의실 학습방에서 수강을 시작
수강 전용 콜러스 플레이어 설치 진행(자동설치)

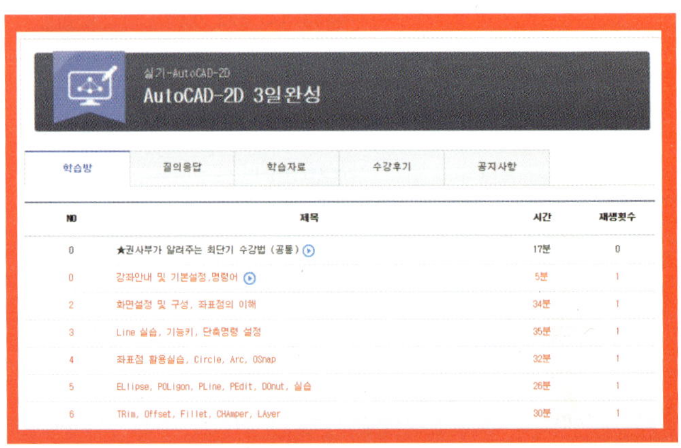

## **모바일 수강 방법**도 확인하세요

**Step 01**

m.dasol2001.co.kr

**Step 02**

로그인

**Step 03**

KOLLUS PLAYER 다운로드

**Step 04**

내 강의실-강좌 선택

**Step 05**

학습방-다운로드할 강의 선택

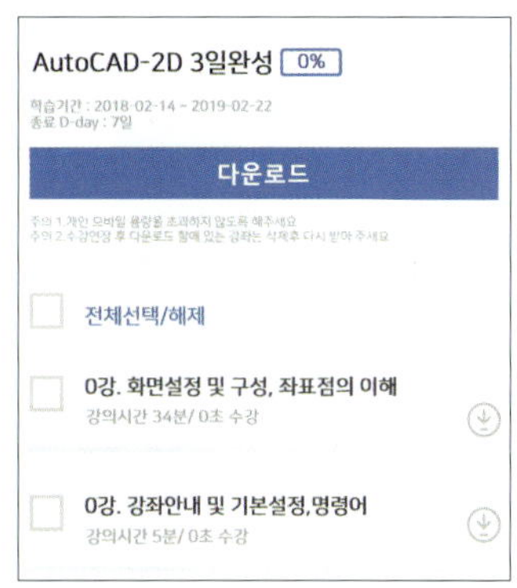


**Step 06**

모바일수강에서 더 자세한 사용방법을 보실 수 있습니다.

**+ Check**

- **강의실 질의응답 게시판과 Q&A 작성은 어디에서 하나요?** – PC버전을 이용해 주세요.
- **플레이어에 문제가 있으신가요?** – 고객센터 〈 자주 묻는 질문 〈 kollus에서 해결할 수 있습니다.

# CONTENTS

## CHAPTER 01 AutoCAD 명령 및 실습



## CHAPTER 02 기계제도 기초이론

CHAPTER 03

## 도면 작도방법

## CHAPTER 04 치수 · 표면거칠기/ 끼워맞춤공차/ 일반공차 · 기하공차

CHAPTER 05

# KS 규격 찾는 방법 및 실제 적용법

CHAPTER 06

## 주석(주서)문의 보기와 해석

CHAPTER 07

# 기계요소제도 및 요목표



CHAPTER 08

# 여러 가지 기계요소 형상

CHAPTER

# 01

## AutoCAD와 기계설계제도

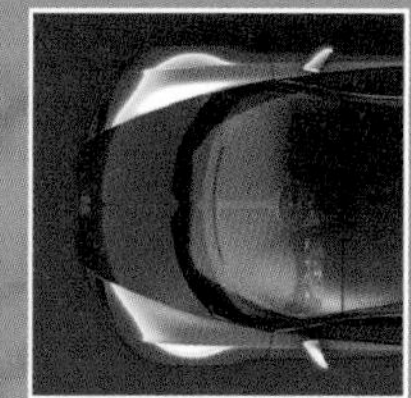

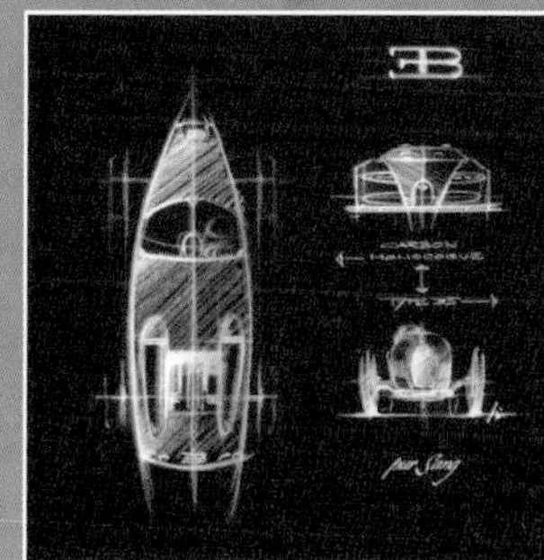

# AutoCAD 명령 및 실습

**BRIEF SUMMARY**

이 장에서는 기계설계 도면작도를 위한 AutoCAD 기본명령부터 실무적으로 활용도가 높은 응용명령까지 명확하게 다루고 있으며 필요한 학습도면도 단원별로 구성해 놓았다.

# 01 LIMITS, ZOOM, LINE 명령 등

## 01 AutoCAD 실행

① 설치된 AutoCAD 를 "더블 클릭"해서 실행한다.

② 새로만들기→ 템플릿 선택 에서 "acadiso.dwt"선택→ 열기(O)

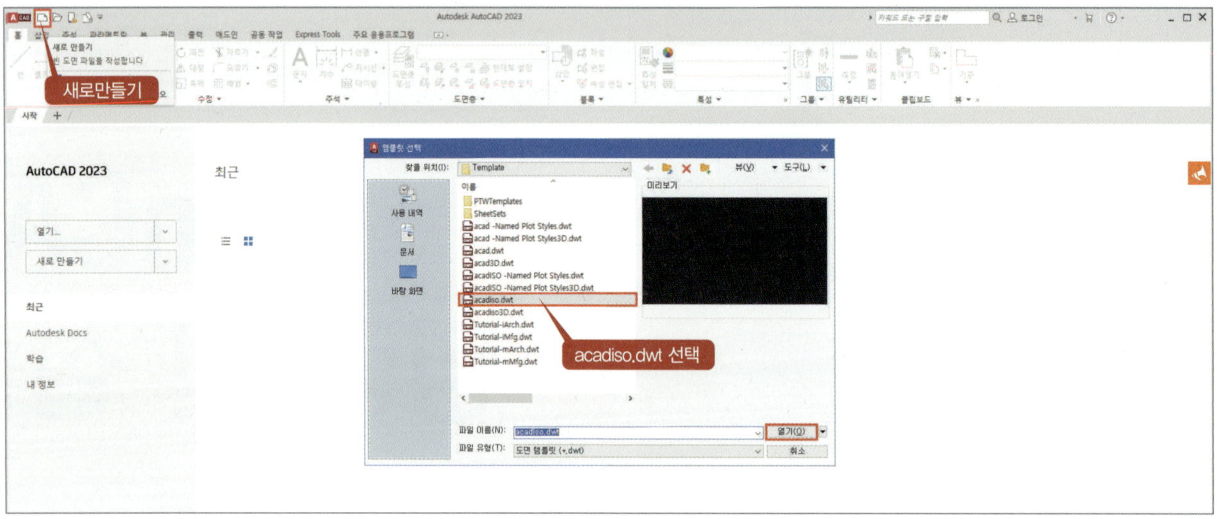


③ 홈 : 그리기, 수정, 도면층, 특성 등의 명령을 모아놓은 메뉴 이다.

④ 명령(Command: ) : AutoCAD 명령 입력창

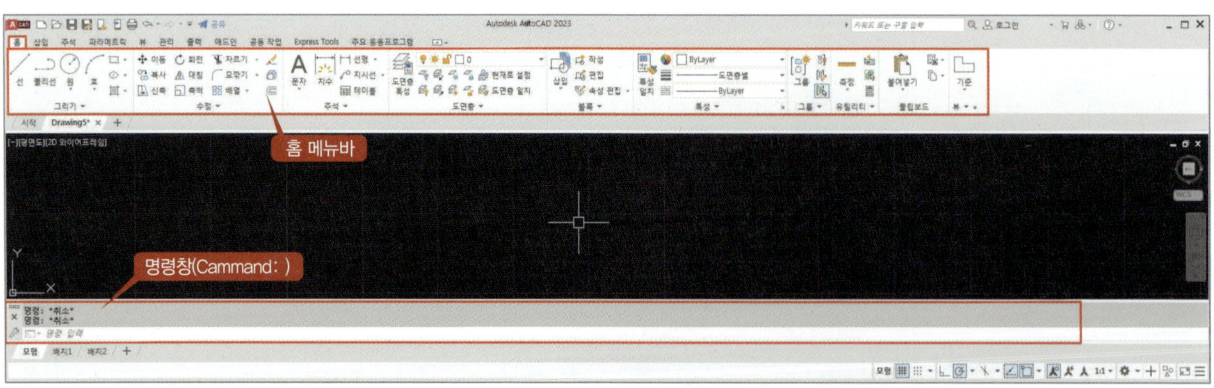

⑤ 주석 : 문자, 치수 등의 명령을 모아놓은 메뉴 이다.

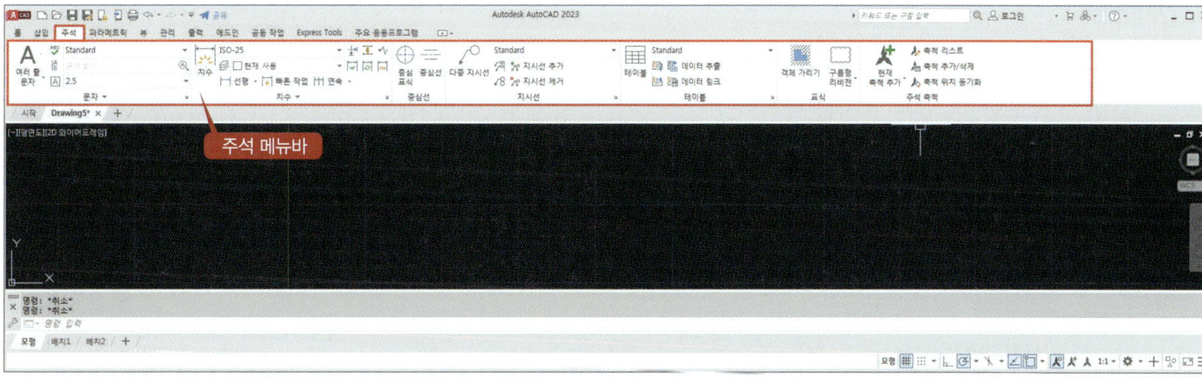


⑥ 메뉴막대(풀다운 메뉴): 모든 명령을 모아놓은 메뉴 이다. (▾ 클릭 → **"메뉴 막대 표시/숨김"** 체크)

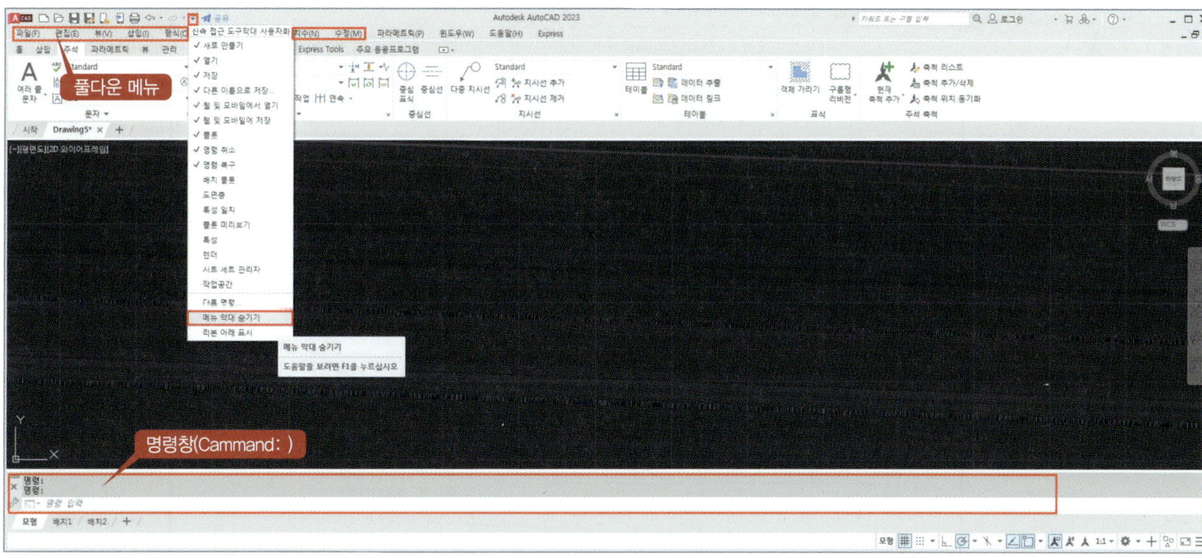


**기능**

1. 본 서는 AutoCAD 버전 및 환경에 상관 없이, 기계설계 제도에 꼭 필요한 2D 명령을 보다 효과적으로 활용할 수 있는 기법들을 수록하고 있다.
2. 도면 작도를 위한 AutoCAD 기본명령은 버전이 높거나 낮아도 명령 구조나 흐름은 동일하므로 사용자들은 버전에 민감해 할 필요가 없다.
3. 어떤 메뉴를 선택하든 명령어는 **"명령:"** 창에 동일하게 전개되고, 주로 단축명령을 사용하는 것이 작업에 효과적이다.(단축명령은 명령 첫 번째 또는 두 번째 알파벳 (예) LINE **"명령:L"** )

## 02 LIMITS(도면한계) 명령

도면을 작도할 수 있는 영역을 말한다.

① 명령(Command) : LIMITS Enter

② 다른경로 : 형식(O) → 도면한계(I) Enter

- 왼쪽 아래 구석 지정 또는 [켜기(ON)/끄기(OFF)] 〈0.0000,0.0000〉: Enter (왼쪽 하단의 좌표)
- 오른쪽 위 구석 지정 〈12.0000,9.0000〉 : 594,420 Enter (오른쪽 상단의 좌표)

③ KS 규격 도면사이즈

KS B ISO 5457

| 용치치수 | A0 | A1 | A2 | A3 | A4 |
|---|---|---|---|---|---|
| A×B | 1189×841 | 841×594 | 594×420 | 420×297 | 297×210 |

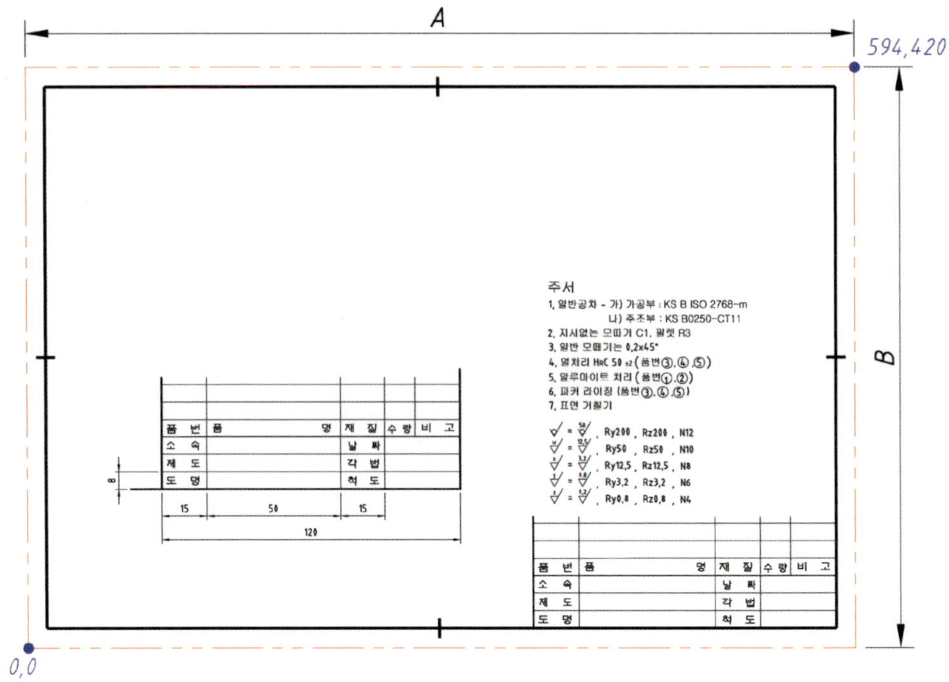


④ 기타 명령옵션 요약

| 명령옵션 | 설 명 |
|---|---|
| 켜기(ON) | 규정된 도면영역 밖으로 도면작도를 통제한다. |
| 끄기(OFF) | 규정된 도면영역 밖으로 도면작도를 허용한다. |

**기능**

1. 명령(Command) : 응답에서 〈 〉가 있을 때 아무것도 입력하지 않고 그냥 Enter 하면 〈 〉 값을 그대로 가져간다.
   명령상태에서 다른 명령을 새로 입력하기 전에는 Enter 하면 바로 전에 사용했던 명령을 다시 실행시킬 수 있다.
2. 명령을 취소 기능키 : Esc

## 03 ZOOM(확대/축소) 명령

도면요소들을 화면상에서 확대 또는 축소하여 보여준다.

① 명령(Command) : Z Enter

② 툴바메뉴(줌) : 

- [전체(A)/중심(C)/동적(D)/범위(E)/이전(P)/축척(S)/윈도(W)/객체(O)] 〈실시간〉 : A Enter

③ 기타 명령옵션 요약

| 명령옵션 | 설 명 |
|---|---|
| 전체(A) | 도면영역(Limits)에 그려져 있는 도면요소들을 모두 보여준다. |
| 범위(E) | 화면상에 작도된 도면요소만 보여준다. |
| 이전(P) | 이전의 화면을 보여준다. |
| 윈도(W) | 어느 특정 부위만 확대시켜 준다. |

### 1) 일반적으로 사용하는 ZOOM 명령

① 명령(Command) : Z Enter

- [전체(A)/중심(C)/동적(D)/범위(E)/이전(P)/축척(S)/윈도(W)/객체(O)] 〈실시간〉 : P1 클릭(옵션입력 없음)
- 반대 구석 지정 : P2 클릭

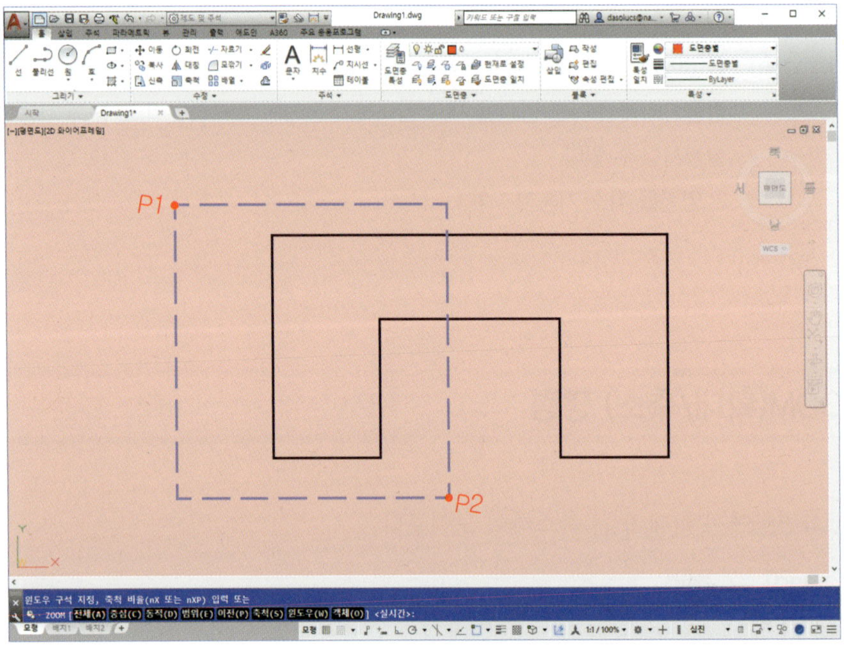


(a) ZOOM 실행 전

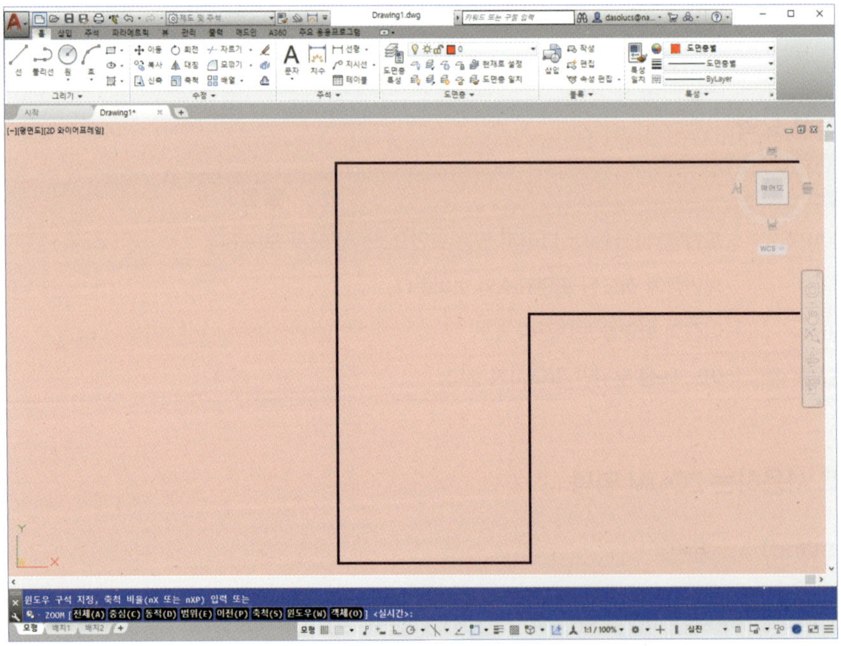

(b) ZOOM 실행 후

**참고**

**명령 입력이 없는 상태에서**

- 마우스 스크롤(휠)을 위로 올리면 화면 확대
- 마우스 스크롤(휠)을 아래로 내리면 화면 축소
- 마우스 스크롤(휠)을 클릭상태에서 움직이면 화면 이동(PAN 기능)

## 04 RECTANG(직사각형) 명령

임의 또는 좌표에 의한 사각박스를 작도한다.

① 명령(Command) : REC Enter, F12(다이나믹 입력: off)

② 툴바메뉴(그리기) : 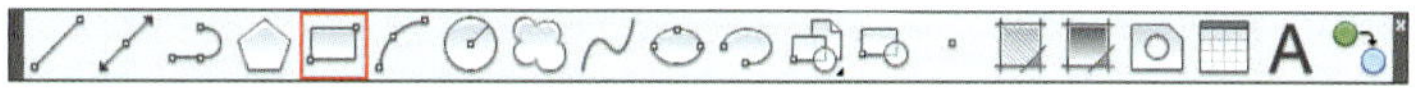

- **첫 번째 구석점** 지정 또는 [모따기(C)/고도(E)/모깎기(F)/두께(T)/폭(W)] : 10,10 Enter
- **다른 구석점** 지정 또는 [영역(A)/치수(D)/회전(R)] : 584,410 Enter

③ 기타 명령옵션 요약

| 명령옵션 | 설 명 |
|---|---|
| 모따기(C) | 모따기(Chamfer)된 사각박스를 작도한다. |
| 모깎기(F) | 모깎기(Fillet)된 사각박스를 작도한다. |

④ KS 규격에 따른 직사각형(Rectang) 작도 사이즈

| A0 | A1 | A2 | A3 | A4 |
|---|---|---|---|---|
| 1179×831 | 831×584 | 584×410 | 410×287 | 287×200 |

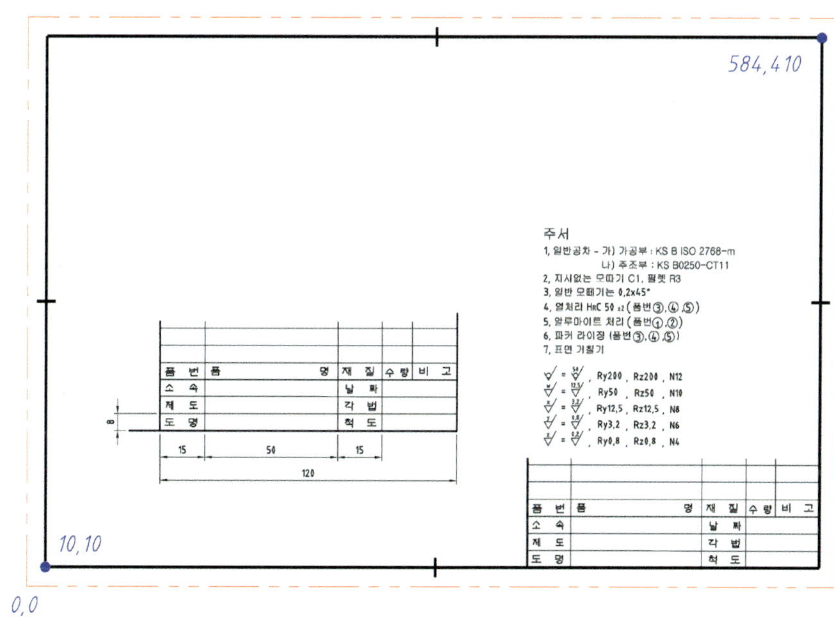

## 05 LINE(선) 명령

직선을 그린다.

① 명령(Command) : L Enter, F12(다이나믹 입력: off)

② 툴바메뉴(그리기) : 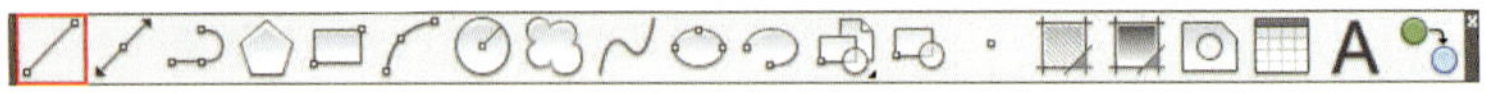

- LINE 첫 번째 점 지정 : (마우스의 왼쪽 버튼 클릭으로 화면상의 임의의 곳을 찍거나 좌표값 입력)
- 다음 점 지정 또는 [명령 취소(U)] : (두 번째 점을 찍거나 좌표값 입력)
- 다음 점 지정 또는 [명령 취소(U)] : (세 번째 점을 찍거나 좌표값 입력)
- 다음점 지정 또는 [닫기(C)/명령 취소(U)] : Enter (선택 종료)

③ 기타 명령옵션 요약

| 명령옵션 | 설 명 |
|---|---|
| 닫기(C) | 시작점과 이어준다. |
| 명령취소(U) | 마지막에 작도된 요소를 하나씩 취소한다. |

## 06 U(명령 취소) 명령

바로 직전 명령을 차례로 취소한다.

① 명령(Command) : U Enter

② 툴바메뉴(표준) : 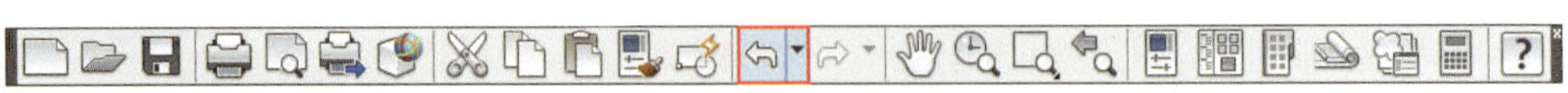

**기능**

1. U 명령은 물음 없이 바로 실행된다.
2. 한 번 Enter를 할 때마다 명령이 차례로 취소된다.
3. 툴바에서 명령취소 버튼을 한 번씩 클릭할 때마다 명령이 차례로 취소된다.
4. 어떤 명령에서든 Esc를 누르면 실행되는 도중 취소된다.

## 07 MREDO(명령 복구) 명령

U(명령취소)한 명령을 차례로 복구한다.

① 명령(Command) : MREDO Enter

② 툴바메뉴(표준) : 

• 작업의 수 입력 또는 [전체(A)/최종(L)] : A Enter

③ 기타 명령옵션 요약

| 명령옵션 | 설 명 |
|---|---|
| 전체(A) | U(명령취소)한 명령 전체를 복구시킨다. |
| 최종(L) | 마지막에 U(명령취소)한 명령을 복구시킨다. |

**기능**

툴바에서 명령 취소, 명령 복구를 한 번씩 클릭할 때마다 차례로 복구된다.

## 08 좌표점 입력방법

좌표점은 화면상에서 각 도면요소(Object)들의 위치점을 말한다.

### (1) 절대좌표(형식 : x좌표, y좌표)

① 명령(Command) : L Enter

② 툴바메뉴(그리기) : 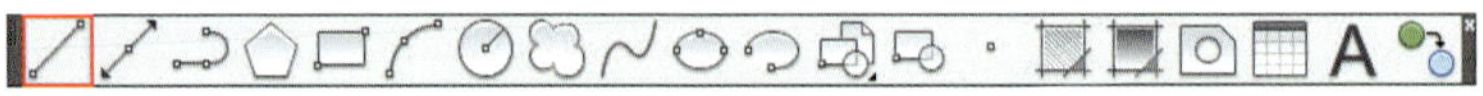

- LINE 첫 번째 점 지정 : 50, 50
- 다음 점 지정 또는 [명령 취소(U)] : 150, 50 Enter
- 다음 점 지정 또는 [명령 취소(U)] : 150, 150 Enter
- 다음 점 지정 또는 [닫기(C)/명령 취소(U)] : 50, 150 Enter
- 다음 점 지정 또는 [닫기(C)/명령 취소(U)] : C Enter (선택 종료)

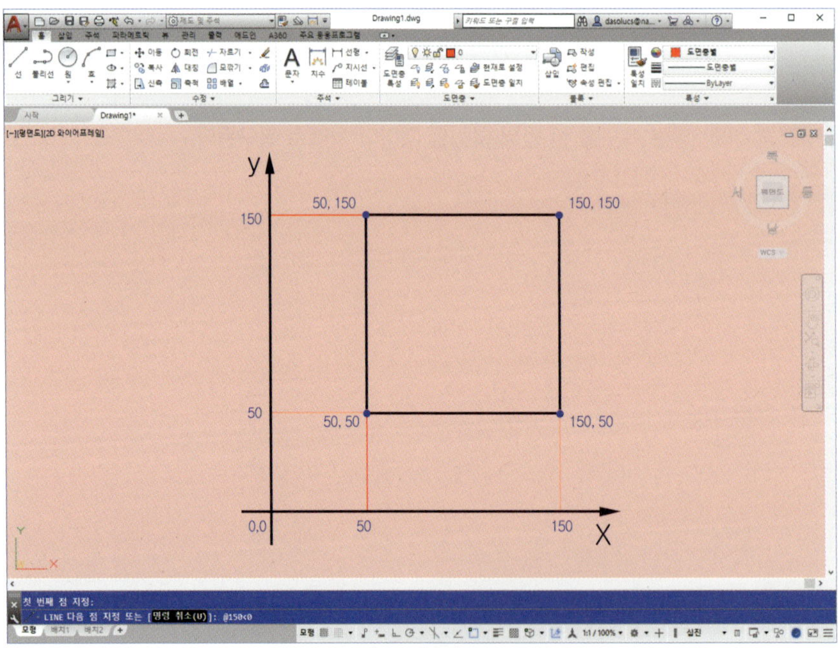


**기능**

1. 도면 작도 시 잘 사용하지 않은 좌표입력법이다.
2. 명령 입력이 없는 상태에서
   - 마우스 스크롤(휠)을 위로 올리면 화면 확대
   - 마우스 스크롤(휠)을 아래로 내리면 화면 축소
   - 마우스 스크롤(휠)을 클릭상태에서 움직이면 화면 이동(PAN 기능)

## (2) 극좌표(형식 : @길이 (부등호) 각도)

① 명령(Command) : L Enter

- LINE 첫 번째 점 지정 : 임의의 점 클릭
- 다음 점 지정 또는 [명령 취소(U)] : @150 < 0 Enter
- 다음 점 지정 또는 [명령 취소(U)] : @150 < 90 Enter
- 다음 점 지정 또는 [닫기(C)/명령 취소(U)] : @150 < 180 Enter
- 다음 점 지정 또는 [닫기(C)/명령 취소(U)] : C Enter

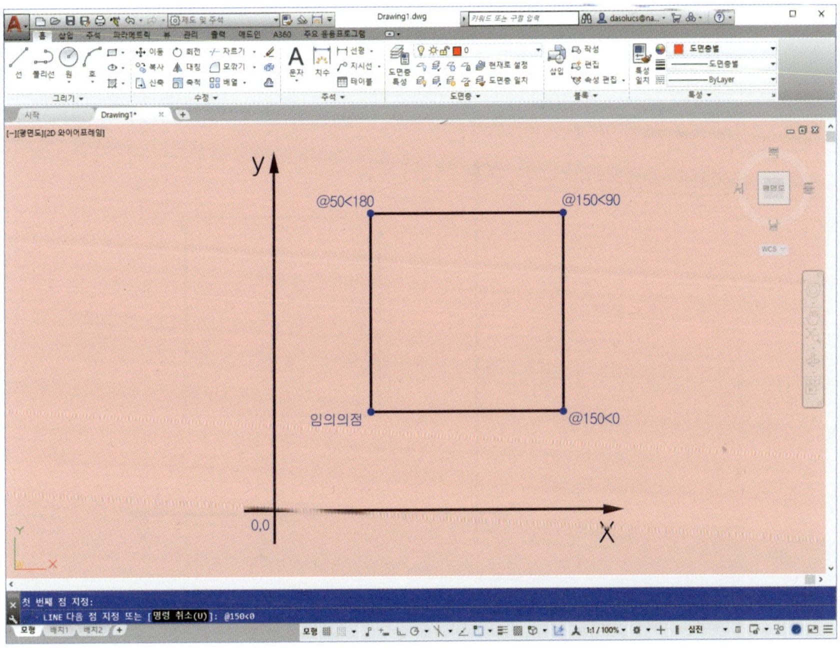


**기능**

1. 도면요소(Object) : AutoCAD에서 선(Line), 호(Arc), 원(Circle)과 같은 객체를 말한다.
2. 수직선(Line)을 작도할 때는 마우스 커서를 움직여 길이값만 입력하면 편리하다.
   (마우스가 움직이는 방향대로 적용된다.)

### (3) 상대좌표(@x축 증분, y축 증분)

① 명령(Command) : L Enter

- LINE 첫 번째 점 지정 : 임의의 점 클릭 Enter
- 다음 점 지정 또는 [명령 취소(U)] : @150, 0 Enter
- 다음 점 지정 또는 [명령 취소(U)] : @0, 150 Enter
- 다음 점 지정 또는 [닫기(C)/명령 취소(U)] : @–150, 0 Enter
- 다음 점 지정 또는 [닫기(C)/명령 취소(U)] : C Enter

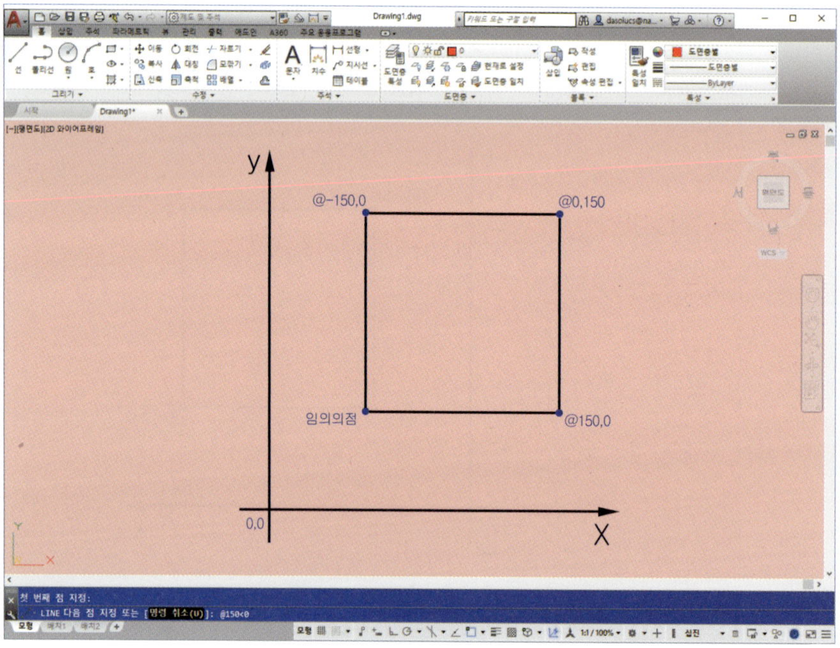


### (4) AutoCAD에서 각도방향

ACAD에서 각도의 진행방향은 기본적으로 **반시계방향**으로 정의한다.

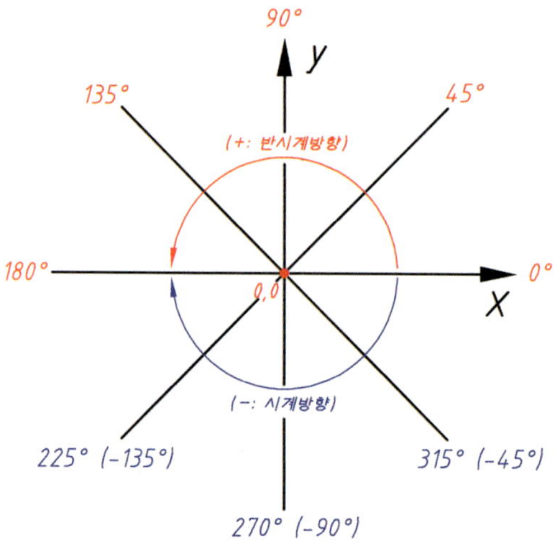

C.2015~ 다솔유캠퍼스 dasol2001.co.kr

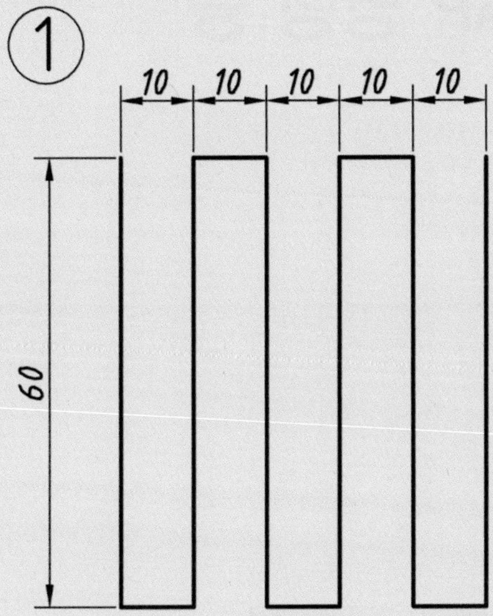


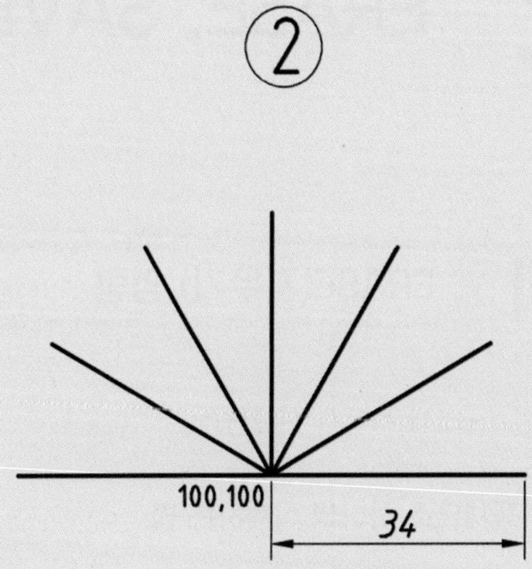


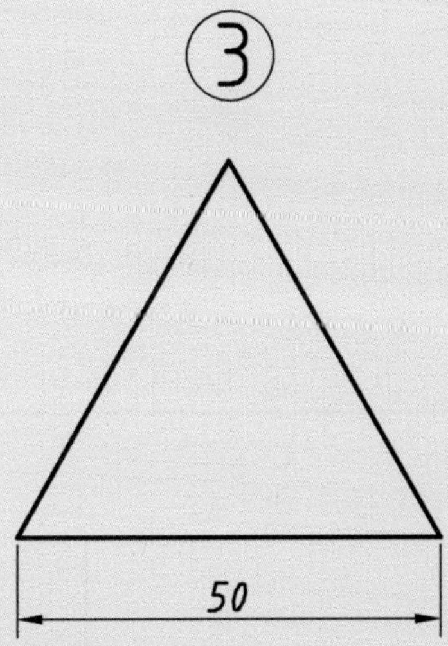


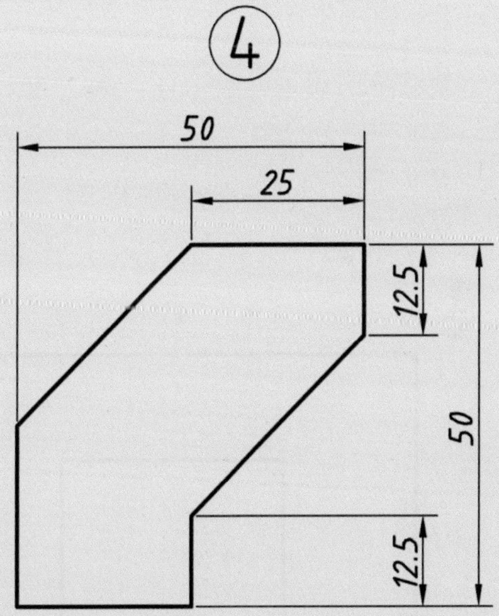


과제해설

1과제 : 상대좌표 활용한다.
2과제 : 절대좌표, 극좌표를 활용한다.
3과제 : 극좌표 활용 정삼각형 각도계산 한다.
4과제 : 상대좌표, 극좌표 활용한다.

다 솔 유 캠 퍼 스 ACAD학습과제

| 척 도 | 각 법 | 도 명 | 제 | 도 | 도 번 |
|---|---|---|---|---|---|
| 1:1 | 3 | 좌표학습과제 | 성 명 | k.s.h | DASOL-1 |
| | | | 일 자 | | |

# 02 ERASE, SAVE, SNAP 명령 등

## 01 ERASE(지우기) 명령

도면 요소(객체)들을 삭제한다.

### (1) 객체요소 하나씩 삭제하는 법

① 명령(Command) : E Enter

② 툴바메뉴(수정) : 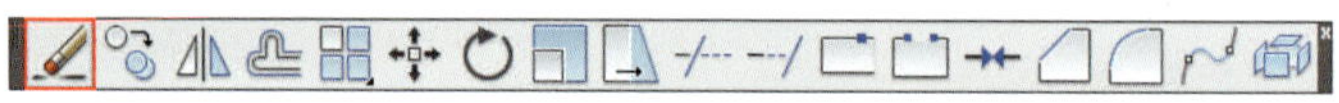

- 객체 선택 : P1 클릭(또는 ALL→ Enter : 화면상의 모든 요소를 선택)
- 객체 선택 : P2 클릭
- 객체 선택 : P3 클릭
- 객체 선택 : Enter

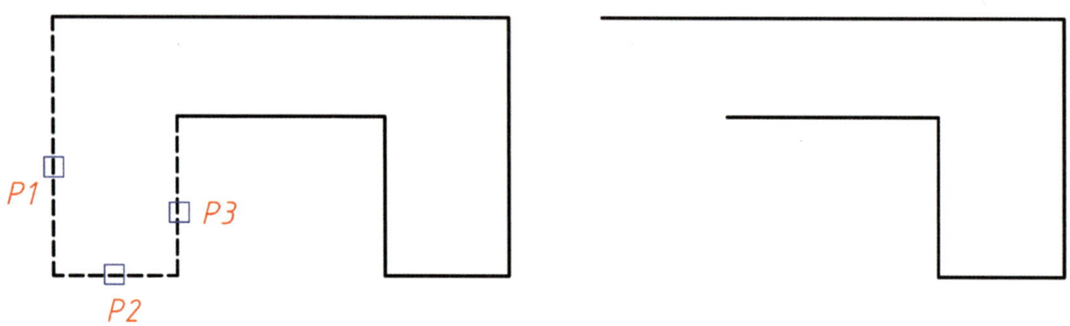


(a) 실행 전 (b) 실행 후

여기서 Pick Box로 삭제하고자 하는 요소를 선택하면 점선으로 바뀐다. 요소를 선택 후 Enter 하면 화면에서 사라지고 명령(Command:)으로 빠진다.

### (2) 요소(객체) 여러 개를 삭제하는 법(일반적인 사용법)

① 명령(Command) : E Enter

- 객체 선택 : 반대 구석 지정 : P1 클릭 → P2 클릭
- 객체 선택 : Enter (반복)

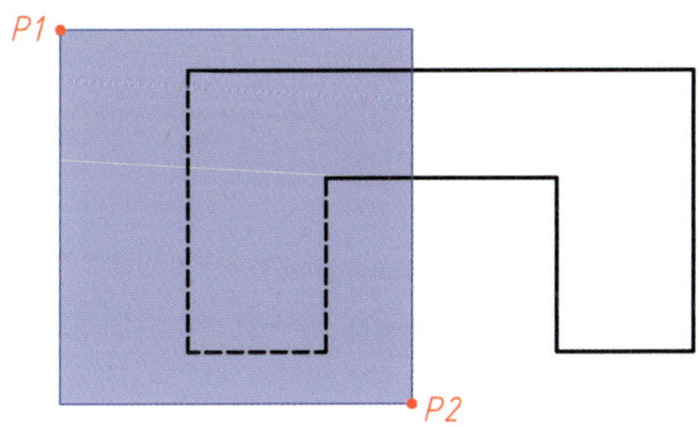


(a) 객체 선택 : P1 클릭 → P2 클릭(Window)

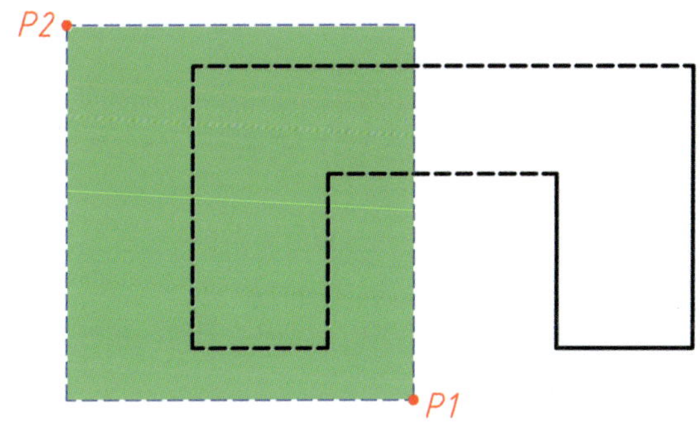


(b) 객체 선택 : P1 클릭 → P2 클릭(Crossing)

② 기타 명령옵션 요약

| 명령옵션 | 설 명 |
|---|---|
| 전체(ALL) | 화면상에 작도된 모든 도면요소를 선택한다. |
| 최종(L) | 마지막에 작도된 요소를 선택한다. |
| 이전(P) | 이전의 선택한 요소를 다시 선택한다. |
| 선택취소(R) | 잘못 선택한 요소를 선택취소한다. |
| 선택(A) | R(선택취소) 모드에서 다시 선택 모드로 전환한다. |

**기능**

1. 한 개의 요소(객체)를 삭제할 때는 "명령 : 삭제할 객체 선택 → E → Enter" 해도 된다.
2. 요소(객체) 선택 시 Crossing(걸치기) 선택과 Window(윈도) 선택의 개념이다.
3. 가장 쉽게 삭제하는 법은 요소(객체) 선택 후 Delete 키를 누르는 것이다.

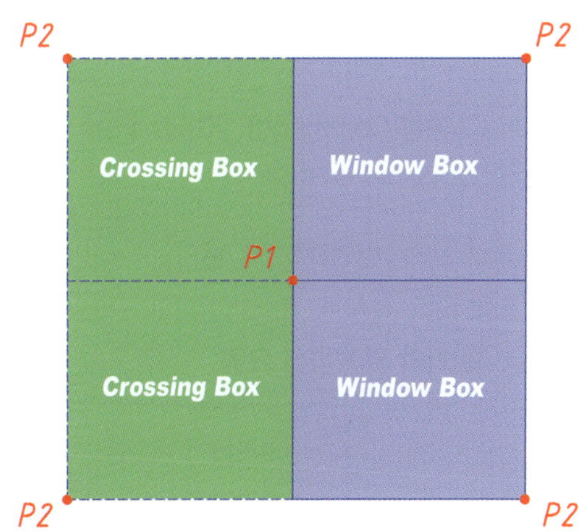

## 02 SAVE(저장) 명령

화면상의 도면을 저장한다.

① 명령(Command) : SAVE Enter

② 툴바메뉴(표준) : 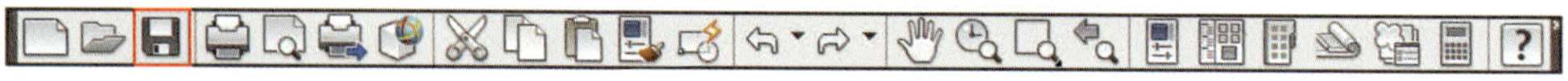

③ 다른경로 : 파일(F) → 저장(S)(Ctrl+S)

④ 다른경로 : 파일(F) → 다른 이름으로 저장(A)(Ctrl+Shift+S)

## 03 SNAP(스냅) 명령

크로스 헤어를 일정한(지정한) 간격으로 움직이게 한다.

① 명령(Command) : SNAP Enter

- 스냅 간격두기 지정 또는 [켜기(ON)/끄기(OFF)/종횡비(A)/스타일(S)/유형(T)] 〈10.0000〉 : 20 Enter

② 기타 명령옵션 요약

| 명령옵션 | 설 명 |
|---|---|
| 종횡비(A) | 스냅의 X축(수평) 간격, Y축(수직) 간격을 결정한다. |
| 스타일(S) | 스냅 표준(Standard) 형태와 등각투영(Isometric) 형태 중 선택한다. |

**기능**

SNAP 〈ON/OFF〉 : F9

## 04 GRID(모눈) 명령

화면에 격자점을 표시하고, 그 간격을 조정한다.

① 명령(Command) : GRID Enter

- 모눈 간격두기(X) 지정 또는 [켜기(ON)/끄기(OFF)/스냅(S)/주(M)/가변(D)/한계(L)/따름(F)/종횡비(A)]
- 〈10.0000〉 : S Enter

② 기타 명령옵션 요약

| 명령옵션 | 설 명 |
|---|---|
| 스냅(S) | 격자점을 스냅 간격과 동일하게 맞춘다. |
| 종횡비(A) | 격자점, 수평간격, 수직간격을 결정한다. |

기능

GRID 〈ON/OFF〉 : F7

## 05 ORTHO(직교) 명령

크로스 헤어를 수직, 수평으로만 움직이게 한다.

기능

ORTHO 〈ON/OFF〉 : F8

## 06 기타 기능키 명령

기능

극좌표 〈ON/OFF〉 : F10
객체스냅추적 〈ON/OFF〉 : F11
다이나믹 입력 〈ON/OFF〉 : F12

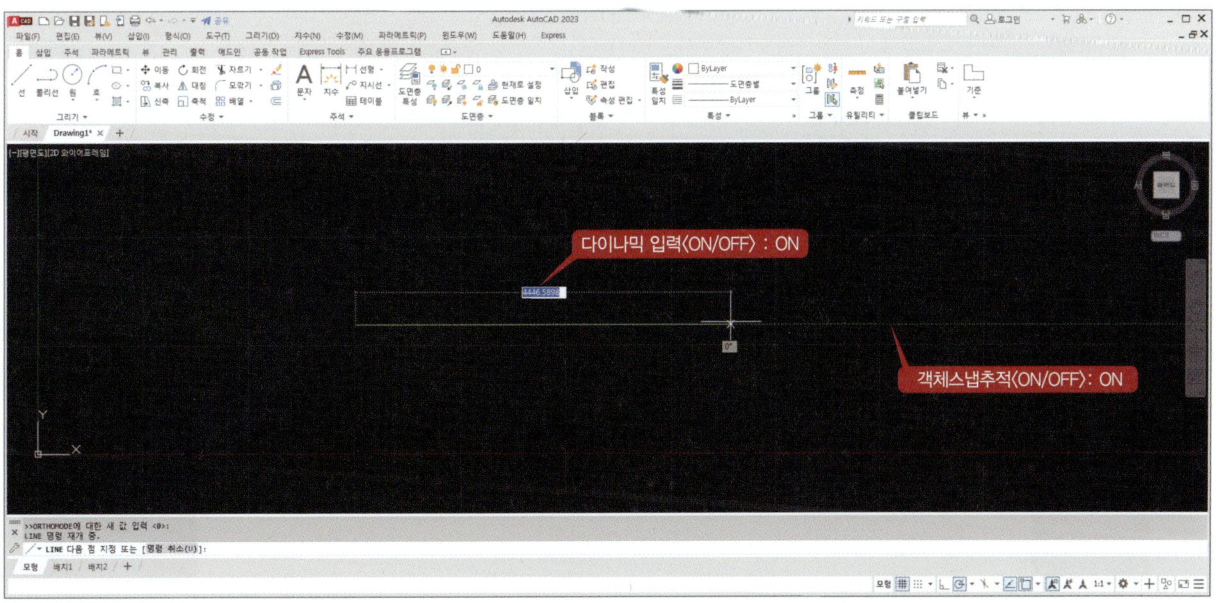

## 07 단축명령 PGP 편집

AutoCAD 내에서 사용되는 단축명령을 메모장에서 편집한다.

### (1) acad.pgp 편집

① 명령 경로 : 관리 → 별칭 편집 → 별칭 편집

② 다른 경로 : 도구(T) → 사용자화(C) → 프로그램 매개 변수(acad.pgp)(P)

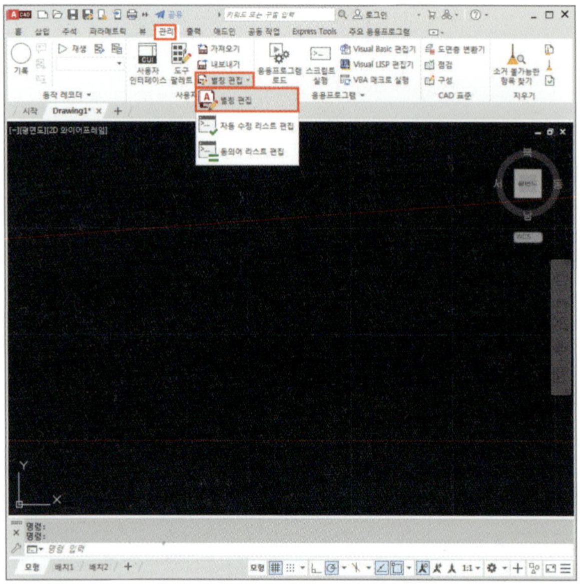

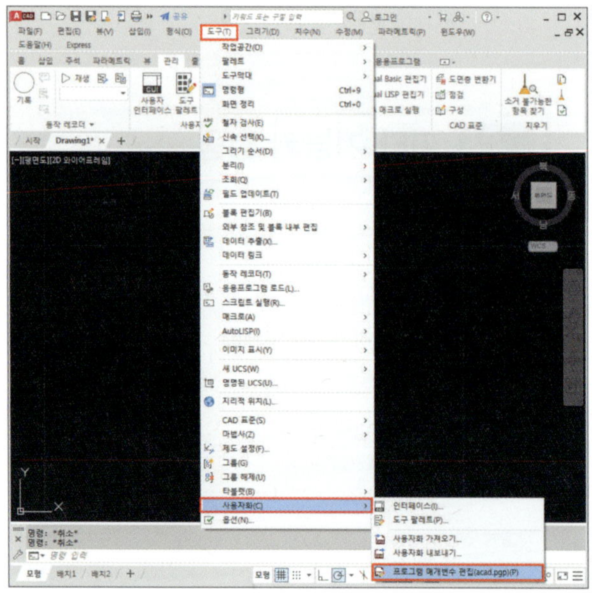

② 편집후 : 파일(F) → 저장(S)

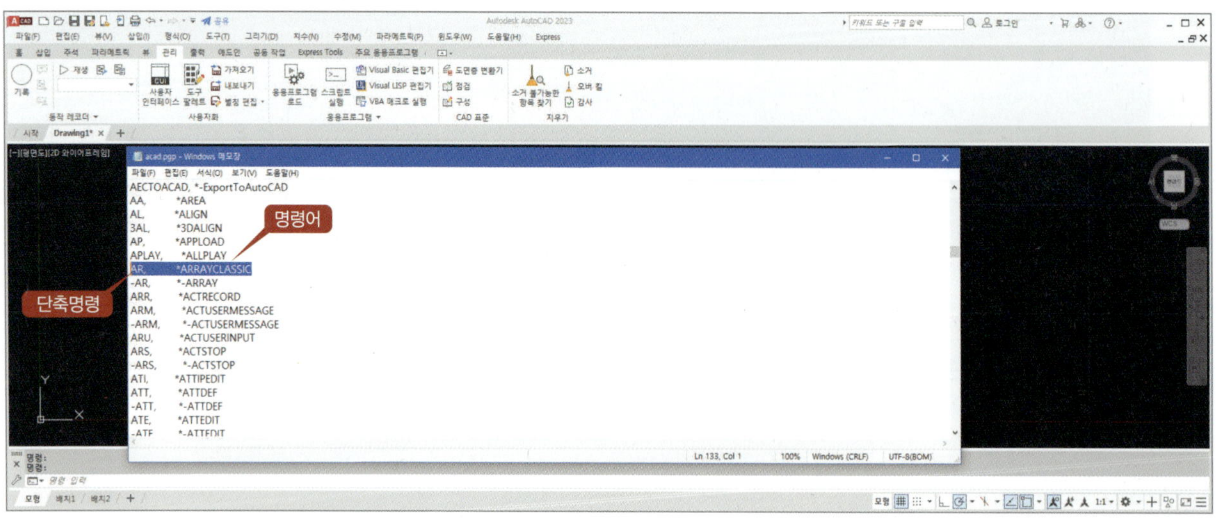

### ③ 기본설정된 주요 단축명령 요약

| 단축명령 | 명령어 | 단축명령 | 명령어 | 단축명령 | 명령어 |
|---|---|---|---|---|---|
| L | LINE | ST | STYLE | PL | PLINE |
| Z | ZOOM | C | CIRCLE | P | PAN |
| O | OFFSET | B | BLOCK | CP, CO | COPY |
| H | HATCH | TR | TRIM | BR | BREAK |
| E | ERASE | DT | TEXT | M | MOVE |
| RE | REGEN | REC | RECTANG | LA | LAYER |
| D | DIMSTYLE | MI | MIRROR | OS | OSNAP |
| AR | ARRAYCLASSIC | SC | SCALE | MT | MTEXT |
| DF | DIMSPACE | DED | DIMEDIT | DLI | DIMLINEAR |
| XP | EXPLODE | LEN | LENGTHEN | MA | MATCHPROP |

기능

단축명령은 사용자가 바꾸거나 새로 추가할 수 있다.

## (2) PGP 초기화 설정

편집된 acad.pgp 파일을 초기화하여 현재 도면에 적용시킨다.

① 명령(Command) : REINIT Enter

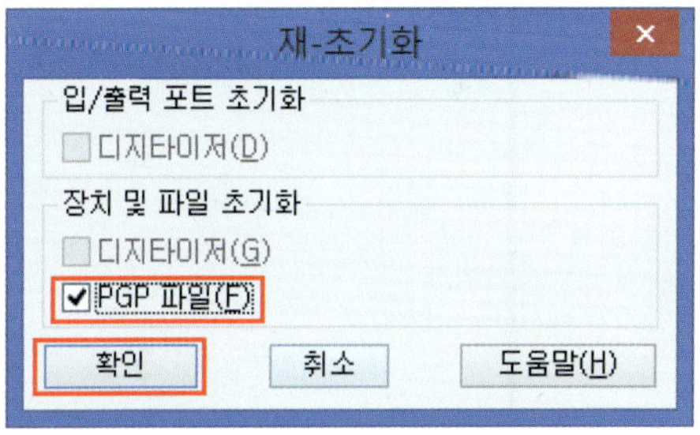


기능

단축명령 편집후 반드시 "재 – 초기화" 하지 않으면 오토캐드를 빠져 나갔다가 다시 실행해야 한다.

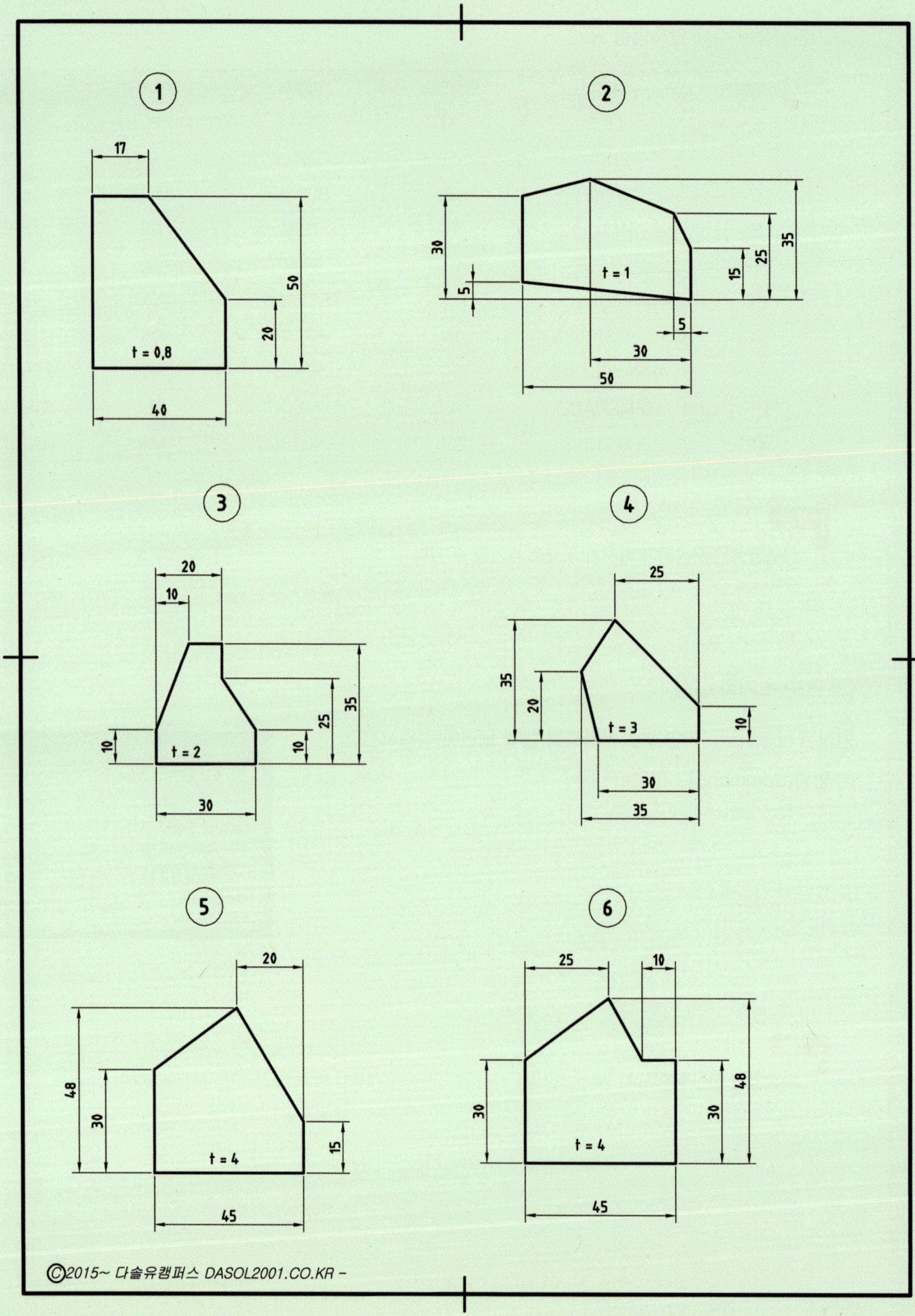
①
17
50
20
t = 0,8
40
②
30
5
t = 1
15
25
35
5
30
50
③
20
10
35
25
10
t = 2
10
30
④
25
35
20
t = 3
10
30
35
⑤
20
48
30
t = 4
15
45
⑥
25
10
30
t = 4
30
48
45
ⓒ2015~ 다솔유캠퍼스 DASOL2001.CO.KR -

①

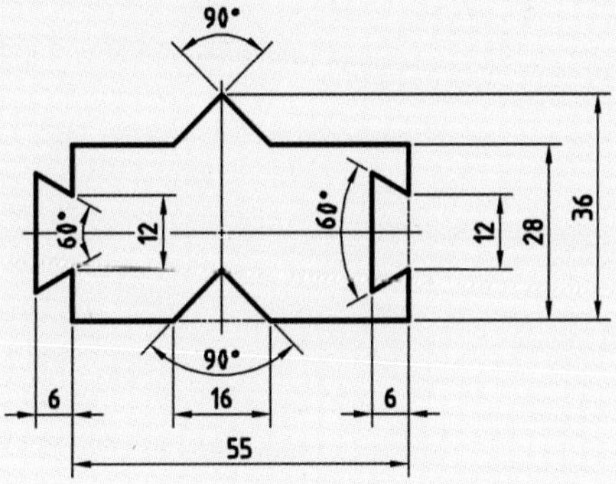

90°
60°
12
60°
12
28
36
90°
6
16
6
55


②

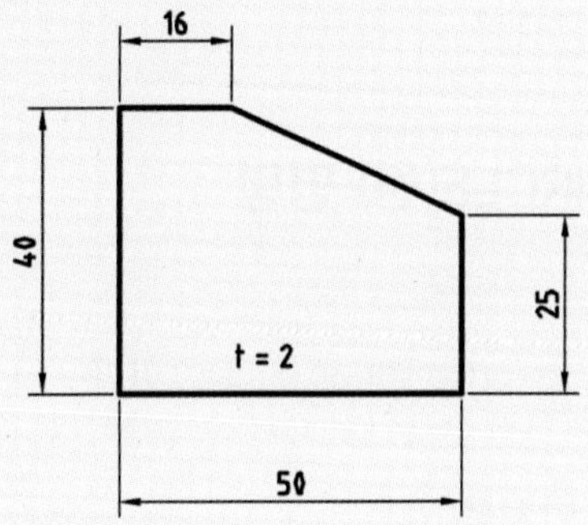

16
40
25
t = 2
50


③

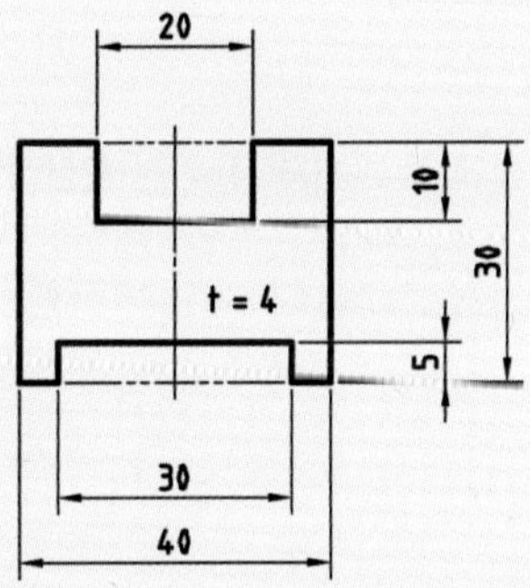

20
10
30
t = 4
5
30
40


④

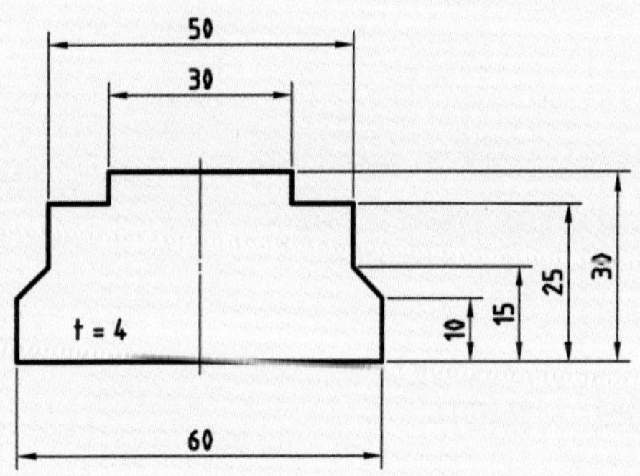

50
30
t = 4
10
15
25
30
60


⑤

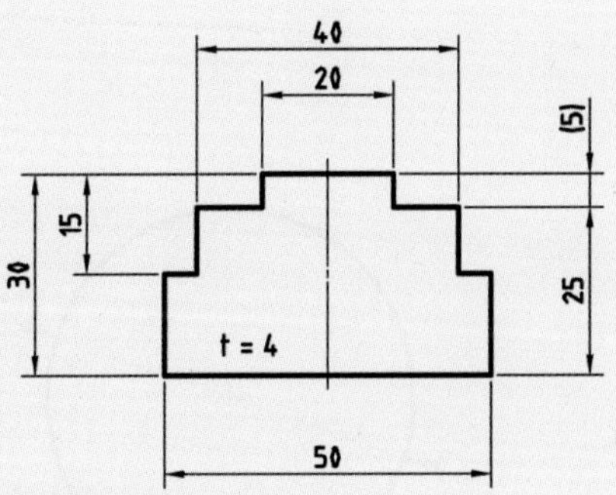

40
20
(5)
15
30
25
t = 4
50


⑥

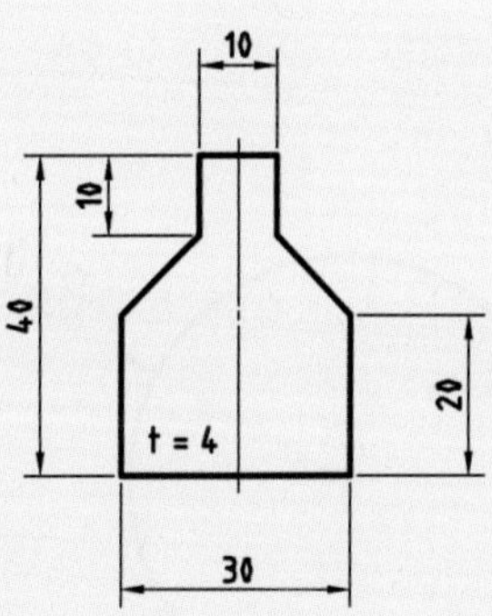

10
10
40
20
t = 4
30

# 03 CIRCLE, ARC, POLYGON 명령 등

## 01 CIRCLE(원) 명령

지름(Ø)과 반지름(R)에 따른 원을 그린다.

### (1) 원의 반지름(R)

① 명령(Command) : C Enter

② 툴바메뉴(그리기) : 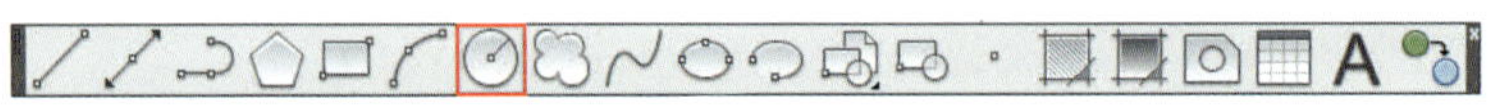

- CIRCLE 원에 대한 **중심점** 지정 또는 [3점(3P)/2점(2P)/Ttr – 접선 접선 반지름(T)] : **원 중심점 클릭**
- **원의 반지름** 지정 또는 [지름(D)] 〈0.3018〉 : 20 Enter

### (2) 원의 지름(D)

① 명령(Command)(그리기) : C Enter

- CIRCLE 원에 대한 **중심점** 지정 또는 [3점(3P)/2점(2P)/Ttr – 접선 접선 반지름(T)] : **원 중심점 클릭**
- 원의 반지름 지정 또는 [**지름(D)**] 〈0.3018〉 : D Enter
- **원의 지름**을 지정함 〈0.6035〉 : 40 Enter

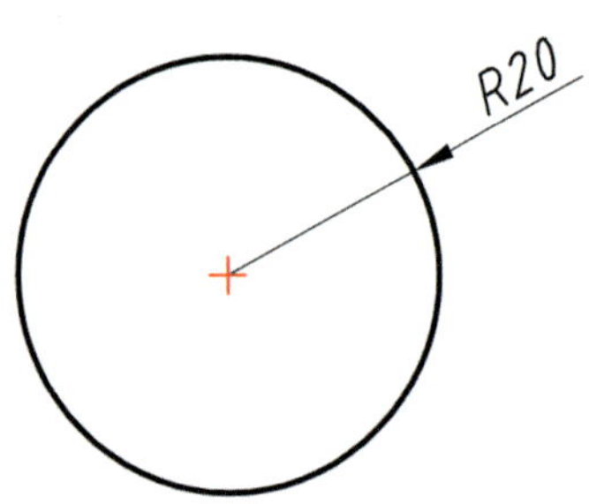


(a) 원의 반지름(R)=20

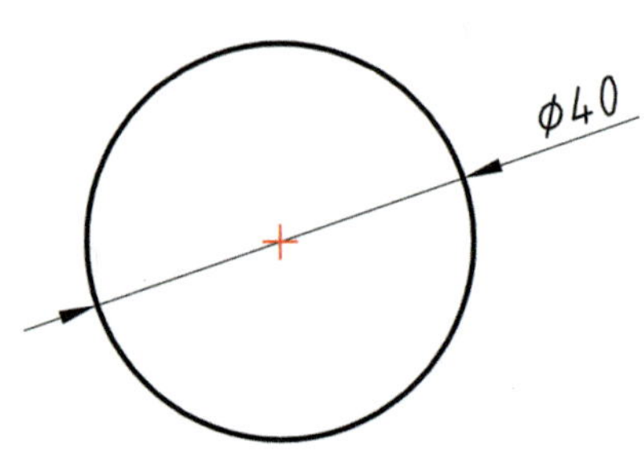


(b) 원의 지름(D)=40

### (3) 2점(2P), 3점(3P)

① 명령(Command)(그리기) : C Enter

- CIRCLE 원에 대한 중심점 지정 또는 [3점(3P)/2점(2P)/Ttr – 접선 접선 반지름(T)] : 2P Enter (3P)
- 원 지름의 첫 번째 끝점을 지정 : P1 클릭
- 원 지름의 두 번째 끝점을 지정 : P2 클릭

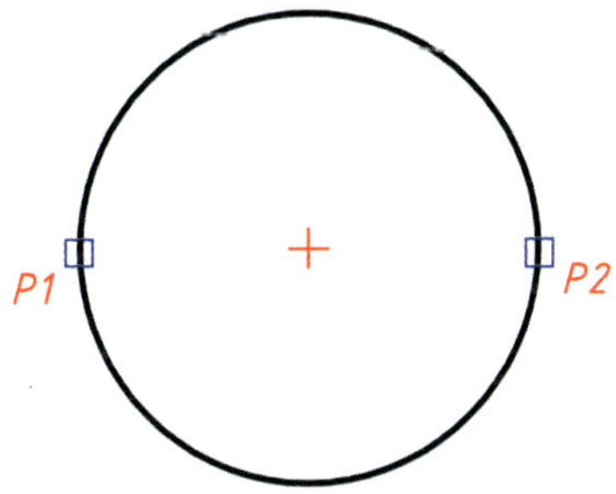


(a) 2점(2P) : 두 점에 의한 원

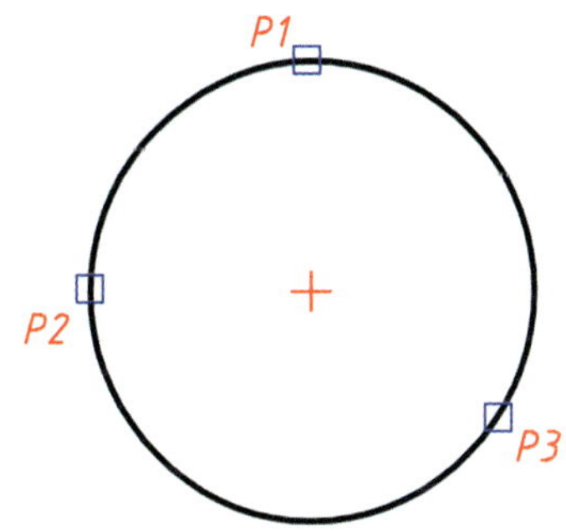


(a) 3점(3P) : 세 점에 의한 원

### (4) TTR(접선, 접선, 반지름)

① 명령(Command) : C Enter

- CIRCLE 원에 대한 중심점 지정 또는 [3점(3P)/2점(2P)/Ttr – 접선 접선 반지름(T)] : T Enter
- 원의 첫 번째 접점에 대한 객체 위의 점 지정 : P1 클릭
- 원의 두 번째 접점에 대한 객체 위의 점 지정 : P2 클릭
- 원의 반지름 지정 ⟨25.5517⟩ : 15 Enter (20,8)

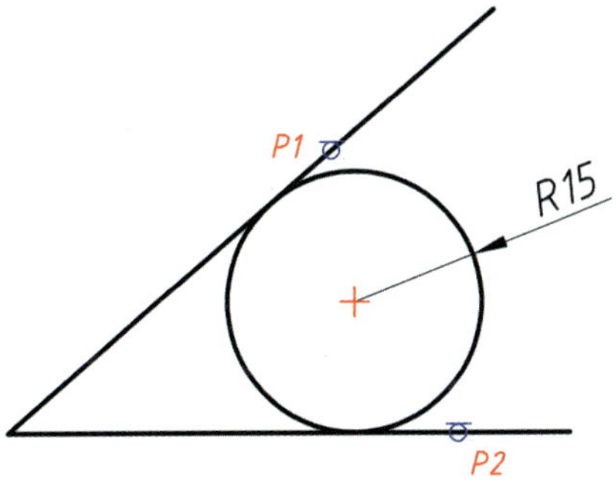


(a) TTR = (R15)

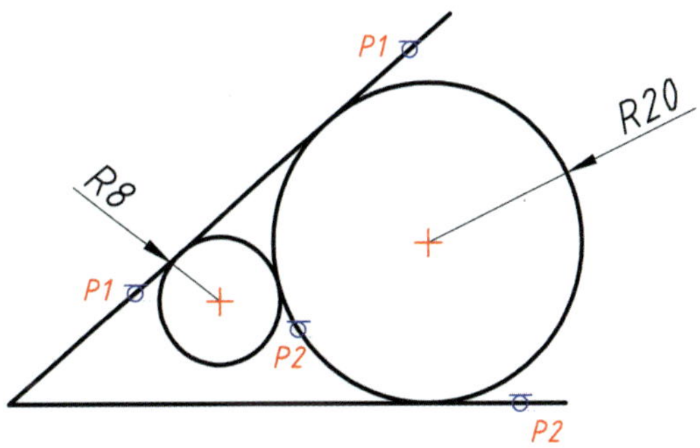


(b) TTR 응용 = (R20, R8)

## 02 OSNAP(객체스냅) 명령

요소(선, 호)의 끝점이나 교차점 또는 원의 중심과 같은 정확한 점을 잡는다.

① 명령(Command) : OS Enter

② 툴바메뉴(객체스냅) : 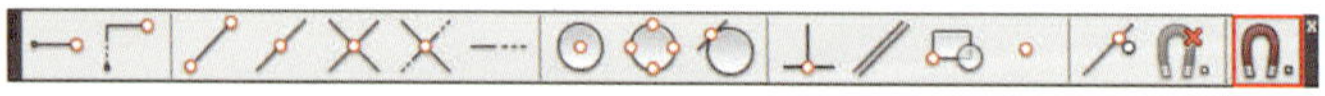

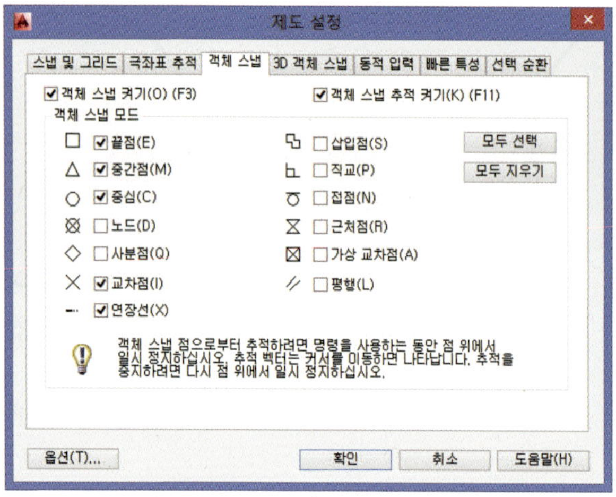


**기능**

1. 객체스냅 상자에 체크한 스냅은 최우선적으로 적용된다.
2. 여러 개 선택해 놓으면 가장 가까운 접점에 스냅한다.
3. OSNAP 〈ON/OFF〉 : F3

### ③ 기타 명령옵션 요약

| 명령옵션 | 명령(Command) | 해설 |
|---|---|---|
| 끝점(E) | ENDpoint | 요소(선, 호)의 끝점에 스냅 |
| 중간점(M) | MIDpoint | 요소(선, 호)의 중간점에 스냅 |
| 중심(C) | CENter | 요소(원, 호)의 중심점에 스냅 |
| 사분점(Q) | QUAdrant | 요소(원, 호)의 4분점에 스냅 |
| 교차점(I) | INTersection | 요소(선, 원, 호)의 교차점에 스냅 |
| 수직(P) | PERpendicular | 요소(선)의 수직하는 점에 스냅 |
| 접점(N) | TANgent | 요소(원 ,호)의 접점에 스냅 |
| 근처점(R) | NEArest | 요소(선, 원, 호)의 근처점에 스냅 |

* 명령(Command)은 단축명령 대문자만 입력한다.

### (1) 끝점(E), 중간점(M), 중심(C)

응용과제를 그려놓고 선(Line)을 이용해 OSN AP로 연결해 보자.

① 명령(Command) : L Enter

② 툴바메뉴(그리기) : 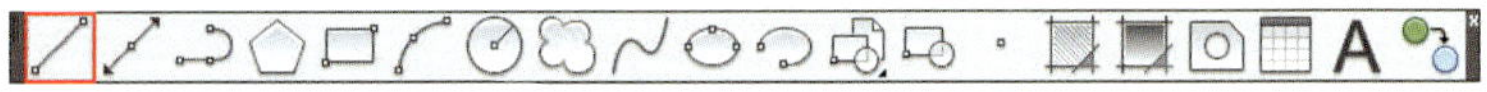

- LINE 첫 번째 점 지정 : 'OS Enter

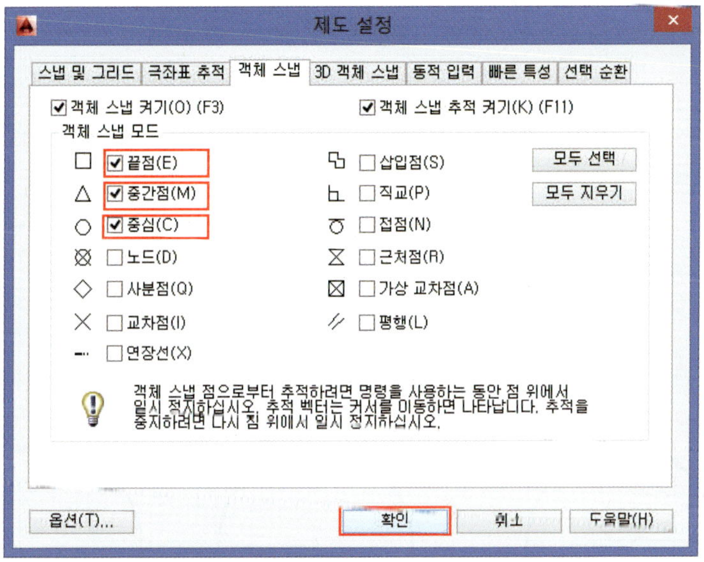


- 첫 번째 점 지정 : P1 클릭
- 다음 점 지정 또는 [명령 취소(U)] : P2 클릭
- 다음 점 지정 또는 [명령 취소(U)] : Enter

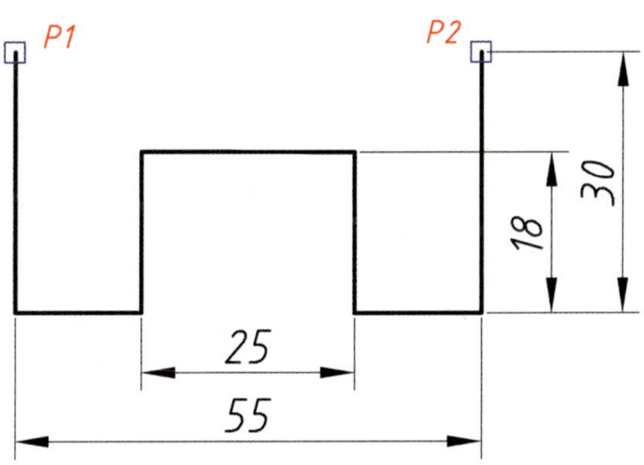


(a) 끝점(E) 실행 전

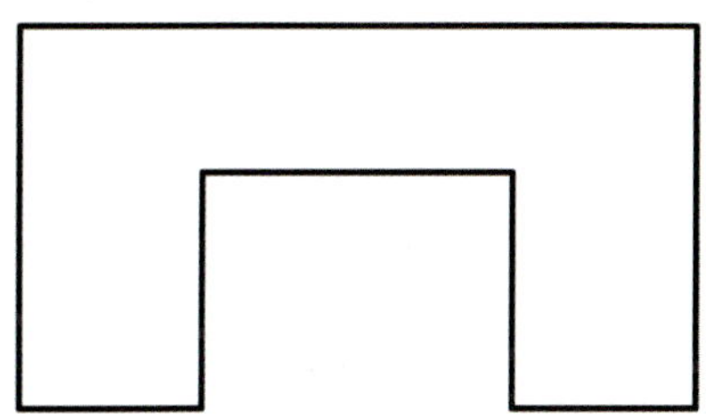

(b) 끝점(E) 실행 후

③ 명령 : Enter

- LINE 첫 번째 점 지정 : P1 클릭
- 다음 점 지정 또는 [명령 취소(U)] : P2 클릭
- 다음 점 지정 또는 [명령 취소(U)] : Enter (명령반복)

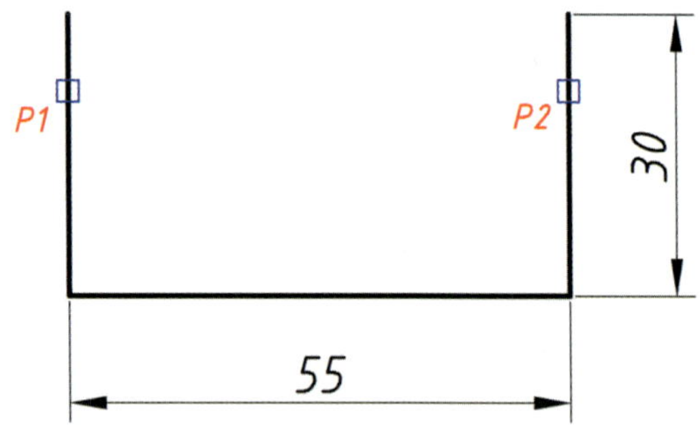


(a) 중간점(M) 실행 전

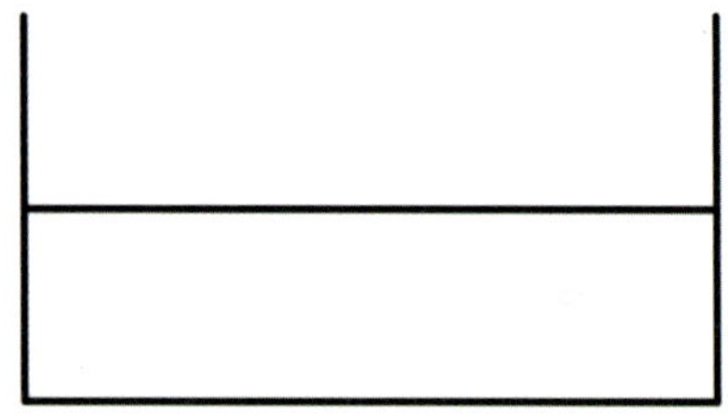

(b) 중간점(M) 실행 후

④ 명령 : Enter

- LINE 첫 번째 점 지정 : P1 클릭
- 다음 점 지정 또는 [명령 취소(U)] : P2 클릭
- 다음 점 지정 또는 [명령 취소(U)] : Enter

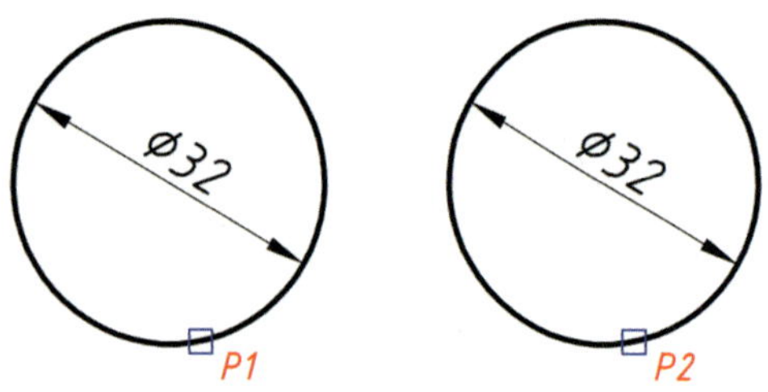


(a) 중심점(C) 실행 전

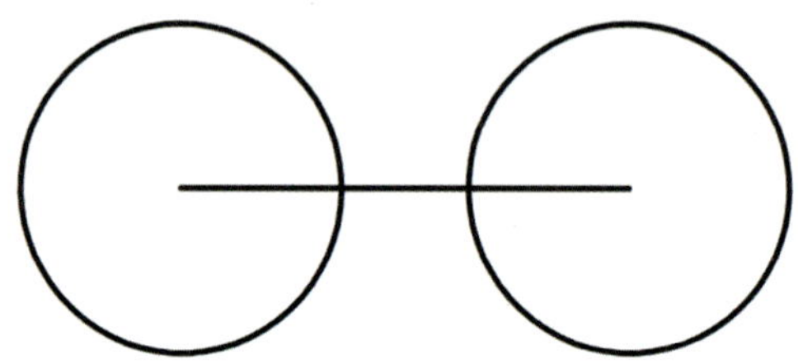

(b) 중심점(C) 실행 후

**기능**

1. LINE 첫 번째 점 지정에서 명령입력(예 END)하거나 OSNAP 툴바를 클릭해도 된다. 그러나 응용도면작업에서는 앞의 ①~④의 방법이 훨씬 효과적인 작업법이다.
2. 그리기 명령 실행 중 'OS 또는 'Z 명령을 입력하면 실행 중인 명령을 빠져나가지 않고 OSNAP 또는 ZOOM 명령을 실행 후 바로 복귀한다.
3. 긴급하게 OSNAP 를 쓰고자 할 때는 Ctrl + 마우스 오른쪽 버튼을 누르면 화면상에 나타난다.
4. 마우스 스크롤(휠)을 누를 때 OSNAP 명령이 나타나게 하려면
   - 명령 : mbuttonpan Enter
     MBUTTONPAN 에 대한 새 값 입력 〈1〉 : 0(기본값 1 = PAN 기능)

### (2) 사분점(Q), 교차점(I), 직교(P)

계속해서 선(Line)을 이용해 OSN AP로 연결해 보자.

① 명령(Command) : L Enter (Line 명령이 실행 중이라면 : Enter)

- LINE 첫 번째 점 지정 : 'OS Enter

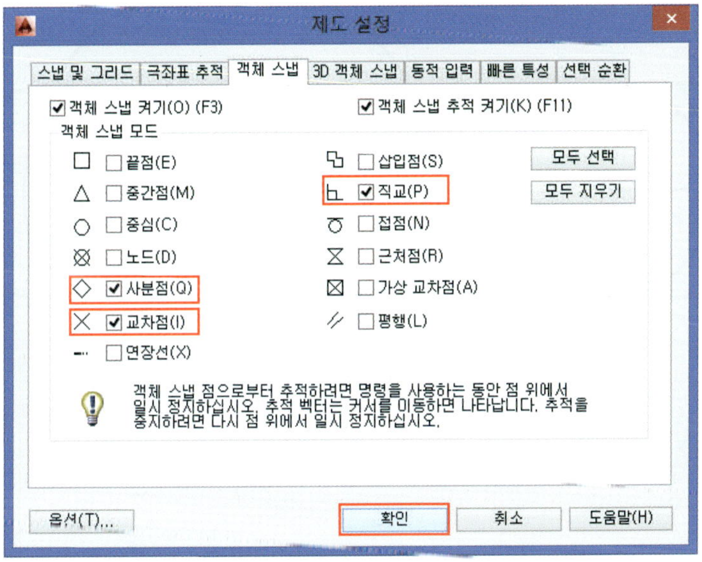


- 첫 번째 점 지정 : P1 클릭
- 다음 점 지정 또는 [명령 취소(U)] : P2 클릭
- 다음 점 지정 또는 [명령 취소(U)] : Enter (명령반복)

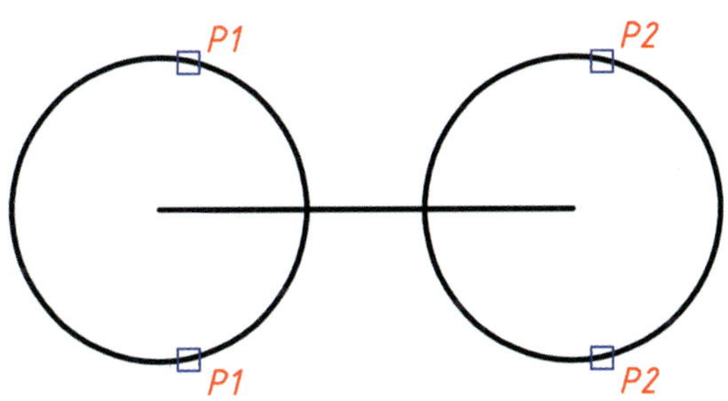

(a) 사분점(Q) 실행 전

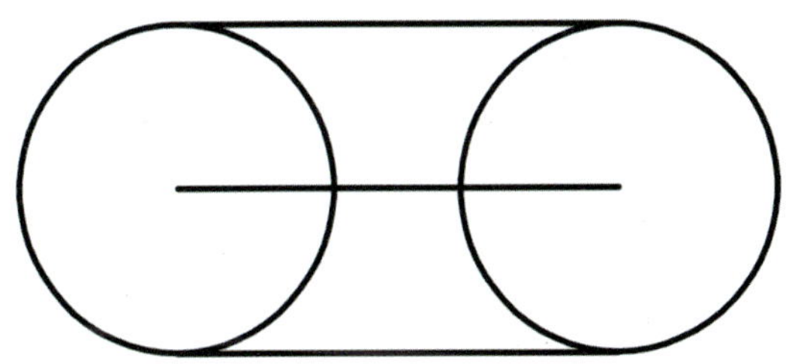
(b) 사분점(Q) 실행 후

② 명령(Command) : C Enter

③ 툴바메뉴(그리기) : 

- CIRCLE 원에 대한 중심점 지정 또는 [3점(3P)/2점(2P)/Ttr-접선 접선 반지름(T)] : P1 클릭
- 원의 반지름 지정 또는 [지름(D)] ⟨31.7571⟩ : P2 클릭

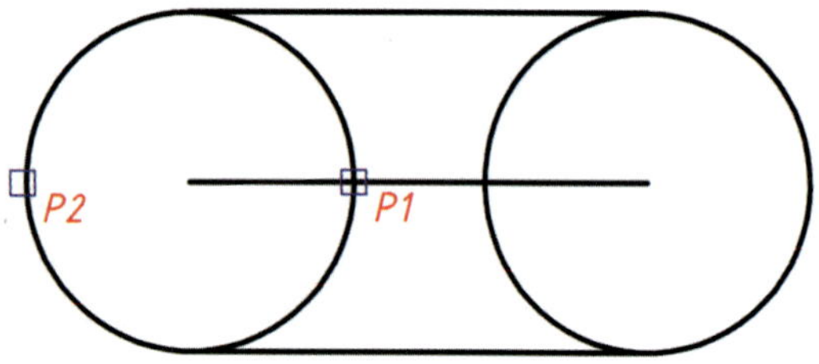


(a) 교차점(I), 사분점(Q) 실행 전

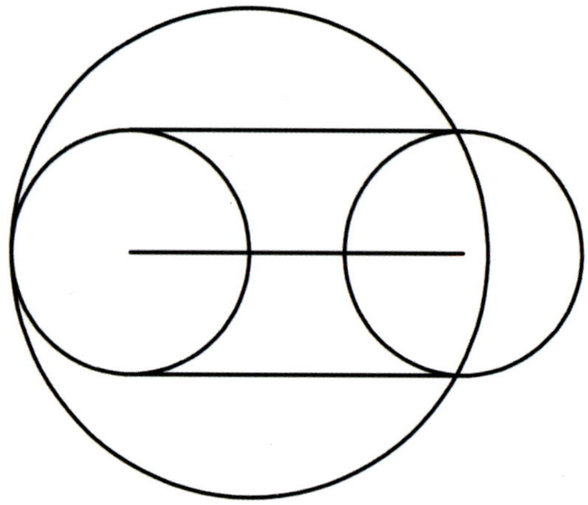

(b) 교차점(I), 사분점(Q) 실행 후

④ 명령 : L Enter

- LINE 첫 번째 점 지정 : P1 클릭(화면상 임의의 점)
- 다음 점 지정 또는 [명령 취소(U)] : P2 클릭
- 다음 점 지정 또는 [명령 취소(U)] : Enter

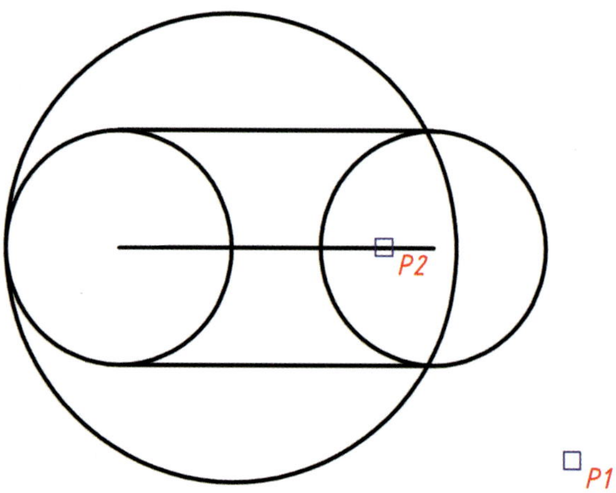


(a) 수직(P) 실행 전

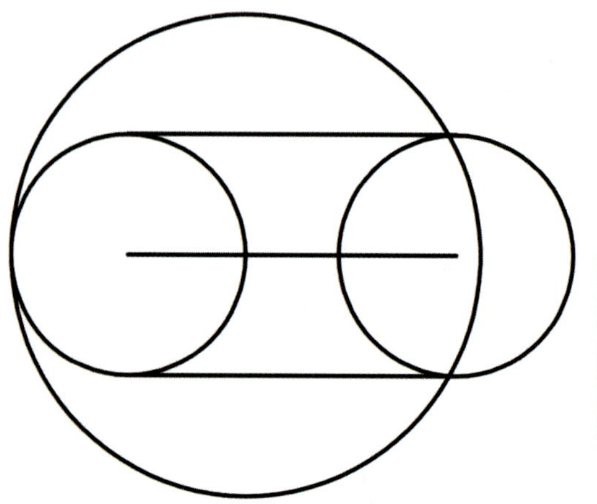

(b) 수직(P) 실행 후

### (3) 접점(N)

**① 명령 : L Enter**

- LINE 첫 번째 점 지정 : 'OS Enter

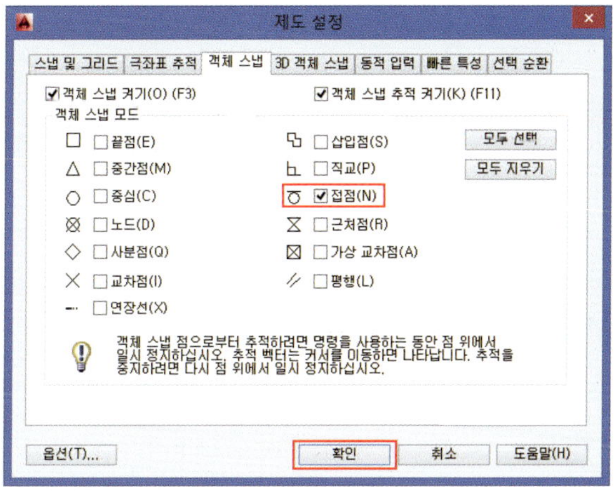


- LINE 첫 번째 점 지정 : P1 클릭
- 다음 점 지정 또는 [명령 취소(U)] : P2 클릭
- 다음 점 지정 또는 [명령 취소(U)] : Enter (명령반복)

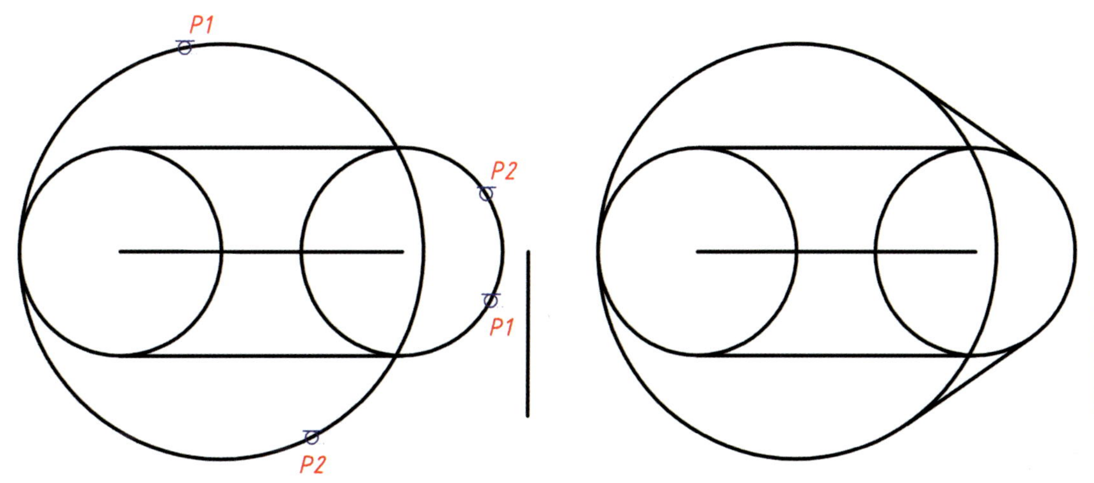


(a) 접점(N) 실행 전　　　(b) 접점(N) 실행 후

**기능**

OSNAP은 가장 가까운 곳에 스냅하므로 너무 많이 선택해 놓는 것보다는 현재 작업환경에 따라 **3개 정도** 번갈아 가면서 체크해 사용하는 것이 효율적이다.

## 03 ARC(호) 명령

호(반시계방향으로)를 그린다.

### (1) 3점호(3P) 〈OSNAP : 끝점(E), 중간점(M)〉

① 명령(Command) : A Enter

② 툴바메뉴(그리기) : 

- ARC 호의 **시작점** 또는 [중심(C)] 지정 : P1 클릭
- 호의 **두 번째 점** 또는 [중심(C)/끝(E)] 지정 : P2 클릭
- **호의 끝점** 지정 : P3 클릭

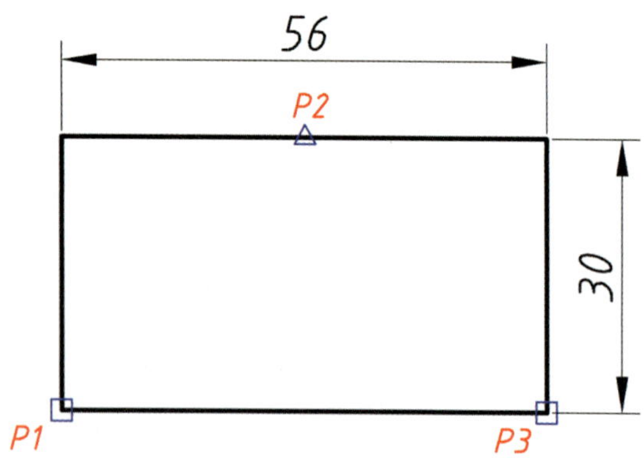


(a) 3점호 실행 전

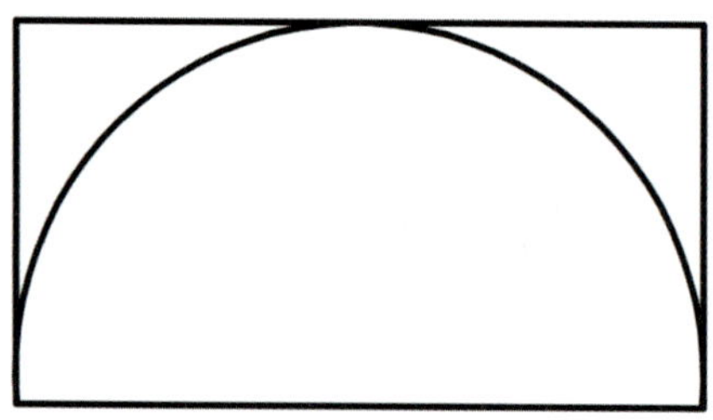

(b) 3점호 실행 후

③ 기타 명령옵션 요약

| 명령옵션 | 설 명 |
|---|---|
| 시작(S) | 호의 시작점(Start Point) |
| 중심(C) | 호의 중심점(Center Point) |
| 끝(E) | 호의 끝점(End Point) |
| 각도(A) | 호의 사이각도(Angle) |
| 반지름(R) | 호의 반지름(Radius) |
| 현의 길이(L) | 현의 길이(Length) |
| 방향(D) | 호의 방향(Direction) |

## (2) 시작점(S), 중심점(C), 끝점(E) 〈OSNAP : 끝점(E)〉

① 명령(Command) : A Enter

- ARC 호의 **시작점** 또는 [중심(C)] 지정 : **P1 클릭**
- 호의 두 번째 점 또는 [중심(C)/끝(E)] 지정 : C Enter **(툴바 이용 시 생략됨)**
- 호의 **중심점** 지정 : P2 **클릭**
- **호의 끝점** 지정 또는 [각도(A)/현의 길이(L)] : P3 **클릭**

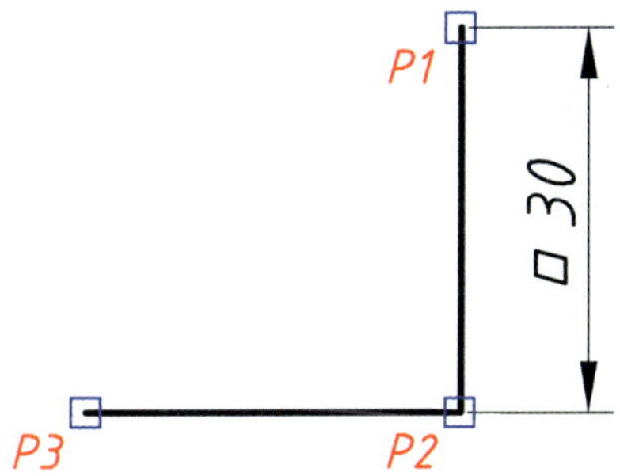

(a) S, C, E 실행 전

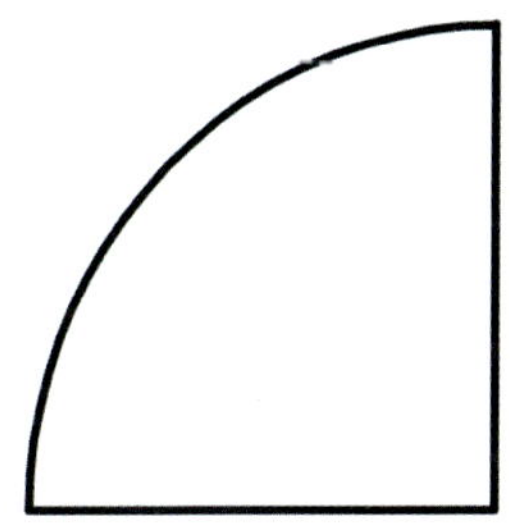
(b) S, C, E 실행 후

## (3) 시작점(S), 중심점(C), 각도(A) 〈OSNAP : 끝점(E)〉

① 명령(Command) : A Enter

- ARC 호의 **시작점** 또는 [중심(C)] 지정 : **P1 클릭**
- 호의 두 번째 점 또는 [중심(C)/끝(E)] 지정 : C Enter **(툴바 이용 시 생략됨)**
- 호의 **중심점** 지정 : P2 **클릭**
- 호의 끝점 지정 또는 [각도(A)/현의 길이(L)] : A Enter **(툴바 이용 시 생략됨)**
- **사이각** 지정 : 45 Enter

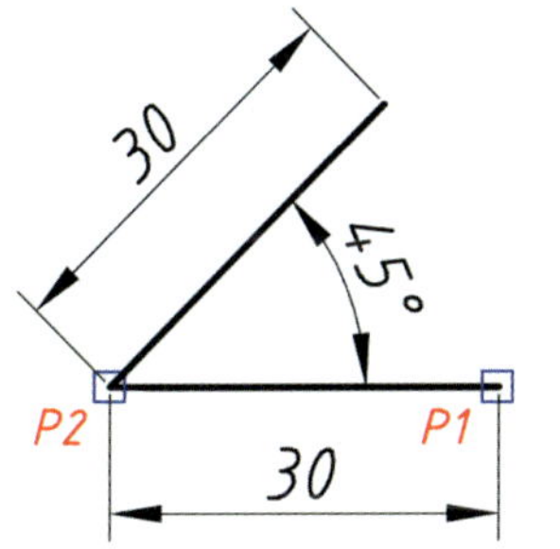

(a) S, C, A 실행 전

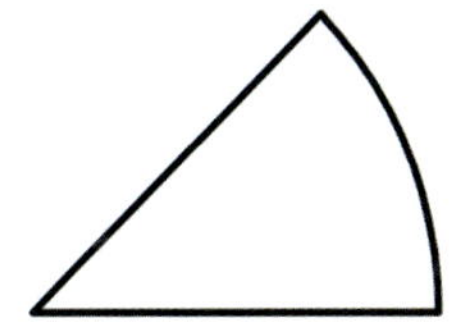
(b) S, C, A 실행 후

### (4) 시작점(S), 끝점(E), 각도(A) 〈OSNAP : 끝점(E)〉

① 명령(Command) : A Enter

- ARC 호의 시작점 또는 [중심(C)] 지정 : P1 클릭
- 호의 두 번째 점 또는 [중심(C)/끝(E)] 지정 : E Enter (툴바 이용 시 생략됨)
- 호의 끝점 지정 : P2 클릭
- 호의 중심점 지정 또는 [각도(A)/방향(D)/반지름(R)] : A Enter (툴바 이용 시 생략됨)
- 사이각 지정 : 61 Enter

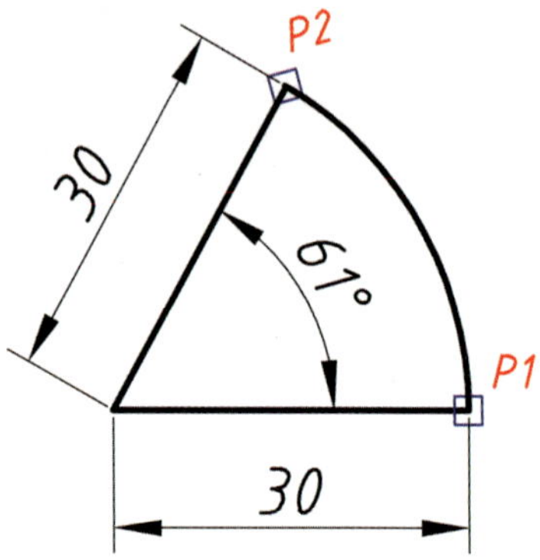

(a) S, E, A 실행 전

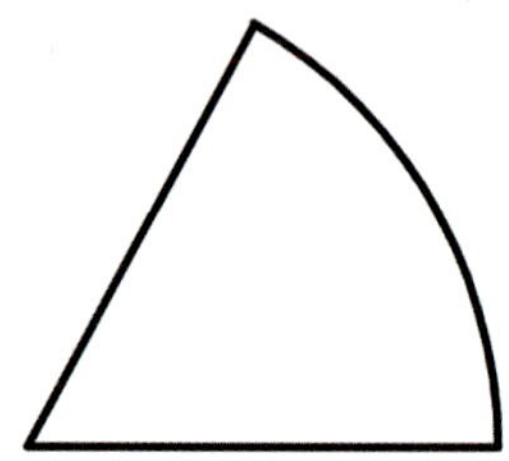
(b) S, E, A 실행 후

### (5) 시작점(S), 끝점(E), 반지름(R) 〈OSNAP : 끝점(E)〉

① 명령(Command) : A Enter

- ARC 호의 시작점 또는 [중심(C)] 지정 : P1 클릭
- 호의 두 번째 점 또는 [중심(C)/끝(E)] 지정 : E Enter (툴바 이용 시 생략됨)
- 호의 끝점 지정 : P2 클릭
- 호의 중심점 지정 또는 [각도(A)/방향(D)/반지름(R)] : R Enter (툴바 이용 시 생략됨)
- 호의 반지름 지정 : 30 Enter

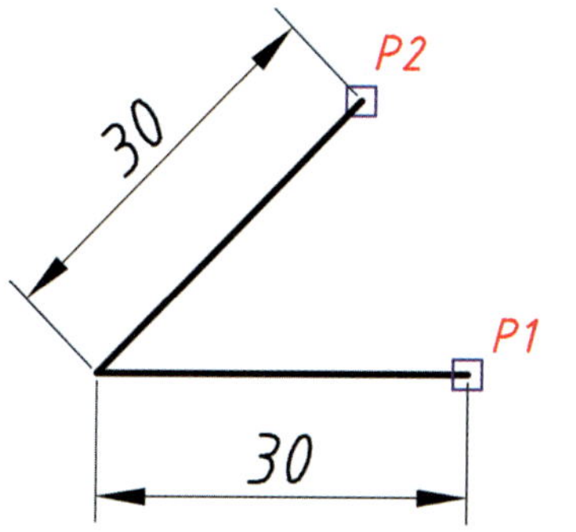


(a) S, E, R 실행 전

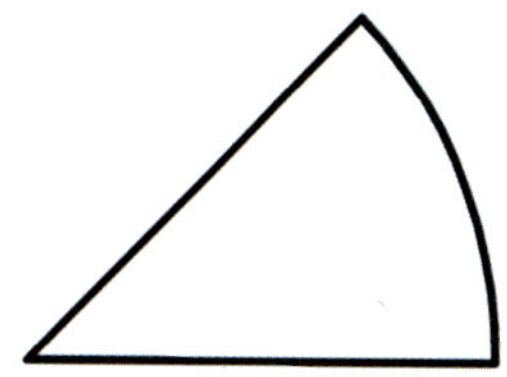

(b) S, E, R 실행 후

### (6) 시작(S), 중심(C), 현의 길이(L) 〈OSNAP : 끝점(E)〉

① 명령(Command) : A Enter

- ARC 호의 시작점 또는 [중심(C)] 지정 : P1 클릭
- 호의 두 번째 점 또는 [중심(C)/끝(E)] 지정 : C Enter (툴바 이용 시 생략됨)
- 호의 중심점 지정 : P2 클릭
- 각도(A)/현의 길이(L)] : L Enter (툴바 이용 시 생략됨)
- 현의 길이 지정 : 22.96 Enter

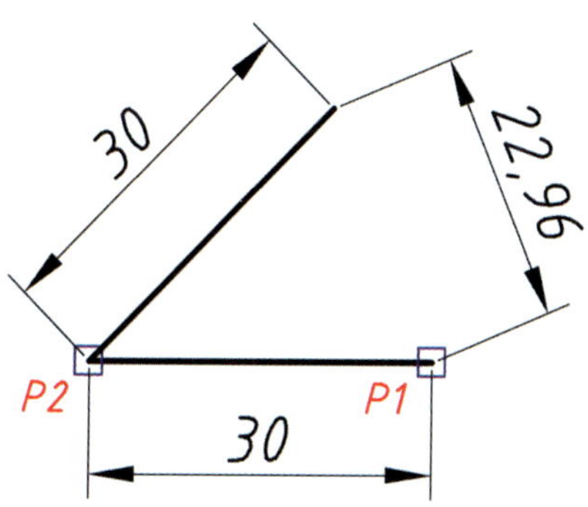


(a) S, C, L 실행 전

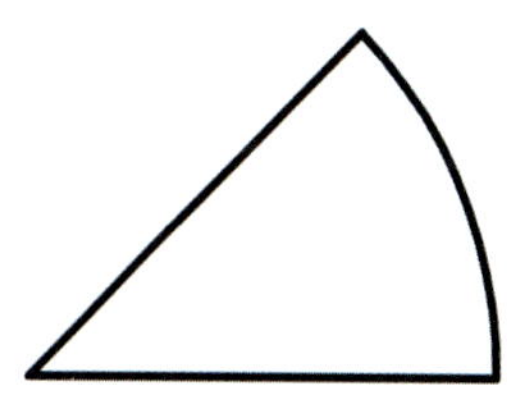

(b) S, C, L 실행 후

## 04 ELLIPSE(타원) 명령

타원을 그린다.

### (1) 세 점에 의한 타원 〈OSNAP : 중간점(M)〉

① 명령(Command) : EL Enter

② 툴바메뉴(그리기) : 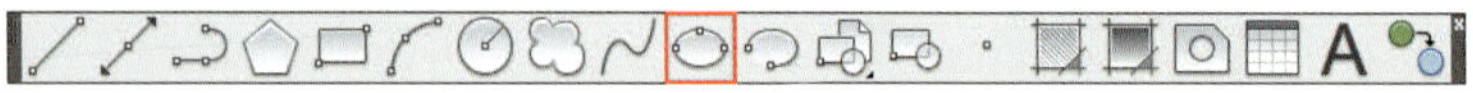

- 타원의 축 끝점 지정 또는 [호(A)/중심(C)] : P1 클릭
- 축의 다른 끝점 지정 : P2 클릭
- 다른 축으로 거리를 지정 또는 [회전(R)] : P3 클릭

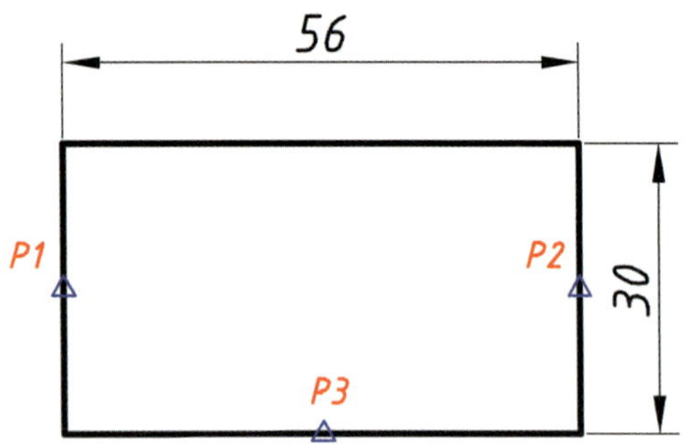

(a) 세 점에 의한 타원 실행 전

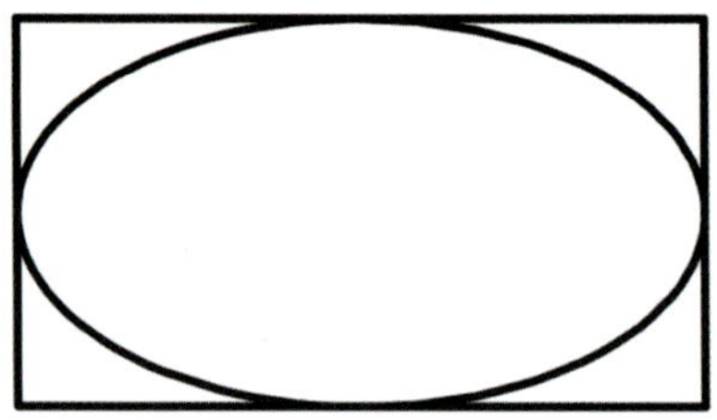
(b) 세 점에 의한 타원 실행 후

### (2) 중심과 두 점에 의한 타원 〈OSNAP : 중심(C), 사분점(Q)〉

① 명령(Command) : EL Enter

- 타원의 축 끝점 지정 또는 [호(A)/중심(C)] : C
- 타원의 중심 지정 : P1 클릭
- 축의 끝점 지정 : P2 클릭
- 다른 축으로 거리를 지정 또는 [회전(R)] : P3 클릭

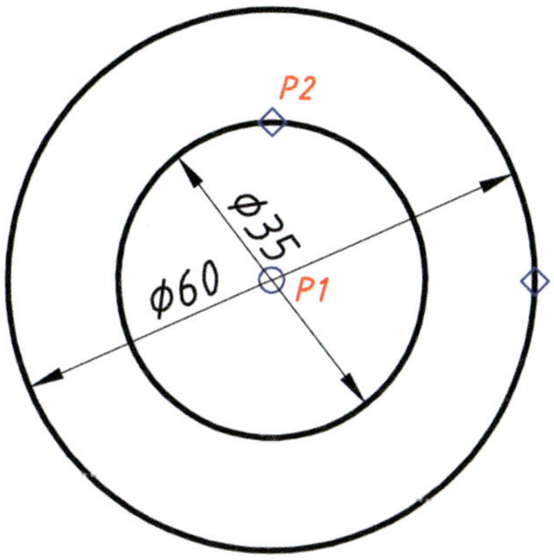


(a) 중심과 두 점에 의한 타원 실행 전

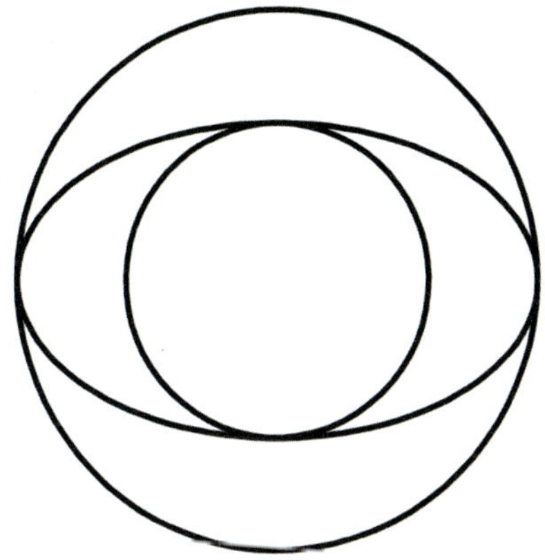

(b) 중심과 두 점에 의한 타원 실행 후

## 05 POLYGON(다각형) 명령

다각형을 그린다.

### (1) 원에 내접(I) 다각형 〈OSNAP : 중심(C), 사분점(Q)〉

① 명령(Command) : POL Enter

② 툴바메뉴(그리기) : 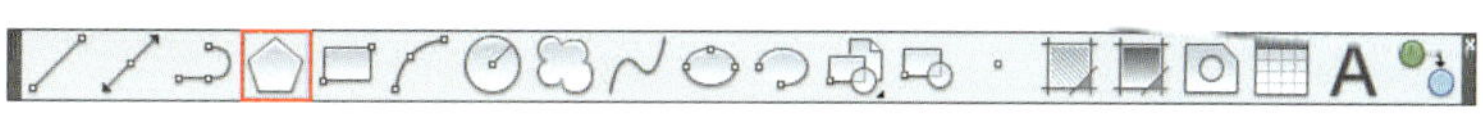

- POLYGON 면의 수 입력 〈3〉 : 6 Enter (몇 각형인지 입력, 1024각형까지 가능)
- 다각형의 중심을 지정 또는 [모서리(E)] : P1 클릭
- 옵션을 입력 [원에 내접(I)/원에 외접(C)] 〈C〉 : I Enter
- 원의 반지름 지정 : P2 클릭

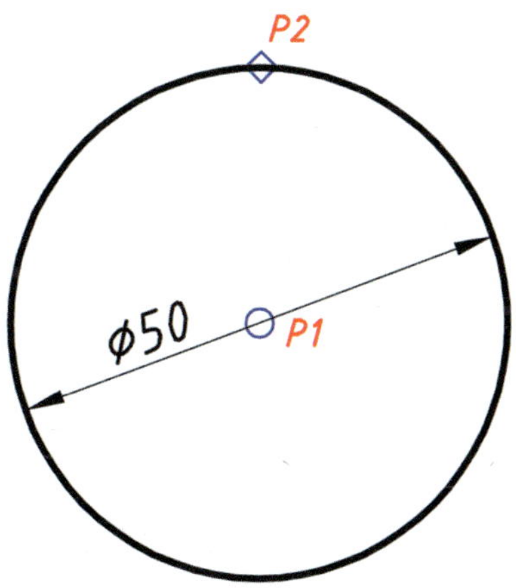


(a) 내접(I) 다각형 실행 전

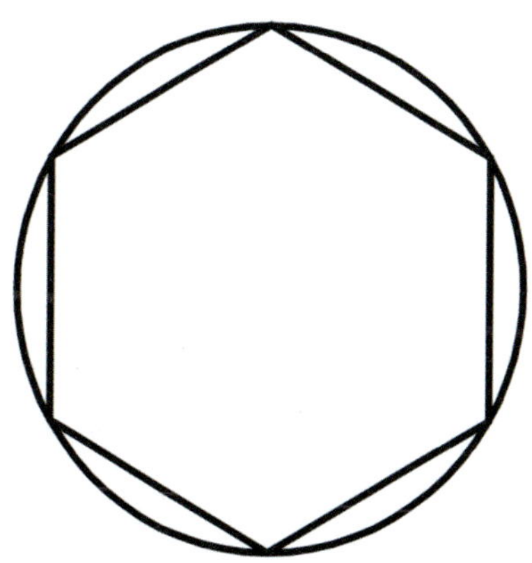

(b) 내접(I) 다각형 실행 후

### (2) 원에 외접(C) 다각형 〈OSNAP : 중심(C), 사분점(Q)〉

① 명령(Command) : POL Enter (또는 Enter )

- POLYGON 면의 수 입력 〈6〉 : Enter
- 다각형의 중심을 지정 또는 [모서리(E)] : P1 클릭
- 옵션을 입력 [원에 내접(I)/원에 외접(C)] 〈I〉 : C Enter
- 원의 반지름 지정 : P2 클릭

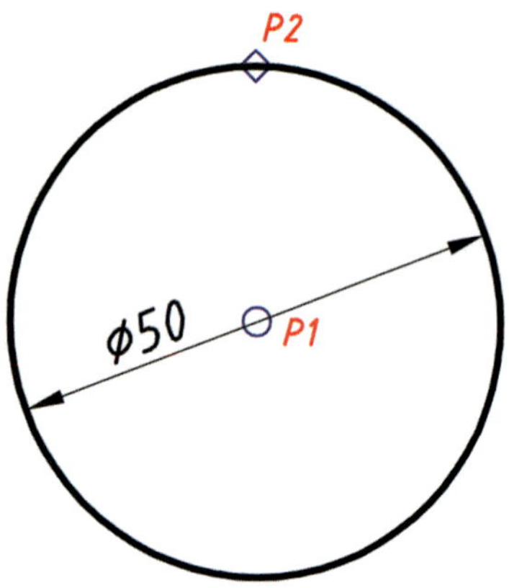


(a) 외접(C) 다각형 실행 전

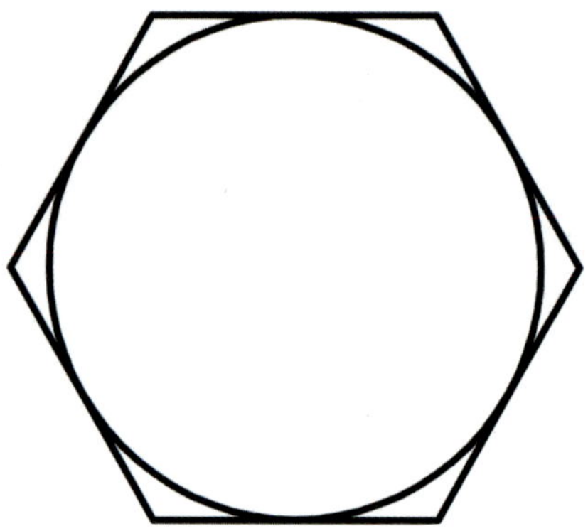

(b) 외접(C) 다각형 실행 후

### (3) 모서리(E) 다각형 〈OSNAP : 중심(C), 사분점(Q), 끝점(E)〉

① 명령(Command) : POL Enter (또는 Enter)

- POLYGON 면의 수 입력 〈6〉 : Enter
- 다각형의 중심을 지정 또는 [모서리(E)] : E Enter
- 모서리의 첫 번째 끝점 지정 : P1 클릭 → P2 클릭

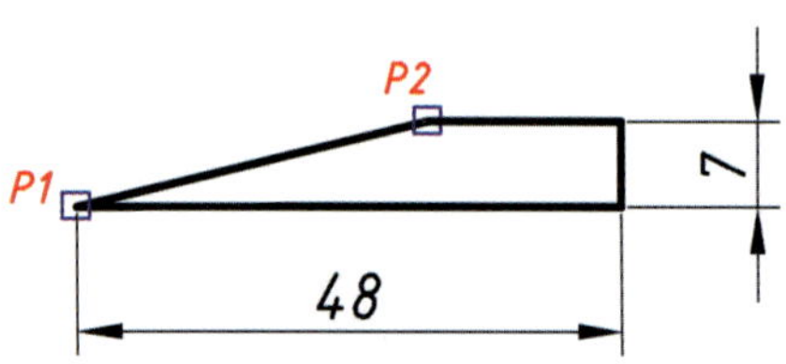


(a) 외접(E) 다각형 실행 전

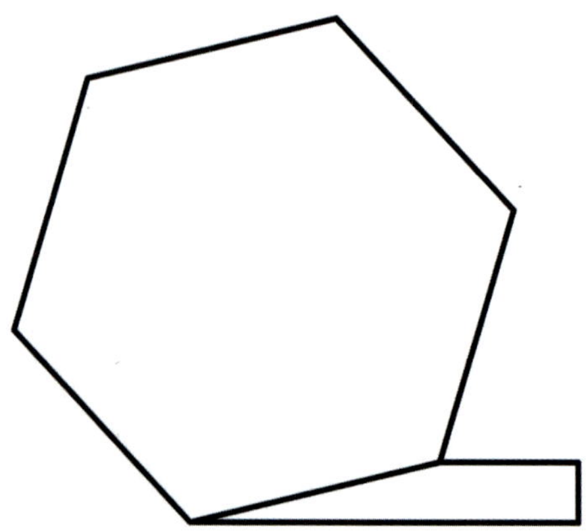

(b) 외접(E) 다각형 실행 후

## 06 PLINE(폴리선) 명령 〈OSNAP : 끝점(E), 중간점(M)〉

연속적으로 이어지는 단일요소의 선이나 호(Arc)를 만든다.

① 명령(Command) : PL Enter

② 툴바메뉴(그리기) : 

- 시작점 지정 : P1 클릭
- 현재의 선 폭은 0.0000임
- 다음 점 지정 또는 [호(A)/반폭(H)/길이(L)/명령 취소(U)/폭(W)] : W Enter
- 시작 폭 지정 〈0.0000〉 : 18 Enter
- 끝 폭 지정 〈18.0000〉 : 0 Enter (숫자 입력 없이 Enter 만 누르면 두께 18mm의 평행선이 됨)
- 다음점 지정 또는 [호(A)/반폭(H)/길이(L)/명령 취소(U)/폭(W)] : P2 클릭
- 다음점 지정 또는 [호(A)/닫기(C)/반폭(H)/길이(L)/명령 취소(U)/폭(W)] : Enter

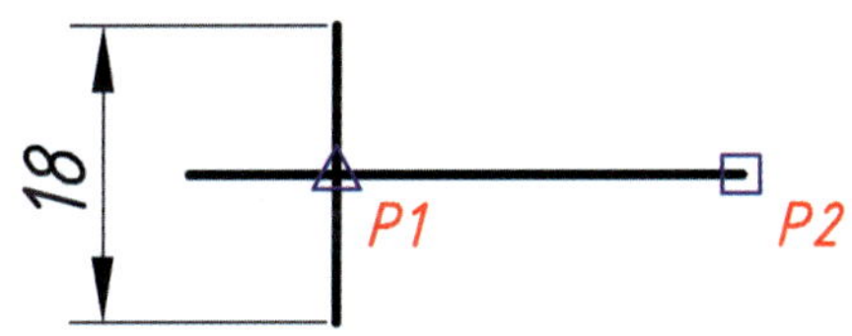


(a) PLINE 화살표 만들기 실행 전

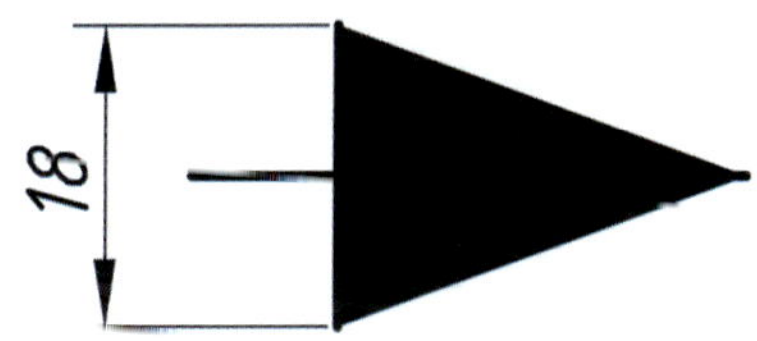


(b) PLINE 화살표 만들기 실행 후

③ 기타 명령옵션 요약

| 명령옵션 | 설 명 |
|---|---|
| 호(A) | 호(Arc)를 그리는 옵션을 명령창에 표시한다. |
| 반폭(H) | 선의 절반에 해당되는 굵기를 지정한다.(실제로 입력된 값의 두 배로 그려짐) |
| 길이(L) | 선의 길이를 지정한다. |
| 명령취소(U) | 그려진 요소를 하나씩 취소한다. |
| 폭(W) | 선의 폭을 지정한다. |

④ 호(A) 옵션 중 기타 명령옵션 요약

[각도(A)/중심(CE)/방향(D)/반폭(H)/선(L)/반지름(R)/두 번째 점(S)/명령 취소(U)/폭(W)] :

| 명령옵션 | 설 명 |
|---|---|
| 선(L) | 직선 모드로 전환한다. |
| 두 번째 점(S) | 두 번째 점을 새로 입력받는다. |

## 07 PEDIT(폴리선 편집) 명령

PLINE을 편집하거나 객체 하나하나로 연결된 LINE, ARC를 PLINE로 만든다.

① 명령(Command) : PE Enter

② 툴바메뉴(수정 II) : 

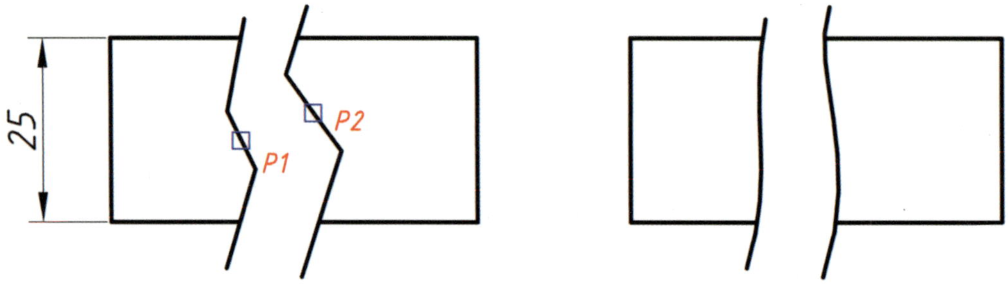


(a) PEDIT로 파단선 만들기 실행 전 (b) PEDIT로 파단선 만들기 실행 후

- PEDIT 폴리선 선택 또는 [다중(M)] : P1 클릭
- 옵션 입력 [닫기(C)/결합(J)/폭(W)/정점 편집(E)/맞춤(F)/스플라인(S)/비곡선화(D)/선종류 생성(L)/명령 취소(U)] : S Enter
- 옵션 입력 [닫기(C)/결합(J)/폭(W)/정점 편집(E)/맞춤(F)/스플라인(S)/비곡선화(D)/선종류 생성(L)/명령 취소(U)] : Enter (P2는 동일)

③ 기타 명령옵션 요약

| 명령옵션 | 설 명 |
|---|---|
| 결합(J) | PLINE이 아닌 선(LINE)이나 호(ARC)를 연결하여 하나의 PLINE로 만든다. |
| 스플라인(S) | 작성된 PLINE을 부드러운 곡선으로 만든다. |

기능

파단선은 가는 선이다. 자세한 사항은 LAYER에서 다룬다 .

## 08 DONUT(도넛) 명령

일정한 크기의 속이 채워진 점이나 비워진 점을 만든다.

① 명령(Command) : DO Enter

② 툴바메뉴(그리기) : 

- 도넛의 내부 지름 지정 〈0.0000〉 : Enter (30)
- 도넛의 외부 지름 지정 〈1.0000〉 : 50 Enter
- 도넛의 중심 지정 또는 〈종료〉 : 원하는 위치 클릭
- 도넛의 중심 지정 또는 〈종료〉 : (더이상 그릴 도넛이 없으면 Enter )

(a) 내부지름 : 0, 외부지름 : 50

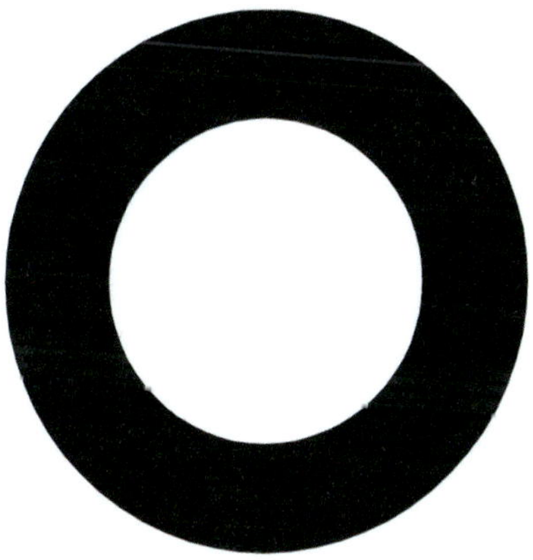

(b) 내부지름 : 30, 외부지름 : 50

**기능**

기본 툴바에서 빠져 있는 툴바는 "도구(T) → 사용자화(C) → 인터페이스(I) → 사용자 인터페이스 → 그리기"에서 찾아 원하는 툴바를 드래그(마우스 왼쪽 버튼을 누른 상태에서 끌어다 놓는다.)해 기본 툴바에 옮겨놓으면 된다.

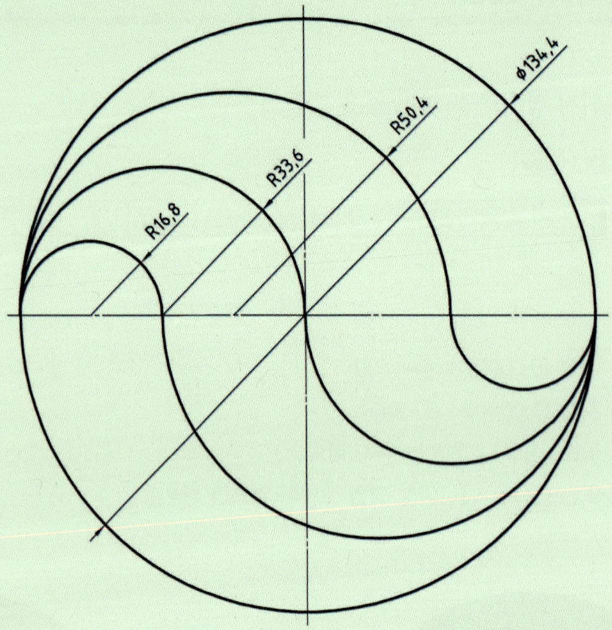


그림 1

그림 2

# 04 OFFSET, TRIM, LAYER 명령 등

## 01 OFFSET(간격띄우기) 명령

도면요소를 일정한 간격으로 평행하게 띄운다.

### (1) 거리를 지정한 Offset 방법 1 〈OSNAP : OFF(F3)〉

Offset 거리를 지정한 다음 객체 선택 → Offset 방향을 클릭한다.

① 명령(Command) : O Enter

② 툴바메뉴(수정) : 

- 간격띄우기 거리 지정 또는 [통과점(T)/지우기(E)/도면층(L)] 〈1.0000〉 : 5 Enter (Offset 간격 = 5mm)
- 간격띄우기할 객체 선택 또는 [종료(E)/명령취소(U)] 〈종료〉 : P1 클릭
- 간격띄우기할 면의 점 지정 또는 [종료(E)/다중(M)/명령취소(U)] 〈종료〉 : P2 클릭(5mm만큼 Offset할 방향)
- 간격띄우기할 객체 선택 또는 [종료(E)/명령취소(U)] 〈종료〉 : P1 클릭
- 간격띄우기할 면의 점 지정 또는 [종료(E)/다중(M)/명령취소(U)] 〈종료〉 : P3 클릭(5mm만큼 Offset할 방향)
- 간격띄우기할 객체 선택 또는 [종료(E)/명령취소(U)] 〈종료〉 : Enter

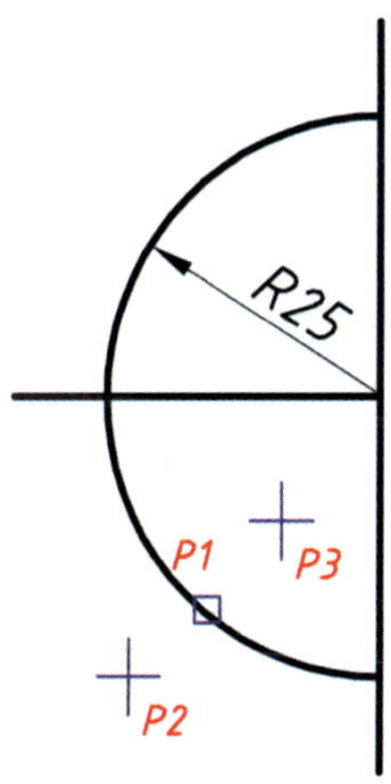


(a) 거리를 지정한 Offset 실행 전

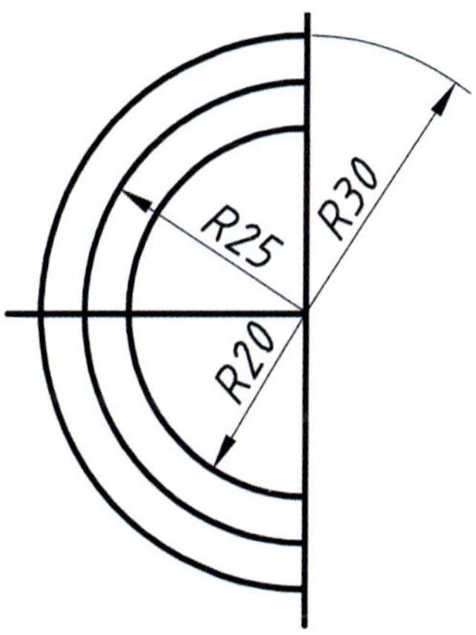


(b) 거리를 지정한 Offset 실행 후

### (2) 거리를 지정한 Offset 방법 2 〈OSNAP : OFF(F3)〉

① 명령(Command) : O Enter

- 간격띄우기 거리 지정 또는 [통과점(T)/지우기(E)/도면층(L)] 〈5.0000〉 : 34 Enter (Offset 간격 = 34mm)
- 간격띄우기할 객체 선택 또는 [종료(E)/명령취소(U)] 〈종료〉 : P1 클릭
- 간격띄우기할 면의 점 지정 또는 [종료(E)/다중(M)/명령취소(U)] 〈종료〉 : P2 클릭(34mm만큼 Offset할 방향)
- 간격띄우기할 객체 선택 또는 [종료(E)/명령취소(U)] 〈종료〉 : Enter
- **명령 :** Enter (Offset 명령 계속 실행)
- 간격띄우기 거리 지정 또는 [통과점(T)/지우기(E)/도면층(L)] 〈34.0000〉 : 24 Enter (Offset 간격 = 24mm)
- 간격띄우기할 객체 선택 또는 [종료(E)/명령취소(U)] 〈종료〉 : P3 클릭
- 간격띄우기할 면의 점 지정 또는 [종료(E)/다중(M)/명령취소(U)] 〈종료〉 : P4 클릭(24mm만큼 Offset할 방향)
- 간격띄우기할 객체 선택 또는 [종료(E)/명령취소(U)] 〈종료〉 : Enter (나머지도 같은 방법으로 작업한다.)

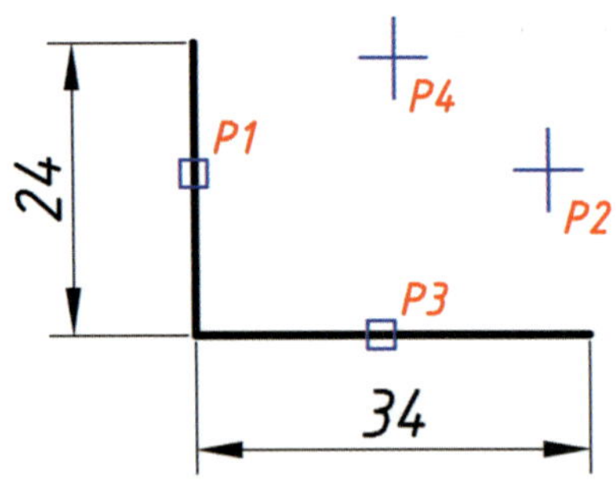


(a) 거리를 지정한 Offset 실행 전

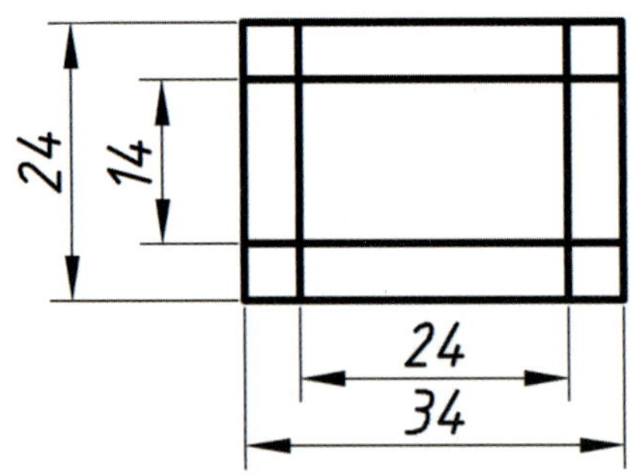


(b) 거리를 지정한 Offset 실행 후

### (3) 통과점(T)에 의한 Offset 방법 1 〈OSNAP : 끝점(E)〉

객체선택 → Offset하고자 하는 지점을 클릭한다.

① 명령(Command) : O Enter

- 간격띄우기 거리 지정 또는 [통과점(T)/지우기(E)/도면층(L)] 〈통과점〉 : T Enter
- 간격띄우기할 객체 선택 또는 [종료(E)/명령취소(U)] 〈종료〉 : P1 클릭
- 통과점 지정 또는 [종료(E)/다중(M)/명령취소(U)] 〈종료〉 : P2 클릭
- 간격띄우기할 객체 선택 또는 [종료(E)/명령취소(U)] 〈종료〉 : Enter (같은 방법으로 P5 → P4를 작업해도 된다.)

### (4) 통과점(T)에 의한 Offset 방법 2 〈OSNAP : 끝점(E)〉

기본물음이 〈통과점〉인 상황에서 Offset 거리를 입력받아 객체 선택 → Offset하고자 하는 지점을 클릭한다.

① 명령 : Enter (Offset 명령 계속 실행)

- 간격띄우기 거리 지정 또는 [통과점(T)/지우기(E)/도면층(L)] 〈통과점〉 : P3 클릭 → P4 클릭(Offset 거리가 입력된다.)
- 간격띄우기할 객체 선택 또는 [종료(E)/명령취소(U)] 〈종료〉 : P5 클릭
- 간격띄우기할 면의 점 지정 또는 [종료(F)/다중(M)/명령취소(U)] 〈종료〉 : P6 클릭(Offset할 방향)
- 간격띄우기할 객체 선택 또는 [종료(E)/명령취소(U)] 〈종료〉 : Enter

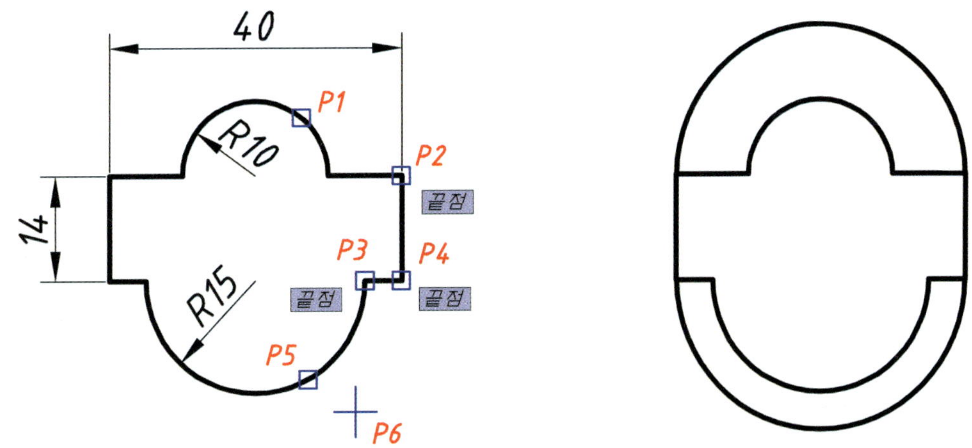


(a) 통과점(T)을 이용한 Offset 실행 전

(b) 통과점(T)을 이용한 Offset 실행 후

③ 기타 명령옵션 요약

| 명령옵션 | 설 명 |
|---|---|
| 이전(P) | 객체선택 : P Enter (이전에 선택한 요소를 선택한다.) |
| 최종(L) | 객체선택 : L Enter (마지막에 작도된 요소를 선택한다.) |

기능

"〈통과점〉"의 두 가지 방법은 실제 투상도 작도 시 용이하게 활용되는 기법이다.

## 02 TRIM(자르기) 명령

불필요한 요소(객체)의 일부분의 경계를 선택해 잘라낸다.

### (1) 단일요소(객체) 자르기 1

① 명령(Command) : TR Enter

② 툴바메뉴(수정) : 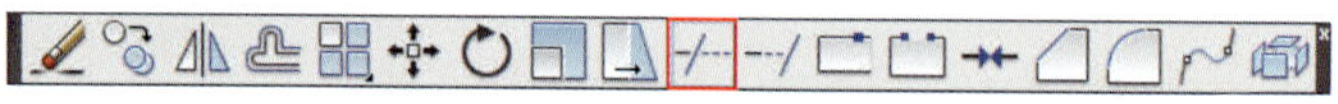

- 객체 선택 또는 〈모두 선택〉 : P1 클릭
- 객체 선택 : Enter (자르기 경계로 이용할 객체가 있으면 계속 선택)
- 자를 객체 선택 또는 Shift 키를 누른 채 선택하여 연장 또는 [울타리(F)/걸치기(C)/프로젝트(P)/모서리(E)/지우기(R)/명령취소(U)] : P2 클릭
- 자를 객체 선택 또는 Shift 키를 누른 채 선택하여 연장 또는 [울타리(F)/걸치기(C)/프로젝트(P)/모서리(E)/지우기(R)/명령취소(U)] : Enter

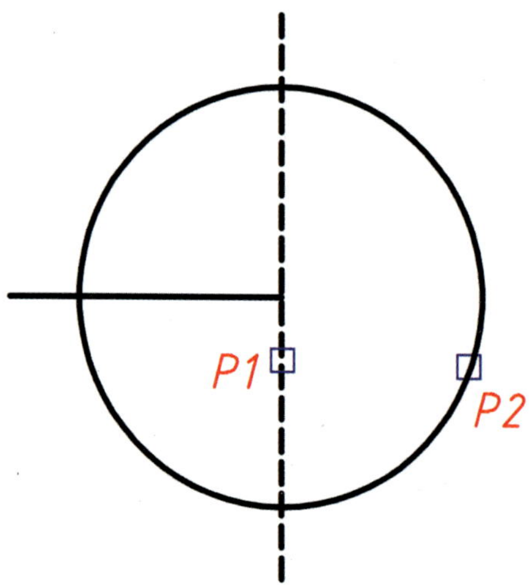


(a) 단일요소 자르기 실행 전

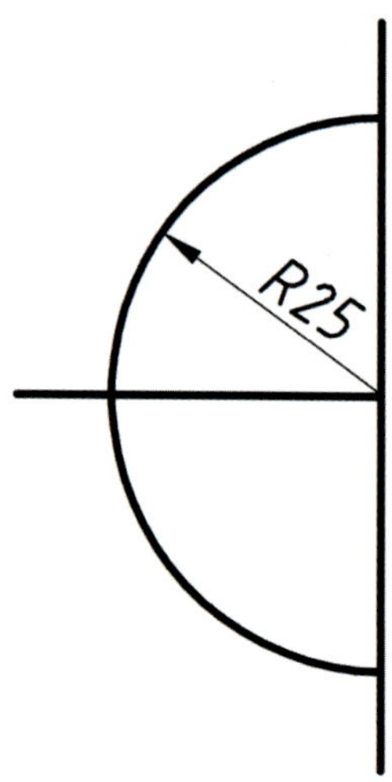


(b) 단일요소 자르기 실행 후

### (2) 단일요소(객체) 자르기 2

① 명령(Command) : TR Enter

- 객체 선택 또는 〈모두 선택〉 : P1 클릭
- 객체 선택 : Enter
- 자를 객체 선택 또는 Shift 키를 누른 채 선택하여 연장 또는 [울타리(F)/걸치기(C)/프로젝트(P)/모서리(E)/지우기(R)/명령취소(U)] : P2 클릭
- 자를 객체 선택 또는 Shift 키를 누른 채 선택하여 연장 또는 [울타리(F)/걸치기(C)/프로젝트(P)/모서리(E)/지우기(R)/명령취소(U)] : P3 클릭
- 자를 객체 선택 또는 Shift 키를 누른 채 선택하여 연장 또는 [울타리(F)/걸치기(C)/프로젝트(P)/모서리(E)/지우기(R)/명령취소(U)] : Enter

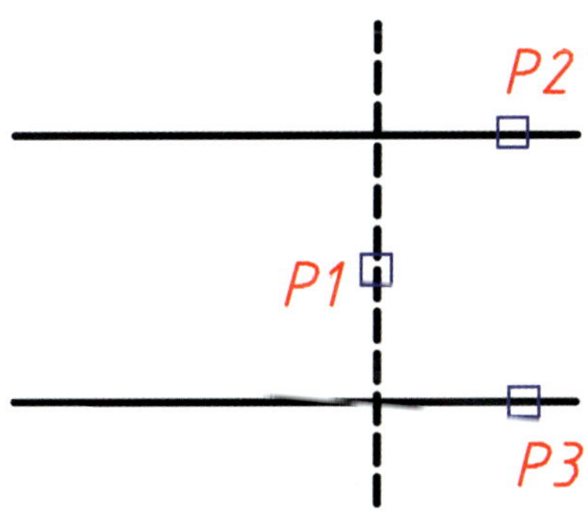


(a) 단일요소 자르기 실행 전

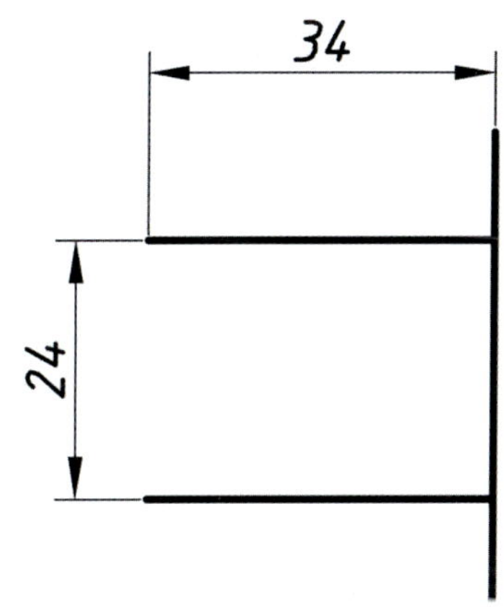


(b) 단일요소 자르기 실행 후

**기능**

1. 기본도면 작업 시 Offset, Trim 명령을 가장 많이 사용하게 된다.
2. 기계제도나 디자인에서 기본스케치 – 윤곽도(투상도)를 그리는 것과 같다.

### (3) 걸치기(C) 를 이용한 자르기 〈OSNAP : OFF(F3)〉

① 명령(Command) : TR Enter

- 객체 선택 또는 〈모두 선택〉 : P1 클릭
- 객체 선택 : Enter
- 자를 객체 선택 또는 Shift키를 누른 채 선택하여 연장 또는 [울타리(F)/걸치기(C)/프로젝트(P)/모서리(E)/지우기(R)/명령취소(U)] : P2 클릭 → P3 클릭
- 자를 객체 선택 또는 Shift 키를 누른 채 선택하여 연장 또는 [울타리(F)/걸치기(C)/프로젝트(P)/모서리(E)/지우기(R)/명령취소(U)] : Enter

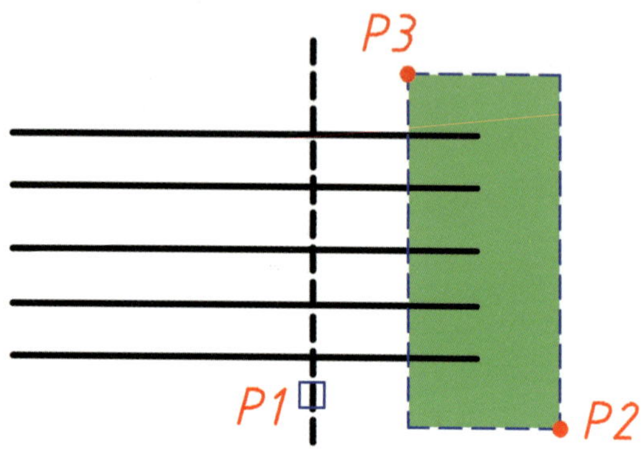

(a) 걸치기(C) 자르기 실행 전

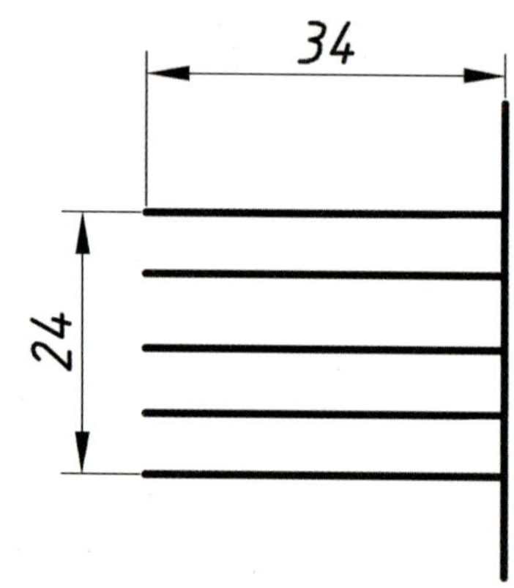

(b) 걸치기(C) 자르기 실행 후

### (4) 울타리(F)를 이용한 자르기 〈OSNAP : OFF(F3)〉

① 명령(Command) : TR Enter

- 객체 선택 또는 〈모두 선택〉: 반대 구석 지정 : P1 클릭 → P2 클릭
- 객체 선택 : Enter
- 자를 객체 선택 또는 Shift 키를 누른 채 선택하여 연장 또는 [울타리(F)/걸치기(C)/프로젝트(P)/모서리(E)/지우기(R)/명령취소(U)] : F Enter
- 첫 번째 울타리 점 지정 : P3 클릭 → P4 클릭
- 다음 울타리 점 지정 또는 [명령취소(U)] : (Trim되지 않은 객체부분은 그냥 클릭한다.)
- 자를 객체 선택 또는 Shift 키를 누른 채 선택하여 연장 또는 [울타리(F)/걸치기(C)/프로젝트(P)/모서리(E)/지우기(R)/명령취소(U)] : Enter

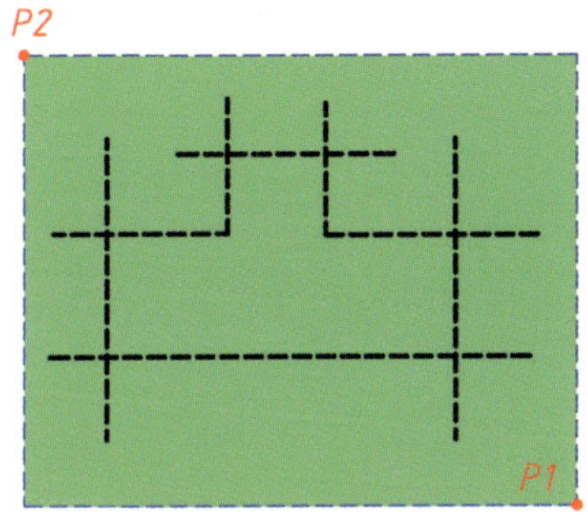


(a) 울타리(F) 자르기 선택

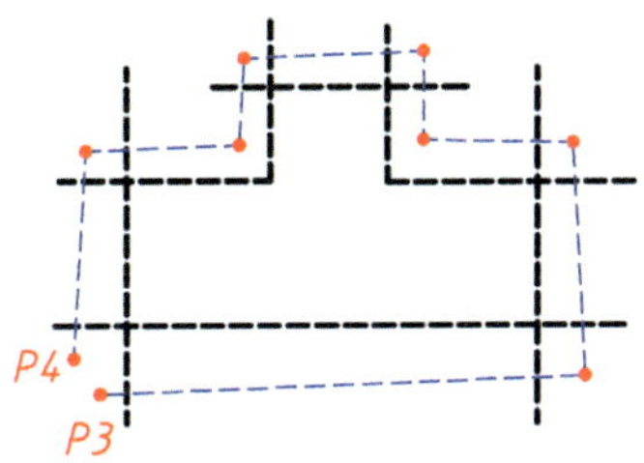


(b) 울타리(F) 자르기 과정

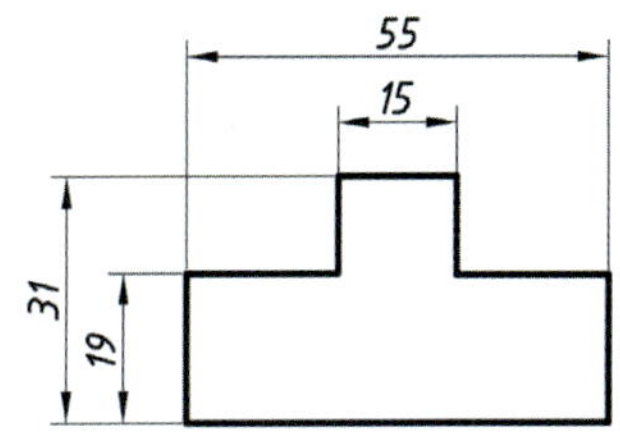


(c) 울타리(F) 자르기 실행 후

**기능**

1. 걸치기(C), 울타리(F) 선택할 때나 자르기할 때는 OSNAP=OFF(F3)한다 .
2. 걸치기(C) 옵션 입력이 불필요하나 울타리(F)를 연장할 때는 옵션 "F"를 입력한다.

## 03 FILLET(모깎기) 명령

요소를 선택해 지정한 반지름(R)만큼 라운딩(모깎기)한다.

### (1) 직선이 교차하거나 떨어져 있는 경우 Fillet 방법

① 명령(Command) : F Enter

② 툴바메뉴(수정) : 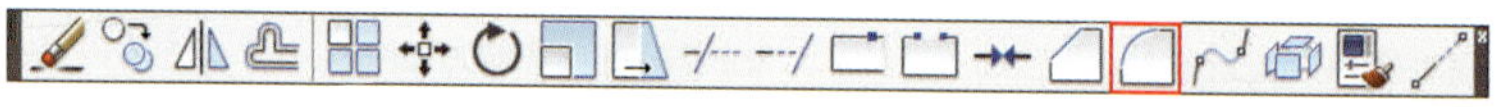

- 첫 번째 객체 선택 또는 [명령취소(U)/폴리선(P)/반지름(R)/자르기(T)/다중(M)] : R Enter
- 모깎기 반지름 지정 ⟨0.0000⟩ : 5 Enter
- 첫 번째 객체 선택 또는 [명령취소(U)/폴리선(P)/반지름(R)/자르기(T)/다중(M)] : P1 클릭
- 두 번째 객체 선택 또는 Shift 키를 누른 채 선택하여 구석 적용 : P2 클릭(같은 방법으로 그림 (c) 처리)

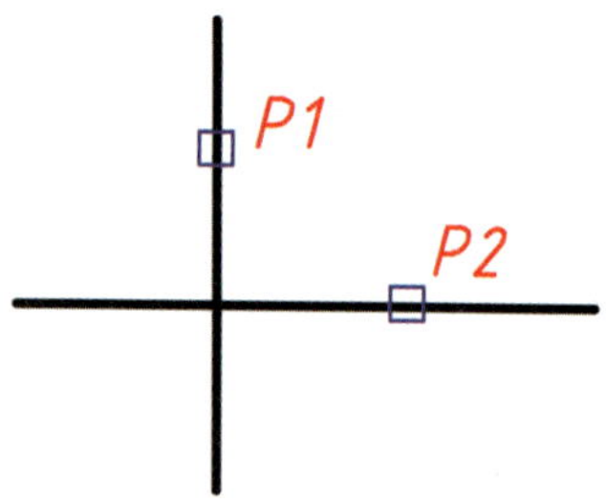


(a) 직선이 교차한 경우 Fillet 실행 전

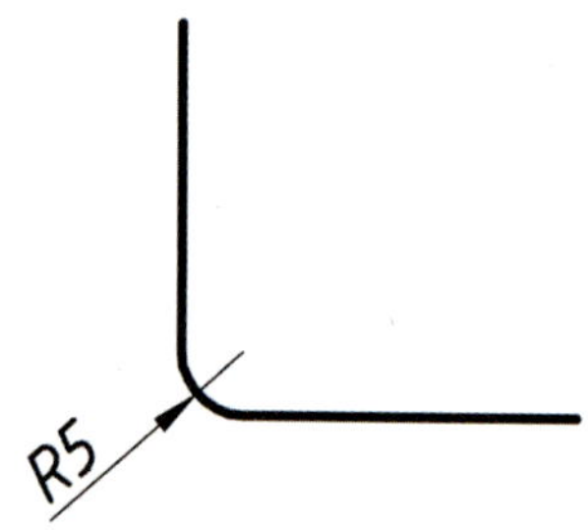


(b) 직선이 교차한 경우 Fillet 실행 후

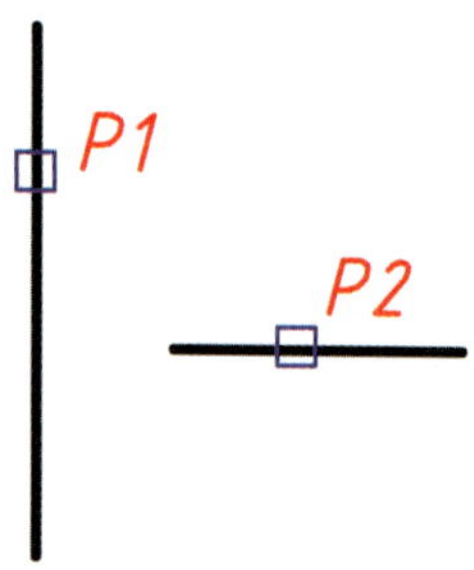


(c) 직선이 떨어진 경우 Fillet 실행 전

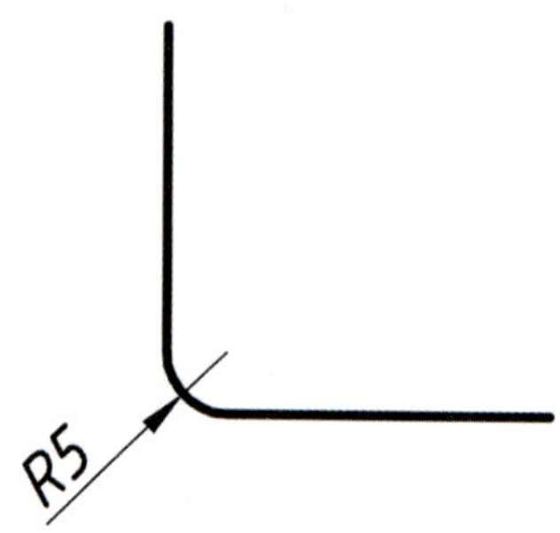


(d) 직선이 떨어진 경우 Fillet 실행 후

**기능**

라운딩(R) 5mm는 변경 전까지는 계속 똑같이 적용되므로 변경값은 바꿔줘야 한다.

## (2) 직선일 때 Fillet 값 = 0인 경우 Fillet 방법

① 명령(Command) : F Enter

- 첫 번째 객체 선택 또는 [명령취소(U)/폴리선(P)/반지름(R)/자르기(T)/다중(M)] : R Enter
- 모깎기 반지름 지정 〈5.0000〉 : 0 Enter
- 첫 번째 객체 선택 또는 [명령취소(U)/폴리선(P)/반지름(R)/자르기(T)/다중(M)] : P1 클릭
- 두 번째 객체 선택 또는 Shift 키를 누른 채 선택하여 구석 적용 : P1 클릭(같은 방법으로 그림 (c) 처리)

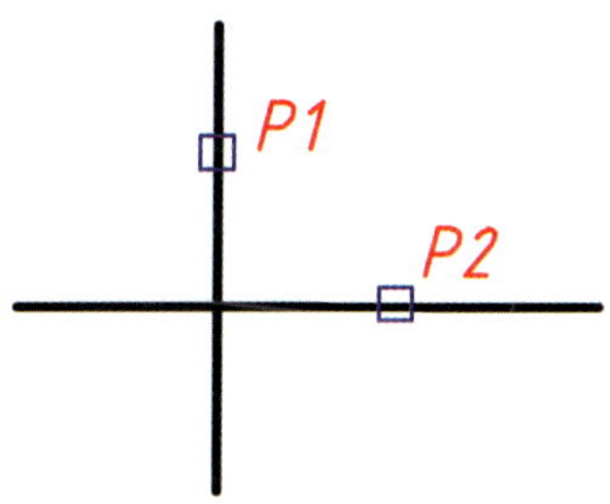


(a) 직선이 교차한 경우 Fillet 실행 전

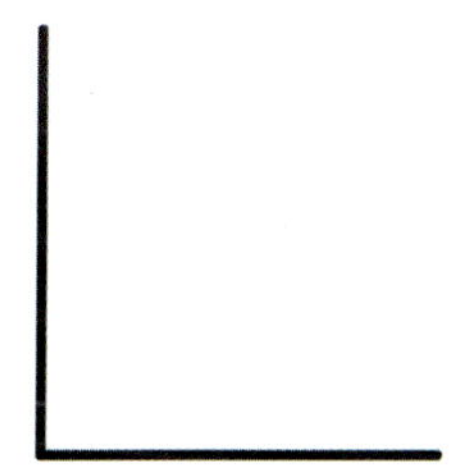

(b) 직선이 교차한 경우 Fillet 실행 후

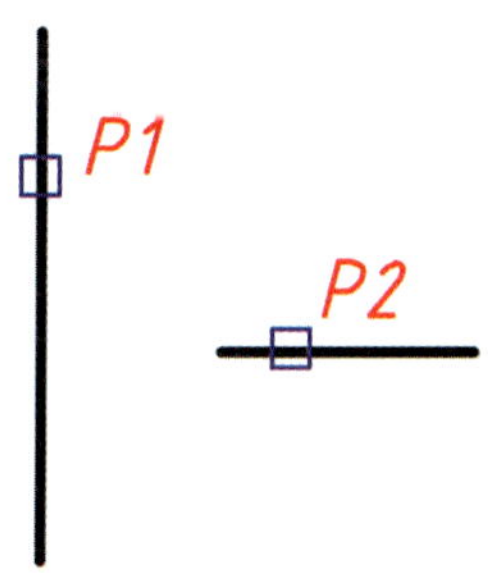


(c) 직선이 떨어진 경우 Fillet 실행 전

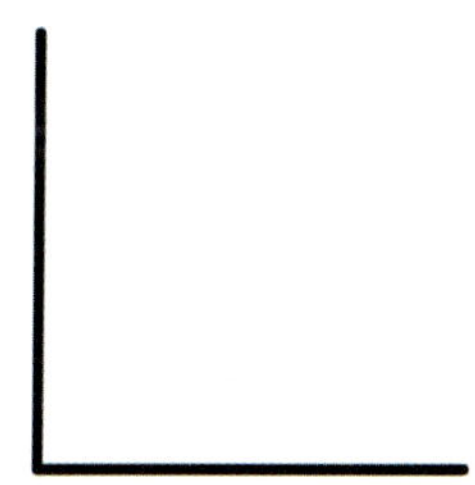

(d) 직선이 떨어진 경우 Fillet 실행 후

**기능**

구석부분 처리방법은 Trim 명령보다 효과적이다.

### (3) 직선과 호의 경우 Fillet 방법

① 명령(Command) : F Enter

- 첫 번째 객체 선택 또는 [명령취소(U)/폴리선(P)/반지름(R)/자르기(T)/다중(M)] : R Enter
- 모깎기 반지름 지정 〈0.0000〉 : 5 Enter
- 첫 번째 객체 선택 또는 [명령취소(U)/폴리선(P)/반지름(R)/자르기(T)/다중(M)] : P1 클릭
- 두 번째 객체 선택 또는 Shift 키를 누른 채 선택하여 구석 적용 : P2 클릭(같은 방법으로 처리)

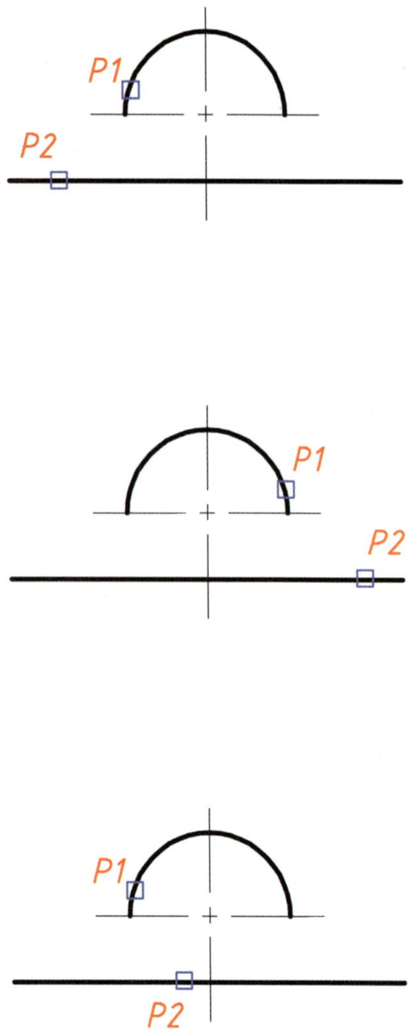


(a) 직선과 호(Arc)의 Fillet 실행 전

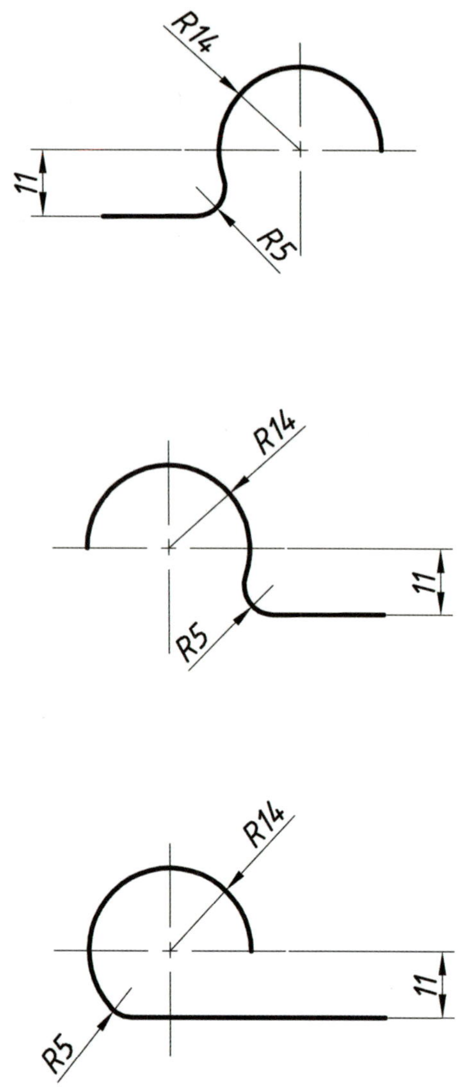


(b) 직선과 호(Arc)의 Fillet 실행 후

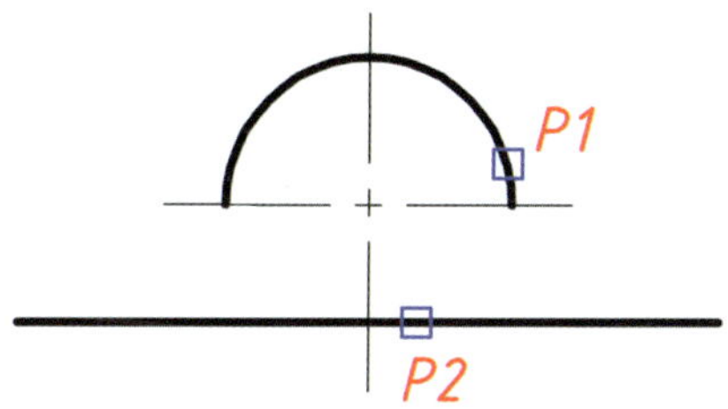


(a) 직선과 호(Arc)의 Fillet 실행 전

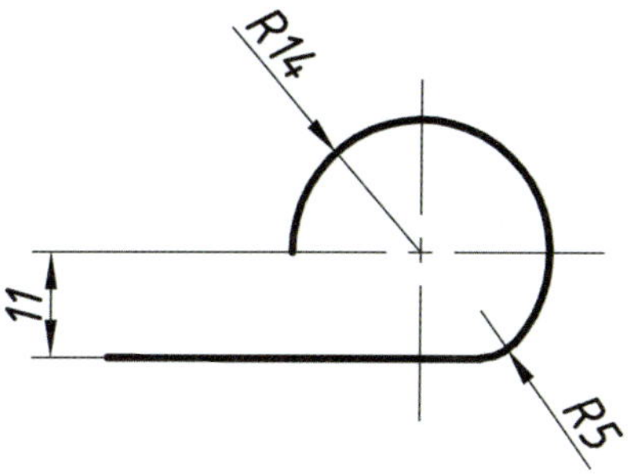


(b) 직선과 호(Arc)의 Fillet 실행 후

### (4) PLANE인 경우 Fillet 방법

모든 요소(객체)가 하나로 연결된 Pline의 경우는 한번에 Fillet된다.

① **명령(Command) : F** Enter

- 첫 번째 객체 선택 또는 [명령취소(U)/**폴리선(P)**/반지름(R)/자르기(T)/다중(M)] : P Enter
- 2D 폴리선 선택 : **P1 클릭**

(a) Pline의 Fillet 실행 전

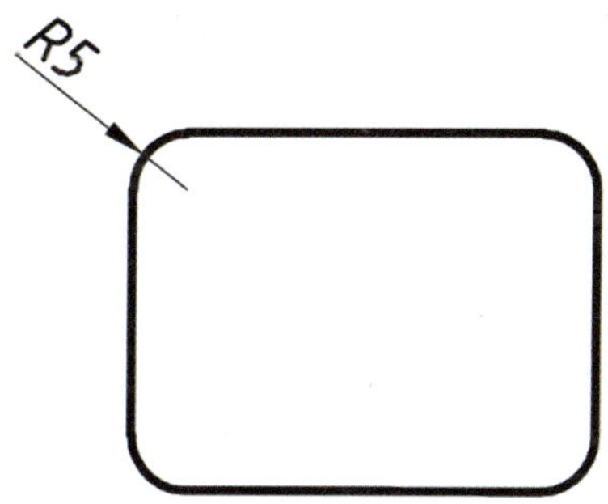


(b) Pline의 Fillet 실행 후

**기능**

자르기(T) 옵션을 **"자르지 않기(N)"**으로 바꾸면 끝부분이 그대로 남는다.

## 04 CHAMFER(모따기) 명령

요소를 선택해 지정한 크기만큼 모따기(C)한다.

### (1) 일반적인 45° 모따기

① 명령(Command) : CHA Enter

② 툴바메뉴(수정) : 

- 첫 번째 선 선택 또는 [명령취소(U)/폴리선(P)/거리(D)/각도(A)/자르기(T)/메서드(E)/다중(M)] : D Enter
- 첫 번째 모따기 거리 지정 〈0.0000〉 : 5 Enter
- 두 번째 모따기 거리 지정 〈5.0000〉 : Enter (첫 번째와 다를 경우 다른 값을 입력한다.)
- 첫 번째 선 선택 또는 [명령취소(U)/폴리선(P)/거리(D)/각도(A)/자르기(T)/메서드(E)/다중(M)] : P1 클릭
- 두 번째 선 선택 또는 Shift 키를 누른 채 선택하여 구석 적용 : P2 클릭

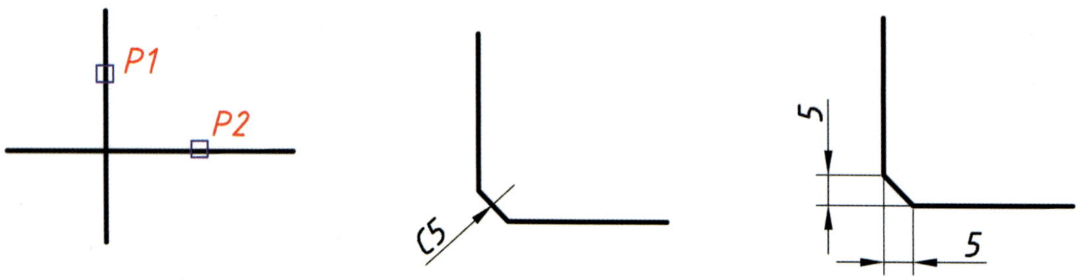


(a) Chamfer 실행 전 (b) Chamfer 실행 후 (c) 치수 C5의 뜻

**기능**

기계제도에서 C5의 의미는 가로, 세로의 길이가 5mm로 동일하다는 뜻이다.

## (2) 가로, 세로가 다른 모따기

① 명령(Command) : CHA Enter

- 첫 번째 선 선택 또는 [명령취소(U)/폴리선(P)/거리(D)/각도(A)/자르기(T)/메서드(E)/다중(M)] : D Enter
- 첫 번째 모따기 거리 지정 〈0.0000〉 : 7 Enter
- 두 번째 모따기 거리 지정 〈7.0000〉 : 5 Enter
- 첫 번째 선 선택 또는 [명령취소(U)/폴리선(P)/거리(D)/각도(A)/자르기(T)/메서드(E)/다중(M)] : P1 클릭
- 두 번째 선 선택 또는 Shift 키를 누른 채 선택하여 구석 적용 : P2 클릭

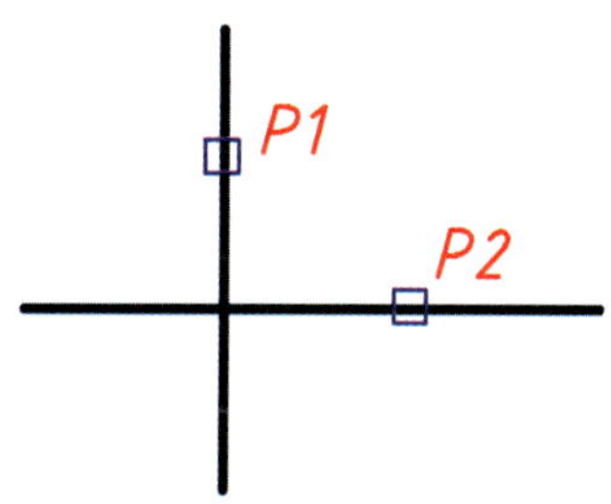


(a) Chamfer값이 다를 경우 실행 전

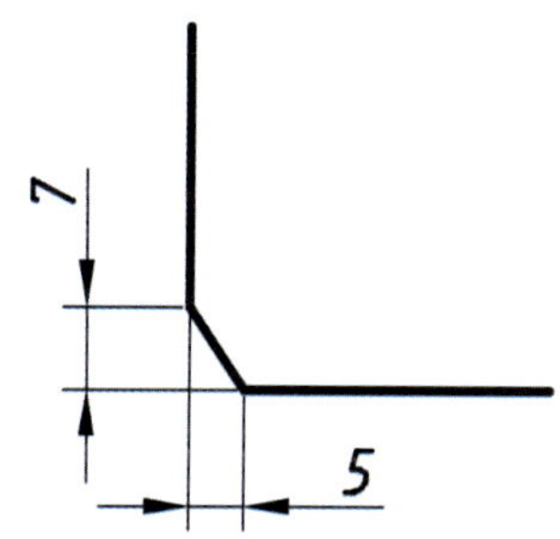


(b) Chamfer값이 다를 경우 실행 후

**기능**

기타 모따기(Chamfer) 방법도 Fillet 방법과 같다.

## 05 LAYER(도면층), 객체특성 〈 선종류(Linetype), 선 색상(Color), 선 굵기 〉 명령

Layer는 요소(객체, 도면) 마다 특성(선 종류, 색상, 굵기)을 부여하고 제어한다.

① 명령(Command) : LA Enter

② 툴바메뉴(도면층) :

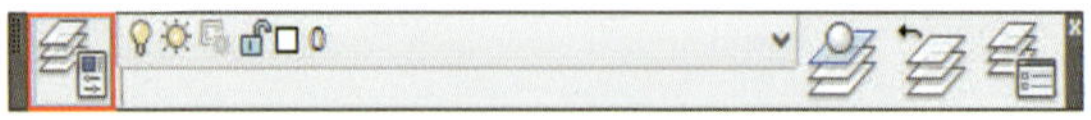

③ 아래와 같이 설정한다.

- **새 도면층 클릭** : Layer 만들기〈가상선, 숨은 선, 중심선 만들기〉
- **색상 클릭** : 원하는 색상 선택
- **선종류 클릭** : **로드(L) 클릭 → 원하는 선 선택 확인 → 로드된 선택 확인**

**기능**

색상을 선택할 때 번호를 입력해도 된다.

④ 기사/산업기사/기능사 실기규격에 맞는 주요설정 요약

| Layer(이름) | 선 색상 | 선 종류 |
| --- | --- | --- |
| 외형선(0) | 초록색(3) | Continuous |
| 중심선 | 빨간색(1) 또는 흰색(7) | CENTER2 |
| 숨은 선 | 노란색(2) | HIDDEN2 |
| 가상선 | 빨간색(1) 또는 흰색(7) | PHANTOM2 |

**기능**

AutoCAD에서는 색상(Color)마다 **번호**가 부여되어 있다.

(예 1 = 빨간색 , 2 = 노란색 , 3 = 초록색 , 4 = 하늘색 , 5 = 파랑색 , 6 = 보라색 , 7 = 흰색 등 …)

### ⑤ LAYER(도면층)와 특성(기본 : Bylayer)

Layer의 변경에 따라 특성도 함께 변하게 되는데 객체(요소) 선택 후 특성을 변경시킬 수 있다. 또한 Layer 변경상태에서 도면작업을 할 수 있으며 이미 작도된(그려진) 객체(요소, 도면)들도 선택해서 변경할 수 있다.

(a) 외형선(O) 레이어(Layer)와 특성

(b) 중심선 레이어(Layer)와 특성

(c) 숨은선 레이어(Layer)와 특성

(d) 가상선 레이어(Layer) 와 특성

**기능**

1. 특성의 기본값은 모두 Bylayer여야 한다. 변경하면 Layer 설정값을 무시하고 우선적으로 적용하게 된다.
2. 특성 변경방법

   명령입력 없이 화면상에 객체 선택(클릭) → 특성(색상, 선종류, 굵기)에서 원하는 특성을 변경한다.
3. Layer 끄기

   명령 입력 없이 화면상에 객체 선택(클릭) → 선택 Layer 끄기

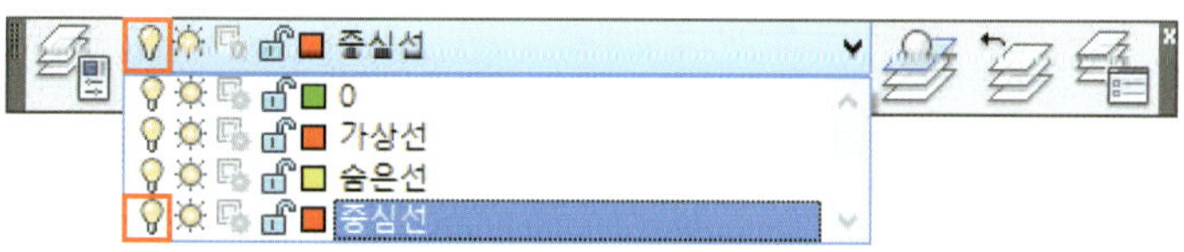

## 06 LTSCALE(Linetype Scale, 선 간격 · 길이) 명령

선 간격 및 길이를 조절한다.(선 굵기가 아님)

① 명령(Command) : LTS Enter

- LTSCALE 새로운 선종류 축척 비율 입력 〈1.0000〉 : 1 Enter

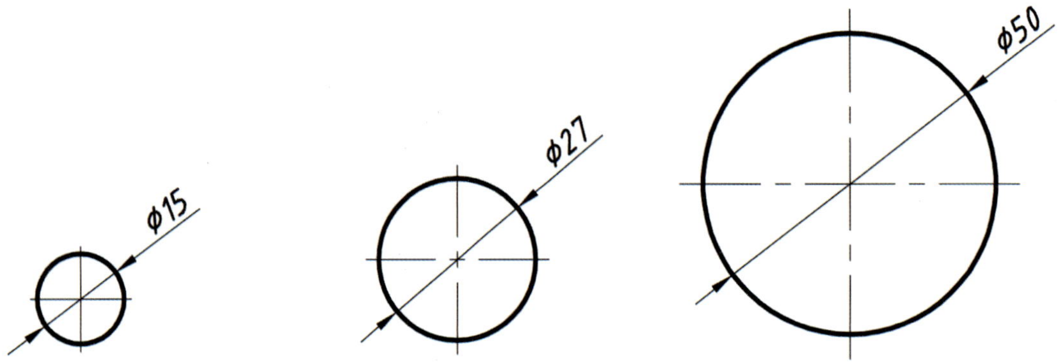


(a) 가는 실선끼리 중심선 교차 (b) 짧은 선끼리 중심선 교차 (c) 긴 선끼리 중심선 교차

**기능**

중심선은 A2 사이즈(Limits : 594, 420) 기준으로 지름 50mm 이상일 때 긴 선끼리 교차, 이하일 때 짧은 선끼리 교차하도록 선 간격을 조절한다.(작은 원은 가는 실선으로 교차)

## 07 LENGTHEN(길이 조정) 명령 〈툴바 → 사용자화(C) → 명령리스트에서 찾아 넣기〉

선택한 객체(요소)의 길이를 입력한 크기만큼 조정한다.

① 명령(Command) : LEN Enter

② 툴바메뉴(수정) : 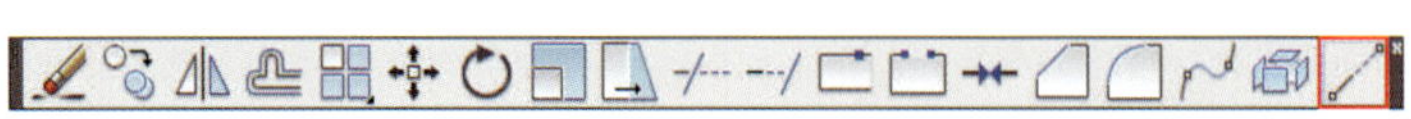

- 객체 선택 또는 [증분(DE)/퍼센트(P)/합계(T)/동적(DY)] : DE Enter
- 증분 길이 입력 또는 [각도(A)] 〈0.0000〉 : 4 Enter (−4를 입력하면 −4mm씩 줄어든다.)
- 변경할 객체 선택 또는 [명령 취소(U)] : P1 클릭 → P4 클릭
- 변경할 객체 선택 또는 [명령 취소(U)] : Enter

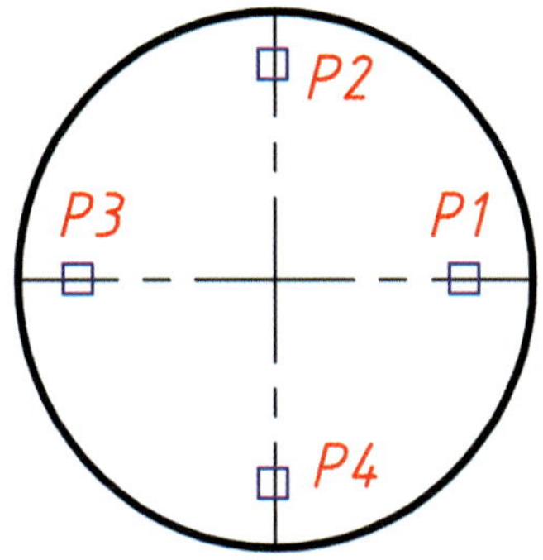

(a) 길이 조정 → 증분(DE) 실행 전

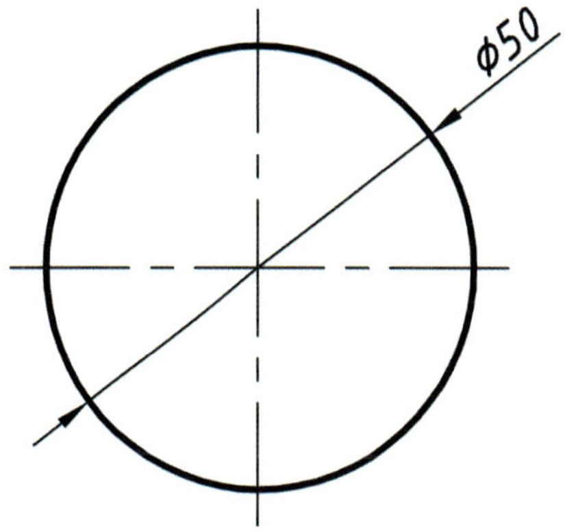

(b) 길이 조정 → 증분(DE) 실행 후

### ③ 기타 명령옵션 요약

| 명령옵션 | 설 명 |
|---|---|
| 퍼센트(P) | 선택한 객체(선, 호)의 길이를 입력한 퍼센트만큼 조정한다. |
| 합계(T) | 선택한 객체(선, 호)의 길이를 입력한 길이로 새로 조정한다. |
| 동적(DY) | 선택한 객체(선, 호)의 끝점에서 길이를 새로 입력받는다. |

**기능**

선택한 객체(선 , 호)에 치수가 기입되어 있으면 치수값도 함께 변한다.

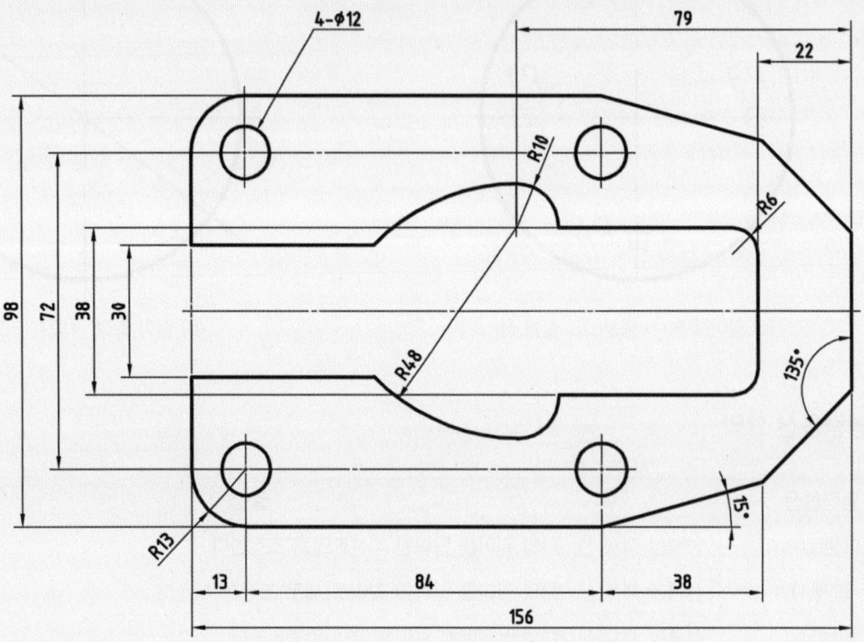
4-ϕ12
79
22
R10
R6
98
72
38
30
R48
135°
15°
R13
13
84
38
156

그림 1

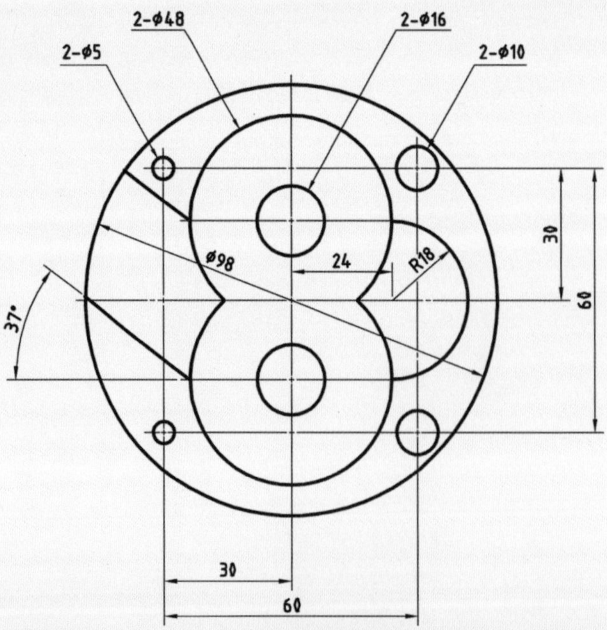
2-ϕ48
2-ϕ16
2-ϕ5
2-ϕ10
ϕ98
24
R18
30
60
37°
30
60

그림 2

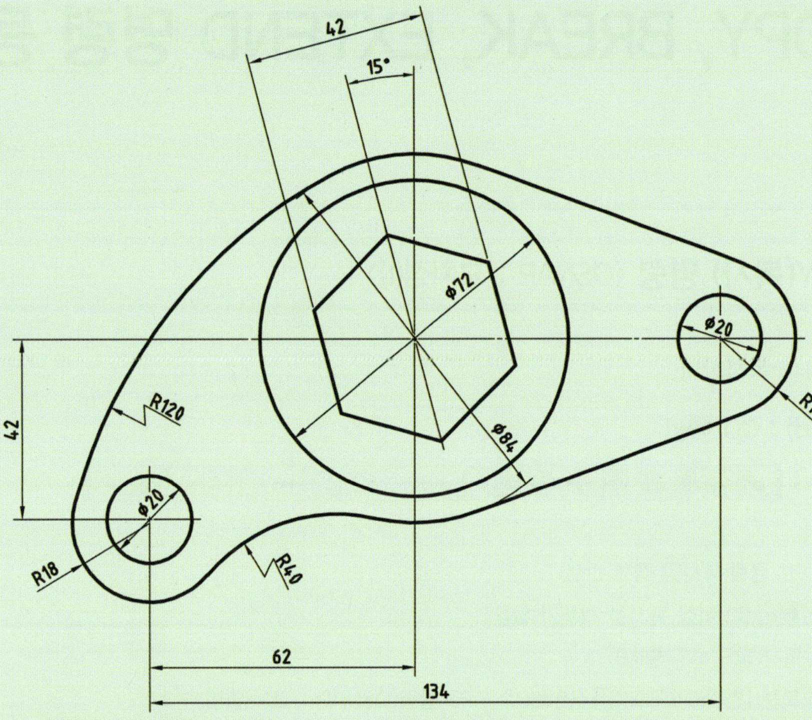
42
15°
φ72
φ20
R18
R120
42
φ84
φ20
R18
R40
62
134

그림 1

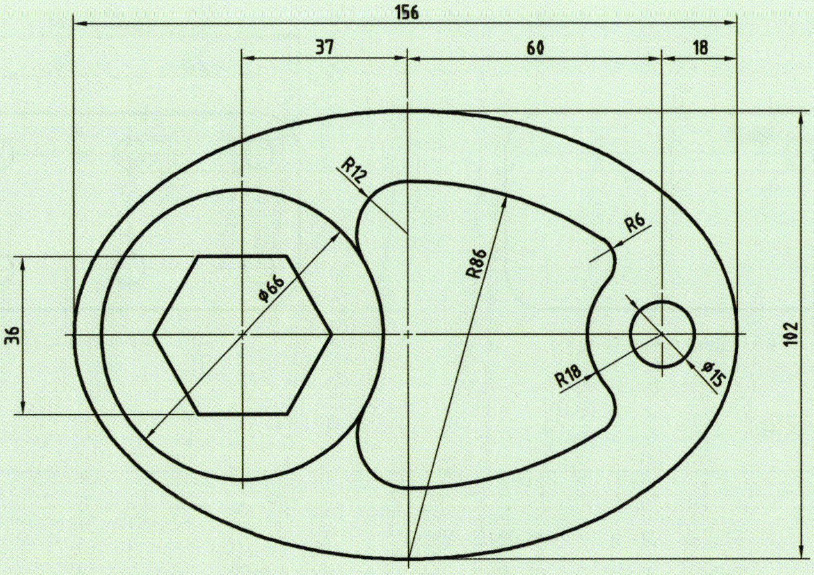
156
37
60
18
R12
R86
R6
36
φ66
102
R18
φ15

그림 2

# 05 COPY, BREAK, EXTEND 명령 등

## 01 COPY(복사) 명령 〈OSNAP : 교차점(I)〉

선택한 객체(요소)를 복사한다.

① **명령(Command) : CO Enter**

② **툴바메뉴(수정) :** 

- 객체 선택 : **P1 클릭(복사할 객체 선택)**
- 객체 선택 : **Enter (더 이상 복사할 객체가 없음)**
- 현재 설정 : 복사 모드 = 다중(M)
- **기본점** 지정 또는 [변위(D)/모드(O)] 〈변위(D)〉 : **P2 클릭(OSNAP : 교차점(I))**
- **두 번째 점** 지정 또는 [종료(E)/명령취소(U)] 〈종료〉 : **P3 클릭 → P7 클릭(또는 좌표 입력)**
- 두 번째 점 지정 또는 [종료(E)/명령취소(U)] 〈종료〉 : Enter

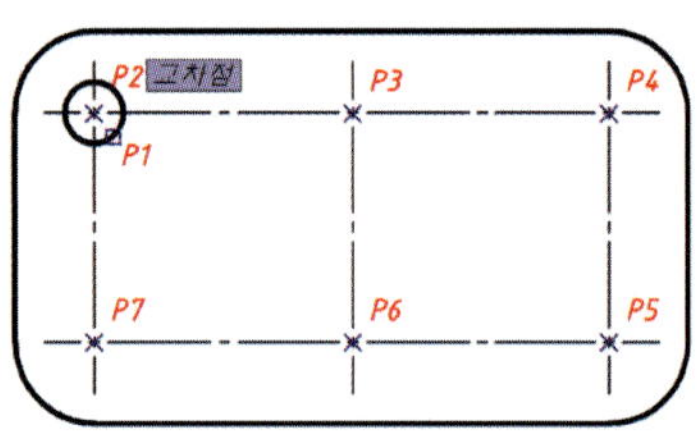


(a) 다중(M) 복사 실행 전

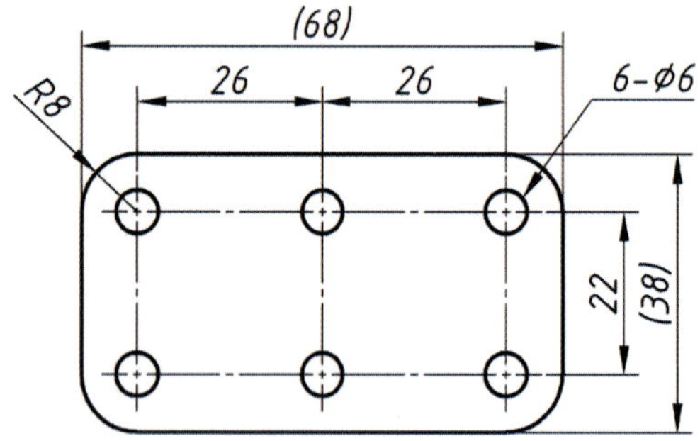


(b) 다중(M) 복사 실행 후

### ③ 기타 명령옵션 요약

| 명령옵션 | 설 명 |
|---|---|
| 모드(O) | 단일(S) : 객체를 한 번 복사하고 끝낸다.<br>다중(M) : 객체를 다중 복사한다.(기본적으로 적용되어 있음) |
| 이전(P) | 객체선택 : P Enter (이전의 선택한 요소를 선택한다.) |
| 최종(L) | 객체선택 : L Enter (마지막에 작도된 요소를 선택한다.) |

**기능**

1. 복사(Copy)할 객체(요소)가 많을 경우 Crossing(걸치기) 선택과 Window 선택법을 이용한다.
2. 복사(Copy)할 위치에 따라 Osnap 모드는 달라질 수 있다 .
3. ORTHO 〈ON/OFF(F8)〉 : 수직 및 수평복사

## 02 MOVE(이동) 명령

선택한 객체(요소)를 원하는 위치로 이동(옮김)시킨다.

### (1) 단일객체 이동 〈OSNAP : 끝점(E), 중심(C)〉

객체를 선택해 원하는 위치에 이동시키는 방법

① **명령(Command) : M Enter**

② **툴바메뉴(수정) :** 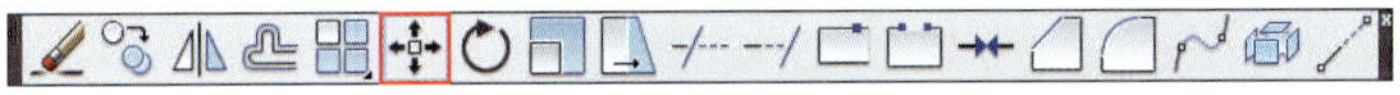

- 객체 선택 : P1 클릭(이동시킬 객체 선택)
- 객체 선택 : Enter (더 이상 이동시킬 객체가 없음)
- 기준점 지정 또는 [변위(D)] 〈변위〉 : P2 클릭 → P3 클릭(또는 좌표점 사용)

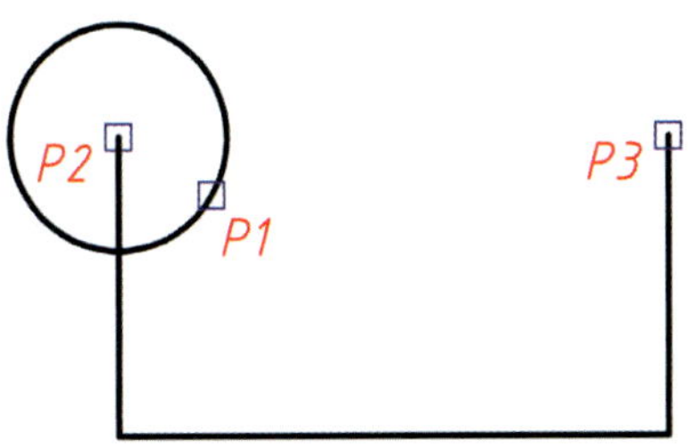

(a) 단일객체 이동 실행 전

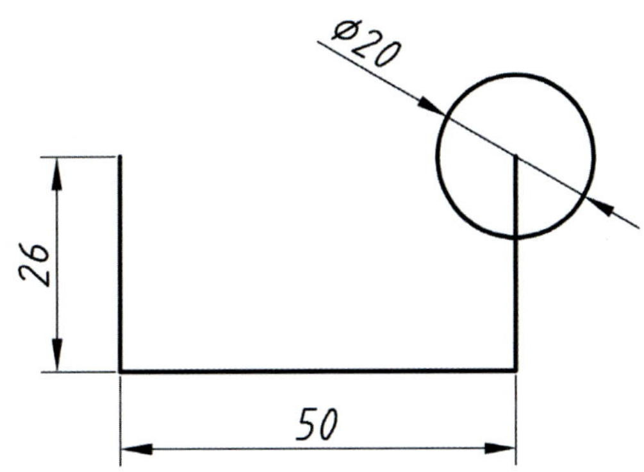

(b) 단일객체 이동 실행 후

### (2) 복합객체 이동

복합객체를 Crossing이나 Window로 선택해 원하는 위치에 이동시키는 방법

① **명령(Command) : M** Enter

- 객체 선택 : P1 클릭 → P2 클릭(이동시킬 객체 선택)
- 객체 선택 : Enter (더 이상 이동시킬 객체가 없음)
- 기준점 지정 또는 [변위(D)] 〈변위〉 : P3 클릭 → P4 클릭(화면상 임의의 점)

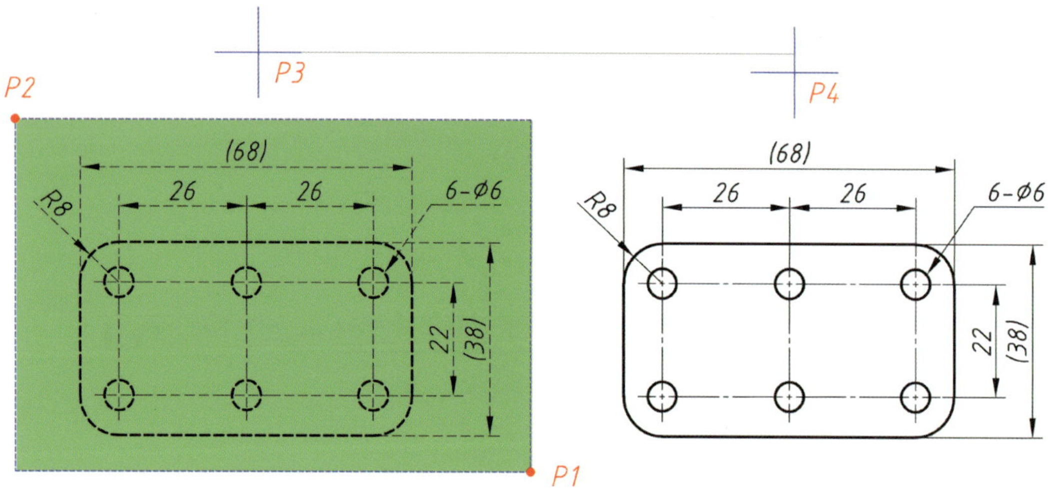


(a) 복합객체 이동 실행 전　　(b) 복합객체 이동 실행 후

**기능**

선택한 객체는 모두 Crossing(걸치기) 또는 Window 박스 안에 있어야 한다.

## 03 PAN(화면이동) 명령

화면을 이동시킨다.

① **명령(Command) : P** Enter **→ 클릭 상태에서 화면이동**

② **툴바메뉴(표준) :** 

**기능**

마우스 스크롤(휠) 클릭 상태에서도 화면 이동이 된다.

## 04 BREAK(끊기) 명령

선택한 객체(요소)의 원하는 지점을 끊어(잘라)낸다.

### (1) 두 점 끊기(선) 〈OSNAP : OFF(F3)〉

객체의 첫 번째 지점 클릭 → 두 번째 지점에서 끊기

① 명령(Command) : BR Enter

② 툴바메뉴 : 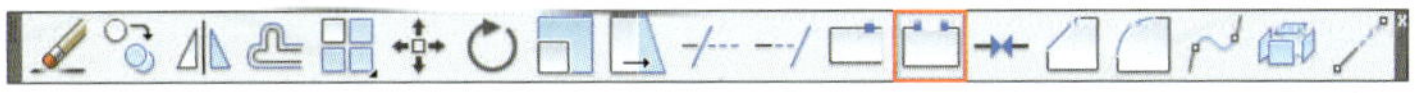

- BREAK 객체 선택 : P1 클릭(끊을 임의의 첫 번째 지점)
- 두 번째 끊기점을 지정 또는 [첫 번째 점(F)] : P2 클릭

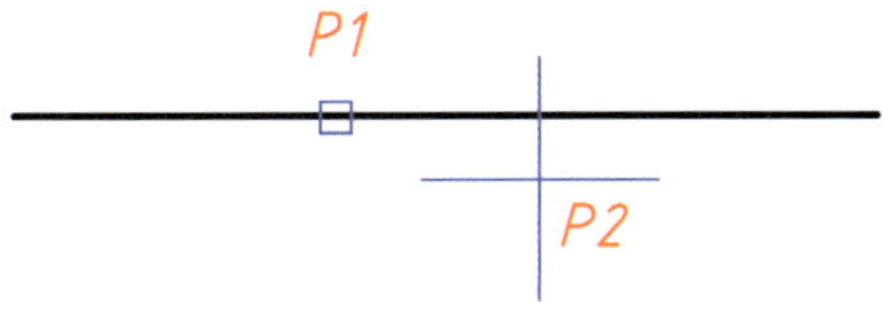


(a) 임의의 두 점 끊기 실행 전

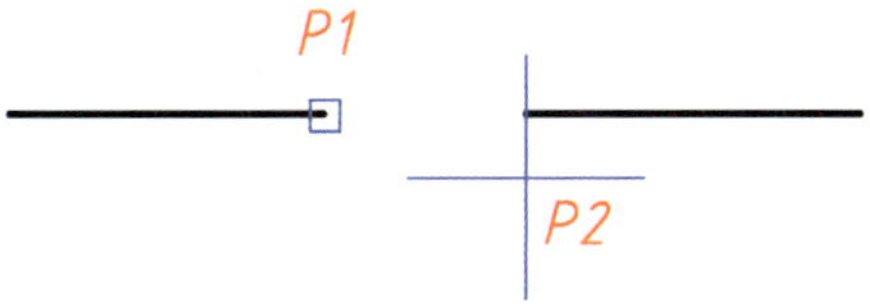


(b) 임의의 두 점 끊기 실행 후

**기능**

크로스 헤어 Y축(수평 : X축)이 칼날과 같은 역할을 한다.

### (2) 두 점 끊기(원) 〈OSNAP : OFF(F3)〉

객체의 첫 번째 지점 클릭 → 두 번째 지점에서 끊기

① 명령(Command) : BR Enter

- BREAK 객체 선택 : P1 클릭(끊을 임의의 첫 번째 지점)
- 두 번째 끊기점을 지정 또는 [첫 번째 점(F)] : P2 클릭

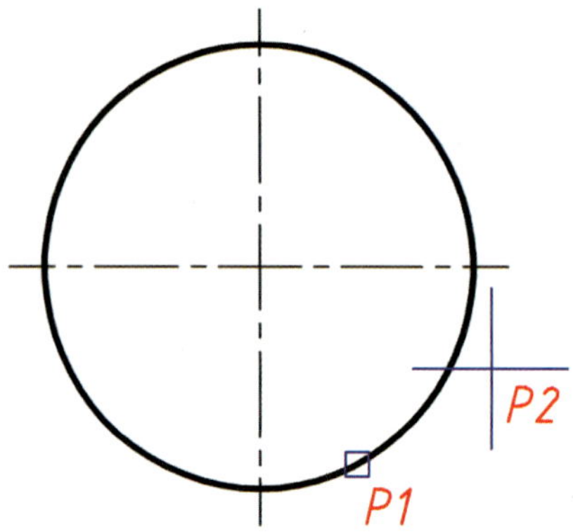


(a) 임의의 두 점 끊기 실행 전

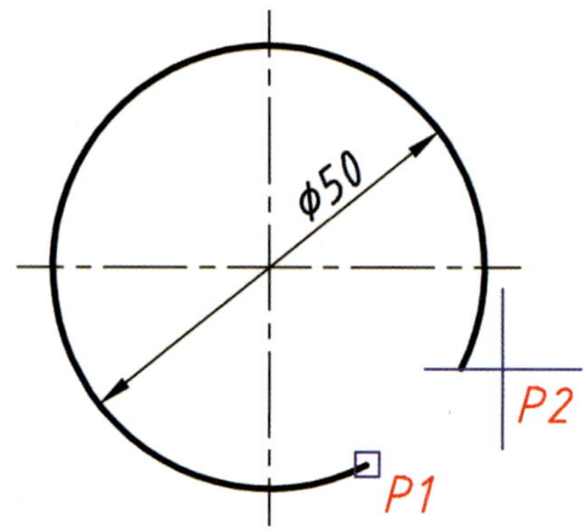


(b) 임의의 두 점 끊기 실행 후

**기능**

1. 크로스 헤어 X축(수직 : Y 축)이 칼날과 같은 역할을 한다.
2. 원은 시계 반대방향으로 선택한다.

### (3) 두 점 끊기(OSNAP 지정점) 〈OSNAP : 교차점(I)〉

객체 선택(클릭) → 객체의 첫 번째 지점 클릭 → 두 번째 지점에서 끊기

① 명령(Command) : BR Enter

- BREAK 객체 선택 : P1 클릭
- 두 번째 끊기점을 지정 또는 [첫 번째 점(F)] : F Enter (끊을 첫 번째 지점 재지정)
- 첫 번째 끊기점 지정 : P2 클릭
- 두 번째 끊기점을 지정 : P3 클릭

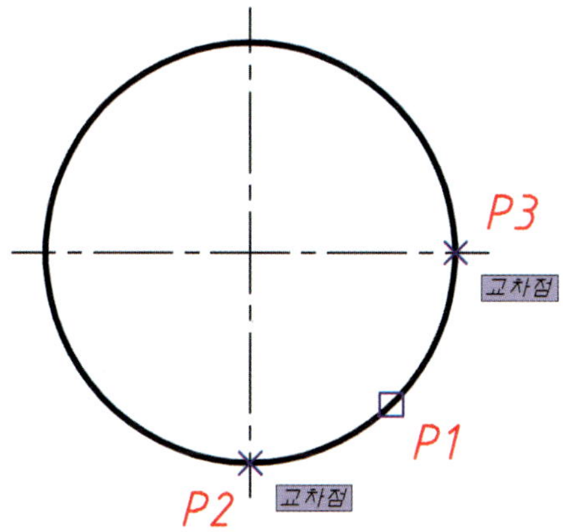

(a) OSNAP 지점 두 점 끊기 실행 전

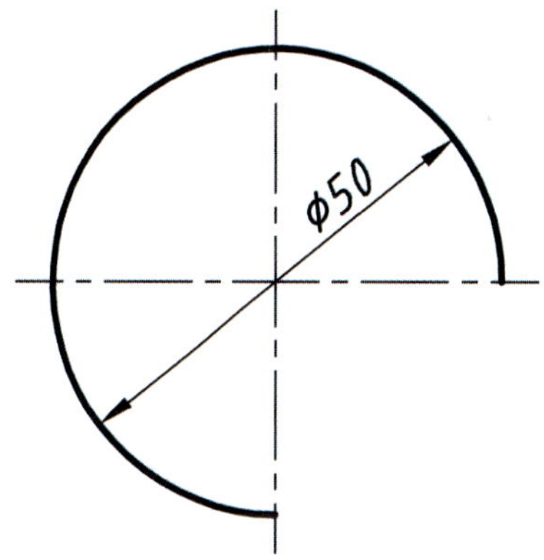

(b) OSNAP 지섬 누 섬 끊기 실행 후

**기능**

TRIM과 같은 결과를 얻는다.

### (4) 한 점 끊기(임의의 점)

객체의 첫 번째 지점 클릭 → @

① **명령(Command) : BR** Enter

- BREAK 객체 선택 : P1 **클릭(끊을 임의의 첫 번째 지점)**
- **두 번째 끊기점**을 지정 또는 [첫 번째 점(F)] : @ Enter (P1 지점을 그대로 끊는다.)

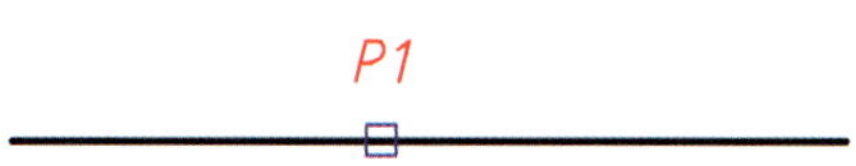

(a) 임의의 한 점 실행 전

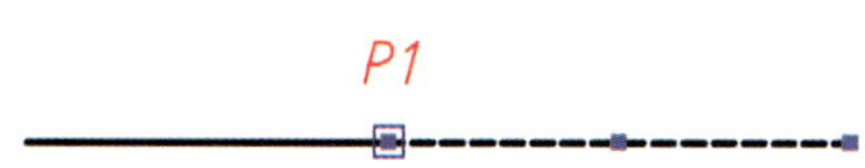

(b) 임의의 한 점 실행 후

**기능**

실행 후 명령 입력 없이 끊긴 선을 선택(클릭)해서 확인해 본다.(그림 b)

### (5) 한 점 끊기(OSNAP 지정점) 〈OSNAP : 교차점(I)〉

객체 선택(클릭) → 두 번째 지점 **"교차점(I)"**에서 끊기

① 툴바메뉴(수정) : 

- 명령 : _break 객체 선택 : P1 클릭
- 두 번째 끊기점을 지정 또는 [첫 번째 점(F)] : _f
- 첫 번째 끊기점 지정 : P2 클릭 〈OSNAP : 교차점(I)〉
- 두 번째 끊기점을 지정 : @

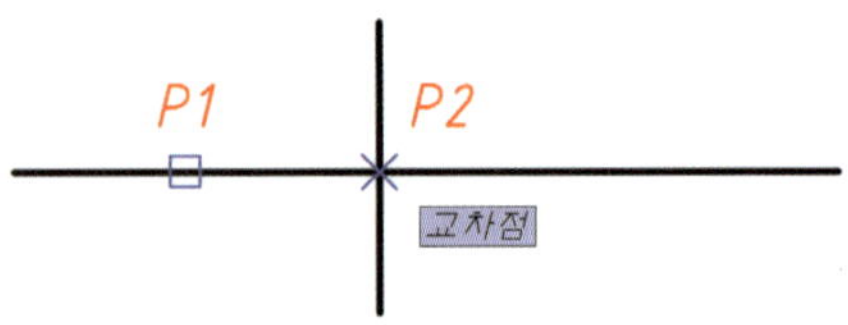

(a) OSNAP 지점 한 점 끊기 실행 전

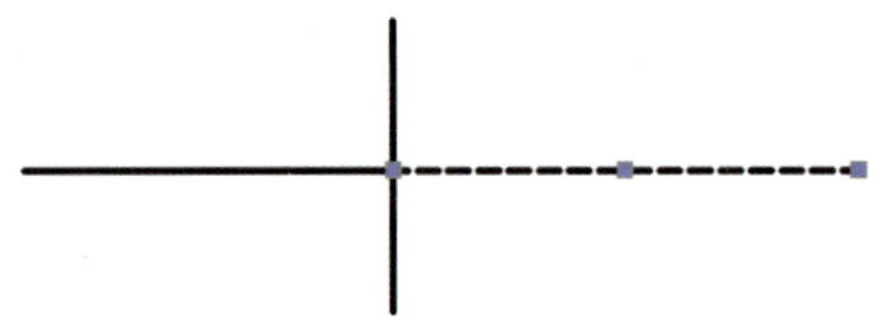
(b) OSNAP 지점 한 점 끊기 실행 후

**기능**

실행 후 명령 입력 없이 끊긴 선을 선택(클릭)해서 확인해 본다.(그림 b)

## 05 EXTEND(연장) 명령

객체(요소)의 끝점을 선택한 객체까지 연장 또는 확장시켜 준다.

### (1) 직선의 연장

① 명령(Command) : EX Enter

② 툴바메뉴(수정) : 

- 객체 선택 또는 〈모두 선택〉 : P1 클릭
- 객체 선택 : P2 클릭
- 객체 선택 : Enter
- 연장할 객체 선택 또는 Shift 키를 누른 채 선택하여 자르기 또는 [울타리(F)/걸치기(C)/프로젝트(P)/모서리(E)/명령취소(U)] : P3 클릭
- 연장할 객체 선택 또는 Shift 키를 누른 채 선택하여 자르기 또는 [울타리(F)/걸치기(C)/프로젝트(P)/모서리(E)/명령취소(U)] : P4 클릭
- 연장할 객체 선택 또는 Shift 키를 누른 채 선택하여 자르기 또는 [울타리(F)/걸치기(C)/프로젝트(P)/모서리(E)/명령취소(U)] : Enter

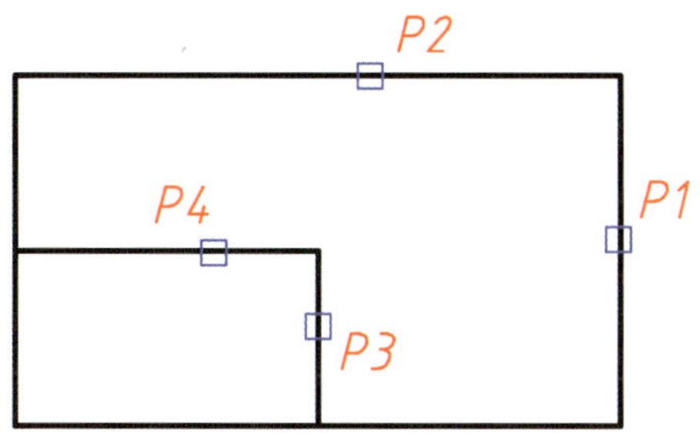


(a) 직선연장 실행 전

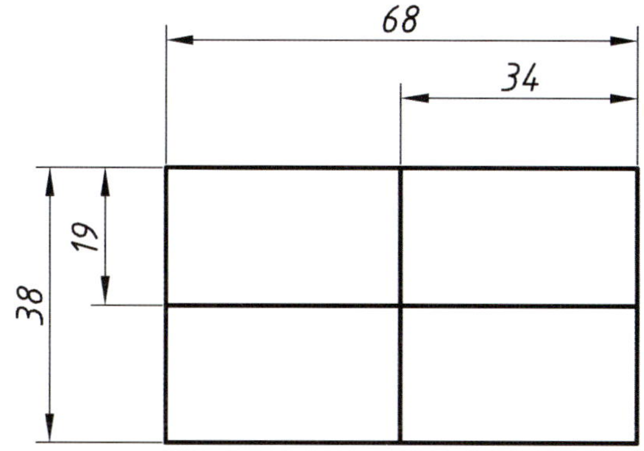


(b) 직선연장 실행 후

## (2) 직선의 연장 응용

① 명령(Command) : EX Enter

- 객체 선택 또는 〈모두 선택〉 : P1 클릭 → P2 클릭(걸치기(C) 선택)
- 객체 선택 : Enter
- 연장할 객체 선택 또는 Shift 키를 누른 채 선택하여 자르기 또는 [울타리(F)/걸치기(C)/프로젝트(P)/모서리(E)/명령 취소(U)] : P3 클릭 → P4 클릭
- 연장할 객체 선택 또는 Shift 키를 누른 채 선택하여 자르기 또는 [울타리(F)/걸치기(C)/프로젝트(P)/모서리(E)/명령 취소(U)] : Enter

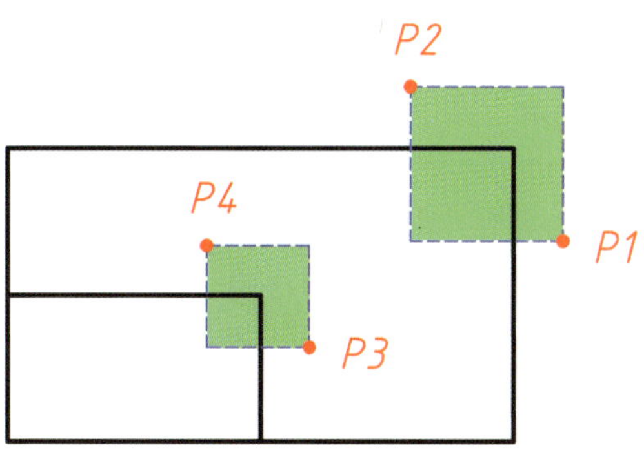


(a) 걸치기(Crossing)에 의한 직선연장 실행 전

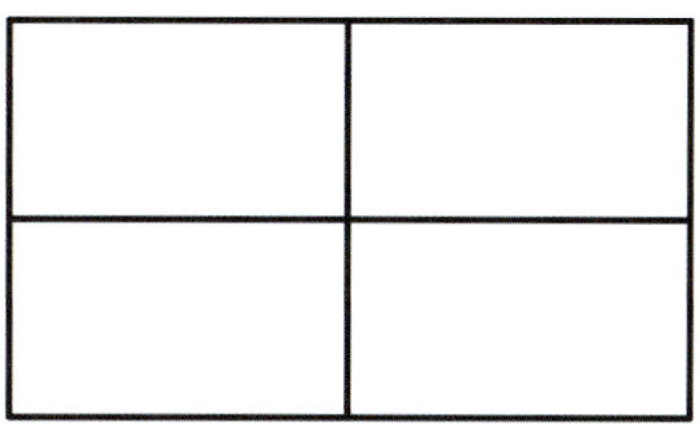

(b) 걸치기(Crossing)에 의한 직선연장 실행 후

**기능**

걸치기(C) 옵션 입력이 불필요하나 울타리(F)를 연장할 때는 옵션 "F"를 입력한다.

### (3) 호의 연장

① 명령(Command) : EX Enter

- 객체 선택 또는 〈모두 선택〉 : P1 클릭
- 객체 선택 : Enter
- 연장할 객체 선택 또는 Shift 키를 누른 채 선택하여 자르기 또는 [울타리(F)/걸치기(C)/프로젝트(P)/모서리(E)/명령 취소(U)] : P2 클릭
- 연장할 객체 선택 또는 Shift 키를 누른 채 선택하여 자르기 또는 [울타리(F)/걸치기(C)/프로젝트(P)/모서리(E)/명령 취소(U)] : P3 클릭
- 연장할 객체 선택 또는 Shift 키를 누른 채 선택하여 자르기 또는 [울타리(F)/걸치기(C)/프로젝트(P)/모서리(E)/명령 취소(U)] : Enter

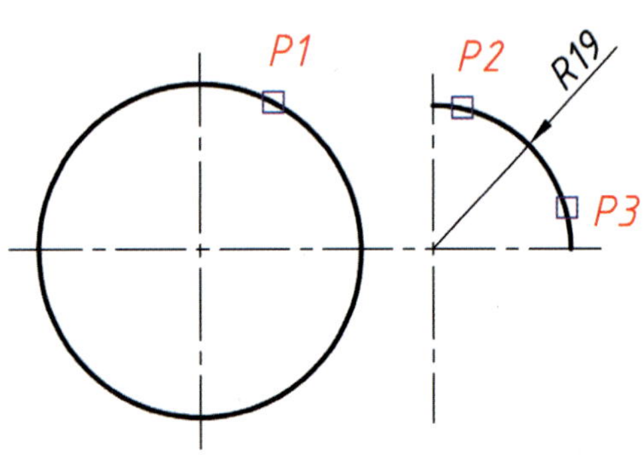


(a) 호의 연장 실행 전

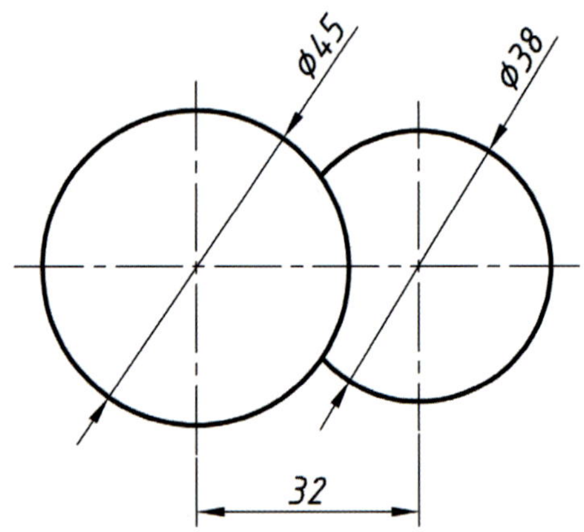


(b) 호의 연장 실행 후

### (4) 호의 연장 응용

① 명령(Command) : EX Enter

- 객체 선택 또는 〈모두 선택〉 : P1 클릭
- 객체 선택 : Enter
- 연장할 객체 선택 또는 Shift 키를 누른 채 선택하여 자르기 또는 [울타리(F)/걸치기(C)/프로젝트(P)/모서리(E)/명령 취소(U)] : P2 클릭 → P3 클릭
- 연장할 객체 선택 또는 Shift 키를 누른 채 선택하여 자르기 또는 [울타리(F)/걸치기(C)/프로젝트(P)/모서리(E)/명령 취소(U)] : Enter

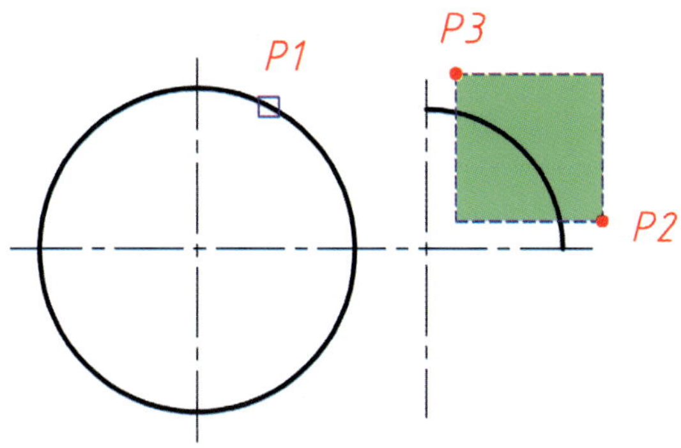


(a) 걸치기(Crossing)에 의한 호의 연장 실행 전

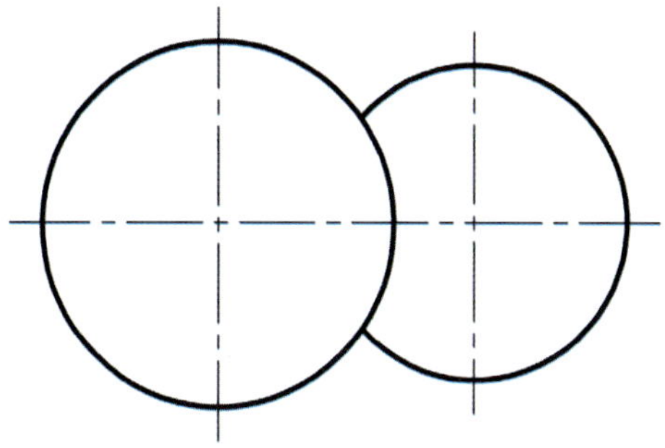

(b) 걸치기(Crossing)에 의한 호의 연장 실행 후

## 06 STRETCH(신축) 명령

객체들을 Crossing(걸치기)으로 선택해 원하는 크기만큼 신축한다.

**과제**

신축명령을 이용해 도면 (a)를 도면 (b)와 같이 만든다.

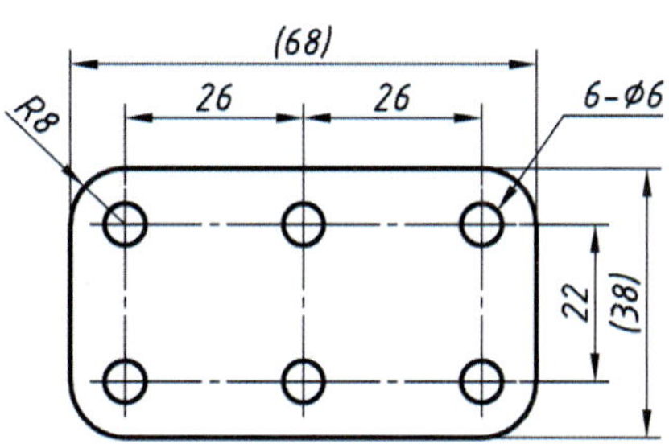


(a) 신축명령 실행 전 도면

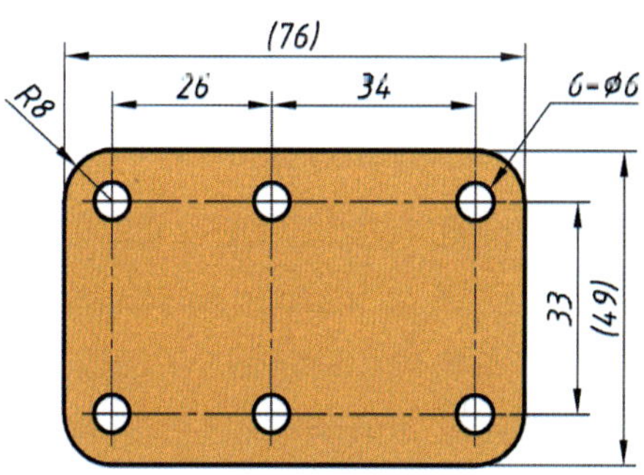


(b) 신축명령 실행 후 도면

### (1) 가로 신축 〈ORTHO : ON(F8)〉

신축하고자 선택한 객체들은 반드시 Crossing(걸치기) 박스에 걸쳐 있어야 한다.

① 명령(Command) : S Enter

② 툴바메뉴(수정) : 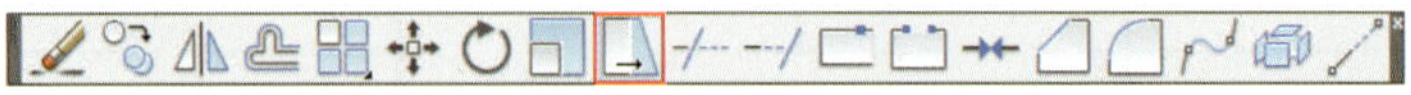

- 객체 선택 : 반대 구석 지정 : P1 클릭 → P2 클릭(Crossing 선택)
- 객체 선택 : Enter
- 기준점 지정 또는 [변위(D)] 〈변위〉 : P3 클릭(화면상 임의의 점)
- 두 번째 점 지정 또는 〈첫 번째 점을 변위로 사용〉 : @8,0(또는 임의의 점(P4), OSNAP 점)

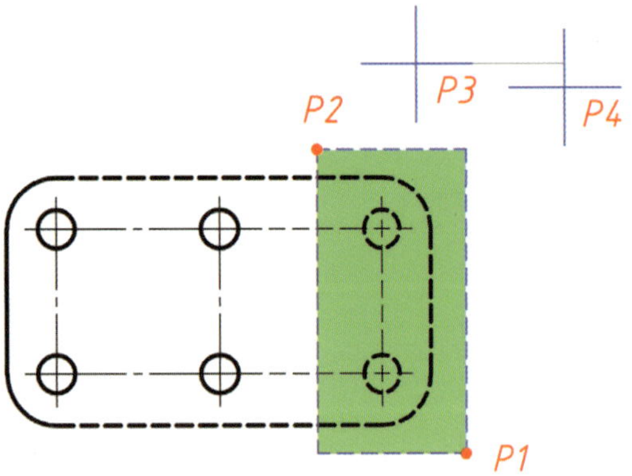


(a) 신축 가로 늘리기 실행 전

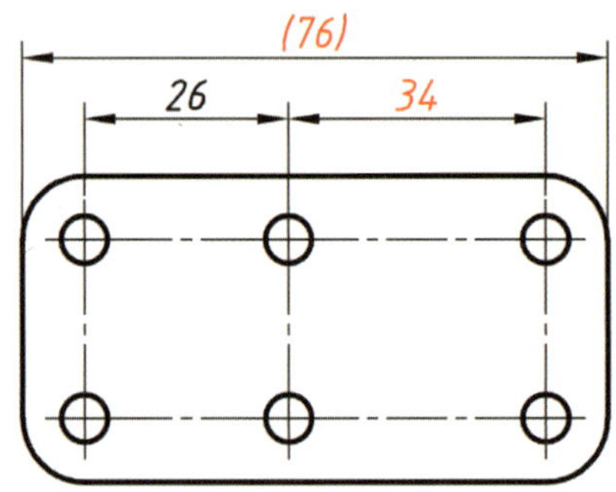


(b) 신축 가로 늘리기 실행 후

**기능**

1. 기준점 지정방법 : 화면상 임의의 점, OSNAP 점, 좌표값 입력
2. 두 번째 점 지정방법 : 화면상 임의의 점, OSNAP 점, 좌표값 입력
3. 되도록이면 OSNAP은 OFF(F3)를 한다 .
4. 치수가 기입되어 있으면 함께 신축된다.

### (2) 세로 신축 〈ORTHO : ON(F8)〉

① 명령(Command) : S Enter

- 객체 선택 : (반대 구석 지정) P1 클릭 → P2 클릭(Crossing 으로 선택)
- 객체 선택 : Enter
- 기준점 지정 또는 [변위(D)] 〈변위〉 : P3 클릭(화면상 임의의 점)
- 두 번째 점 지정 또는 〈첫 번째 점을 변위로 사용〉 : @0,-11(또는 임의의 점(P4), OSNAP 점)

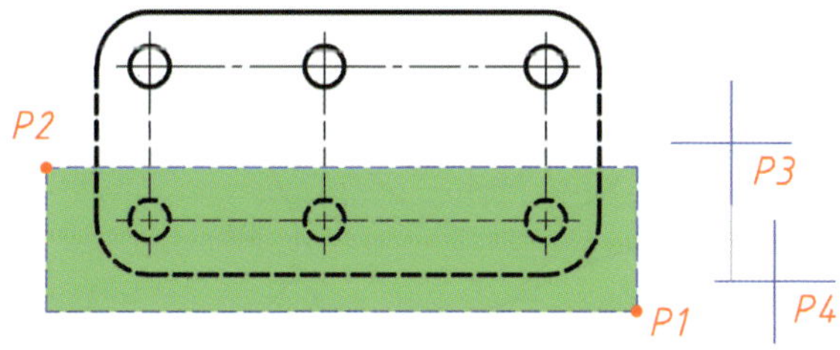


(a) 신축 세로 늘리기 실행 전

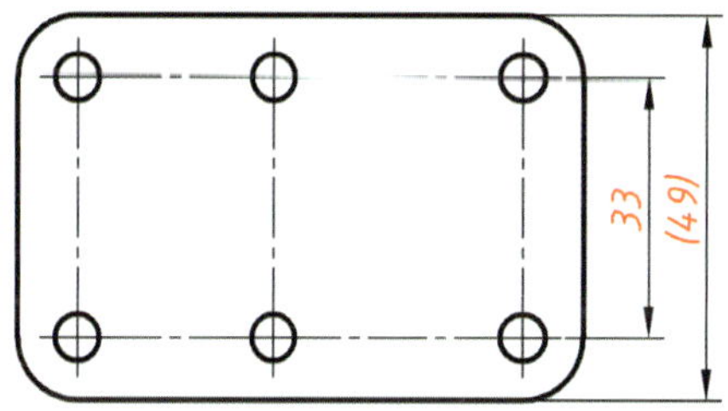


(b) 신축 세로 늘리기 실행 후

### (3) 단일객체 신축 응용 〈ORTHO : ON(F8)〉

명령 입력 없이 객체(요소)를 클릭(선택)한다.

① 명령(Command) : P1 클릭, P2 클릭

** 신축 **
신축점 지정 또는 [기준점(B)/복사(C)/명령 취소(U)/종료(X)] : @0,17 Enter (또는 임의의 점)

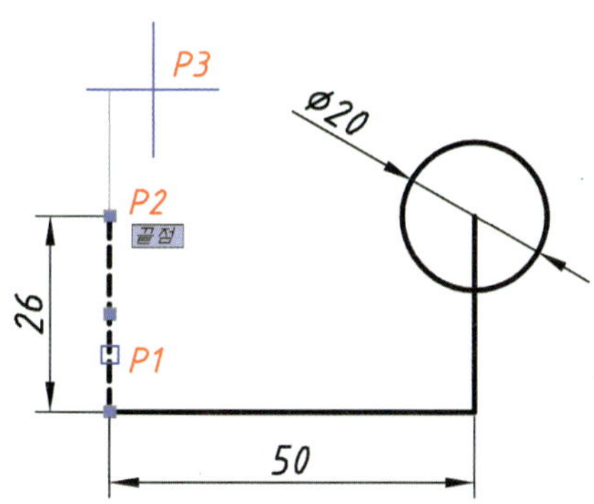


(a) 명령 입력 없이 신축명령 실행 전

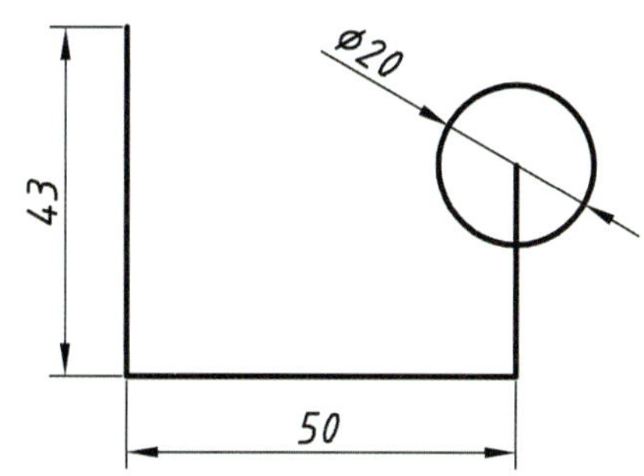


(b) 명령 입력 없이 신축명령 실행 후

**기능**

1. 명령 입력 없이 객체를 선택하면 클릭할 수 있는 3개의 포인트점이 생성된다.(그림 a)
2. 객체 클릭 후 키보드 스페이스바를 누르면 ** 이동 **, ** 회전 **, ** 축척 **, ** 대칭 ** 명령을 수행할 수 있다 .

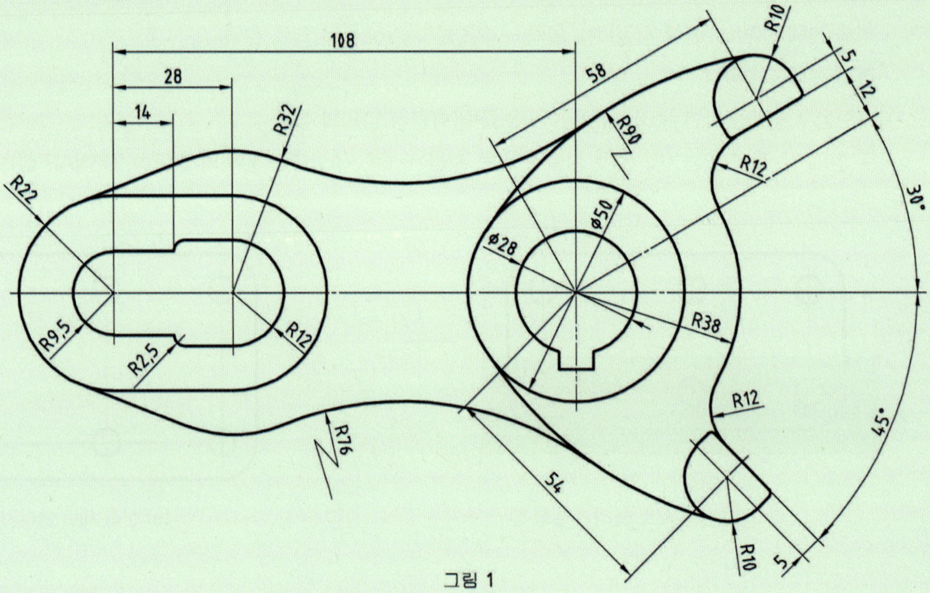
108
28
14
58
R10
5
12
R32
R90
R22
R12
30°
Ø50
Ø28
R38
R9.5
R12
R2.5
R12
R76
45°
54
R10
5

그림 1

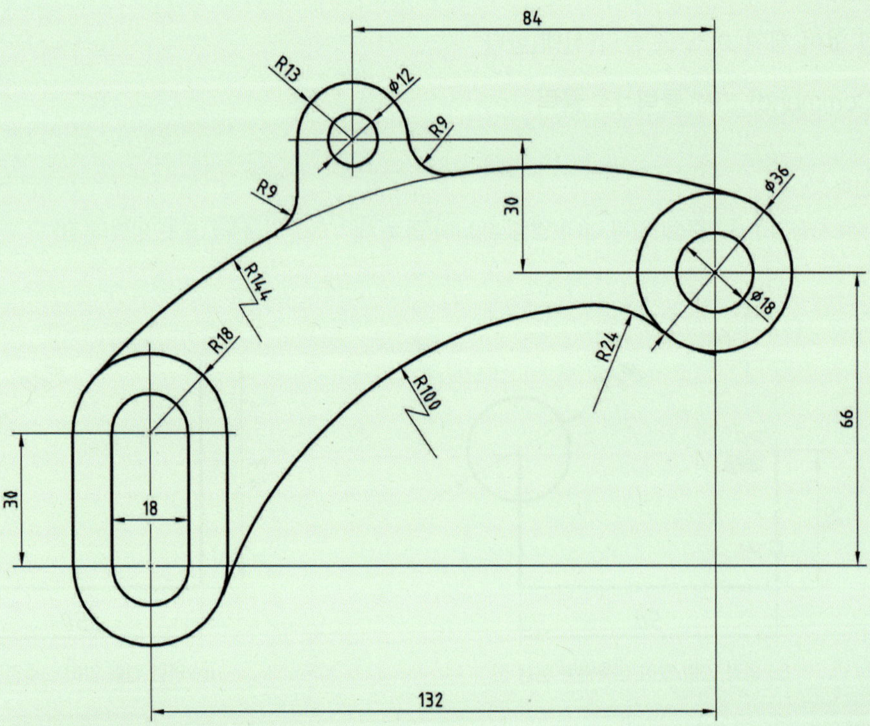
84
R13
Ø12
R9
R9
30
Ø36
R144
Ø18
R18
R24
R100
66
30
18
132

그림 2

# 06 ROTATE, MIRROR, SCALE 명령 등

## 01 ROTATE(회전) 명령 〈OSNAP : 끝점(E), 교차점(I)〉

선택한 객체(요소)를 지정한 각도만큼 회전시킨다.

① 명령(Command) : RO Enter

② 툴바메뉴(수정) :

- 객체 선택 : P1 클릭
- 객체 선택 : P2 클릭(또는 P1, P2 Crossing 선택)
- 객체 선택 : Enter
- 기준점 지정 : P3 클릭 〈OSNAP : 끝점(E), 교차점(I)〉
- 회전 각도 지정 또는 [복사(C)/참조(R)] 〈330〉 : 30 Enter

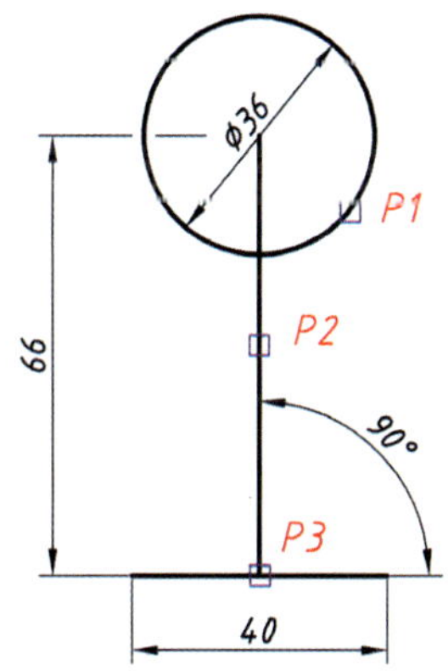

(a) 회전명령 실행 전

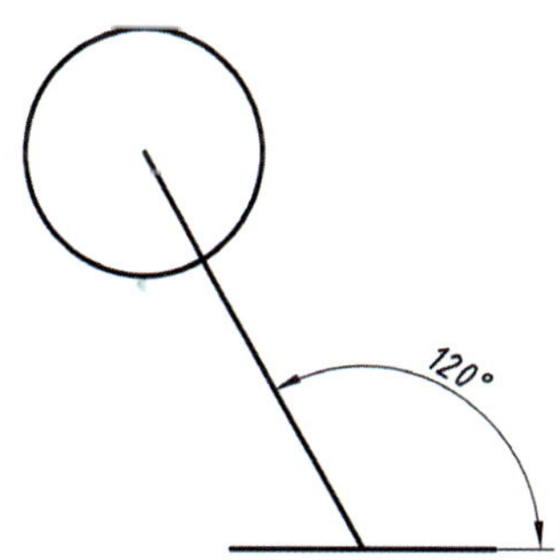

(b) 회전명령 실행 후

③ 기타 명령옵션 요약

| 명령옵션 | 설 명 |
|---|---|
| 복사(C) | 선택한 객체를 남겨둔다. |
| 참조(R) | 기울어진 각도를 입력하고 절대각도만큼 회전시킨다. |

**기능**

회전 각도는 시계 반대방향으로 진행된다. 〈시계방향은 –입력(예 –30)〉

## 02 MIRROR(대칭) 명령

선택한 객체(요소)를 반사한다.

**과제**

대칭명령을 이용해 도면 (a)를 도면 (b)와 같이 만든다.

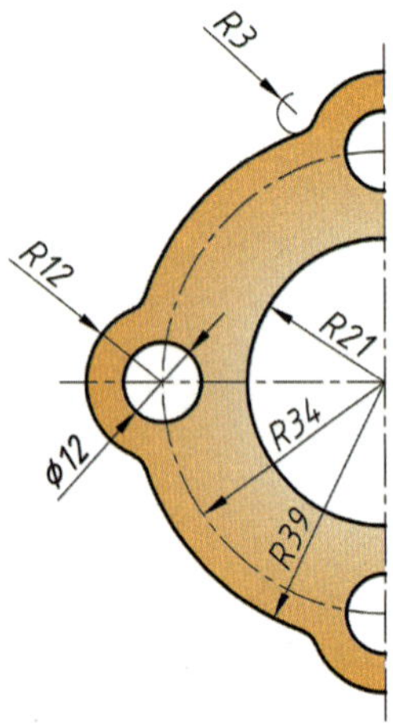


(a) 대칭명령 실행 전

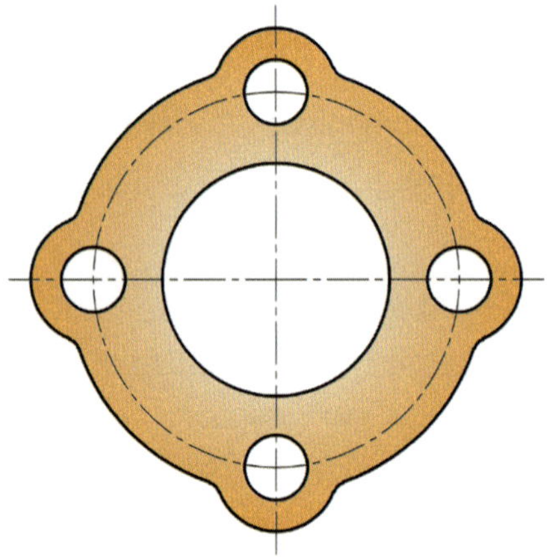

(b) 대칭명령 실행 후

### (1) 일반적인 객체 대칭 〈OSNAP : 끝점(E)〉, 〈ORTHO : ON(F8)〉

① 명령(Command) : MI Enter

② 툴바메뉴(수정) : 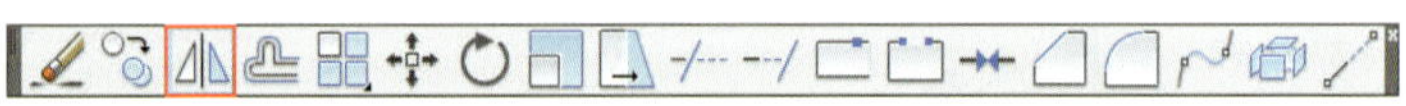

- 객체 선택 : P1 클릭 → P2 클릭(Crossing으로 선택)
- 객체 선택 : Enter
- 대칭선의 첫 번째 점 지정 : P3 클릭 〈OSNAP : 끝점(E)〉
- 대칭선의 두 번째 점 지정 : P4 클릭 〈OSNAP : 끝점(E)〉, 〈ORTHO=ON(F8)〉
- 원본 객체를 지우시겠습니까? [예(Y)/아니오(N)] 〈N〉 : Enter (Y : 원본객체 삭제)

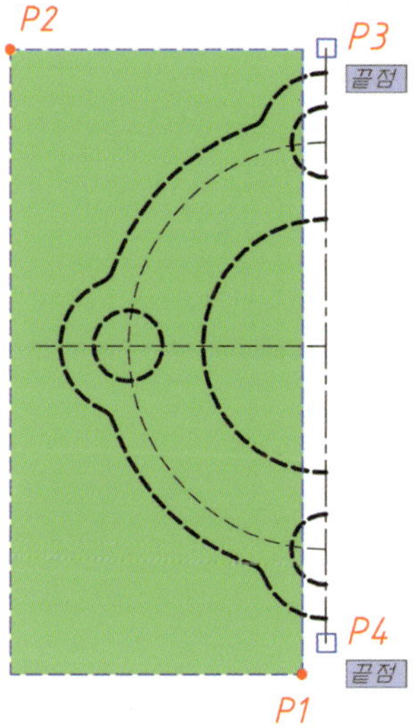


(a) 대칭명령 실행 전

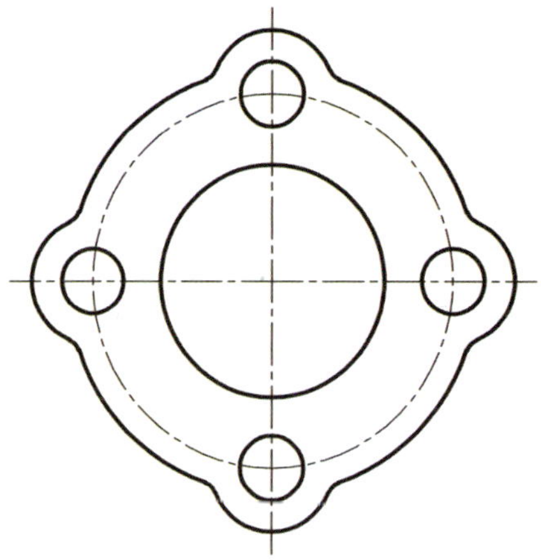

(b) 대칭명령 실행 후

**기능**

대칭선 두 번째 점은 〈ORTHO : ON(F8)〉 상태라면 P3 아래쪽 화면상 아무 곳이나 클릭해도 된다.

### (2) 문자 대칭 〈OSNAP : 끝점(E)〉, 〈ORTHO : ON(F8)〉

① 명령(Command) : MIRRTEXT Enter

- MIRRTEXT에 대한 새 값 입력 〈0〉 : 1 Enter

② 명령(Command) : MI Enter

- 객체 선택 : Crossing으로 좌측 문자 선택
- 객체 선택 : Enter
- 대칭선의 첫 번째 점 지정 : P2 클릭 〈OSNAP : 끝점(E)〉
- 대칭선의 두 번째 점 지정 : P3 클릭 〈OSNAP : 끝점(E)〉
- 원본 객체를 지우시겠습니까? [예(Y)/아니오(N)] 〈N〉 : Enter

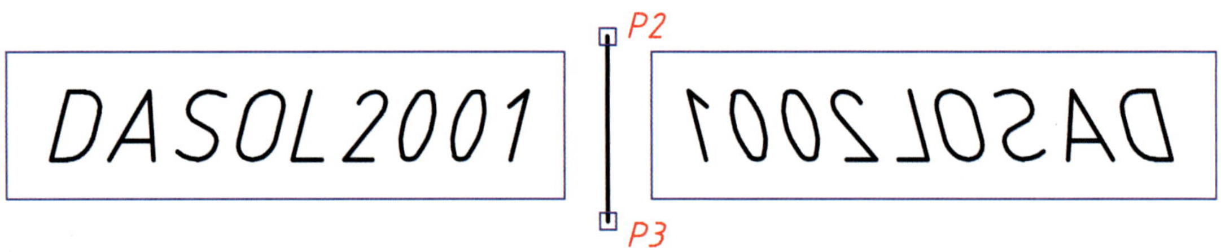


(a) 시스템변수 MIRRTEXT = 1

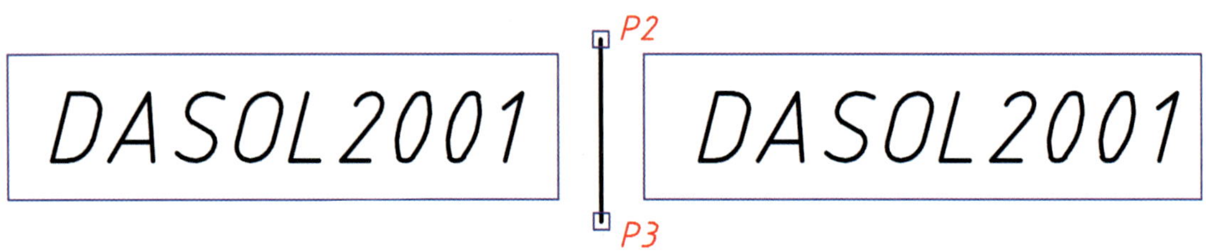


(b) 시스템변수 MIRRTEXT = 0

**기능**

명령(Command) : MIRRTEXT Enter → 0 (또는 1)

## 03 ARRAYCLASSIC(배열)

선택한 객체(요소)를 사각 배열 또는 원형 배열한다.

### (1) 직사각형 배열(R) 〈OSNAP : OFF(F3)〉

① 명령(Command) : AR Enter

② 툴바메뉴(수정) :

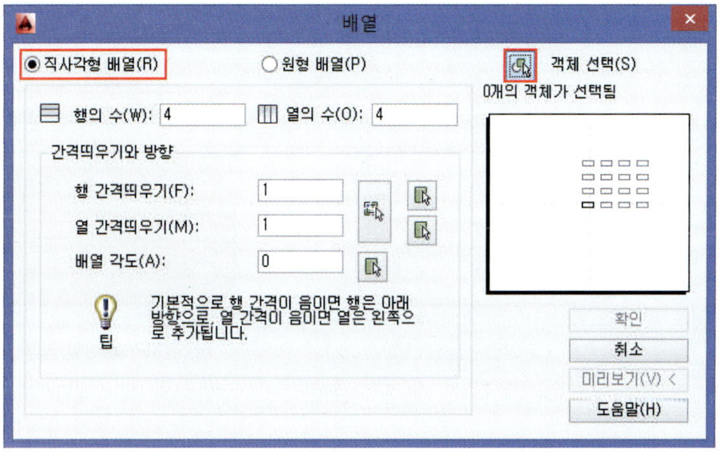


• 객체 선택 : P1 클릭 → P2 클릭(Crossing으로 선택)

• 객체 선택 : Enter

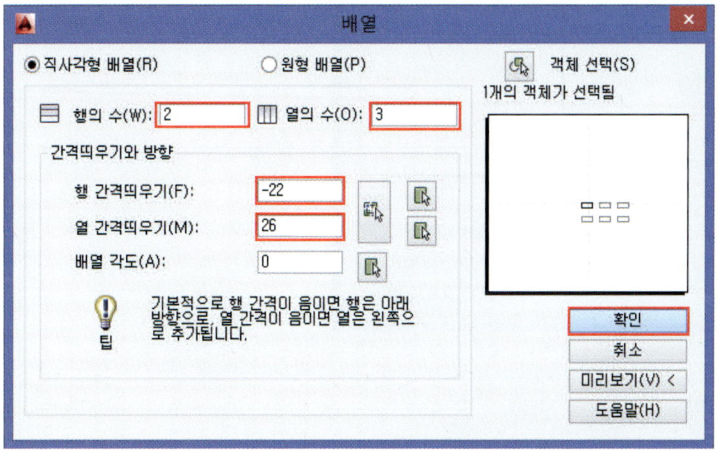

**기능**

ARRAY 명령은 대화상자가 나타나지 않는 번전에서는 **단축명령(acad.pgp)과 툴바명령**을 모두 ARRAYCLASSIC이 적용되도록 수정한다.

1. 도구(T) → 사용자화(C) → acad.pgp 편집 : AR, *ARRAYCLASSIC로 수정
2. 도구(T) → 사용자화(C) → 인터페이스 → 명령리스트 → 수정 → **배열 매크로 : ^C^C_ARRAYCLASSIC**로 수정 및 적용 후 배열 툴바를 원하는 위치에 옮겨 놓는다.

④ 주요설정 요약

| 배열 | 행의 수(W) | 열의 수(O) | 행 간격 띄우기(F) | 열 간격 띄우기(M) | 미리보기(V) 후 확인 |
|---|---|---|---|---|---|
| 직사각형 배열(R) | 2 | 3 | –22 | 26 | |

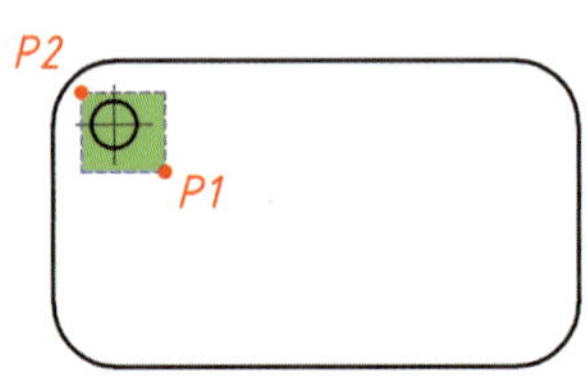


(a) 직사각형 배열 명령 실행 전

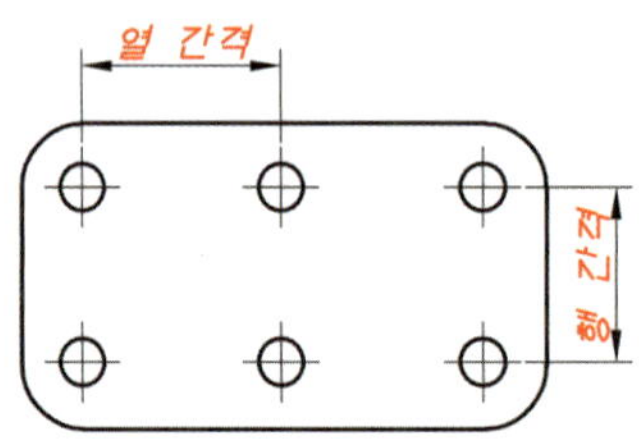


(b) 열간격과 행간격

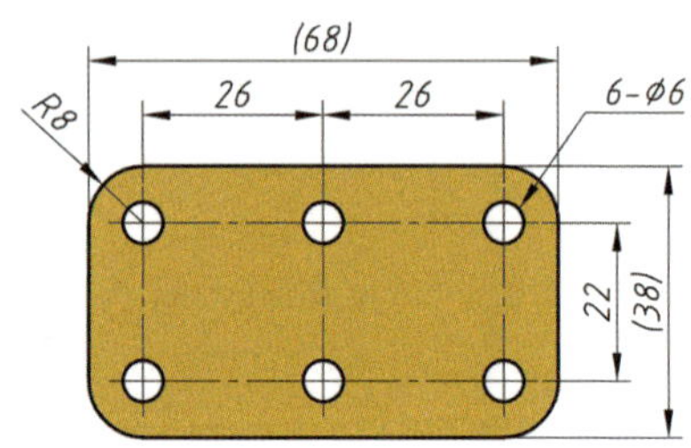


(c) 직사각형 배열 명령 실행 후

## (2) 원형 배열(P) 〈OSNAP : OFF(F3)〉

① 명령(Command) : AR Enter

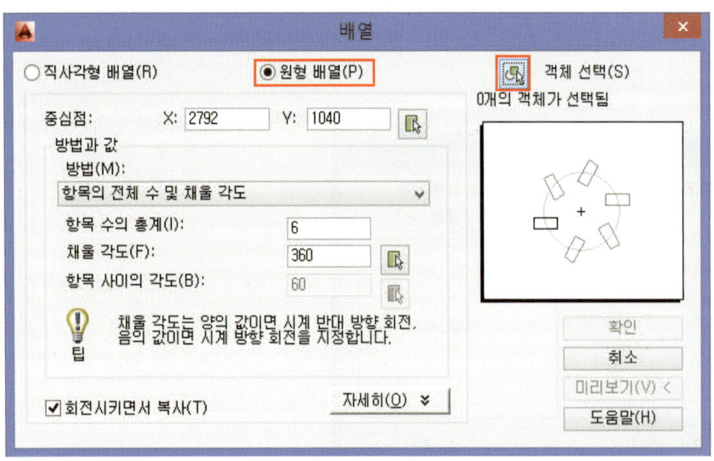


- 객체 선택 : P1 클릭 → P2 클릭(Crossing으로 선택)
- 객체 선택 : Enter

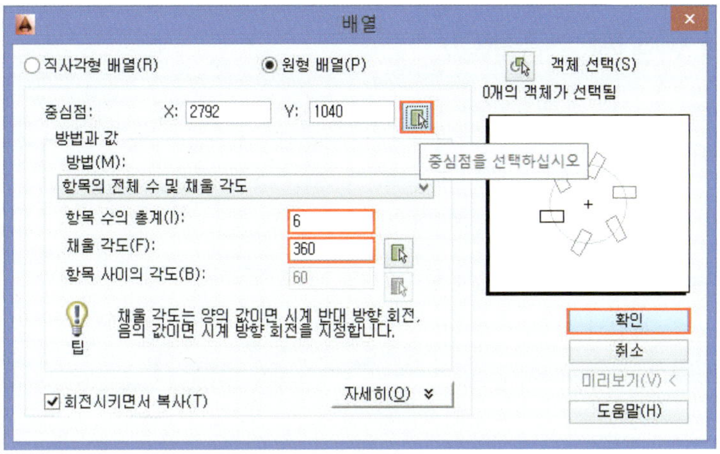


• 배열의 중심점을 지정한다. P3 클릭 〈OSNAP : 중심(C)〉

② 주요설정 요약

| 배열 | 항목 수의 총계(I) | 채울 각도(F) | 미리보기(V) 후 확인 |
|---|---|---|---|
| 원형 배열(P) | 6 | 360˚ | |

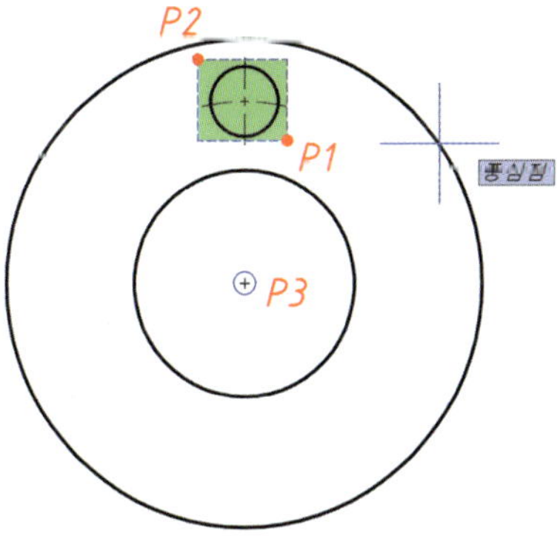


(a) 원형배열 명령 실행 전

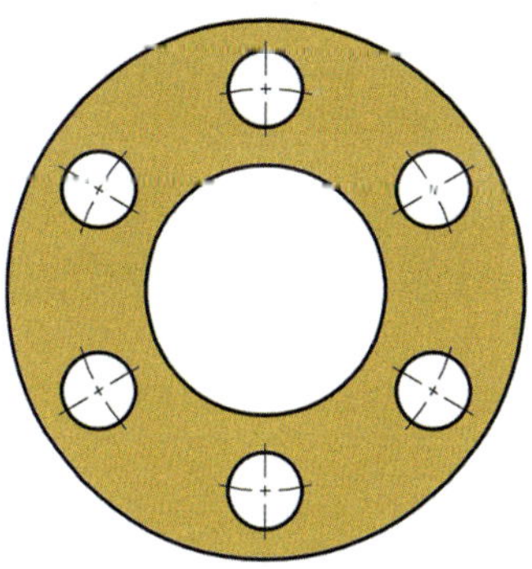

(b) 원형배열 명령 실행 후

## 04 SCALE(축척) 명령 〈OSNAP : 중심(C)〉

선택한 객체(요소)의 크기를 축척한다.

### (1) 일반적인 SCALE

① 명령(Command) : SC Enter

② 툴바메뉴(수정) : 

- 객체 선택 : 반대 구석 지정 : P1 클릭 → P2 클릭(Crossing 으로 선택)
- 객체 선택 : Enter
- 기준점 지정 : P3 클릭 〈OSNAP : 중심(C)〉
- 축척 비율 지정 또는 [복사(C)/참조(R)] 〈1.2000〉 : 0.8 (1.2)

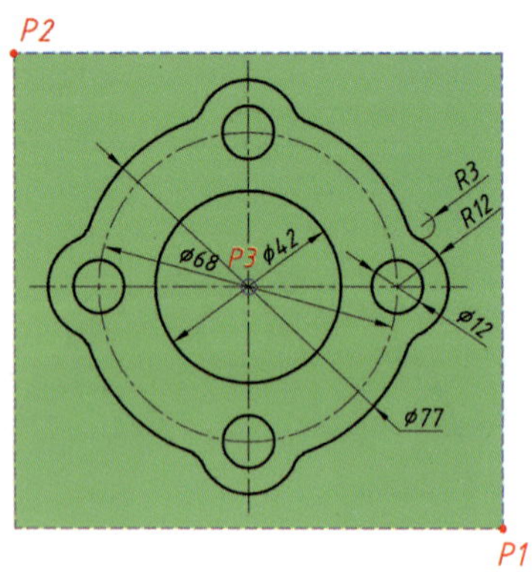


(a) SCALE 명령 실행 전

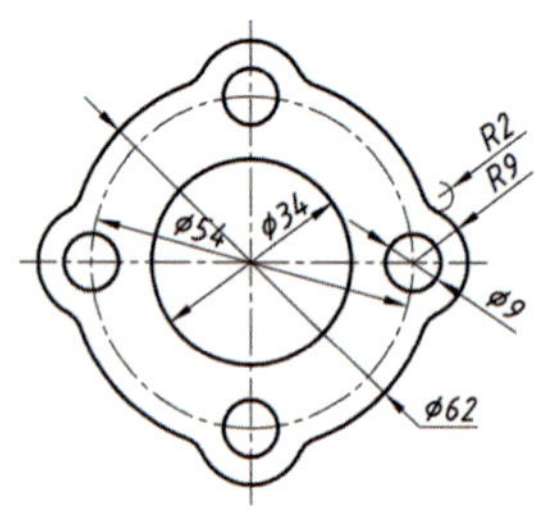


(b) 축척 0.8배 실행 후

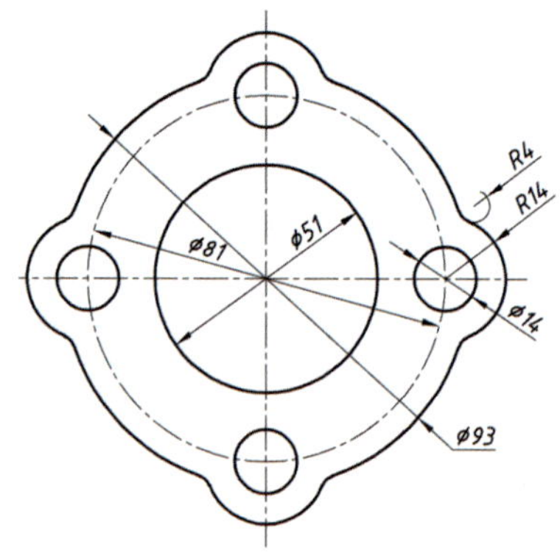


(c) 배척 1.2배 실행 후

**기능**

치수가 기입되어 있으면 치수 수치도 함께 변화한다. 치수를 Explode하면 수치는 변화하지 않고 하나의 객체로 인식되어 크기만 변한다.

## (2) 참조(R) SCALE 1

아래 원 도면 그림 (a)의 크기를 임의의 크기인 그림 (b)의 크기와 동일하게 축소해 보자.

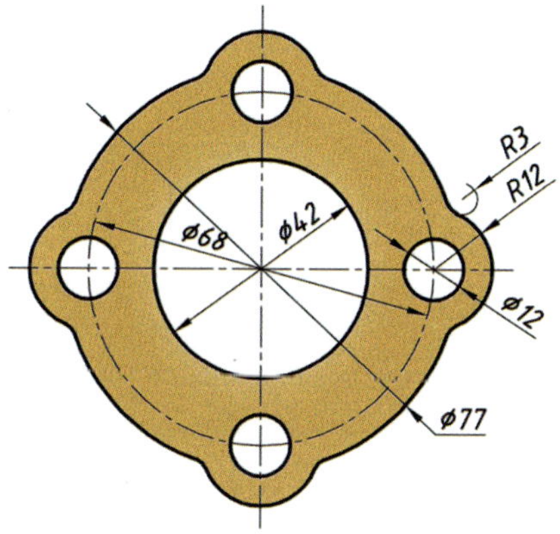


(a) 1:1 원 도면

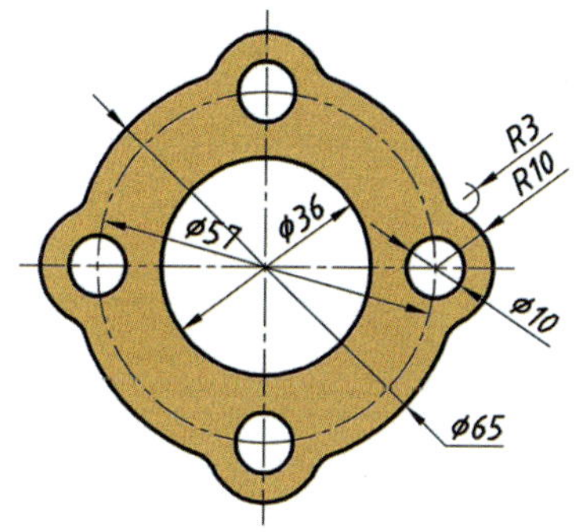


(b) 축척할 NS 도면

① 명령(Command) : SC Enter

- 객체 선택 : 반대 구석 지정 : P1 클릭 → P2 클릭(Crossing 으로 선택)
- 객체 선택 : Enter
- 기준점 지정 : P3 클릭 〈OSNAP : 중심(C)〉
- 축척 비율 지정 또는 [복사(C)/참조(R)] 〈1.2000〉 : R Enter
- 참조 길이 지정 〈45.8044〉 : P4 클릭 → P5 클릭 〈OSNAP : 중심(C)〉
- 새 길이 지정 또는 [점(P)] 〈1.0000〉 : 57 Enter (또는 P Enter)
- 첫 번째 점 지정 : P6 클릭 → P7 클릭 〈OSNAP : 중심(C)〉

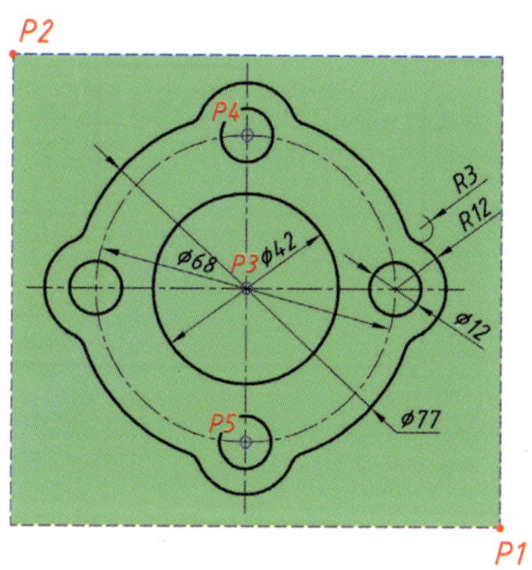


(a) 1:1 원 도면

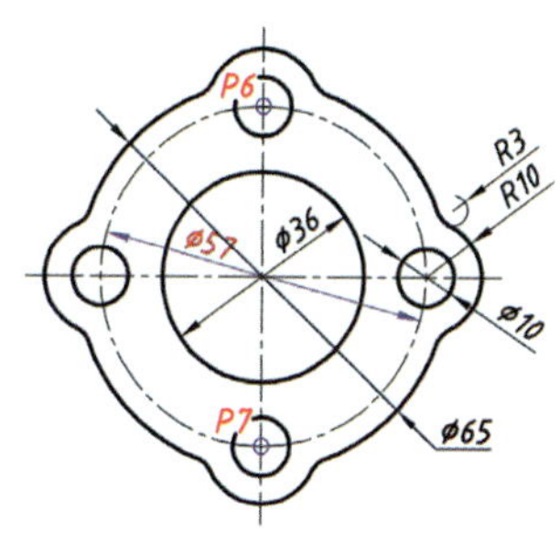


(b) 원 도면 변경 후

**기능**

참조(R) : 선택한 객체를 참조길이와 지정한 새로운 길이를 기준으로 축척한다.

### (3) 참조(R) SCALE 2

아래 원 도면 그림 (a)의 크기를 임의의 크기인 그림 (b)의 크기와 동일하게 확대해 보자.

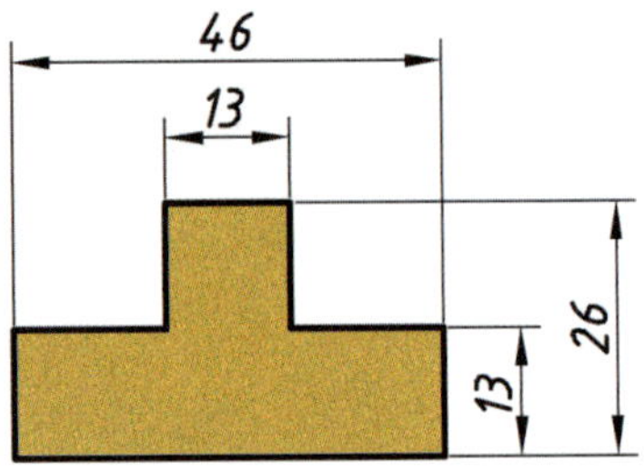


(a) 1:1 원 도면

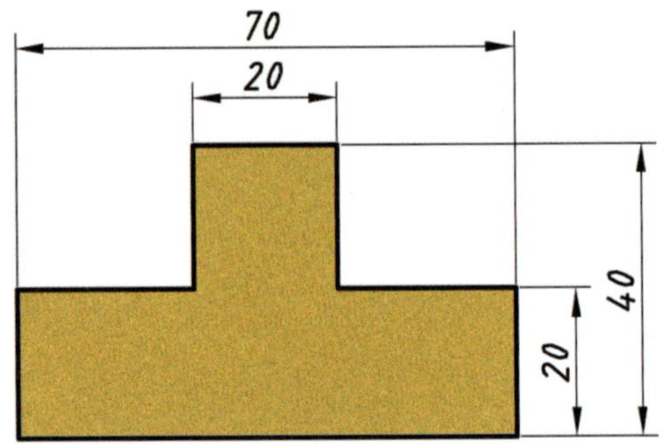


(b) 축척할 NS 도면

① 명령(Command) : SC Enter

- 객체 선택 : 반대 구석 지정 : P1 클릭 → P2 클릭(Crossing으로 선택)
- 객체 선택 : Enter
- 기준점 지정 : P3 클릭 〈OSNAP : 끝점(E)〉
- 축척비율 지정 또는 [복사(C)/참조(R)] 〈1.2000〉 : R Enter
- 참조길이 지정 〈45.8044〉 : P3 클릭 → P4 클릭 〈OSNAP : 끝점(E)〉
- 새 길이 지정 또는 [점(P)] 〈1.0000〉 : 70 Enter (또는 P Enter)
- 첫 번째 점 지정 : P5 클릭 → P6 클릭 〈OSNAP : 끝점(E)〉

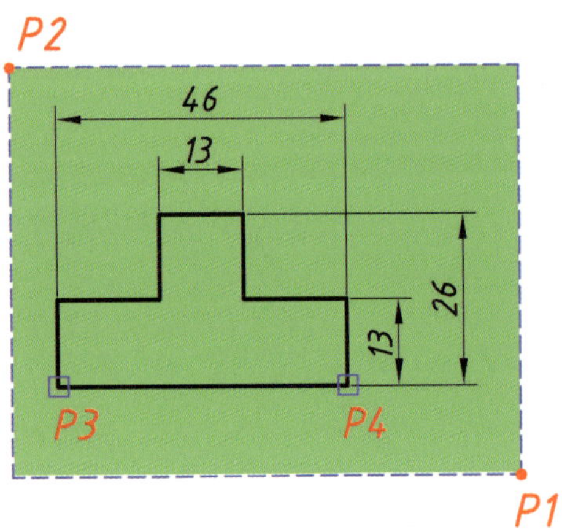


(a) 1:1 원 도면 변경 전

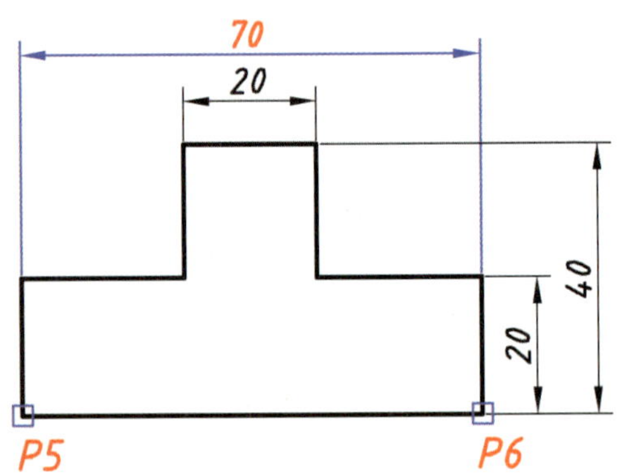


(b) 원 도면 변경 후

## 05 REGEN 명령

화면상에 있는 객체들의 모형을 재계산해서 부드럽게 정리(처리)해 준다.

① 명령(Command) : RE Enter

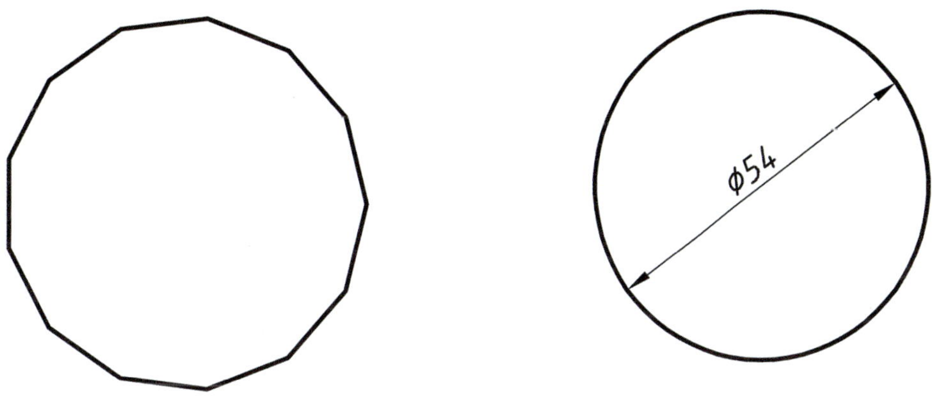


(a) REGEN 실행 전(예)　　　　(b) REGEN 실행 후

**기능**

명령(Command) : op Enter

화면표시 →표시해상도→ 호와 원 부드럽게 하기(A) 해상도 표시값을 높이면 원이나 호가 부드럽다.

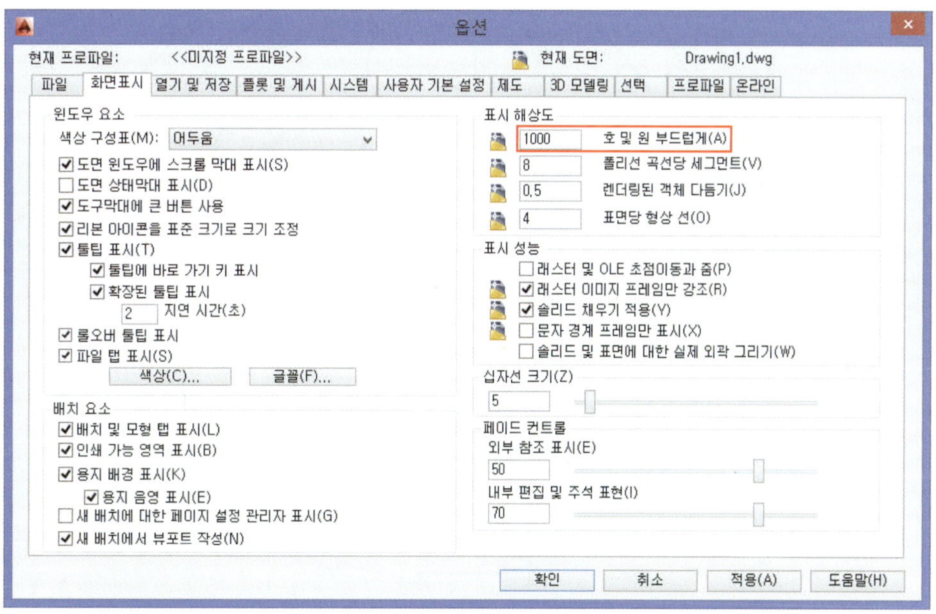

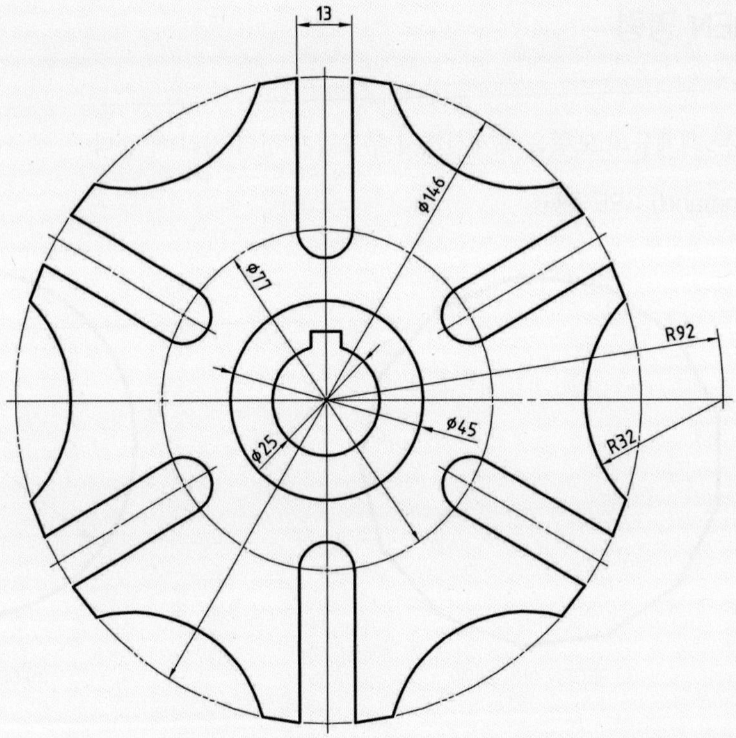


그림 1

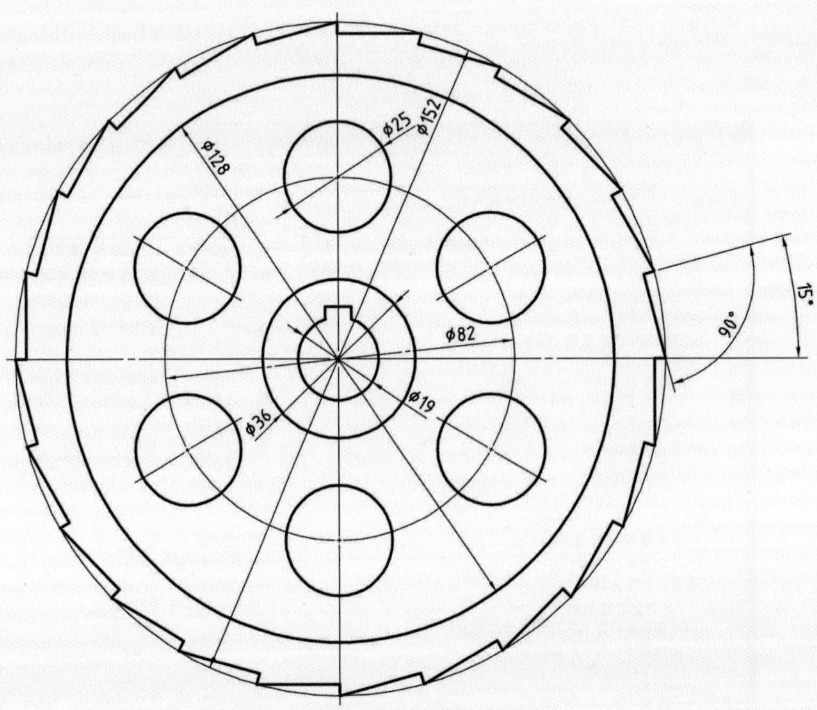


그림 2

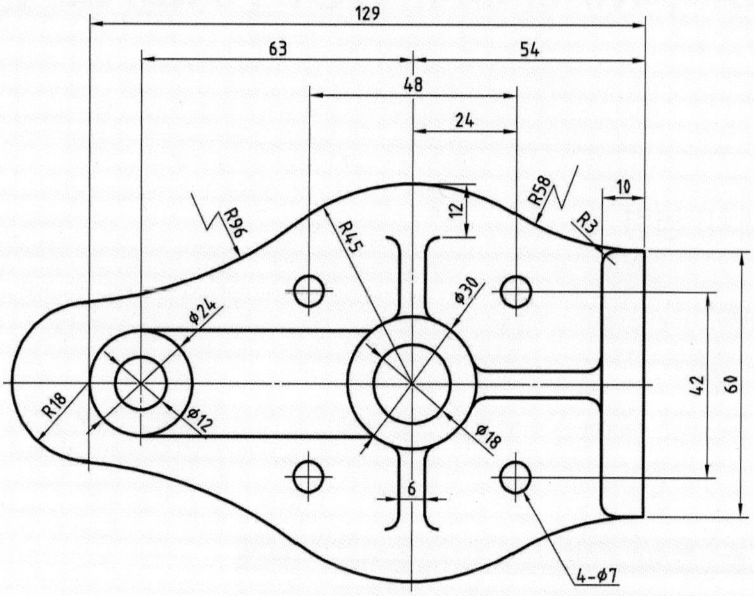
129
63
54
48
24
12
10
R96
R45
R58
R3
ø24
ø30
R18
ø12
ø18
42
60
6
4-ø7

그림 1

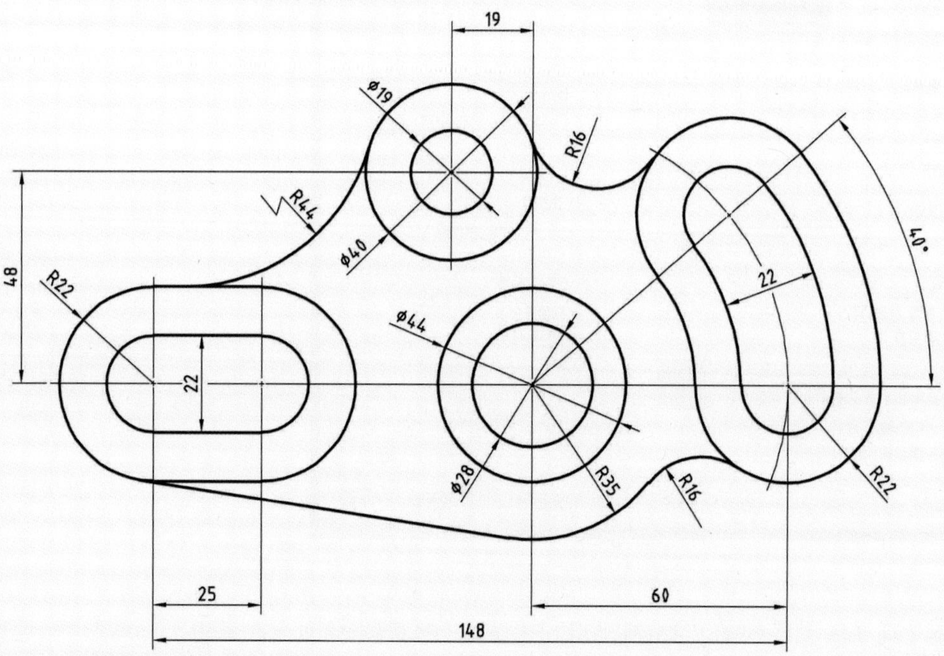
19
ø19
R16
R44
40°
ø40
48
R22
22
ø44
22
ø28
R35
R16
R22
25
60
148

그림 2

# 07 HATCH, MATCHPROP, XLINE 명령 등

## 01 HATCH(해치) 명령

지정한 객체공간에 해치(해칭)를 한다.

① 명령(Command) : BH Enter

② 툴바메뉴(그리기) : 

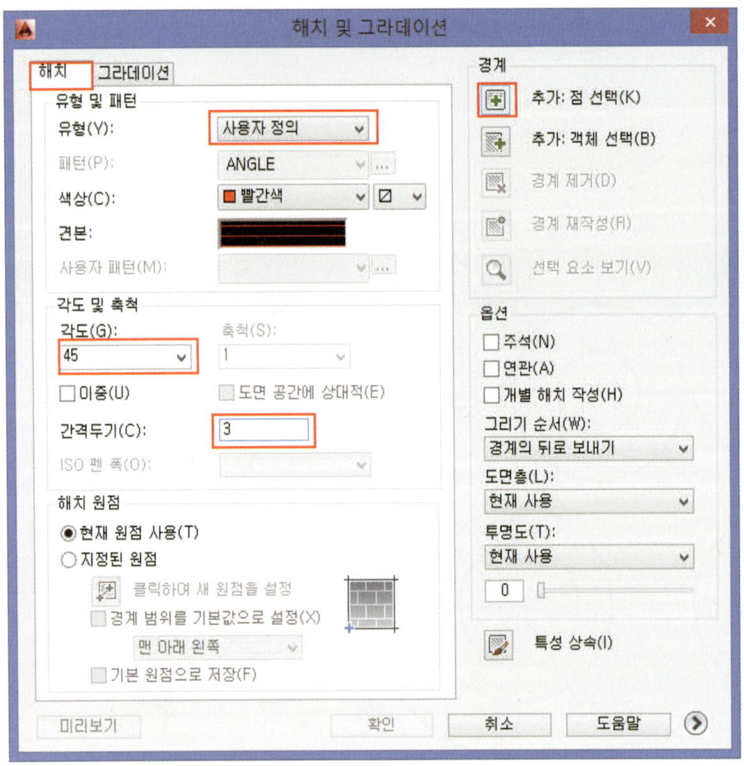


- 내부 점 선택 또는 [객체 선택(S)/경계 제거(B)] : P1 클릭 – P4 클릭(해치할 공간 클릭)
- 내부 점 선택 또는 [객체 선택(S)/경계 제거(B)] : Enter
- 선택하거나 Esc 키를 눌러 대화상자로 복귀 또는 〈오른쪽 클릭하여 해치 승인〉 : 미리보기 → 확인

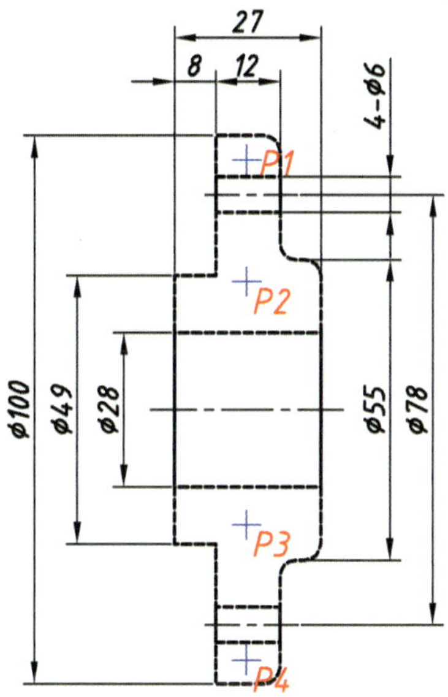


(a) 해치 공간(단면부분) 선택

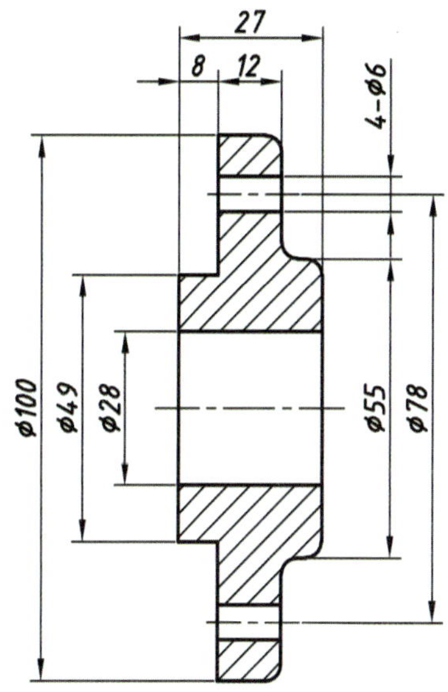


(b) 해치 실행 후

### ② 주요설정 요약

| 유형(Y) | 각도(G) | 간격두기(C) | 특성 상속 |
|---|---|---|---|
| 사용자 정의 | 45 | 약 3~4mm | 기존에 해치된 다른 도면 해치 선택 → 특성 상속 |

**기능**

1. 해치선은 가는 선(빨간색, 흰색)이므로 선 색상을 바꿔줘야 한다.
2. 명령 입력 없이 해치 클릭(선택) → Layer(레이어) 창에서 색상 교체

## 02 HATCHEDIT(해치편집) 명령

해치를 편집한다.

① 명령(Command) : hatchedit Enter

② 툴바메뉴(수정 II) : 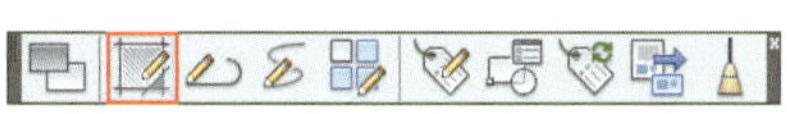

• 해치 객체 선택 : **해치 클릭 → 옵션 변경**

**기능**

분해(Explode)된 해치는 편집되지 않는다.

## 03 MATCHPROP(특성일치)

객체의 원본을 선택 후 대상객체의 특성을 일치시킨다.

### (1) 선(중심선) 특성일치

① 명령(Command) : MA Enter

- 원본 객체를 선택한다.
- 현재 활성 설정값 : P1 클릭
- 대상 객체를 선택 또는 [설정값(S)] : P2 클릭
- 대상 객체를 선택 또는 [설정값(S)] : P3 클릭
- 대상 객체를 선택 또는 [설정값(S)] : Enter

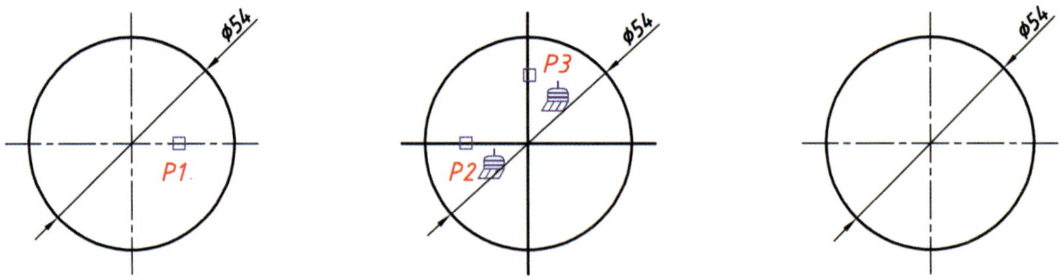


(a) 원본 선택 (b) 대상 선택 (d) 원본과 특성 일치

**기능**

대상의 선이 원본인 중심선과 같은 특성으로 바뀌게 된다.

## (2) 해치 특성일치

① **명령(Command) : MA** Enter

- 원본 객체를 선택한다.
- 현재 활성 설정값 : P1 클릭
- 대상 객체를 선택 또는 [설정값(S)] : P2 클릭
- 대상 객체를 선택 또는 [설정값(S)] : Enter

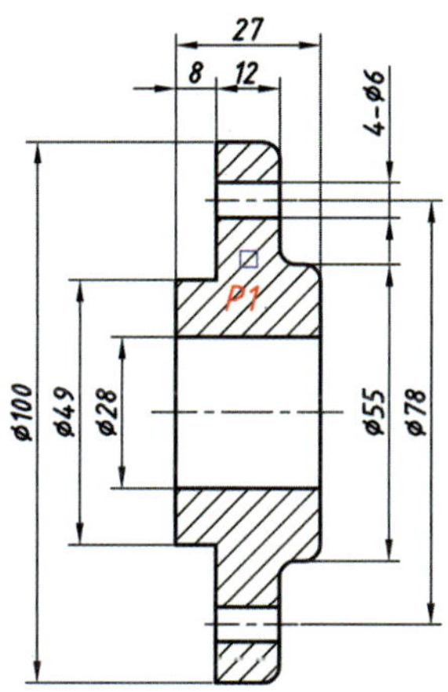

(a) 원본 선택

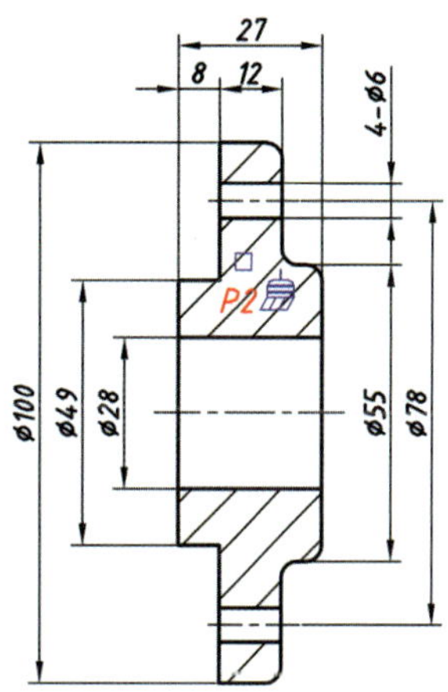

(b) 대상 선택

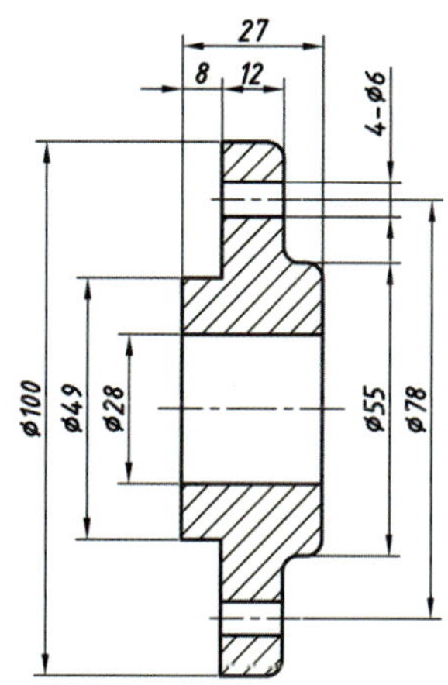

(d) 원본과 특성 일치

**기능**

1. 대상의 해치선이 원본인 해치선과 같은 특성(해치 종류, 선 간격, 각도, 색상 등)으로 바뀌게 된다.
2. 설정값(S) : 색상(C), 도면층(L), 선종류(I), 선종류 축척(Y), 선가중치(W), 치수(D), 문자(X), 해치(H), 폴리선(P) 등을 모두 체크한다.

## 04 XLINE(구성선) 명령

무한 선(Line)을 작성한다.

① 명령(Command) : XL Enter

② 툴바메뉴(그리기) : 

- XLINE 점을 지정 또는 [수평(H)/수직(V)/각도(A)/이등분(B)간격띄우기(O)] : 옵션 입력 Enter

③ 기타 명령옵션 요약

| 명령옵션 | 설 명 |
|---|---|
| 수평(H) | 수평 무한 선(Line)을 작성한다. |
| 수직(V) | 수직 무한 선(Line)을 작성한다. |
| 각도(A) | 무한 선(Line)을 작성할 각도를 지정한다. |

**기능**

1. 정면도를 기준으로 측면도, 평/저면도, 기타 보조투상도를 작도하는 데 효과적이다.
2. OSNAP에 따라 정확한 정점을 잡는다 .

MEMO

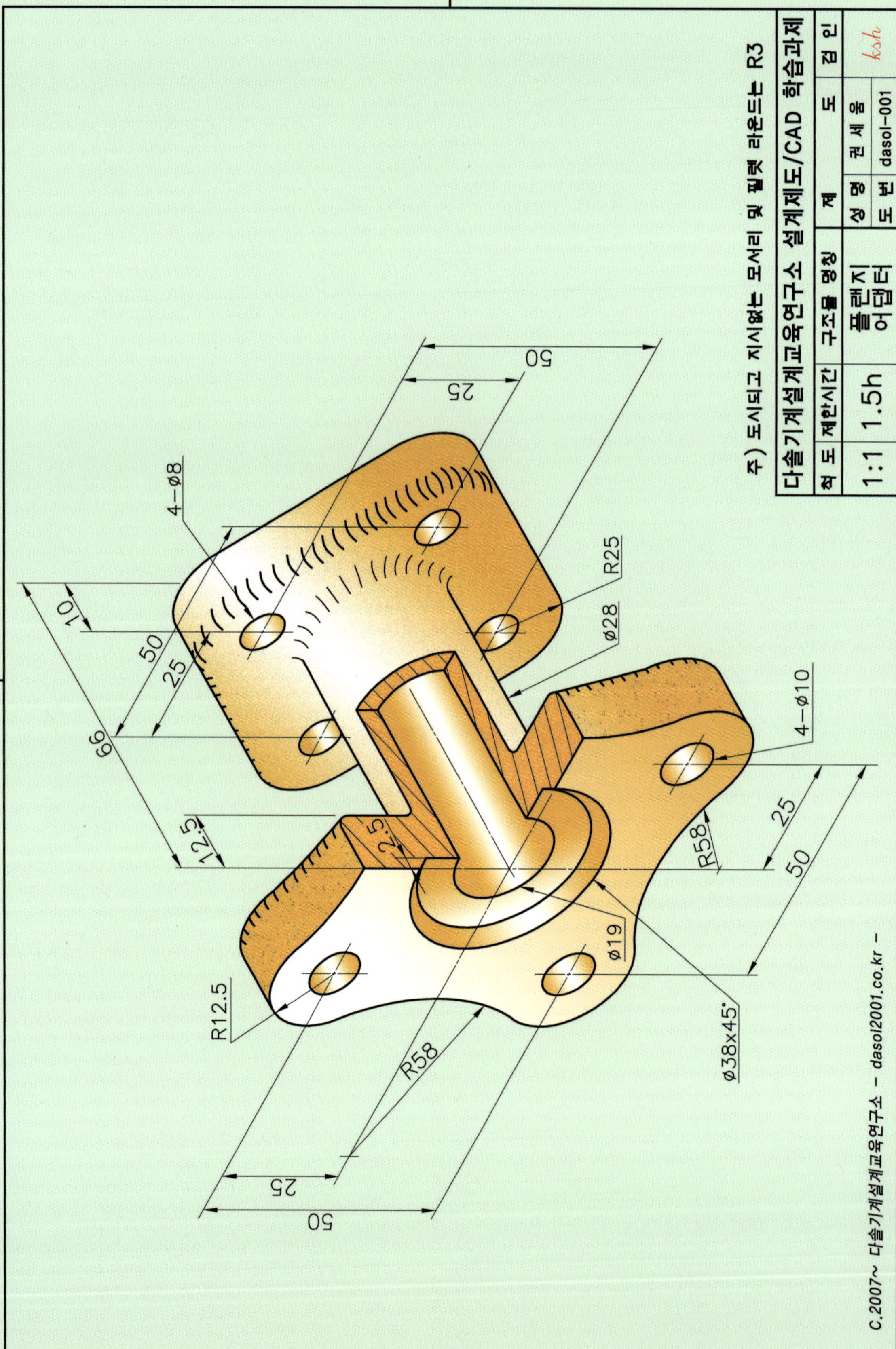
주) 도시되고 지시없는 모서리 및 필렛 라운드는 R3
다솔기계설계교육연구소 설계제도/CAD 학습과제
척 도
제한시간
구조물 명칭
제
도
검 인
1:1
1.5h
플랜지 어댑터
성 명
권 세 웅
도 번
dasol-001
ksh
4-⌀8
50
25
R25
⌀28
10
50
25
66
12.5
2.5
4-⌀10
25
50
R58
⌀19
R12.5
⌀38x45°
R58
25
50
C.2007~ 다솔기계설계교육연구소 - dasol2001.co.kr -

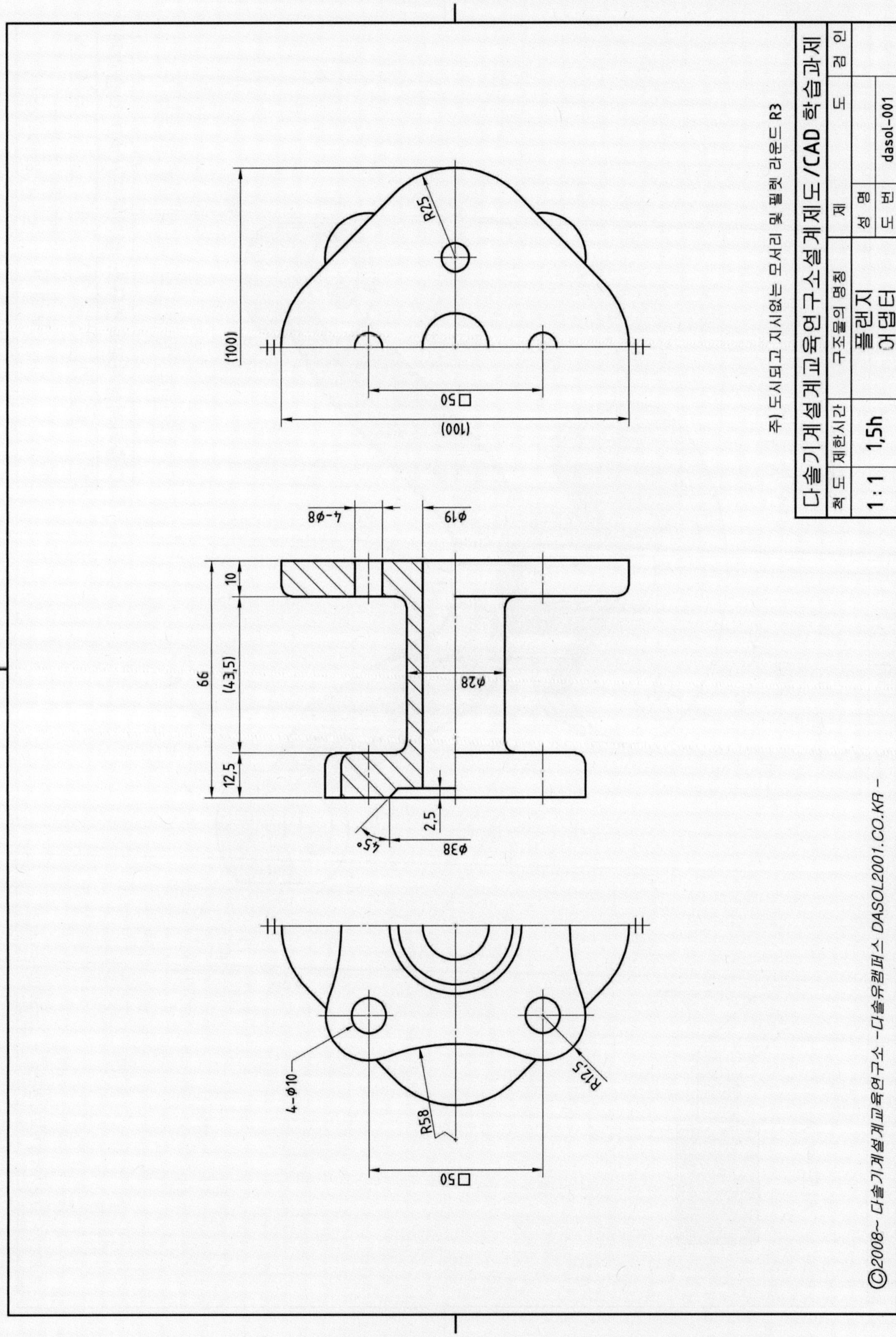
주) 도시되고 지시없는 모서리 및 필렛 라운드 R3
다솔기계설계교육연구소설계제도/CAD 학습과제
척 도
1 : 1
제한시간
1,5h
구조물의 명칭
플랜지 어댑터
제 도
검 인
성 명
도 번
dasol-001
R25
(100)
□50
(100)
4-ϕ8
ϕ19
10
66
(43,5)
ϕ28
12,5
2,5
45°
ϕ38
4-ϕ10
R12,5
R58
□50
ⓒ2008~ 다솔기계설계교육연구소 -다솔유캠퍼스 DASOL2001.CO.KR -

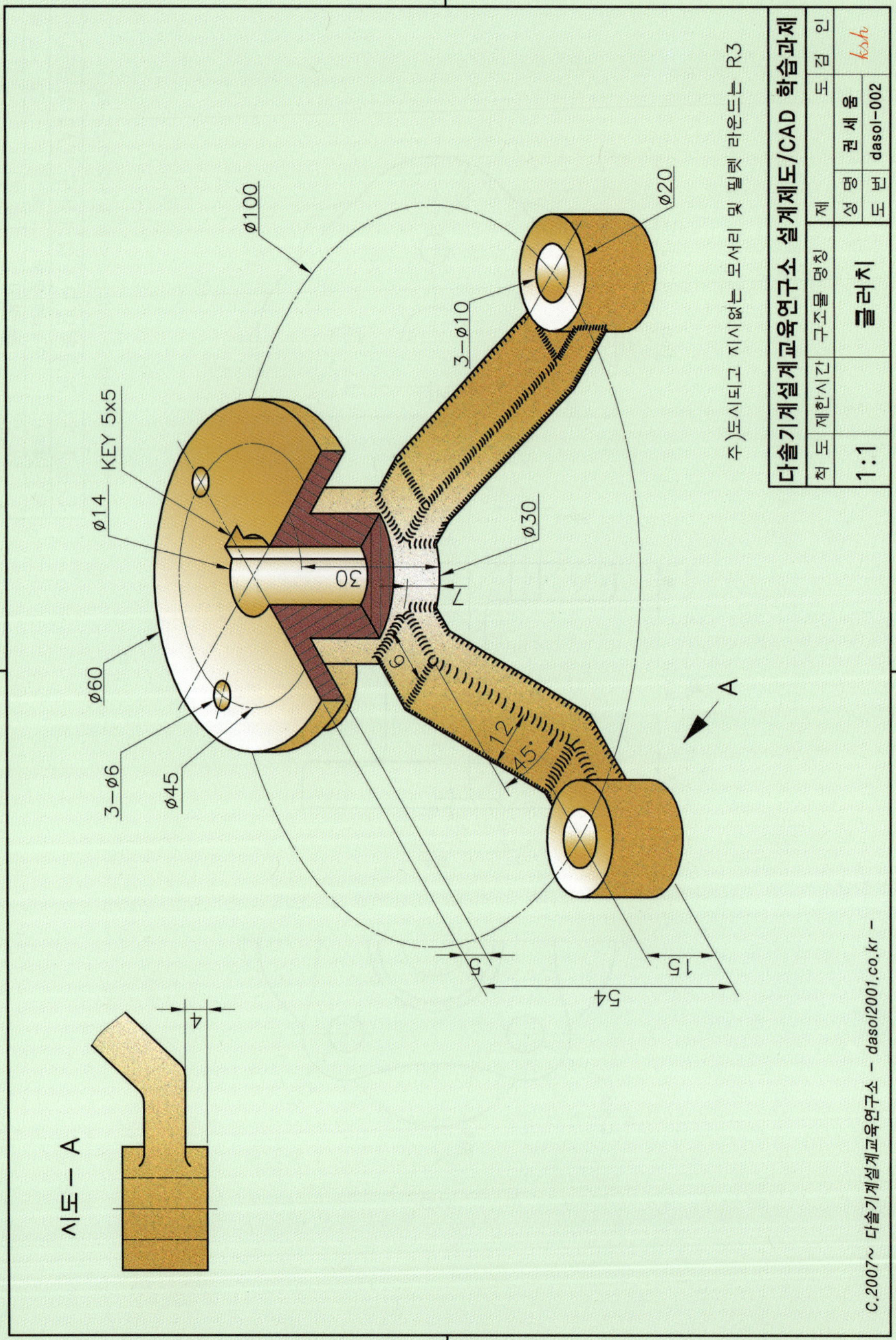
다솔기계설계교육연구소 설계제도/CAD 학습과제
척 도
제한시간
구조물 명칭
제
도 검 인
1:1
글리치
성 명
권 세 용
도 번
dasol-002
ksh
주)도시되고 지시없는 모서리 및 필렛 라운드는 R3
Ø100
Ø20
3−Ø10
KEY 5x5
Ø14
Ø30
30
7
Ø60
3−Ø6
Ø45
9
12
45°
A
5
15
54
시도− A
4
C.2007~ 다솔기계설계교육연구소 − dasol2001.co.kr −

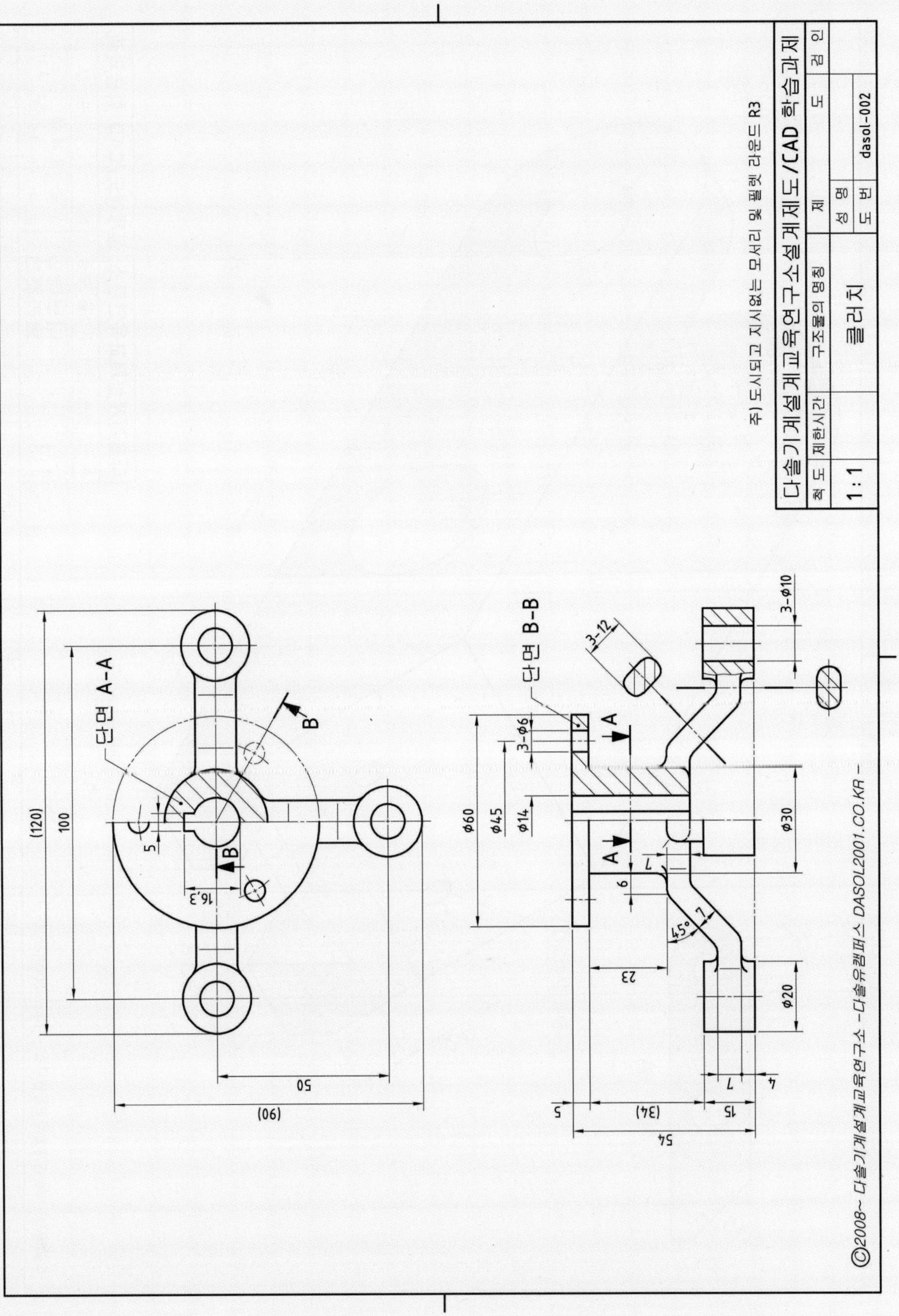
주) 도시되고 지시없는 모서리 및 필렛 라운드 R3
다솔기계설계교육연구소설계제도/CAD 학습과제
척 도
1 : 1
제한시간
구조물의 명칭
클러치
제
성 명
도 번
dasol-002
도 검 인
단면 A-A
단면 B-B
©2008~ 다솔기계설계교육연구소 -다솔유캠퍼스 DASOL2001.CO.KR-

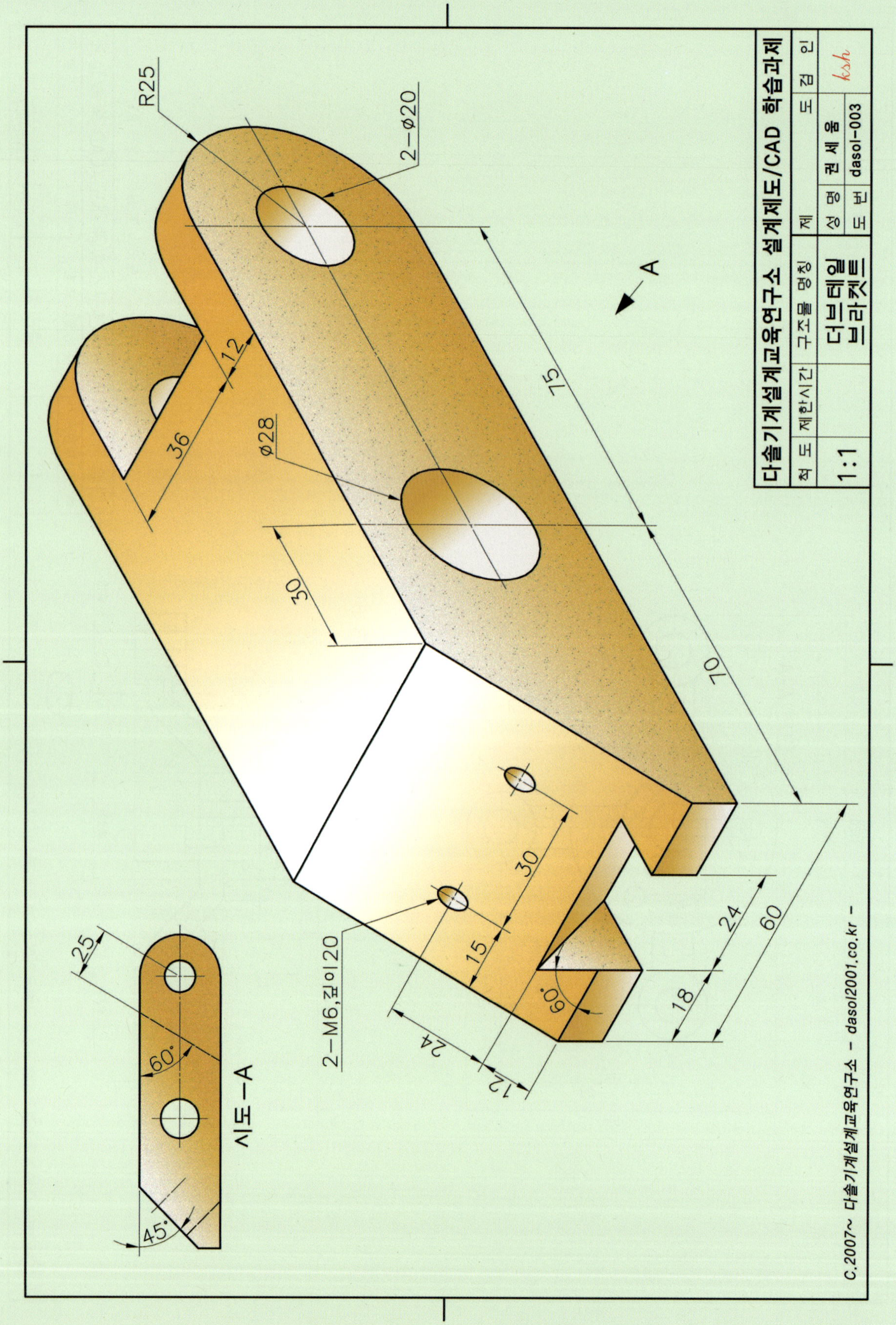
다솔기계설계교육연구소 설계제도/CAD 학습과제
척 도
제한시간
구조물 명칭
제
도 검 인
1:1
더브테일 브라켓트
성 명
권 세 웅
도 번
dasol-003
ksh
R25
2-⌀20
⌀28
75
70
36
12
30
30
15
24
12
24
18
60
60°
2-M6,깊이20
A
시도-A
25
60°
45°
C.2007~ 다솔기계설계교육연구소 - dasol2001.co.kr -

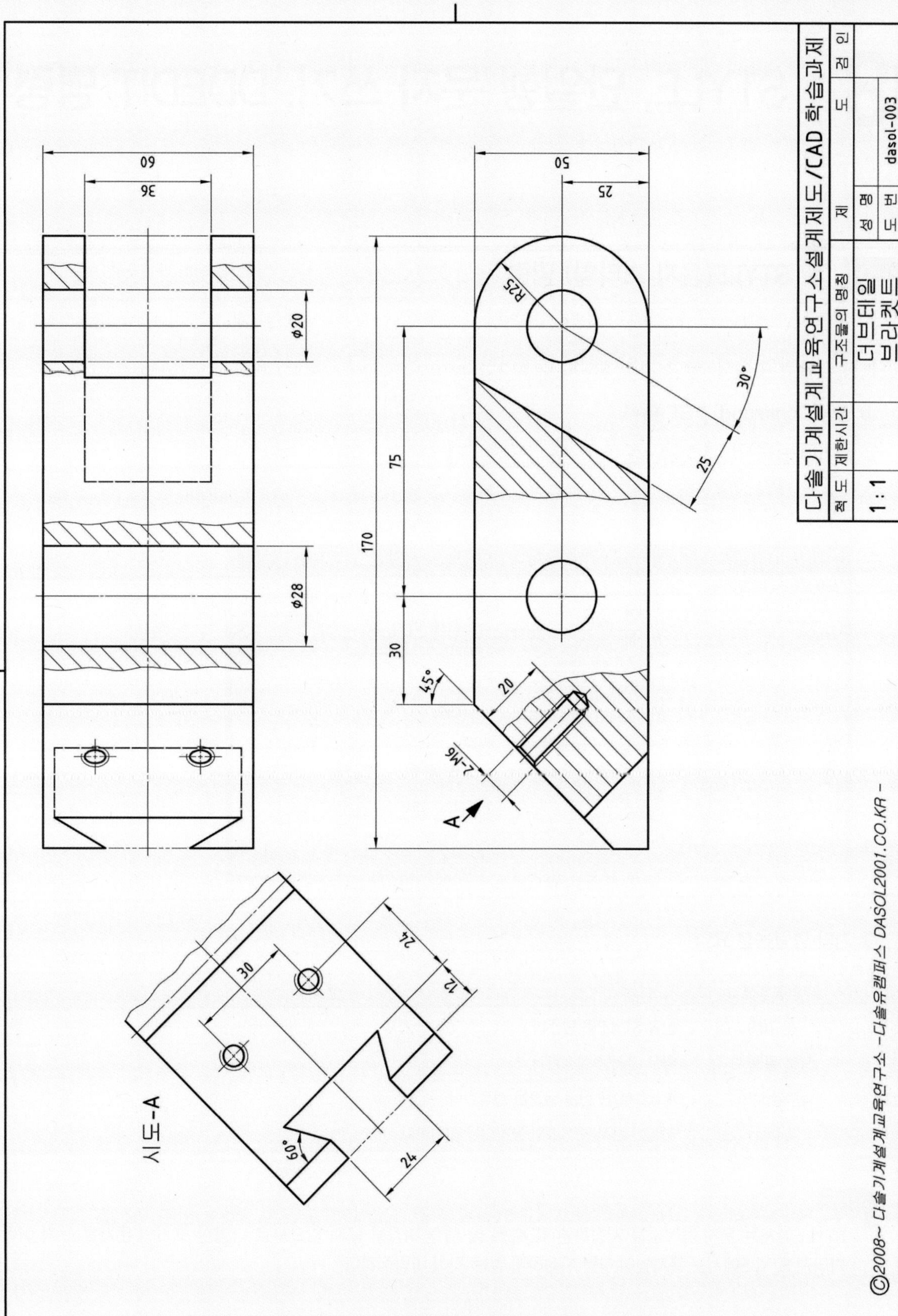
다솔기계설계교육연구소 설계제도/CAD 학습과제
척 도
제한시간
구조물의 명칭
제
도
검
인
1 : 1
더브테일 브라켓트
성 명
도 번
dasol-003
시도-A
A
2-M6
©2008~ 다솔기계설계교육연구소 -다솔유캠퍼스 DASOL2001.CO.KR -

# 08 | STYLE, 단일행 문자 쓰기, DDEDIT 명령 등

## 01 STYLE(문자 스타일) 명령

문자 스타일의 작성, 수정 등을 설정하고 제어한다.

① 명령(Command) : ST Enter

② 툴바메뉴(문자) : 

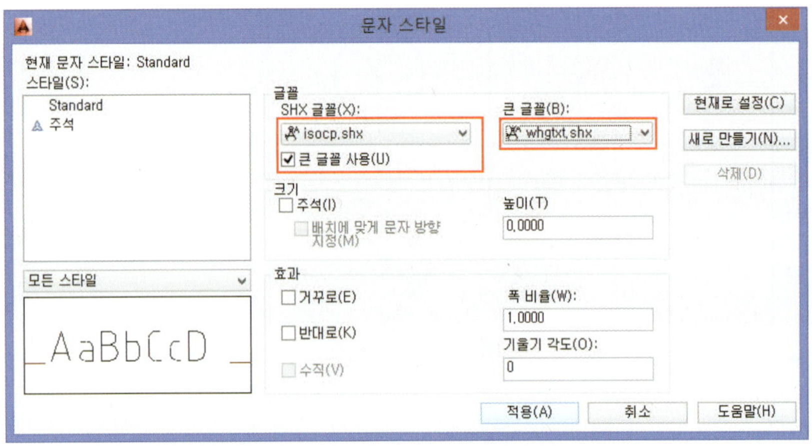


③ 기타 명령옵션 요약

| 명령옵션 | 설 명 |
|---|---|
| 신규(N) | 신규 STYLE을 만든다. |
| SHX 글꼴(X) | 영문 글꼴을 설정한다. |
| 큰 글꼴(B) | AutoCAD용 한글 글꼴을 설정한다. |
| 높이(T) | 지정한 문자 STYLE의 높이값을 설정한다. |

**기능**

STYLE에서는 문자 높이값을 지정하면 TEXT를 쓸 때 높이값을 묻지 않으므로 다양한 크기의 문자를 쓰기 어렵다 . 따라서 STYLE에서는 문자높이(T)를 지정하지 않는 것이 바람직하다.

④ KS 규격에 맞는 STYLE 설정

| 스타일 이름 | 영문 글꼴 | 한글 글꼴 | 높이 |
|---|---|---|---|
| Standard | isocp.shx, romans.shx | Whgtxt.shx, 굴림체 | 0 |

**기능**

KS 규격에 맞는 문자는 고딕체이면서 단선체여야 한다.

## 02 단일행 문자(DTEXT, TEXT) 쓰기 명령

단일행 문자를 쓴다.

① 명령(Command) : DT Enter

② 툴바메뉴(문자) : 

- 문자의 시작점 지정 또는 [자리맞추기(J)/스타일(S)] : 화면상에 문자 쓸 곳 클릭
- 높이 지정 〈8.8515〉 : 5 Enter (STYLE에서 높이(T)를 설정하면 묻지 않는다.)
- 문자의 회전각도 지정 〈0〉 : Enter

③ 기타 명령옵션 요약

| 명령옵션 | 설 명 |
|---|---|
| 자리맞추기(J) | 옵션에 따라 문자의 자리를 맞춘다. |
| 스타일(S) | 설정한 스타일을 지정한다. |

**기능**

TEXT는 STYLE에서 지정한 값을 적용받으므로 문제 발생 시 STYLE을 점검해봐야 한다.

## 03 A 여러 줄 문자(MTEXT) 쓰기 명령

여러 줄의 문자를 쓴다.

① 명령(Command) : MT Enter

② 툴바메뉴(문자) : 

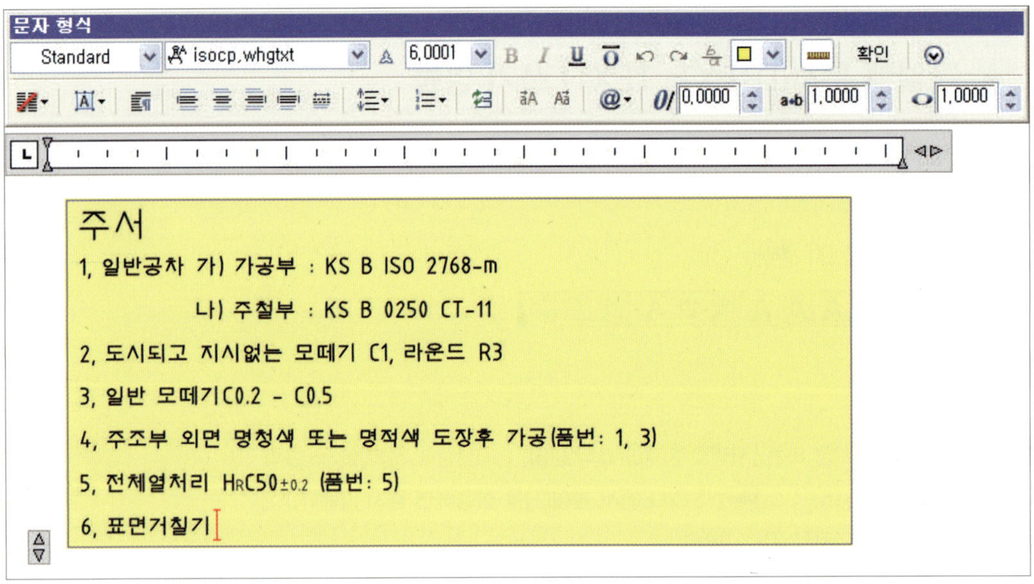


**기능**

MTEXT는 윈도 워드프로세스와 같이 편집기능이 모두 포함되어 있어 주석문과 같은 비교적 장문을 쓰는 데 편리하다.

③ KS 규격(A3, A2)에 맞는 주요 문자크기(높이)

| 문자크기 | 색상 | 용도 |
|---|---|---|
| 5.0mm | 초록색(Green) | 개별 주서, 부품번호, 상세도/단면 표시, 요목표 제목 |
| 3.5mm | 노란색(Yellow) | 일반주서, 표제란/부품란, 치수문자, 요목표 본문 |
| 2.5mm | 흰색(White), 빨간색(Red) | 일반공차 |

## 04 DDEDIT(문자 편집) 명령

DTEXT(TEXT), MTEXT, 치수문자 등 화면상에 모든 문자를 편집한다.

① 명령(Command) : DDEDIT Enter

② 툴바메뉴(문자) : 

③ 특수(기호) 문자

특수문자는 ACAD만의 형식을 따로 갖고 있다.

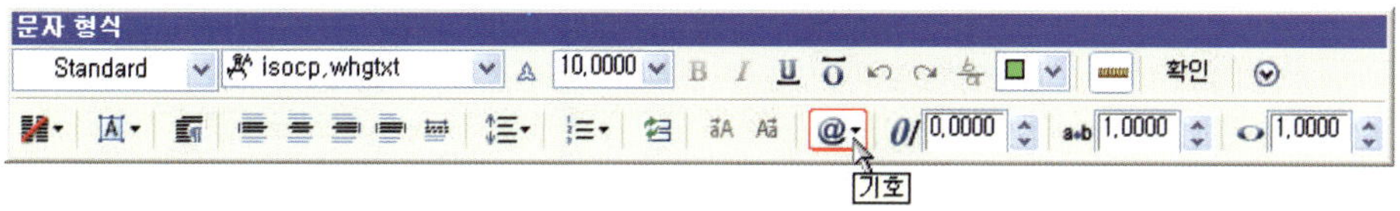


④ 주로 사용하는 특수문자(DTEXT(TEXT), MTEXT에서 입력)

| 특수문자 | 기호 | 입력 예 |
|---|---|---|
| %%d | ° | 20%%d = 20° |
| %%p | ± | 20%%p0.5 = 20±0.5 |
| %%c | Ø | %%c20H7 = Ø20H7 |

## 05 찾기/대치

DTEXT(TEXT), MTEXT 로 작성한 글자를 검색하고 수정 또는 교체한다.

① 툴바메뉴(문자) : 

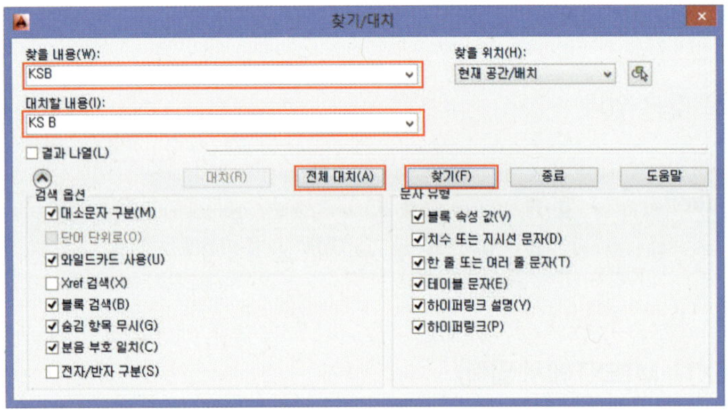

# 주서

1, 일반 공차 가)가공부 : KS B ISO 2768-m

나)주조부: KS B 0250 CT-11

다)주강부: KS B 0418 보통급

2, 도시되고 지시없는 라운드 및 필렛R3,모떼기1x45°

3, 일반 모떼기 0,2x45°

4, --- 열처리 HRC55±0,2(품번 3 )

5, ∀부 외면 명회색 도장후 가공 (품번 1, 2)

6, 기어 치부 열처리HRC55±0,2

7, 표면 거칠기

∀ = ∀ , - , -

w/ = 12.5/ , Ry50 , Rz50 , N10

x/ = 3.2/ , Ry12.5, Rz12.5 , N8

y/ = 0.8/ , Ry3.2, Rz3.2 , N6

| 품번 | 품명 | 재질 | 수량 | 비고 |
|---|---|---|---|---|
| 5 | 스퍼 기어 | SCM 415 | 2 | |
| 3 | 축 | SM 45C | 1 | |
| 2 | 하우징 커버 | SC 49 | 1 | |
| 1 | 하 우 징 | SC 49 | 1 | |

다솔기계설계교육연구소 설계제도/CAD 학습과제

| 척 도 | 각 법 | 도 명 | 제 도 | | 도 번 |
|---|---|---|---|---|---|
| 1:2 | 3 | | 성 명 | | |
| | | | 일 자 | | |

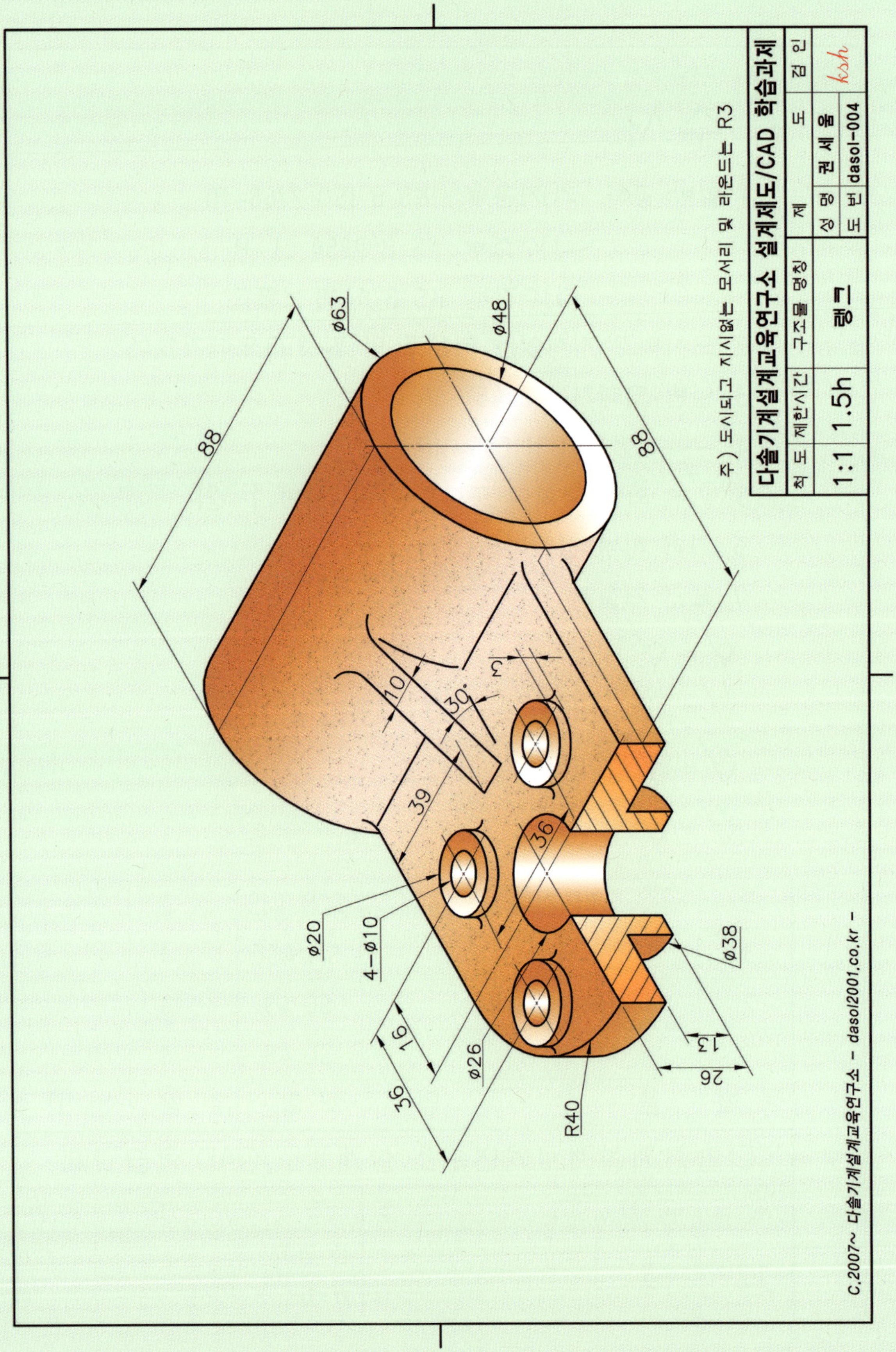
주) 도시되고 지시없는 모서리 및 라운드는 R3
다솔기계설계교육연구소 설계제도/CAD 학습과제
척 도
제한시간
구조물 명칭
제 도
검 인
1:1
1.5h
랭크
성 명
권 세 율
도 번
dasol-004
ksh
ø63
ø48
88
88
10
30°
3
39
36
ø20
4-ø10
ø38
16
36
ø26
13
26
R40
C,2007~ 다솔기계설계교육연구소 - dasol2001,co,kr -

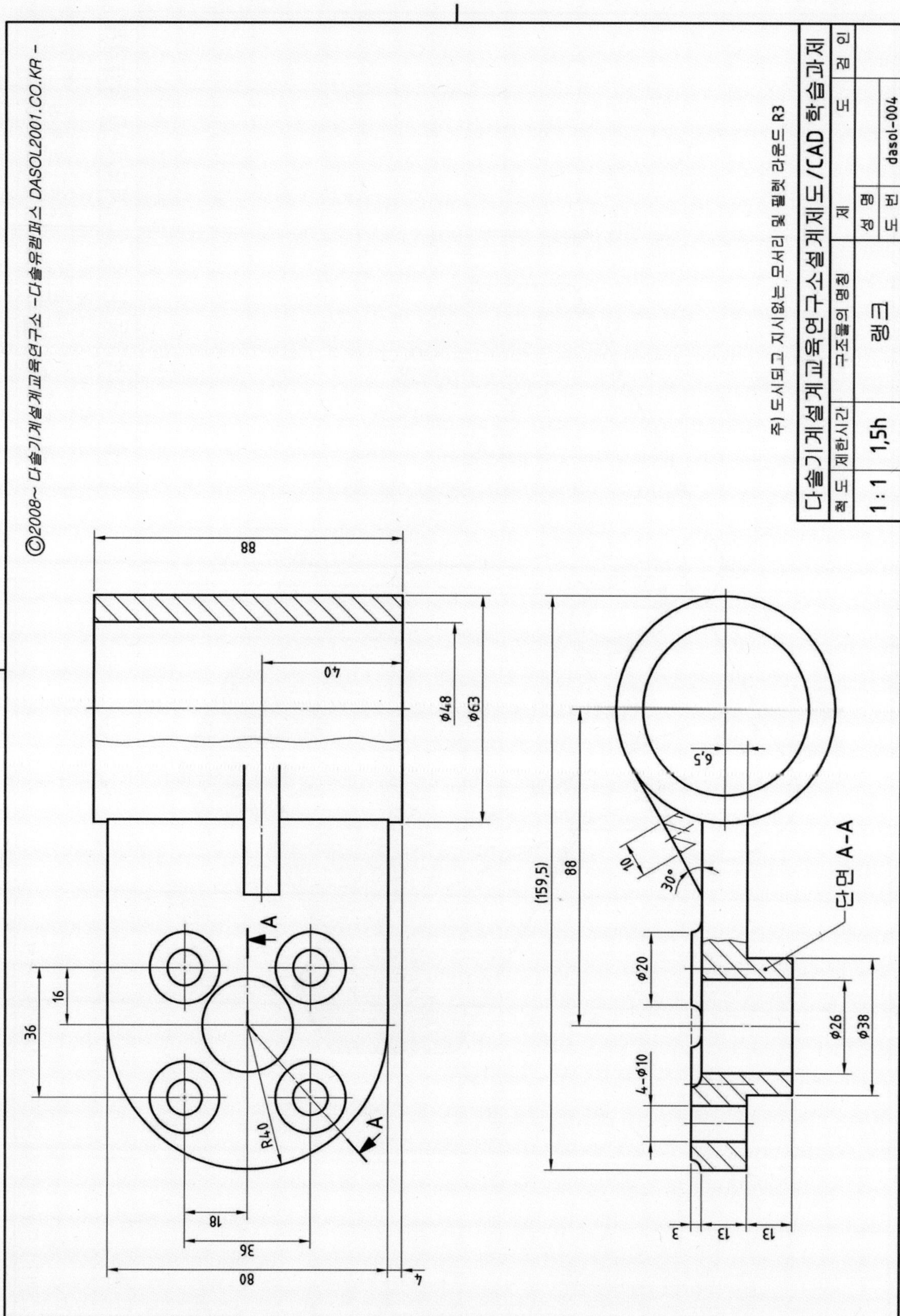

ⓒ2008~ 다솔기계설계교육연구소 -다솔유캠퍼스 DASOL2001.CO.KR -
주) 도시되고 지시없는 모서리 및 필렛 라운드 R3
다솔기계설계교육연구소/CAD 학습과제
척 도
1 : 1
제한시간
1,5h
구조물의 명칭
링크
제 도
검 인
성 명
도 번
dasol-004
단면 A-A

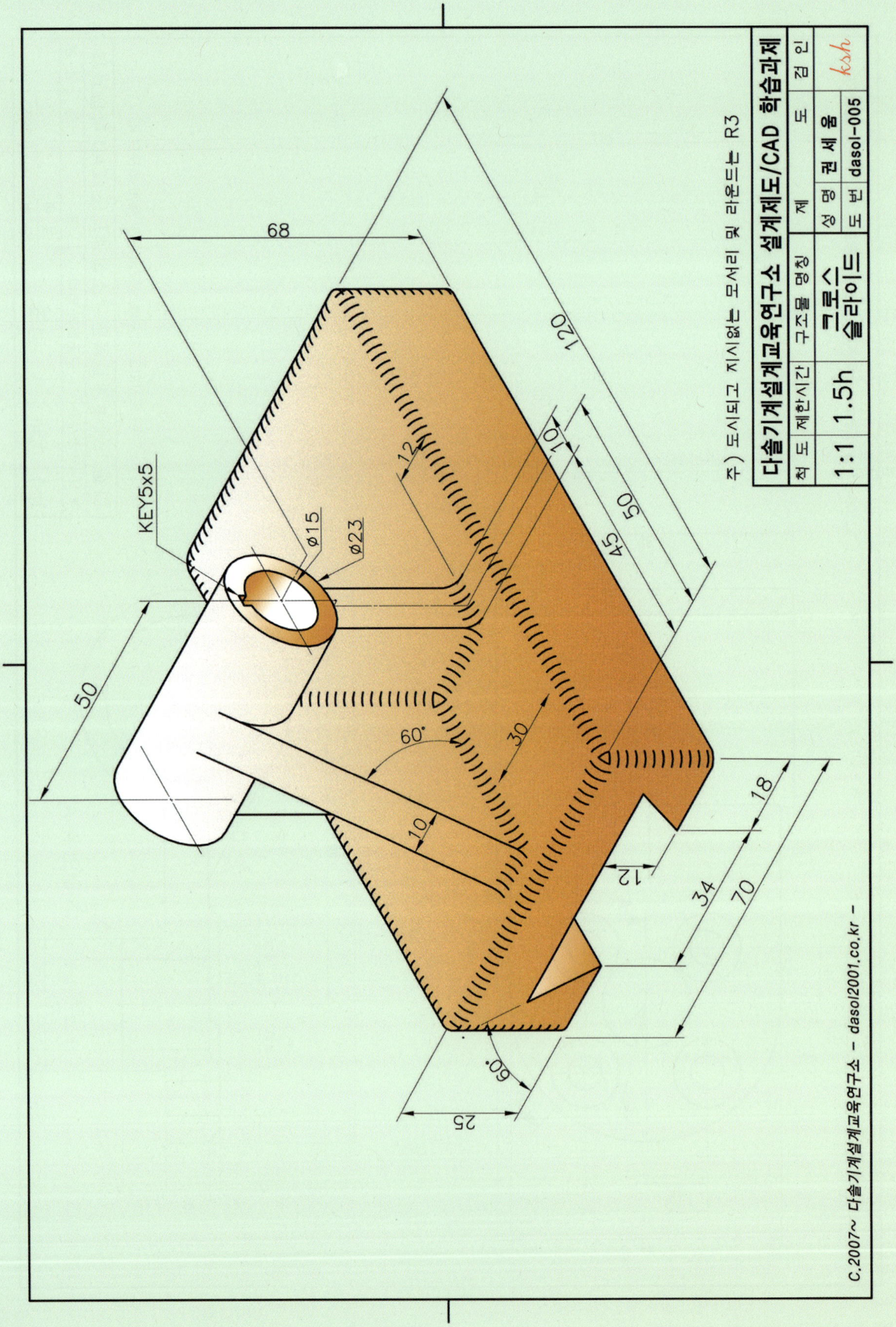
다솔기계설계교육연구소 설계제도/CAD 학습과제
척 도
1:1
제한시간
1.5h
구조물 명칭
크로스 슬라이드
제 도 검 인
성 명 권 세 웅
도 번 dasol-005
주) 도시되고 지시없는 모서리 및 라운드는 R3
KEY5x5
ø15
ø23
68
120
12
10
45
50
50
60°
30
10
18
12
34
70
60°
25
C.2007~ 다솔기계설계교육연구소 - dasol2001.co.kr -

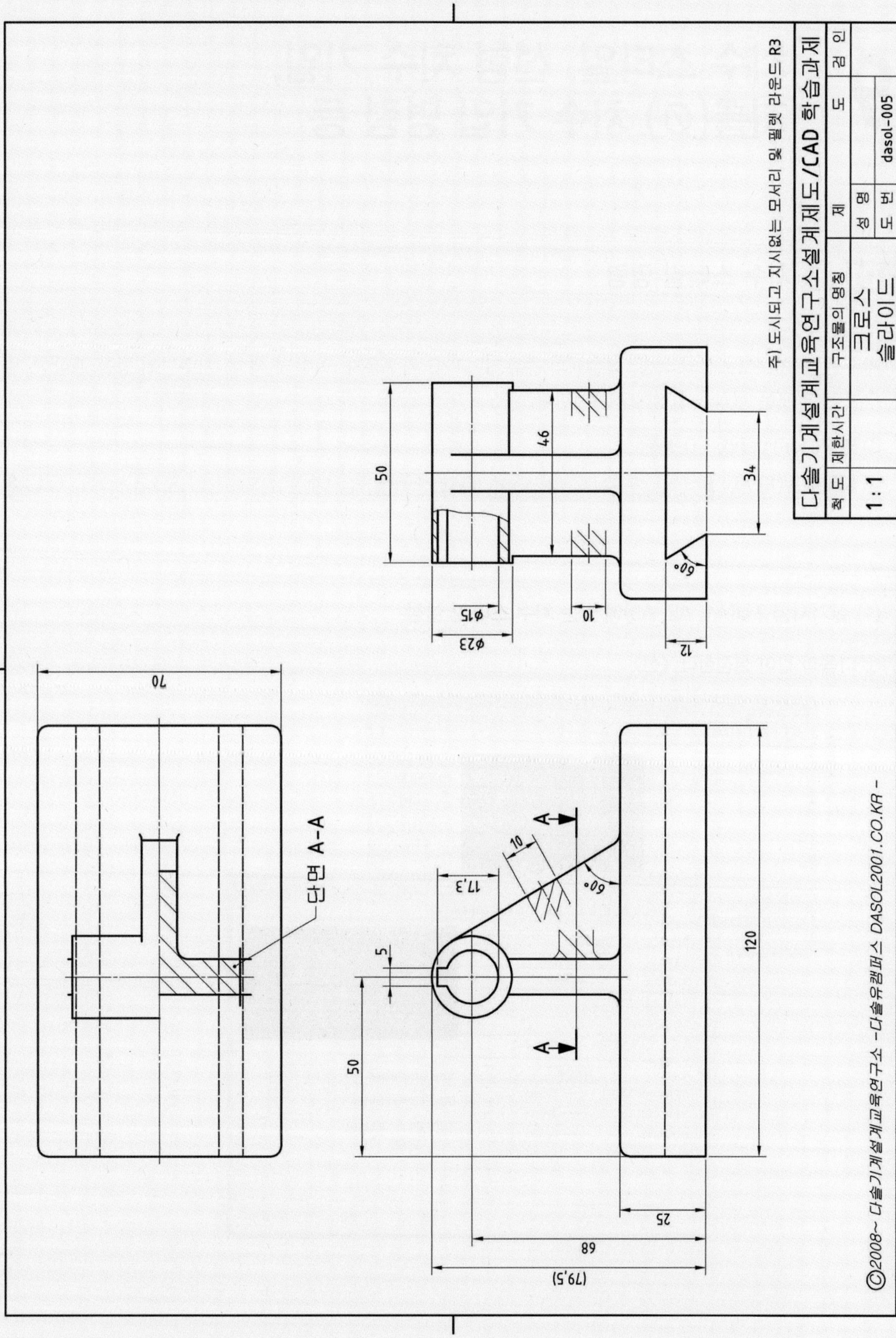
주) 도시되고 지시없는 모서리 및 필렛 라운드 R3
다솔기계설계교육연구소설계제도/CAD 학습과제
척 도
1:1
제한시간
구조물의 명칭
크로스 슬라이드
제
도
검 인
설 명
도 번
dasol-005
단면 A-A
A
A
50
46
34
60°
φ15
φ23
10
12
70
10
17.3
60°
5
120
50
25
68
(79.5)
ⓒ2008~ 다솔기계설계교육연구소 -다솔유캠퍼스 DASOL2001.CO.KR -

# 09 치수 스타일, 선형 치수 기입, 지름(Ø) 치수 기입 명령 등

## 01 치수 스타일 명령

치수선 및 치수보조선의 색상, 화살표의 종류 및 크기, 치수문자 크기 및 색상, 치수단위 등을 포함한 기타 치수에 관한 모든 형식을 설정하고 제어한다.

① 명령(Command) : D Enter

② 툴바메뉴(치수) : 

### (1) 실기시험규격(A1, A2, A3)에 맞는 치수 스타일 설정

① 다음과 같이 설정한다. 〈선〉

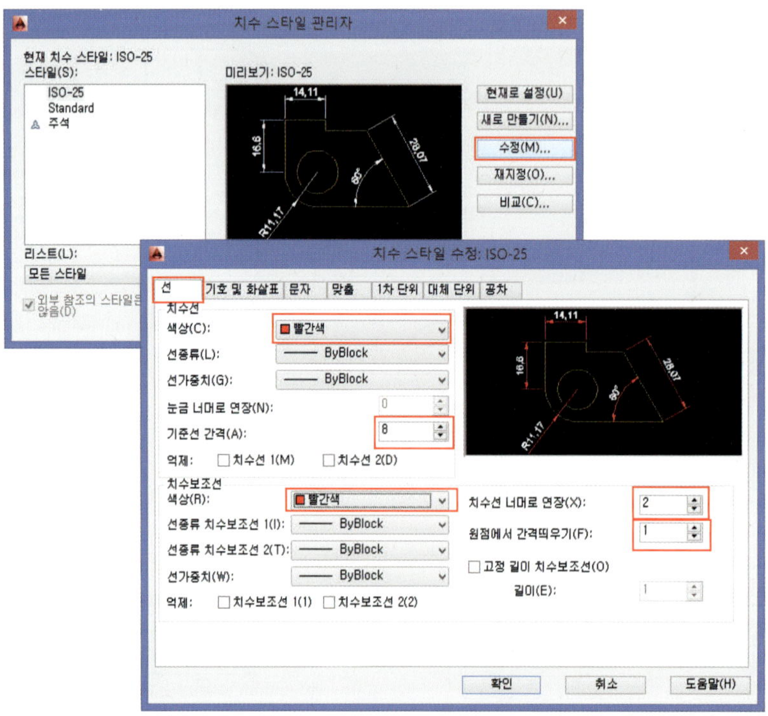

② 주요설정 요약 〈선〉

| 치수선 및 치수보조선 색상(R) | 기준선 간격(A) | 치수선 너머로 연장(X) | 원점에서 간격 띄우기(F) |
|---|---|---|---|
| 빨간색 또는 흰색 | 8mm | 2mm | 1mm |

기능

기준선 간격(A) : 신속치수 또는 기준선치수를 기입할 때 치수선과 치수선의 간격을 제어한다.

③ 다음과 같이 설정한다. 〈기호 및 화살표〉

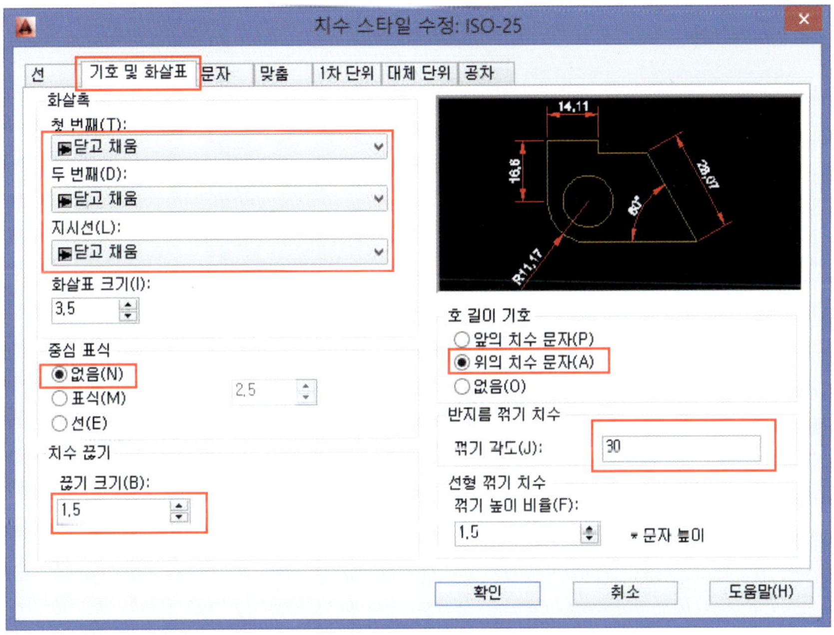


④ 주요설정 요약 〈기호 및 화살표〉

| 화살표 크기(I) | 중심 표식 | 치수 끊기 | 호 길이 기호 | 반지름 꺾기 치수 |
|---|---|---|---|---|
| 3.5mm | 없음 | 1.5mm | 위의 치수 문자 | 30° |

기능

치수 끊기 크기는 치수 끊기 명령에서 치수선이나 치수보조선 또는 투상선(객체)이 서로 겹쳤을 때 지정한 간격만큼 끊어준다.

⑤ 다음과 같이 설정한다. 〈문자〉

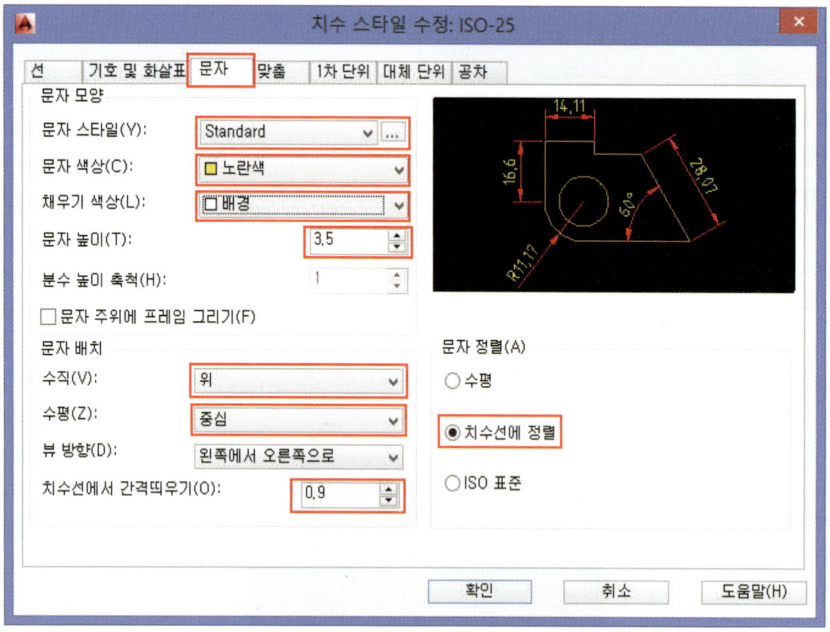

⑥ 주요설정 요약 〈문자〉

| 문자 스타일(Y) | 문자 색상(C) | 채우기색상(L) | 문자 높이(T) | 문자 배치(수직) | 문자 배치(수평) | 치수선에서 간격 띄우기(O) | 문자 정렬(A) |
|---|---|---|---|---|---|---|---|
| Standard | 노란색(2) | 배경 | 3.5mm | 위 | 중심 | 0.8~1mm | 치수선에 정렬 |

⑦ KS 규격에 맞는 문자스타일(Y) 설정

| 스타일 이름 | 영문글꼴 | 한글글꼴 |
|---|---|---|
| Standard | isocp.shx, romans.shx | Whgtxt.shx, 굴림체 |

기능

KS 규격에 맞는 문자는 고딕체이면서 단선체여야 한다.

⑧ 다음과 같이 설정한다. 〈맞춤〉

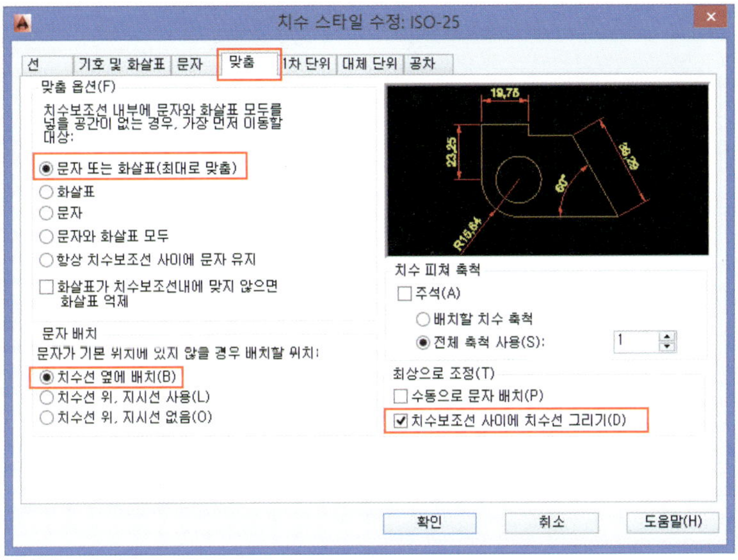


⑨ 다음과 같이 설정한다. 〈1차 단위〉

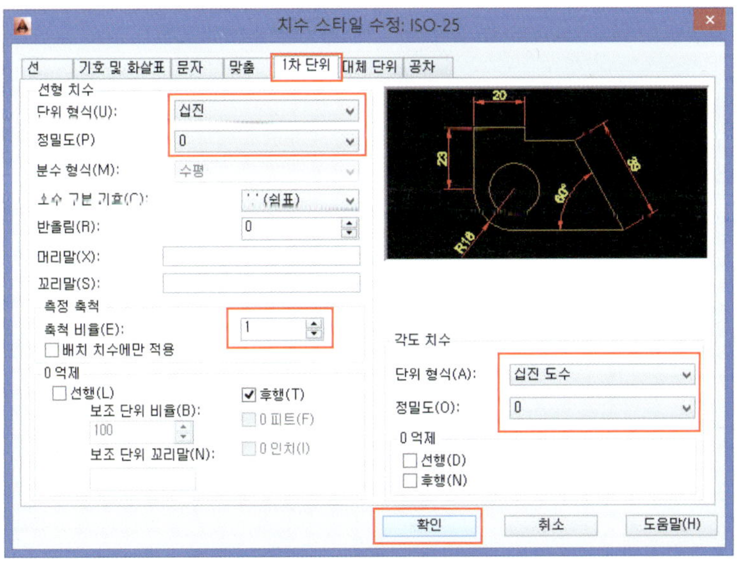


⑩ 주요설정 요약 〈1차 단위〉

| 단위 형식 | 정밀도(P) | 반올림(R) | 소수 구분 기호(C) | 측정 축척(1:1) | 측정 축척(1:2) | 측정 축척(2:1) |
|---|---|---|---|---|---|---|
| 십진 | 0 | 0.5 | ' , '(쉼표) | 1 | 0.5 | 2 |

**기능**

기타 치수변수 설정법은 "도움말(H)"을 클릭하면 상세하게 설명되어 있다.

## (2) 그 밖의 치수(Dim) 변수들

■ Dim : TOFL Enter

- Current value 〈off〉 New value : 1(on) Enter

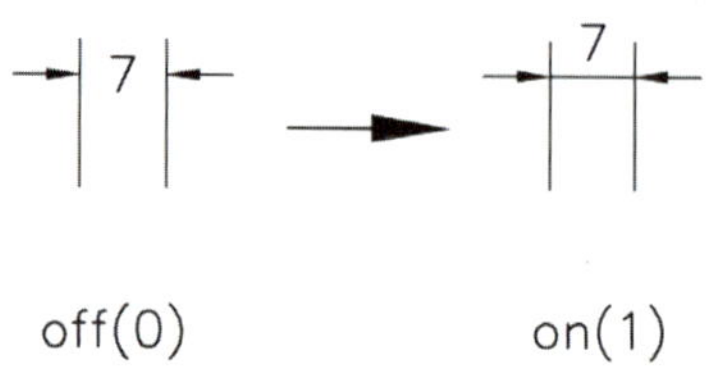


■ Dim : TIX Enter

- Current value 〈off〉 New value : 1(on) Enter

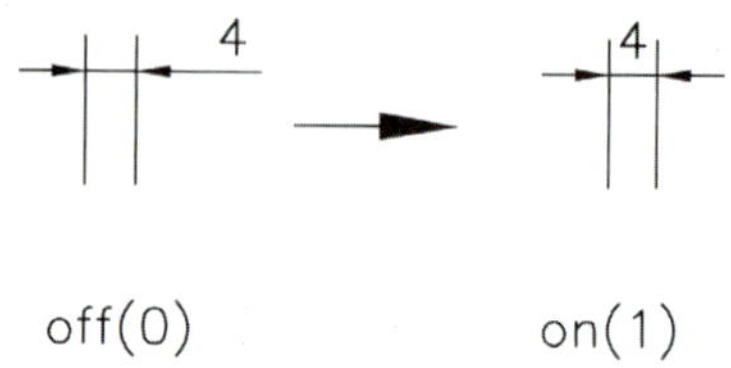


■ Dim : TOH Enter

- Current value 〈off〉 New value : 0(off) Enter

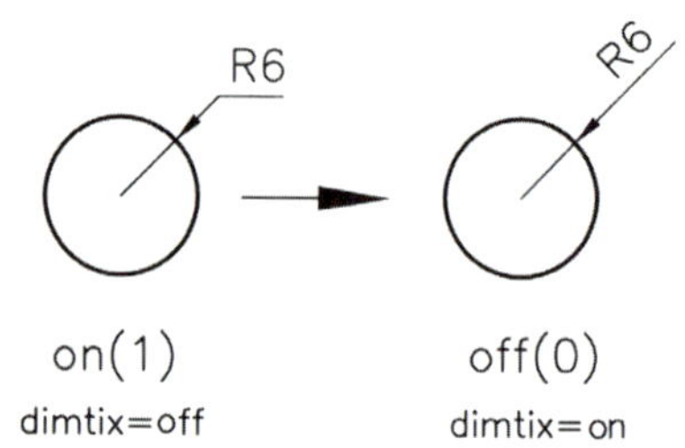

## 02 선형(수평, 수직) 치수 기입 명령 〈OSNAP : 끝점(E), 교차점(I)〉

도면에 수평 치수 및 수직 치수를 기입한다.

① 명령(Command) : dimlinear Enter

② 툴바메뉴(치수) : 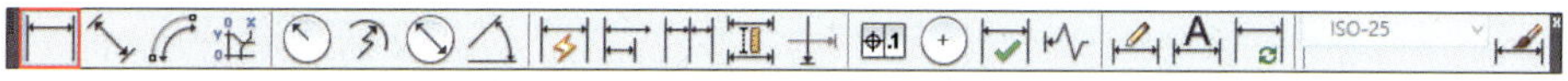

- 첫 번째 치수보조선 원점 지정 또는 〈객체 선택〉 : P1 클릭
- 두 번째 치수보조선 원점 지정 : P2 클릭
- 비연관 치수가 작성된다.
- 치수선의 위치 지정 또는 [여러 줄 문자(M)/문자(T)/각도(A)/수평(H)/수직(V)/회전(R)] : 치수 문자 = 41(화면상 치수선 위치 점 클릭)

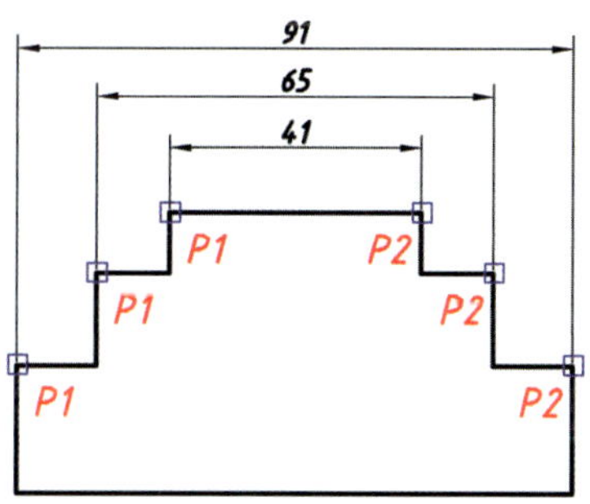


(a) 수평 치수 기입

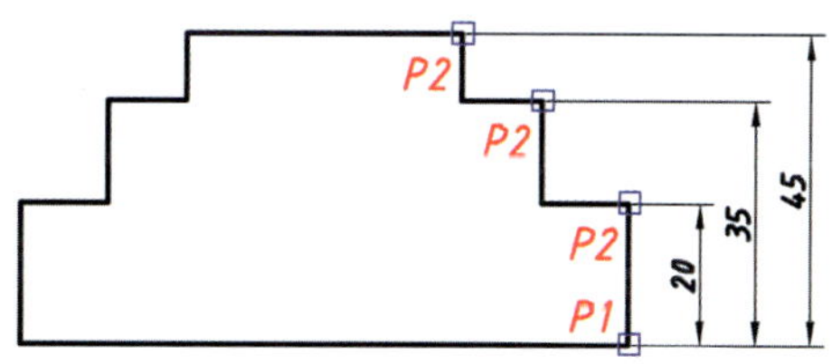


(b) 수직 치수 기입

**기능**

최초 치수선과 물체의 간격은 약 10~20mm가 되도록 기입한다. 두 번째 치수선과 치수선의 간격은 약 8~10mm가 되도록 기입한다.

### ③ 기타 명령옵션 요약

| 명령옵션 | 설 명 |
|---|---|
| 여러 줄 문자(M) | 치수문자를 여러 줄 문자로 변경한다. |
| 문자(T) | 치수문자를 변경한다. |
| 각도(A) | 치수문자 각도를 지정한다. |
| 수평(H) | 수평치수로 강제 제어한다. |
| 수직(V) | 수직치수로 강제 제어한다. |
| 회전(R) | 치수선을 각도를 주어 기입한다. |

## 03 신속 치수 기입 명령 〈OSNAP : 끝점(E), 교차점(I)〉

치수를 한꺼번에 신속하게 기입한다.

### (1) 〈연속(C)〉 치수 기입

① 명령(Command) : qdim Enter

② 툴바메뉴(치수) :

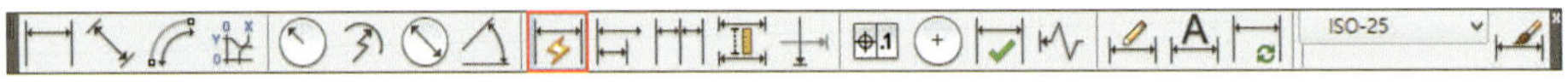


- 연관 치수 우선순위 = 끝점(E)
- 치수 기입할 형상 선택 : P1 클릭 → P2 클릭(Window로 선택)
- 치수 기입할 형상 선택 : Enter
- 치수선의 위치 지정 또는 [연속(C)/다중(S)/기준선(B)/세로좌표(O)/반지름(R)/지름(D)/데이텀 점(P)/편집(E)/설정(T)]
  〈연속(C)〉 : 화면상 치수선 위치점 클릭

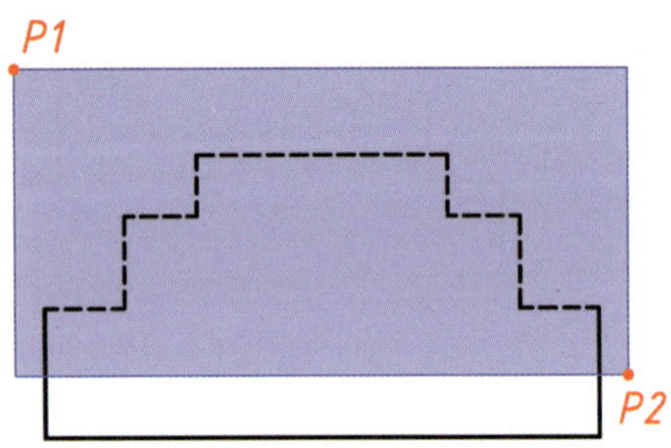


(a) 〈연속(C)〉 치수 기입 부분 선택

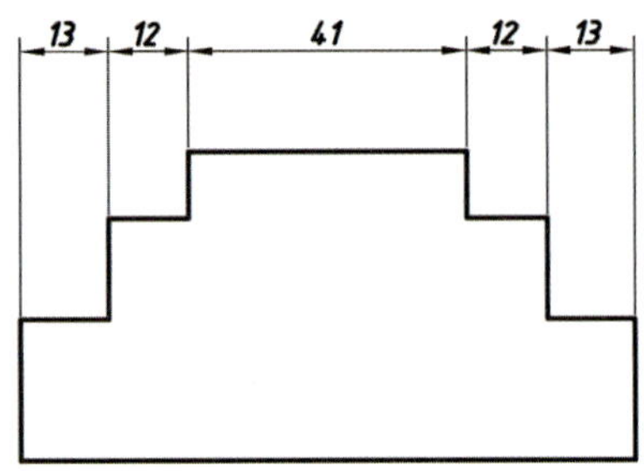


(b) 〈연속(C)〉 치수 기입 실행 후

### (2) 〈다중(S)〉 치수 기입

① 명령(Command) : qdim Enter

② 툴바메뉴(치수) :

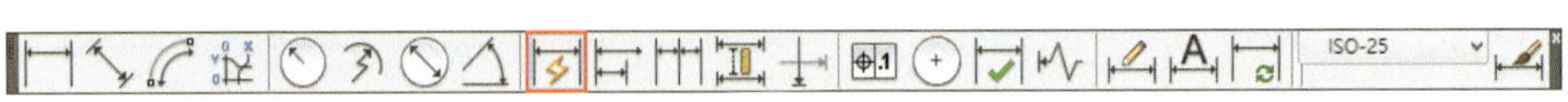

- 연관 치수 우선순위 = 끝점(E)
- 치수 기입할 형상 선택 : P1 클릭 → P2 클릭(Window로 선택)
- 치수 기입할 형상 선택 : Enter
- 치수선의 위치 지정 또는 [연속(C)/다중(S)/기준선(B)/세로좌표(O)/반지름(R)/지름(D)/데이텀 점(P)/편집(E)/설정(T)] 〈연속(C)〉 : S
- 치수선의 위치 지정 또는 [연속(C)/다중(S)/기준선(B)/세로좌표(O)/반지름(R)/지름(D)/데이텀 점(P)/편집(E)/설정(T)] 〈다중(S)〉 : 화면상 치수선 위치 점 클릭

### (3) 치수 업그레이드(치수 정렬)

신속 치수에서 다중치수를 기입하면 치수 수치가 지그재그로 표기되는데 이때 치수 업데이트를 해주면 가지런히 정돈된다.

① 툴바메뉴(치수) : 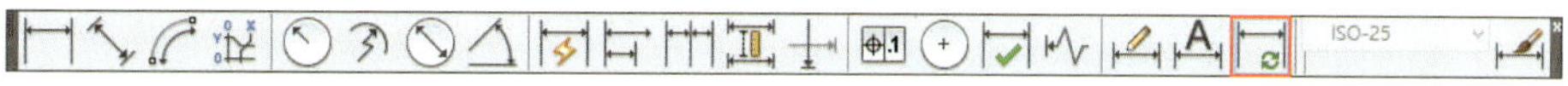


- [주석(AN)/저장(S)/복원(R)/상태(ST)/변수(V)/적용(A)/?] 〈복원(R)〉 : _apply
- 객체 선택 : P3 클릭 → P4 클릭(Crossing으로 선택)
- 객체 선택 : Enter

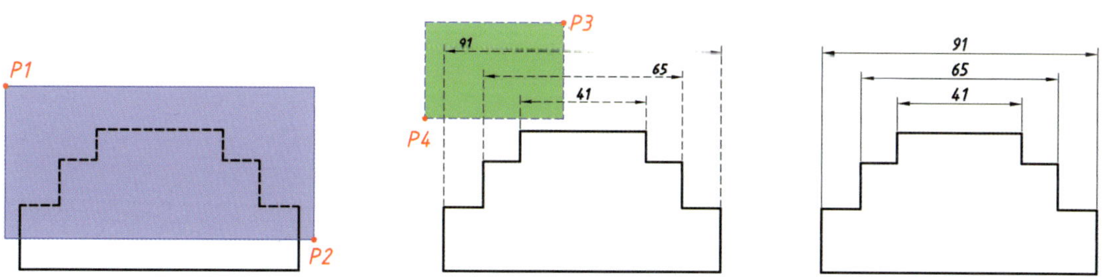


(a) 〈다중(S)〉 치수 기입 부분 선택

(b) 〈다중(S)〉 치수 기입 실행 후 치수 업데이트 선택

(c) 치수 업데이트 최종 실행 후

**기능**

치수선과 치수선의 간격은 "치수스타일 → 선 → 기준선 간격(A)"에서 제어한다. 일반적으로 8~10mm로 규제하여 사용한다.

(4) 〈기준선(B)〉 치수 기입 ① 명령(Command) : qdim Enter

② 툴바메뉴(치수) : 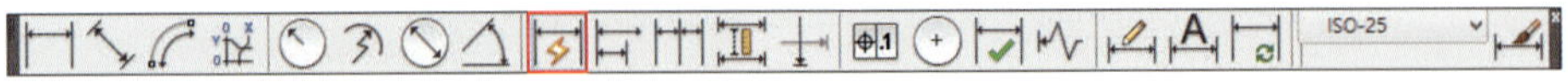


- 연관 치수 우선순위 = 끝점(E)
- 치수기입할 형상 선택 : P1 클릭 → P2 클릭(Window로 선택)
- 치수기입할 형상 선택 : Enter
- 치수선의 위치 지정 또는 [연속(C)/다중(S)/기준선(B)/세로좌표(O)/반지름(R)/지름(D)/데이텀 점(P)/편집(E)/설정(T)] 〈다중(S)〉 : B Enter
- 치수선의 위치 지정 또는 [연속(C)/다중(S)/기준선(B)/세로좌표(O)/반지름(R)/지름(D)/데이텀 점(P)/편집(E)/설정(T)] 〈기준선(B)〉 : P Enter (기준 치수 시작점을 새로 지정한다.)
- 새로운 데이텀 점 선택 : P3 클릭(기준 치수 시작점), 〈OSNAP : 끝점(E)〉
- 치수선의 위치 지정 또는 [연속(C)/다중(S)/기준선(B)/세로좌표(O)/반지름(R)/지름(D)/데이텀 점(P)/편집(E)/설정(T)] 〈기준선(B)〉 : 화면상 치수선 위치 점 클릭

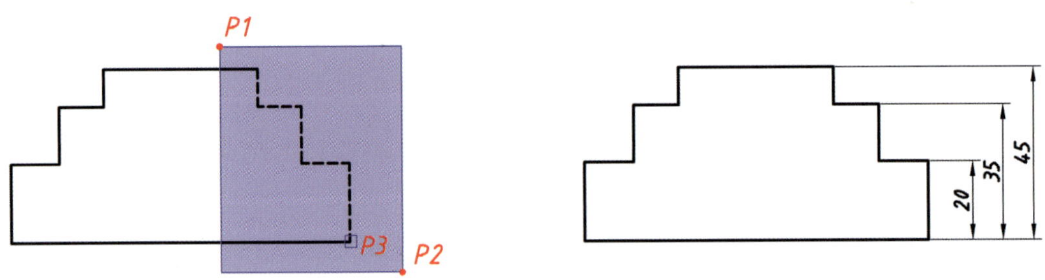


(a) 〈기준선(B)〉 치수 기입 부분 선택 (b) 〈기준선(B)〉 치수 기입 실행 후

③ 기타 명령옵션 요약

| 명령옵션 | 설 명 |
|---|---|
| 세로좌표(O) | 선택한 부분의 좌표치수를 한번에 기입한다.(데이텀 점(P) 활용) |
| 반지름(R) | 선택한 호 또는 원들의 반지름 치수를 한번에 기입한다. |
| 지름(D) | 선택한 원들의 지름 치수를 한번에 기입한다. |
| 데이텀 점(P) | 기준치수 시작점을 새로 지정한다. |
| 편집(E) | 선택한 치수기준 점들을 추가하거나 취소한다. |
| 설정(T) | 기준점의 우선순위[끝점(E)/교차점(I)]를 결정한다. |

## 04 기준치수 기입 명령 〈OSNAP : 끝점(E), 교차점(I)〉

선형치수를 기준으로 하여 다중(S)치수를 기입한다.

① 명령(Command) : dimbaseline Enter

② 툴바메뉴(치수) : 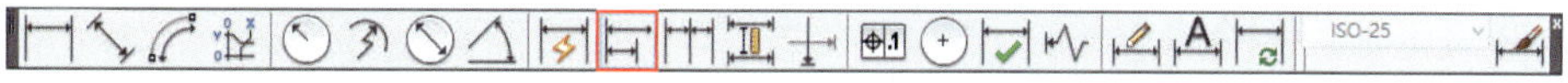


- 두 번째 치수보조선 원점 지정 또는 [명령 취소(U)/선택(S)] 〈선택(S)〉 : P1 클릭
- 치수 문자 = 35
- 두 번째 치수보조선 원점 지정 또는 [명령 취소(U)/선택(S)] 〈선택(S)〉 : P2 클릭
- 치수 문자 = 45
- 두 번째 치수보조선 원점 지정 또는 [명령 취소(U)/선택(S)] 〈선택(S)〉 : Enter

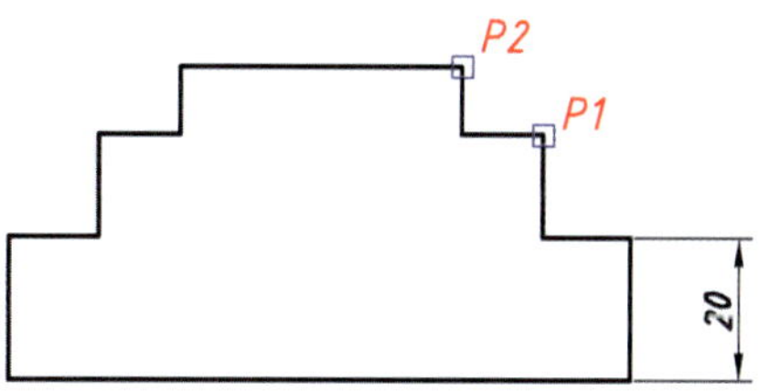

(a) 기준치수 기입 전

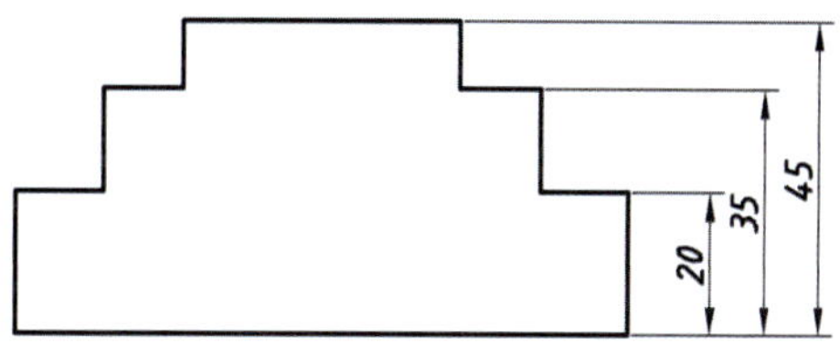

(b) 기준치수 기입 후

**기능**

1. 기준치수는 기준이 되는 치수가 먼저 기입되어 있어야 한다.
2. 〈선택(S)〉 : 기준치수의 기준이 되는 치수보조선을 새로 선택한다.

## 05 연속치수 기입 명령 〈OSNAP : 끝점(E), 교차점(I)〉

선형치수를 기준으로 하여 연속(C)치수를 기입한다.

① 명령(Command) : dimcontinue Enter

② 툴바메뉴 (치수) : 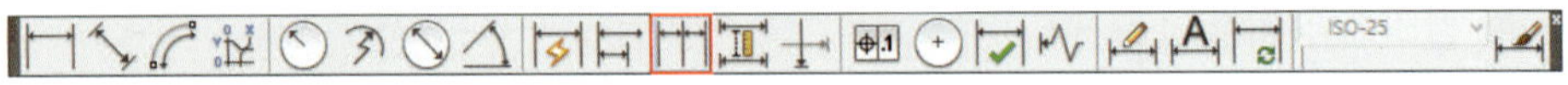

- 두 번째 치수보조선 원점 지정 또는 [명령 취소(U)/선택(S)] 〈선택(S)〉 : P1 클릭
- 치수 문자 = 12
- 두 번째 치수보조선 원점 지정 또는 [명령 취소(U)/선택(S)] 〈선택(S)〉 : P2 클릭
- 치수 문자 = 41
- 두 번째 치수보조선 원점 지정 또는 [명령 취소(U)/선택(S)] 〈선택(S)〉 : P3 클릭
- 치수 문자 = 12
- 두 번째 치수보조선 원점 지정 또는 [명령 취소(U)/선택(S)] 〈선택(S)〉 : P4 클릭
- 치수 문자 = 13
- 두 번째 치수보조선 원점 지정 또는 [명령 취소(U)/선택(S)] 〈선택(S)〉 : Enter

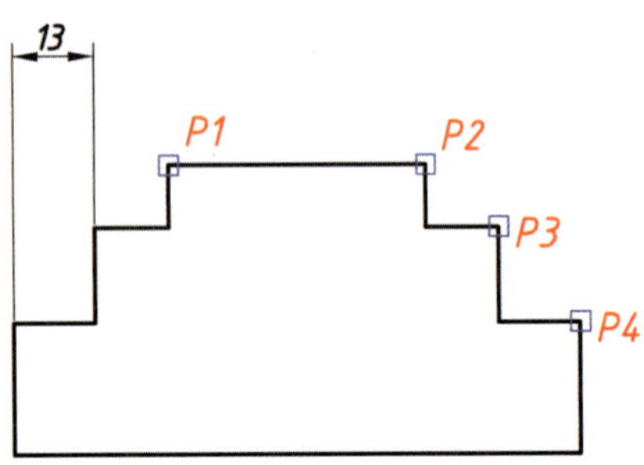


(a) 연속치수 기입 전

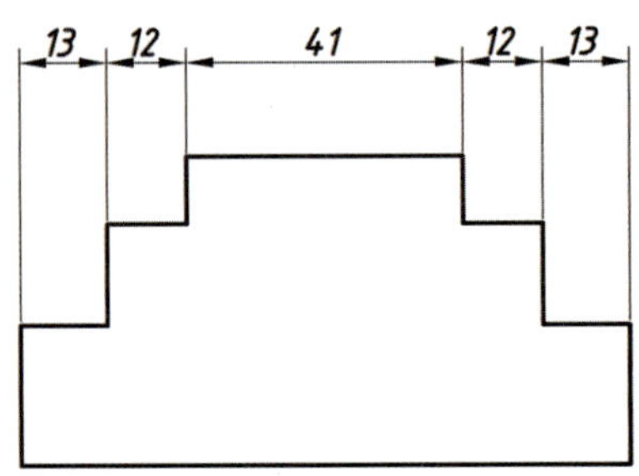


(b) 연속치수 기입 후

**기능**

1. 연속치수도 기준이 되는 치수가 먼저 기입되어 있어야 한다.
2. 〈선택(S)〉 : 연속치수의 기준이 되는 치수보조선을 새로 선택한다.

## 06 경사(정렬)치수 기입 명령 〈OSNAP : 끝점(E), 교차점(I)〉

경사도의 치수를 기입한다.

① 명령(Command) : dimaligned Enter

② 툴바메뉴(치수) : 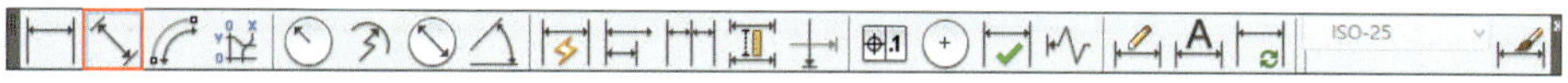

- 첫 번째 치수보조선 원점 지정 또는 〈객체 선택〉 : P1 클릭(P2 클릭)
- 두 번째 치수보조선 원점 지정 : P2 클릭(P3 클릭)
- 치수선의 위치 지정 또는 [여러 줄 문자(M)/문자(T)/각도(A)] : 화면상 치수선 위치 점 클릭

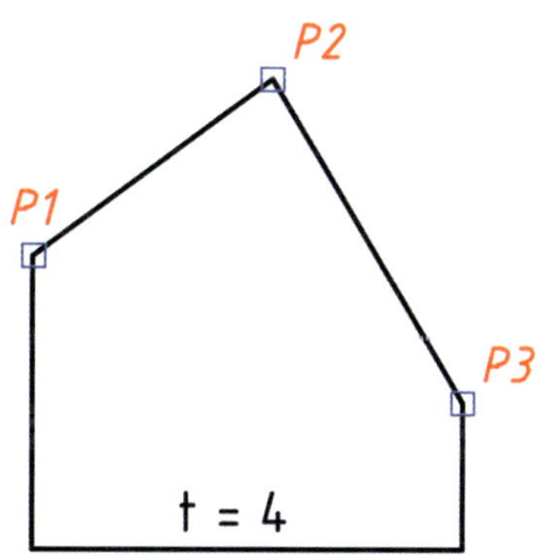


(a) 경사치수 기입 전

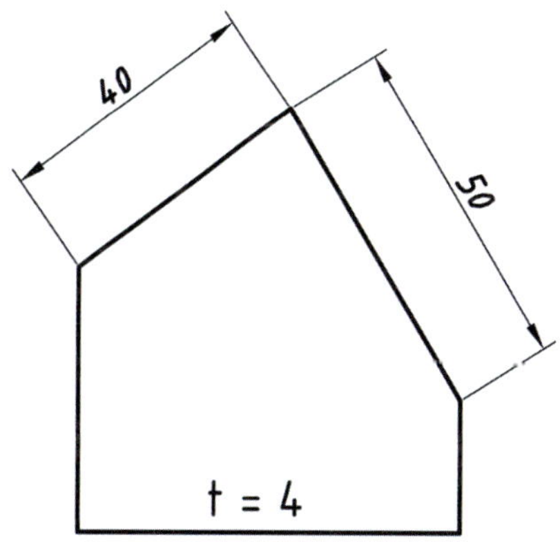


(b) 경사치수 기입 후

## 07 각도치수 기입 명령 〈OSNAP : OFF(F3)〉

각도(°) 치수를 기입한다.

① 명령(Command) : dimangular Enter

② 툴바메뉴(치수) : 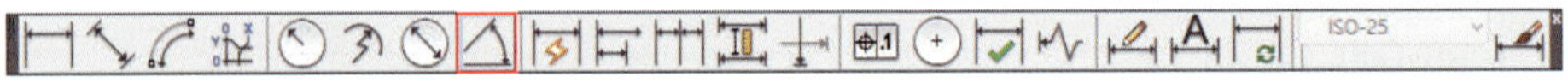

- 호, 원, 선을 선택하거나 〈정점 지정〉 : P1 클릭(P3 클릭)
- 두 번째 선 선택 : P2 클릭(P4 클릭)
- 치수 호 선의 위치 지정 또는 [여러 줄 문자(M)/문자(T)/각도(A)/사분점(Q)] : 화면상 치수선 위치 점 클릭

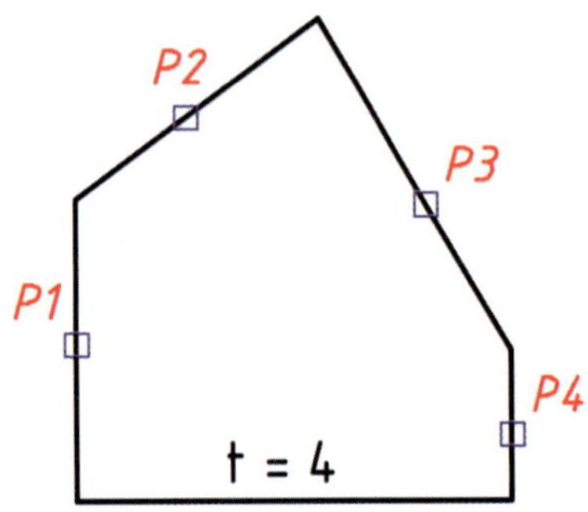

(a) 각도치수 기입 전

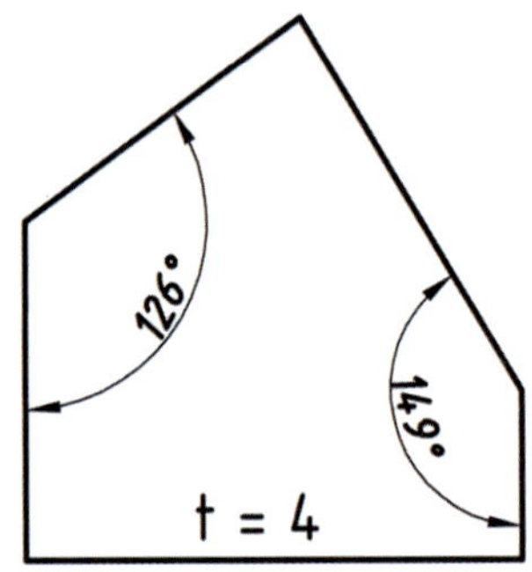

(b) 각도치수 기입 후

## 08 반지름(R) 치수 기입 명령

반지름(R) 치수를 기입한다.

① 명령(Command) : dimradius Enter

② 툴바메뉴(치수) : 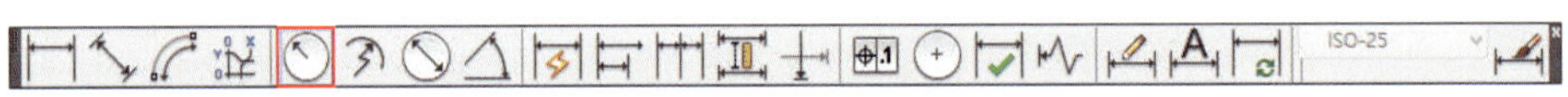

- 호 또는 원 선택 : P1 클릭
- 치수 문자 = 27
- 치수선의 위치 지정 또는 [여러 줄 문자(M)/문자(T)/각도(A)] : 화면상 치수선 위치 점 클릭

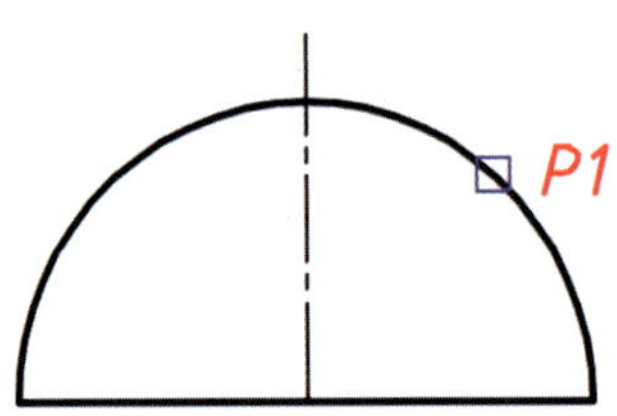

(a) 반지름(R) 치수 기입 전

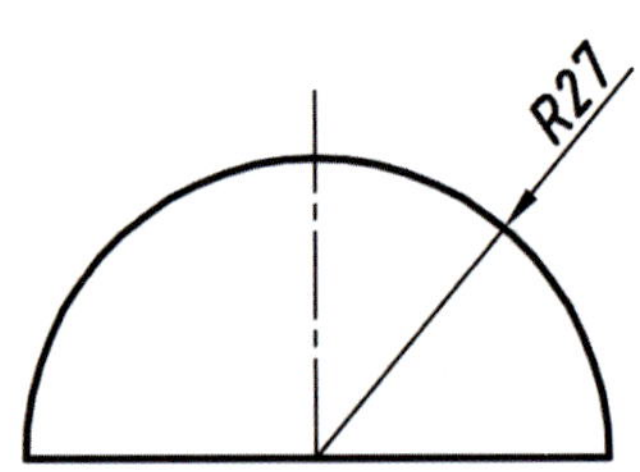

(b) 반지름(R) 치수 기입 후

기능

반지름(R) 치수는 180° 미만의 호에서만 적용하도록 KS에서 규정하고 있다. 그러나 중심선에 대칭기호가 있다면 지름(Ø) 치수를 기입해야 한다.

## 09 반지름(R) 꺾기 치수 기입 명령

반지름(R) 꺾기 치수를 기입한다.

① 명령(Command) : dimjogged Enter

② 툴바메뉴(치수) : 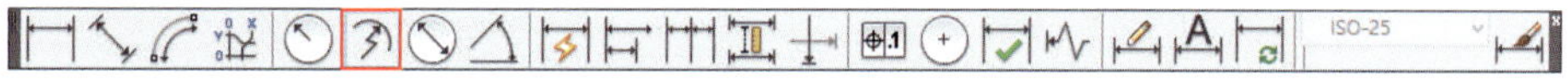

- 호 또는 원 선택 : P1 클릭
- 중심 위치 재지정 지정 : P2 클릭
- 치수 문자 = 63
- 치수선의 위치 지정 또는 [여러 줄 문자(M)/문자(T)/각도(A)] : P3 클릭
- 꺾기 위치 지정 : P4 클릭

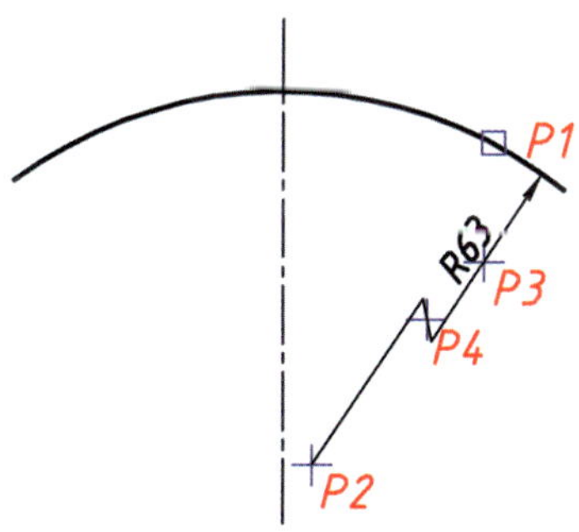


(a) 반지름(R) 꺾기 치수 기입 전

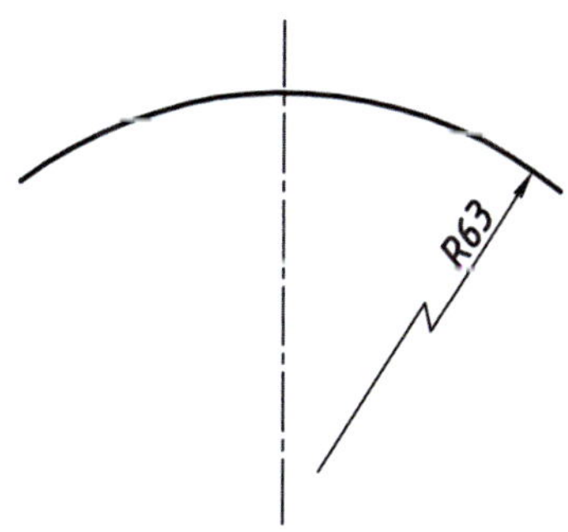


(b) 반지름(R) 꺾기 치수 기입 후

기능

1. 꺾인 반지름(R) 치수는 반지름이 큰 호일 경우 기입하는 기법이다. 이때 끝부분(P2)은 중심선이나 중심점을 향하도록 해야 한다.
2. 반지름 꺾기 각도는 "치수스타일 → 기호 및 화살표 → 반지름 꺾기 치수"에서 제어한다.

## 10 지름(Ø) 치수 기입 명령

지름(Ø) 치수를 기입한다.

① **명령(Command) :** dimdiameter **Enter**

② **툴바메뉴(치수) :** 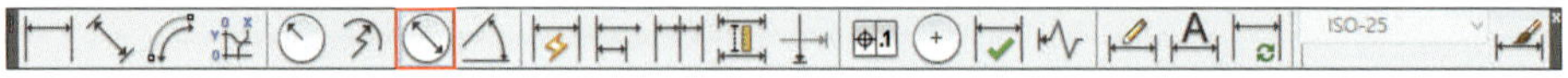


- 호 또는 원 선택 : P1 클릭
- 치수 문자 = 54
- 치수선의 위치 지정 또는 [여러 줄 문자(M)/문자(T)/각도(A)] : 화면상 치수선 위치 점 클릭

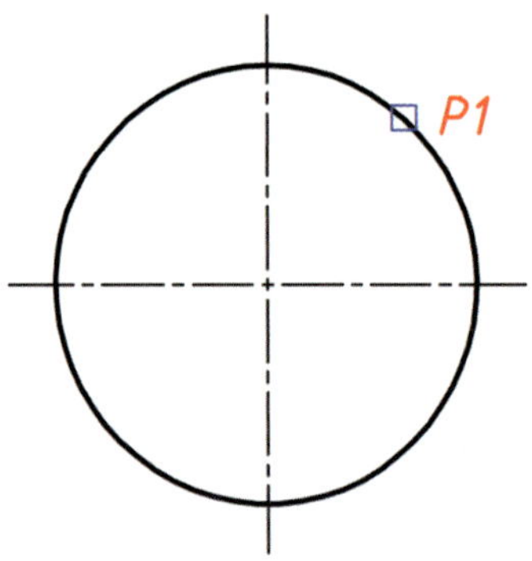


(a) 지름(Ø) 치수 기입 전

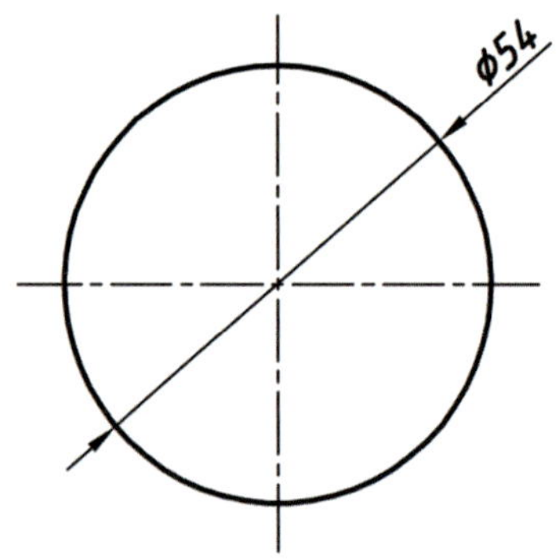


(b) 지름(Ø) 치수 기입 후

## 11 지시선 치수 설정값(S)

지시선 치수를 기입 전 설정값(S)을 제어한다.

① **명령(Command) :** LE **Enter**

② **툴바메뉴(치수) :** 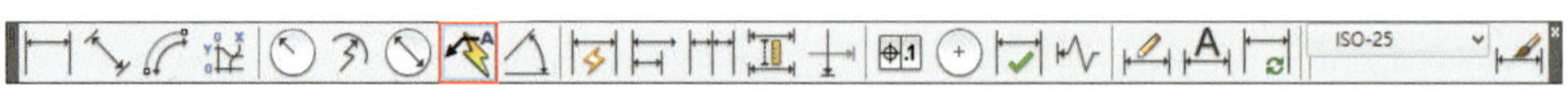


- 첫 번째 지시선 지정 또는 [설정값(S)]〈설정값〉 : S **Enter**

③ 주석 유형 설정

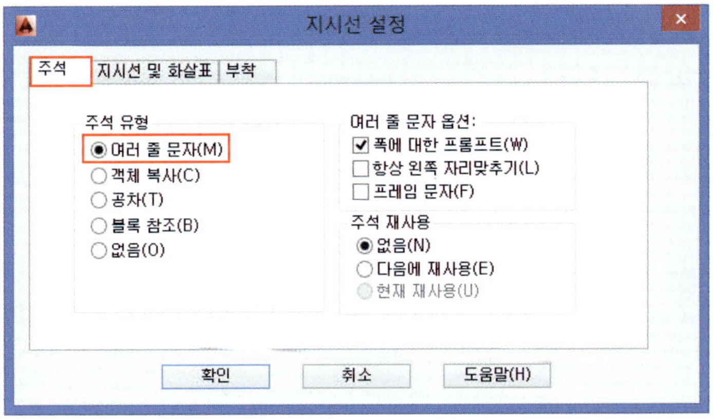


④ 지시선 및 화살표 설정

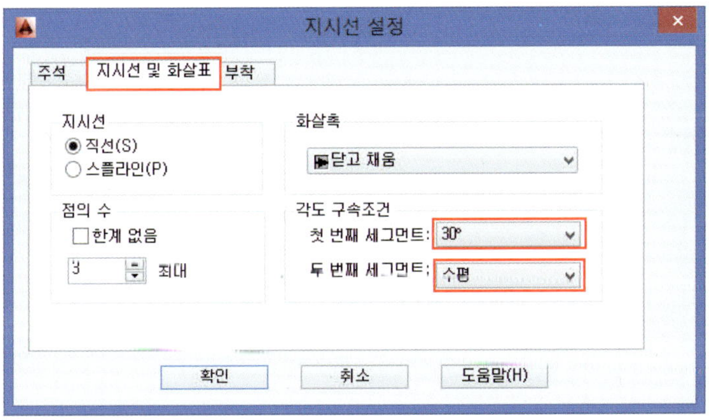


⑤ 부착위치 설정

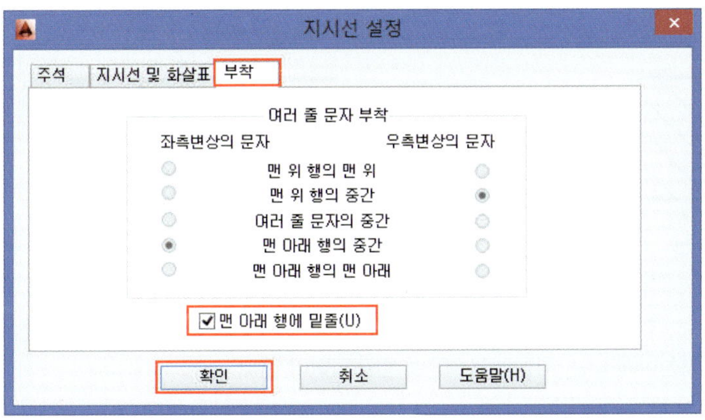

### ⑥ 주요설정 요약

| 주석 유형 | 지시선 및 화살표 | | 부착 |
|---|---|---|---|
| 여러 줄 문자(M) | 각도 구속조건 : 첫 번째 = 30° | 두 번째 = 수평 | 맨 아래 행에 밑줄(U) |

## 12 지시선 치수 기입 명령

지시선 치수를 기입한다.

① 명령(Command) : LE Enter

② 툴바메뉴(치수) : 

- 첫 번째 지시선 지정, 또는 [설정값(S)]〈설정값〉 : P1 클릭 〈OSNAP : 교차점(I)〉
- 다음점 지정 : P2 클릭
- 다음점 지정 : P3 클릭
- 문자 폭 지정 〈0〉 : Enter
- 주석 문자의 첫 번째 행 입력 또는 〈여러 줄 문자〉 : %%C20 Enter
- 주석 문자의 다음 행을 입력 : Enter

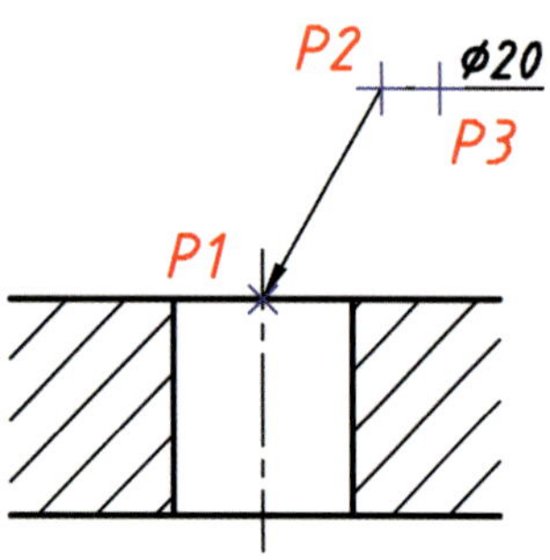

(a) 지시선 치수 기입 전

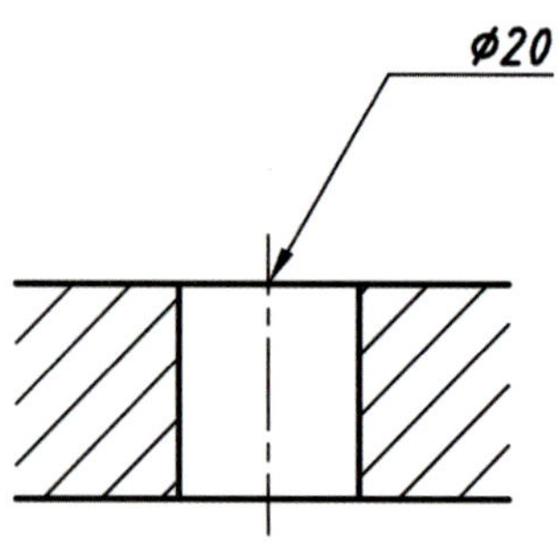

(b) 지시선 치수 기입 후

**기능**

지시선의 인출은 구멍의 중심선과 외형선이 만나는 지점에서 60°로 인출되어야 한다.

# 13 툴바 꺼내기(클래식 버전)

툴바 위에서 마우스 오른쪽 버튼을 눌러(드래그) 원하는 툴바를 체크한다.

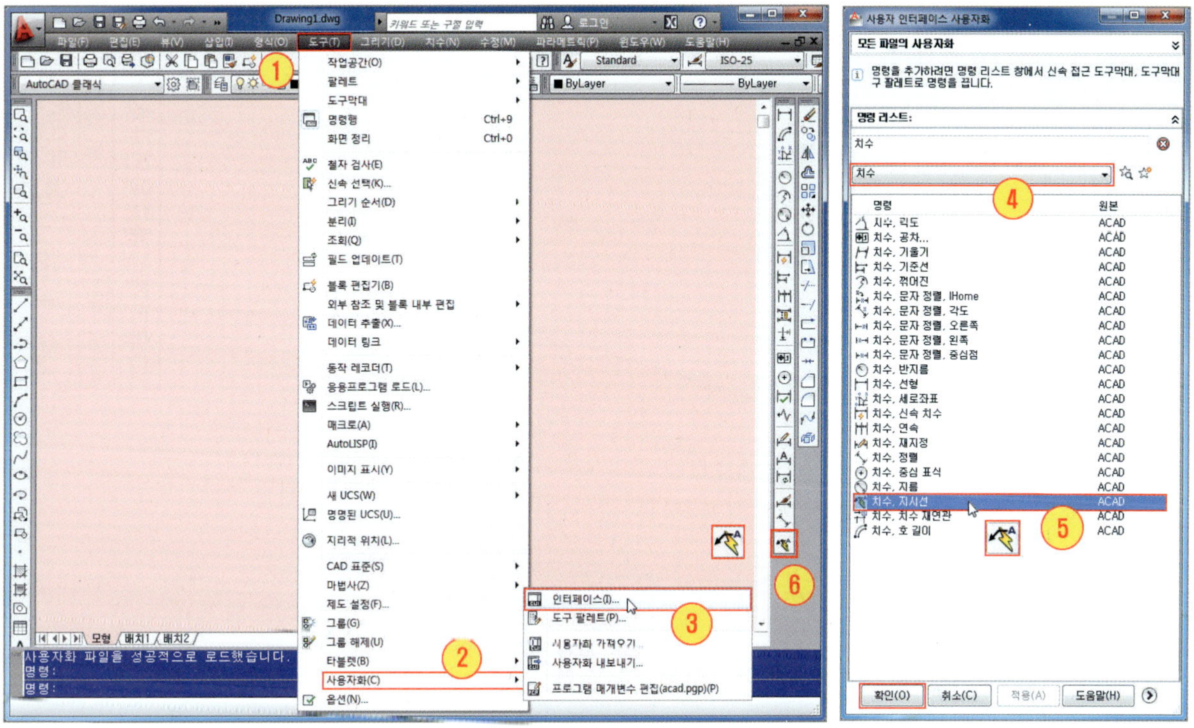


기능

1. 기본 툴바에서 빠져 있는 툴바는 "도구(T) → 사용자화(C) → 인터페이스(I) → 사용자 인터페이스 → 치수"를 펼쳐 원하는 툴바(예치수, 지시선)를 드래그해 기본 툴바에 옮겨놓는다.
2. 지시선(LE : QLEADER)는 툴바는 나와 있지 않아 초보자들은 치수기입 시 불편하다.

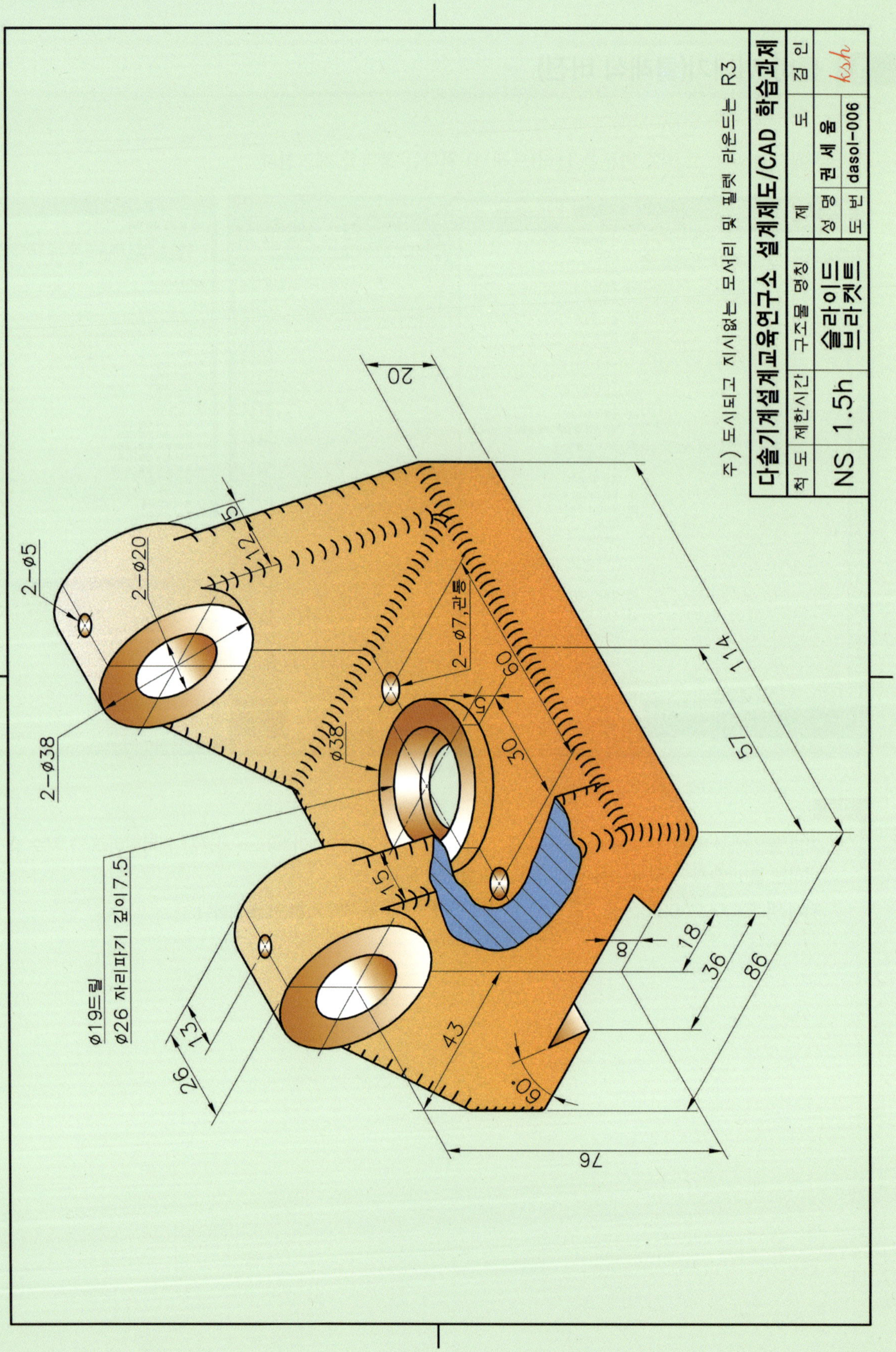
주) 도시되고 지시없는 모서리 및 필렛 라운드는 R3
다솔기계설계교육연구소 설계제도/CAD 학습과제
척도
NS
제한시간
1.5h
구조물 명칭
슬라이드 브라켓
제도
검인
ksh
성명
권세움
도번
dasol-006
2-ø5
2-ø20
2-ø38
2-ø7,관통
ø38
ø19드릴
ø26 자리파기 깊이7.5
20
5
12
60
5
30
114
57
15
8
18
36
86
43
13
26
60°
76

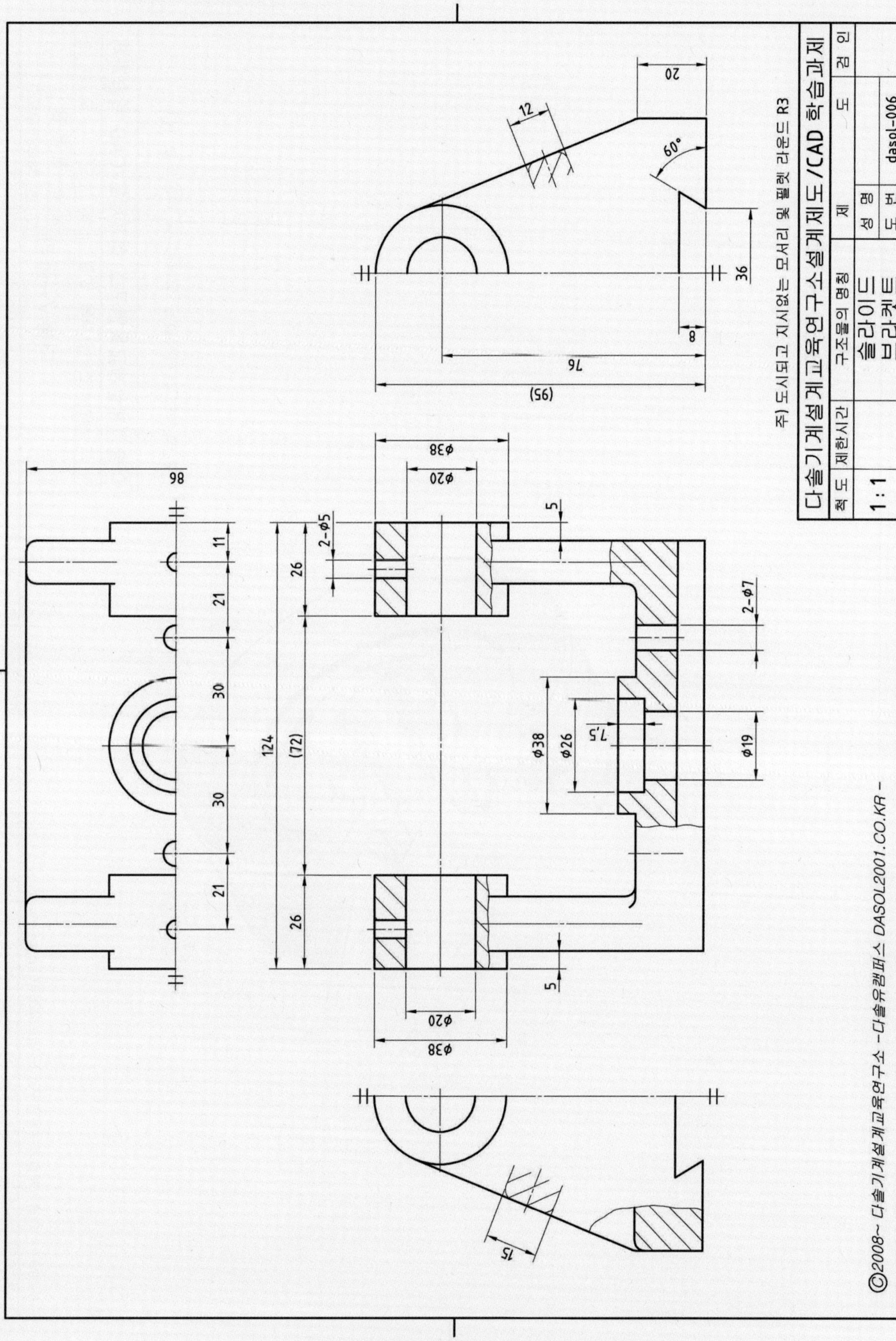
다솔기계설계교육연구소설계제도/CAD 학습과제
주) 도시되고 지시없는 모서리 및 필렛 라운드 R3
척도
1:1
제한시간
구조물의 명칭
슬라이드 브라켓
제
도
검인
설명
도번
dasol-006
ⓒ2008~ 다솔기계설계교육연구소 -다솔유캠퍼스 DASOL2001.CO.KR -

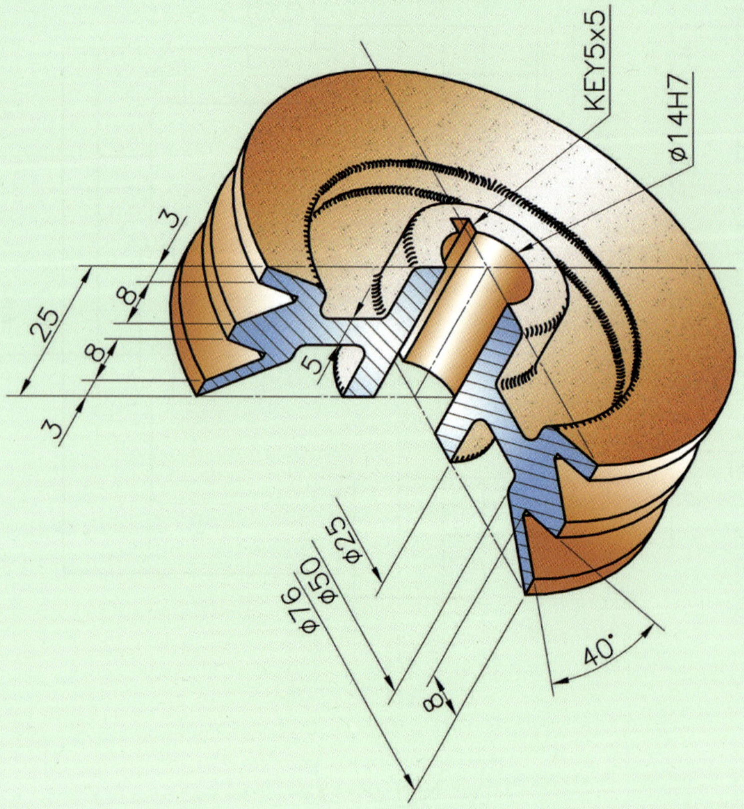


주)도시되고 지시없는 모서리 및 라운드는 R3

| 다솔기계설계교육연구소 설계제도/CAD 학습과제 | | | | | |
|---|---|---|---|---|---|
| 척 도 | 제한시간 | 구조물 명칭 | 제 | | 도 검 인 |
| 1:1 | | 더블V-풀리 | 성 명 | 권 세 웅 | ksh |
| | | | 도 번 | dasol-007 | |

C.2007~ 다솔기계설계교육연구소 - dasol2001.co.kr -

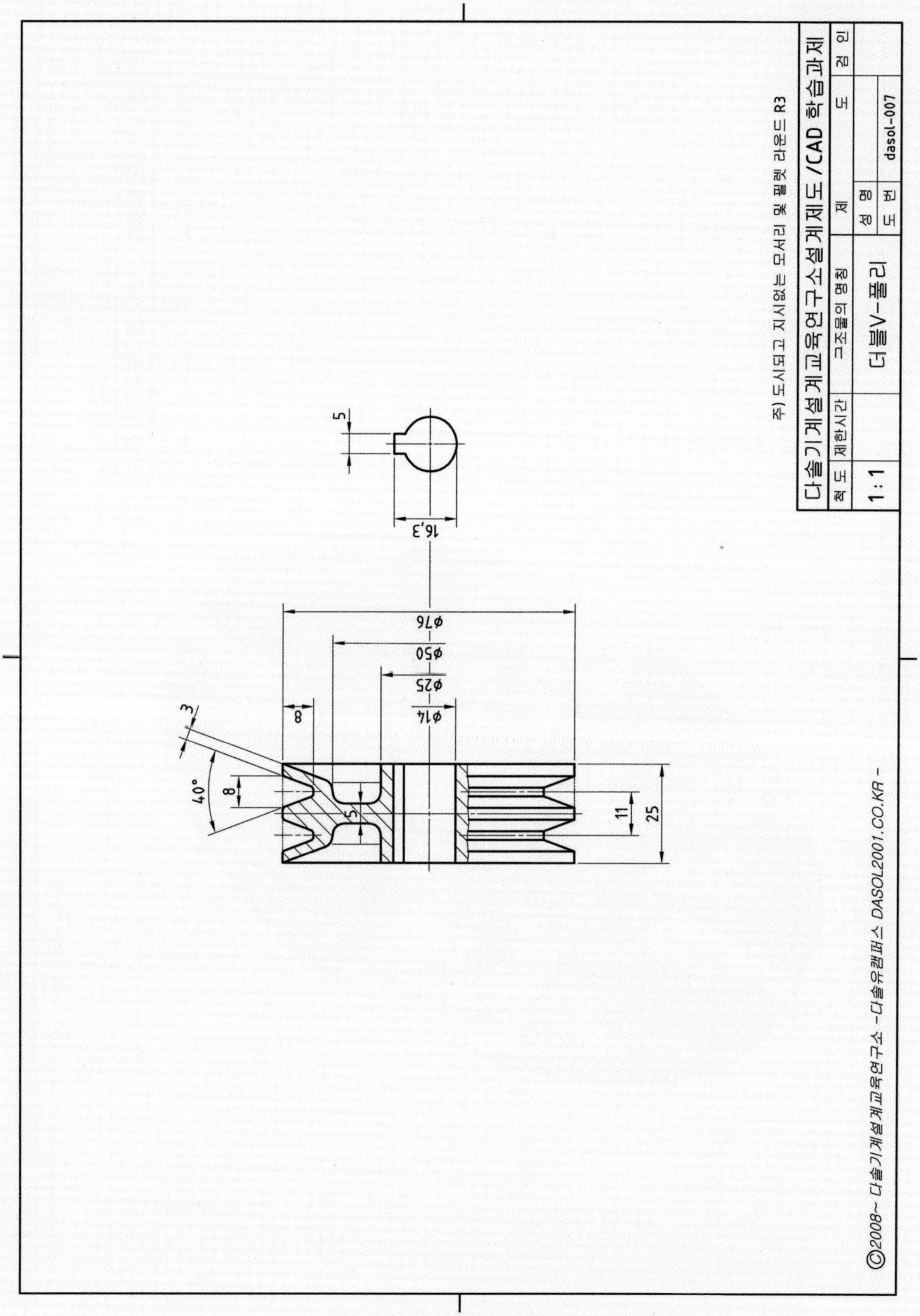
주) 도시되고 지시없는 모서리 및 필렛 라운드 R3
다솔기계설계교육연구소설계제도/CAD 학습과제
척 도
1:1
제한시간
구조물의 명칭
더블V-풀리
제
도
검 인
성 명
도 번
dasol-007
16,3
5
φ76
φ50
φ25
φ14
8
3
40°
8
5
11
25
ⓒ2008~ 다솔기계설계교육연구소 -다솔유캠퍼스 DASOL2001.CO.KR-

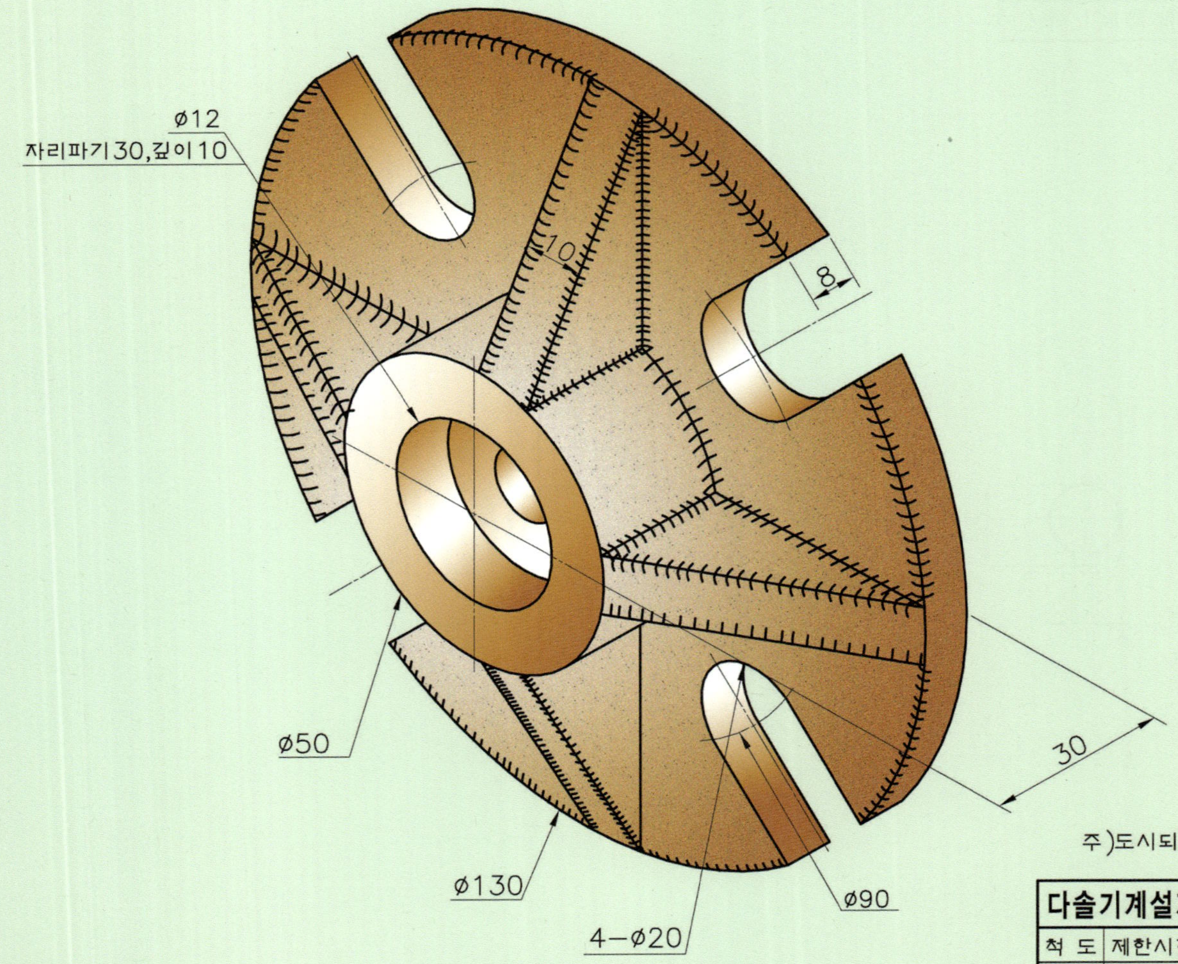


주)도시되고 지시없는 모서리 및 필렛 라운드는 R3

| 다솔기계설계교육연구소 설계제도/CAD 학습과제 | | | | | |
|---|---|---|---|---|---|
| 척 도 | 제한시간 | 구조물 명칭 | 제 | 도 | 검 인 |
| 1:1 | | 플렌지 서포트 | 성 명 | 권 세 움 | ksh |
| | | | 도 번 | dasol-008 | |

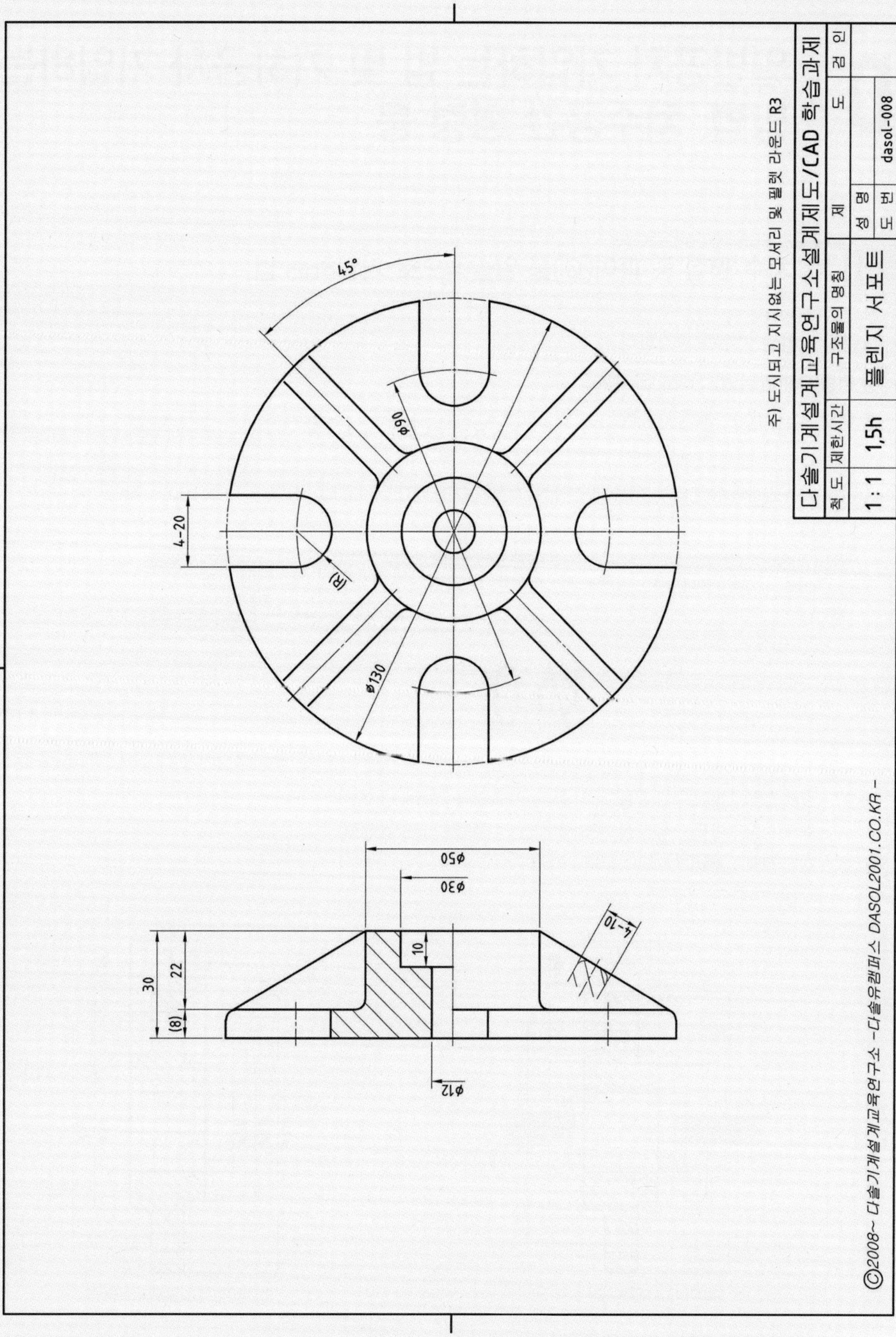

주) 도시되고 지시없는 모서리 및 필렛 라운드 R3
다솔기계설계교육연구소설계제도/CAD 학습과제
척 도
제한시간
구조물의 명칭
제
도
검
인
1:1
1,5h
플렌지 서포트
성 명
도 번
dasol-008
45°
φ90
4-20
(R)
φ130
φ50
φ30
10
4-10
30
22
(8)
φ12
©2008~ 다솔기계설계교육연구소 -다솔유캠퍼스 DASOL2001.CO.KR -

# 10 일반공차 기입하는 법 및 기하공차 기입하는 방법, 치수공간 명령 등

## 01 치수 편집 중 파이(Ø)를 일괄적으로 기입하는 법

도면에 기입된 치수를 편집한다.

① 명령(Command) : dimedit Enter

② 툴바메뉴(치수) : 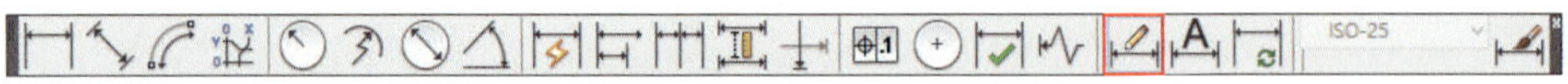


- 치수 편집의 유형 입력 [처음(H)/신규(N)/회전(R)/기울기(O)] 〈처음(H)〉: N Enter → %%C0 → 확인

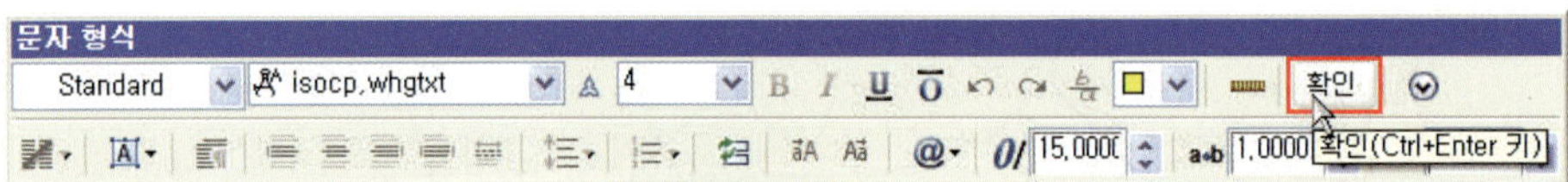

- 객체 선택 : 반대 구석 지정 : P1 클릭 → P2 클릭(Crossing 선택)
- 객체 선택 : 반대 구석 지정 : P3 클릭 → P4 클릭(Crossing 선택)
- 객체 선택 : Enter

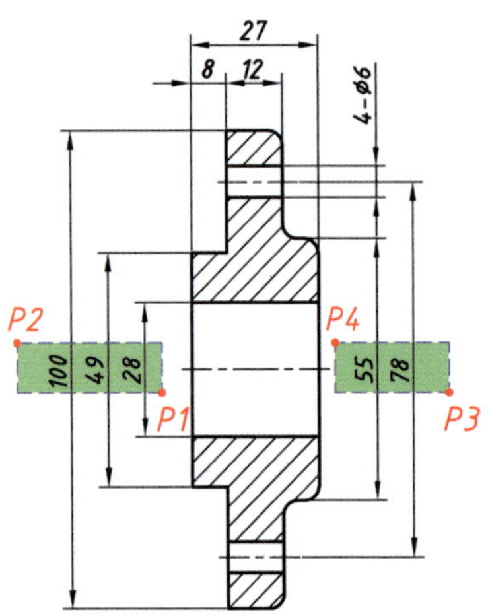


(a) 파이(Ø) 일괄처리 실행 전

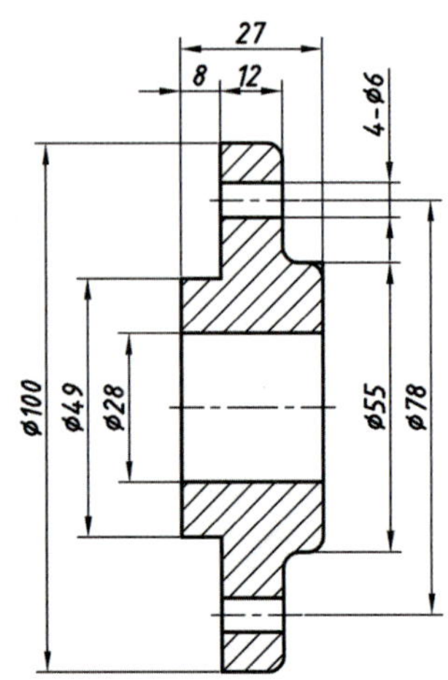


(b) 파이(Ø) 일괄처리 실행 후

기능

치수편집 문자형식 : %%C0 = Ø0으로 처리된다. 이때 숫자 "0"은 기입된 치수를 의미한다.

③ 치수편집 문자형식 요약

| 문자형식 | 처리 결과 |
|---|---|
| %%C40 | Ø40 |
| %%C40H7 | Ø40H7 |
| %%C40g6 | Ø40g6 |

## 02 일반공차 기입방법

문자편집 명령을 이용해서 일반공차를 기입해보자.

① 명령(Command) : DDEDIT Enter

② 툴바메뉴(문자) : 

- 주석 객체 선택 또는 [명령 취소(U)] : P1 클릭(공차를 기입할 치수 선택)
- 주석 객체 선택 또는 [명령 취소(U)] : +0.1^ 0 → 공차만 드래그 → 빨간색 → 2.5 → 스택 → 확인
- 주석 객체 선택 또는 [명령 취소(U)] : Enter

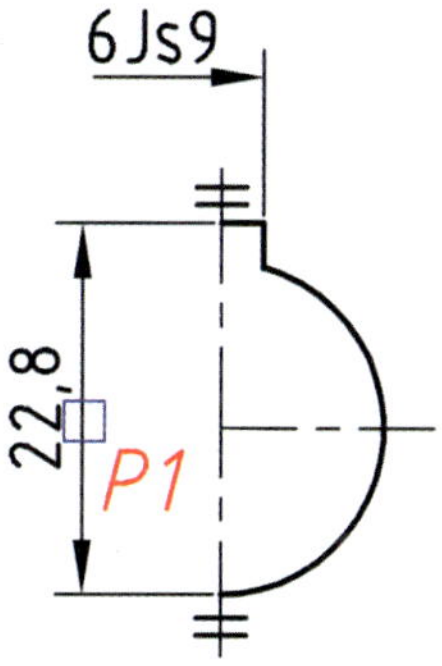


(a) 일반공차 기입 전

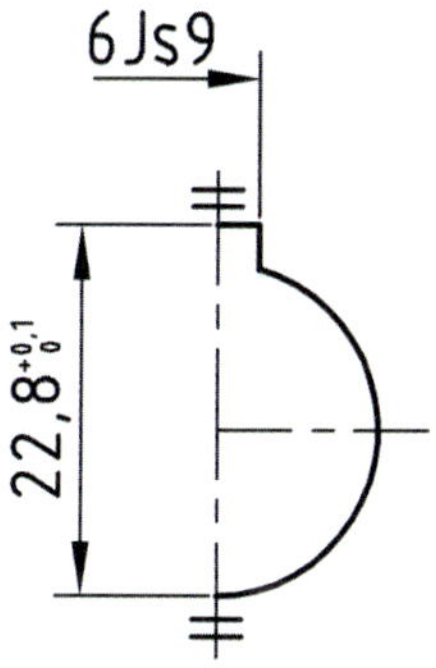


(b) 일반공차 기입 후

기능

"22.8+0.1^" 여기서 ^ 뒷부분은 한 칸 띄어야 한다. 단, +, – 공차라면 띄지 않는다.

③ 일반공차 설정 요약

| 일반공차 옵션 | 설명 |
|---|---|
| 일반공차 문자높이 | 약 2.5mm |
| 일반공차 문자선(색상) | 가는선(빨간색, 흰색) |

## 03 데이텀 설정 및 데이텀 기입하는 방법

데이텀 삼각기호를 설정하고 데이텀을 기입해보자.

### (1) 데이텀 설정

① 명령(Command) : D Enter

② 툴바메뉴(치수) : 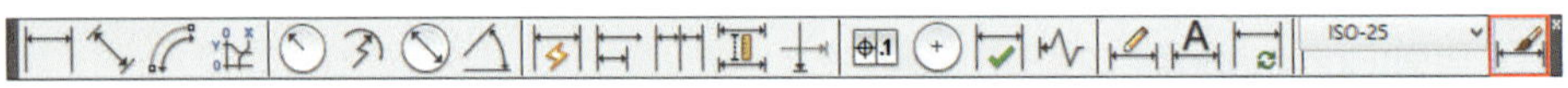


③ 신규(N)를 클릭한다.

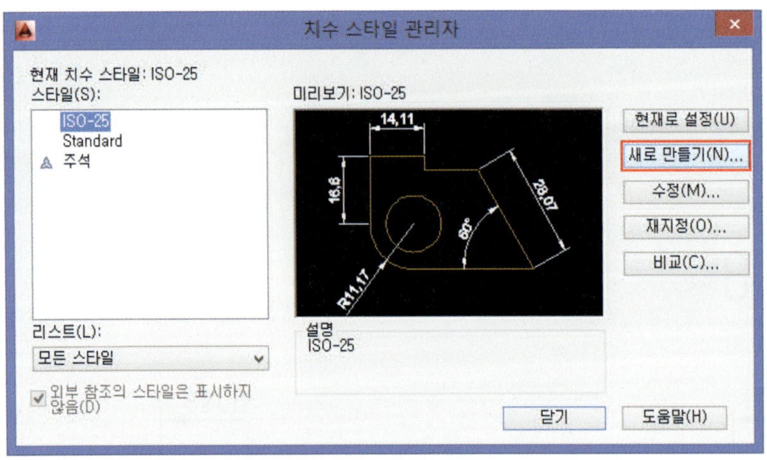


④ 새 스타일 이름(N) : 데이텀

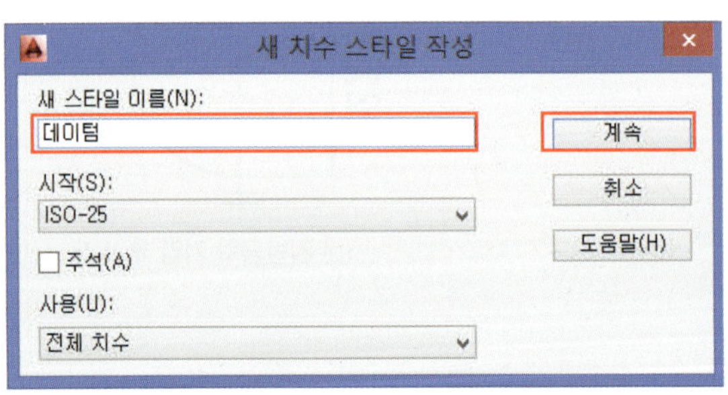

⑤ 기호 및 화살표 : 데이텀 삼각형 채우기

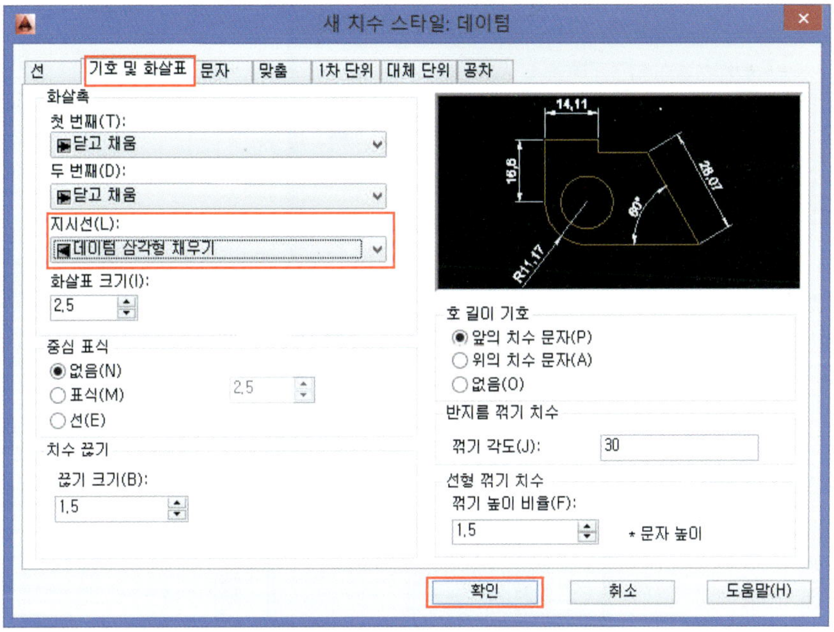


⑥ 스타일에서 설정된 데이텀 확인

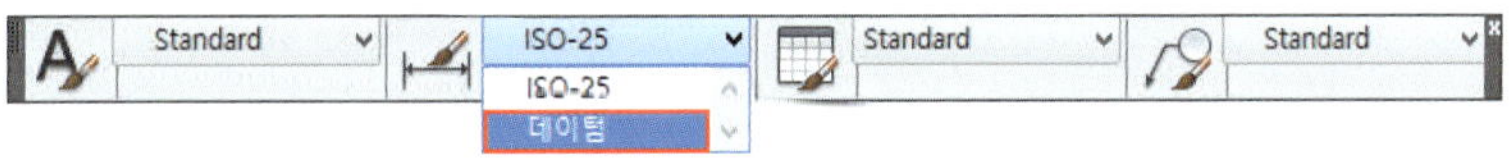


⑦ 주요설정 요약

| 새 스타일 이름(N) | 기호 및 화살표 | 스타일 확인하기 |
|---|---|---|
| 데이텀 | 데이텀 삼각형 채우기 | 데이텀 |

## (2) 데이텀 식별자(D) 기입

데이텀은 기입하고자 하는 도면의 가까운 임의의 화면에 위치해 놓는다.

① 명령(Command) : tolerance 

② 툴바메뉴(치수) : 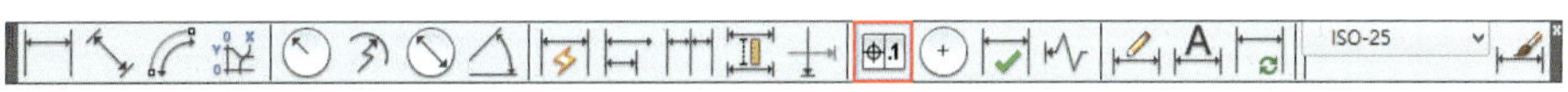

③ 데이텀 식별자(D)를 표기한다.

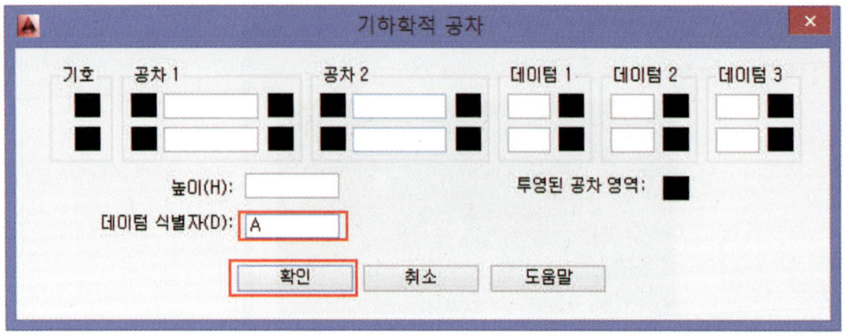


• 공차 위치 입력 : P1 클릭
(도면과 가까운 화면상 임의의 위치)

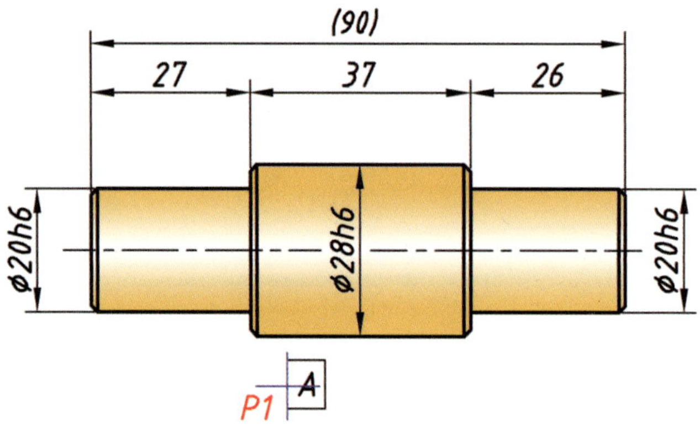


도면과 가까운 화면상에 데이텀 식별자를 위치

**기능**

기타 치수변수 설정은 앞에서 설정한 값을 그대로 유지한다.

### (3) 데이텀 삼각기호 및 식별자 기입(표기) 〈SONAP : 중간점(M), 끝점(E), 근처점(R)〉

스타일에서 설정해 놓은 데이텀 옵션으로 변경한 후 지시선(qleader)을 이용해 기입한다.

① 툴바메뉴(스타일) : 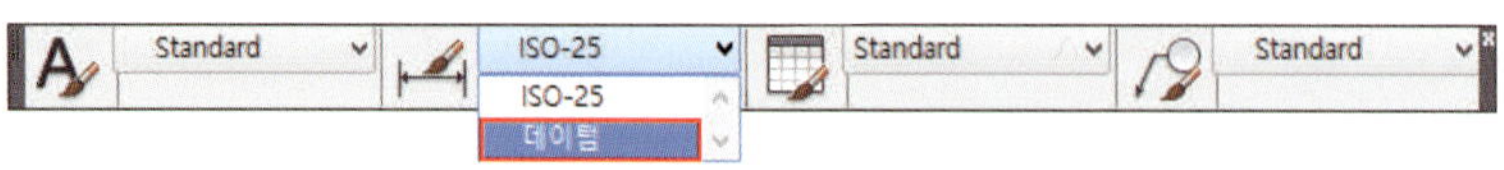


② 명령(Command) : LE Enter

③ 툴바메뉴(치수) : 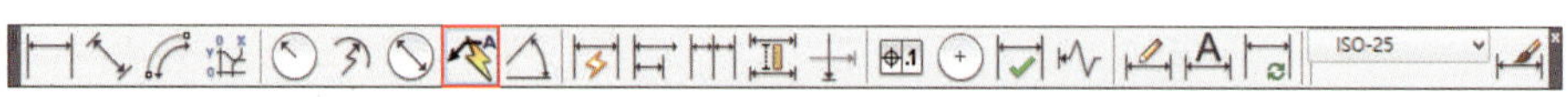


• 첫 번째 지시선 지정, 또는 [설정값(S)]〈설정값〉 : S Enter

④ 주석 유형 설정 : 없음(O)

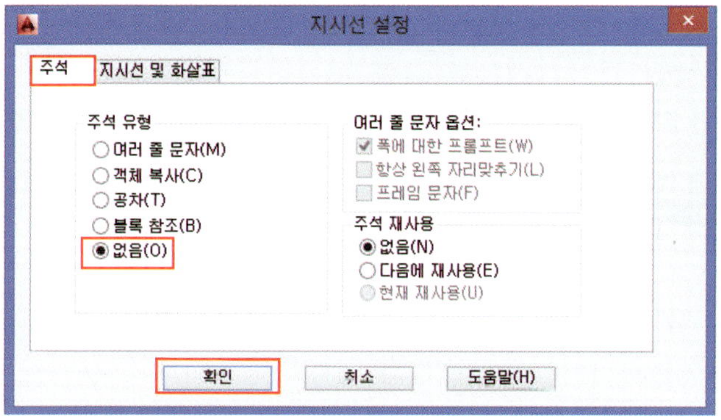


- 첫 번째 지시선 지정, 또는 [설정값(S)]〈설정값〉 : P1 클릭
- 다음점 지정 : P2 클릭(적당한 임의의 길이)
- 다음점 지정 : Enter

⑤ 명령(Command) : CO Enter (표기된 데이텀 복사하기)

⑥ 툴바메뉴(수정) : 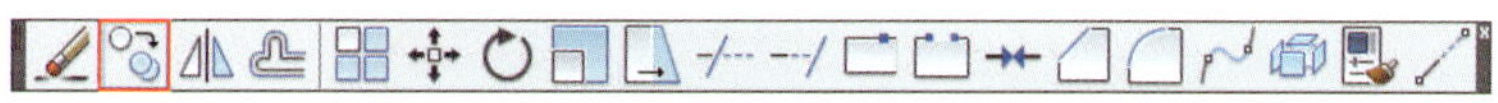

- 객체 선택 : P3 클릭
- 객체 선택 : Enter
- 기본점 지정 또는 [변위(D)/모드(O)] 〈변위(D)〉 : P4 클릭 〈OSNAP : 중간점(M), 끝점(E)〉
- 두 번째 점 지정 또는 [종료(E)/명령취소(U)] 〈종료〉 : P2 클릭, P5 클릭
- 두 번째 점 지정 또는 [종료(E)/명령취소(U)] 〈종료〉 : Enter

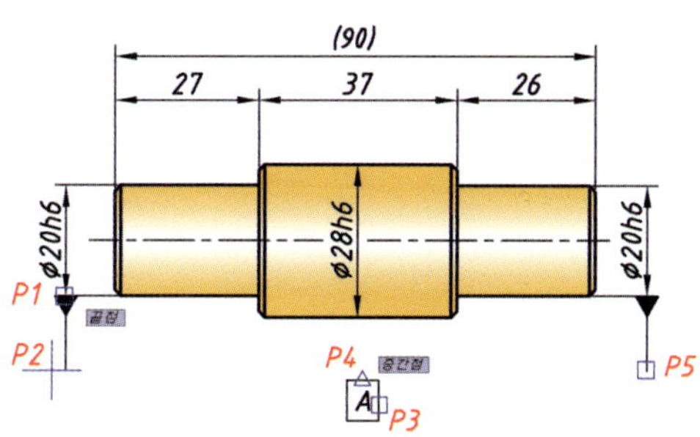


(a) 데이텀 삼각기호 및 식별자 기입 전

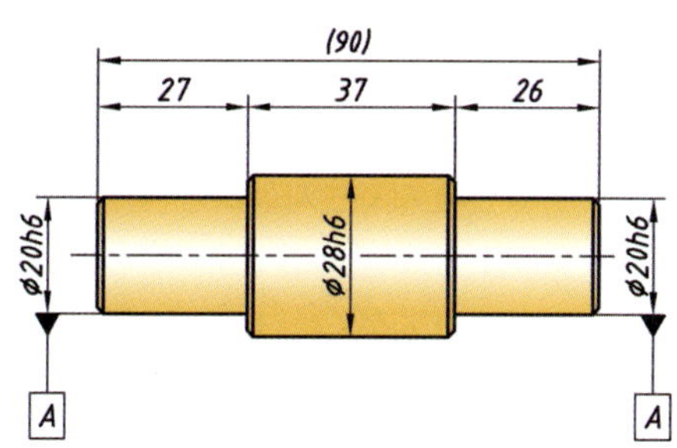


(b) 데이텀 삼각기호 및 식별자 기입 후

**기능**

1. 기타 치수변수 설정은 앞에서 설정한 값을 그대로 유지한다.
2. 데이텀 식별자는 복사(COPY) 명령을 이용해 최종 마무리한다.

## 04 기하공차 기입방법 〈OSNAP : 중간점(M), 끝점(E), 근처점(R)〉

스타일에서 설정해놓은 ISO-25 옵션으로 변경한 후 지시선(Qleader)을 이용해 기입한다.

① 툴바메뉴(스타일) : 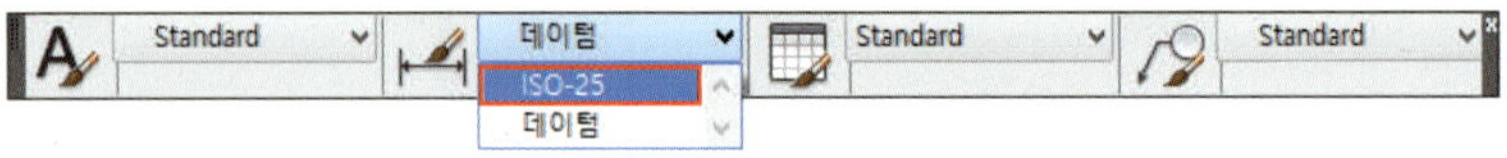


② 명령(Command) : LE Enter

③ 툴바메뉴(치수) : 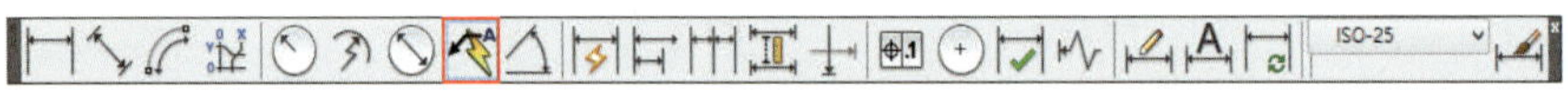


- 첫 번째 지시선 지정 또는 [설정값(S)]〈설정값〉 : S Enter

④ 주석유형 설정 : 공차(T)

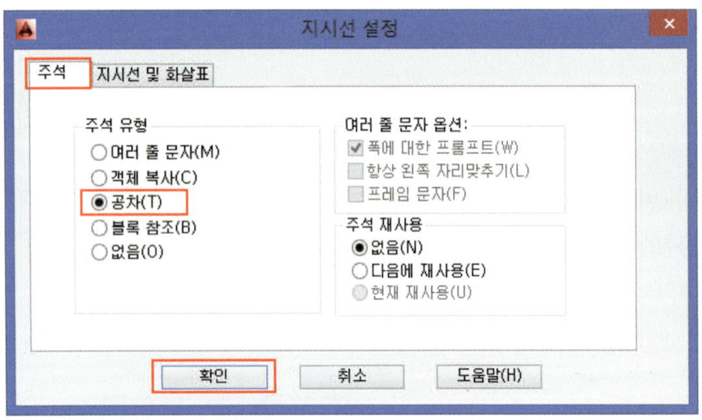


- 첫 번째 지시선 지정 또는 [설정값(S)]〈설정값〉 : P1 클릭
- 다음 점 지정 : P2 클릭(적당한 임의의 길이)
- 다음 점 지정 : P3 클릭(좌우 임의의 방향 및 적당한 임의의 길이)

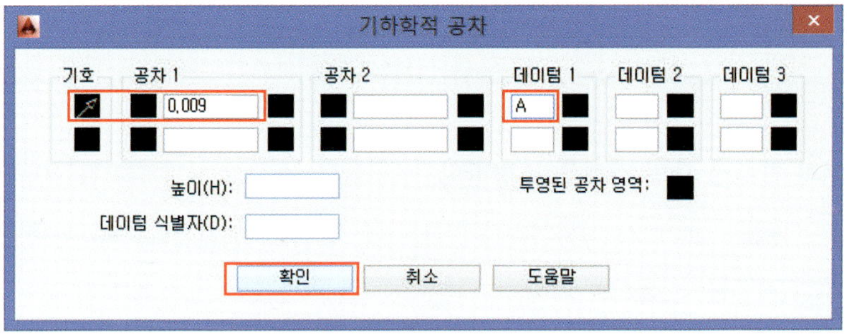


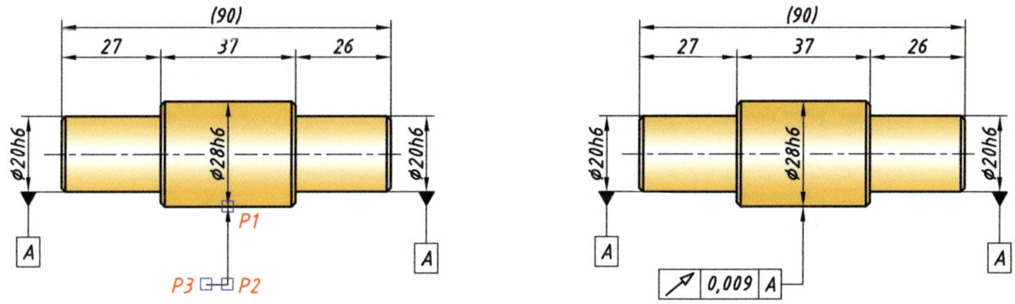


(a) 기하공차 기입 전

(b) 기하공차 기입 후

**기능**

1. 기타 치수변수 설정은 앞에서 설정한 값을 그대로 유지한다.
2. 지시선의 길이와 방향은 투상선이나 치수선 등을 피한 적당한 위치에 기입한다.
3. 기하공차나 데이텀 수정: "  , 명령(Command) : ddedit"에서 편집한다.
4. 기하공차 해석 및 적용법은 다솔유캠퍼스의 「CED 전산응용기계제도 실기 · 실무」 책을 참조한다.

## 05 치수간격 명령

기준 치수선을 지정하여 치수선과 치수선 간의 간격을 조정한다.

① 명령(Command) : DIMSPACE Enter

② 툴바메뉴(치수) :

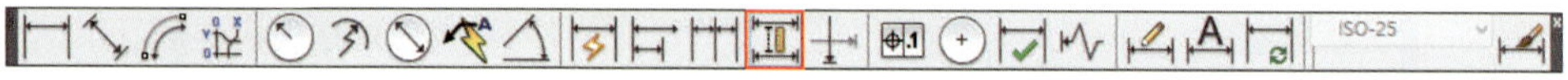


- 기본 치수 선택 : P1 클릭(기준 치수선)
- 간격을 둘 치수 선택 : P2 클릭
- 간격을 둘 치수 선택 : P3 클릭(또는 Crossing P2 → P3를 선택한다.)
- 간격을 둘 치수 선택 : Enter
- 값 또는 [자동(A)] 입력 〈자동(A)〉 : Enter (또는 간격값을 입력한다.)

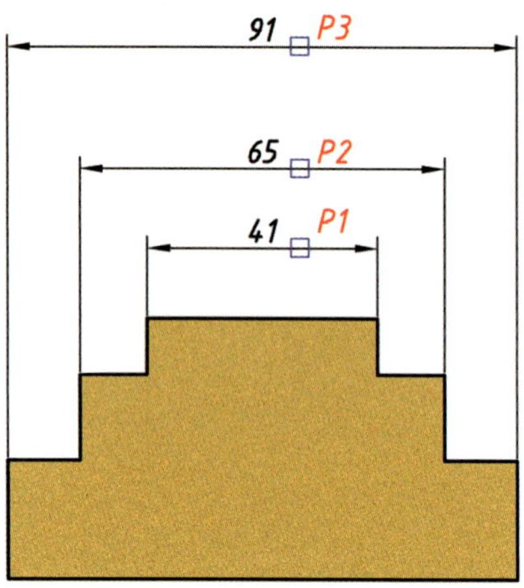


(a) 치수공간(간격) 실행 전

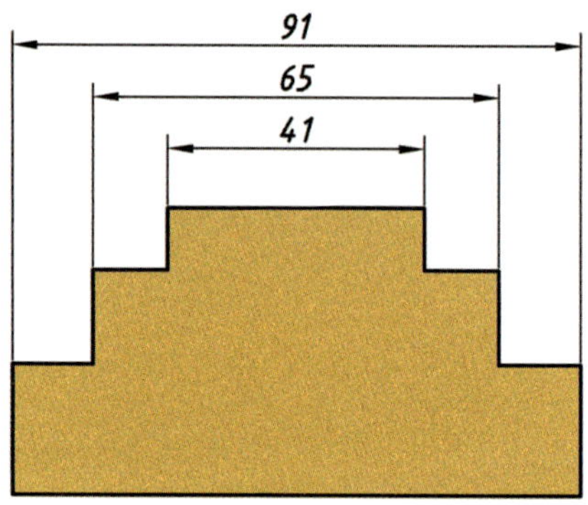


(b) 치수공간(간격) 실행 후

**기능**

〈자동(A)〉는 기본간격 8mm가 적용된다.

## 06 치수선 및 치수보조선 끊기 명령

치수선과 치수보조선을 치수스타일에서 지정한 값(간격)만큼 끊는다.

① 명령(Command) : DIMBREAK Enter

② 툴바메뉴(치수) : 

- 치수 선택 또는 [다중(M)] : P1 클릭(끊을 치수를 선택)
- 치수를 끊을 객체 또는 [자동(A)/복원(R)/수동(M)] 선택 〈자동(A)〉 : Enter

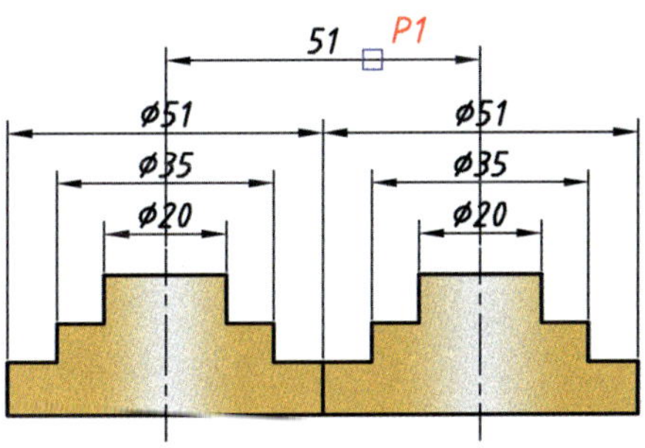


(a) 치수공간(간격) 실행 전

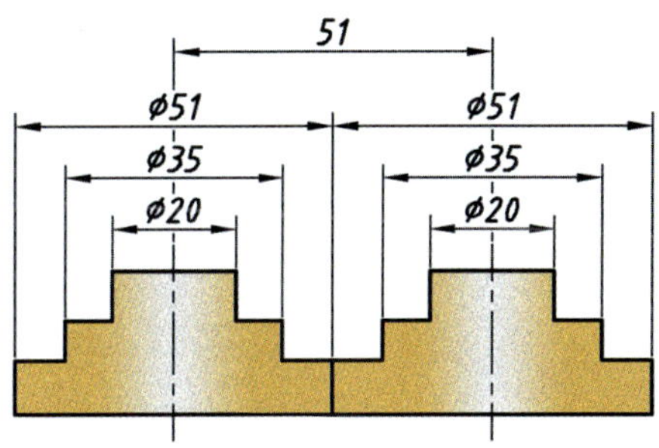


(b) 치수공간(간격) 실행 후

③ 기타 명령옵션 요약

| 명령옵션 | 설 명 |
|---|---|
| 자동(A) | 치수 스타일 → 기호 및 화살표 → 치수 끊기에서 지정한 값을 적용한다. |
| 복원(R) | 치수 끊기 명령으로 끊긴 치수선이나 치수보조선을 복원시킨다. |
| 수동(M) | 끊기 값(간격)을 입력한다. |

**기능**

치수 끊기 명령은 AutoCAD 2008 버전부터 지원된다.

# 07 AutoLISP를 이용한 쉬운 치수 편집

AutoCAD에서 지원하는 자동화 프로그램 LISP를 이용해 치수들을 쉽게 편집해 보자.

① 메모장을 열어 아래와 같이 작성한다.

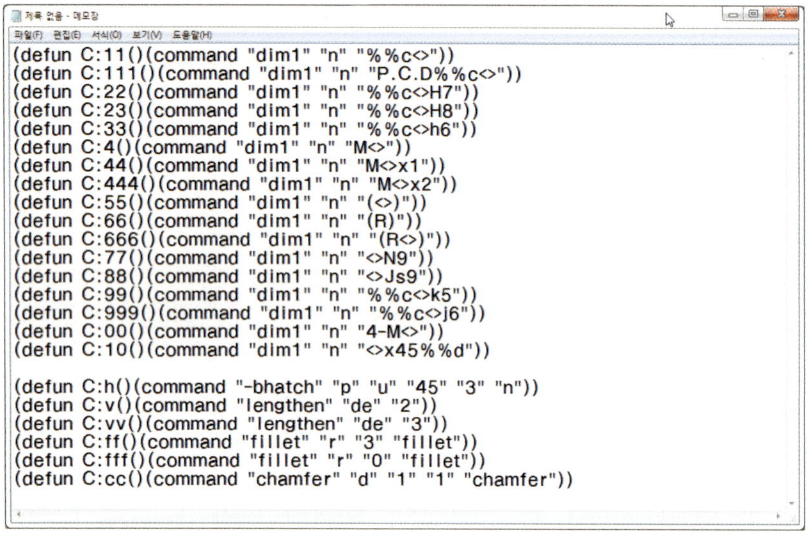
제목 없음 - 메모장
파일(F) 편집(E) 서식(O) 보기(V) 도움말(H)

```
(defun C:11()(command "dim1" "n" "%%c<>"))
(defun C:111()(command "dim1" "n" "P.C.D%%c<>"))
(defun C:22()(command "dim1" "n" "%%c<>H7"))
(defun C:23()(command "dim1" "n" "%%c<>H8"))
(defun C:33()(command "dim1" "n" "%%c<>h6"))
(defun C:4()(command "dim1" "n" "M<>"))
(defun C:44()(command "dim1" "n" "M<>x1"))
(defun C:444()(command "dim1" "n" "M<>x2"))
(defun C:55()(command "dim1" "n" "(<>)"))
(defun C:66()(command "dim1" "n" "(R)"))
(defun C:666()(command "dim1" "n" "(R<>)"))
(defun C:77()(command "dim1" "n" "<>N9"))
(defun C:88()(command "dim1" "n" "<>Js9"))
(defun C:99()(command "dim1" "n" "%%c<>k5"))
(defun C:999()(command "dim1" "n" "%%c<>j6"))
(defun C:00()(command "dim1" "n" "4-M<>"))
(defun C:10()(command "dim1" "n" "<>x45%%d"))

(defun C:h()(command "-bhatch" "p" "u" "45" "3" "n"))
(defun C:v()(command "lengthen" "de" "2"))
(defun C:vv()(command "lengthen" "de" "3"))
(defun C:ff()(command "fillet" "r" "3" "fillet"))
(defun C:fff()(command "fillet" "r" "0" "fillet"))
(defun C:cc()(command "chamfer" "d" "1" "1" "chamfer"))
```

### LISP 명령

```
(defun C:11()(command "dim1" "n" "%%c<>"))
(defun C:111()(command "dim1" "n" "P.C.D%%c<>"))
(defun C:22()(command "dim1" "n" "%%c<>H7"))
(defun C:23()(command "dim1" "n" "%%c<>H8"))
(defun C:33()(command "dim1" "n" "%%c<>h6"))
(defun C:4()(command "dim1" "n" "M<>"))
(defun C:44()(command "dim1" "n" "M<>x1"))
(defun C:444()(command "dim1" "n" "M<>x2"))
(defun C:55()(command "dim1" "n" "(<>)"))
(defun C:66()(command "dim1" "n" "(R)"))
(defun C:666()(command "dim1" "n" "(R<>)"))
(defun C:77()(command "dim1" "n" "<>N9"))
(defun C:88()(command "dim1" "n" "<>Js9"))
(defun C:99()(command "dim1" "n" "%%c<>k5"))
(defun C:999()(command "dim1" "n" "%%c<>j6"))
(defun C:00()(command "dim1" "n" "4-M<>"))
(defun C:10()(command "dim1" "n" "<>x45%%d"))
(defun C:h()(command "-bhatch" "p" "u" "45" "3" "n"))
(defun C:v()(command "lengthen" "de" "2"))
(defun C:vv()(command "lengthen" "de" "3"))
(defun C:ff()(command "fillet" "r" "3" "fillet"))
(defun C:fff()(command "fillet" "r" "0" "fillet"))
(defun C:cc()(command "chamfer" "d" "1" "1" "chamfer"))
```

② 파일(F) → 다른 이름으로 저장(A) → .... → AutoCAD → Support → acad.lsp로 [저장] 한다.

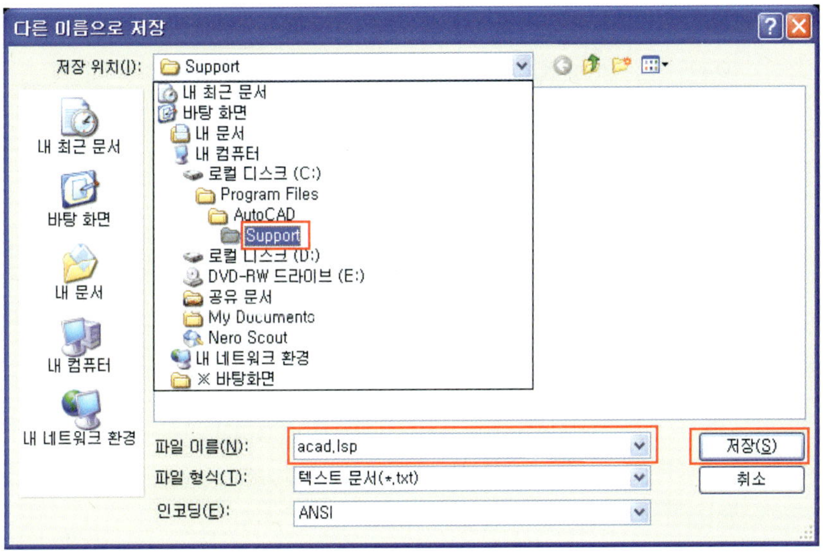


**기능**

acad.lsp가 아닌 다른 이름으로 저정해도 된다.(단, 확장자는 *.lsp로 해야 한다.)

③ AutoCAD 실행 → 명령(Command) : AP [Enter] (APPLOAD)

• ... → AutoCAD → Support → acad.lsp 선택 → [로드(L)] → [닫기(C)]

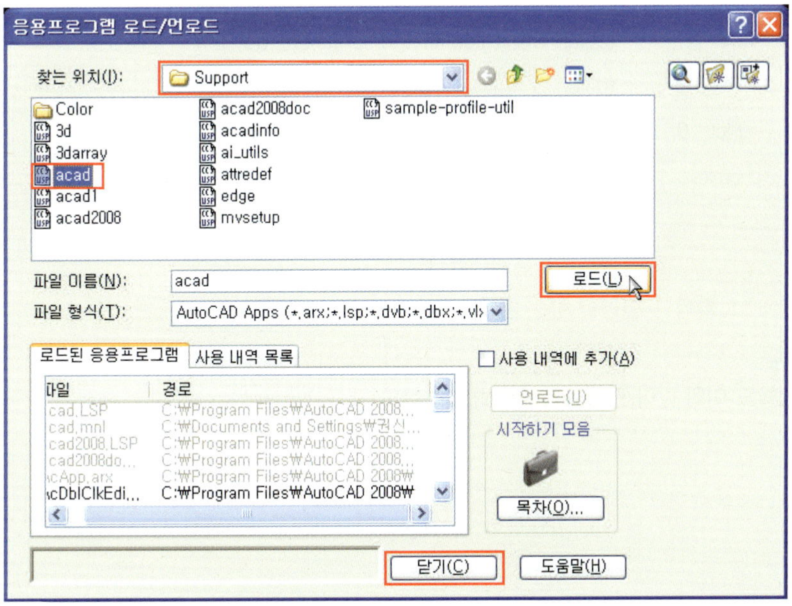

④ 실행 단축명령 및 프로그램 설명

| 단축명령 | 치수예제 | 실행결과 | LISP 명령 |
|---|---|---|---|
| 11 | 40 | Ø40 | (defun C:11( )(command "dim1" "n" "%%c〈 〉")) |
| 111 | 40 | P.C.DØ40 | (defun C:111( )(command "dim1" "n" "P.C.D%%c〈 〉")) |
| 22 | 40 | Ø40H7 | (defun C:22( )(command "dim1" "n" "%%c〈 〉H7")) |
| 23 | 40 | Ø40H8 | (defun C:23( )(command "dim1" "n" "%%c〈 〉H8")) |
| 33 | 40 | Ø40h6 | (defun C:33( )(command "dim1" "n" "%%c〈 〉h6")) |
| 4 | 4 | M4 | (defun C:4( )(command "dim1" "n" "M〈 〉")) |
| 44 | 14 | M14×1 | (defun C:44( )(command "dim1" "n" "M〈 〉x1")) |
| 444 | 16 | M16×2 | (defun C:444( )(command "dim1" "n" "M〈 〉x2")) |
| 55 | 120 | (120) | (defun C:55( )(command "dim1" "n" "(〈 〉)")) |
| 66 | R10 | (R) | (defun C:66( )(command "dim1" "n" "(R)")) |
| 666 | R10 | (R10) | (defun C:666( )(command "dim1" "n" "(R〈 〉)")) |
| 77 | 5 | 5N9 | (defun C:77( )(command "dim1" "n" "〈 〉N9")) |
| 88 | 5 | 5Js9 | (defun C:88( )(command "dim1" "n" "〈 〉Js9")) |
| 99 | 15 | Ø15k5 | (defun C:99( )(command "dim1" "n" "%%c〈 〉k5")) |
| 999 | 25 | Ø25j6 | (defun C:999( )(command "dim1" "n" "%%c〈 〉j6")) |
| 00 | 4 | 4-M4 | (defun C:00( )(command "dim1" "n" "4-M〈 〉")) |
| 10 | 4 | 4×45° | (defun C:10( )(command "dim1" "n" "〈 〉x45%%d")) |
| **단축명령** | **명령** | **실행결과** | **LISP 명령** |
| h | bhatch | 45°, 3mm | (defun C:h( )(command "-bhatch" "p" "u" "45" "3" "n")) |
| v | lengthen | 2mm 증분 | (defun C:v( )(command "lengthen" "de" "2")) |
| vv | lengthen | 3mm 증분 | (defun C:vv( )(command "lengthen" "de" "3")) |
| ff | fillet | fillet : 3 | (defun C:ff( )(command "fillet" "r" "3" "fillet")) |
| fff | fillet | fillet : 0 | (defun C:fff( )(command "fillet" "r" "0" "fillet")) |
| cc | chamfer | chamfer : 1 | (defun C:cc( )(command "chamfer" "d" "1" "1" "chamfer")) |

**기능**

1. 단축 명령 실행 (예) **명령 : 11 Enter → 변경할 치수 클릭**
2. 단축명령은 바꿀 수 있다.
3. 기타 자주 사용하는 명령들도 이와 같이 편집해서 사용하도록 한다.

MEMO

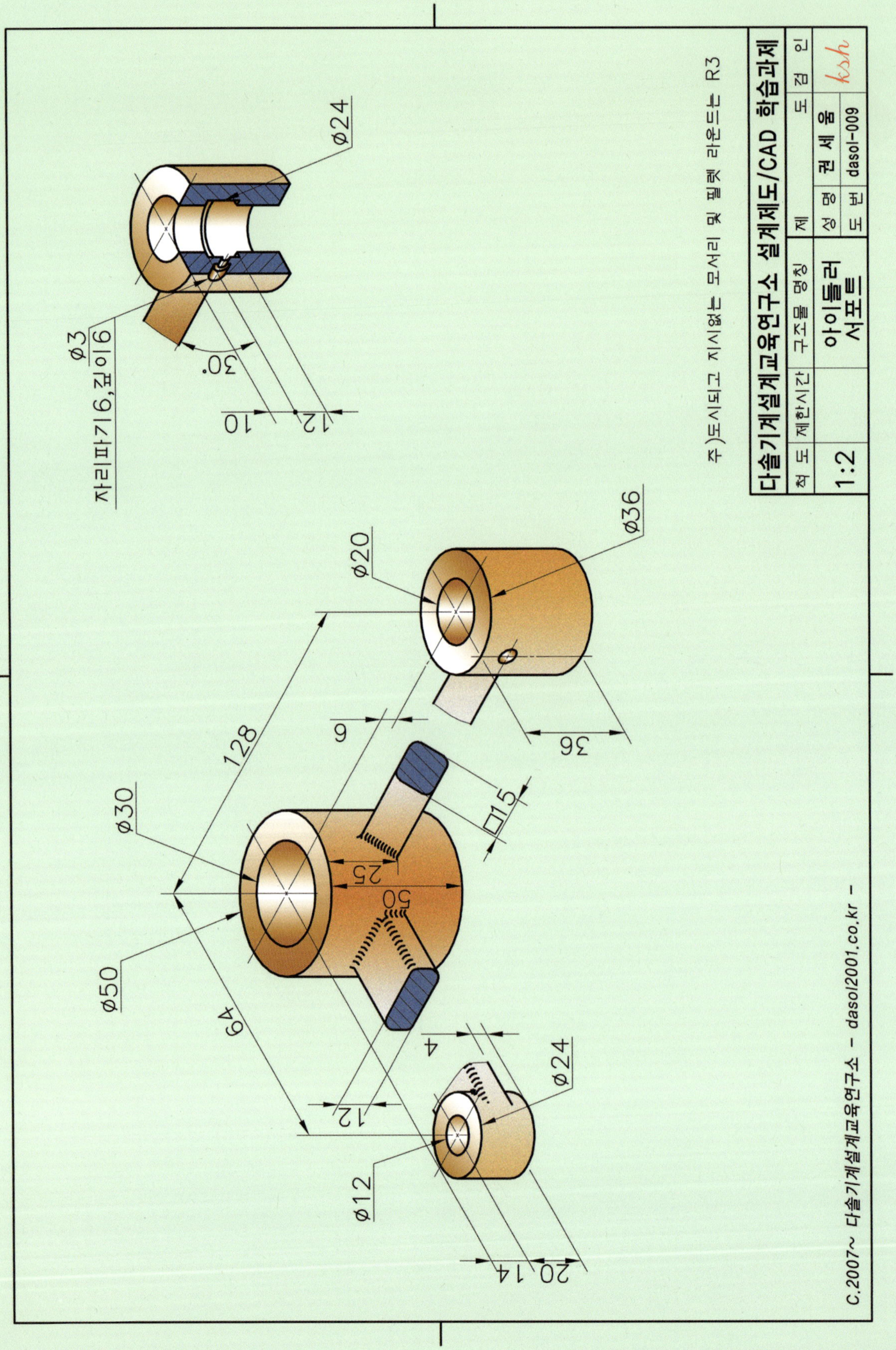
다솔기계설계교육연구소 설계제도/CAD 학습과제
척 도
1:2
제한시간
구조물 명칭
아이들러 서포트
제
도
검
인
ksh
성 명
권 세 웅
도 번
dasol-009
주)도시되고 지시없는 모서리 및 필렛 라운드는 R3
자리파기16,깊이6
ø3
ø24
30°
10
12
ø36
ø20
36
9
128
ø30
□15
25
50
ø50
64
4
ø24
12
ø12
14
20
C.2007~ 다솔기계설계교육연구소 - dasol2001.co.kr -

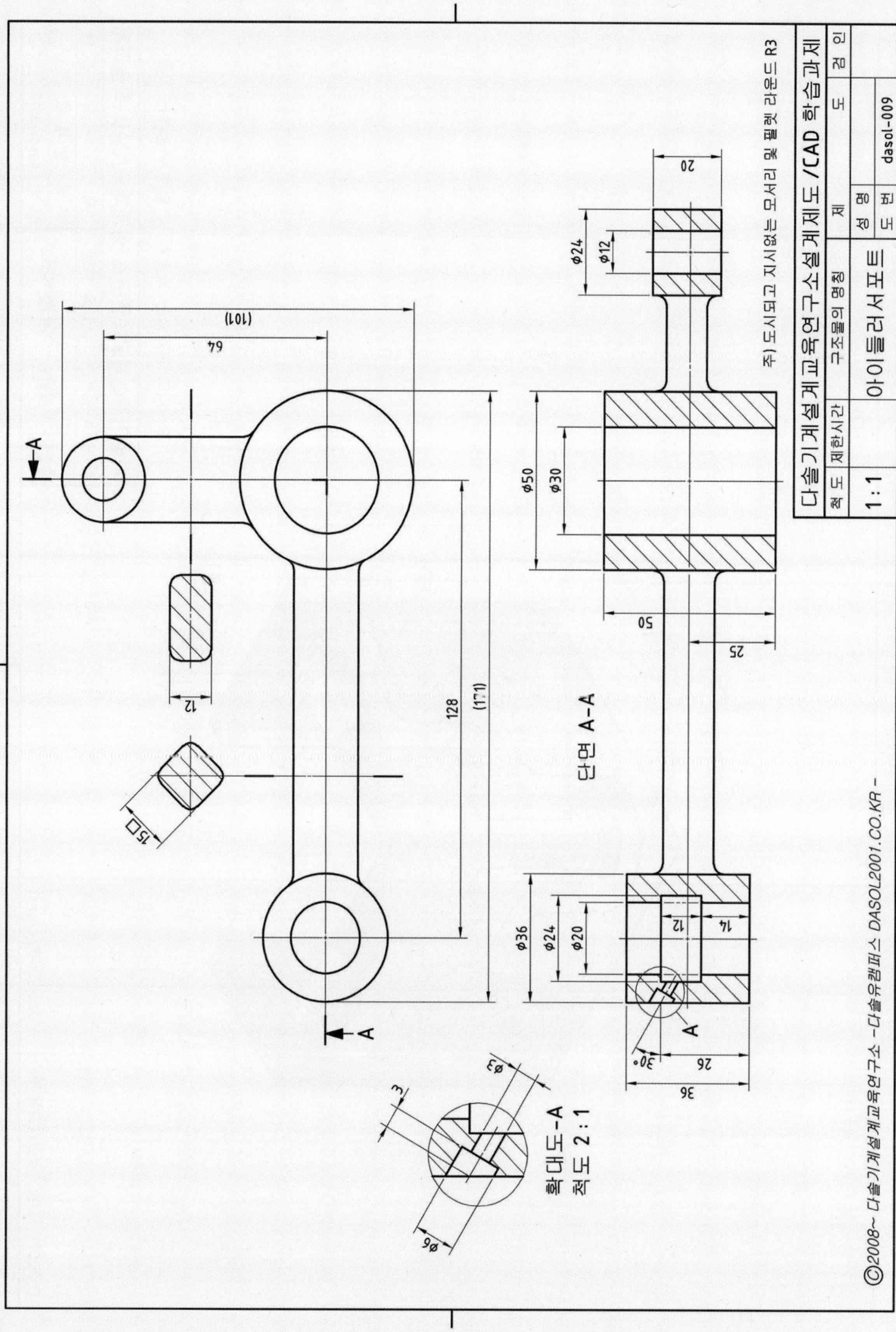
주) 도시되고 지시없는 모서리 및 필렛 라운드 R3
다솔기계설계교육연구소설계제도 /CAD 학습과제
척도
제한시간
구조물의 명칭
제
도
검
인
1 : 1
아이들러서포트
성명
도번
dasol-009
(101)
64
128
A
A
12
15□
단면 A-A
20
ϕ24
ϕ12
ϕ50
ϕ30
50
25
ϕ36
ϕ24
ϕ20
12
14
30°
26
36
A
확대도-A
척도 2 : 1
ϕ3
3
ϕ6
ⓒ2008~ 다솔기계설계교육연구소 -다솔유캠퍼스 DASOL2001.CO.KR -

주) 도시되고 지시없는 모서리 및 필렛 라운드는 R3

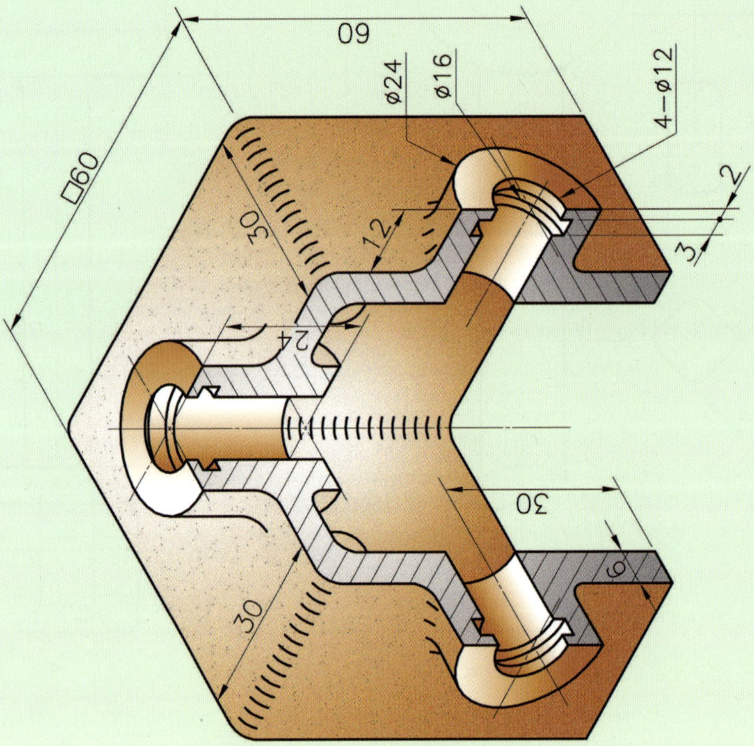


| 다솔기계설계교육연구소 설계제도/CAD 학습과제 | | | | |
|---|---|---|---|---|
| 척 도 | 제한시간 | 구조물 명칭 | 제 도 | 검 인 |
| 1:1 | 1.5h | 샘플박스 | 성 명: 권 세 웅 | ksh |
| | | | 도 번: dasol-0010 | |

C.2007~ 다솔기계설계교육연구소 - dasol2001.co.kr -

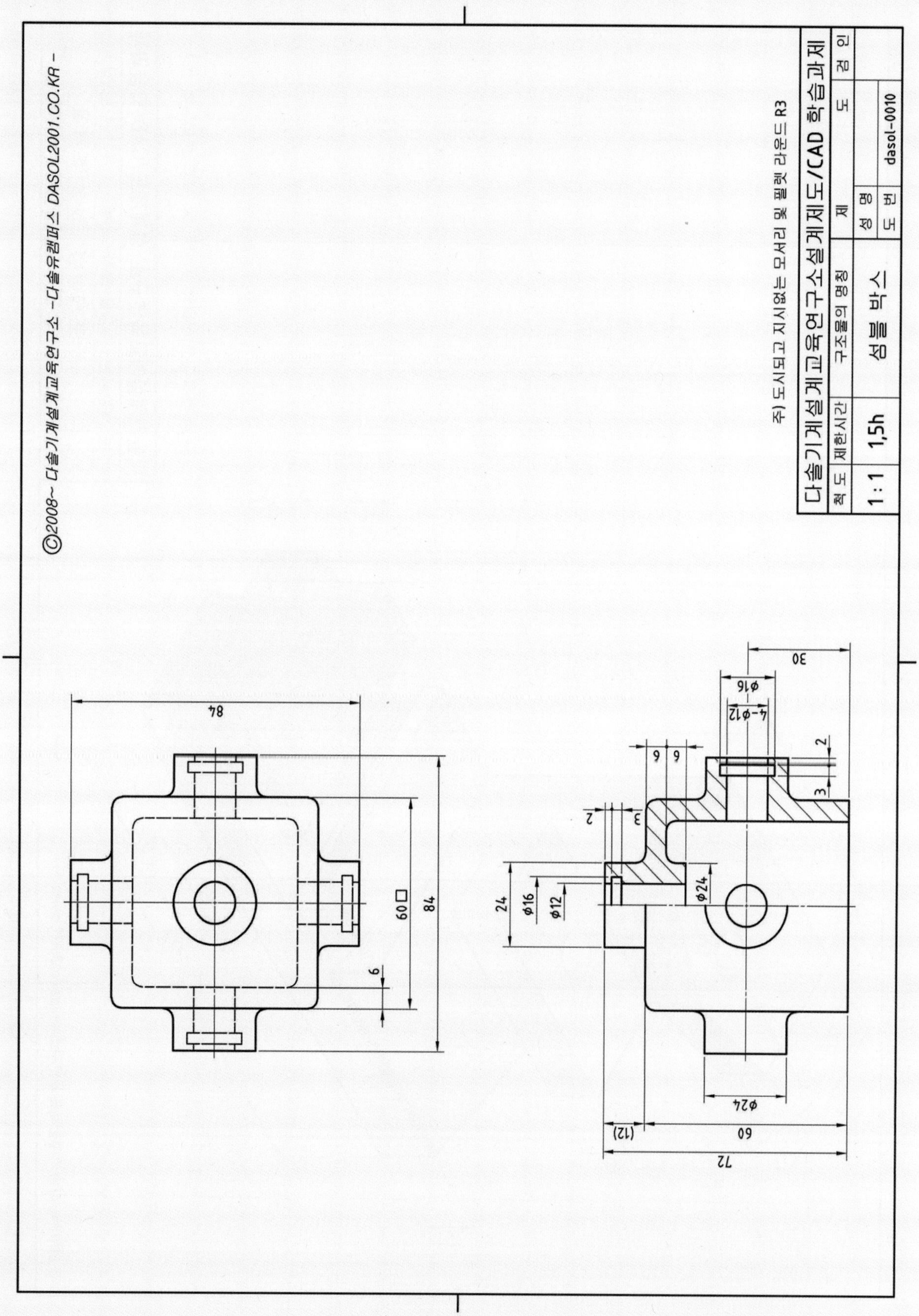

ⓒ2008~ 다솔기계설계교육연구소 -다솔유캠퍼스 DASOL2001.CO.KR -
주) 도시되고 지시없는 모서리 및 필렛 라운드 R3
다솔기계설계교육연구소설계제도/CAD 학습과제
척도
1 : 1
제한시간
1,5h
구조물의 명칭
섬블 박스
제도
검인
성명
도번
dasol-0010
84
60□
84
6
24
ϕ16
ϕ12
ϕ24
30
ϕ16
4-ϕ12
9
9
2
3
3
2
ϕ24
60
(12)
72

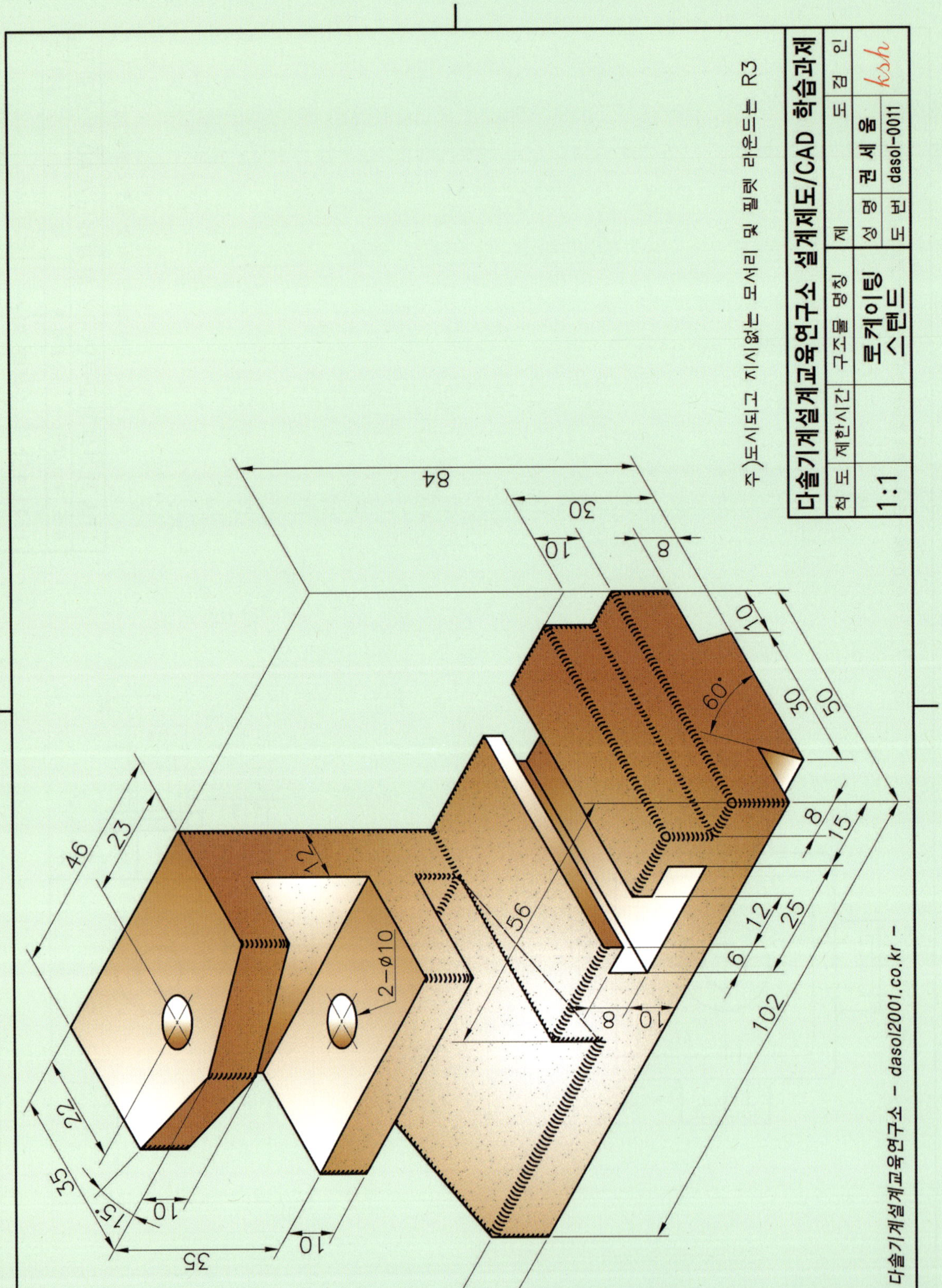
주)도시되고 지시없는 모서리 및 필렛 라운드는 R3
다솔기계설계교육연구소 설계제도/CAD 학습과제
척 도
제한시간
구조물 명칭
제
도 검 인
1:1
로케이팅 스탠드
성 명
권 세 웅
도 번
dasol-0011
ksh
2-ϕ10
60°
C.2007~ 다솔기계설계교육연구소 - dasol2001.co.kr -

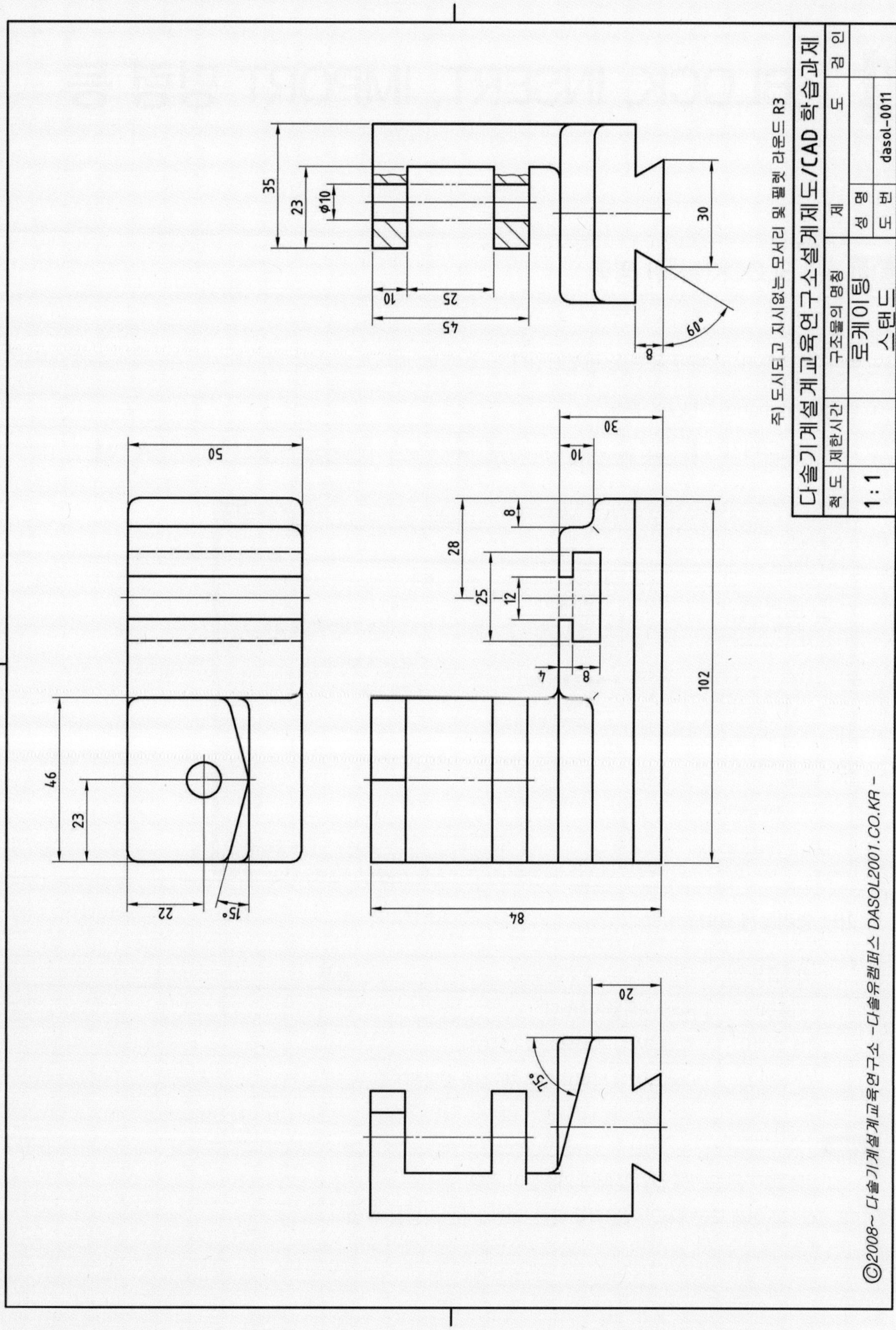
주) 도시되고 지시없는 모서리 및 필렛 라운드 R3
다솔기계설계교육연구소설계제도/CAD 학습과제
척 도
1 : 1
제한시간
구조물의 명칭
로케이팅 스탠드
제 도
검 인
성 명
도 번
dasol-0011
35
23
φ10
30
10
25
45
60°
8
50
30
10
8
28
25
12
4
8
102
46
23
22
15°
84
20
75°
©2008~ 다솔기계설계교육연구소 -다솔유캠퍼스 DASOL2001.CO.KR -

# 11 BLOCK, INSERT, IMPORT 명령 등

## 01 BLOCK(블록) 명령

현재의 도면(*.dwg) 내에 블록을 생성시킨다.

① 명령(Command) : block Enter

② 툴바메뉴(그리기) : 

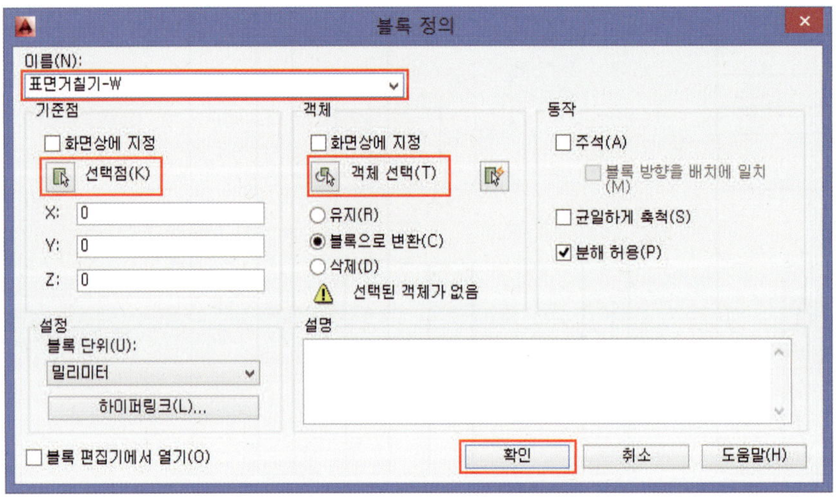


③ 기타 명령옵션 요약

| 명령옵션 | 설 명 |
|---|---|
| 이름(N) | Block 이름을 지정한다. |
| 객체 선택(T) | Block화시킬 객체(요소)를 선택한다. |
| 선택점(K) | Block화시킬 객체(요소)의 기준점을 선택한다. |

**기능**

1. "선택점(K)"은 도면에 삽입할 때의 기준점이 된다.
2. Block은 현재 도면에서만 사용되고 다른 도면에서는 사용할 수 없다.

## 02 WBLOCK 명령

현재의 도면(*.dwg) 외부로 블록을 생성시킨다.

① 명령(Command) : wblock Enter

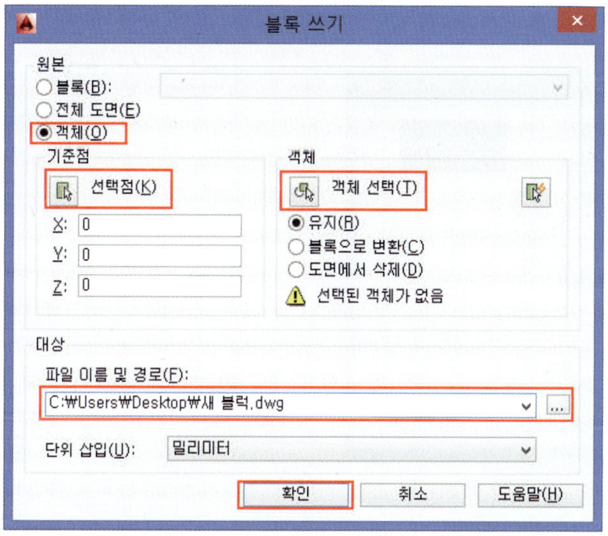


② 기타 명령옵션 요약

| 명령옵션 | 설 명 |
|---|---|
| 객체 선택(T) | Wblock시킬 객체(요소)를 선택한다. |
| 선택점(K) | Wblock시킬 객체(요소)의 기준점을 선택한다. |
| 파일 이름 및 경로(F) | Wblock시킬 객체(요소)의 저장경로를 지정한다. |

**기능**

1. "선택점(K)"은 도면에 삽입할 때의 기준점이 된다.
2. 현재의 도면 내에서 필요한 부분만 외부로 도면(*.dwg) 파일로 저장하는 것이다.
3. Wblock은 현재 도면뿐만 아니라 다른 도면에서도 사용할 수 있다.

## 03 INSERT(블록 삽입) 명령

블록 또는 도면(*.dwg) 등을 현재의 도면에 삽입한다.

① 명령(Command) : insert Enter

② 툴바메뉴(그리기) : 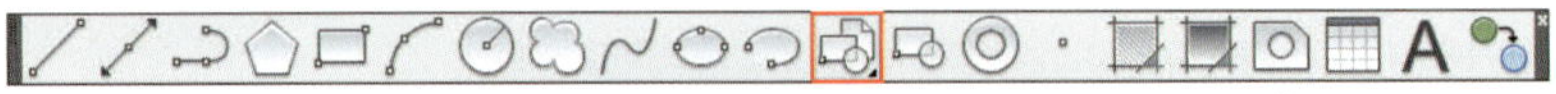

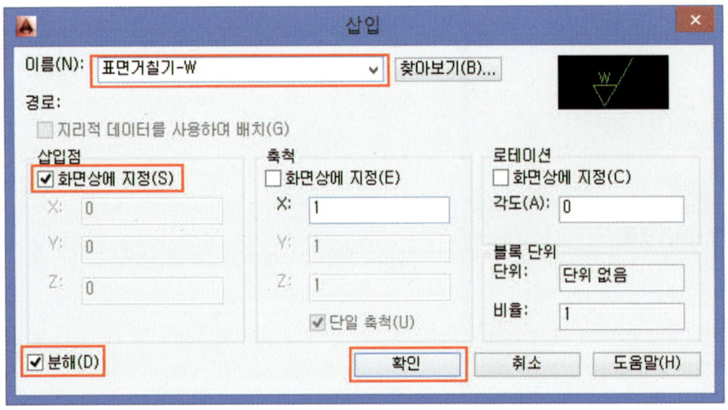


③ 기타 명령옵션 요약

| 명령옵션 | 설 명 |
|---|---|
| 이름(N) | Block, Wblock(*dwg) 또는 외부 도면(*dwg)을 선택한다. |
| 축척 | 체크하면 화면상에서 크기를 지정한다. |
| 삽입점 | 화면상에서 삽입점을 지정한다. |
| 분해(D) | 분해(Explode)해서 삽입한다. |

**기능**

1. 만일 insert로 도면파일(*.dwg)을 삽입하게 되면, 갖고 있던 도면특성(block, layer. 등)을 함께 가져오게 되므로 현재의 도면용량 크기가 증가하게 된다. 또한 삽입된 도면을 삭제하더라도 특성들은 그대로 남는다.
2. 삭제 명령(Command) : PURGE

## 04 EXPLODE(분해) 명령

Pline, 다각형, 해치, 치수, 블록 등과 같은 복합 객체를 분해시킨다.

① 명령(Command) : XP Enter

② 툴바메뉴(수정) : 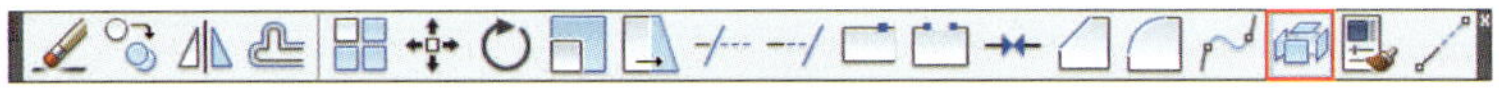

- 객체 선택 : 분해할 객체 클릭(또는 Crossing를 선택한다.)
- 객체 선택 : Enter

## 05 PURGE(항목 제거) 명령

도면에서 블록, 도면층, 스타일, 치수스타일 등과 같은 사용되지 않은 항목을 제거한다.

① 명령(Command) : PURGE Enter

② 파일(F) → 도면 유틸리티(U) → 소거(P) → 모두 소거(A)

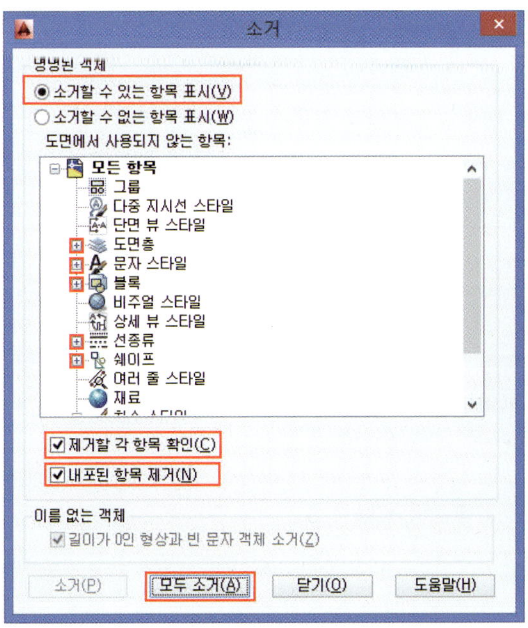


**기능**

소거할 수 있는 항목은 "+" 로 표시된다.

## 06 외부 참조 도면(*.dwg) 부착

현재의 도면에 새로운 도면(*.dwg)을 삽입한다.

① 명령(Command) : xattach Enter

② 툴바메뉴(그리기) :

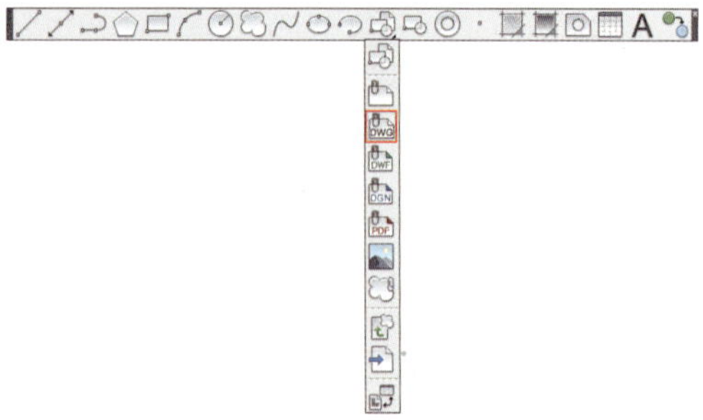

**기능**

도면특성을 제외한 도면(*.dwg)만 삽입하고 삭제하면 정보가 남지 않는다.

## 07 이미지 부착 명령

현재의 도면에 *.jpeg, *.gif, *.tga, *.bmp, *.png, *.tif 등과 같은 형식의 이미지 파일을 삽입한다.

① 명령(Command) : imageattach Enter

② 툴바메뉴(그리기) :

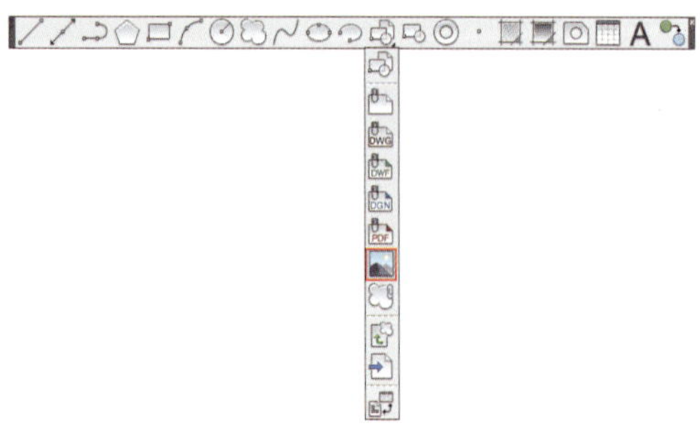

## 08 IMPORT(가져오기) 명령

*.sat, *.wmf , *.3ds 등과 같은 다양한 형식의 외부파일을 삽입한다.

① 명령(Command) : import Enter

② 툴바메뉴(그리기) :

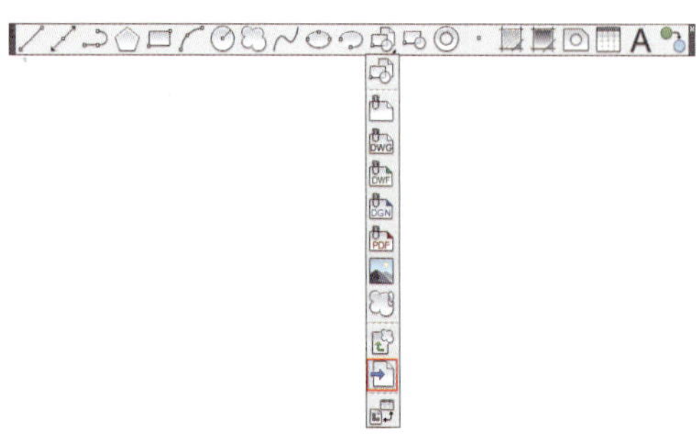

MEMO

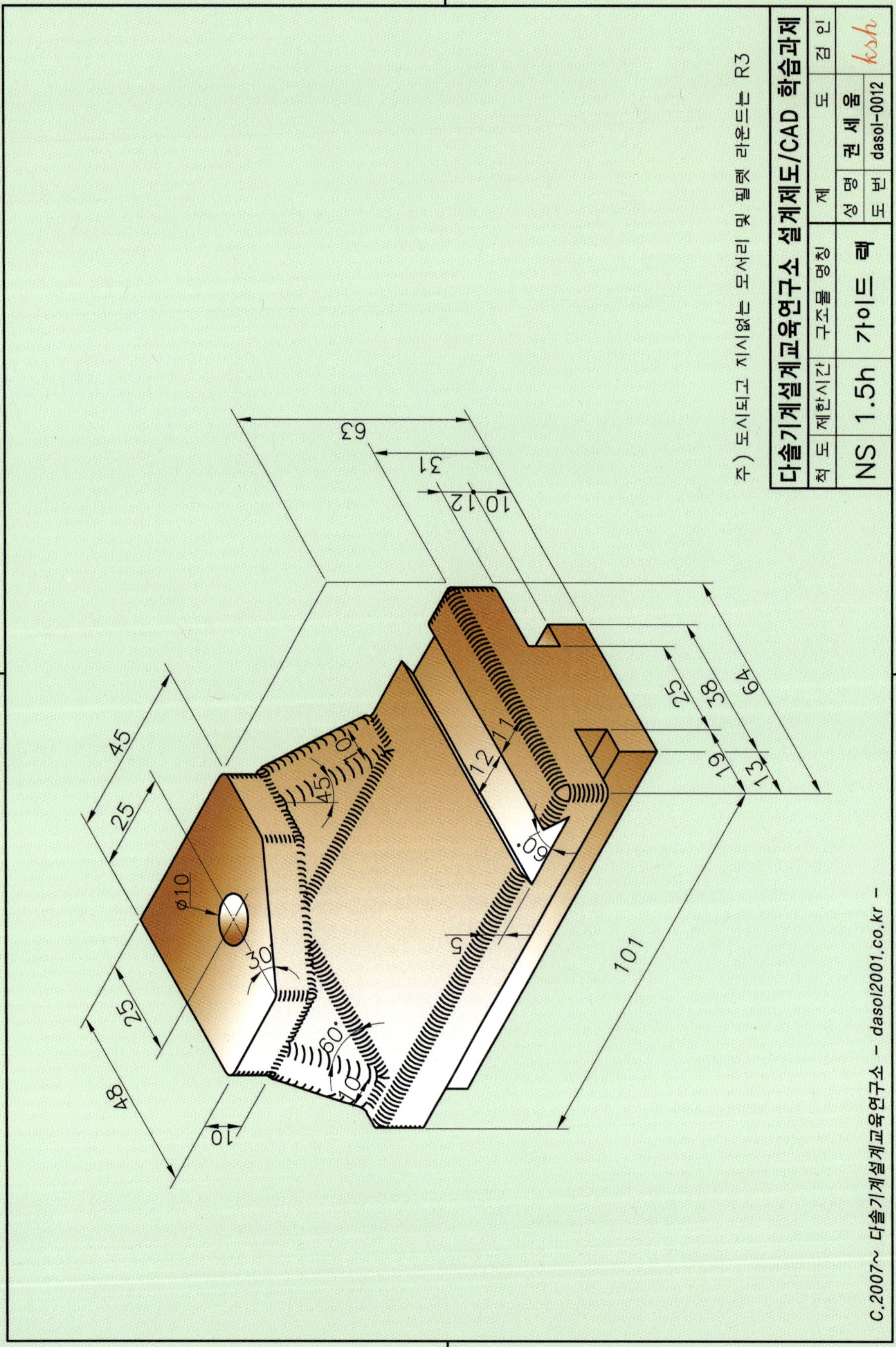
주) 도시되고 지시없는 모서리 및 필렛 라운드는 R3
다솔기계설계교육연구소 설계제도/CAD 학습과제
척 도
NS
제한시간
1.5h
구조물 명칭
가이드 랙
제 도
검 인
성 명
권 세 웅
도 번
dasol-0012
63
31
10
12
25
38
64
19
13
45
25
ø10
30
25
48
10
60°
45°
11
5
101
C.2007~ 다솔기계설계교육연구소 - dasol2001.co.kr -

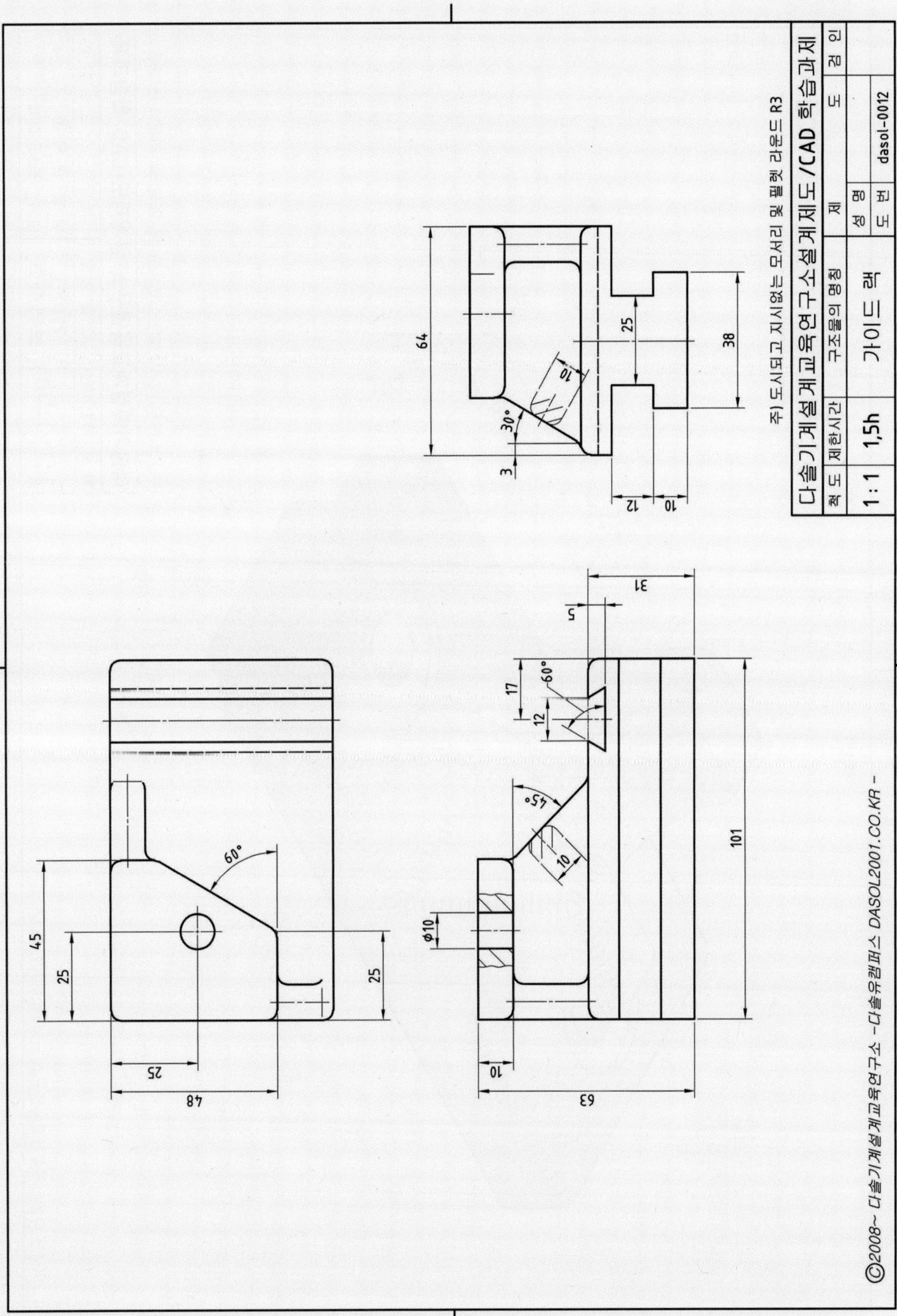
다솔기계설계교육연구소 설계제도/CAD 학습과제
척도
1:1
제한시간
1,5h
구조물의 명칭
가이드 랙
제도
검인
성명
도번
dasol-0012
주) 도시되고 지시없는 모서리 및 필렛 라운드 R3
ⓒ2008~ 다솔기계설계교육연구소 -다솔유캠퍼스 DASOL2001.CO.KR -
64
25
38
10
30°
3
12
10
31
1,5
17
12
60°
45°
10
101
φ10
10
63
60°
45
25
25
25
48

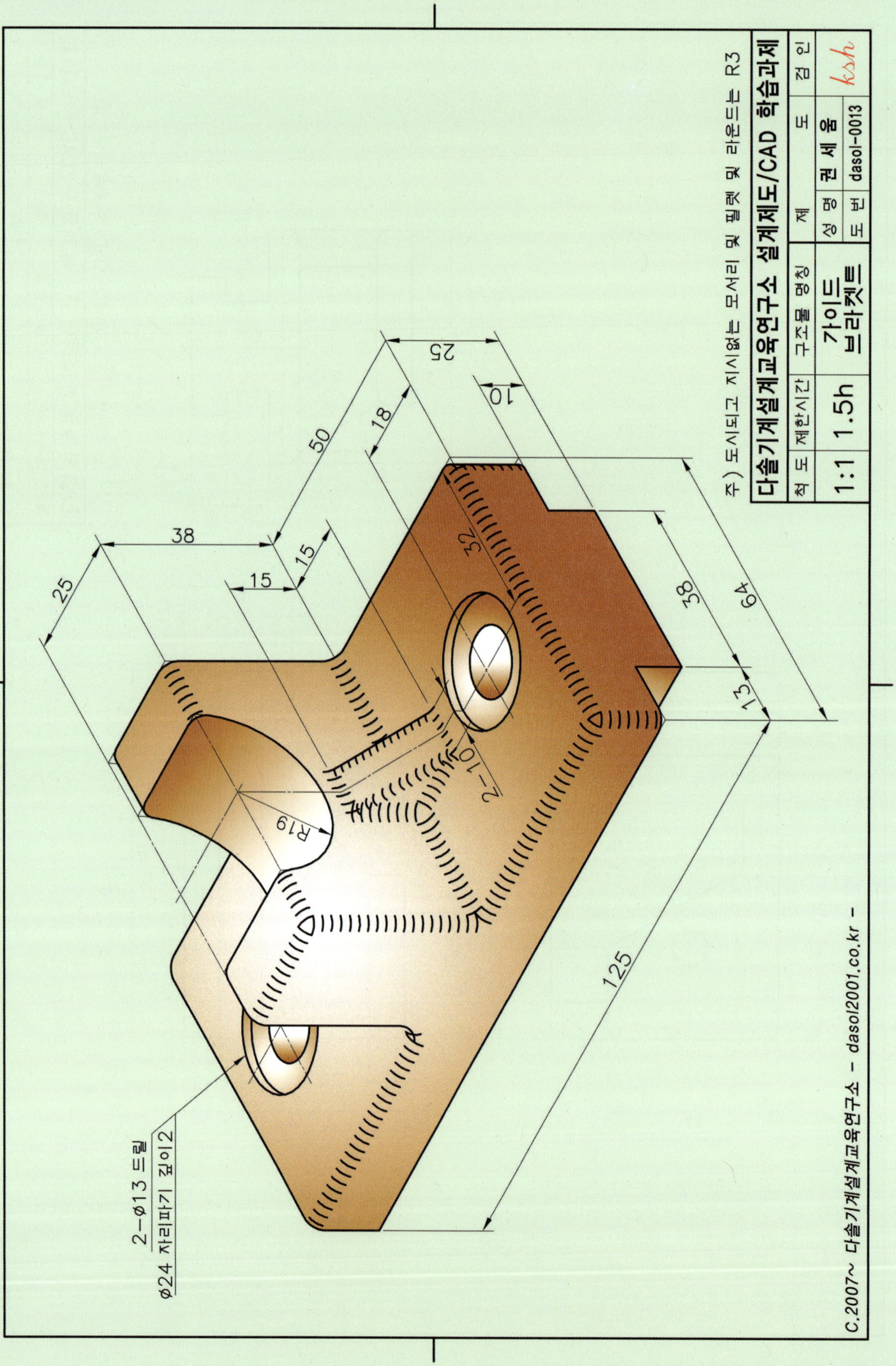
주) 도시되고 지시없는 모서리 및 필렛 및 라운드는 R3
다솔기계설계교육연구소 설계제도/CAD 학습과제
척 도
1:1
제한시간
1.5h
구조물 명칭
가이드 브라켓트
제 도
검 인
ksh
성 명
권 세 용
도 번
dasol-0013
2-ø13 드릴
ø24 자리파기 깊이2
R19
2-10
125
64
38
13
32
25
10
18
50
38
15
15
25
C.2007~ 다솔기계설계교육연구소 - dasol2001.co.kr -

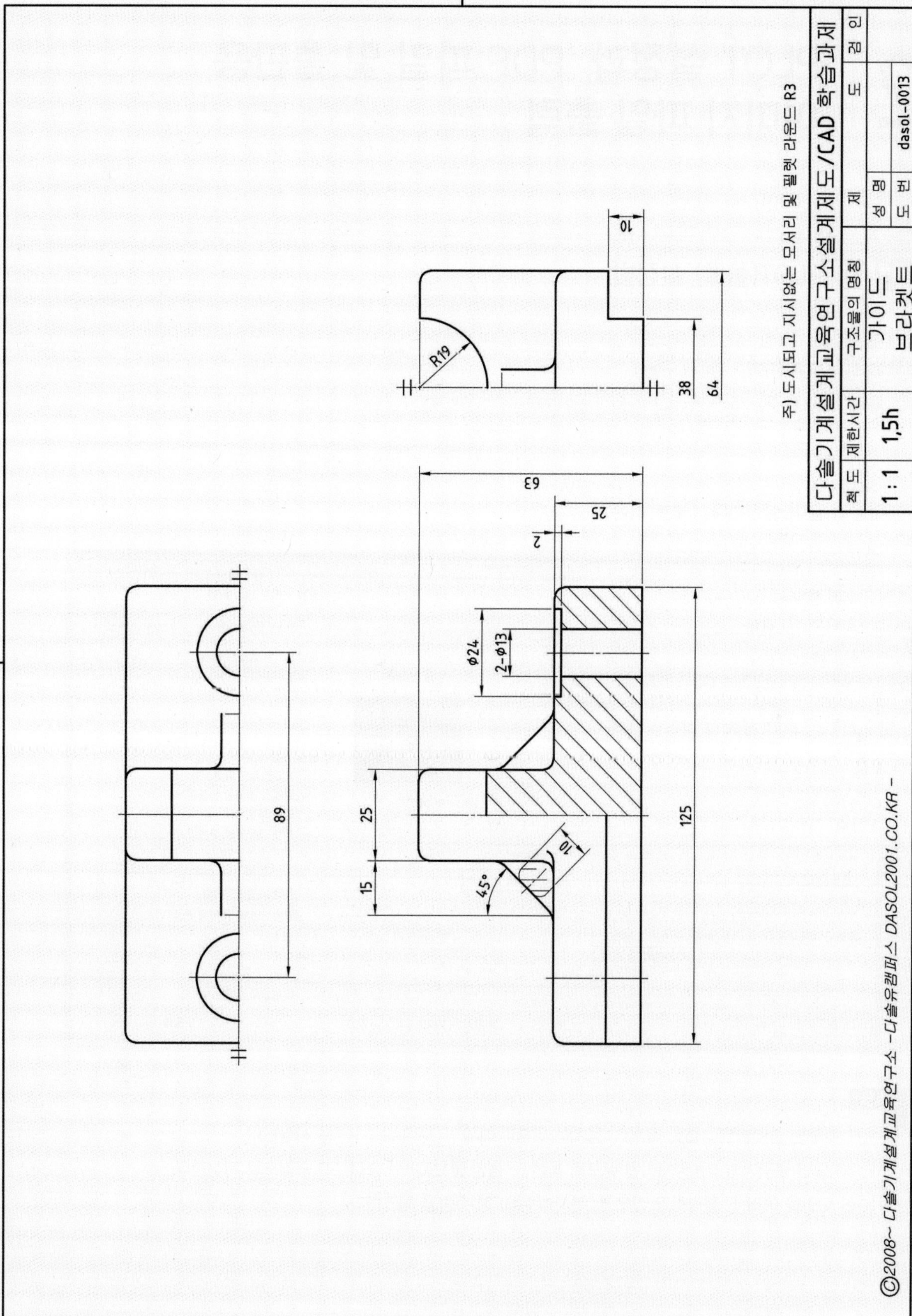
주) 도시되고 지시없는 모서리 및 필렛 라운드 R3
다솔기계설계교육연구소설계제도/CAD 학습과제
척 도
1 : 1
제한시간
1,5h
구조물의 명칭
가이드 브라켓트
제
도
검
인
성 명
도 번
dasol-0013
ⓒ2008~ 다솔기계설계교육연구소-다솔유캠퍼스 DASOL2001.CO.KR-
R19
10
38
64
63
25
2
ø24
2-ø13
125
89
25
15
45°
10

# 12 PLOT 설정과 PDF 파일 및 출판용 이미지 파일 출력

## 01 PLOT(플롯) 설정법

① 명령(Command) : PLOT Enter

② 툴바 메뉴(표준) : 

③ 다음과 같이 설정한다. 〈플롯 기본〉

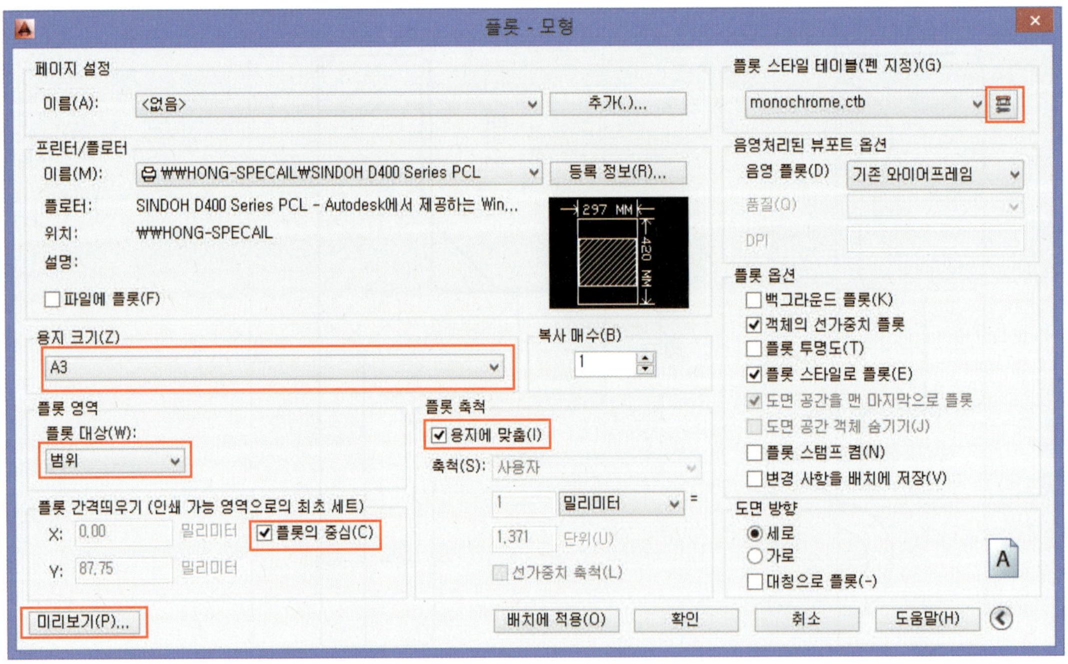


**기능**

1. 1:1 도면 출력방법 : 플롯 축척 → 용지에 맞춤(I) 해제 → 추척(S) : 1:1로 지정한다.
2. 3D 도면 출력방법 : 음영처리된 뷰포트 옵션 → 음영 플롯(D) → 숨김, 3D 숨김으로 지정한다.
3. 한 도면을 여러 장 출력하고 싶으면 "복사매수(B)"에 수량을 체크한다.

④ 시험용 주요설정 요약 〈플롯 기본〉

| 프린터/플로터 | 용지크기 | 플롯 대상 | 플롯 간격 띄우기 | 플롯 축척 | 플롯 스타일 테이블(펜지정) | 미리보기 |
|---|---|---|---|---|---|---|
| 시험장소 기종 선택 | A3 또는 A2 | 범위 | 플롯의 중심 | 용지에 맞춤 | monochrome.ctb (설정 ⑤) | 확인 후 플롯(설정 ⑦) |

⑤ 다음과 같이 설정한다. 〈출력색상 및 굵기/펜 지정〉

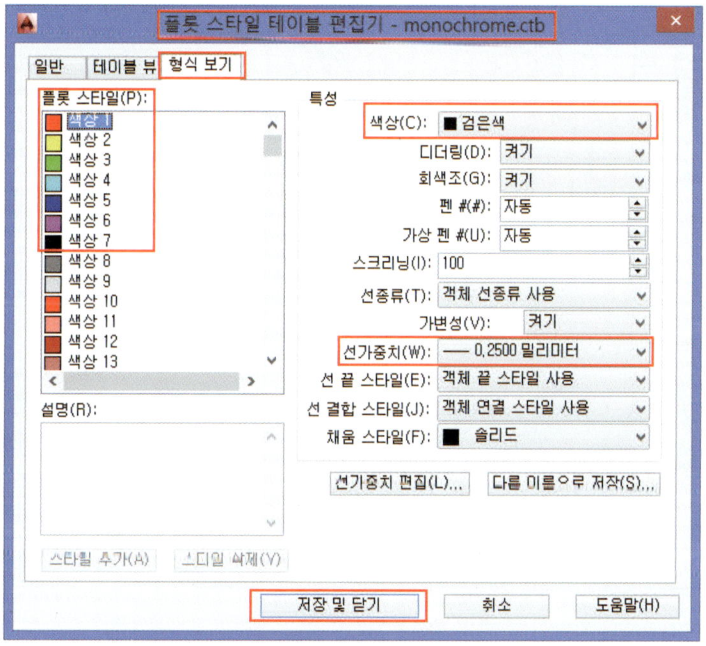


⑥ 주요설정 요약 〈출력색상 및 굵기/펜 지정〉

| 플롯 스타일(P) | 색상(C) | 선가중치(A3, A2) |
|---|---|---|
| 빨간색(1) | 검은색 | 0.18 ~ 0.25 |
| 노란색(2) | 검은색 | 0.3 ~ 0.35 |
| 초록색(3) | 검은색 | 0.5 ~ 0.6 |
| 하늘색(4) | 검은색 | 0.7 ~ 0.8 |
| 흰색(7) | 검은색 | 0.18 ~ 0.25 |

**기능**

1. "플롯 스타일(P)"은 화면상에 보이는 도면요소들의 색상이고, "특성 → 색상(C), 선가중치(W)"는 플롯 용지에 출력할 색상과 선 굵기이다.
2. 출력 시 선가중치는 다소 차이가 있을 수 있다.

⑦ 다음과 같이 설정한다.

미리보기 화면에서 확인 → 마우스 오른쪽 버튼 → 플롯

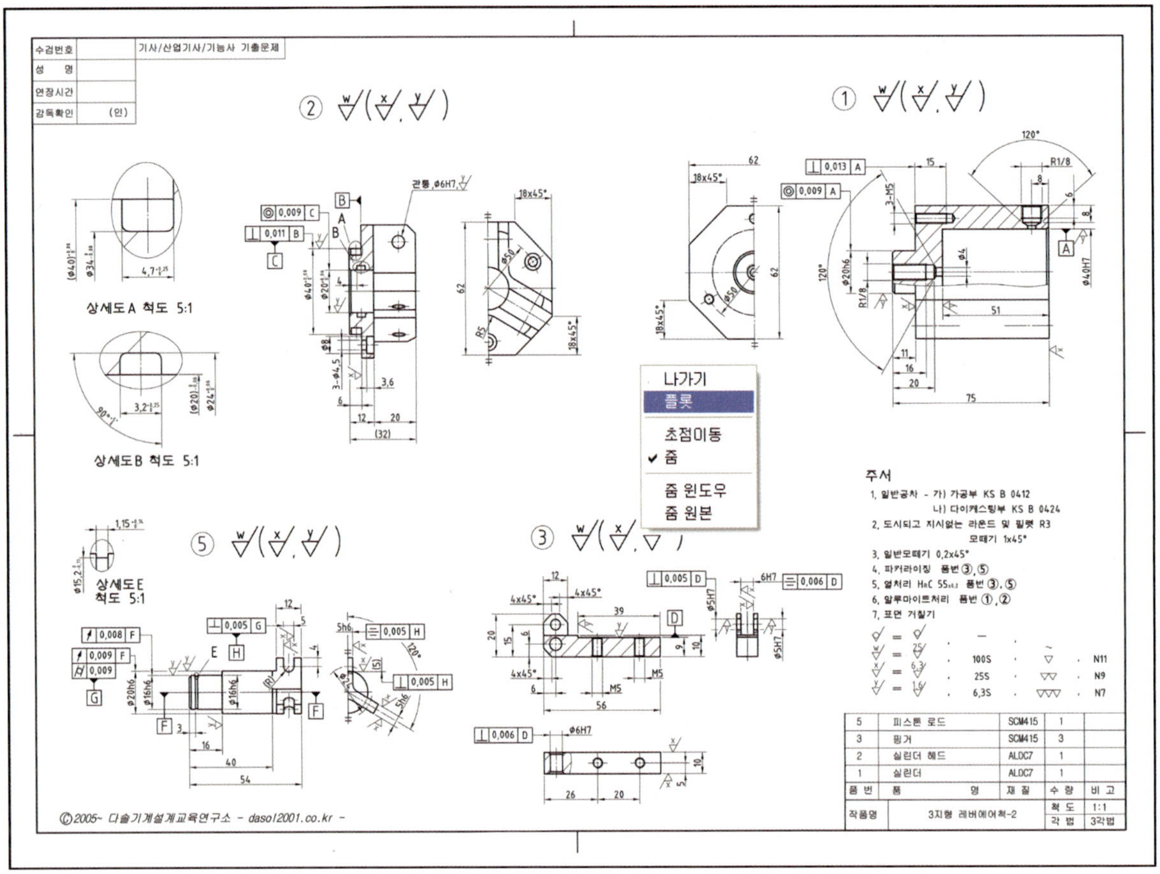


## 02 PDF 파일 및 출판용 이미지 파일 출력

PDF 파일은 도면을 웹문서로 출력하여 다양하게 쓰이고 도면을 출판용 또는 문서 삽입용으로 활용할 때 알아두면 유용하게 사용할 수 있는 활용팁이다.(photoshop, Acrobat가 설치되어 있어야 함)

### (1) 환경설정

PDF 환경설정법과 출판용 이미지 EPS 환경설정법은 플로터 모델 부분만 다르고 모두 동일하다.

① 경로 : AutoCAD에서 → 파일(F) → 플로터 관리자(M) 클릭 → 플로터 추가 마법사 더블클릭

② 개요페이지 : 다음

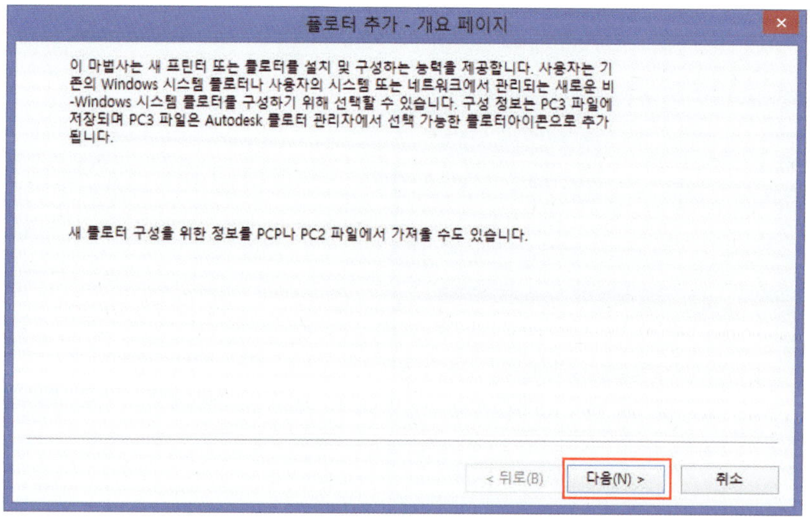


③ 시작 : 내 컴퓨터(M) 선택 → 다음

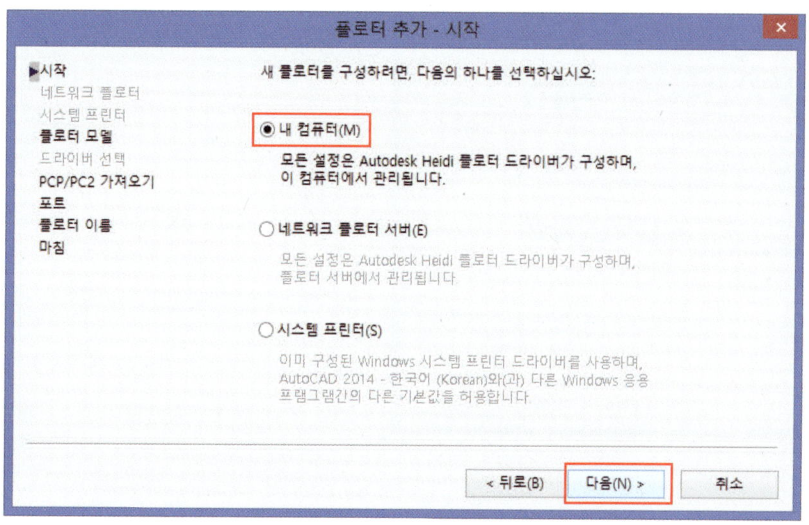

④ 플로터 모델(PDF 출력) : Autodesk ePlot(PDF) 선택 → PDF 선택 → 다음

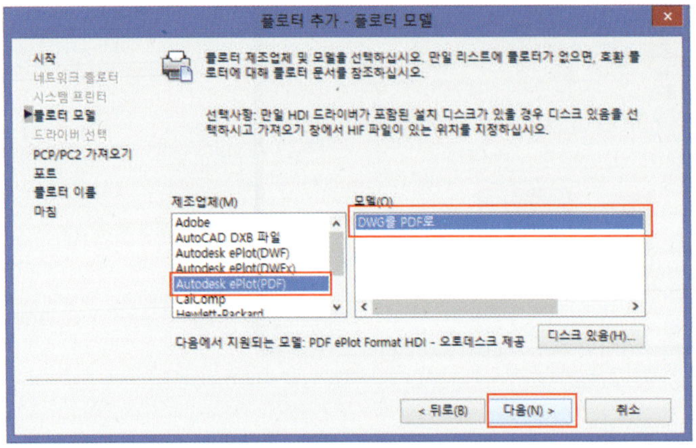


⑤ 플로터 모델(EPS 출력) : Adobe 선택 → PostScript Level 1 선택 → 다음

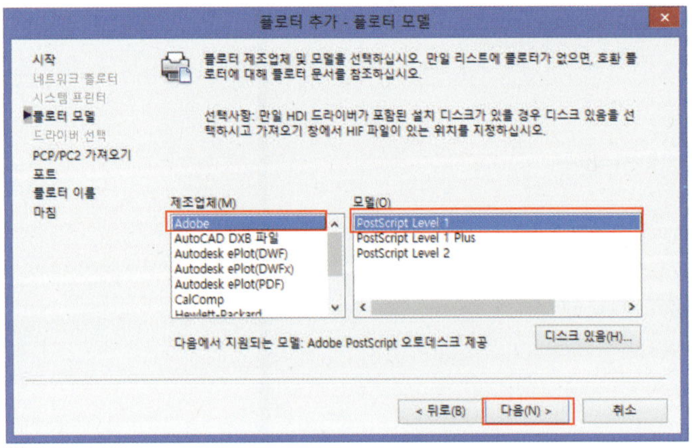


⑥ PCP/PC2 가져오기 : 다음

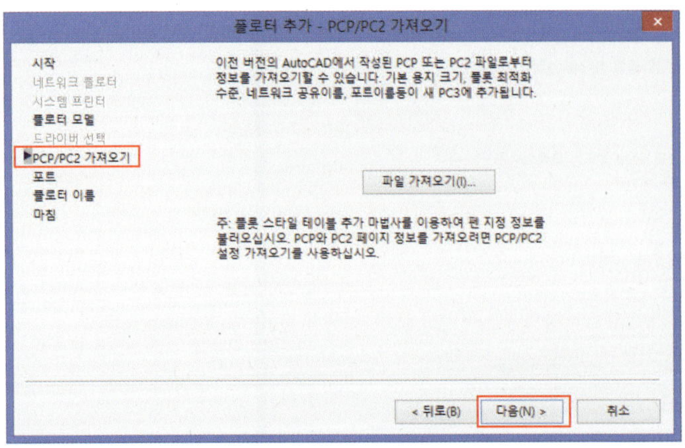

⑦ 포트 : 파일에 플롯(F) 선택 → 다음

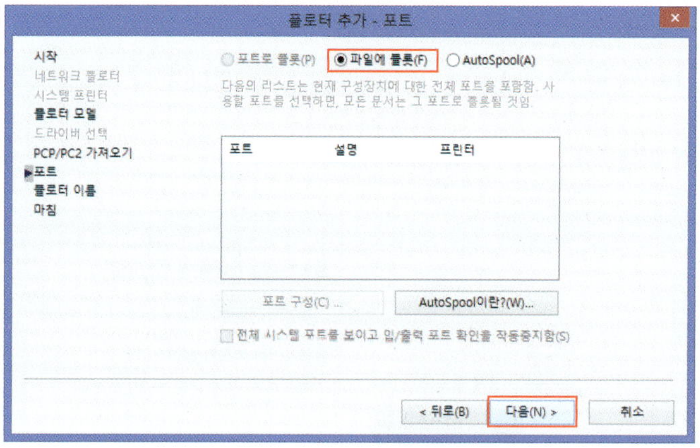


⑧ 플로터 이름(PDF 출력) : PDF 출력 → 다음 → 마침 → Plotters 윈도창을 닫는다.

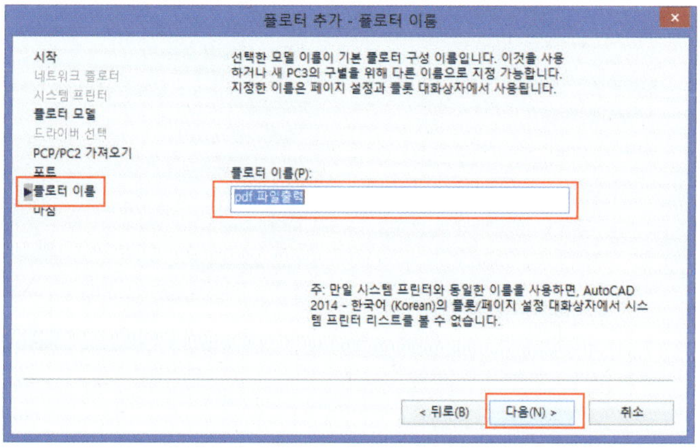


⑨ 플로터 이름(EPS출력) : EPS 출력 → 다음 → 마침 → Plotters 윈도창을 닫는다.

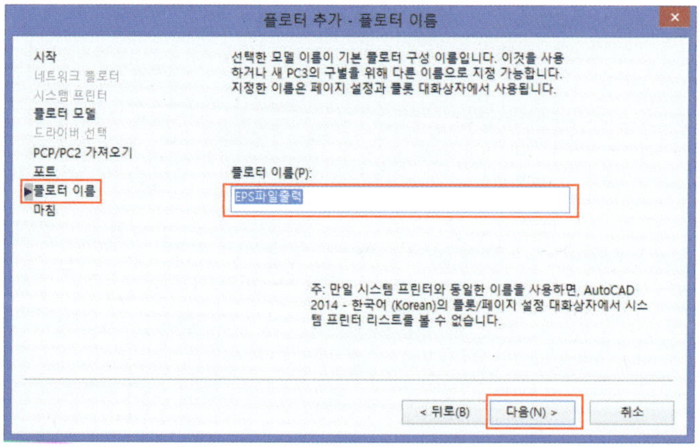


**기능**

"플로터 이름(P) :"은 사용자가 임의로 정한다.

## (1) PDF 파일 출력

① 명령(Command) : PLOT Enter

② 툴바메뉴 : 

③ 다음과 같이 설정한다. 〈프린터/플로터 이름(M) : PDF 출력 .pc3 선택〉

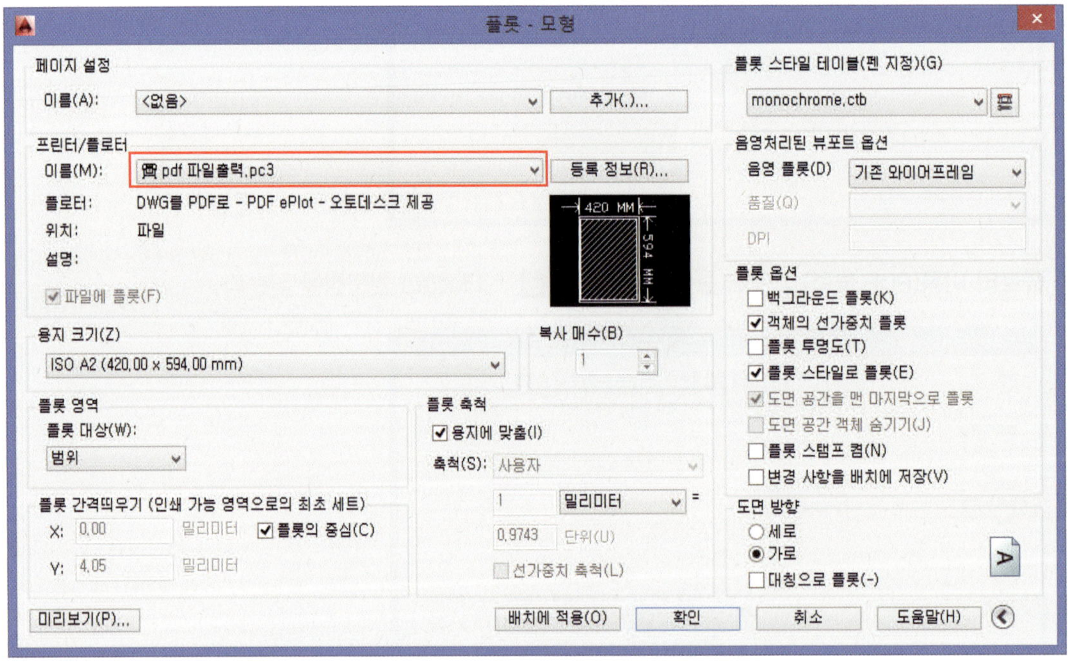


**기능**

1. 나머지 설정법은 모두 동일하다.
2. 출력파일 이름은 사용자가 정한다.
3. PDF로 출력 및 파일을 오픈하려면 "Adobe Acrobat"이 설치되어 있어야 한다.

## (2) 출판용 이미지(EPS) 파일 출력

① 명령(Command) : PLOT Enter

② 툴바메뉴 : 

③ 다음과 같이 설정한다. 〈프린터/플로터 이름(M) : EPS 출력 .pc3 선택〉

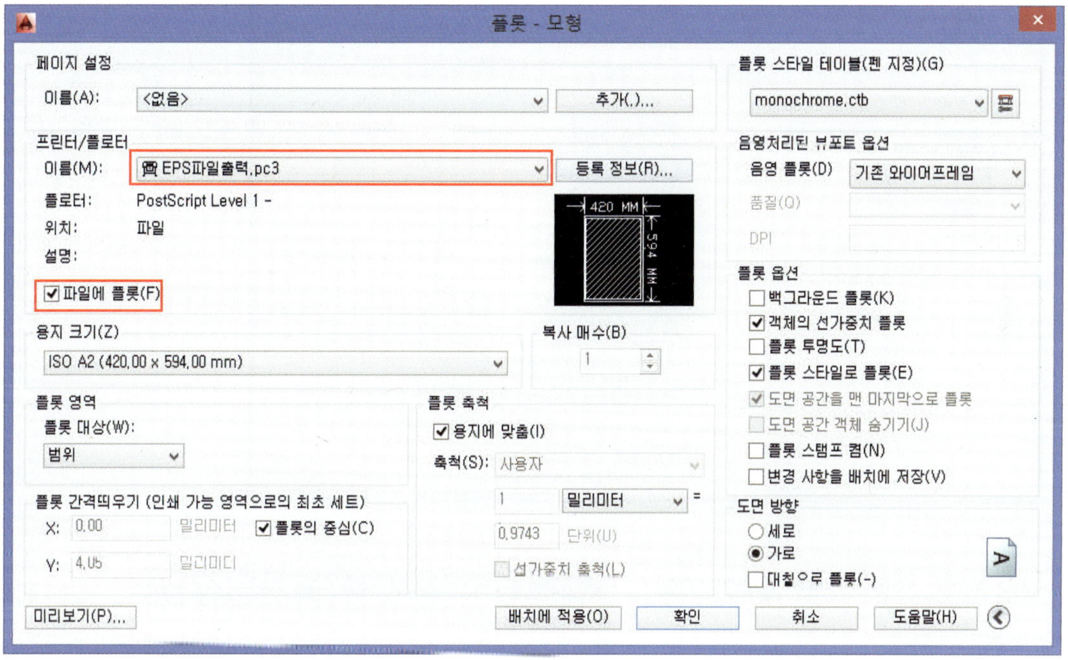


**기능**

1. 나머지 설정법은 모두 동일하다.
2. "파일에 플롯(F)"이 체크되어 있지 않으면 체크한다.
3. 출력파일 이름은 사용자가 정한다.
4. EPS로 출력 및 파일을 오픈하려면 "Adobe Photoshop"이 설치되어 있어야 한다.

④ Adobe Photoshop 실행 : 파일(F) → 열기(O) → EPS 파일 선택 → 열기

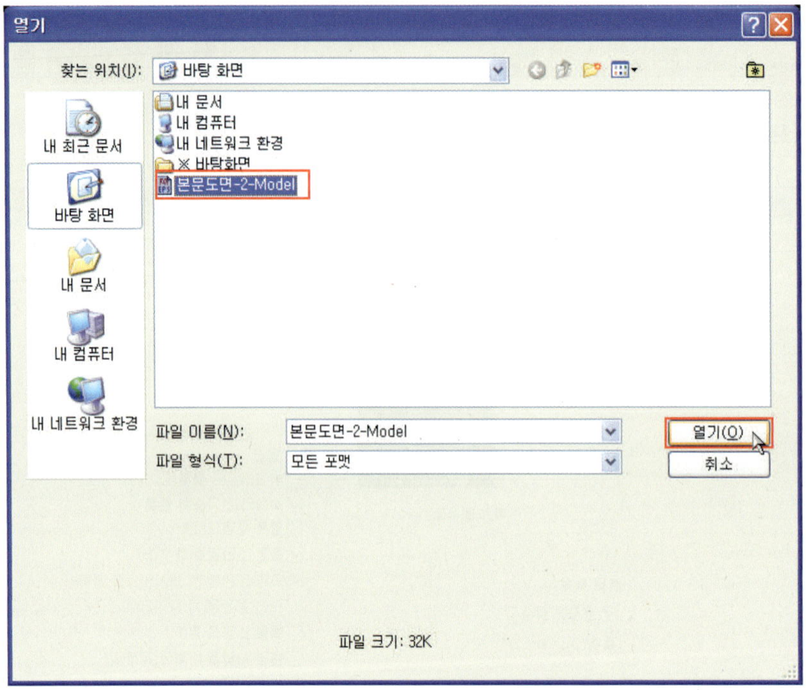


⑤ EPS 포맷 : 해상도, 모드 설정 → 승인

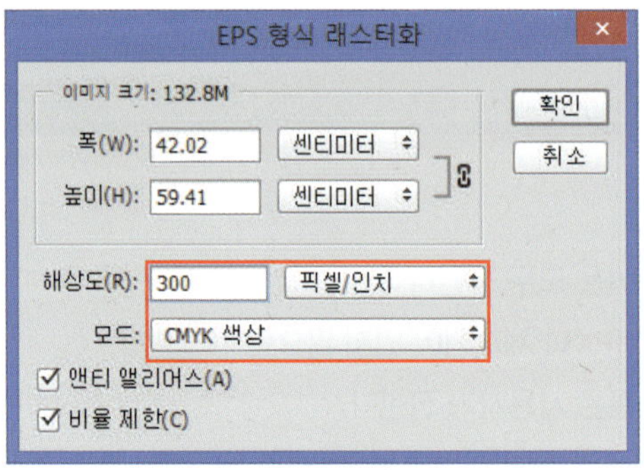


⑥ 기타 명령옵션 요약

| 명령옵션 | 설 명 |
|---|---|
| 해상도(R) | • 출판용 해상도 : 300픽셀/인치<br>• 일반문서용 해상도 : 100 -150픽셀/인치 |
| 모드 | • 출판용 모드 : CMYK 색상<br>• 일반문서 용 모드 : RGB 색상 |

**기능**

1. 오픈된 파일은 편집을 통해 *.jpeg, *.gif, *.png, *.eps 등과 같은 다양한 형식의 이미지 파일로 저장할 수 있다.
2. 일반 문서 삽입용 : *.jpeg 추천
3. 파워포인트 삽입용 : *.png, *.jpeg 추천

# 13 기타 AutoCAD 옵션 설정

## 01 도면 자동저장 시간 설정

도면작업 시 시스템오류 때문에 작업했던 파일이 손실되는 것을 방지하기 위해 자동저장시간을 정해놓는 것이 바람직하다.

① 명령(Command) : OP Enter (파일 → 자동저장파일 위치 )

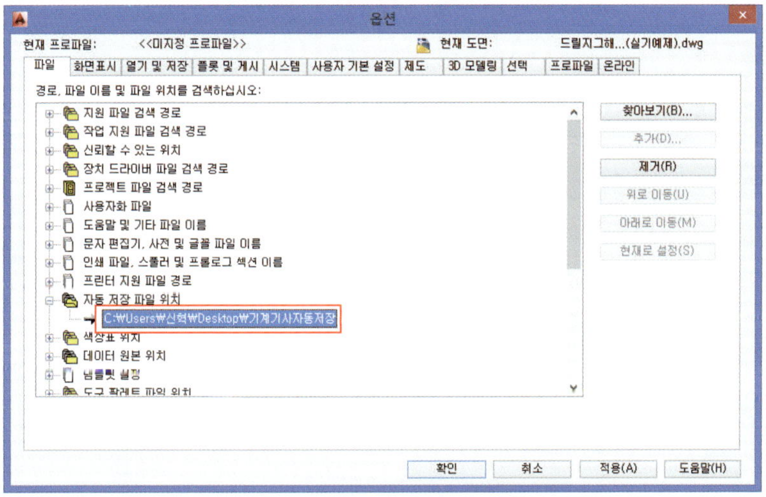


② 열기 및 저장

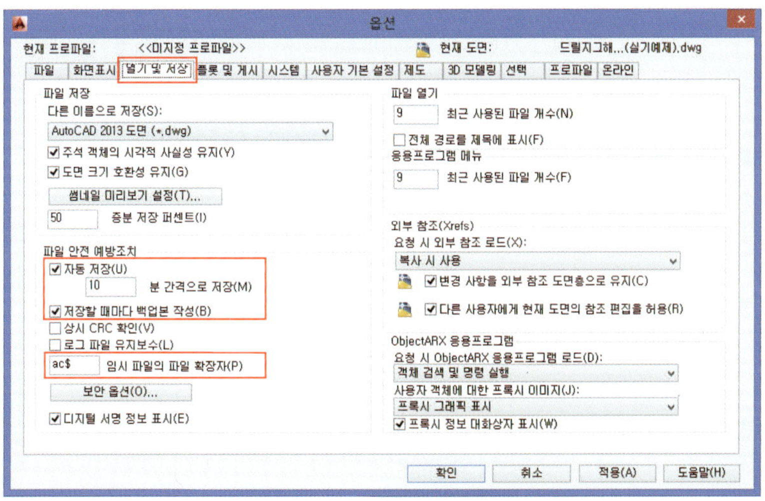

③ 기타 명령옵션 요약

| 명령위치 | 명령옵션 | 설 명 |
|---|---|---|
| 파일 | 자동저장파일 위치 | 자동저장파일 위치를 설정해 놓는다. |
| 열기 및 저장 | 자동저장(U) | 자동저장시간을 분 단위로 정해 놓는다. |
| | 저장할 때마다 백업본 작성(B) | 자동저장 때마다 백업파일(*bak)을 함께 작성한다. |
| | 임시 파일의 파일 확장자(P) | 자동저장 파일 확장자를 임시 파일(ac$)로 작성한다. |

## 02 마우스 오른쪽 버튼을 Enter 로 설정하는 방법

ACAD에서 마우스 오른쪽 버튼을 엔터로 사용하는 환경설정법이다.

① 명령(Command) : OP Enter

② 폴더옵션 : 사용자 기본 설정 → 도면씁역의 바로가기 메뉴 체크 해제 → 적용

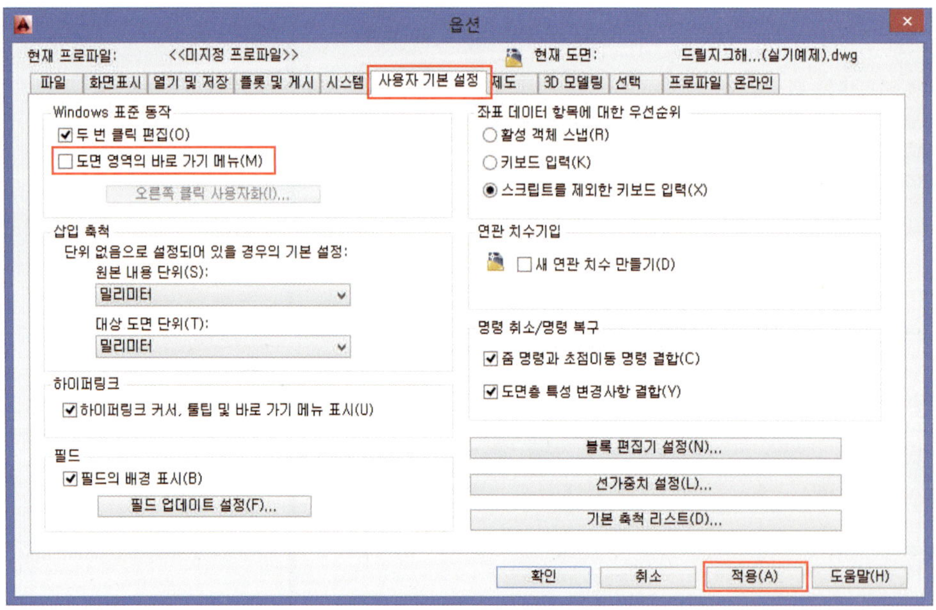

## 03 임시파일(ac$, su$) 확장자 표시방법

① 명령위치 : 내 컴퓨터 → 자동저장파일 폴더

② 폴더옵션 : 보기 → 파일 확장명 체크

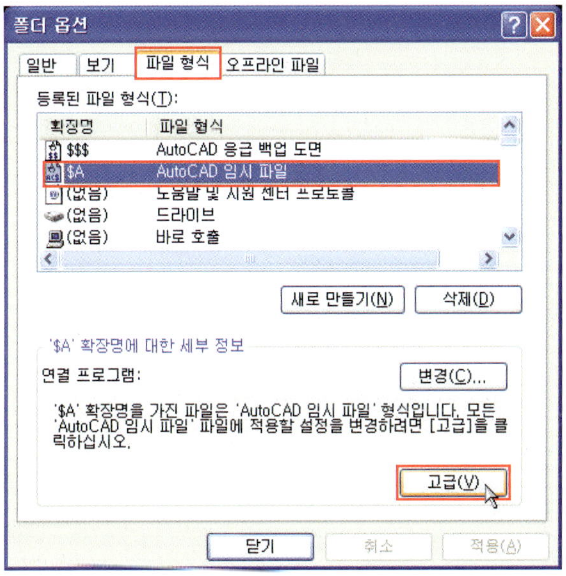


**기능**

1. 다른 파일들도 확장자가 보이지 않으면 이와 같이 처리한다.
2. 임시 파일(ac$, su$)은 *.dwg 확장자로 바꾸면 된다.(예 dasol.ac$ 또는 dasl.su$ → dasol.dwg)
3. *.bak도 *.dwg 파일로 변경할 수 있다.

# 14 기계기사/산업기사/기능사 실기시험용 환경설정 요약

## 01 도면규격(LIMITS) 설정하기

시험에서는 A2 사이즈로 도면을 작성하고 출력할 때는 A2, A3 용지로 출력한다.

① 명령(Command) : LIMITS Enter

② 다른 경로 : 형식(O) → 도면한계(I) Enter

- 왼쪽 아래 구석 지정 또는 [켜기(ON)/끄기(OFF)] 〈0.0000,0.0000〉 : Enter (왼쪽 하단의 좌표)
- 오른쪽 위 구석 지정 〈12.0000,9.0000〉 : 594,420 Enter (오른쪽 상단의 좌표)

③ KS 규격 도면사이즈

| 용지크기 | A0 | A1 | A2 | A3 | A4 |
|---|---|---|---|---|---|
| A×B | 1189×841 | 841×594 | 594×420 | 420×297 | 297×210 |

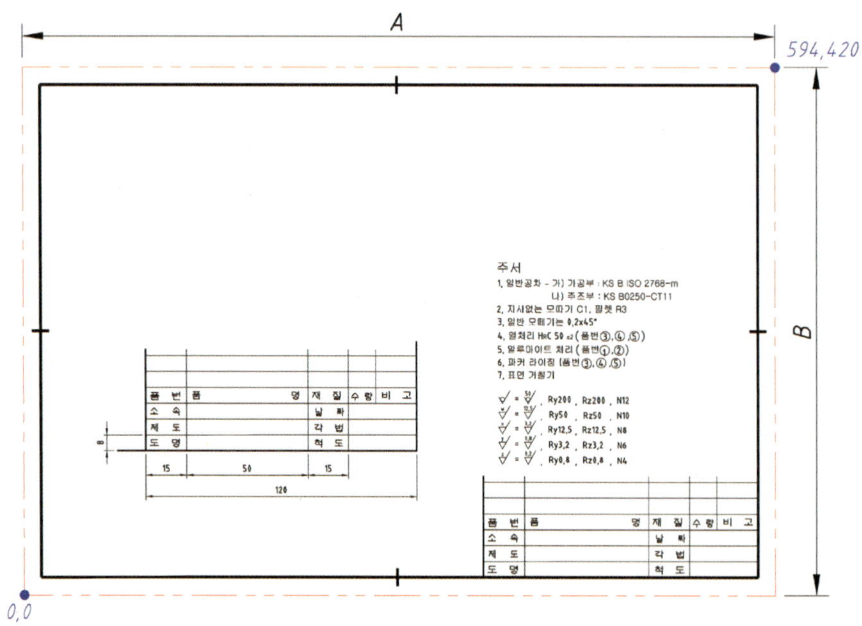

## 02 ZOOM 명령

① 명령(Command) : Z Enter

• [전체(A)/중심(C)/동적(D)/범위(E)/이전(P)/축척(S)/윈도(W)/객체(O)] 〈실시간〉: A Enter

## 03 RECTANG(직사각형) 명령

① 명령 : REC Enter

② 툴바메뉴(그리기) : 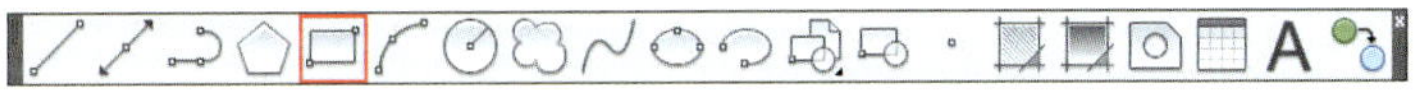

• 첫 번째 구석점 지정 또는 [모따기(C)/고도(E)/모깎기(F)/두께(T)/폭(W)] : 10,10 Enter
• 다른 구석점 지정 또는 [영역(A)/치수(D)/회전(R)] : 584,410 Enter

③ KS 규격에 따른 직사각형(Rectang) 작도 사이즈

| A0 | A1 | A2 | A3 | A4 |
|---|---|---|---|---|
| 1179×831 | 831×584 | 584×410 | 410×287 | 287×200 |

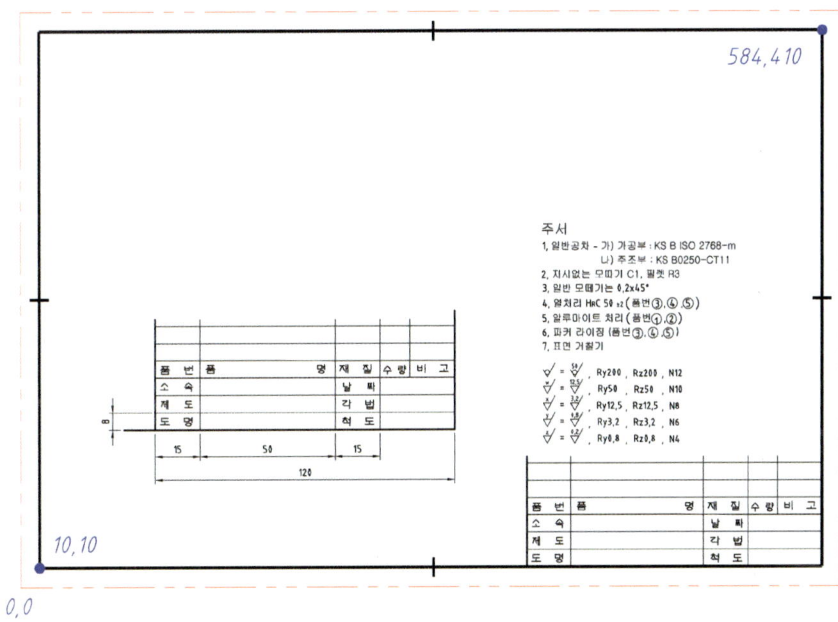

④ 기타 명령옵션 요약

| 명령옵션 | 설 명 |
|---|---|
| 켜기(ON) | 규정된 도면영역 밖으로 도면 작도를 통제한다. |
| 끄기(OFF) | 규정된 도면영역 밖으로 도면 작도를 허용한다. |

**기능**

테두리선의 굵기 0.7mm(하늘색)

## 04 LAYER 설정

① 명령(Command) : LA Enter

② 툴바메뉴(도면층) : 

③ 아래와 같이 설정한다.

④ 주요설정 요약

| Layer(이름) | 선 색상 | 종류 |
|---|---|---|
| 외형선(0) | 초록색(3) | Continuous |
| 중심선 | 빨간색(1) 또는 흰색(7) | CENTER2 |
| 숨은선 | 노란색(2) | HIDDEN2 |
| 가상선 | 빨간색(1) 또는 흰색(7) | PHANTOM2 |

## 05 STYLE(문자 스타일) 명령

① 명령(Command) : ST Enter

② 툴바메뉴(문자) : 

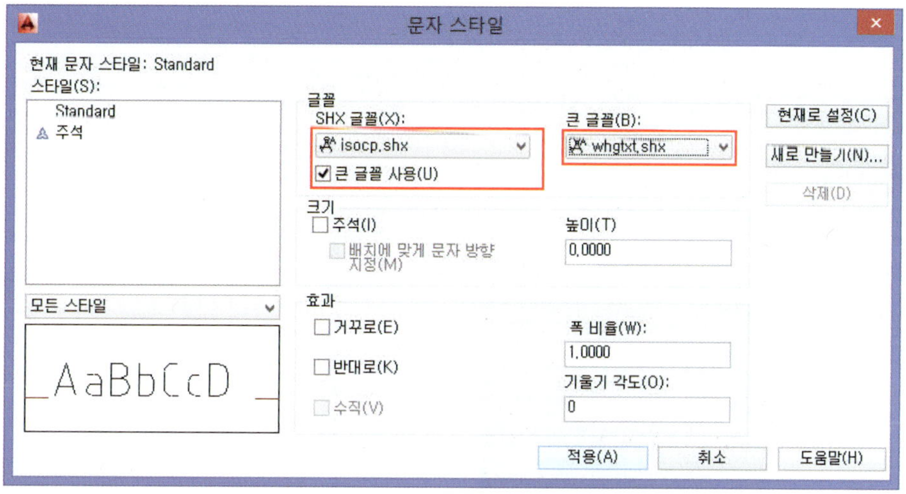


③ KS 규격에 맞는 STYLE 설정

| 스타일 이름 | 영문 글꼴 | 한글 글꼴 | 높이 |
|---|---|---|---|
| Standard | isocp.shx, romans.shx | Whgtxt.shx, 굴림체 | 0 |

**기능**

KS 규격에 맞는 문자는 고딕체이면서 단선체여야 한다.

## 06 치수 스타일 명령

① 명령(Command) : D Enter

② 툴바메뉴(치수) : 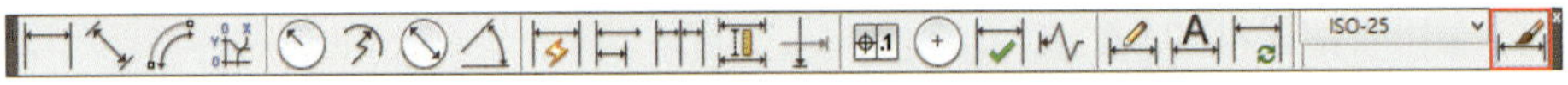

### (1) 실기시험 규격(A1, A2, A3)에 맞는 치수 스타일 설정

① 다음과 같이 설정한다. 〈선〉

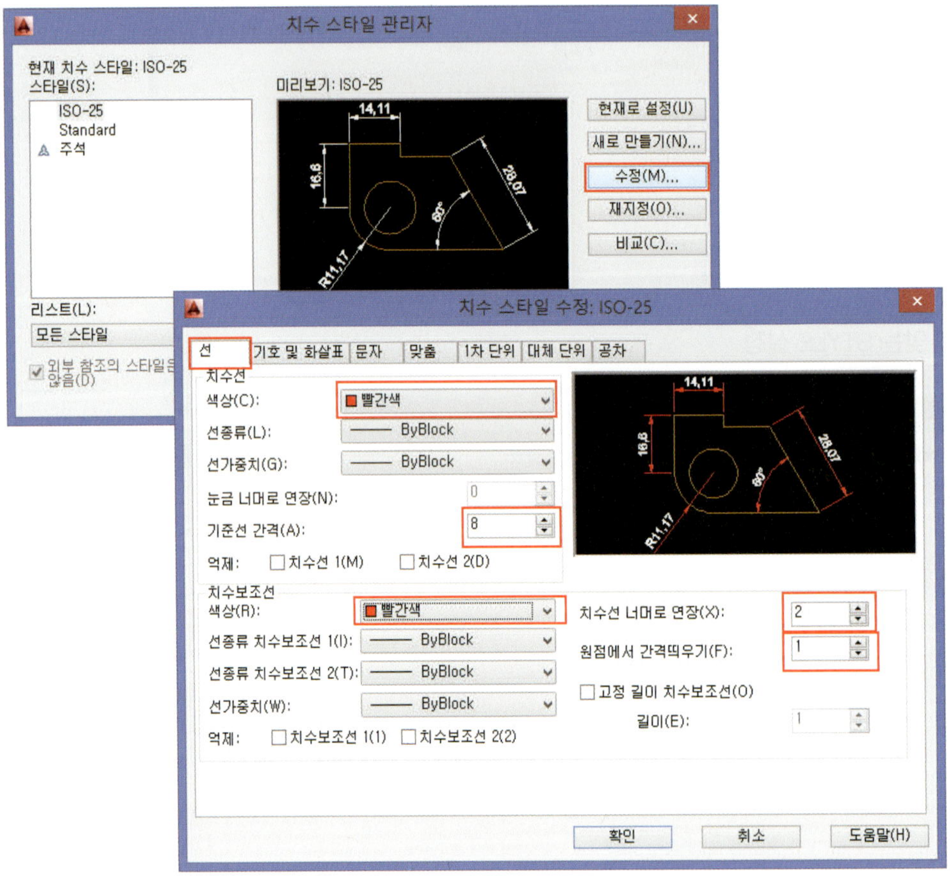

② 주요설정 요약 〈선〉

| 치수선 및 치수보조선 색상(R) | 기준선 간격(A) | 치수선 너머로 연장(X) | 원점에서 간격 띄우기(F) |
|---|---|---|---|
| 빨간색 또는 흰색 | 8mm | 2mm | 1mm |

③ 다음과 같이 설정한다. 〈기호 및 화살표〉

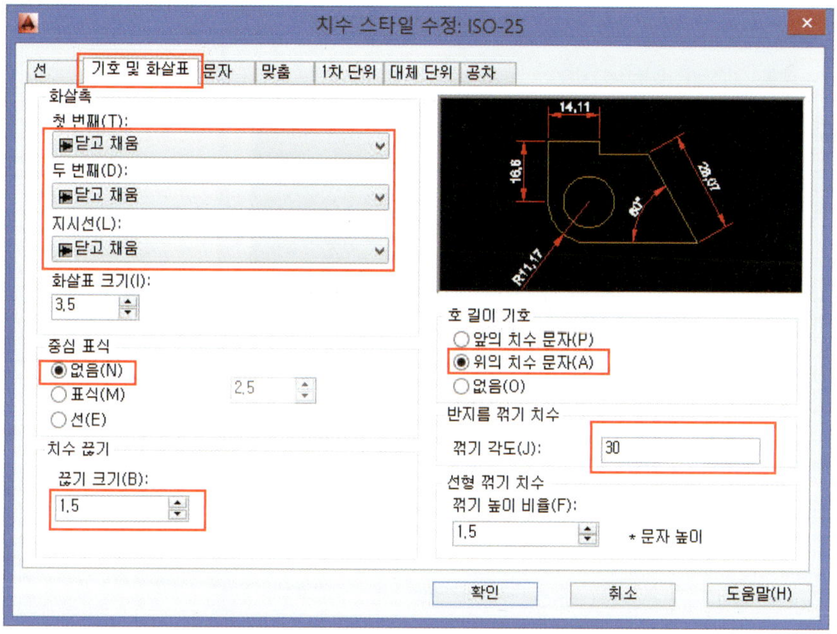


④ 주요설정 요약 〈기호 및 화살표〉

| 화살표 크기(I) | 중심 표식 | 치수 끊기 | 호 길이 기호 | 반지름 꺾기 치수 |
|---|---|---|---|---|
| 3.5mm | 없음 | 1.5mm | 위의 치수 문자 | 30° |

⑤ 다음과 같이 설정한다. 〈문자〉

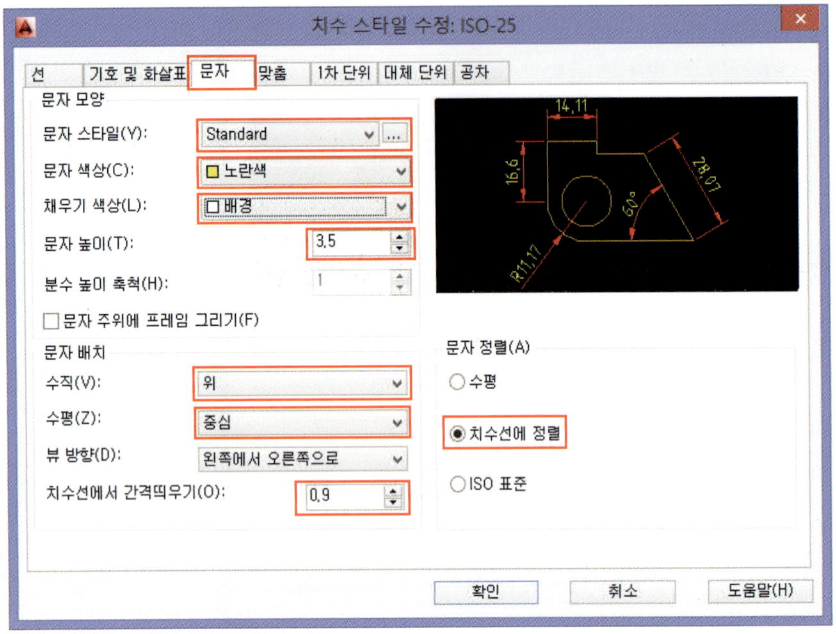


⑥ 주요설정 요약 〈문자〉

| 문자 스타일(Y) | 문자 색상(C) | 채우기색상(L) | 문자 높이(T) | 문자 배치(수직) | 문자 배치(수평) | 치수선에서 간격 띄우기(O) | 문자 정렬(A) |
|---|---|---|---|---|---|---|---|
| Standard | 노란색(2) | 배경 | 3.5mm | 위 | 중심 | 0.8~1mm | 치수선에 정렬 |

⑦ KS규격에 맞는 문자스타일(Y) 설정

| 스타일 이름 | 영문 글꼴 | 한글 글꼴 |
|---|---|---|
| Standard | isocp.shx, romans.shx | Whgtxt.shx, 굴림체 |

⑧ 다음과 같이 설정한다. 〈맞춤〉

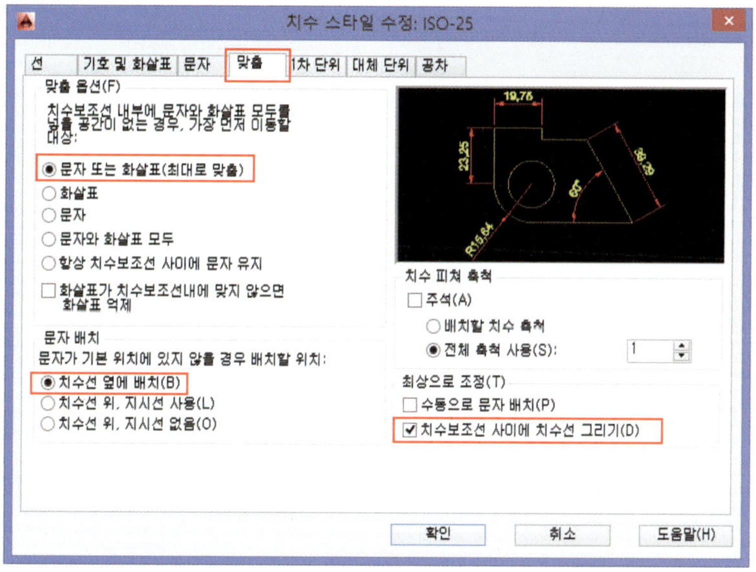


⑨ 다음과 같이 설정한다. 〈1차 단위〉

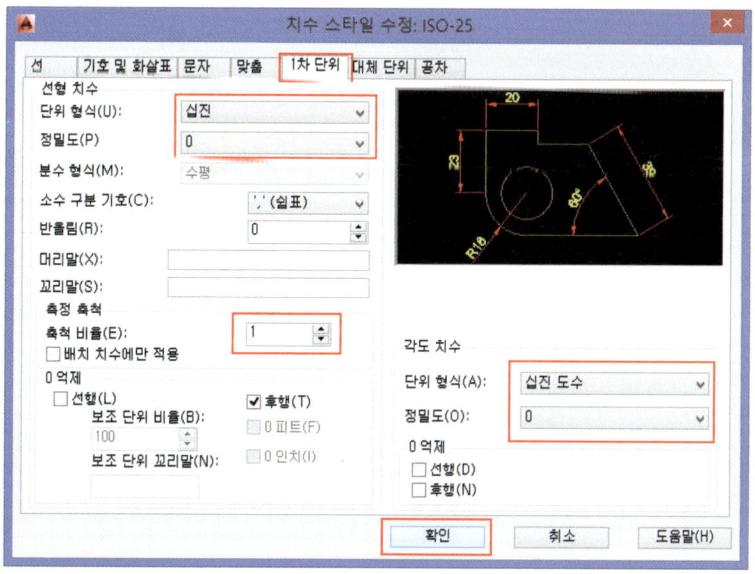


⑩ 주요설정 요약 〈1차 단위〉

| 단위 형식 | 정밀도(P) | 반올림(R) | 소수 구분 기호(C) | 측정 축척(1:1) | 측정 축척(1:2) | 측정 축척(2:1) |
|---|---|---|---|---|---|---|
| 십진 | 0 | 0.5 | ' , '(쉼표) | 1 | 0.5 | 2 |

## (2) 그 밖의 치수(Dim) 변수들

■ Dim : TOFL Enter

• Current value 〈off〉 New value : 1(on) Enter

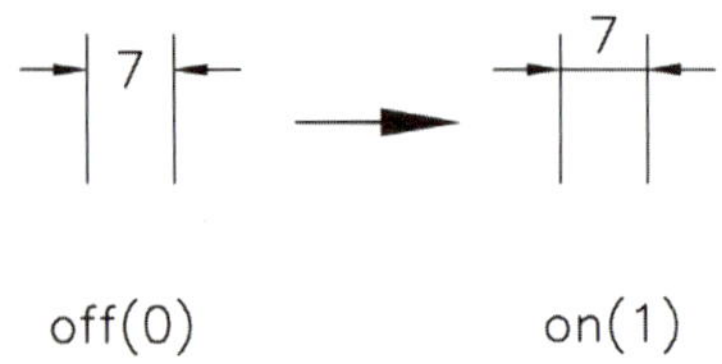


■ Dim : TIX Enter

• Current value 〈off〉 New value : 1(on) Enter

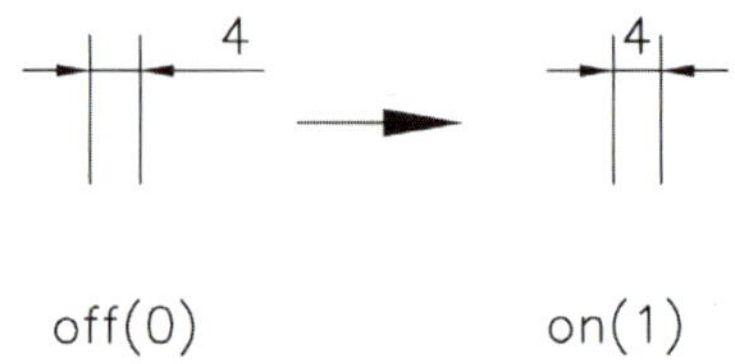


■ Dim : TOH Enter

• Current value 〈on〉 New value : 0(off) Enter

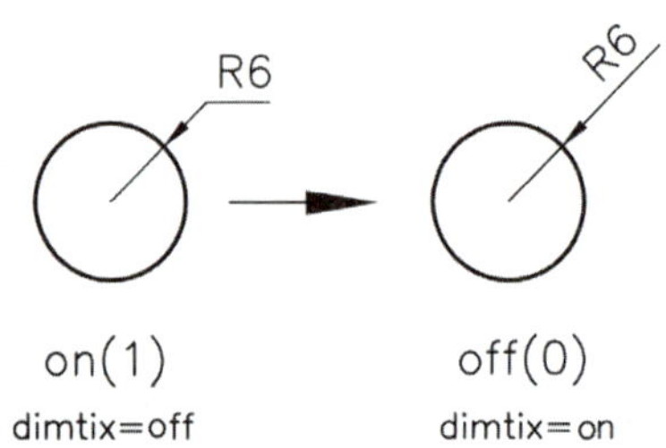

## 07 PLOT 설정(시험규격 : A1, A2, A3) 방법

① 명령(Command) : PLOT Enter

② 툴바메뉴(표준) : 

③ 다음과 같이 설정한다. 〈플롯 기본〉

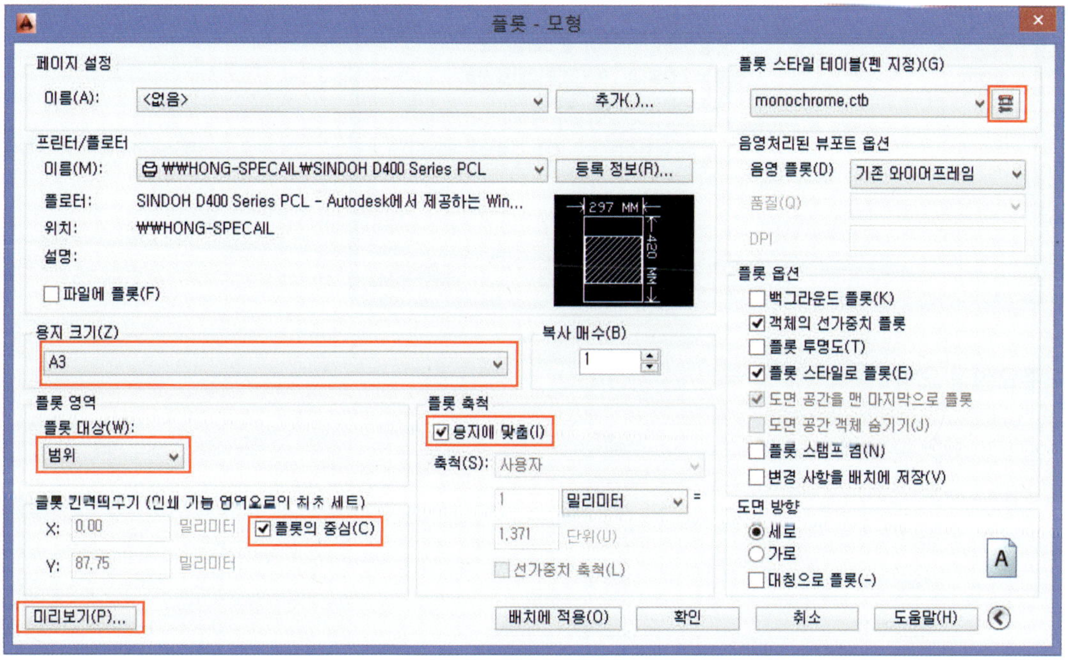


④ 시험용 주요설정 요약 〈플롯 기본〉

| 프린터/플로터 | 용지 크기 | 플롯 대상 | 플롯 간격 띄우기 | 플롯 축척 | 플롯 스타일 테이블<br>(펜 지정) | 미리보기 |
|---|---|---|---|---|---|---|
| 시험장소 기종<br>선택 | A3 또는 A2 | 범위 | 플롯의 중심 | 용지에 맞춤 | monochrome.ctb<br>(설정 ⑤) | 확인 후 플롯<br>(설정 ⑦) |

⑤ 다음과 같이 설정한다. 〈출력색상 및 굵기/펜 지정〉

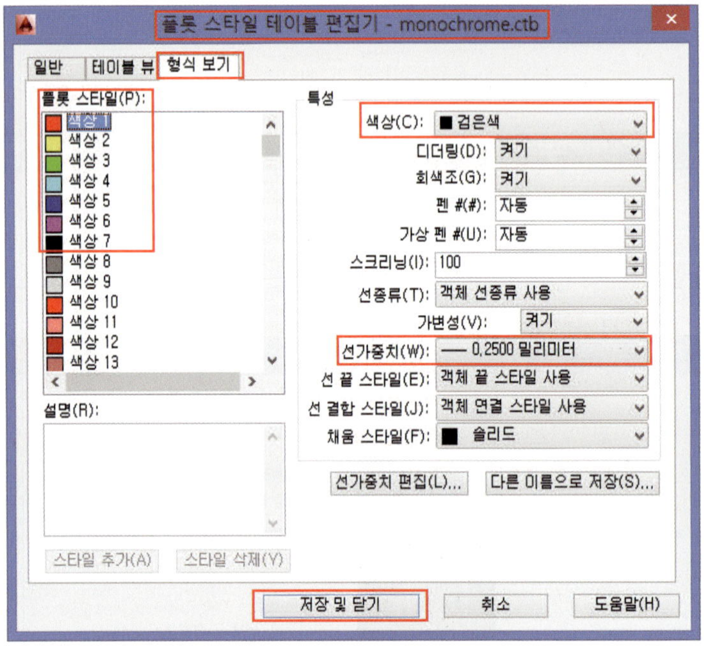


⑥ 주요설정 요약 〈출력색상 및 굵기/펜 지정)〉

| 플롯 스타일(P) | 색상(C) | 선가중치 (A3, A2) |
|---|---|---|
| 빨간색(1) | 검은색 | 0.18 ~ 0.25 |
| 노란색(2) | 검은색 | 0.3 ~ 0.35 |
| 초록색(3) | 검은색 | 0.5 ~ 0.6 |
| 하늘색(4) | 검은색 | 0.7 ~ 0.8 |
| 흰색(7) | 검은색 | 0.18 ~ 0.25 |

**기능**

출력 시 선가중치(굵기)는 약간의 차이가 있으므로 환경에 따라 결정토록 한다.

⑦ 다음과 같이 설정한다.

미리보기 화면에서 확인 → 마우스 오른쪽 버튼 → 플롯

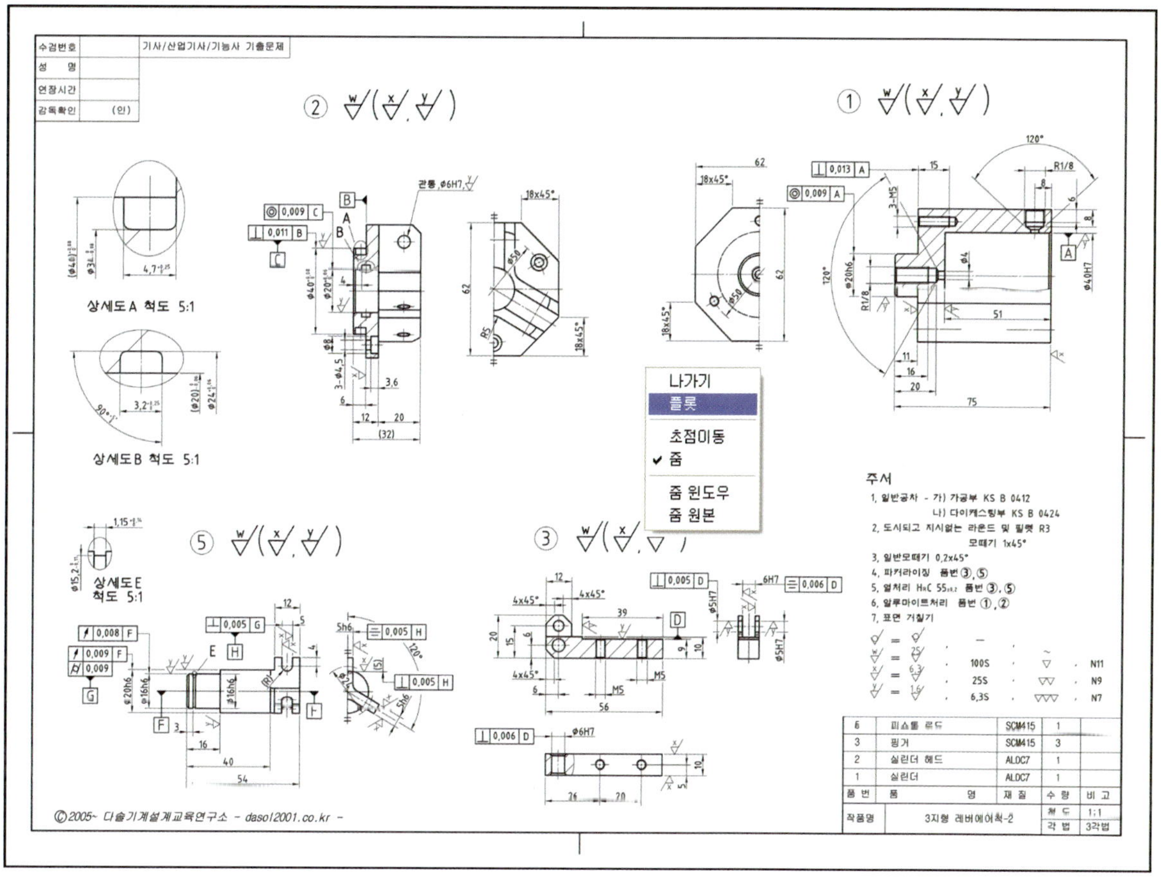

# 15 AutoCAD 단축키

## 01 작도(DRAWING) 명령

| 단축키 | 명령어 | 내 용 | 비 고 |
|---|---|---|---|
| L | LINE | 선 그리기 | |
| A | ARC | 호(원호) 그리기 | |
| C | CIRCLE | 원 그리기 | |
| REC | RECTANG | 사각형 그리기 | |
| POL | POLYGON | 정다각형 그리기 | |
| EL | ELLIPSE | 타원 그리기 | |
| XL | XLINE | 무한선 그리기 | |
| PL | PLINE | 연결선 그리기 | |
| SPL | SPLINE | 자유곡선 그리기 | |
| ML | MLINE | 다중선 그리기 | |
| DO | DONUT | 도넛 그리기 | |
| PO | POINT | 점 찍기 | |

## 02 편집(EDIT) 명령

| 단축키 | 명령어 | 내 용 | 비 고 |
|---|---|---|---|
| Ctrl + Z | UNDO | 이전 명령 취소 | |
| Ctrl + Y | MREDO | UNDO 취소 | 다중복구 |
| E | ERASE | 지우기 | |
| EX | EXTEND | 선분 연장 | |
| TR | TRIM | 선분 자르기 | |
| O | OFFSET | 등간격 및 평행선 복사 | |
| CO | COPY | 객체 복사 | |
| M | MOVE | 객체 이동 | |
| AR | ARRAY | 배열 복사 | |
| MI | MIRROR | 대칭 복사 | |

| F | FILLET | 모깎기 | 라운드 |
|---|---|---|---|
| CHA | CHAMFER | 모따기 | |
| RO | ROTATE | 객체회전 | |
| SC | SCALE | 객체축척 변경 | |
| S | STRETCH | 선분 신축(늘리고 줄이기) | 점 이동 |

## 03 문자쓰기 및 편집 명령

| 단축키 | 명령어 | 내 용 | 비 고 |
|---|---|---|---|
| T, MT | MTEXT | 다중문자 쓰기 | 문서작성 |
| DT | DTEXT | 다이내믹문자 쓰기 | 도면문자 |
| ST | STYLE | 문자 스타일 변경 | |
| ED | DDEDIT | 문자, 치수문자 수정 | |

## 04 치수기입 및 편집 명령

| 단축키 | 명령어 | 내 용 | 비 고 |
|---|---|---|---|
| QDIM | QDIM | 빠른 치수 기입 | |
| DLI | DIMLINEAR | 선형 치수 기입 | |
| DAL | DIMALIGNED | 사선 치수 기입 | |
| DAR | DIMARC | 호길이 치수 기입 | |
| DOR | DIMORDINATE | 좌표 치수 기입 | |
| DRA | DIMRADIUS | 반지름 치수 기입 | |
| DJO | DIMJOGGED | 꺾기 반지름 치수 기입 | |
| DDI | DIMDIAMETER | 지름 치수 기입 | |
| DAN | DIMANGULAR | 각도 치수 기입 | |
| DBA | DIMBASELINE | 첫점 연속치수 기입 | |
| DCO | DIMCONTINUE | 끝점 연속치수 기입 | |
| MLD | MLEADER | 다중 치수보조선 작성 | 인출선 작성 |
| MLE | MLEADEREDIT | 다중 치수보조선 수정 | 인출선 수정 |
| LEAD | LEADER | 치수보조선 기입 | 인출선 작성 |
| DCE | DIMCENTER | 중심선 작성 | 원, 호 |
| DED | DIMEDIT | 치수형태 편집 | |
| D | DIMSTYLE, DDIM | 치수스타일 편집 | |

## 05 도면패턴 명령

| 단축키 | 명령어 | 내 용 | 비 고 |
|---|---|---|---|
| H | HATCH | 도면 해치패턴 넣기 | |
| BH | BHATCH | 도면 해치패턴 넣기 | |
| HE | HATCHEDIT | 해치 편집 | |
| GD | GRADIENT | 그라디언트 패턴 넣기 | |

## 06 도면 특성 변경 명령

| 단축키 | 명령어 | 내 용 | 비 고 |
|---|---|---|---|
| LA | LAYER | 도면층 관리 | |
| LT | LINETYPE | 도면선분 특성관리 | |
| LTS | LTSCALE | 선분 특성 크기 변경 | |
| COL | COLOR | 기본 색상 변경 | |
| MA | MATCHPROP | 객체속동 맞추기 | |
| MO, CH | PROPERTIES | 객체속성 변경 | |

## 07 블록 및 삽입 명령

| 단축키 | 명령어 | 내 용 | 비 고 |
|---|---|---|---|
| B | BLOCK | 객체 블록 지정 | |
| W | WBLOCK | 객체 블록화 도면 저장 | |
| I | INSERT | 도면 삽입 | |
| BE | BEDIT | 블록 객체 수정 | |
| XR | XREF | 참조도면 관리 | |

## 08 드로잉 환경설정 및 화면 환경설정 명령

| 단축키 | 명령어 | 내 용 | 비 고 |
|---|---|---|---|
| OS, SE | OSNAP | 오브젝트 스냅 설정 | |
| Z | ZOOM | 도면 부분 축소 확대 | |
| P | PAN | 화면 이동 | |
| RE | REGEN | 화면 재생성 | |
| R | REDRAW | 화면 다시 그리기 | |
| OP | OPTION | AutoCAD 환경설정 | |
| UN | UNITS | 도면 단위 변경 | |

## 09 도면특성 및 객체정보 명령

| 단축키 | 명령어 | 내 용 | 비 고 |
|---|---|---|---|
| DI | DIST | 길이 체크 | |
| LI | LIST | 객체 속성 정보 | |
| AA | AREA | 면적 산출 | |

## 10 기능키 세팅값

| 단축키 | 명령어 | 내 용 | 비 고 |
|---|---|---|---|
| F1 | HELP | 도움말 보기 | |
| F2 | TEXT WINDOW | 커멘드 창 띄우기 | |
| F3 | OSNAP ON/OFF | 객체스냅 사용유무 | |
| F4 | TABLET ON/OFF | 태블릿 사용유무 | |
| F5 | ISOPLANE | 2.5차원 방향 변경 | |
| F6 | DYNAMIC UCS ON/OFF | 자동 UCS 변경 사용유무 | |
| F7 | GRID ON/OFF | 그리드 사용유무 | |
| F8 | ORTHO ON/OFF | 직교모드 사용유무 | |
| F9 | SNAP ON/OFF | 도면 스냅 사용유무 | |
| F10 | POLAR ON/OFF | 폴라 트레킹 사용유무 | |
| F11 | OSNAP TRACKING ON/OFF | 객체스냅 트레킹 사용유무 | |
| F12 | DYNAMIC INPUT ON/OFF | 다이내믹 입력 사용유무 | |

## 11 Ctrl + 숫자 단축값

| 단축키 | 명령어 | 내 용 | 비 고 |
|---|---|---|---|
| Ctrl +1 | PROPERTIES/ PROPERTIESCLOSE | 속성창 On/Off | |
| Ctrl +2 | ADCENTER/ADCLOSE | 디자인센터 On/Off | |
| Ctrl +3 | TOOLPALETTES/<br>TOOLPALETTESCLOSE | 툴팔레트 On/Off | |
| Ctrl +4 | SHEETSET/SHEETSETHIDE | 스트셋 메니저 On/Off | |
| Ctrl +5 | – | – | 기능 없음 |
| Ctrl +6 | DBCONNECT/DBCCLOSE | DB 접속 메니저 On/Off | |
| Ctrl +7 | MARKUP/MARKUPCLOSE | 마크업 세트 메니저 On/Off | |
| Ctrl +8 | QUICKCALC/QCCLOSE | 계산기 On/Off | |
| Ctrl +9 | COMMANDLINE | 커멘드 영역 On/Off | |
| Ctrl +0 | CLENASCREENOFF | 화면툴바 On/Off | |

CHAPTER

# 02

전 산 응 용 기 계 제 도 실 기 · 실 무

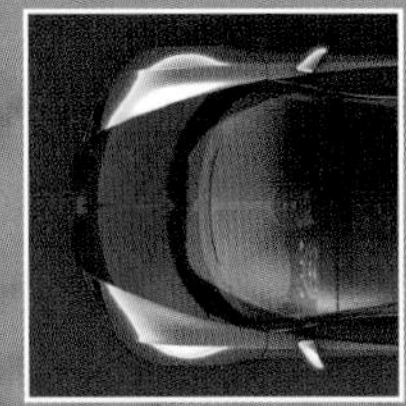

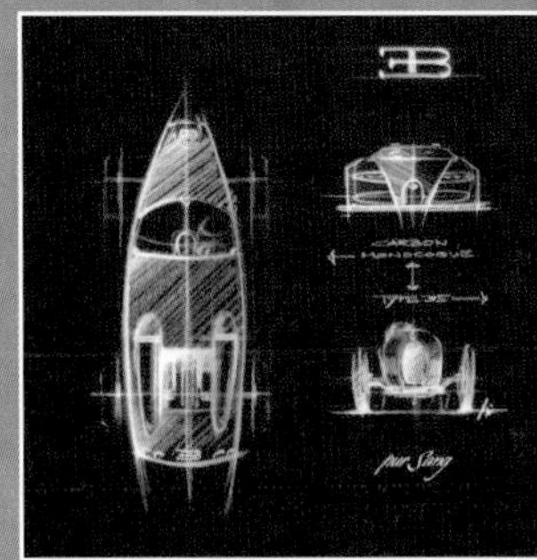

# 기계제도 기초이론

**BRIEF SUMMARY**

이 장에서는 기계제도의 기초 및 규격 그리고 투상법에 관하여 간단 명료하게 해석하고자 한다.

# 01 도면의 형식 및 KS 규격

## 01 도면의 크기

도면의 크기와 양식은 KS B ISO 5457 표준 A열 크기에 따른다.

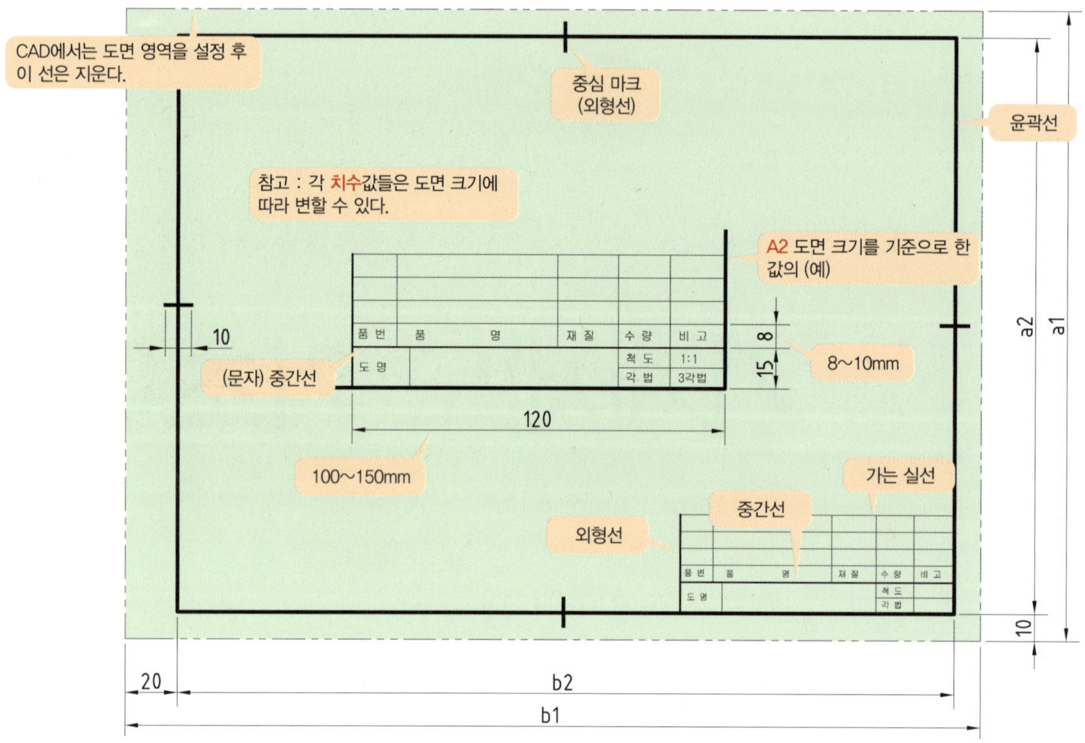

[표 1-1] 제도용지의 크기 KS B ISO 5457

| 크기 | 제도용지 | | 제도공간 | |
|---|---|---|---|---|
| | a1 | b1 | a2 | b2 |
| | (1) | (1) | ±0.5 | ±0.5 |
| A0 | 841 | 1189 | 821 | 1159 |
| A1 | 594 | 841 | 574 | 811 |
| A2 | 420 | 594 | 400 | 564 |
| A3 | 297 | 420 | 277 | 390 |
| A4 | 297 | 210 | 277 | 180 |

비고 1) A0 크기보다 클 경우는 KS M ISO 216 참조
2) 기타 표준은 KS B ISO 5457 참조
3) 표제란 정보작성법 표준은 KS A ISO 7200 참조
주(1) 공차는 KS M ISO216 참조

## 02 척도 표시방법

"대상물의 실제 치수"에 대한 "도면에 표시한 대상물의 비율"을 척도(Scale)라 한다.

- 실물을 축소해서 작도한 도면 – 축척(Reduction Scale)
- 실물과 같은 크기로 작도한 도면 – 현척/실척(Full Scale)
- 실물을 확대해서 작도한 도면 – 배척(Enlargement Scale)
- 비례적이 아닌 임의의 척도 – NS(Not to Scale)

**A : B**

도면 크기 : 실제 물체의 크기

[표 1-2] KS 규격에 의한 척도 표시 KS A 0110

| 종 류 | 척 도 | | |
|---|---|---|---|
| 현척 | 1:1 | | |
| 축척 | 1:2 | 1:5 | 1:10 |
| | 1:20 | 1:50 | 1:100 |
| | 1:200 | 1:500 | 1:1000 |
| | 1:2000 | 1:5000 | 1:10000 |
| 배척 | 5:1 | 2:1 | 10:1 |
| | 50:1 | 20:1 | |

# 02 선의 종류 및 굵기, 용도

## 01 선의 굵기 및 선 군

기계 제도에서 2개의 선 굵기가 보통 사용되고 선 굵기 비는 1 : 2이어야 한다. 그러나 실무, 기능대회, 자격검정에서는 편의상 중간선을 추가하여 총 3개의 굵기로 사용하기도 한다.

[표 2-1] 선 군

KS A ISO 128-24

| 선 군 | 선 번호에 대한 선 굵기 | |
|---|---|---|
| | 01.2 – 02.2 – 04.2 | 01.1 – 02.1 – 04.1 – 05.1 |
| 0.25 | 0.25 | 0.13 |
| 0.35 | 0.35 | 0.18 |
| 0.5[(1)] | 0.5 | 0.25 |
| 0.7[(1)] | 0.7 | 0.35 |
| 1 | 1 | 0.5 |
| 1.4 | 1.4 | 0.7 |
| 2 | 2 | 1 |

주[(1)] 권장할 만한 선 굵기의 종류

비고) 선의 굵기 및 선 군은 도면의 종류, 크기 및 척도에 따라 선택되어야 한다.

## 02 선의 종류 및 적용

이 장에서는 선 굵기에 따른 정확한 용도를 알아보도록 한다.

[표 2-2] 선의 종류별 적용 및 해당 표준 KS A ISO 128-24

| 선의 종류 | | 적용 및 해당 표준 |
|---|---|---|
| 번호 | 설명 및 표시 | |
| 01.1 | 가는 실선 | 1. 서로 교차하는 가상의 상관관계를 나타내는 선(상관선) 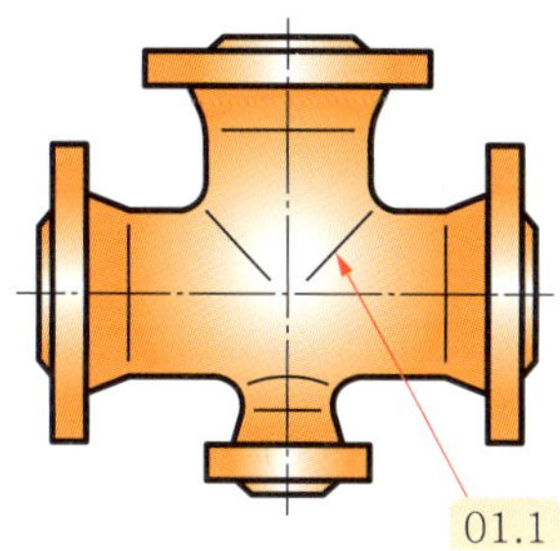  |
| 01.1 | | 2. 치수선 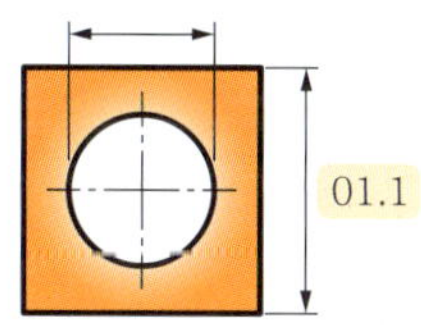  |
| 01.1 | | 3. 치수 보조선 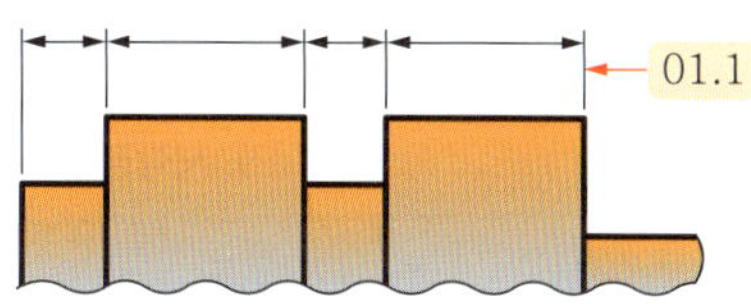  ISO 129-1 |
| 01.1 | | 4. 지시선 및 기입선   KS A ISO 128-22 |

KS A ISO 128-24

<table>
<tr><th colspan="2">선의 종류</th><th rowspan="2">적용 및 해당 표준</th></tr>
<tr><th>번호</th><th>설명 및 표시</th></tr>
<tr><td>01.1</td><td rowspan="6">가는 실선<br>―――――</td><td>5. 해칭<br>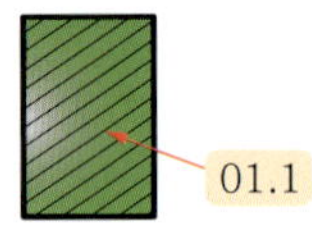<br>KS A ISO 128-50</td></tr>
<tr><td>01.1</td><td>6. 회전 단면 한 부분의 윤곽을 나타내는 선<br>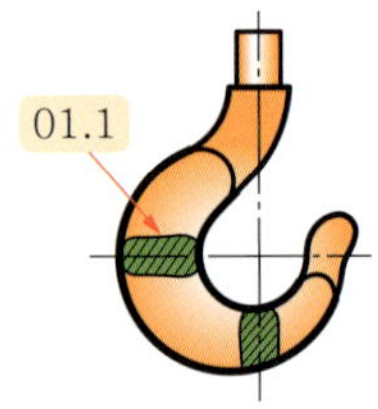<br>KS A ISO 128-40</td></tr>
<tr><td>01.1</td><td>7. 짧은 중심을 나타내는 선<br>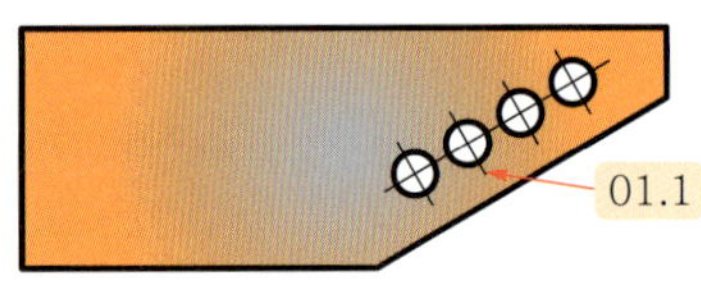</td></tr>
<tr><td>01.1</td><td>8. 나사의 골을 나타내는 선<br>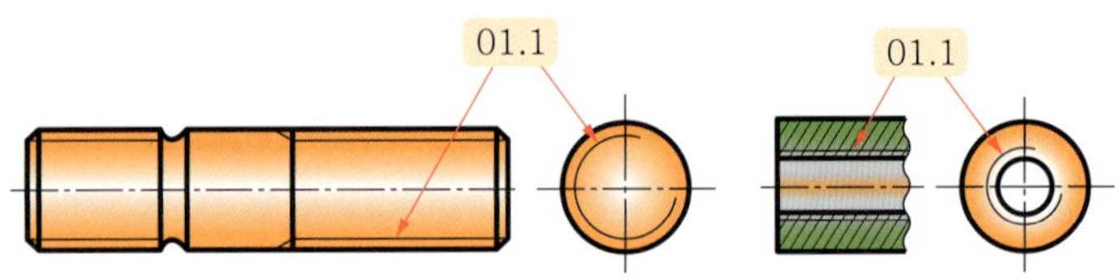<br>KS A ISO 6410-1</td></tr>
<tr><td>01.1</td><td>9. 시작점과 끝점을 나타내는 치수선<br>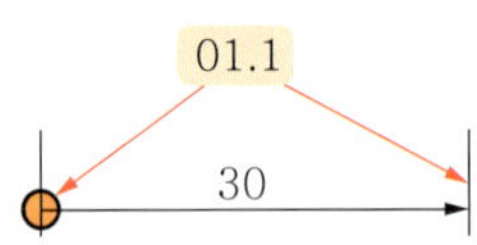<br>ISO 129-1</td></tr>
<tr><td>01.1</td><td>10. 원형 부분의 평평한 면을 나타내는 대각선<br>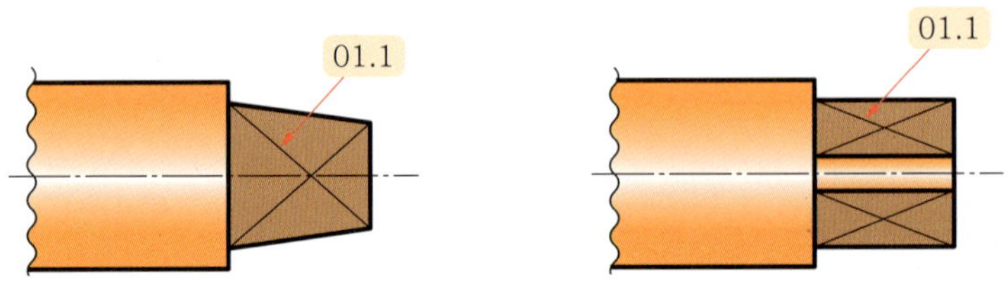</td></tr>
</table>

KS A ISO 128-24

| 선의 종류 | | 적용 및 해당 표준 |
|---|---|---|
| 번호 | 설명 및 표시 | |
| 01.1 | 가는 실선 | 11. 소재의 굽은 부분이나 가공 공정의 표시선 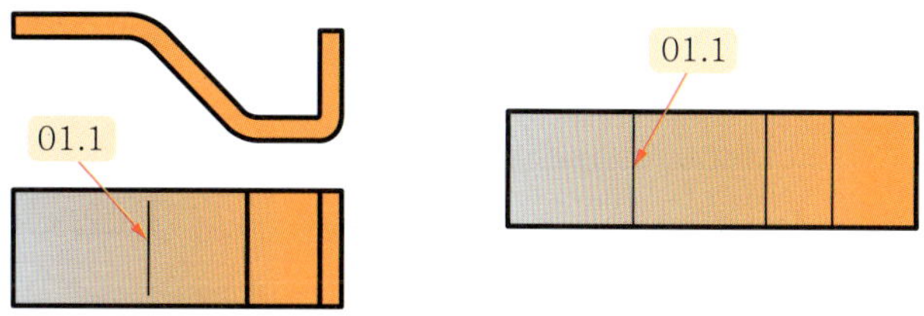  |
| 01.1 | | 12. 상세도를 그리기 위한 틀의 선 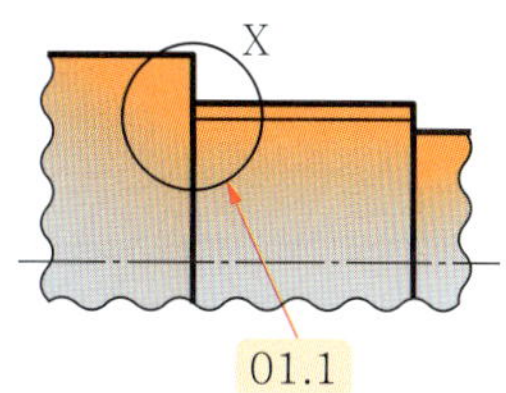  |
| 01.1 | | 13. 반복되는 자세한 모양의 생략을 나타내는 선(예 : 기어의 이뿌리 원) 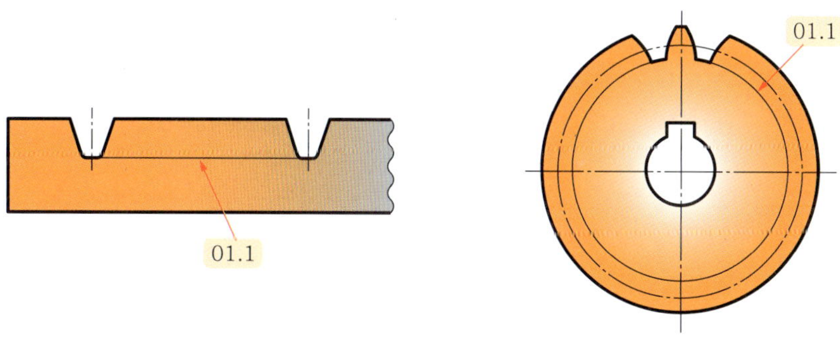  |
| 01.1 | | 14. 테이퍼가 진 모양을 설명하기 위한 선 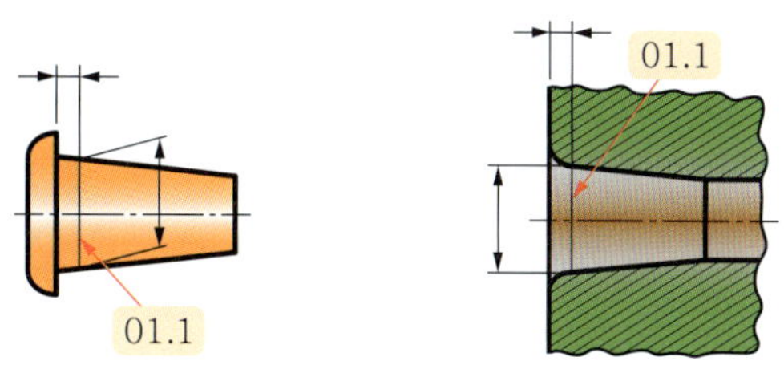  ISO 3040 |
| 01.1 | | 15. 판의 겹침이나 위치를 나타내는 선(예 : 트랜스포머 판의 겹침 표시) 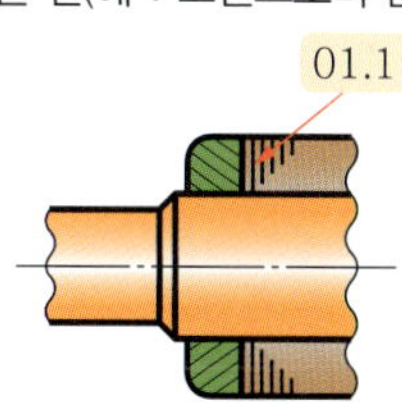  |

KS A ISO 128-24

| 선의 종류 | | 적용 및 해당 표준 |
|---|---|---|
| 번호 | 설명 및 표시 | |
| 01.1 | 가는 실선 | 16. 투상을 설명하는 선 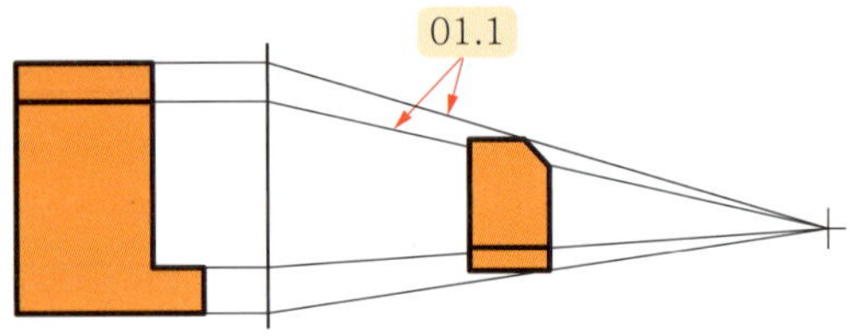  |
| 01.1 | | 17. 격자를 나타내는 선 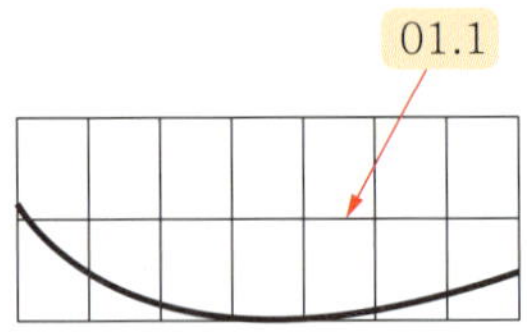  |
| 01.1 | 가는 자유 실선 | 18. 생략을 나타내는 가는 자유 실선(손으로 그을 때) 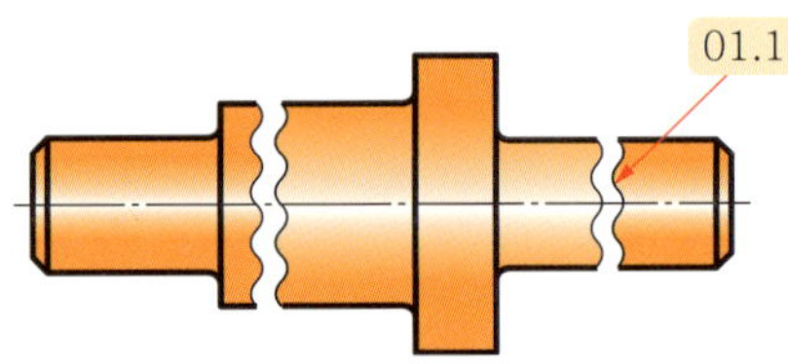  |
| 01.1 | 지그재그 가는 실선 | 19. 생략을 나타내는 지그재그 가는 실선(기계적으로 그을 때) 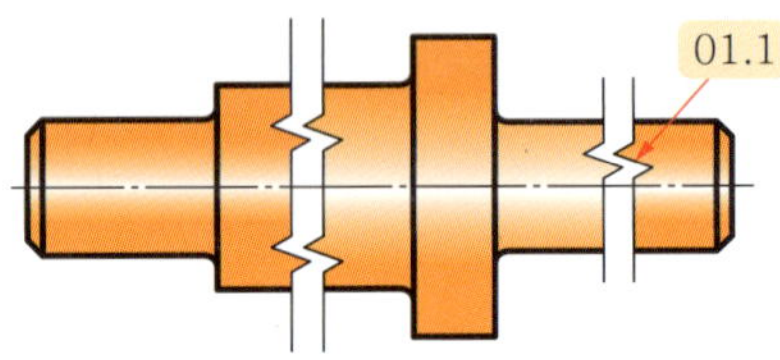  |
| 01.2 | 굵은 실선 | 1. 보이는 물체의 모서리 윤곽을 나타내는 선 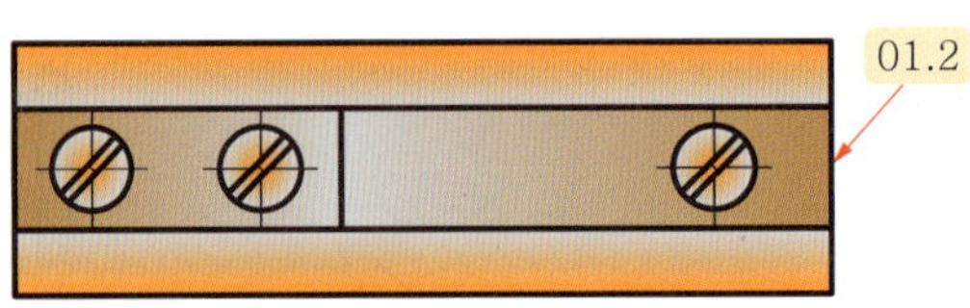  |
| 01.2 | | 2. 보이는 물체의 윤곽을 나타내는 선 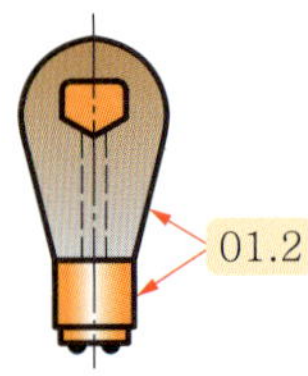  |

KS A ISO 128-24

| 선의 종류 | | 적용 및 해당 표준 |
|---|---|---|
| 번호 | 설명 및 표시 | |
| 01.2 | 굵은 실선 | 3. 나사 봉우리의 윤곽을 나타내는 선<br>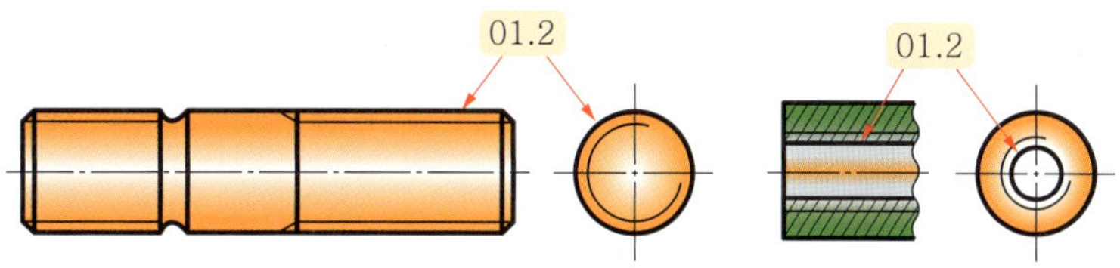<br><br>KS B ISO 6410-1 |
| 01.2 | | 4. 나사의 길이에 대한 한계를 나타내는 선<br>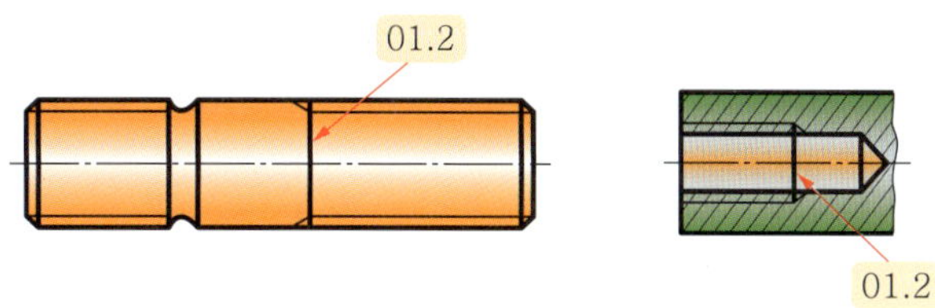<br><br>KS B ISO 6410-1 |
| 01.2 | | 5. 도표, 지도, 흐름도에서 주요한 부분을 나타내는 선<br>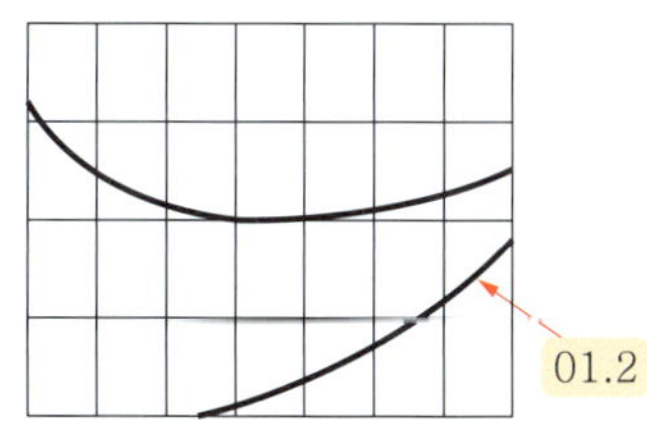<br> |
| 01.2 | | 6. 구조를 나타내는 선<br>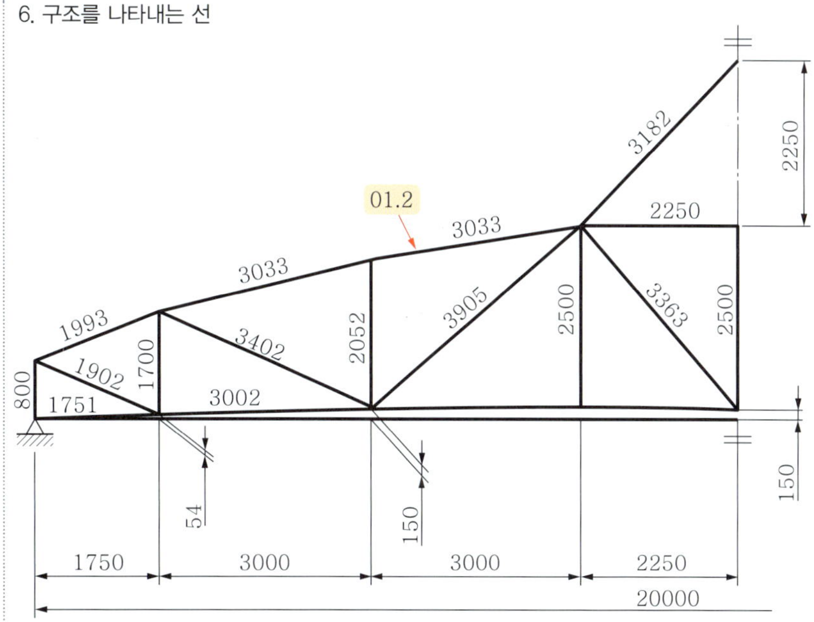<br><br>KS A ISO 5261 |

KS A ISO 128-24

| 선의 종류 | | 적용 및 해당 표준 |
|---|---|---|
| 번호 | 설명 및 표시 | |
| 01.2 | 굵은 실선 | 7. 성형에서 분리되는 위치를 나타내는 선<br>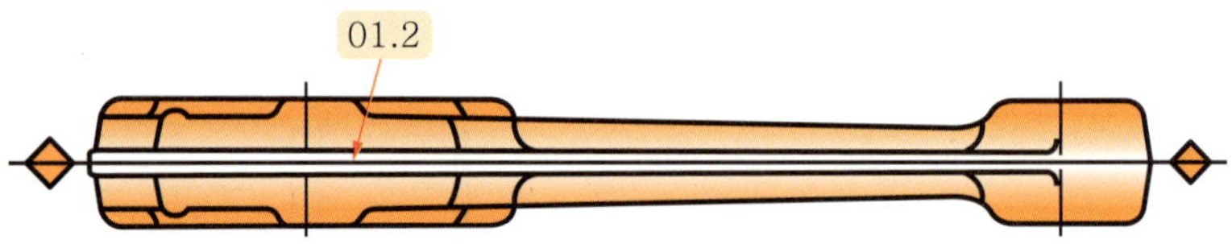<br>KS A ISO 10135 |
| 01.2 | 굵은 실선 | 8. 절단 및 단면을 나타내는 화살표의 선<br>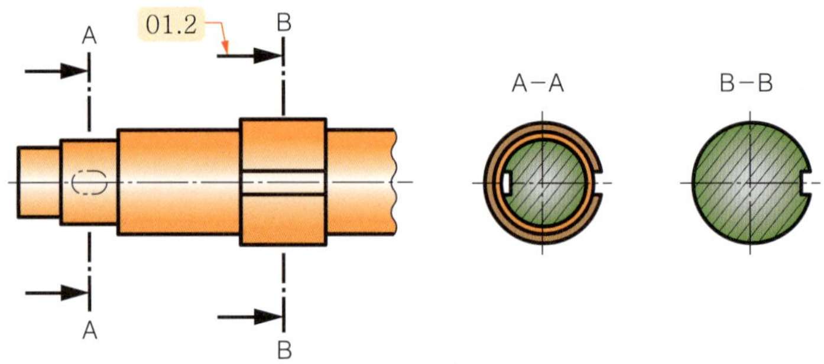<br>KS A ISO 128-40 |
| 02.1 | 가는 파선 | 1. 보이지 않는 물체의 모서리 윤곽을 나타내는 선<br>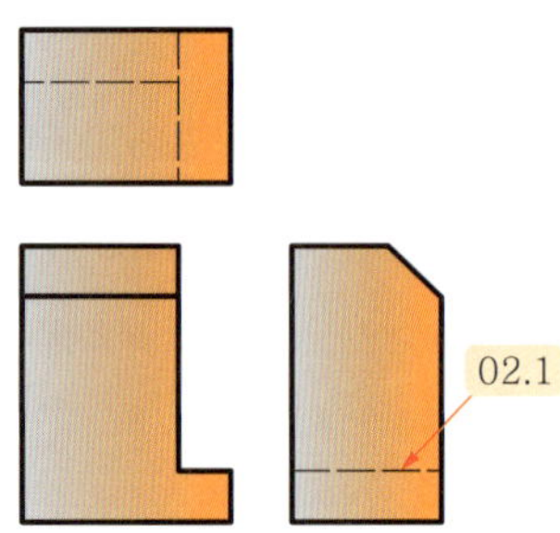<br>KS A ISO 128-30 |
| 02.1 | 가는 파선 | 2. 보이지 않는 물체의 윤곽을 나타내는 선<br>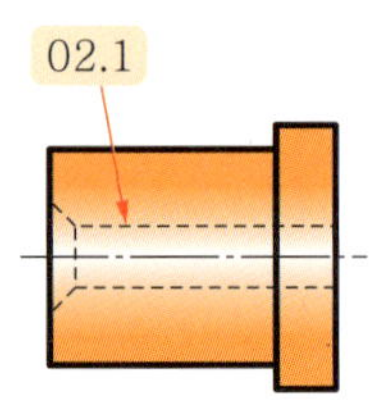<br>KS A ISO 128-30 |
| 02.2 | 굵은 파선 | 1. 열처리와 같은 표면처리의 허용 범위나 면적을 지시하는 선<br>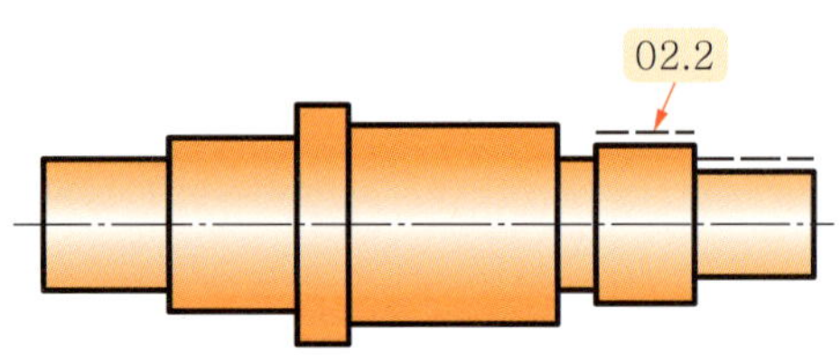 |

KS A ISO 128-24

| 선의 종류 | | 적용 및 해당 표준 |
|---|---|---|
| 번호 | 설명 및 표시 | |
| 04.1 | 가는 일점 쇄선<br>——·—— | 1. 중심을 나타내는 선<br>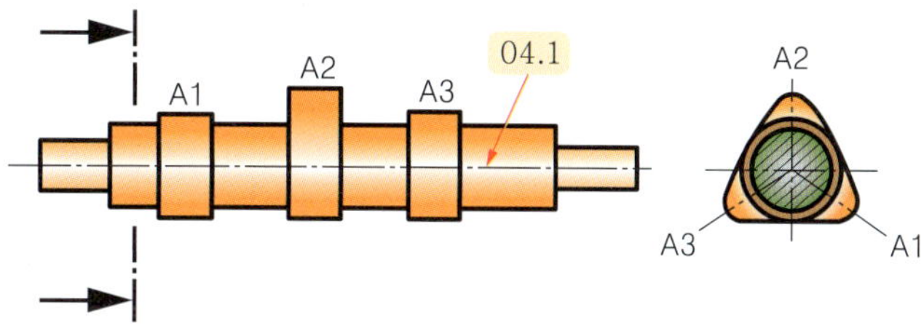 |
| 04.1 | | 2. 대칭을 나타내는 중심선<br>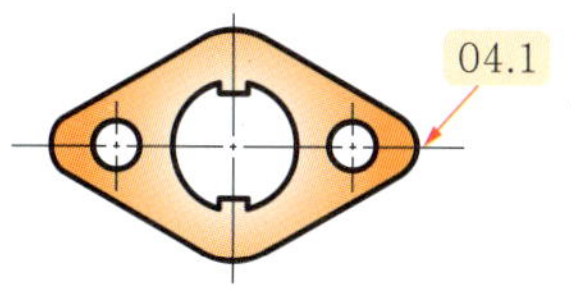 |
| 04.1 | | 3. 기어의 피치원을 나타내는 선<br>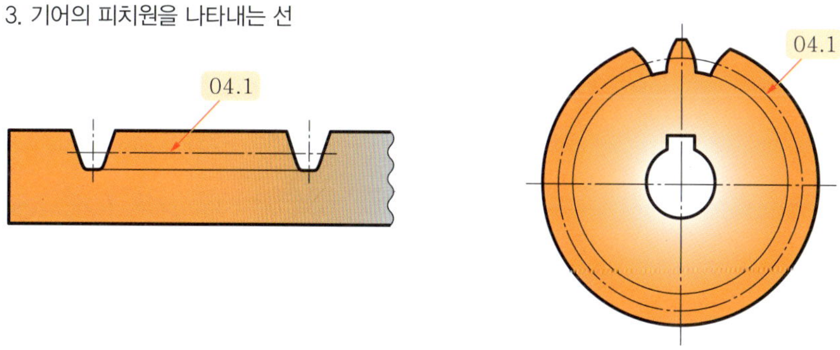<br>KS A ISO 2203 |
| 04.1 | | 4. 구멍의 피치원을 나타내는 선<br>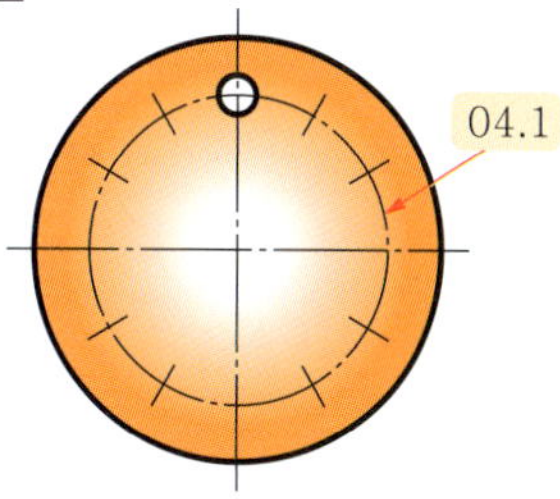 |
| 04.2 | 굵은 일점 쇄선<br>——·—— | 1. 제한된 면적을 지시하는 선(열처리 범위, 측정 면적 등)<br>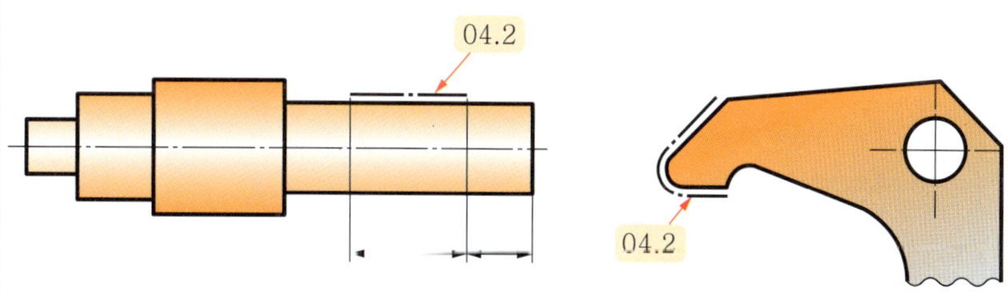 |

KS A ISO 128-24

<table>
<tr><th colspan="2">선의 종류</th><th rowspan="2">적용 및 해당 표준</th></tr>
<tr><th>번호</th><th>설명 및 표시</th></tr>
<tr><td>04.2</td><td>굵은 일점 쇄선<br>—·—</td><td>2. 절단면의 위치를 나타내는 선<br>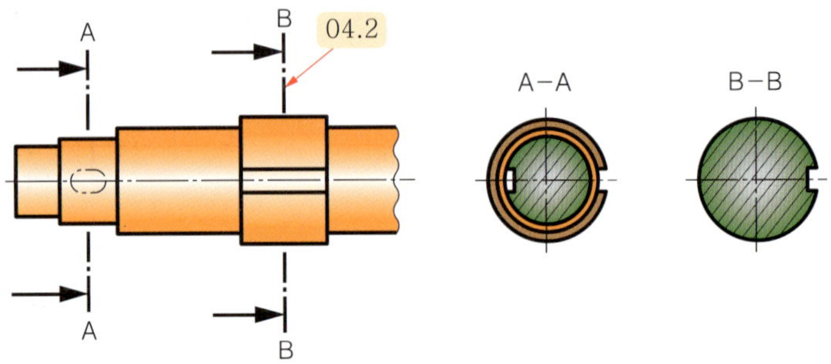
</td></tr>
<tr><td>05.1</td><td rowspan="4">가는 이점 쇄선<br>—··—</td><td>1. 인접 부품의 윤곽을 나타내는 선<br>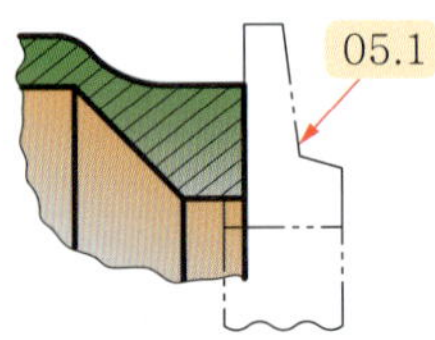
</td></tr>
<tr><td>05.1</td><td>2. 움직이는 부품의 최대 위치를 나타내는 선<br>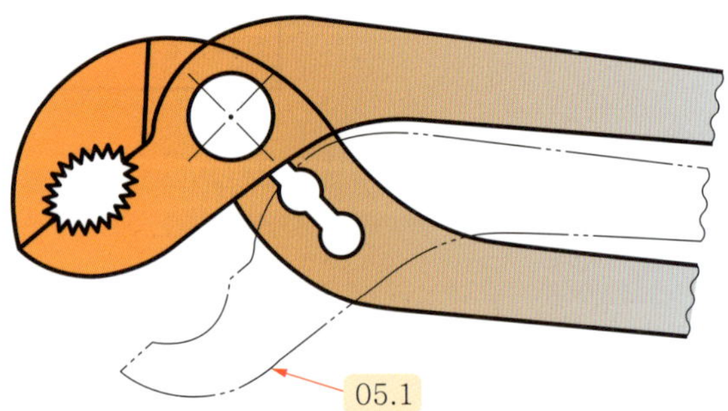
</td></tr>
<tr><td>05.1</td><td>3. 그림의 중심을 나타내는 선<br>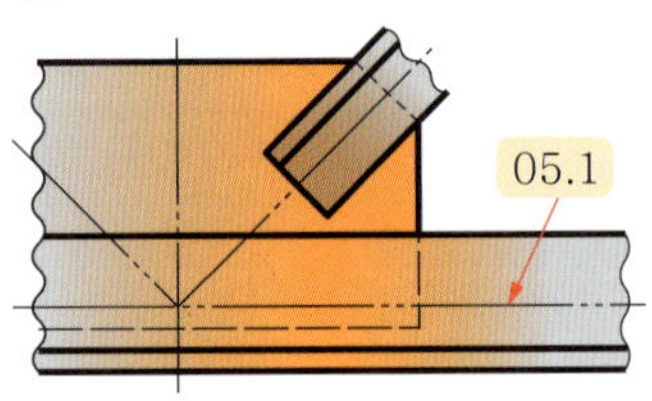
</td></tr>
<tr><td>05.1</td><td>4. 가공(성형) 전의 윤곽을 나타내는 선<br>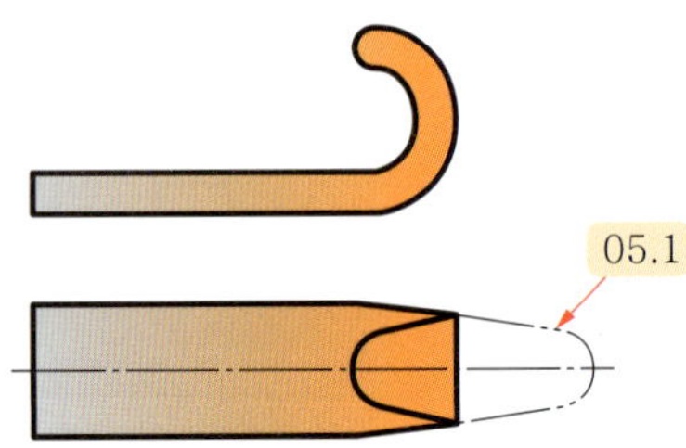
</td></tr>
</table>

KS A ISO 128-24

<table>
<tr><th colspan="2">선의 종류</th><th rowspan="2">적용 및 해당 표준</th></tr>
<tr><th>번호</th><th>설명 및 표시</th></tr>
<tr><td>05.1</td><td rowspan="5">가는 이점 쇄선<br>——‑ ‑ ‑——</td><td>5. 물체의 절단면 앞모양을 나타내는 선<br>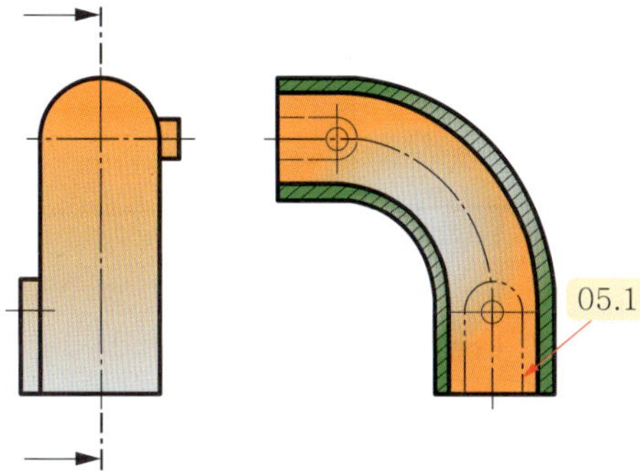<br></td></tr>
<tr><td>05.1</td><td>6. 움직이는 물체의 외형 궤적을 나타내는 선<br>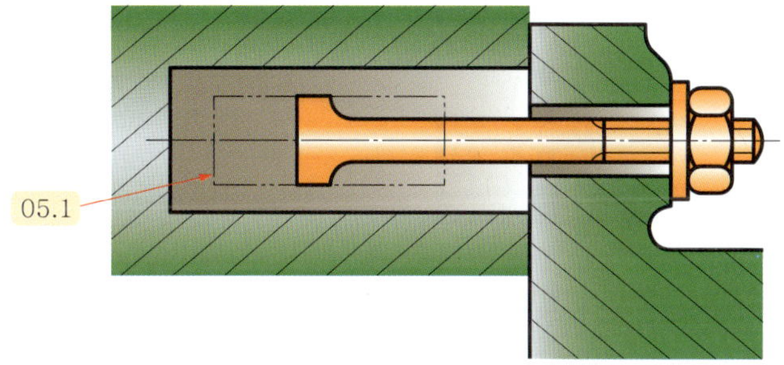<br></td></tr>
<tr><td>05.1</td><td>7. 소재의 마무리된 부품 모양이 윤곽선<br>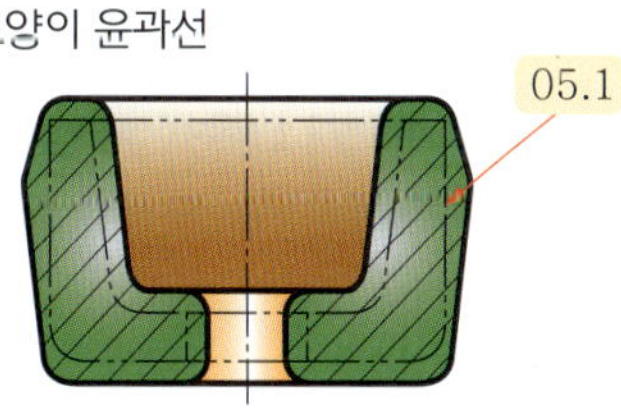<br><br>KS A ISO 10135</td></tr>
<tr><td>05.1</td><td>8. 특별히 범위나 영역을 나타내기 위한 틀의 선<br>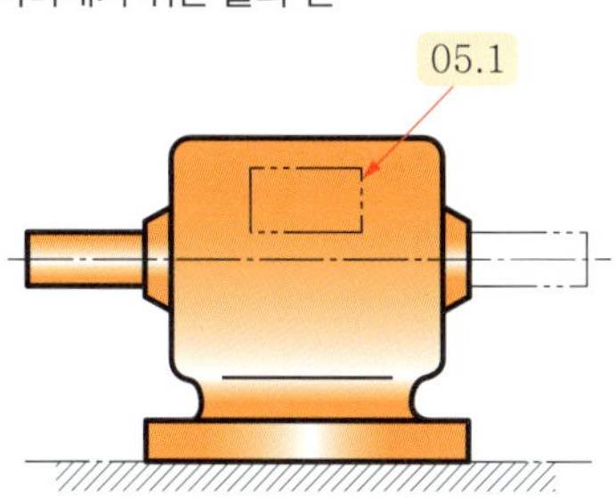<br></td></tr>
<tr><td>05.1</td><td>9. 공차 적용 범위를 나타내는 선<br>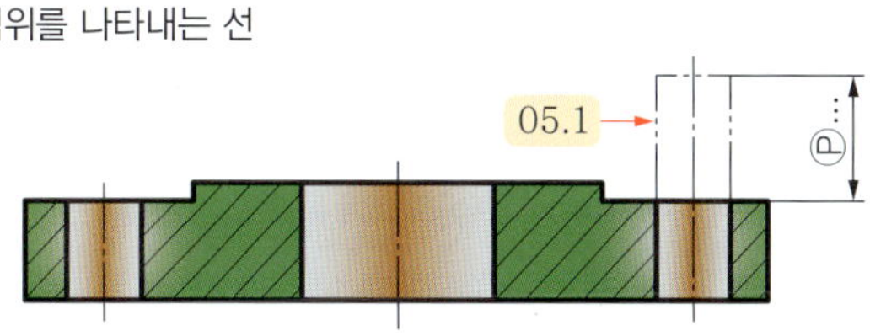<br><br>KS A ISO 10578</td></tr>
</table>

## 03 선의 용도에 따른 명칭

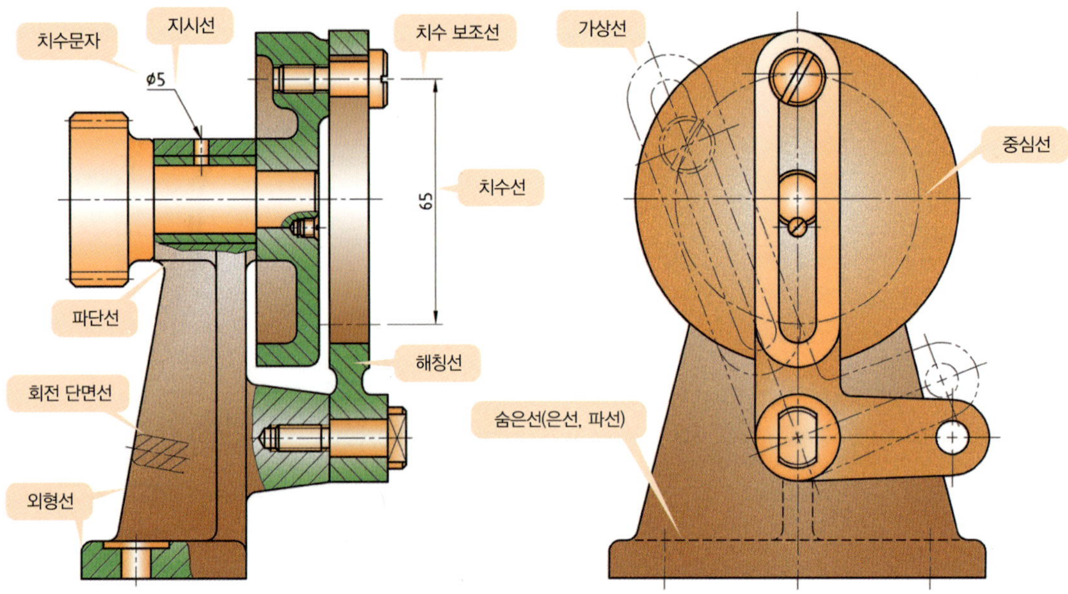


## 04 국가기술 자격 실기시험(기능사/산업기사/기사) 시 선의 용도별 굵기와 색깔

CAD에서는 선의 굵기가 아닌 색깔(Color)로서 선을 정의하고 결과는 선의 굵기로 출력된다. 따라서 제도에서 선의 용도와 굵기는 반드시 알아둘 필요가 있다.

| 선가중치 | 문자높이 | 색 상 | 용 도 |
|---|---|---|---|
| 0.7 ~ 0.8mm | 7.0mm | 하늘색(Cyan) | 윤곽선 |
| 0.5 ~ 0.6mm | 5.0mm | 초록색(Green) | 외형선, 개별 주서 등 |
| 0.3 ~ 0.35mm | 3.5mm | 노란색(Yellow) | 숨은선, 치수문자, 일반 주서 등 |
| 0.18 ~ 0.25mm | 2.5mm | 흰색(White),<br>빨강(Red) | 해칭선, 치수선/치수보조선, 중심선, 파단선, 가상선 등 |

* 참고 : 위 표는 A1, A2, A3 사이즈 출력 예이며, 출력 시 AutoCAD 선가중치는 다소 차이가 있을 수 있다.

**적용 예**

- CAD에서 가는 선의 색깔(Color)이 빨간색이라고 할 때 중심선, 가상선, 해칭선, 파단선, 치수선 및 치수보조선과 그 밖의 가는 실선과 같은 굵기의 선들은 모두 빨간색이어야 한다.
- CAD에서 중간 선의 색깔(Color)이 노란색이라고 할 때 은선, 문자, 치수문자의 색깔은 노란색이어야 한다.
- CAD에서 굵은 선의 색깔(Color)이 초록색이라고 할 때 외형선과 그 밖의 외형선과 같은 굵기의 선들은 모두 초록색이어야 한다.

**TIP**

전산응용(CAD) 기계제도기능사/기계기사/산업기사(작업형) 실기시험에서 CAD 화면상에서는 도면을 잘 그렸더라도 출력결과가 좋지 못해 자격시험에서 불합격하는 경우가 적지 않다.
그 이유는, 위의 적용 예를 무시하고 CAD에서 너무 여러 가지 Color를 이용해 도면을 그렸기 때문이다. 출력할 때는 이미 지정된 Color 이외의 것들은 출력되지 않는다는 것을 명심해야 할 것이다.

MEMO

## 05 AutoCAD에서 도면규격(LIMITS) 설정하기

시험에서는 A2 사이즈로 도면을 작성하고 출력할 때는 A2, A3 용지로 출력한다.

① 명령(Command) : LIMITS Enter

② 다른 경로 : 형식(O) → 도면한계(I) Enter

- 왼쪽 아래 구석 지정 또는 [켜기(ON)/끄기(OFF)] 〈0.0000,0.0000〉 : Enter (왼쪽 하단의 좌표)
- 오른쪽 위 구석 지정 〈12.0000,9.0000〉 : 594,420 Enter (오른쪽 상단의 좌표)

③ KS 규격 도면 사이즈

| 용지치수 | A0 | A1 | A2 | A3 | A4 |
|---|---|---|---|---|---|
| A×B | 1189×841 | 841×594 | 594×420 | 420×297 | 297×210 |

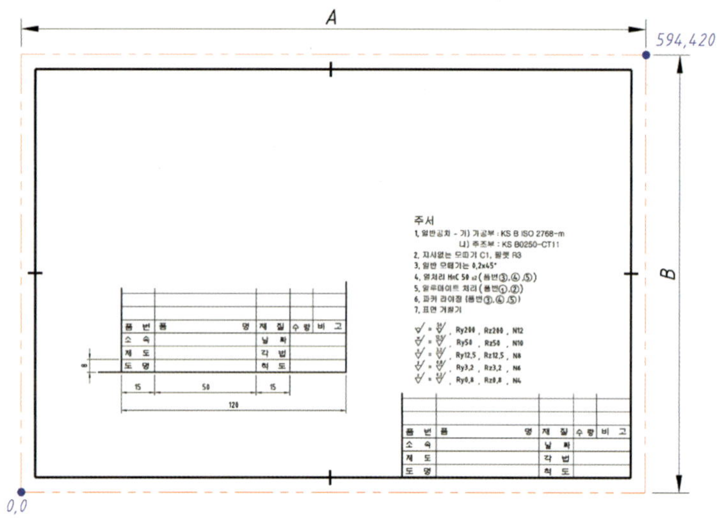


## 06 ZOOM 명령

① 명령(Command) : Z Enter

- [전체(A)/중심(C)/동적(D)/범위(E)/이전(P)/축척(S)/윈도(W)/객체(O)] 〈실시간〉: A Enter

## 07 RECTANG(직사각형) 명령

① 명령 : REC Enter

② 툴바 메뉴(그리기) : 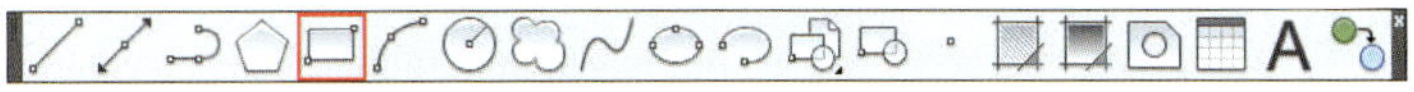

- **첫 번째 구석점** 지정 또는 [모따기(C)/고도(E)/모깎기(F)/두께(T)/폭(W)] : 10,10 Enter
- **다른 구석점** 지정 또는 [영역(A)/치수(D)/회전(R)] : 584,410 Enter

③ KS 규격에 따른 직사각형(Rectang) 작도 사이즈

| A0 | A1 | A2 | A3 | A4 |
|---|---|---|---|---|
| 1179×831 | 831×584 | 584×410 | 410×287 | 287×200 |

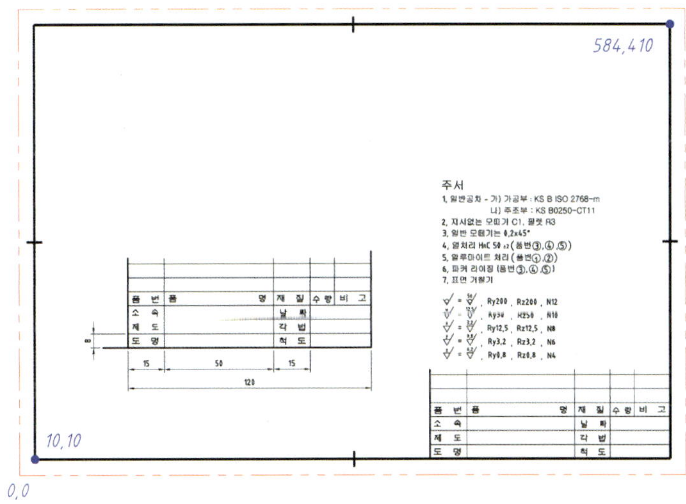


④ 기타 명령옵션 요약

| 명령옵션 | 설 명 |
|---|---|
| 켜기(ON) | 규정된 도면영역 밖으로 도면 작도를 통제한다. |
| 끄기(OFF) | 규정된 도면영역 밖으로 도면 작도를 허용한다. |

**TIP**

테두리선의 굵기 0.7mm(하늘색)
도면영역 설정시 기능키 F12를 눌러 동적 입력을 해제한다.

## 08 LAYER 설정

① 명령(Command) : LA Enter

② 툴바 메뉴(도면층) : 

③ 아래와 같이 설정한다.

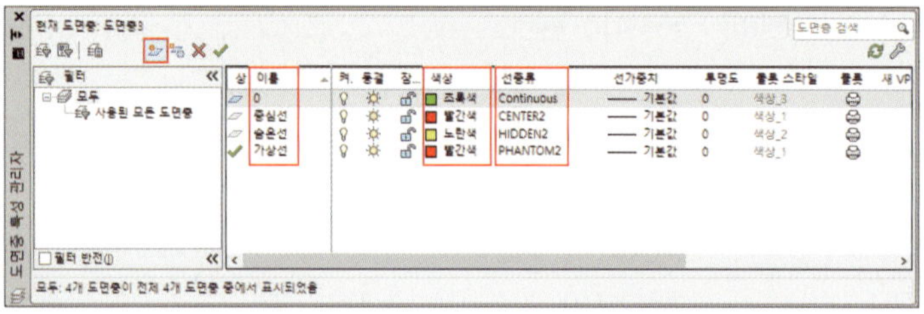

④ 주요 설정 요약

| Layer(이름) | 선 색상 | 종류 |
|---|---|---|
| 외형선(0) | 초록색(3) | Continuous |
| 중심선 | 빨간색(1) 또는 흰색(7) | CENTER2 |
| 숨은선 | 노란색(2) | HIDDEN2 |
| 가상선 | 빨간색(1) 또는 흰색(7) | PHANTOM2 |

## 09 STYLE(문자 스타일) 명령

① 명령(Command) : ST Enter

② 툴바 메뉴(문자) : 

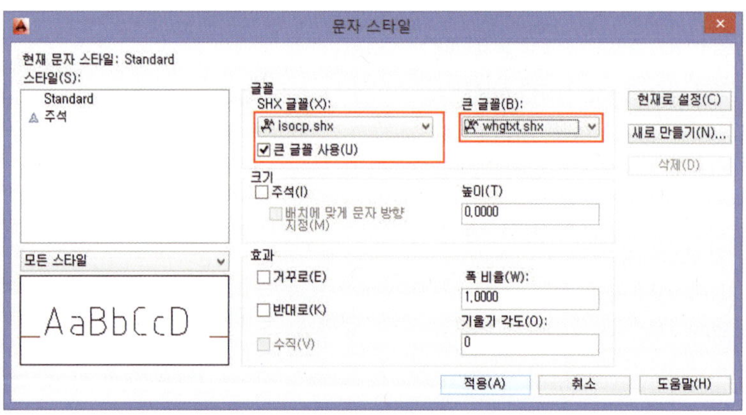

③ KS 규격에 맞는 STYLE 설정

| 스타일 이름 | 영문 글꼴 | 한글 글꼴 | 높이 |
|---|---|---|---|
| Standard | isocp.shx | Whgtxt.shx, 굴림체 | 0 |

**TIP**

KS 규격에 맞는 문자는 고딕체이면서 단선체여야 한다.

## 10 치수 스타일 명령

① 명령(Command) : D Enter

② 툴바 메뉴(치수) : 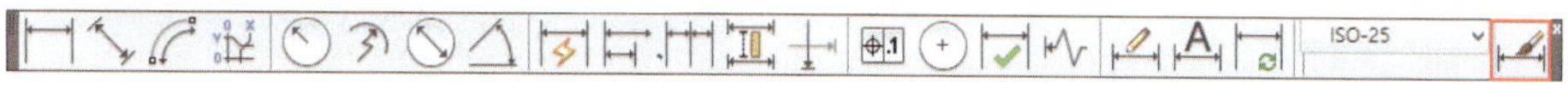

### 1) 실기시험 규격(A1, A2, A3)에 맞는 치수 스타일 설정

#### (1) 선

① 다음과 같이 설정한다.

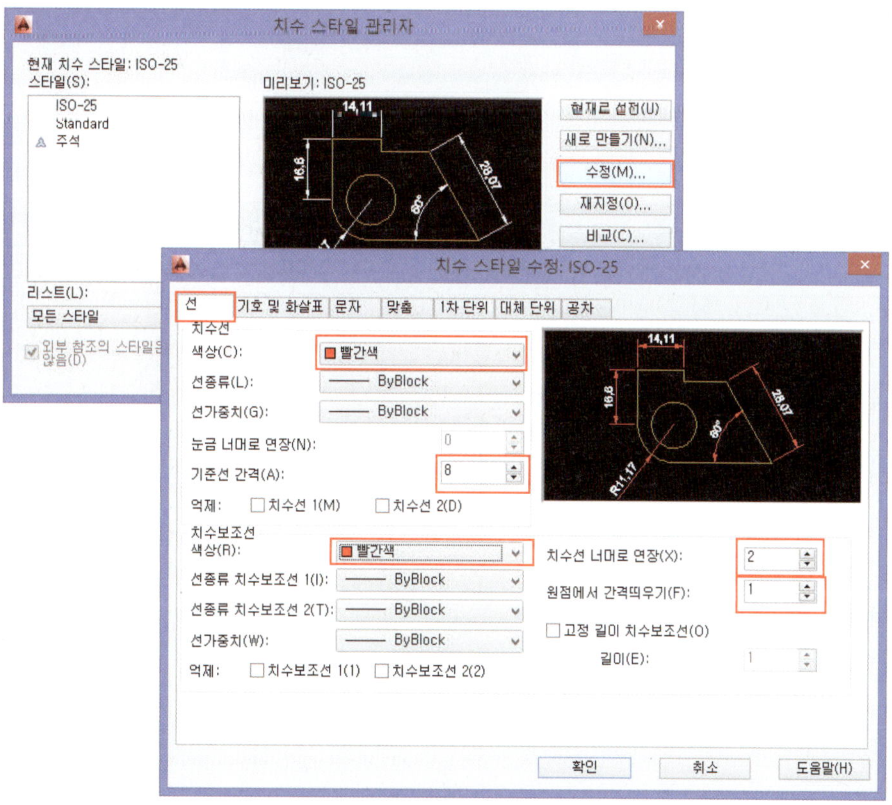

② 주요 설정 요약

| 치수선(C) 및 치수보조선 색상(R) | 기준선 간격(A) | 치수선 너머로 연장(X) | 원점에서 간격띄우기(F) |
|---|---|---|---|
| 빨간색 또는 흰색 | 8mm | 2mm | 1mm |

## (2) 기호 및 화살표

① 다음과 같이 설정한다.

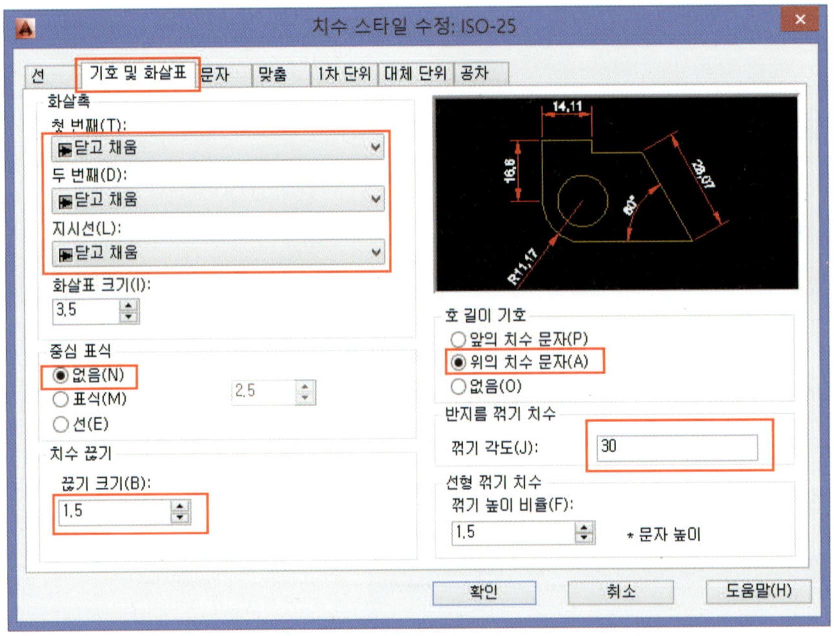


② 주요 설정 요약

| 화살표 크기(I) | 중심 표식 | 치수 끊기 | 호 길이 기호 | 반지름 꺾기 치수 |
|---|---|---|---|---|
| 3.5mm | 없음(N) | 1.5mm | 위의 치수 문자(A) | 30° |

## (3) 문자

① 다음과 같이 설정한다.

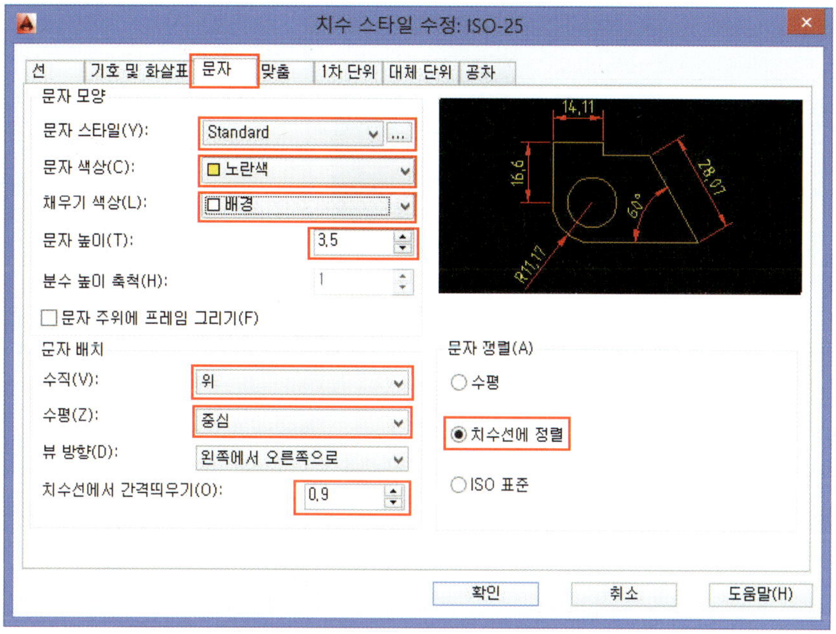


② 주요 설정 요약

| 문자 스타일(Y) | 문자 색상(C) | 채우기 색상(L) | 문자 높이(T) | 문자 배치(수직) | 문자 배치(수평) | 치수선에서 간격띄우기(O) | 문자 정렬(A) |
|---|---|---|---|---|---|---|---|
| Standard | 노란색(2) | 배경 | 3.5mm | 위 | 중심 | 0.8~1mm | 치수선에 정렬 |

③ KS 규격에 맞는 문자스타일(Y) 설정

| 스타일 이름 | 영문 글꼴 | 한글 글꼴 |
|---|---|---|
| Standard | isocp.shx | Whgtxt.shx, 굴림체 |

## (4) 맞춤

① 다음과 같이 설정한다.

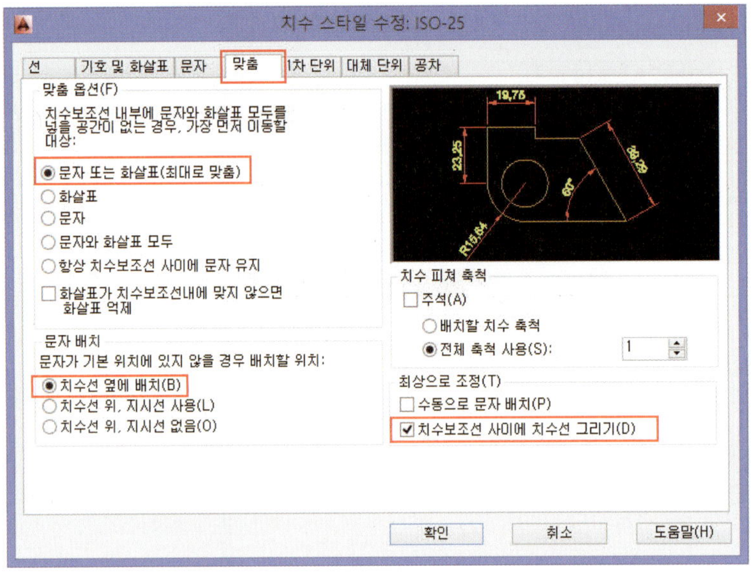


## (5) 1차 단위

① 다음과 같이 설정한다.

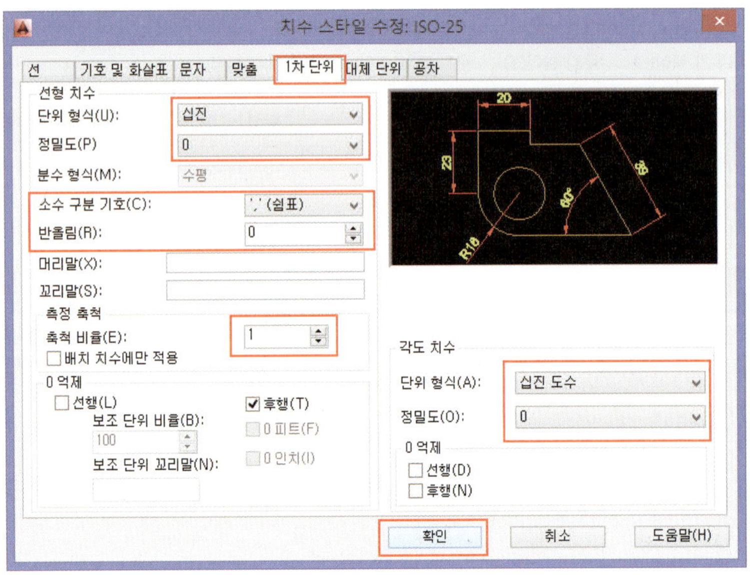


② 주요 설정 요약

| 단위 형식(U) | 정밀도(P) | 소수 구분 기호(C) | 반올림(R) | 측정 축척(1:1) | 측정 축척(1:2) | 측정 축척(2:1) |
|---|---|---|---|---|---|---|
| 십진 | 0 | ' , '(쉼표) | 0 | 1 | 0.5 | 2 |

## 2) 그 밖의 치수(Dim) 변수들

■ Dim : TOFL Enter

• Current value ⟨off⟩ New value : 1(on) Enter

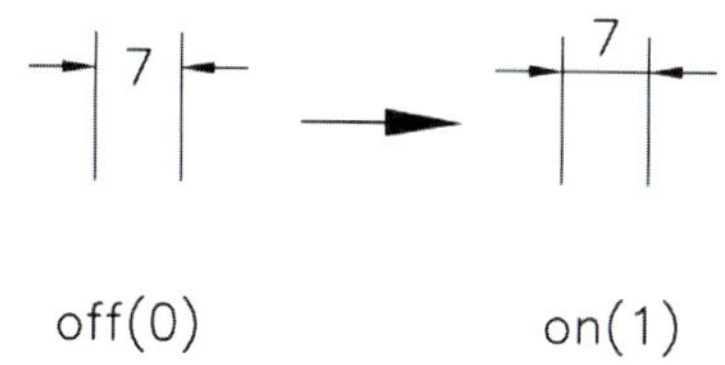


■ Dim : TIX Enter

• Current value ⟨off⟩ New value : 1(on) Enter

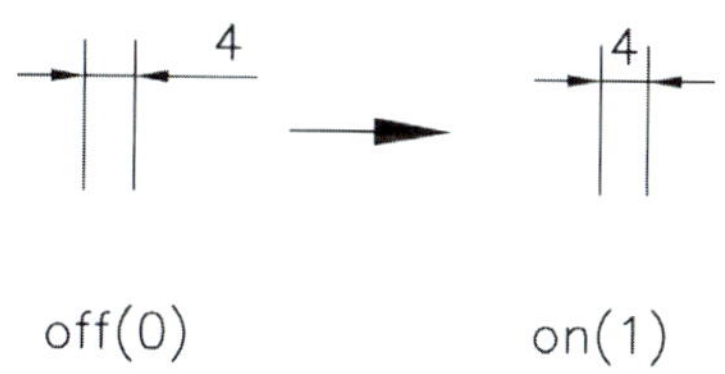


■ Dim : TOH Enter

• Current value ⟨on⟩ New value : 0(off) Enter

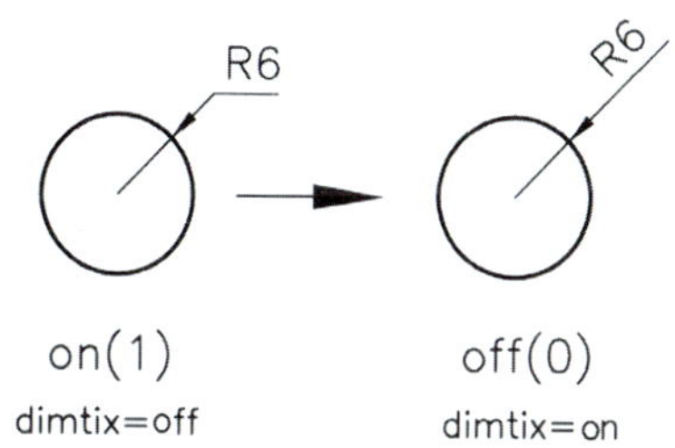

## 11 PLOT 설정(시험규격 : A1, A2, A3) 방법

① 명령(Command) : PLOT Enter

② 툴바 메뉴(표준) : 

### (1) 플롯 기본 설정

① 다음과 같이 설정한다.

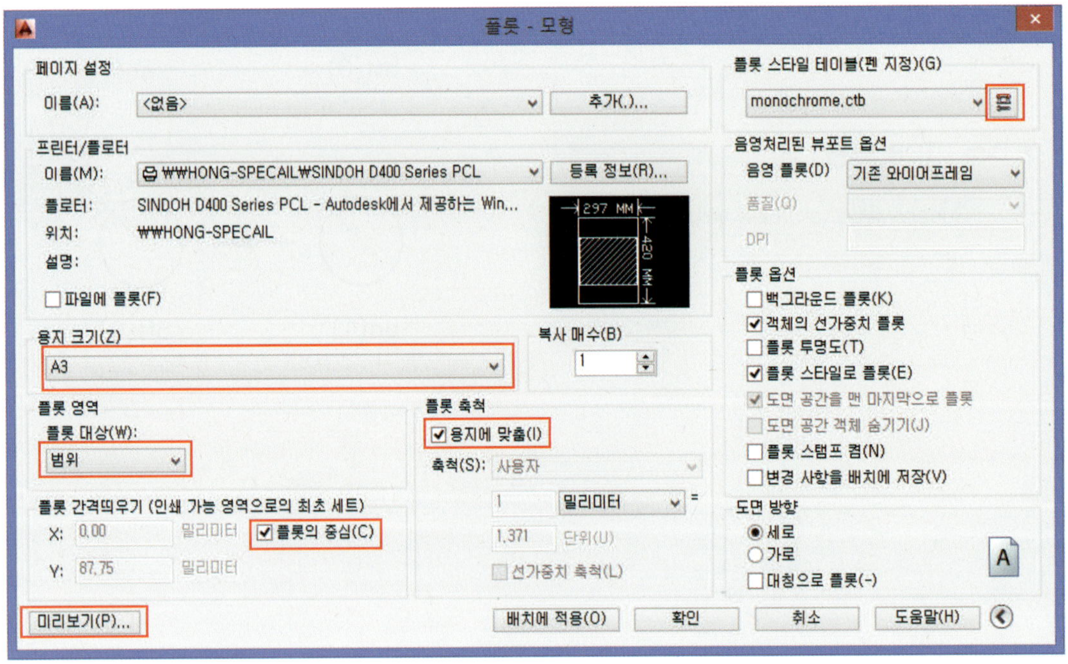


② 시험용 주요 설정 요약

| 프린터/플로터 | 용지 크기(Z) | 플롯 대상(W) | 플롯 간격띄우기 | 플롯 축척 | 플롯 스타일 테이블<br>(펜 지정)(G) | 미리보기(P) |
|---|---|---|---|---|---|---|
| 시험장소 기종<br>선택 | A3 또는 A2 | 범위, 한계 | 플롯의 중심(C) | 용지에 맞춤<br>(I) | monochrome.ctb | 확인 후 플롯 |

## (2) 출력 색상 및 굵기/펜 지정

① 다음과 같이 설정한다.

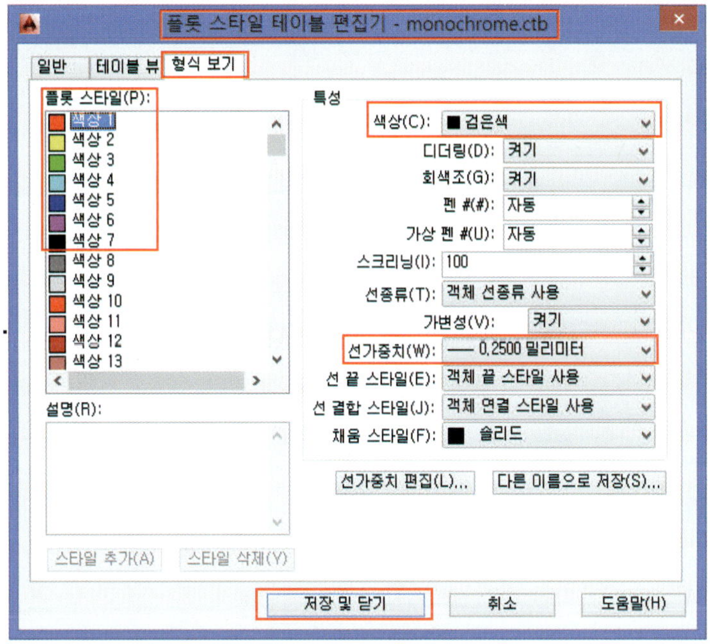


② 주요 설정 요약

| 플롯 스타일(P) | 색상(C) | 선가중치(A2) |
|---|---|---|
| 빨간색(1) | 검은색 | 0.18 ~ 0.25 |
| 노란색(2) | 검은색 | 0.3 ~ 0.35 |
| 초록색(3) | 검은색 | 0.5 ~ 0.6 |
| 하늘색(4) | 검은색 | 0.7 ~ 0.8 |
| 흰색(7) | 검은색 | 0.18 ~ 0.25 |

TIP

출력 시 선가중치(굵기)는 약간의 차이가 있으므로 환경에 따라 결정토록 한다.

### (3) 플롯 미리보기

**미리보기** 화면에서 **마우스 오른쪽 버튼 → 플롯 → 확인**을 클릭한다.

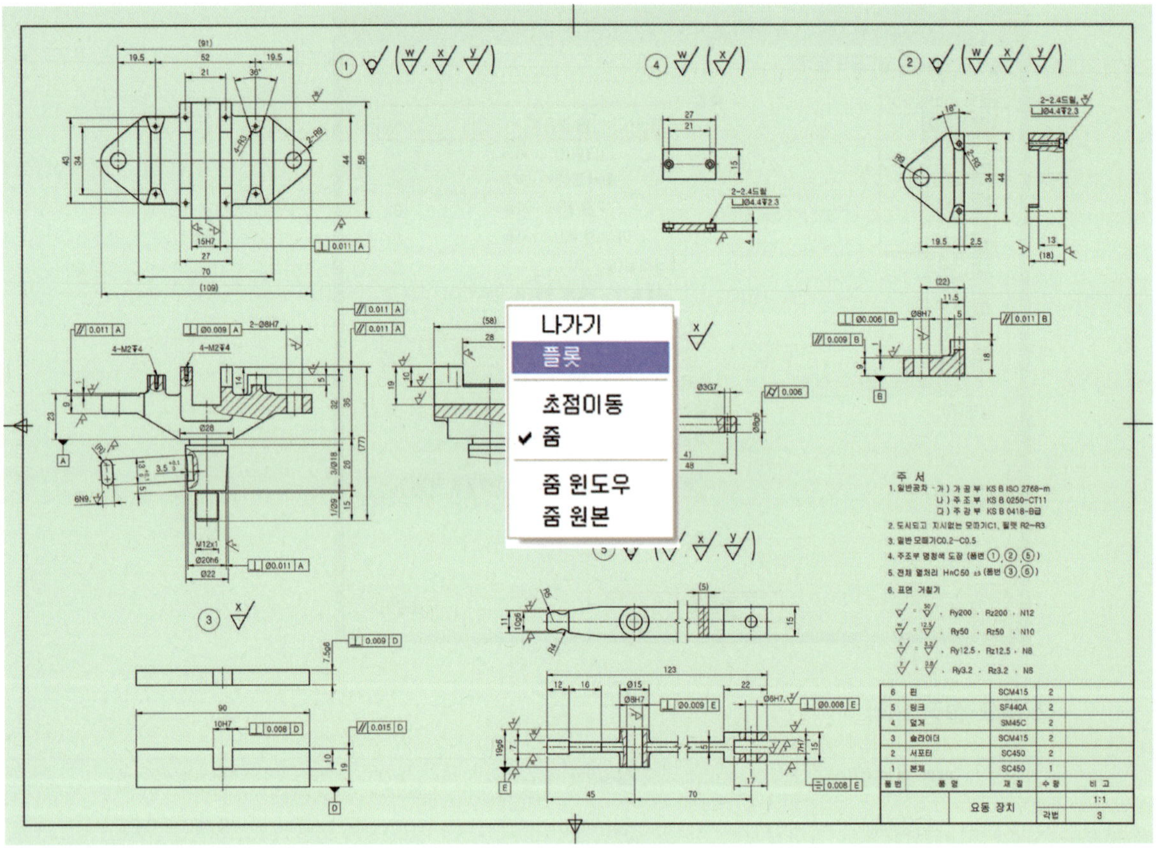

## 12 중심선 긋는 방법

도형에 중심이 있을 때에는 반드시 중심선(0.18~0.25mm)을 기입하는 것이 바람직하다[그림 2-1].

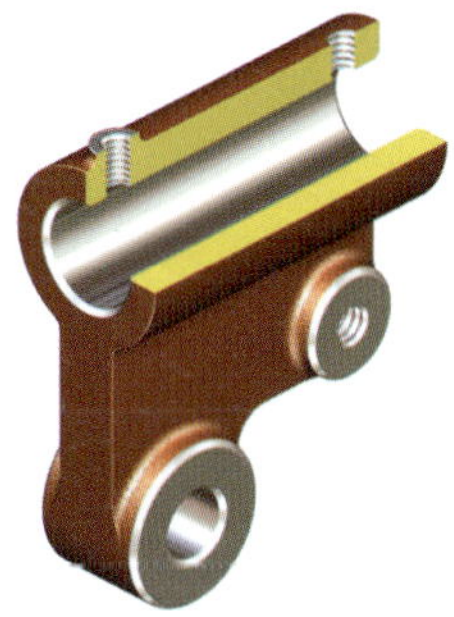

(a) 참고 입체도 – I

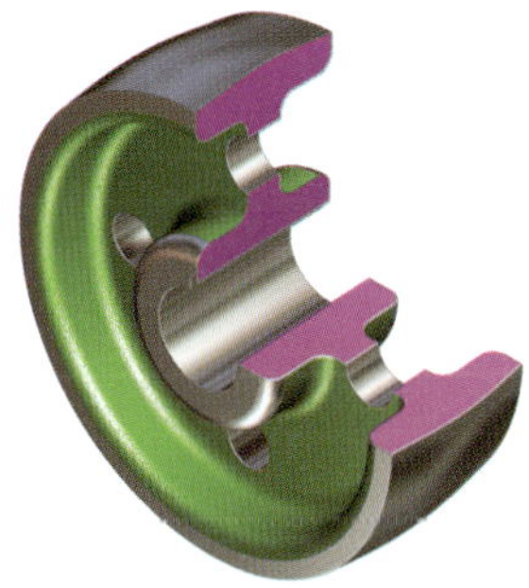

(b) 참고 입체도 – II

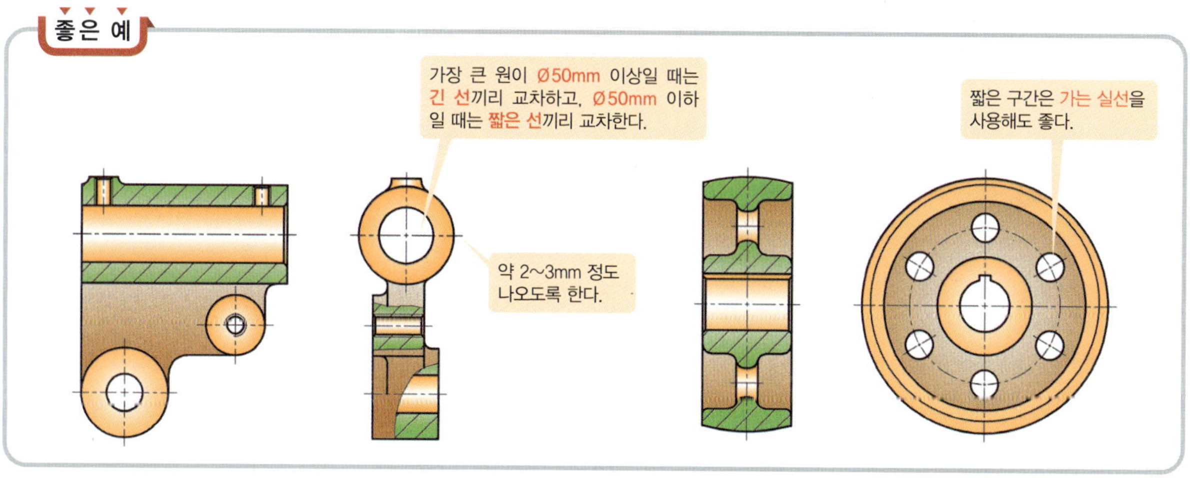


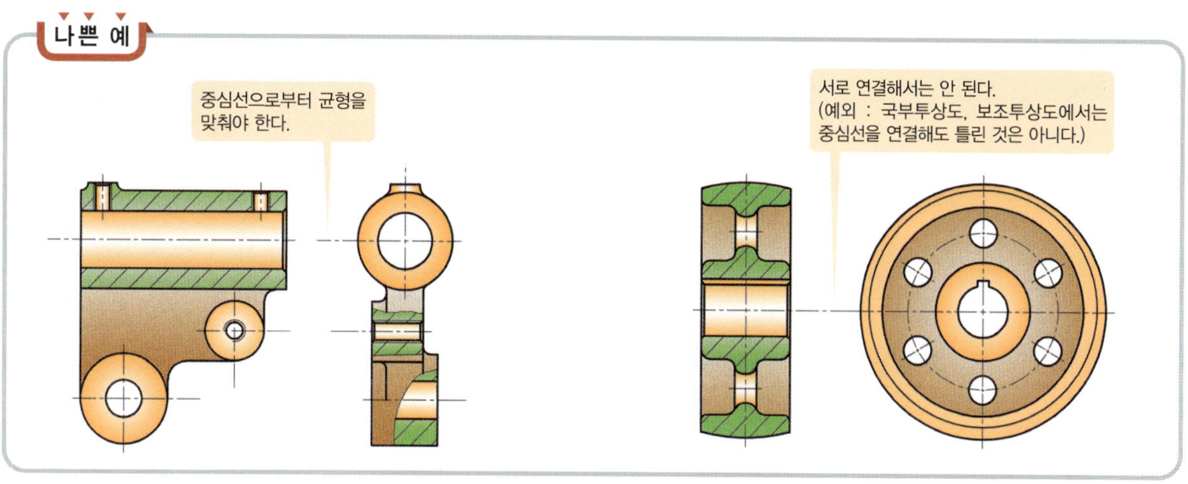


[그림 2-1] 중심선 긋는 방법

# 03 | 투상도법

도면을 그릴 때에는 입체적인 형상을 평면적으로 그릴 수 있는 기술이 필요하고, 읽을 때에는 평면적인 도면을 입체적으로 상상해낼 수 있는 능력이 필요하다.
즉, 이러한 기술과 능력을 갖추는 것만이 단순한 CAD 오퍼레이터에서 탈피할 수 있는 방법이다.

**기술** 입체적인 형상을 평면적으로...

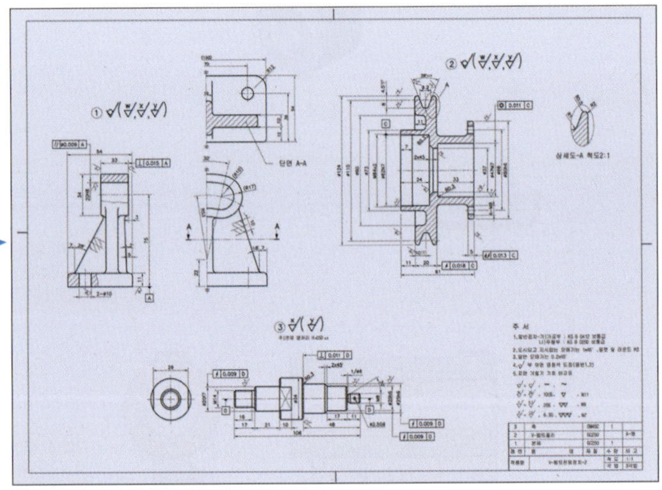

**능력** 평면적인 도면을 입체적으로...

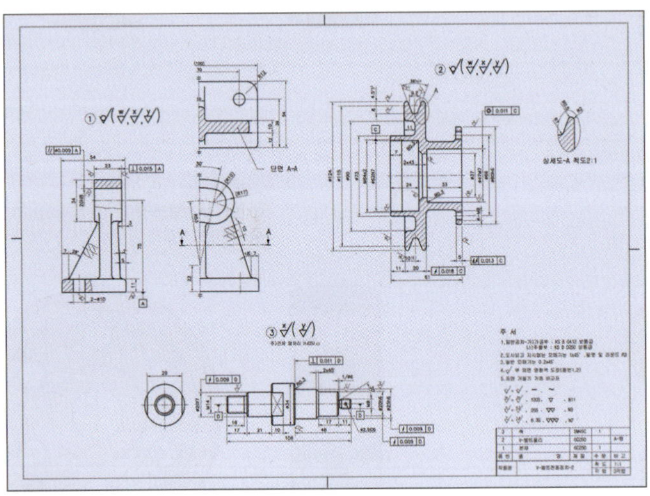

**TIP**

쉽게 이야기해서 면접시험 시 어떠한 물체를 하나 던져 주고 "이 제품을 도면으로 작도해 보세요."하는 것은 도면 그리는 기술과 능력이 있는가를 테스트하는 것이고, 3D 작업을 하기 위해서는 도면을 볼 수 있는 능력이 있어야 한다.

## 01 정투상도법

물체의 주된 화면을 투영면에 평행하게 놓았을 때의 투상을 **정투상도법**이라 하고 [그림 3-1(a)]처럼 실물의 크기가 정확하게 표시되어야 한다.
일반적으로 건축도면에서는 [그림 3-1(b)]와 같은 투시도법이 많이 쓰인다.

정투상도법

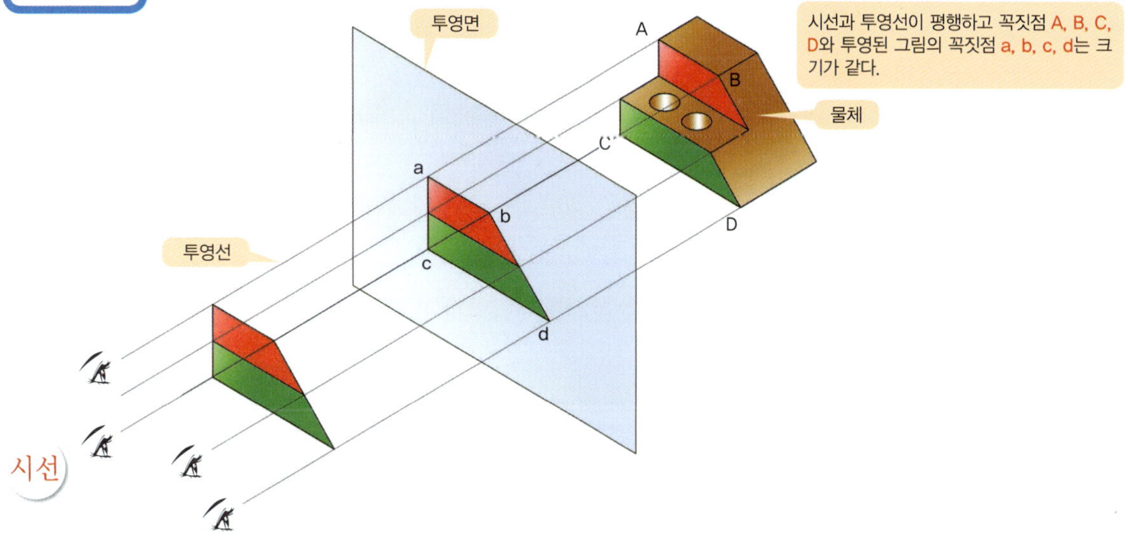


(a) 정투상도(건축, 토목을 제외한 모든 도면에 쓰이는 기법)

투시도법

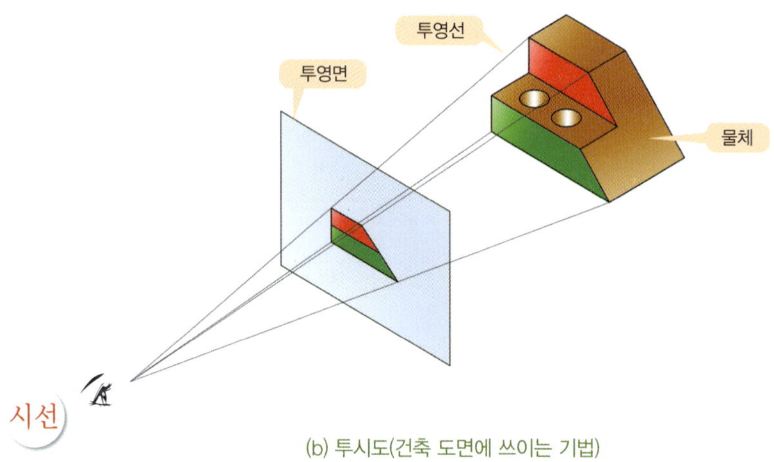


(b) 투시도(건축 도면에 쓰이는 기법)

[그림 3-1] 투상도법

### (1) 1각법의 원리

4각 중 1각에 물체(형체)를 놓고 투영하는 투상도법을 1각법이라 한다. 1각법은 물체(형체)의 뒤쪽에 투상도가 도시되는 투상법으로서 정면도 아래쪽에 **평면도**, 정면도 좌측에 **우측면도** 등을 배치하게 된다. 1각법은 주로 건축이나 토목설계에서 사용되는 투상도법이다.

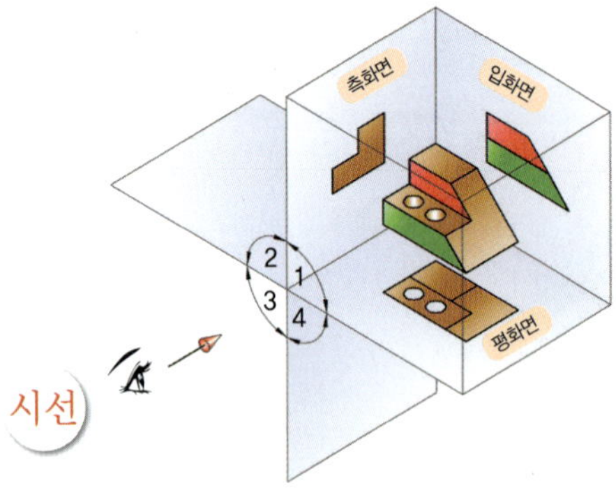

(a) 4각 중 1각법

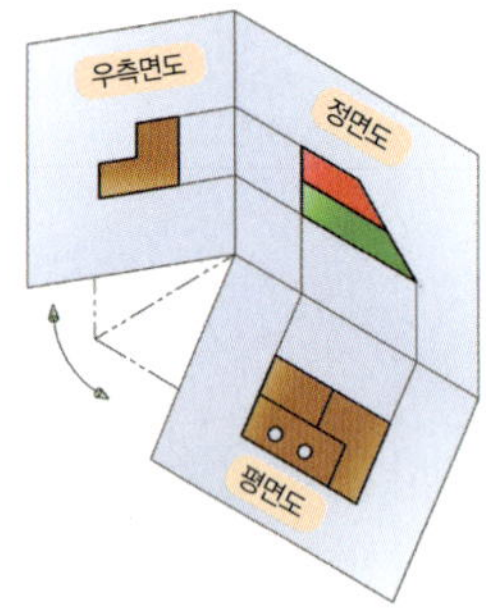

(b) 1각법 전개

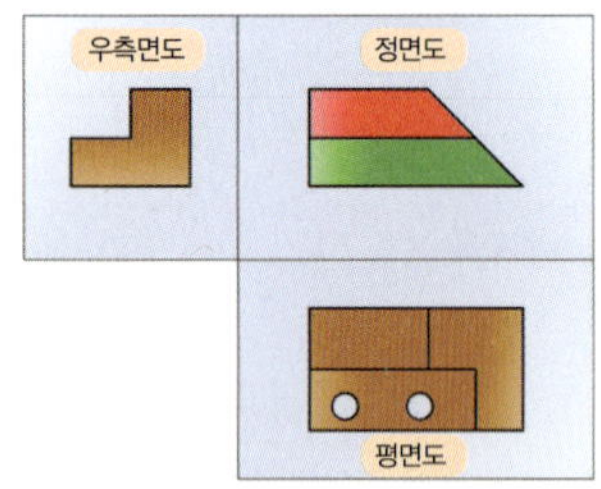

(c) 1각법 투상도 배치

### (2) 3각법의 원리

4각 중 3각에 물체(형체)를 놓고 투영하는 투상도법을 3각법이라 한다. 3각법은 물체(형체)를 보는 위치에 투상도가 도시되는 투상법으로서 정면도 위쪽에 **평면도**, 정면도 우측에 **우측면도** 등을 배치하게 된다. 3각법은 주로 기계설계에 적용되는 투상법으로서 건축설계나 토목설계를 제외하고 모든 제품 설계에서 폭넓게 사용되는 **정투상도법**이다.

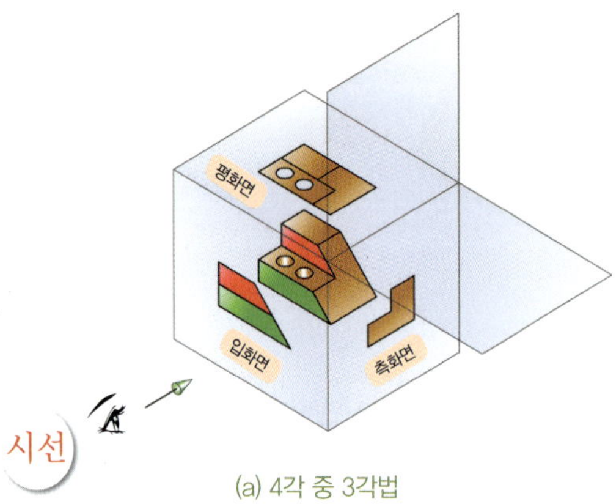

(a) 4각 중 3각법

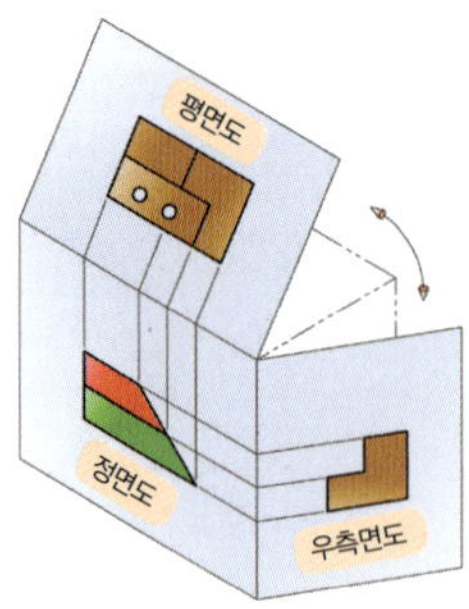

(b) 3각법 전개

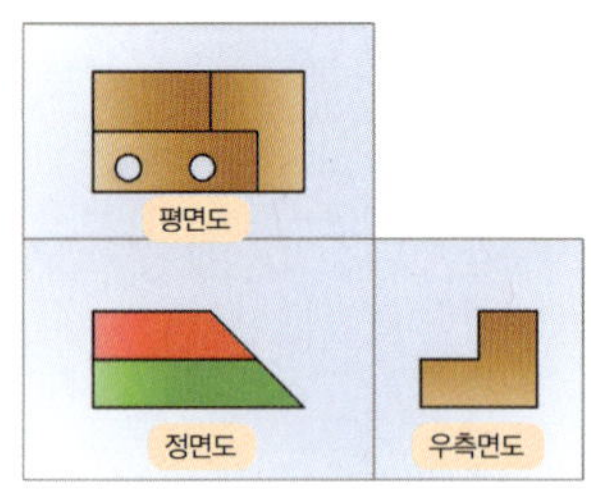

(c) 3각법 투상도 배치

### (3) 정투상도의 정의 및 표시방법

[그림 3-2]와 같은 물체에서 한 개의 투상(투영)만으로는 모든 형태를 표시할 수 없으므로 [그림 3-2(a), (b), (c)]와 같이 3개의 투상면(투영면)을 선택한 후 정투상법에 의하여 물체의 형상 및 특징이 가장 잘 나타난 부분을 **정면도**(a)로 선정하고 정면도를 기준으로 위에는 **평면도**(b), 우측에는 **우측면도**(c)를 그린다. 이러한 3개의 그림을 조합하면 입체적인 물체의 형태를 완전히 평면적인 도면으로 표시할 수 있다. 이것이 **정투상도**이다.

표시방법 I

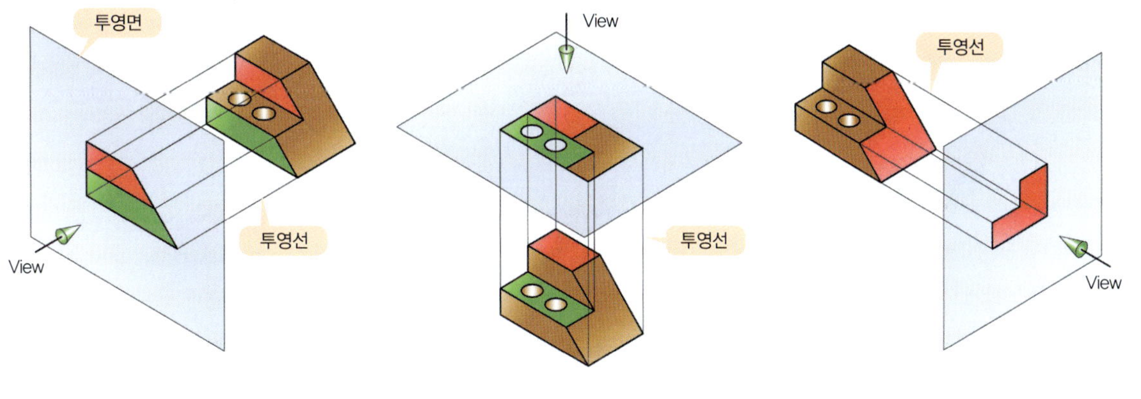


(a) 정면도 (b) 평면도 (c) 우측면도

표시방법 II

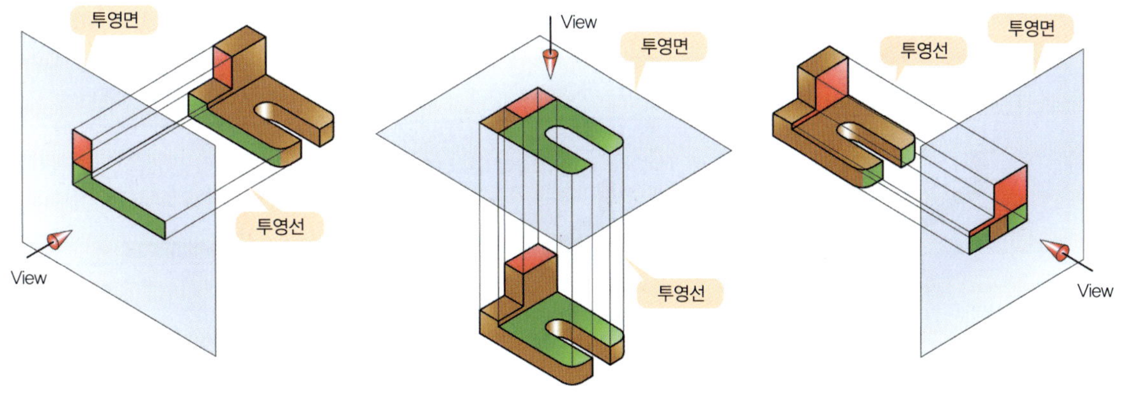


(a) 정면도 (b) 평면도 (c) 우측면도

[그림 3-2] 정투상도의 표시방법

### (4) 정투상도의 배열

투상도를 배열할 때는 [그림 3-2]와 같이 투상면을 각각 분리시키는 것이 아니고, [그림 3-3]과 같이 유리상자 속의 물체를 유리판에 투영한 정면도를 중심으로 평면도와 우측면도를 [그림 3-3(b)]와 같이 전개하면 [그림 3-3(c)]와 같은 투상도가 배치된다.

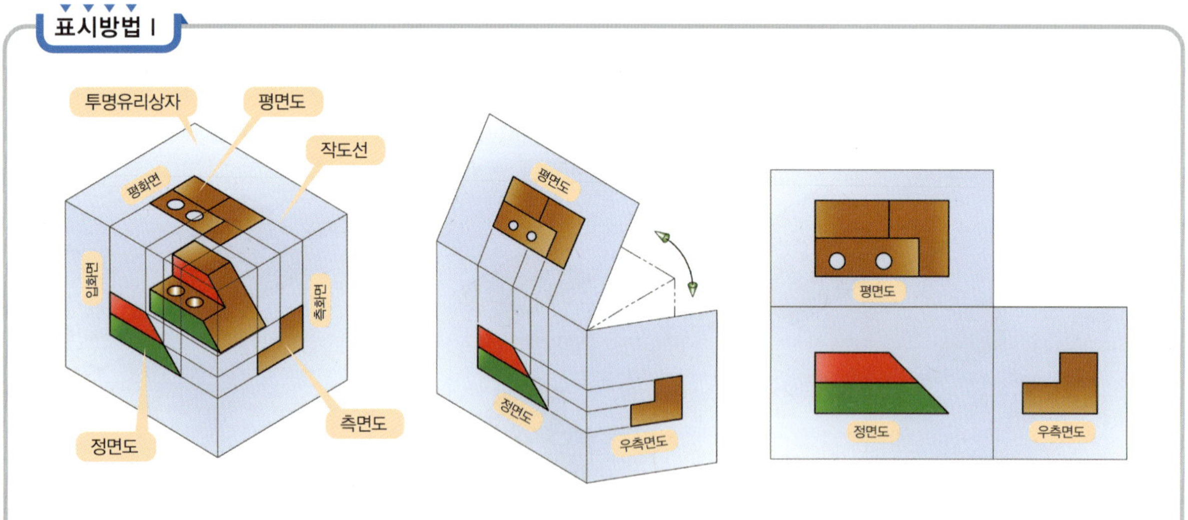

(a) 3각법에 의한 특성 (b) 투상도 전개 (c) 투상도 배치

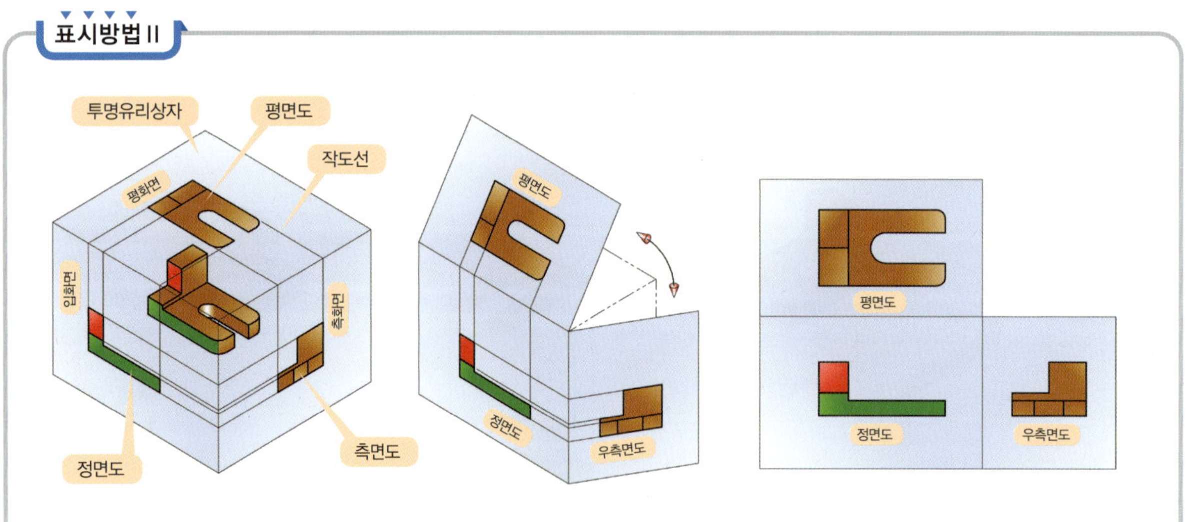

(a) 3각법에 의한 특성 (b) 투상도 전개 (c) 투상도 배치

[그림 3-3] 투상도를 펼치는 방법

6면으로 만든 유리상자 속의 물체를 투영하여 펼치면 [그림 3-4]와 같이 **정면도**를 중심으로 우측에는 **우측면도**, 좌측에는 **좌측면도**, 우측면도 오른쪽에는 **배면도**, 정면도 위쪽에는 **평면도**, 정면도 밑에는 **저면도**(하면도)를 전개할 수 있다.

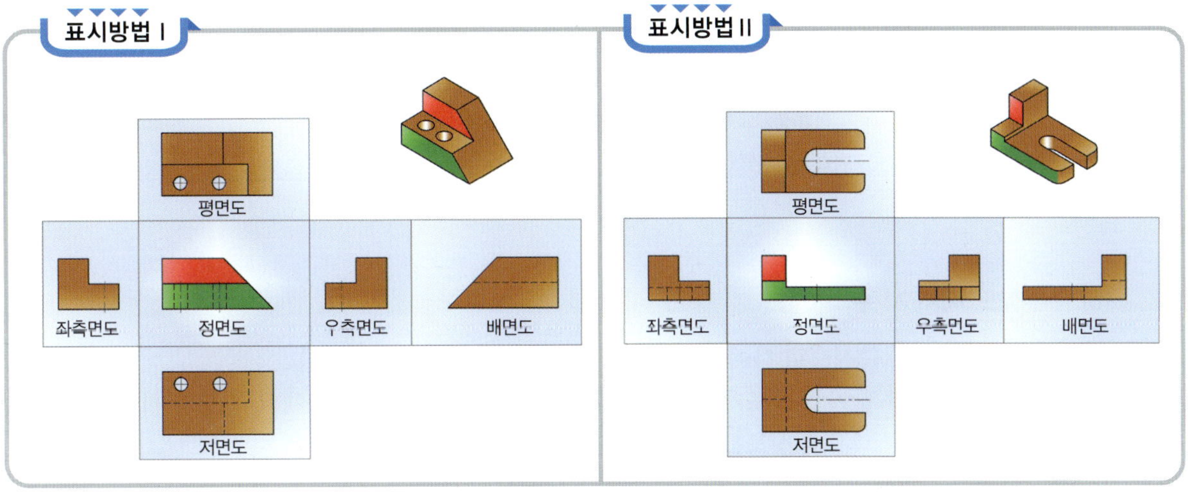


[그림 3-4] 정투상도법에 의한 투상도 배치

### (5) 주투상도의 올바른 선택방법

① 투상도는 물체의 형상 및 특징이 가장 뚜렷한 부분을 정면도로 하여 꼭 필요한 투상도만을 그리는 것이 바람직하며, 이것을 **주투상도**라고 한다[그림 3-5]. 불필요한 투상도는 시간적 낭비일 뿐만 아니라 보는 사람으로 하여금 혼돈만 주게 된다.

② 주투상도를 선정하는 방법에서 같은 주투상도가 2개일 경우 숨은선이 적은 도면을 선택하는 것이 바람직하다. 그 이유는 숨은선이 많으면 혼논하기 쉽고, 간단한 도면도 복잡해 보이기 때문에 비교적 외형선이 뚜렷한 투상도를 선정하는 것이 올바른 방법이다. 도면은 어느 누가 봐도 이해하기 쉽고 간단 명료하게 그려야 한다.

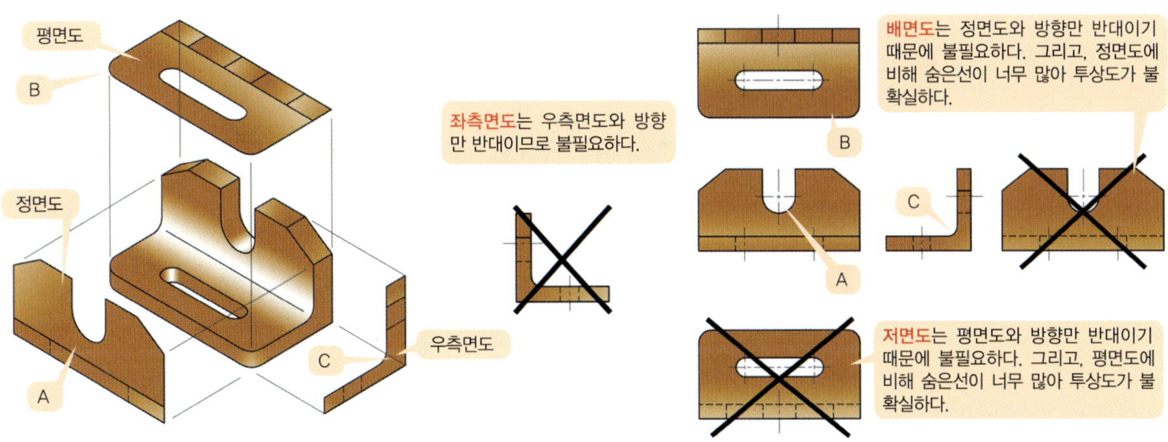


(a) 투상도의 올바른 선택

(b) 물체의 특성을 고려해서 꼭 필요한 투상도만 그린다.

[그림 3-5] 주투상도의 선택방법

**TIP**

[그림 3-5]에서 **정면도**는 세워져 있는 부분의 폭과 높이, 홈 부분의 폭과 깊이 [A]를 완전히 도시하고 있고, **평면도**는 앞에서 뒤 끝까지의 거리와 두 개의 모서리의 둥근 부분 [B]를 완전히 도시하며, **우측면도**는 직각과 두께와 구석의 둥근 부분 곡선 [C]의 형태를 완전히 도시하고 있다. 그러므로, [그림 3-5]에서 **정면도**를 중심으로 **평면도, 우측면도** 3개의 투상도만으로 물체의 형태를 충분히 표현할 수 있으므로 저면도, 좌측면도, 배면도는 불필요하다.

- **저면도가 제외된 이유 :** 평면도와 형상이 같은데 평면도는 저면도와 비교해서 물체의 형상도 뚜렷하고, 은선도 적다.
- **좌측면도가 제외된 경우 :** 좌 · 우측면도가 똑같을 경우에는 우측면도를 그리는 것을 원칙으로 하고, 그렇지 못한 경우는 은선(숨은선)이 적고 물체의 형상이 더 뚜렷한 투상도를 선택한다.
- **배면도가 제외된 이유 :** 배면도는 특별한 형상을 나타낼 경우에만 작도한다.

## (6) 주투상도 배치 시 주의사항

주투상도는 정면도를 중심으로 하여 반드시 같은 선상에 배치되어야 한다.
[그림 3-6(b), (c)]와 같이 투상도가 어긋나지 않도록 도면을 작도하고 물체의 특성과 치수 기입을 고려하여 충분한 공간을 확보한 다음 투상도를 그리는 것이 바람직하다.

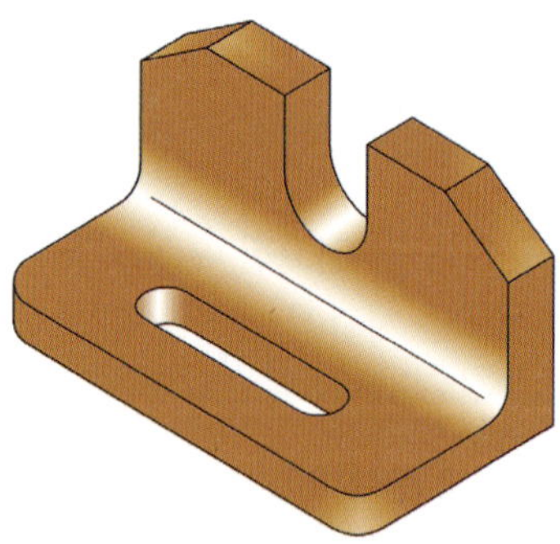

참고 입체도

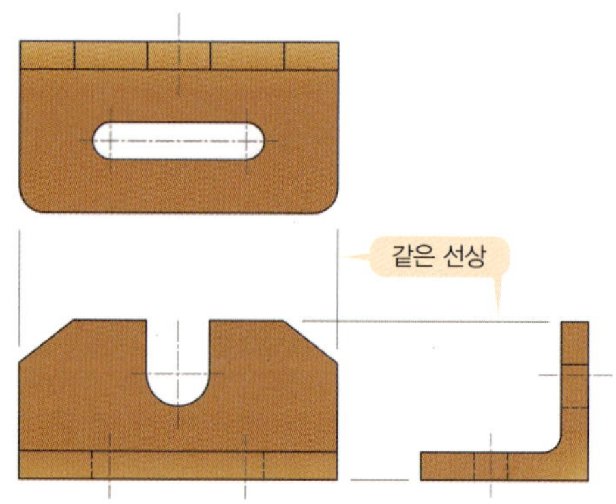


(a) 좋은 배치

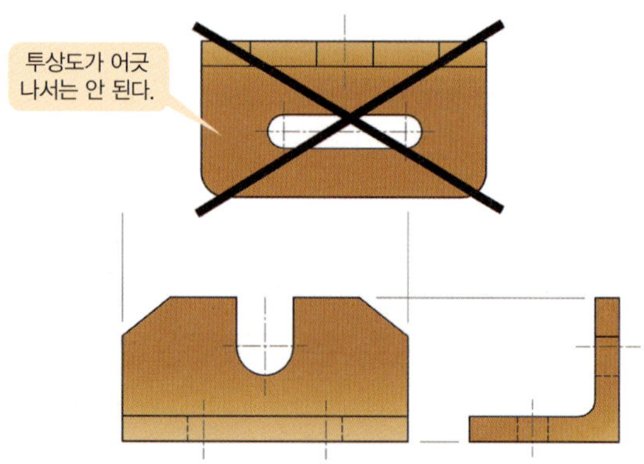


(b) 나쁜 배치

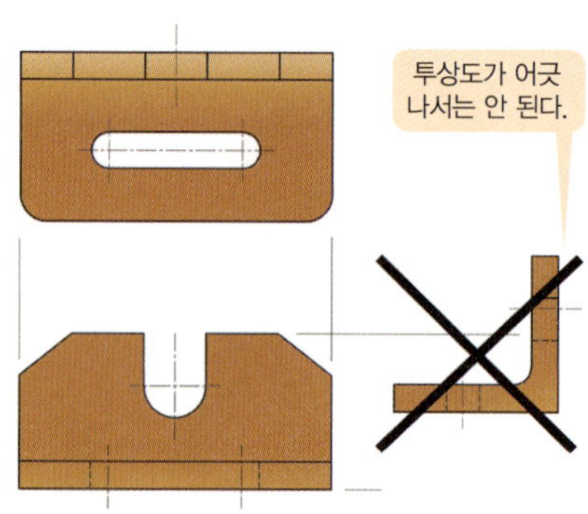


(c) 나쁜 배치

[그림 3-6] 투상도의 올바른 배치방법

### (7) 주투상도를 작도하는 기법

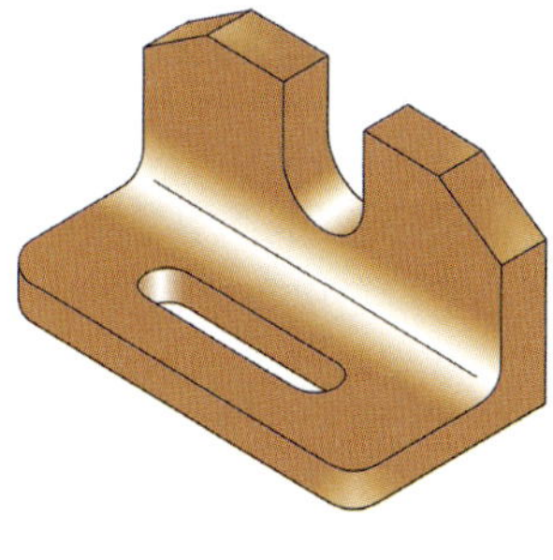

참고 입체도

① 길이에 관한 투상도는 정면도와 평면도, 저면도와의 관계에서 나타난다.
(길이 = 정면도, 평면도, 저면도)

② 높이에 관한 투상도는 정면도와 측면도의 관계에서 나타난다.
(높이 = 정면도, 우, 좌측면도)

③ 폭에 관한 투상도는 측면도와 평면도, 저면도의 관계에서 나타난다.
(폭 = 측면도, 평면도, 저면도)

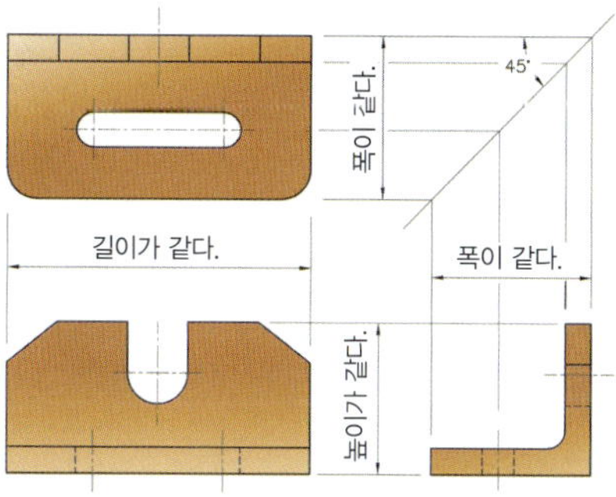


(a) 예 1

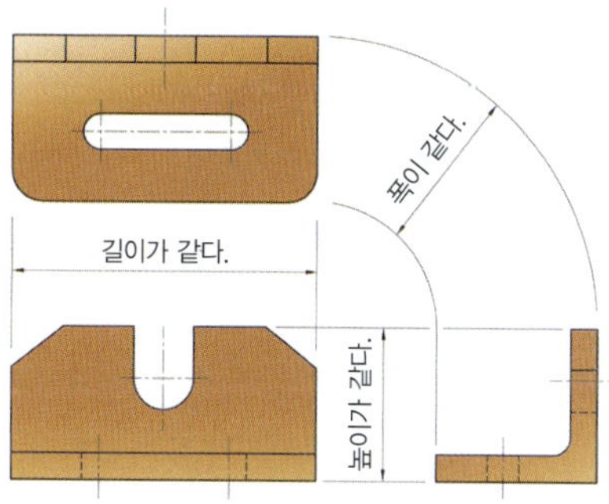


(b) 예 2

[그림 3-7] 주투상도를 작도하는 기법

**적용 예**

참고 입체도

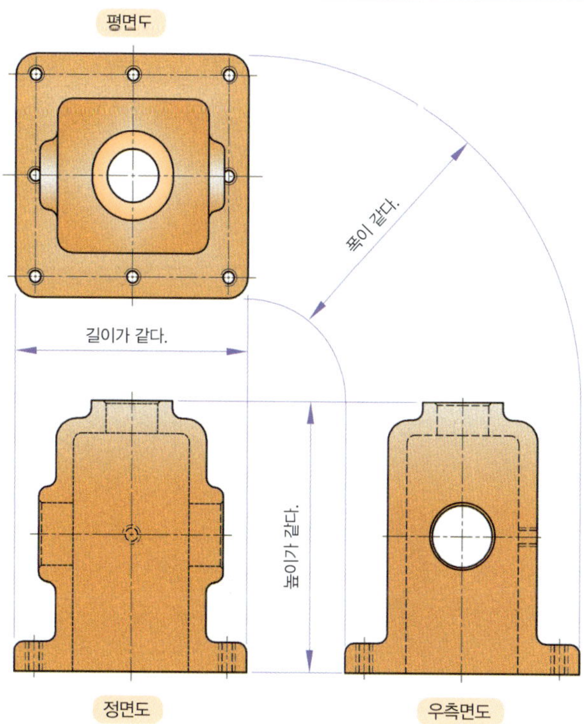

## 02 입체도법(2.5D)

구조물의 조립상태나 조립순서 등을 쉽게 알 수 있도록 한 개의 투상도로 세 면의 형상을 나타낼 수 있는 투상도법을 **입체도법**이라 한다[그림 3-8].
종류에는 등각투상도법, 부등각투상도법, 사투상도법 등이 있다.

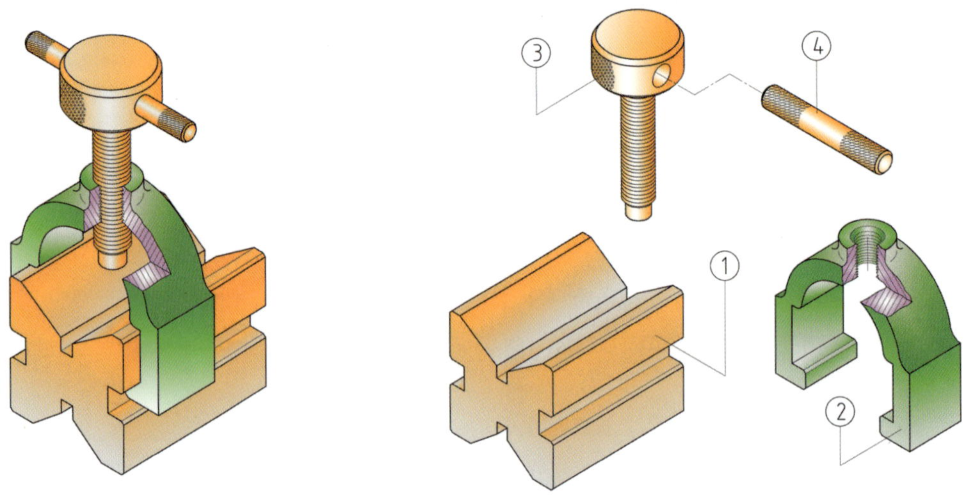


(a) 구조도의 조립상태 (b) 구조도의 조립순서

[그림 3-8] 입체도법

### (1) 등각투상도(Isometric drawing)

등각투상도란 x축과 y축에 있는 $\overline{ab}$와 $\overline{ac}$가 수평선과 각각 30°이며, 내각이 120°를 갖고, z축에 대해 **등각**을 이루는 작도법이다[그림 3-9].
등각투상도는 입체도법 중 가장 많이 이용되는 기법이기도 하다.

AutoCAD에서 Command : SNAP → Style → Isometric 명령어를 사용한다.

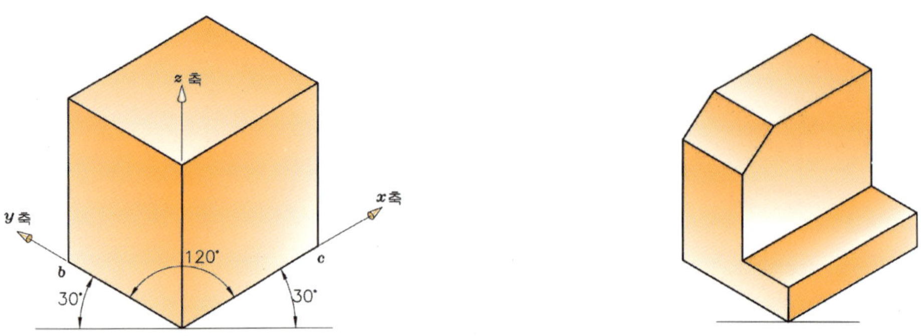


등각투상도의 예

[그림 3-9] 등각투상도를 그리는 법

### (2) 부등각투상도(Anisometrical drawing)

부등각투상도에서는 A, B, C가 각각 다른 값이 되도록 α, β의 경사각을 잡는다.

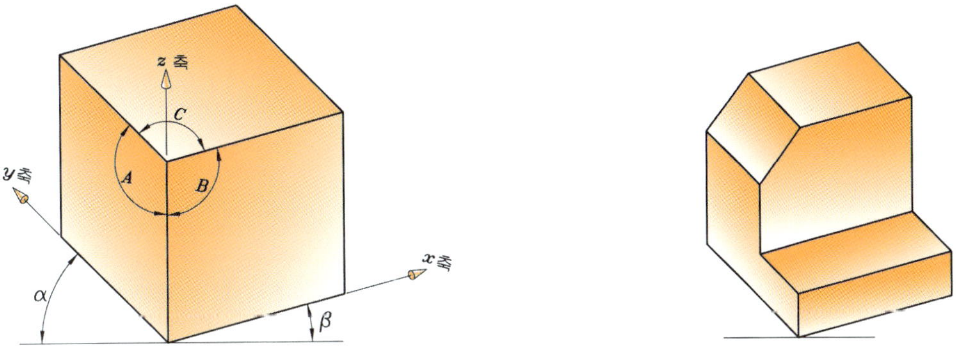


부등각투상도의 예

[그림 3-10] 부등각투상도를 그리는 법

### (3) 사투상도(Oblique drawing)

사투상도는 물체의 정면 형태만 실치수로 그리고, 앞쪽에서 뒤끝까지는 경사지게 그린다.

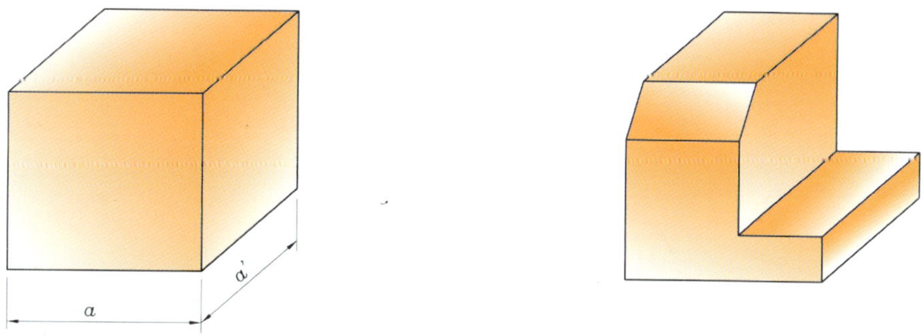


사투상도의 예

[그림 3-11] 사투상도를 그리는 법

MEMO

MEMO

# CHAPTER 03

전산응용기계제도 실기 · 실무

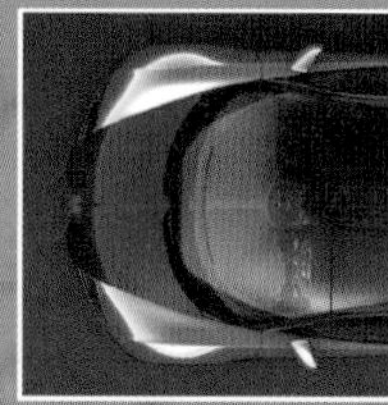

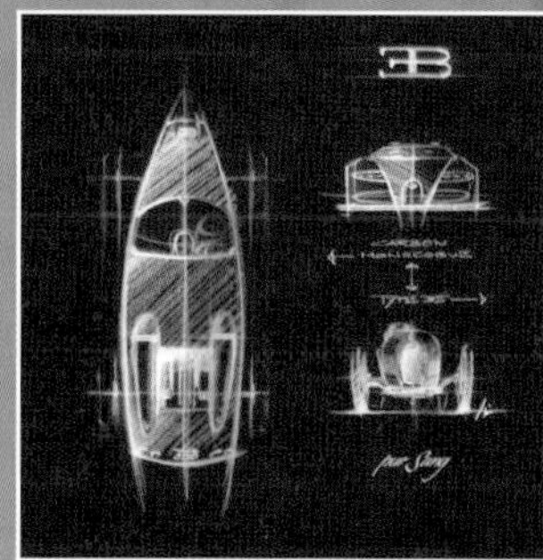

# 도면 작도방법

## BRIEF SUMMARY

도면을 해석하기 위해서는 입체적인 형상을 평면적으로 그릴 수 있는 기술과 평면적인 그림을 입체적으로 상상할 수 있는 능력이 요구된다고 앞 장에서 설명한 바 있다.

물체의 외부 형상만을 정투상도법에 의해 작도한다고 하면 내부 형상은 모두 숨은선으로 표시되어 물체의 형상이 불확실할 뿐만 아니라 도면을 처음 접하는 사용자들은 도면을 해독하는 데 있어 상당한 어려움을 겪을 것이다. "도면은 어느 누가 봐도 쉽게 이해할 수 있어야 한다." 따라서 불확실한 숨은선이 많은 도면은 좋지 못한 도면이다.

이 장에서는 정투상도를 보조하여 도면을 간결하게 그릴 수 있는 여러 가지 투상기법들과 숨은선을 제거하기 위해 물체를 가상적으로 절단 · 투상하여 도면을 작도하는 단면도법에 관하여 설명하고자 한다.

# 01 투상도 수 선택방법

주투상도에서 정면도만으로 물체의 형태를 완전하게 표시할 수 없을 경우에는 주투상도를 보충하는 다른 투상도를 사용한다. 그러나 가급적이면 정면도를 보충하는 투상도의 수는 적게 하는 것이 바람직하다.

## 01 정면도만으로 표현이 가능한 경우

물체의 형상이 원형인 경우에는 하나의 투상도만으로도 표현이 가능한 경우가 있다. 투상도 하나만으로 도형을 나타내는 기법을 **1면도법**이라 한다[그림 1-1].

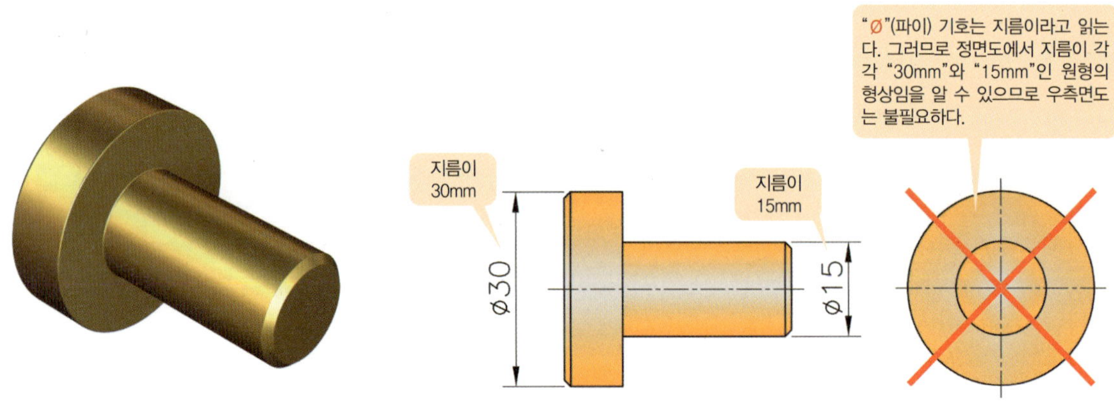


참고 입체도

(a) 정면도만으로 나타내는 1면도법 – I

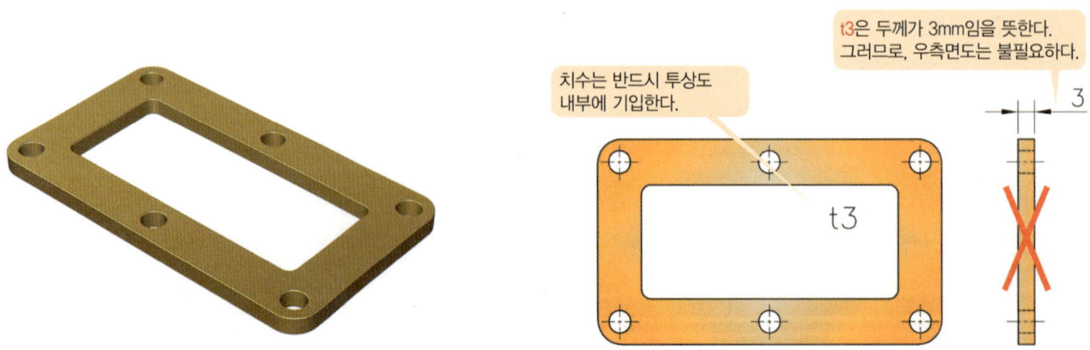


참고 입체도

(b) 정면도만으로 나타내는 1면도법 – II

[그림 1-1] 정면도만으로 나타내는 1면도법

## 02 정면도와 평면도만으로 표현이 가능한 경우

[그림 1-2]은 정면도 외에 평면도와 우측면도를 투상한 것인데, 물체의 형상을 잘 표현하고 있는 그림은 정면도와 평면도이고, 각 부위의 치수도 이 두 투상도만으로 충분히 표현 가능하다. 따라서, 우측면도는 필요 없게 된다.

이와 같이 두 개의 투상도만으로 도형을 나타내는 기법을 **2면도법**이라 한다.

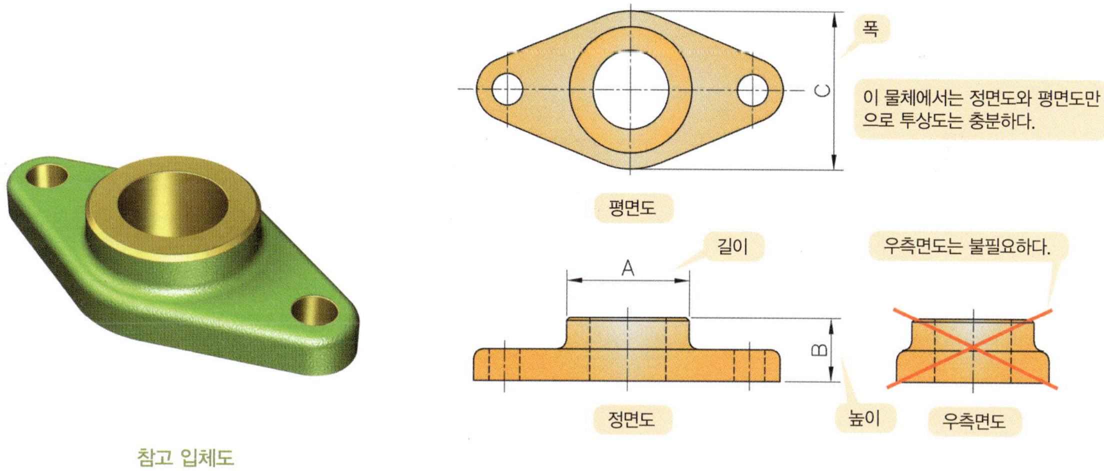


[그림 1-2] 정면도만으로 나타내는 2면도법

## 03 정면도와 측면도만으로 표현이 가능한 경우

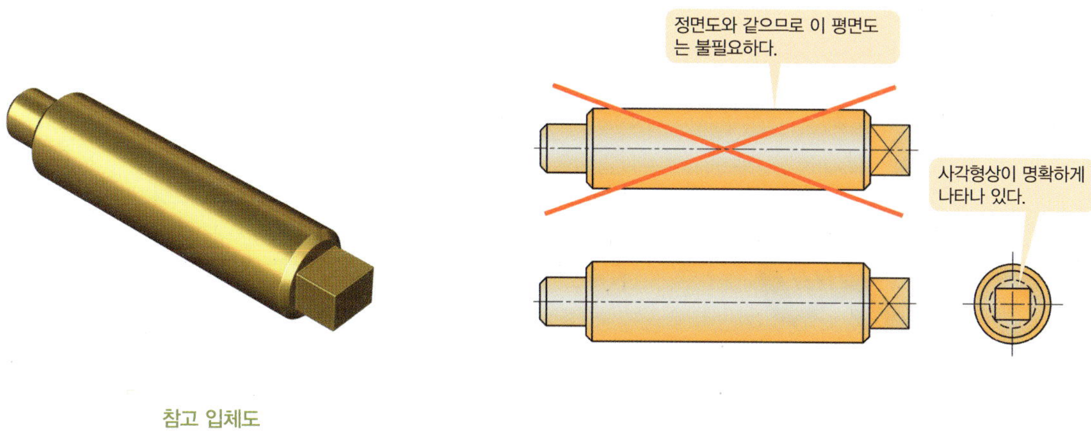


[그림 1-3] 정면도와 측면도로 나타내는 2면도법

## 04 투상도의 배치 및 방향 선택방법

투상도를 배치할 때는 공작물이 실제 가공되는 방향 등을 고려하여 작도하는 것이 바람직하다.
[그림 1-4]는 선반가공에서의 내경과 외경, 그리고 수나사를 가공할 때 공구의 **절삭 가공 방향**과 공작물의 설치 방향을 고려하여 투상도를 배치한 경우이다.

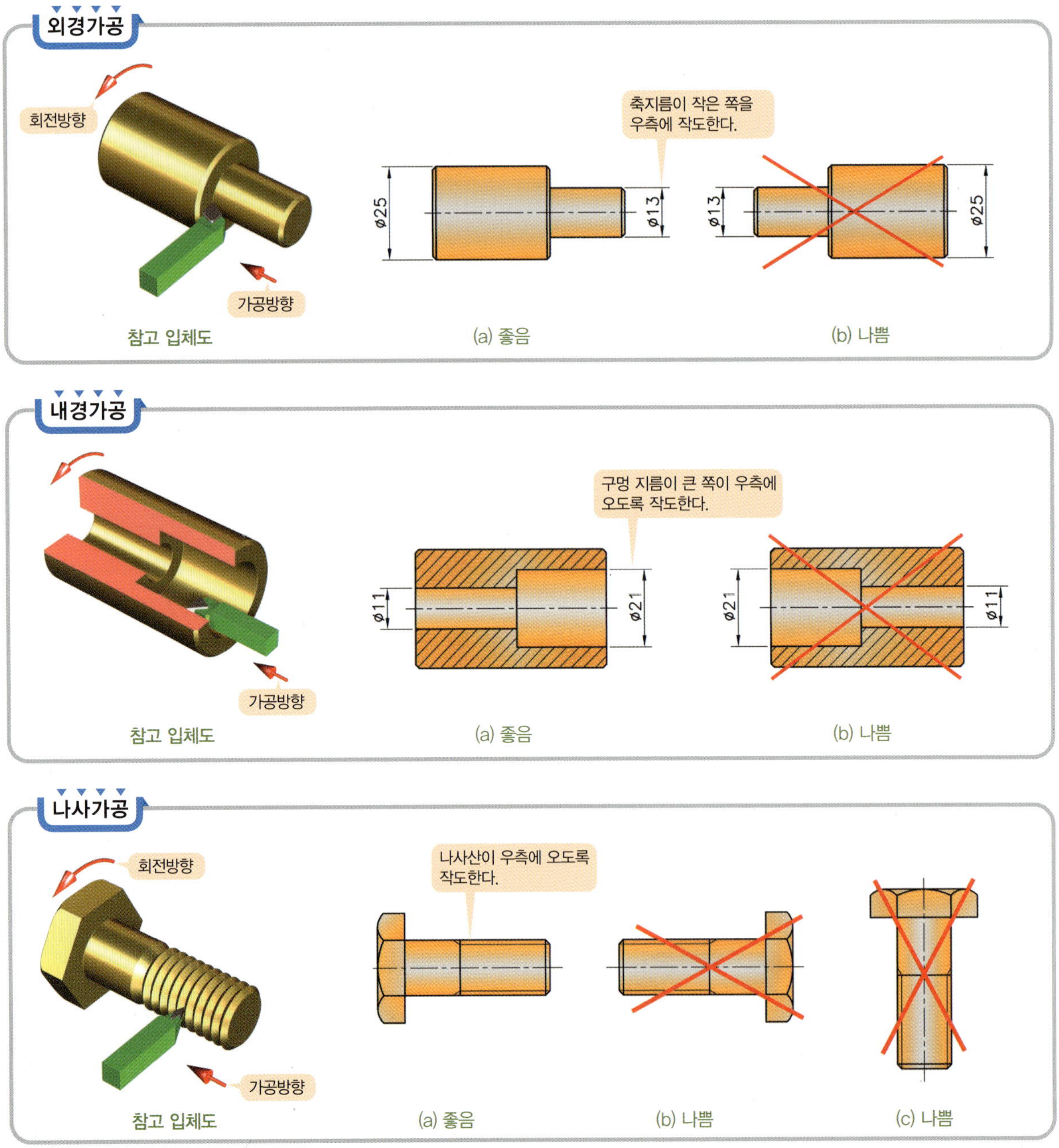


[그림 1-4] 투상도를 올바르게 배치하는 방법

# 02 단면도법

단면도법이란 지금까지 은선으로만 나타냈던 내부형상 혹은 물체의 보이지 않는 부분을 좀 더 명확하게 도시하기 위해서 가상적으로 필요한 부분을 절단하여 투상한 다음, 도면으로 나타내는 기법이다[그림 2-1]. 물체의 보이지 않는 부분은 숨은선으로 도시한다. 그러나, 간단한 형상도 숨은선이 있으면[그림 2-1(a)] 도형이 복잡해 보이고, 만약 실제로 복잡한 형상이라면 숨은선은 더 많을 것이므로 도면을 이해하는 데 있어 더욱 더 어려움이 따를 것이다. 도면은 간단 명료해야 하고 설계자의 뜻을 명확하게 전달할 수 있어야 한다고 앞에서도 강조한 바 있다. 그러므로 **단면도법**을 잘 활용하면 좋은 도면을 그릴 수 있을 것이다.

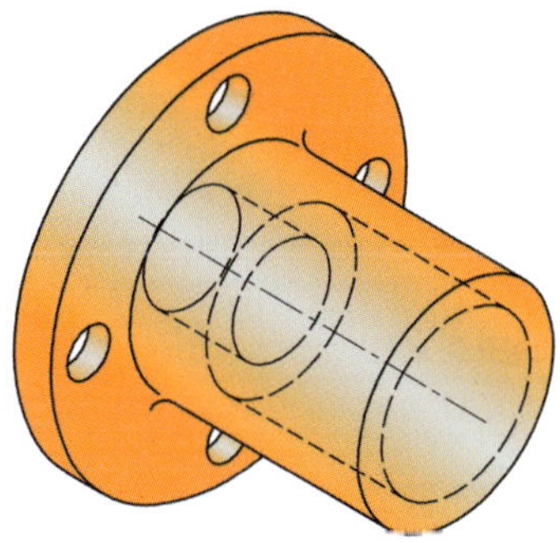

(a) 내부에 은선이 복잡하여 알아보기가 어려운 경우

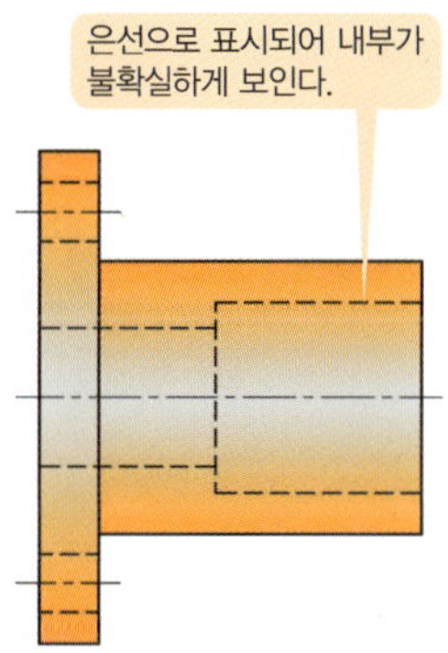


(b) 단면하지 않은 투상도

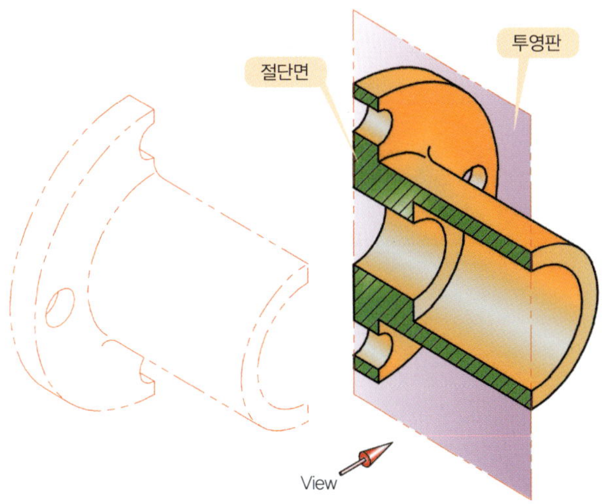


(c) 내부가 외형선으로 나타나 이해하기 쉬운 경우

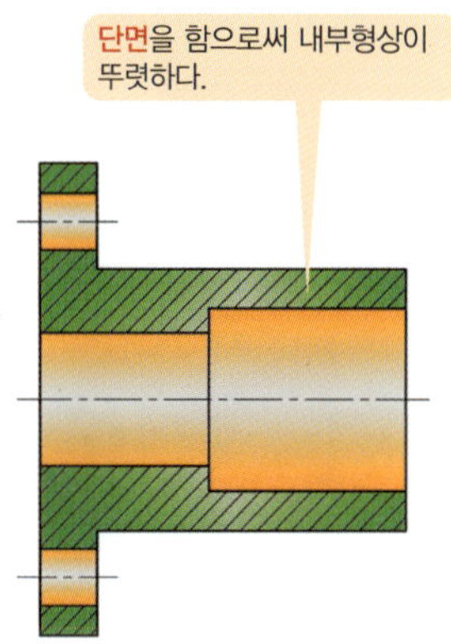


(d) 단면도

[그림 2-1] 단면표시와 단면도법

## 01 단면도법의 원칙

① 숨은선은 되도록 생략한다.

② 절단면과 절단되지 않는 면을 구별하기 위해 절단면에 **45°의 가는 실선을 3~5mm**의 간격으로 긋는다. 이것을 **해칭**이라 한다.

③ 단면을 할 때는 [그림 2-2]와 같이 단면위치를 보는 방향의 화살표와 문자로서 표시한다. 그러나, 절단면과 단면도의 관련이 분명할 때는 단면위치 및 표시방법의 일부 또는 전부를 생략할 수 있다[그림 2-3].

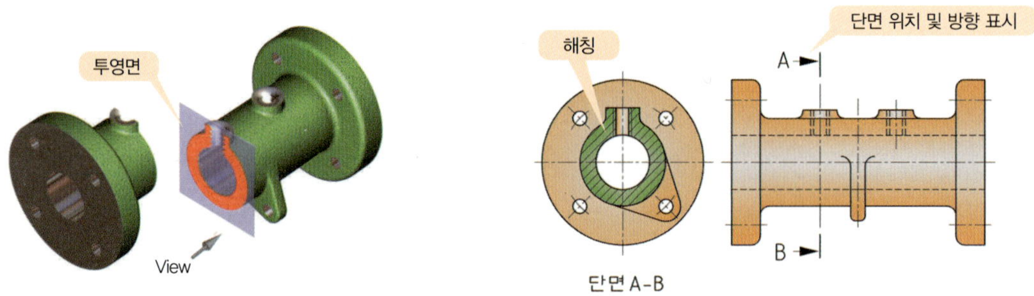


참고 입체도

[그림 2-2] 단면 위치를 문자와 화살표로 표시

참고 입체도

(a) 단면 위치가 분명한 경우 – I

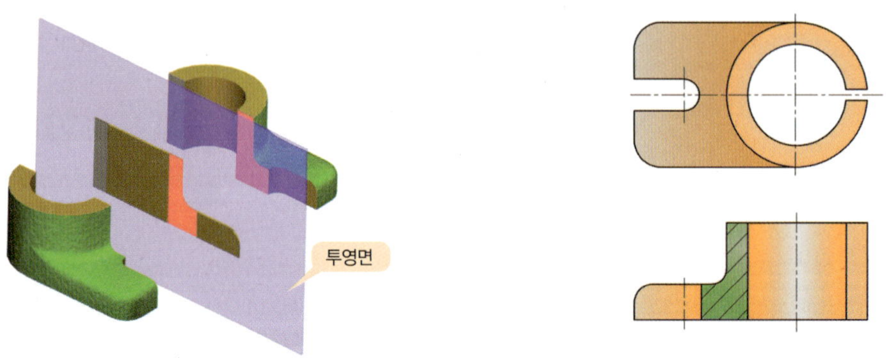


참고 입체도

(b) 단면 위치가 분명한 경우 – II

[그림 2-3] 단면 위치가 분명한 경우의 도시방법

## 02 전단면도(온단면도)

물체의 기본 중심선을 기준으로 모두 절단하고, 절단면을 수직방향에서 투상한 기법으로, 가장 기본적인 단면 기법이다. 그러나 물체의 형상이 반드시 **대칭**이어야 한다[그림 2-4].

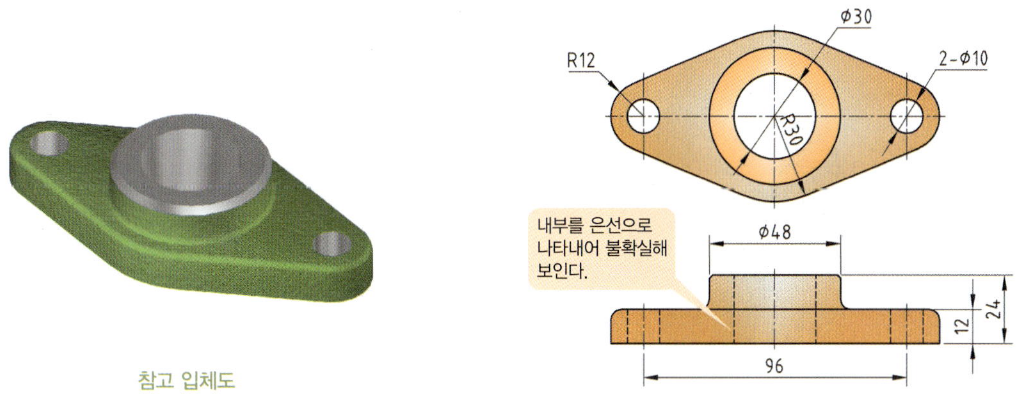


[그림 2-4] 단면하지 않았을 때의 투상도

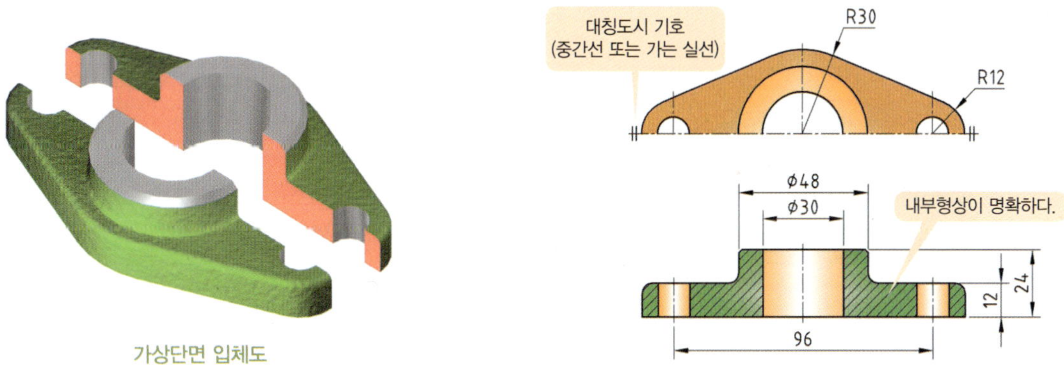


[그림 2-5] 전단면도 기법을 활용한 투상도

**적용 예**

## 03 반단면도(한쪽 단면도, 1/4 단면도)

상하좌우 각각 대칭인 물체의 중심선을 기준으로 하여 1/4에 해당하는 한쪽만 절단하고 반대쪽은 그대로 나타내어 투상하는 기법으로 물체의 **외부형상**과 **내부형상**을 동시에 나타낼 수 있는 장점이 있다. 반단면도 역시 물체의 형상이 **대칭**이어야 한다[그림 2-6].

참고 입체도

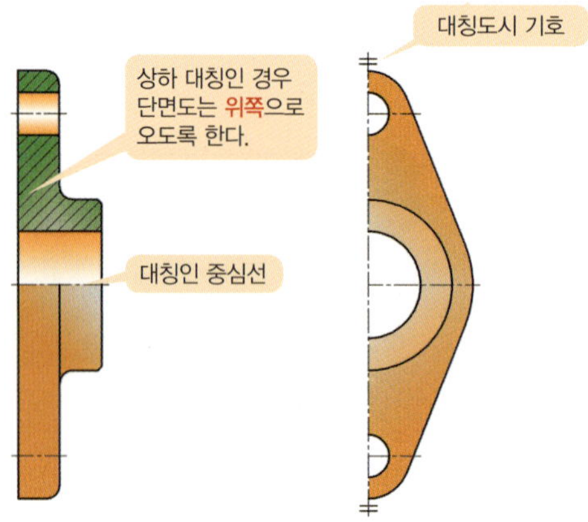


(a) 상하 대칭인 경우

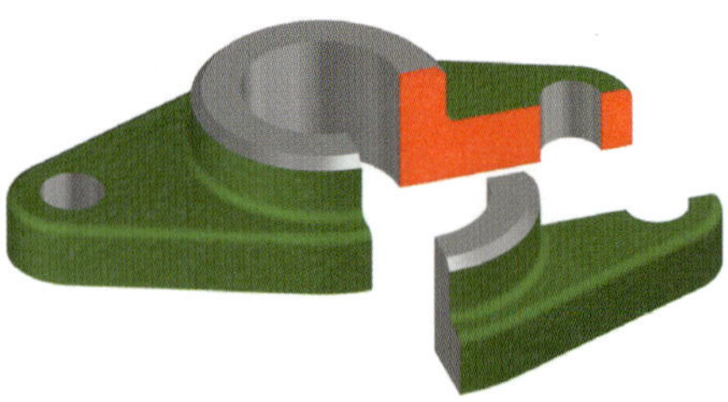

참고 입체도

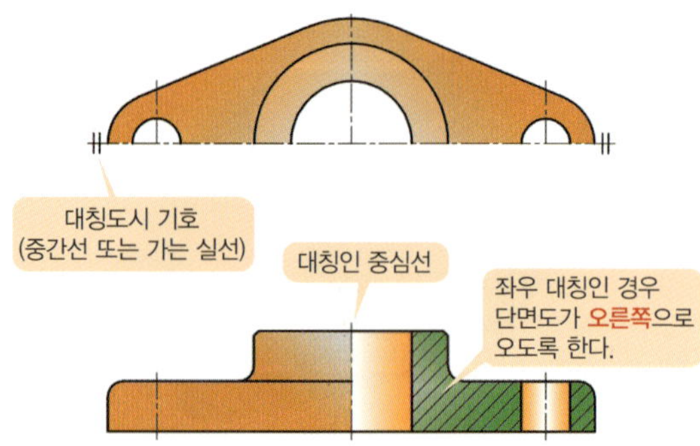


(b) 좌우 대칭인 경우

[그림 2-6] 반단면도

**적용 예**

참고 입체도

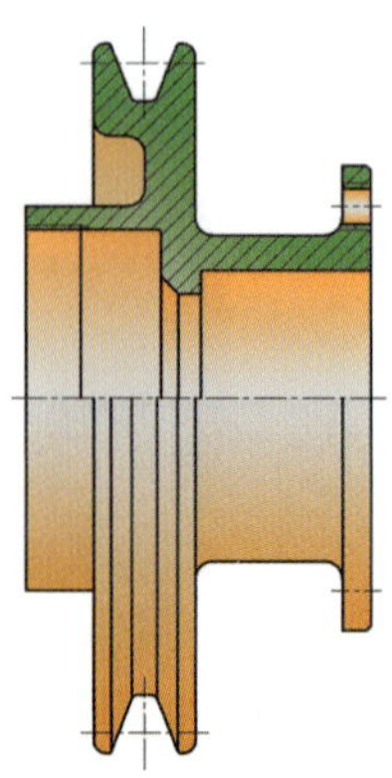

## 04 부분단면도

물체의 필요한 부분만을 절단하여 투상하는 기법으로 단면기법 중 가장 자유롭고 적용범위가 넓다. 단면한 부위는 **파단선**을 이용하여 경계를 표시하며, 물체가 **대칭**이든 **비대칭**이든 모두 적용이 가능한 것이 특징이다[그림 2-7].

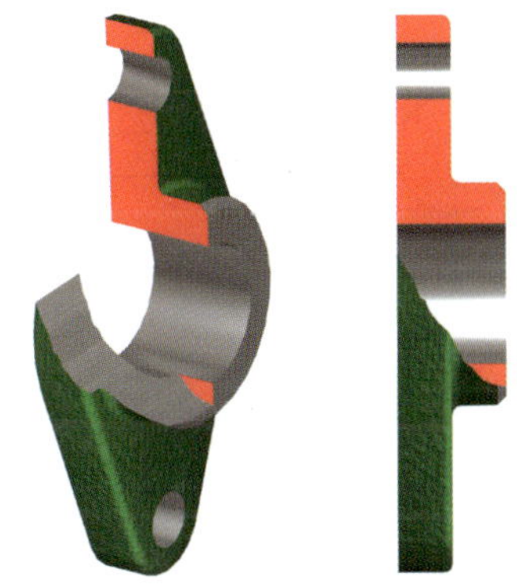

참고 입체도

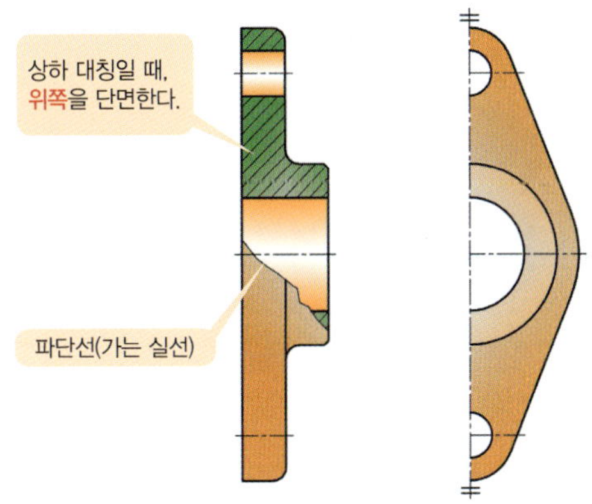


(a) 작도방법-Ⅰ

참고 입체도

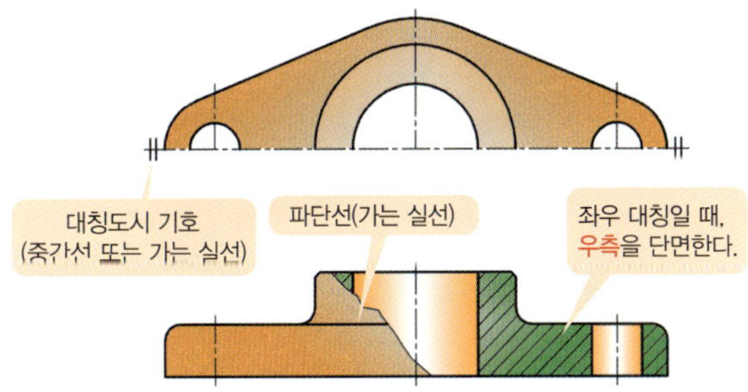


(b) 작도방법-Ⅱ

[그림 2-7] 부분단면도법 작도방법

**적용 예**

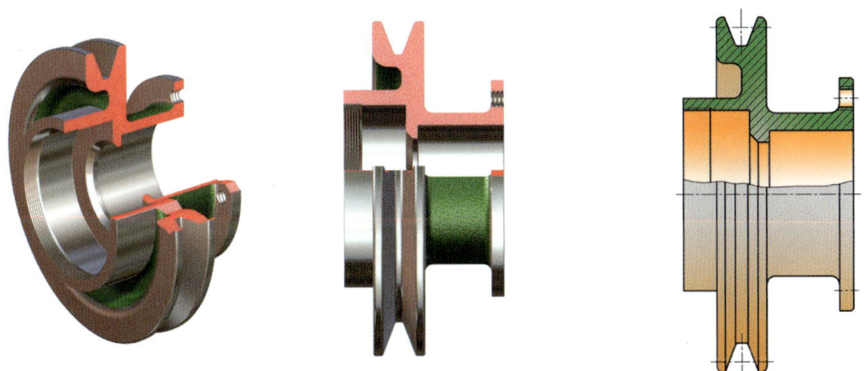

참고 입체도

## 05 회전단면도

절단면을 그 자리에서 **90°로 회전**시켜 투상하는 단면기법으로 **바퀴의 암**(arm)이나 **리브**, **형강** 등에 많이 적용된다[그림 2-8, 그림 2-9].

### (1) 절단면 사이에 외형선으로 나타내는 방법

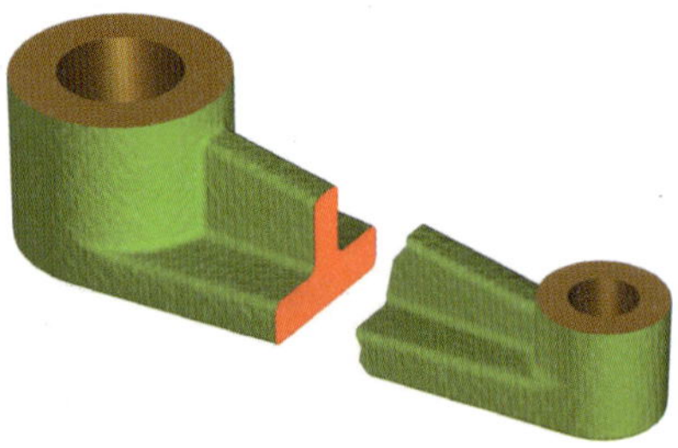

참고 입체도

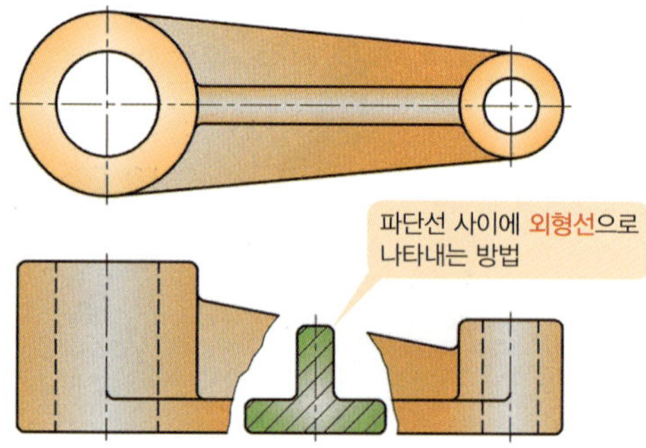


(a) 암의 예

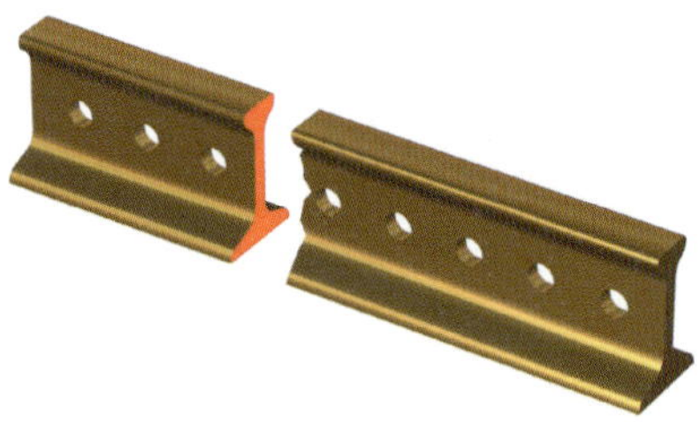

참고 입체도

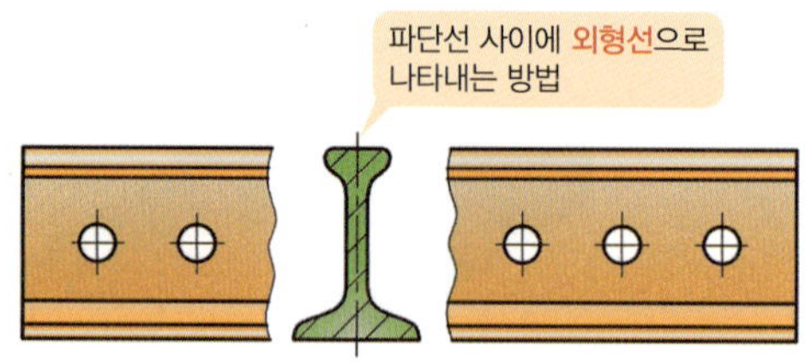


(b) 형강의 예

[그림 2-8] 회전단면도 – I

**적용 예**

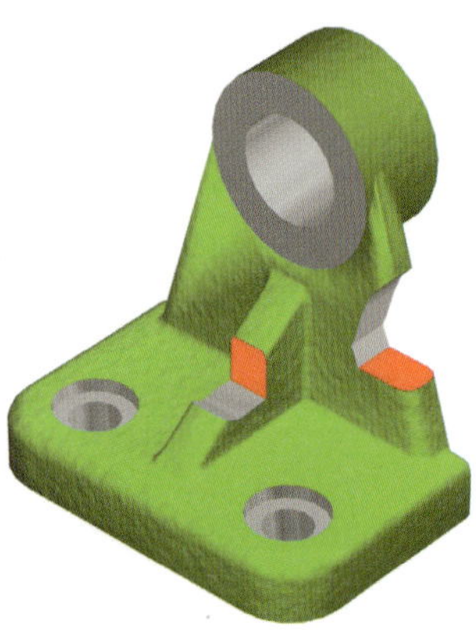

참고 입체도

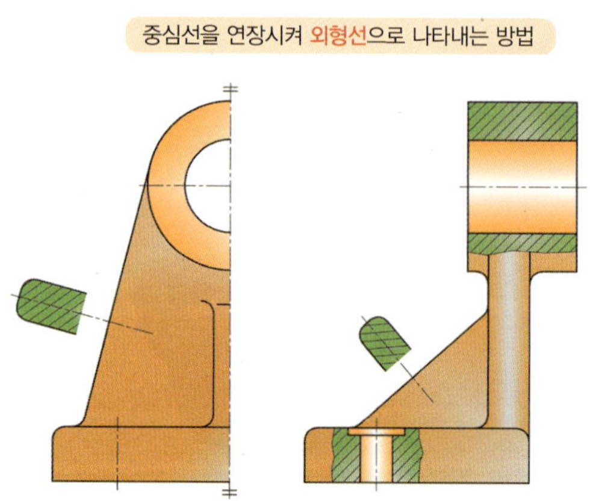

### (2) 절단면 위에 가는 실선으로 나타내는 방법

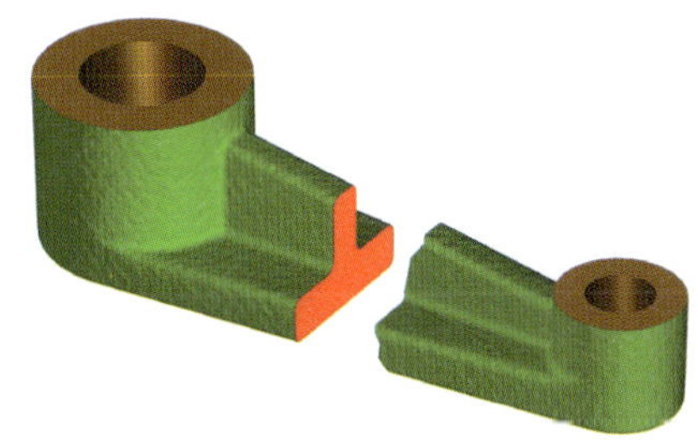

참고 입체도

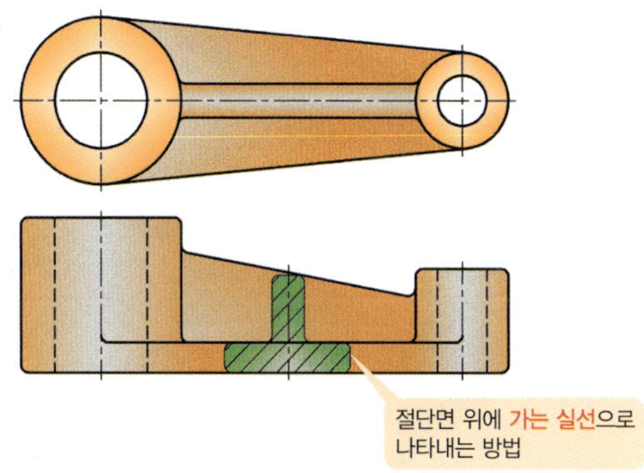


(a) 암의 예

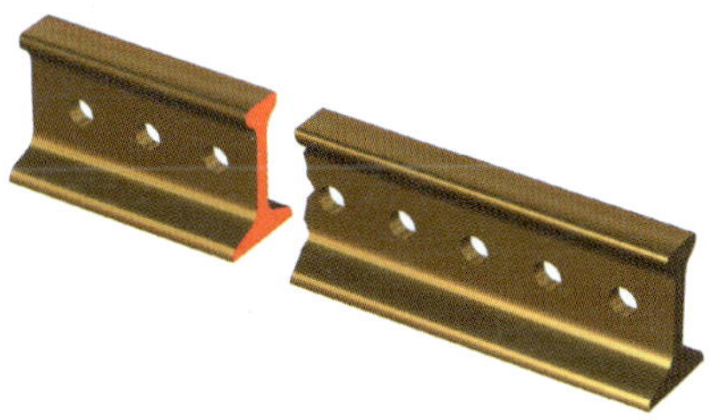

참고 입체도

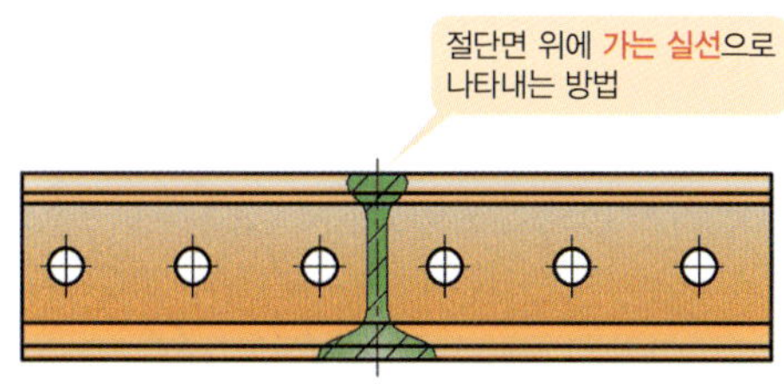


(b) 형강의 예

[그림 2-9] 회전단면도 – II

**적용 예**

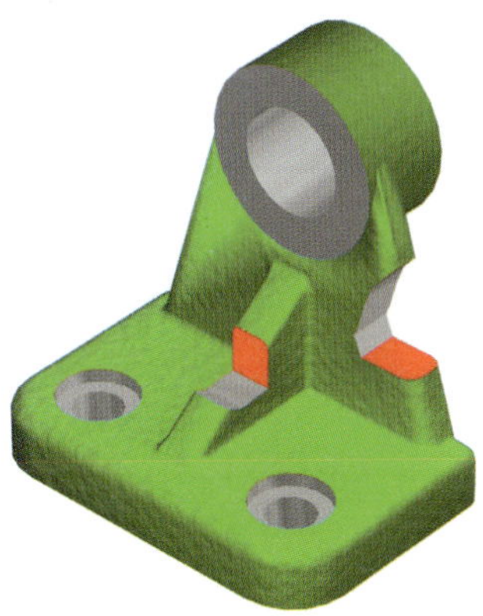

참고 입체도

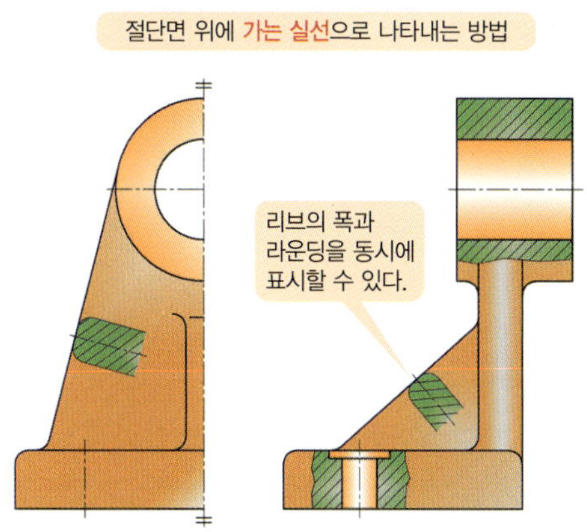

적용 예

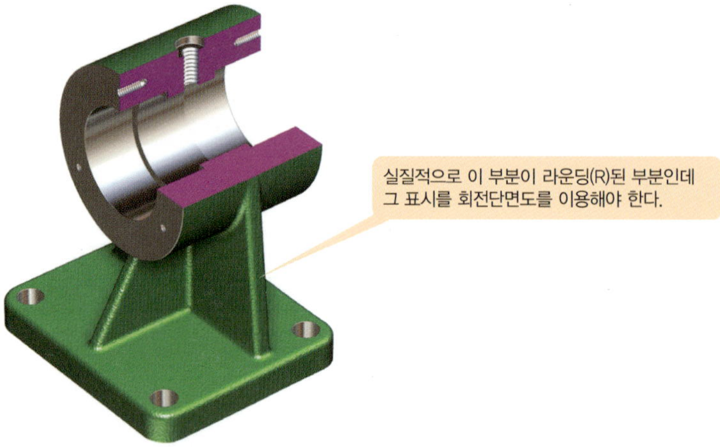


참고 입체도

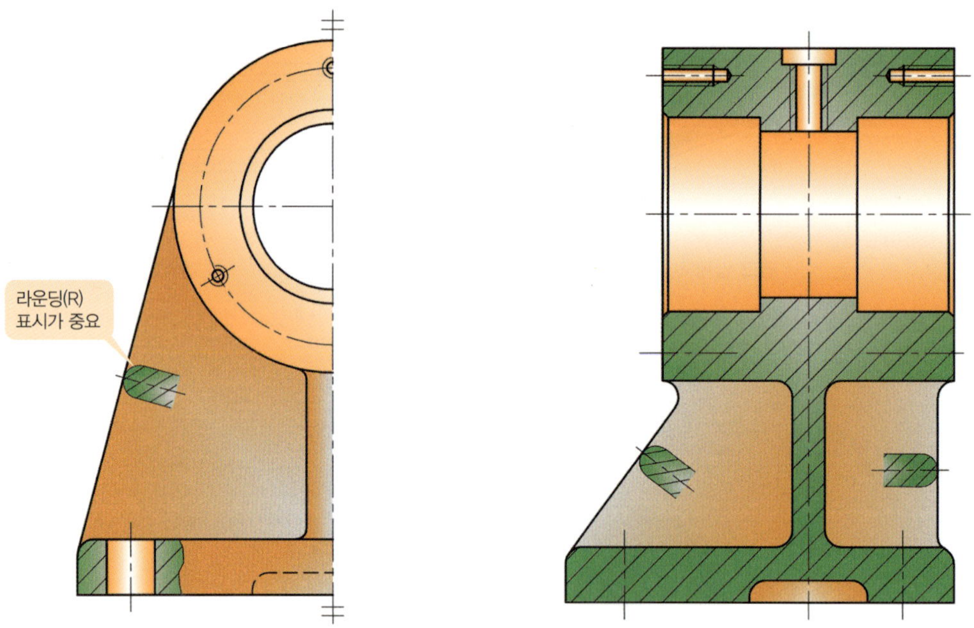


TIP

회전단면도를 그릴 때에는 가는 실선으로 나타내는 방법이 작업시간도 짧고 더 능률적이어서 많이 이용한다.

## 06 조합단면도

조합단면도는 여러 개의 절단면을 조합하여 단면도로 표시하는 기법을 말한다.

### (1) 대칭에 가까운 물체를 나타내는 조합단면도

[그림 2-10]은 A-O-B를 중심선을 따라 절단하고, O-B를 O-C까지 회전시켜 A-O-C 형체의 대칭중심선 상에 놓고 투상하는 기법의 예이다.

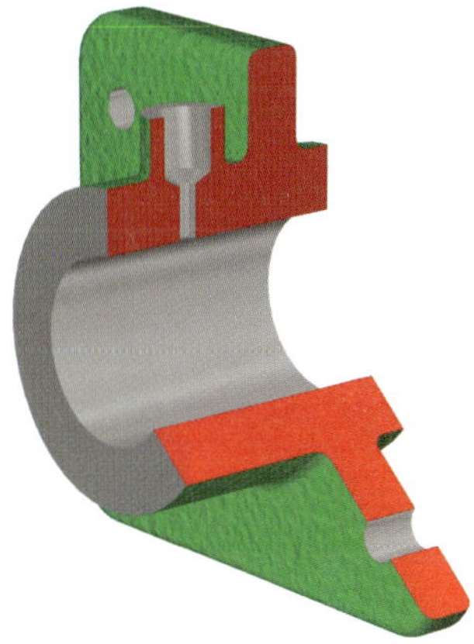

참고 입체도

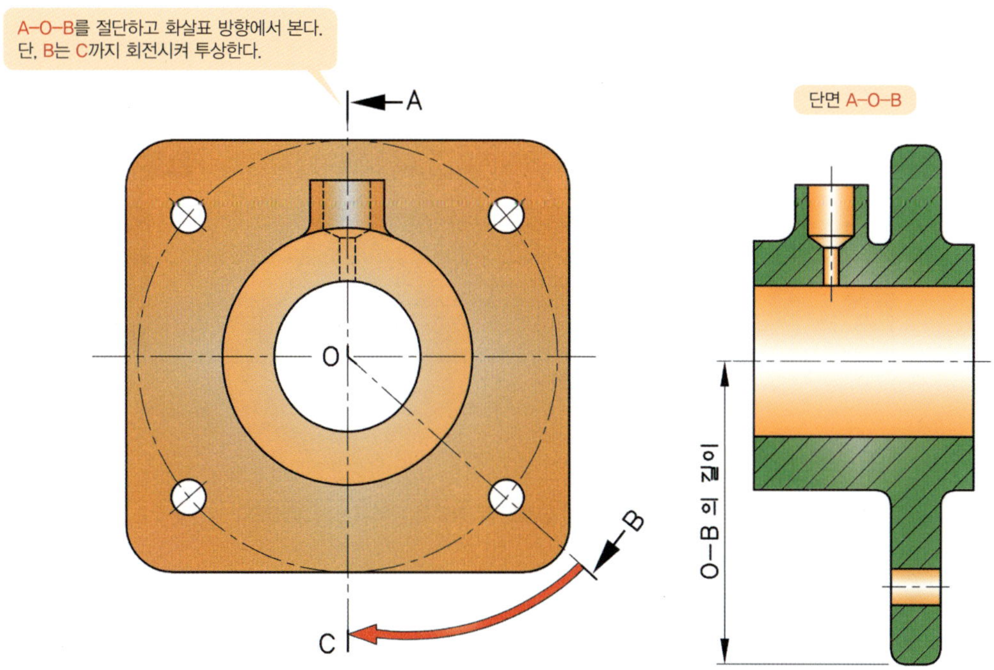


[그림 2-10] 대칭에 가까운 물체의 조합단면도

### (2) 평행인 두 평면을 나타내는 조합단면도

[그림 2-11]과 같이 절단할 때는 A′, B를 연결하는 선이 이론적으로는 [그림 2-11(b)]와 같이 나타나게 되지만 이와 같은 단면 도시기법에서는 [그림 2-11(a)]와 같이 나타내는 것을 원칙으로 한다.

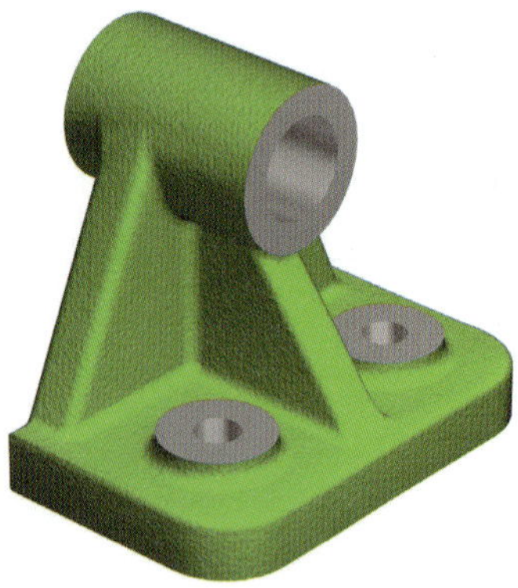

참고 입체도

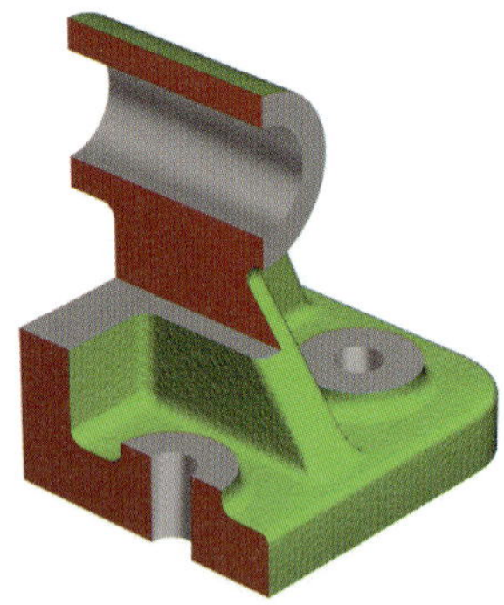

단면 A-B′의 참고 입체도

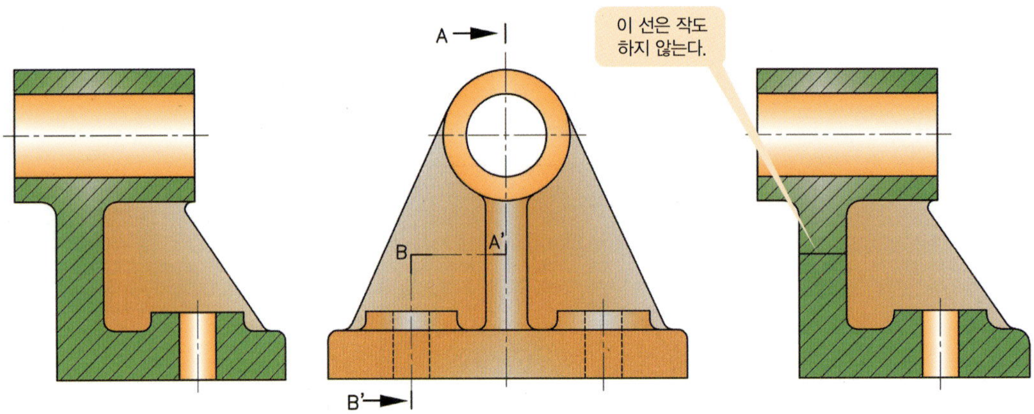


(a) 올바른 단면도

(b) 잘못된 단면도

[그림 2-11] 평행인 두 평면을 나타내는 조합단면도

### (3) 복잡한 물체를 나타내는 조합단면도

① [그림 2-12]는 절단면 A-O-B-C-D에서, A-O-B는 90°, B-C-D는 45°로 각각 회전시켜 나타내는 단면 도법의 예이다.

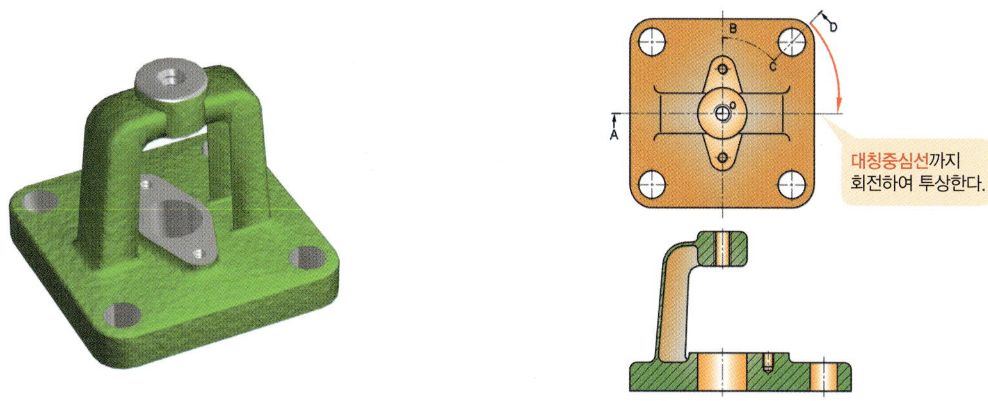


참고 입체도 　　　　A-O-B-C-D를 절단한 단면도

[그림 2-12] 복잡한 물체를 나타내는 조합단면도

② [그림 2-13]은 절단면 A를 90°로 O-B선 위까지 회전시켜 나타내는 단면도법의 예이다.

참고 입체도 　　　　A-O-B-C-D를 절단한 단면도

[그림 2-13] 복잡한 물체를 나타내는 조합단면도

**적용 예**

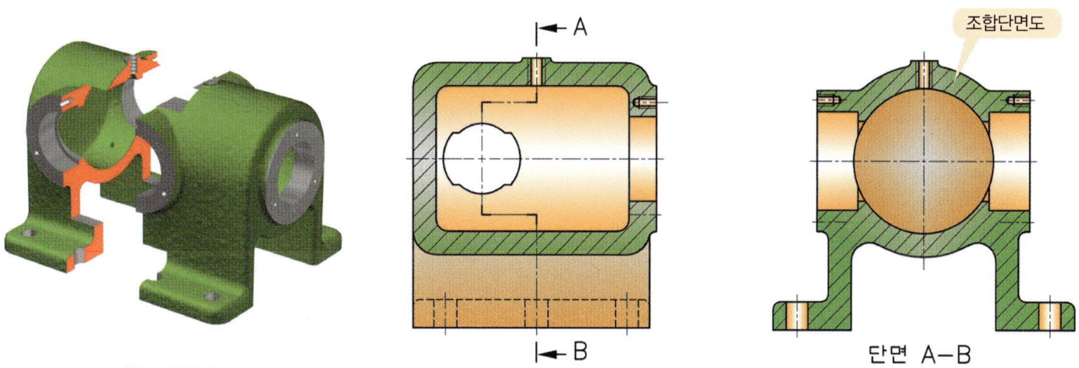


참고 입체도

## 07 생략도

### (1) 대칭도형의

도형이 대칭인 경우 대칭 중심선을 기준으로 한쪽을 생략할 수 있다. 이때, 한쪽 도형만 작도하고 대칭 중심선의 양 끝에 **2개의 짧은 중간선 또는 가는 실선**을 나란히 긋는다[그림 2-14].

#### ① 대칭인 투상도가 중심선을 넘지 않을 경우의 도시 예

생략도를 작도할 때 대칭 중심선을 기준으로 **평면도**는 **위쪽**, **저면도**는 **아래쪽**, **우측면도**는 **우측**, **좌측면도**는 **좌측**에 도면을 각각 배치하는 것이 올바른 투상이다.

(ㄱ) 평면도에 적용한 예

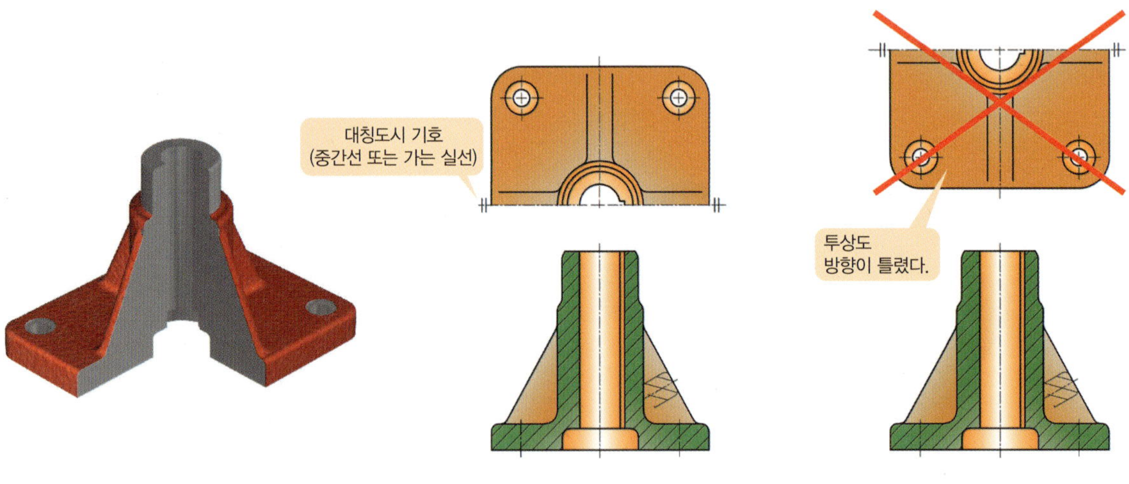


참고 입체도 (a) 올바른 예 (b) 잘못된 예

(ㄴ) 좌측면도에 적용한 예

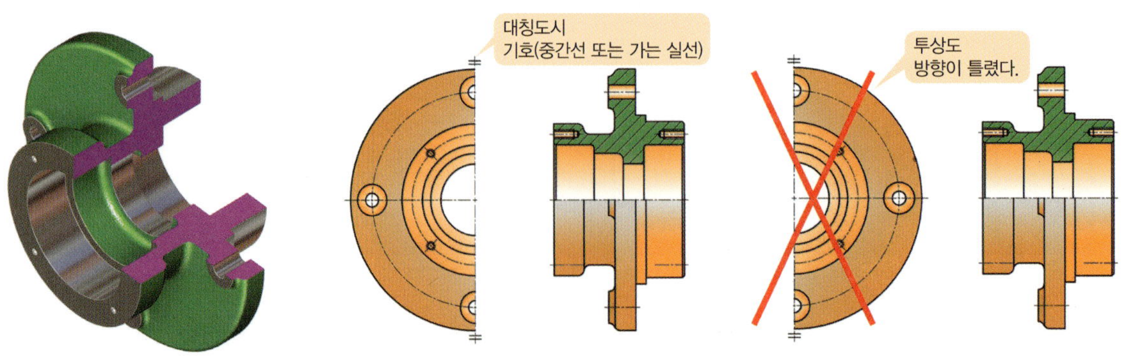


참고 입체도 (a) 올바른 예 (b) 잘못된 예

[그림 2-14] 중심선을 넘지 않을 경우의 도시 예

② 대칭인 투상도가 중심선을 넘을 경우의 도시 예

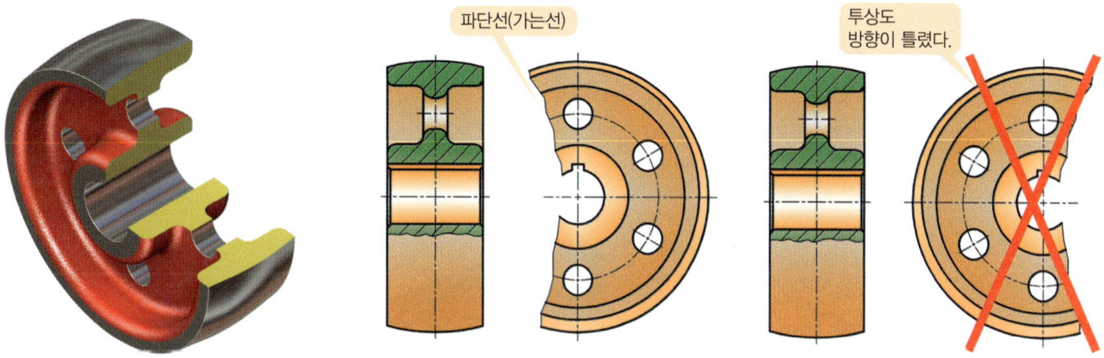


참고 입체도 (a) 올바른 예 (b) 잘못된 예

[그림 2-15] 중심선을 넘을 경우의 도시 예

**적용 예**

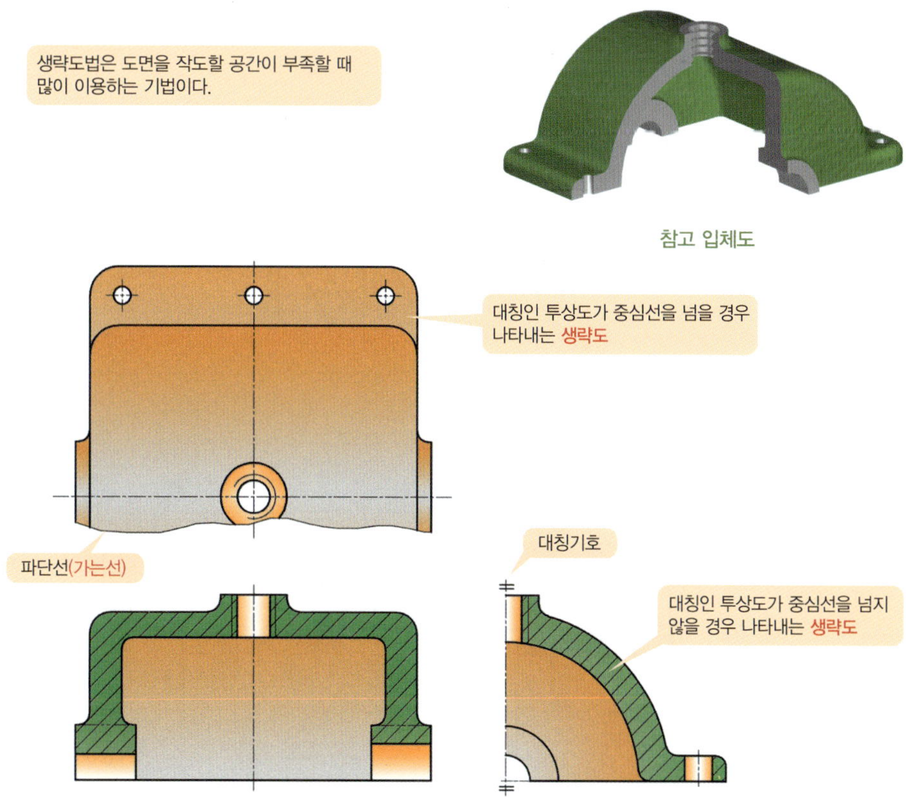

### (2) 중간 부분을 생략할 수 있는 여러 가지 기법들

**축, 막대, 파이프, 형강, 래크, 테이퍼축**과 같이 규칙적으로 줄지어 있는 부분 또는 **너무 길어서** 도면 영역 내에 들어가지 못하는 그림인 경우에는 중간 부분을 잘라내어 중요한 부분만 도시할 수 있다[그림 2-16].
이 경우, 잘라낸 끝 부분은 파단선(가는선)으로 나타내고 긴 테이퍼의 경우, 경사가 완만한 것은 실제 각도로 표시하지 않아도 좋다.

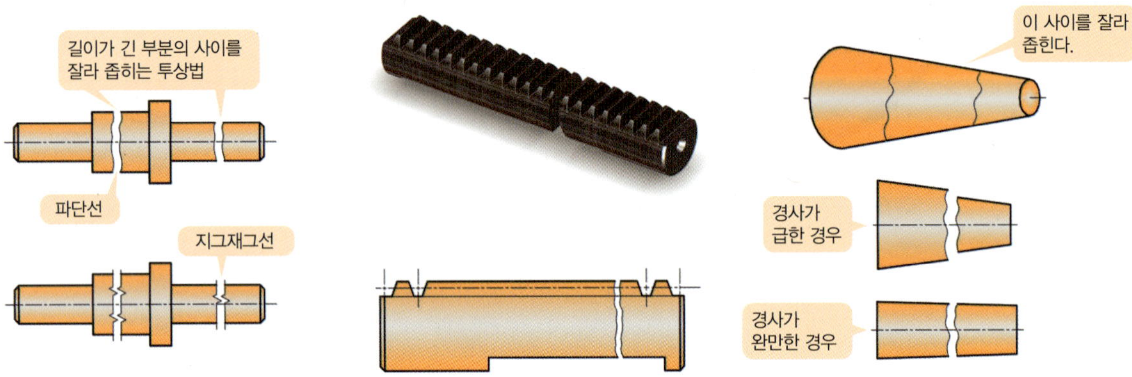


(a) 축 (b) 래크 (c) 테이퍼 축

[그림 2-16] 중간 부분을 생략하는 기법

**적용 예**

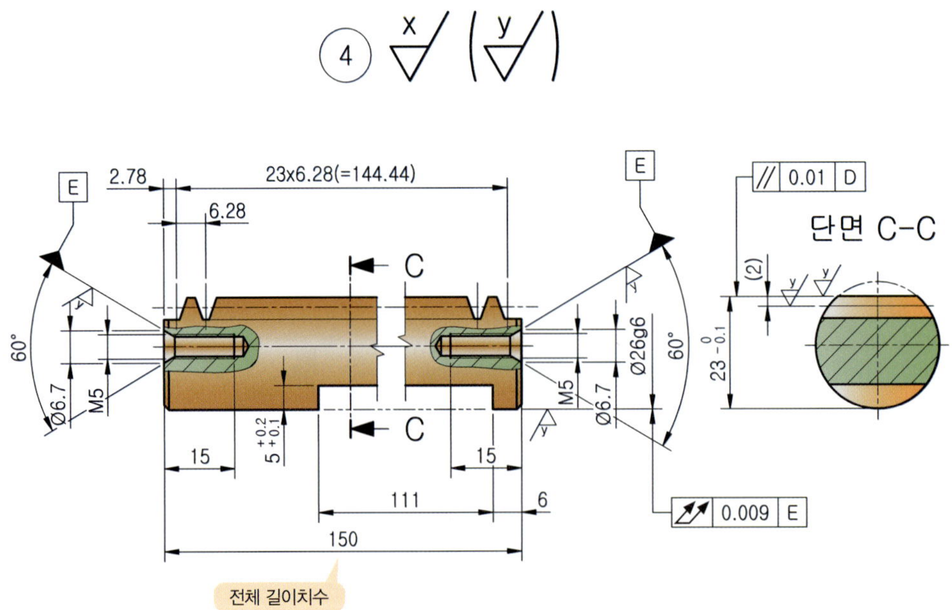

## 08 단면을 해서는 안 되는 경우와 특수한 경우의 도시방법

### (1) 단면을 해서는 안 되는 경우

**축, 리브, 바퀴암, 기어의 이, 볼트, 너트** 등과 같은 경우 단면을 하지 않는 경우가 있다.
그 이유는 단면을 함으로써 도형을 이해하는 데 방해만 되고, 단면을 한다 해도 별 의미가 없을 뿐만 아니라 잘못 해석할 우려가 있기 때문에 **길이방향**으로는 단면을 하지 않는다[그림 2-17].

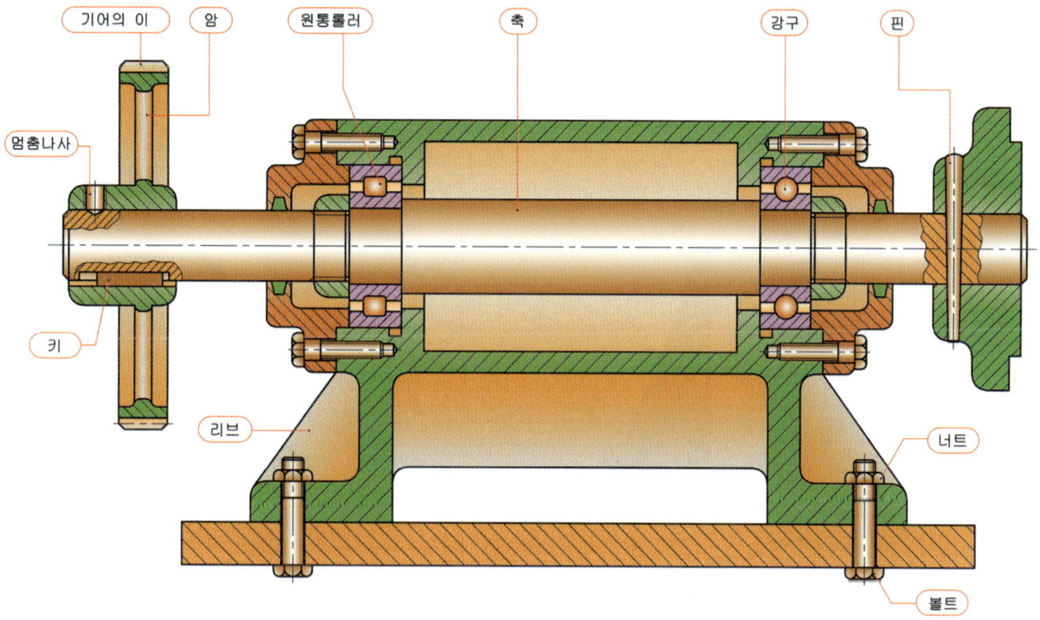


[그림 2-17] 길이방향으로 단면하지 않는 경우

> **TIP**
> 위에서 지시한 기계요소들을 길이방향으로 단면하게 되면 도면을 보는 사람들이 형상을 잘못 이해할 수 있다.

① 잘못 해석하기 쉬운 도형 중 리브의 예

**잘못 해석된 도면**

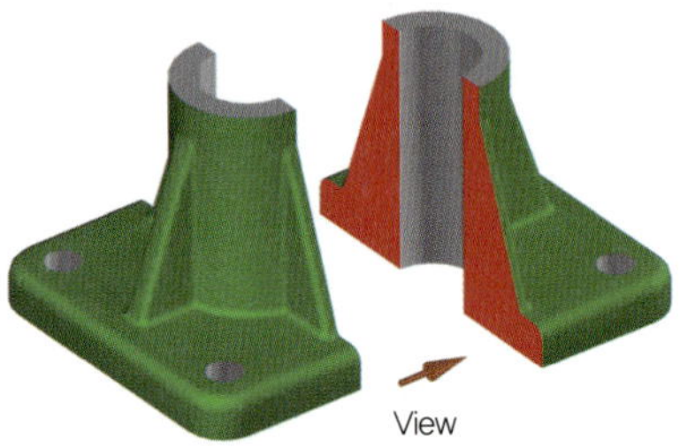


참고 입체도

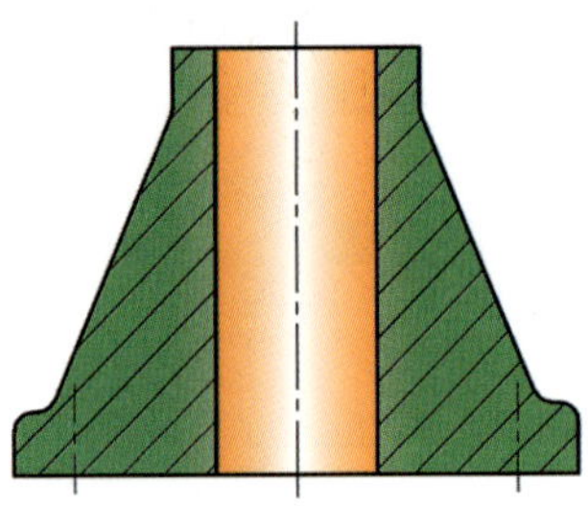

(a) 단면도

(b) 연상되는 형상

**올바르게 해석된 도면**

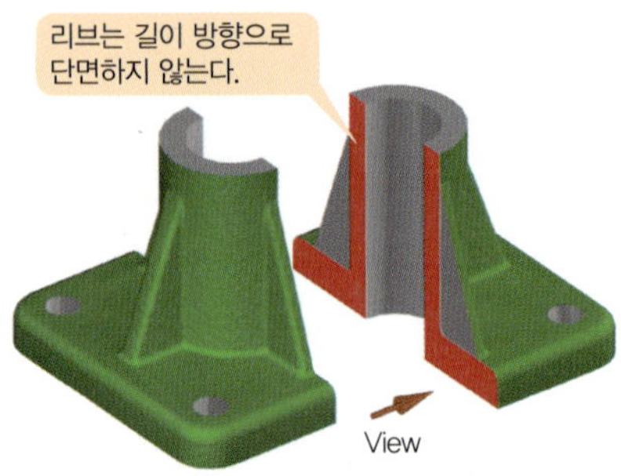


참고 입체도

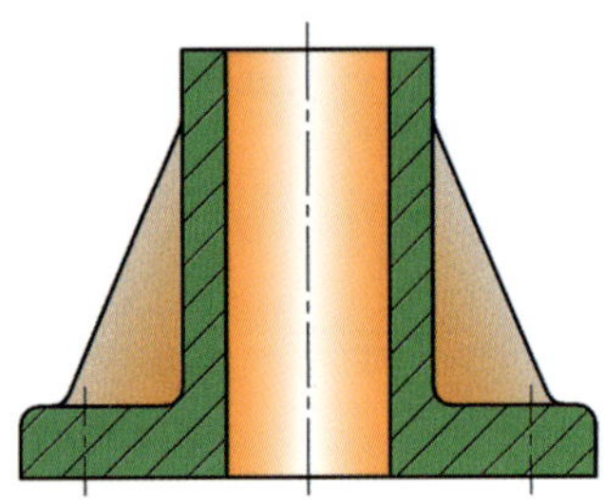

(a) 단면도

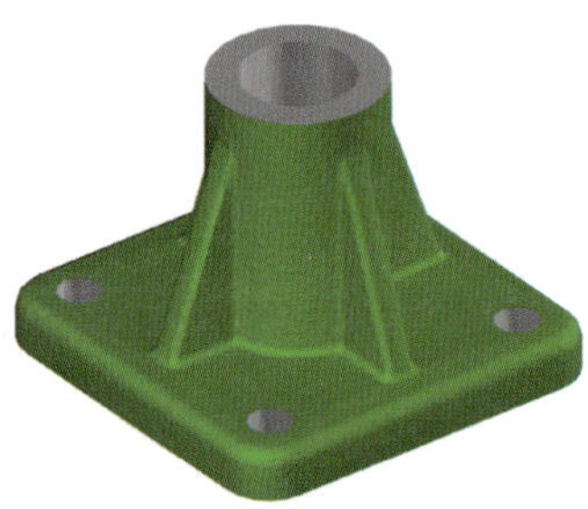

(b) 연상되는 형상

② 잘못 해석하기 쉬운 축의 예

참고 입체도

잘못 해석된 도면

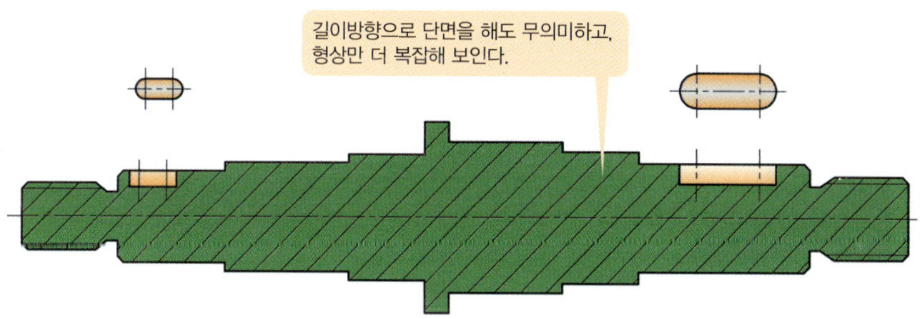


올바르게 해석된 도면

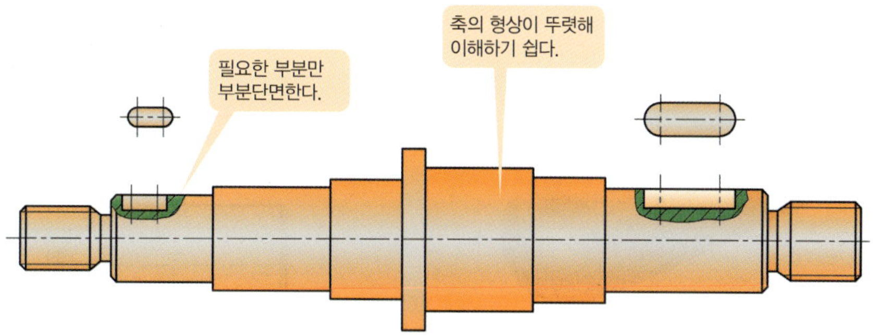

### (2) 특수한 경우의 도시방법

단면도법이나 생략도법 이외에 특수한 경우, 도형을 표시하는 방법이 있다.

#### ① 특정 부분이 평면인 경우의 도시방법

도형 내에 특정 부위가 평면일 때 이것을 표시해야 될 경우, 평면인 부위에 가는 실선으로 대각선을 긋는다 [그림 2-18].

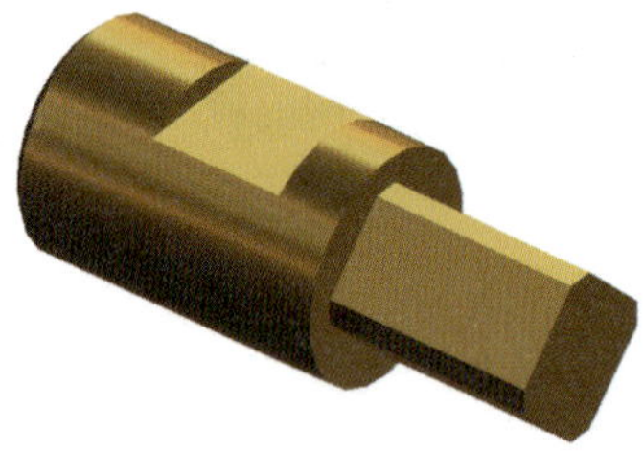

참고 입체도

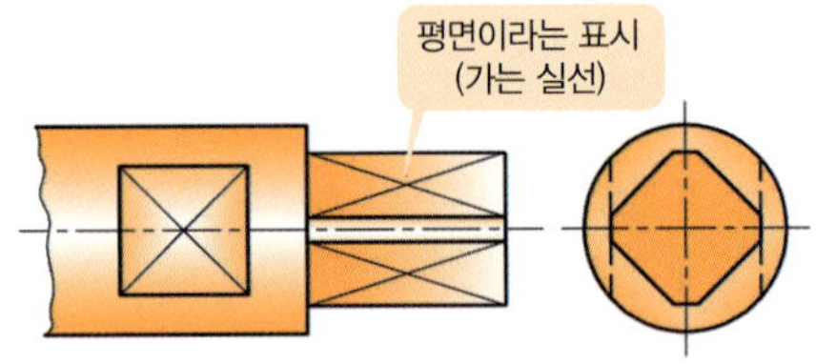


(a) 생크(Shank)

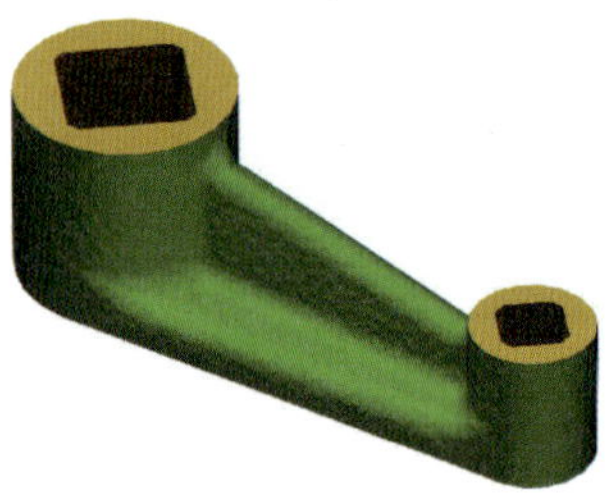

참고 입체도

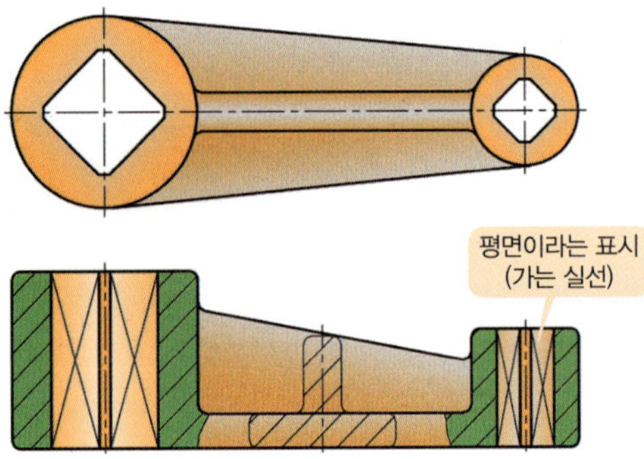


(b) 핸들

참고 입체도

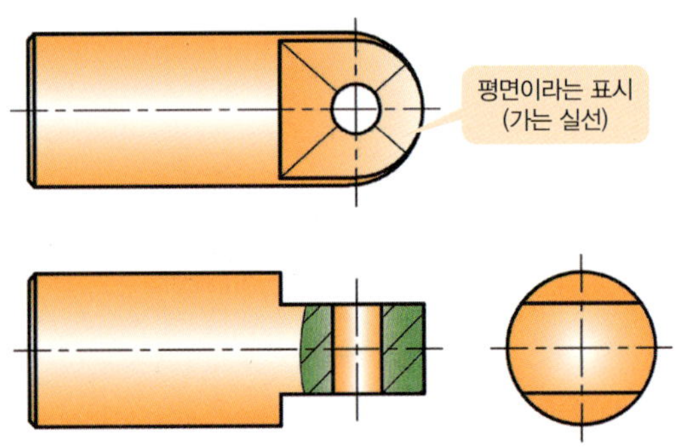


(c) 슬라이더 – I

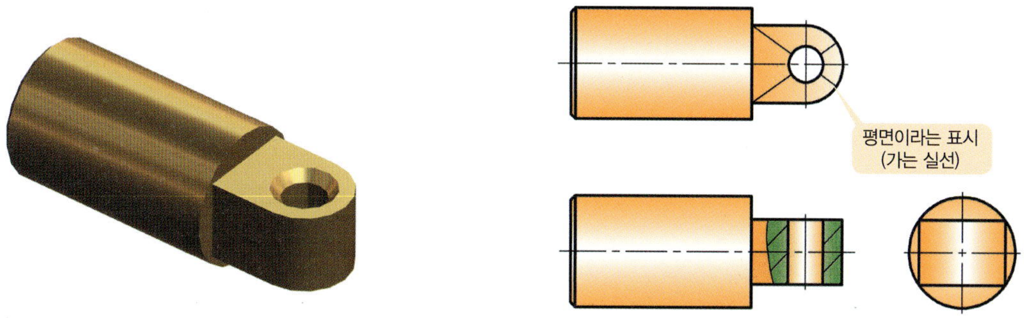


참고 입체도 (d) 슬라이더 – II

[그림 2-18] 특정 부위가 평면인 경우의 도시방법

### ② 도형이 구부러진 경우의 도시방법

구부러진 부분의 면이 라운드 처리가 되어 있는 경우에는 교차선의 위치에서 그에 대응하는 위치까지 **가는 실선**으로 표시하고, 교차한 대응도면 위치의 상관선도 **가는 실선**으로 표시한다[그림 2-19].

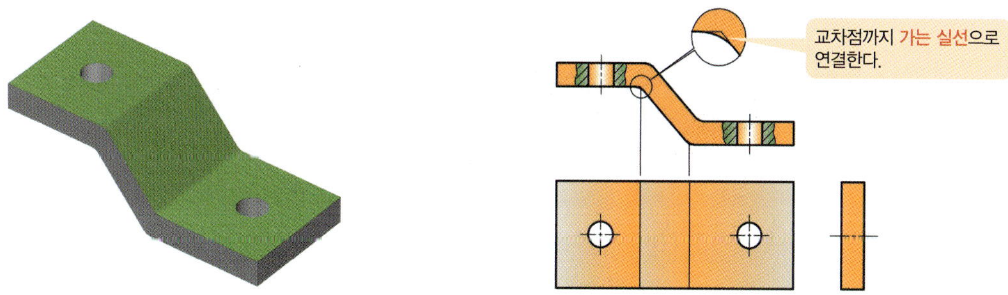


참고 입체도 (a) 표시방법 – I

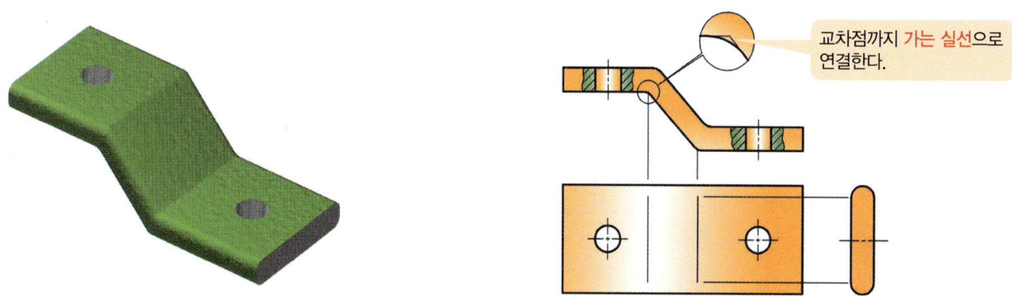


참고 입체도 (b) 표시방법 – II

[그림 2-19] 라운드 처리가 되어 있는 경우의 도시방법

### ③ 리브의 끝을 도시하는 방법

리브의 끝 부분에 라운드 표시를 할 때에는 크기에 따라 직선, 안쪽 또는 바깥쪽으로 구부러진 경우가 있다[그림 2-20].

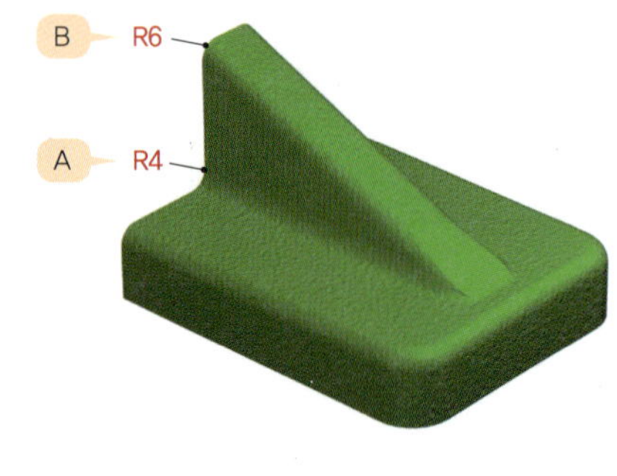


참고 입체도

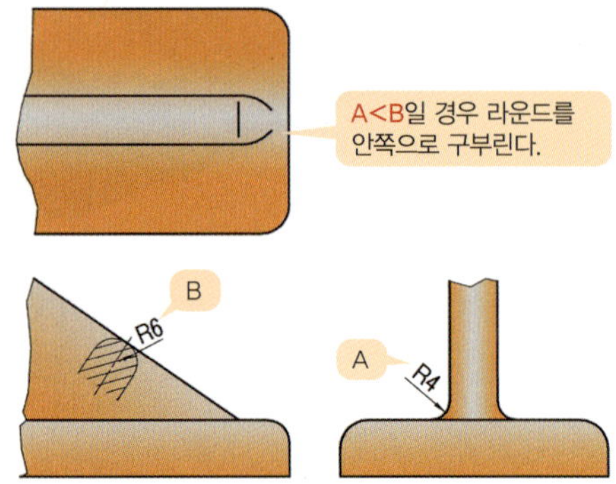


(a) A < B인 경우

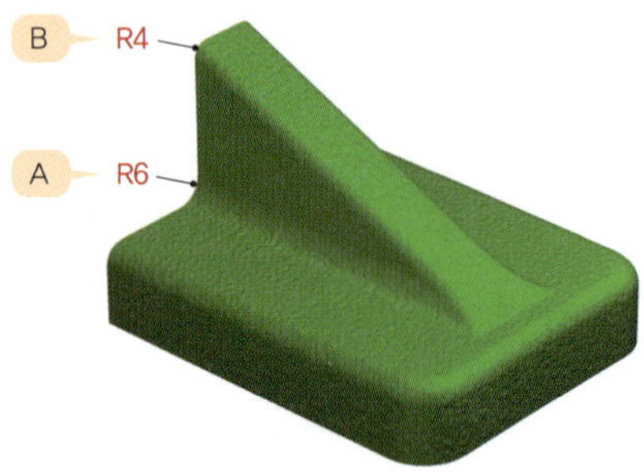


참고 입체도

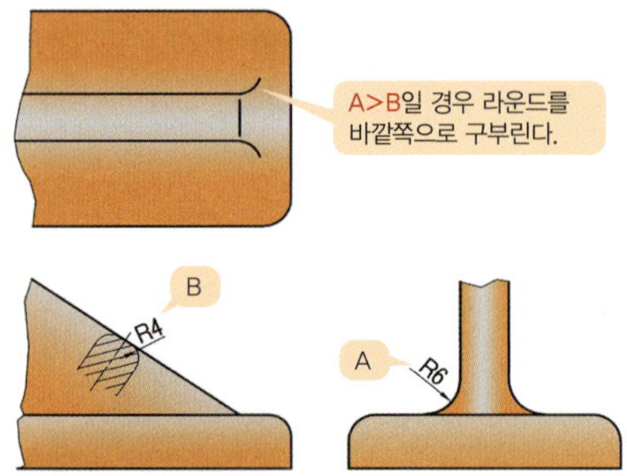


(b) A > B인 경우

[그림 2-20] 리브의 끝 부분이 라운드 처리된 경우의 도시방법

### ④ 특수한 가공 부분을 표시하는 방법

대상물의 면에 특수한 가공이 필요한 부분은 그 범위를 외형선에서 약간 띄어서 **굵은 1점 쇄선**으로 표시할 수 있다[그림 2-21].

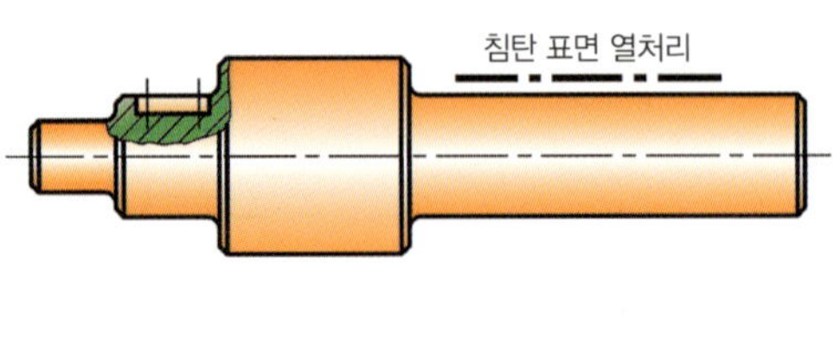


(a) 축

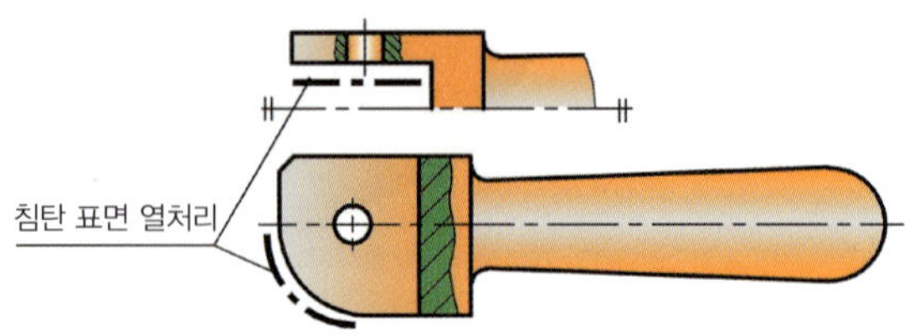


(b) 핸들

[그림 2-21] 특수가공을 표시하는 방법

### ■ 특수가공부 실제 적용 예

마찰운동을 주로 하는 실린더, 피스톤, 편심장치, 크랭크축, 기어의 이 등과 같은 마찰부위에는 특수한 재질을 쓰지만 일반적으로 **표면 열처리**를 부여하는 경우가 많다.

**편심구동장치**

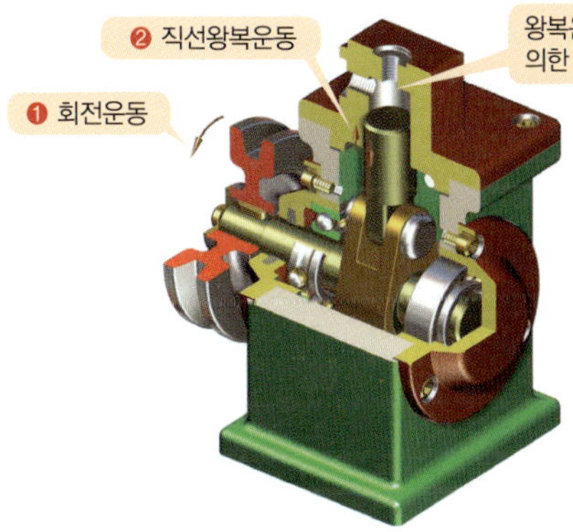


참고 입체도

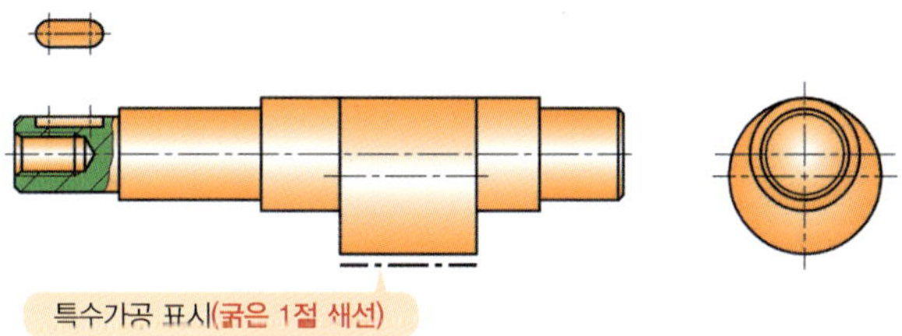


(a) 편심축

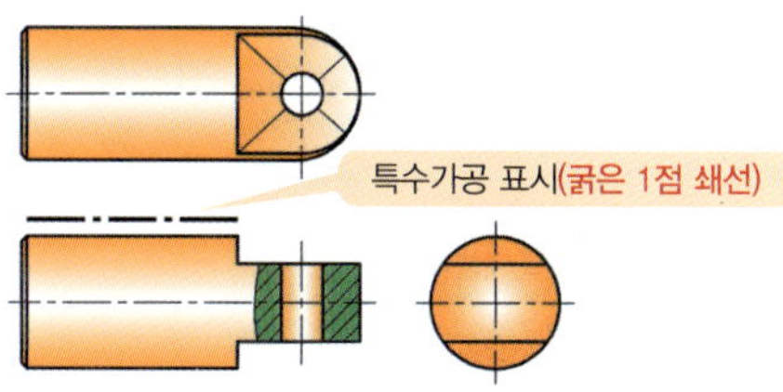


(b) 슬라이더

**V블록 클램프**

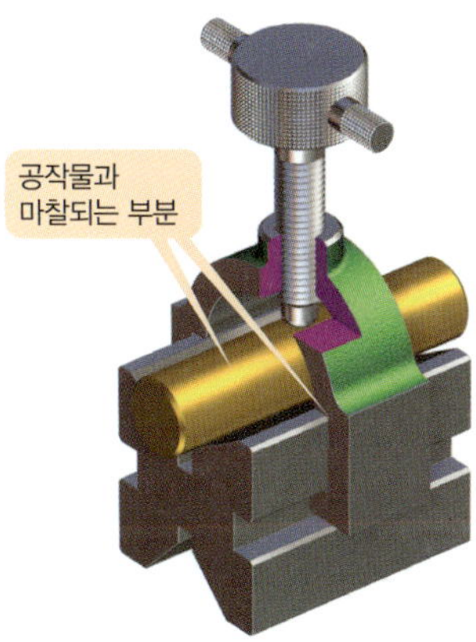

참고 입체도

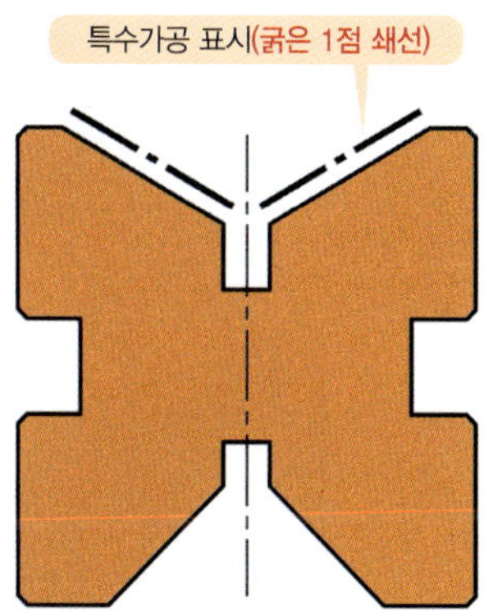

# 03 기타 정투상도를 보조하는 여러 가지 특수 투상기법들

## 01 보조투상도

물체의 경사면에서 실제의 길이를 나타내기 위해서 경사면과 수직하는 위치에 나타내는 투상도를 **보조투상도**라 하고 도시하는 방법은 [그림 3-1, 그림 3-2]와 같다.

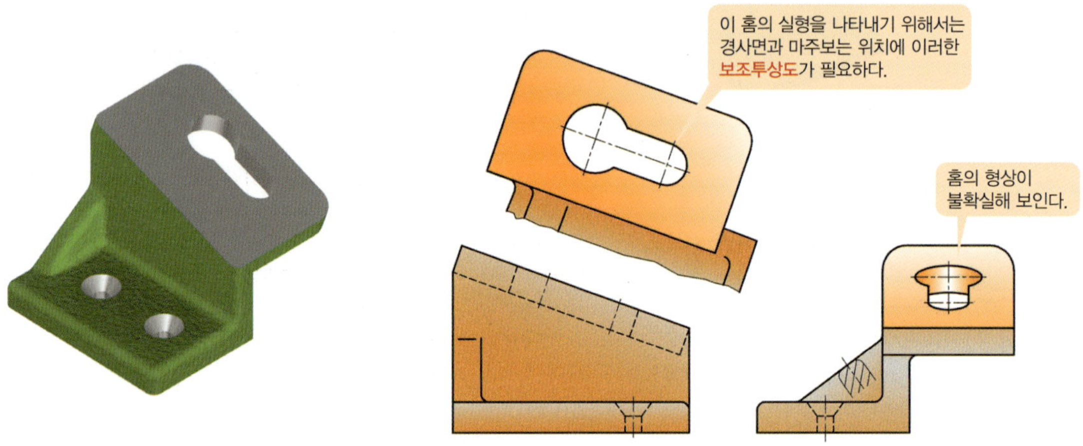


참고 입체도 (a) 정면도 (b) 우측면도

[그림 3-1] 보조투상도

(a) 문자로써 나타내는 방법 (b) 중심선으로 연결하는 방법

[그림 3-2] 문자와 중심선에 의한 보조투상도 도시방법

## 02 회전투상도

물체의 일부분이 경사져 있을 때 경사진 부분만 회전시켜서 나타내는 투상도법을 **회전투상도**라 하고 잘못 해석할 우려가 있을 경우 작도선을 남긴다[그림 3-3].

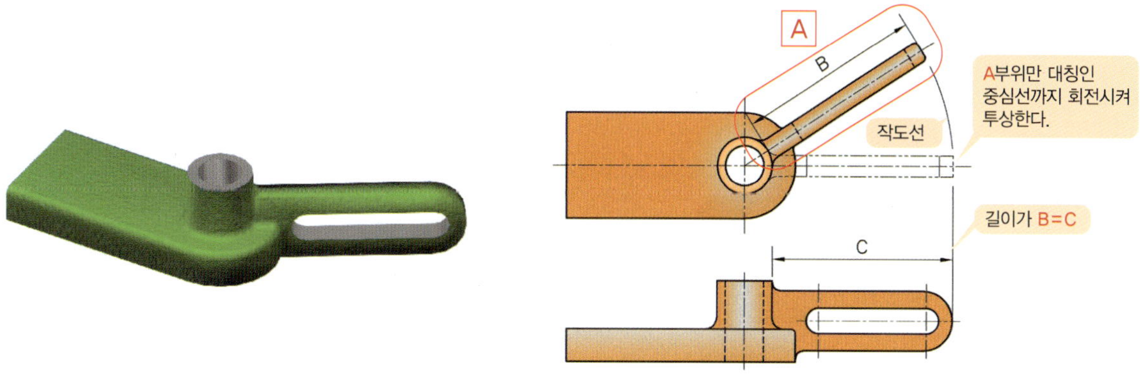


참고 입체도

[그림 3-3] 회전투상도

## 03 부분투상도

주투상도에서 잘 나타나지 않은 부분 혹은 꼭 필요한 일부분만 오려내서 나타내는 투상도법을 **부분투상도법**이라 한다[그림 3-4].

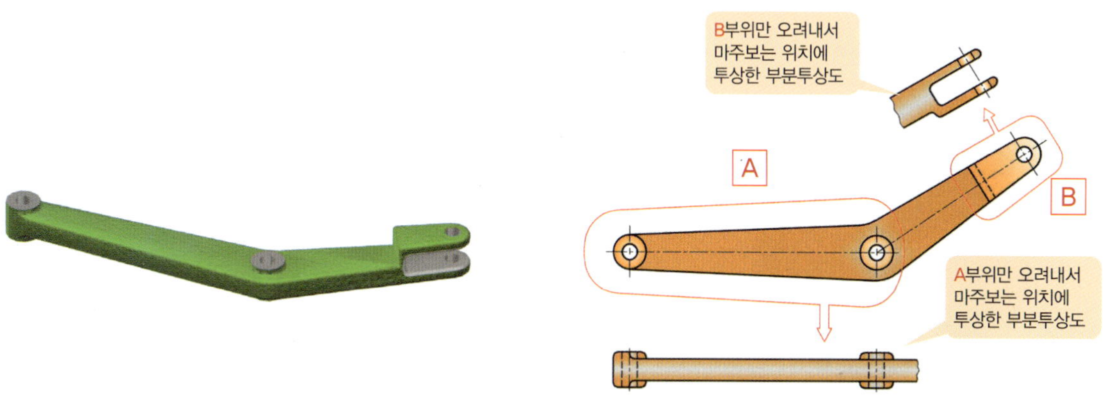


참고 입체도

[그림 3-4] 부분투상도

**적용 예**

참고 입체도

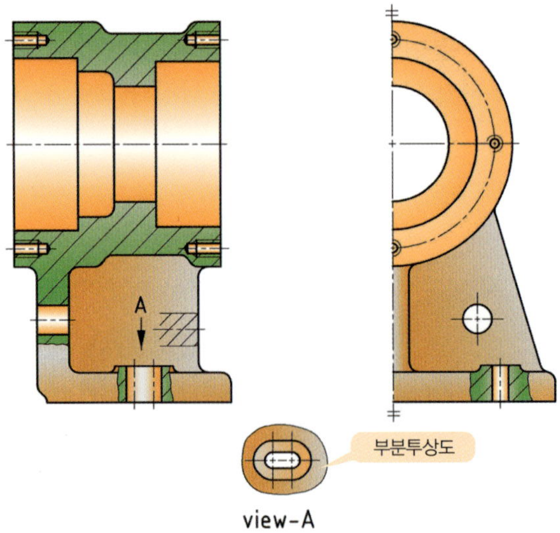


## 04 국부투상도

정면도를 보조하는 투상도를 그릴 때, 특수한 부분만 나타내는 투상도법이다[그림 3-5, 그림 3-6]. 이 때 중심선은 연결해준다.

### (1) 회전체인 경우의 도시방법

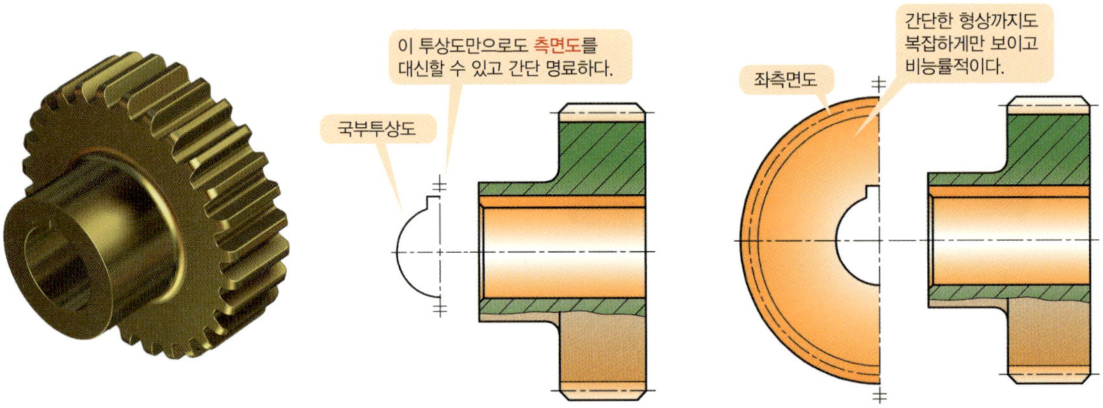


참고 입체도 (a) 국부투상도 적용 예 (b) 국부투상도를 적용하지 않는 방법

[그림 3-5] 국부투상도 – 회전체인 경우(스퍼어기어)

### (2) 축인 경우의 도시방법

[그림 3-6] 국부투상도 – 축인 경우

## 05 상세도(확대도)

물체의 중요한 부분이 너무 작은 경우 그 부분을 가는 실선으로 둘러싸고 인접한 부분에 크기를 확대시켜 그리는 투상도를 **상세도법**이라 한다. 문자로 척도를 표시하고 **치수는 실척치수**로 기입한다[그림 3-7].

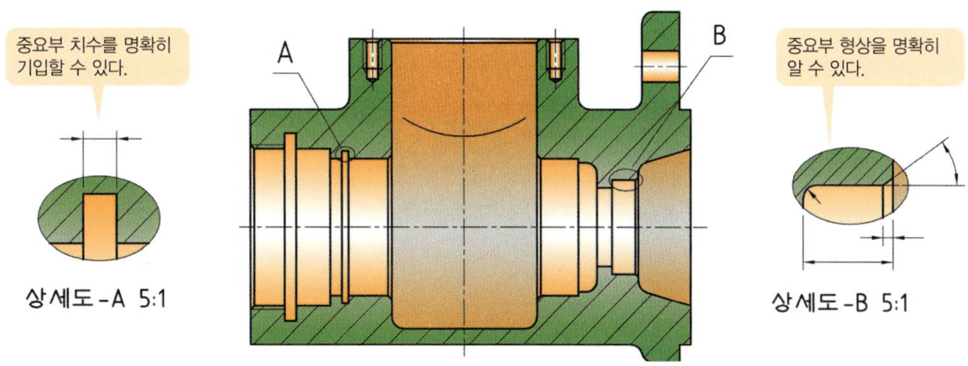


[그림 3-7] 상세도법(확대도)

**TIP**

실무에서나 KS 규격에는 없지만 상세도 크기(Scale)가 명확하지 않을 때, 임의의 크기로 작도하고 NS로 표시할 수 있다.

**적용 예**

참고 입체도

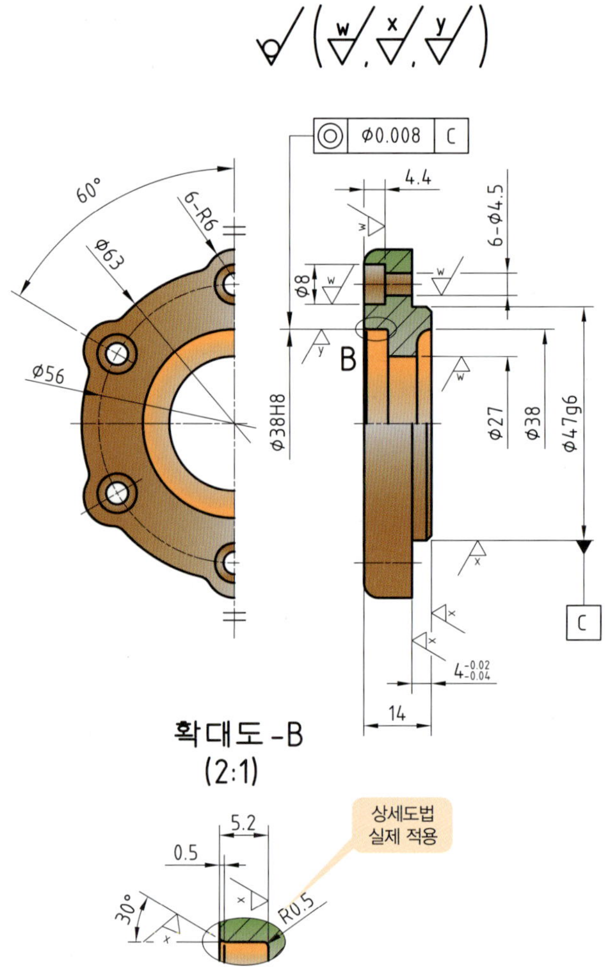
Ø0.008
C
4.4
60°
6-R6
Ø63
Ø56
6-Ø4.5
Ø8
Ø38H8
B
Ø27
Ø38
Ø47g6
$4^{-0.02}_{-0.04}$
14
확대도-B
(2:1)
5.2
0.5
30°
R0.5
상세도법
실제 적용

## 과제도면에 적용된 각종 상세도 – I

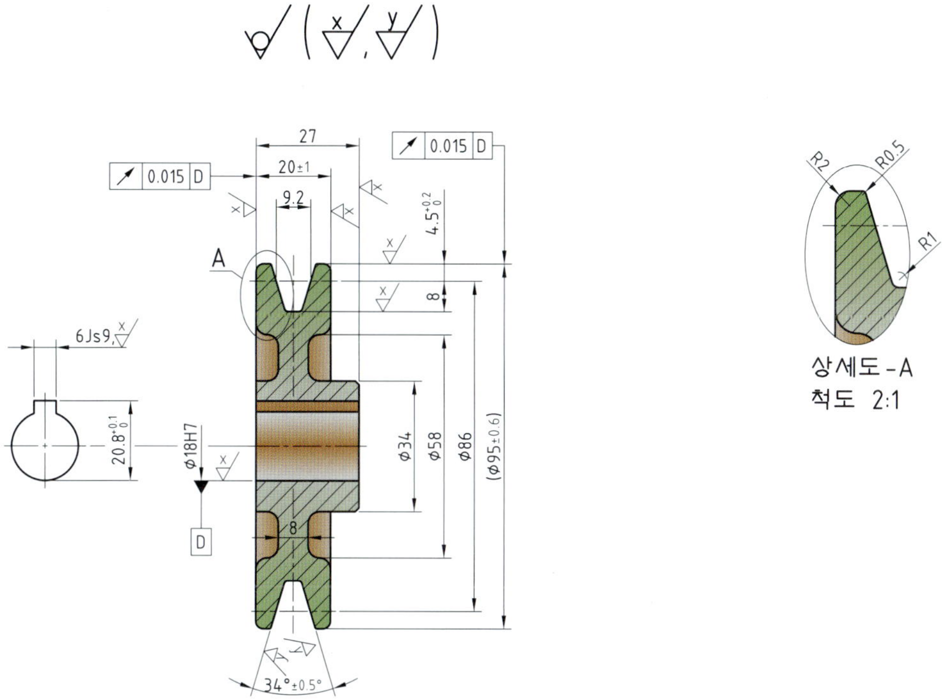


[V-벨드풀리]

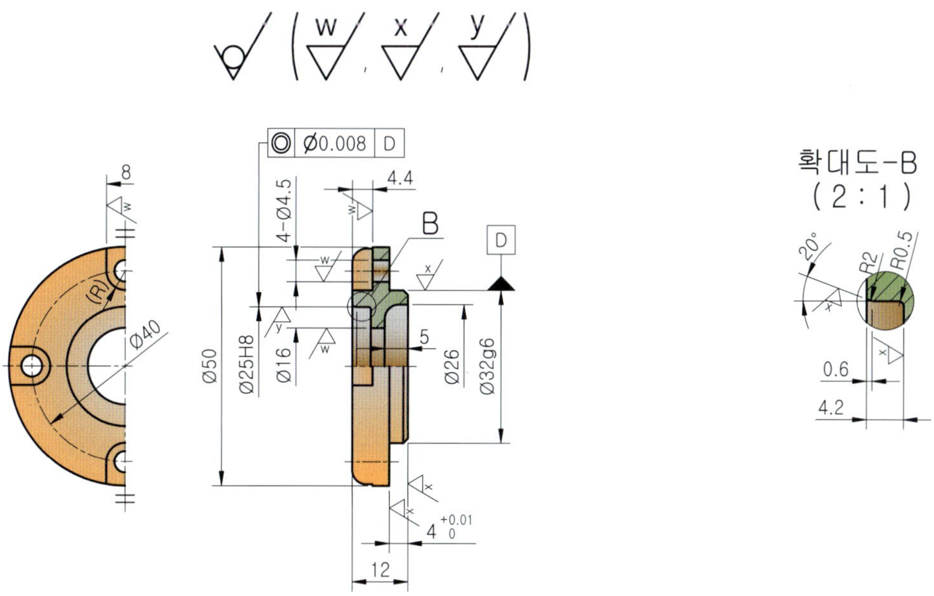


[오일실]

## 과제도면에 적용된 각종 상세도 – II

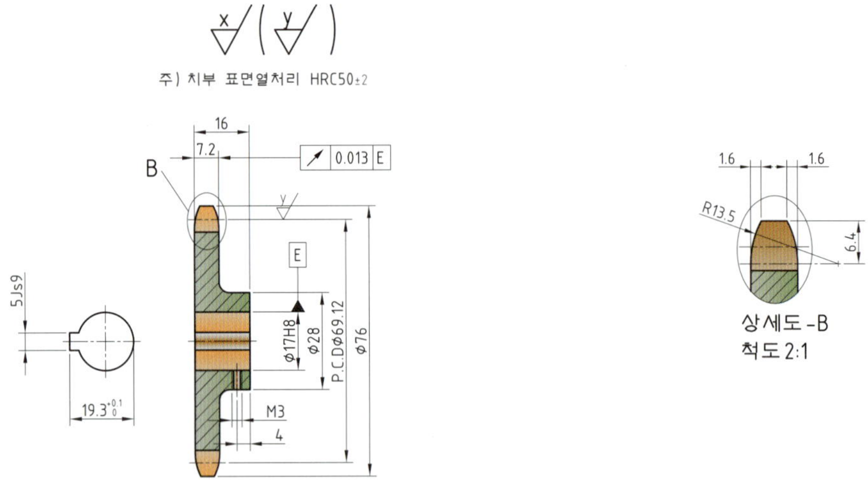


[체인스프로킷]

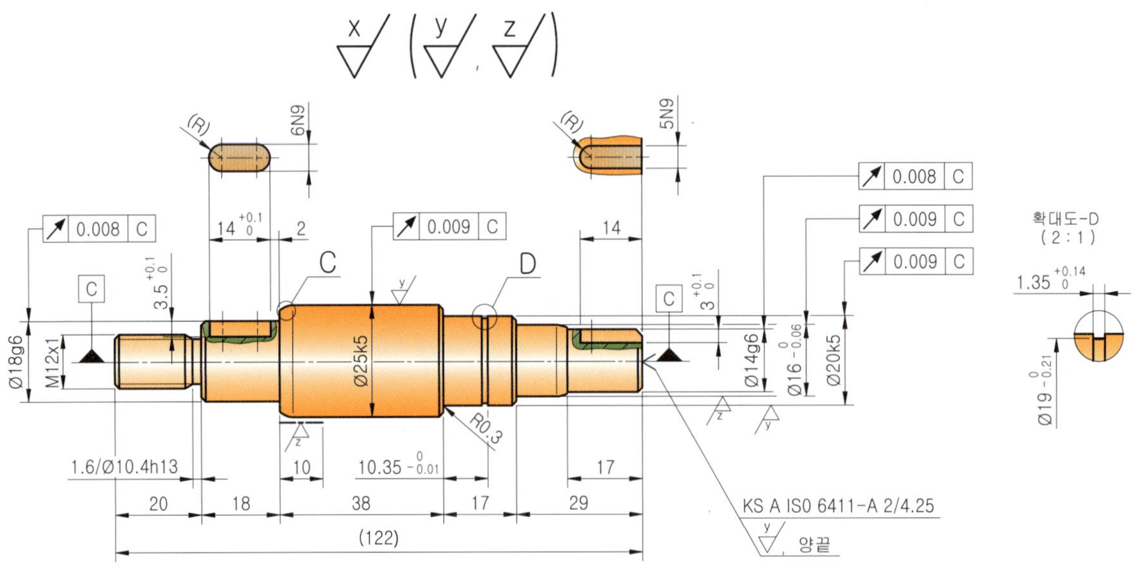


[멈춤링]

## 과제도면에 적용된 각종 상세도 – Ⅲ

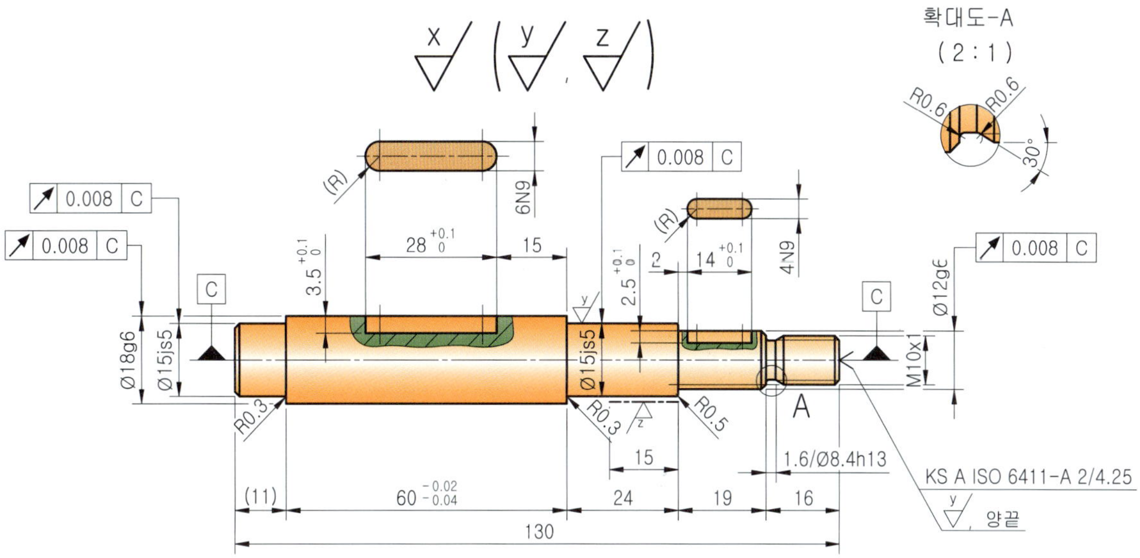


[수나사 틈새]

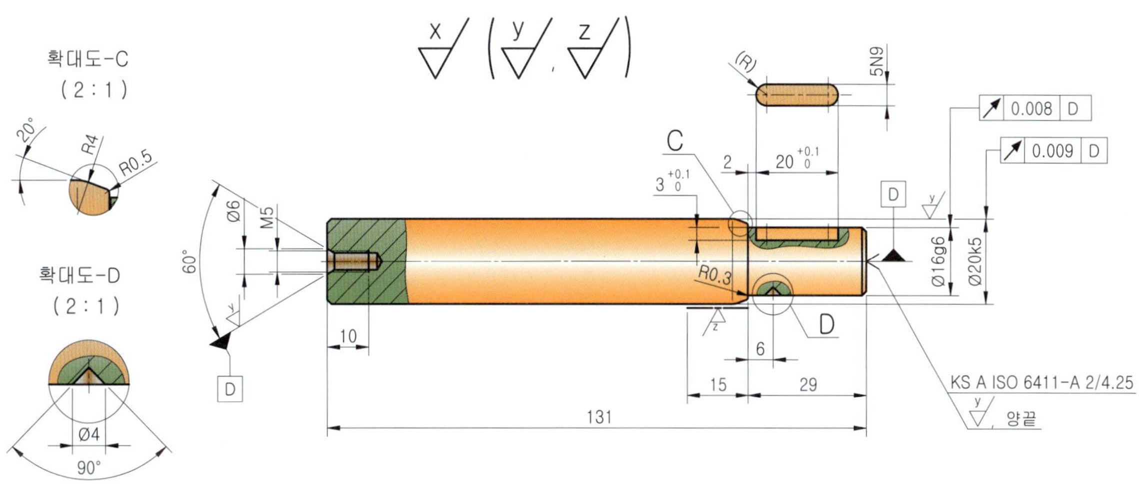


[오일실, 멈춤나사]

CHAPTER

# 04

## 전산응용기계제도 실기·실무

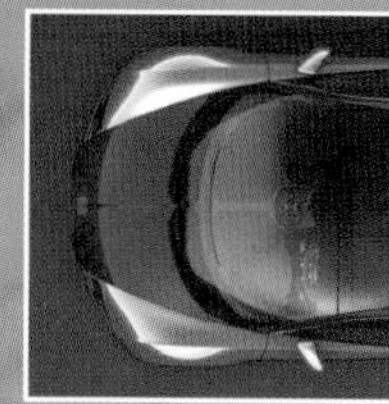

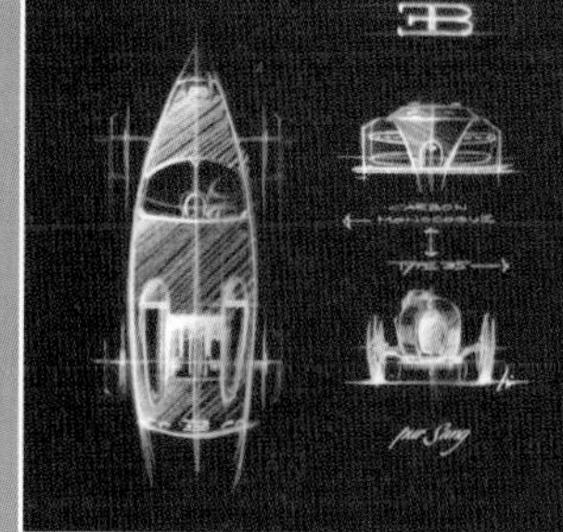

# 치수 · 표면거칠기/ 끼워맞춤공차/ 일반공차 · 기하공차

**BRIEF SUMMARY**

이 장에서는 치수를 도면에 빠짐없이 기입하는 기법과 순서에 관하여 설명하고 기타 표면거칠기 및 공차 기입에 대한 표기법들을 간결하고 알기 쉽게 해석해 놓았다. 또한 기하공차 기입법에 관한 전문지식을 토대로 한 실제 과제도면을 예로 들어 기하공차를 쉽게 이해할 수 있도록 정의해 놓았다.

# 01 치수 기입(KS A 0113, ISO 129)

## 01 치수 기입의 원칙

도면을 작도하는 데 있어서 치수 기입은 중요한 요건 중 하나이다. 설계자 또는 제도자가 도면에 기입한 치수는 제작자가 직접 보고 가공할 치수이므로 정확한 수치를 기입해야 하고 무엇보다 알기 쉽고 **간단 명료**해야 한다.

### (1) 치수 기입 시 유의사항

① 공작물의 기능면 또는 제작, 조립 등에 있어서 꼭 필요하다고 생각되는 치수만 명확하게 도면에 기입한다.

② 치수는 되도록 계산해서 구할 필요가 없도록 기입한다.

③ 중복치수는 피하고 되도록 정면도에 집중하여 기입한다.

④ 필요에 따라 기준으로 하는 점과 선 혹은 가공면을 기준으로 기입한다.

⑤ 관련된 치수는 되도록 한곳에 모아서 보기 쉽게 기입한다.

⑥ 참고치수에 대해서는 치수문자에 괄호를 붙인다.

⑦ 반드시 전체 길이, 전체 높이, 전체 폭에 관한 치수를 기입한다.

### (2) 치수의 단위 표시방법

① 길이 치수로서 단위를 붙이지 않는 숫자는 모두 밀리미터(mm)이다. 만약, 밀리미터(mm) 이외의 단위를 사용할 때는 그에 해당되는 단위기호를 붙이는 것을 원칙으로 한다.
예 : cm(센티미터), m(미터), ft(피트), inch(인치)

② 치수정밀도가 높을 때에는 소수점 2자리 내지 3자리까지 표시할 수 있다.
예 : 20mm를 20.000mm로 정밀도에 따라 표시한다.

③ 각도는 '도(°)'를 기준으로 하나, 필요에 따라 '분(′)','초(″)'를 병용할 수 있다.
예 : 45°, 45°38′52″

### (3) 치수선 및 치수보조선, 지시선을 긋는 방법

① 치수선, 치수보조선은 **가는 실선**으로 긋고 양 끝에 기호를 붙인다[그림 1-1].

② 치수선은 외형선으로부터 최초에는 10~20mm 정도 띄우고 두 번째부터는 8~10mm 간격으로 띄운다[그림 1-2].

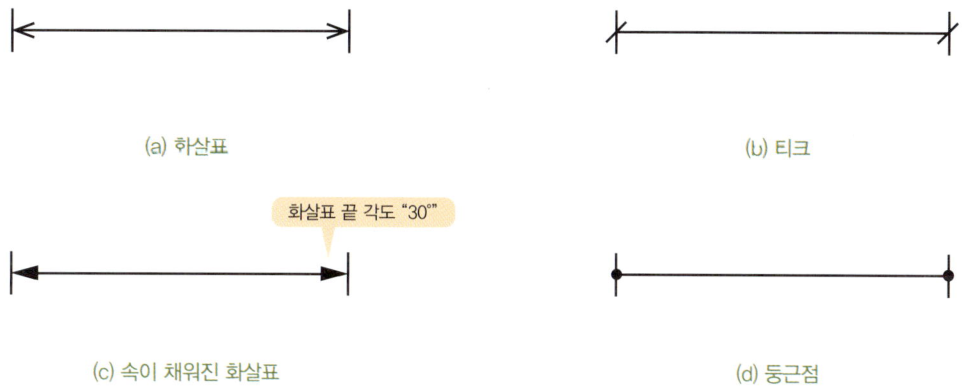


[그림 1-1] 치수선 끝에 붙이는 기호

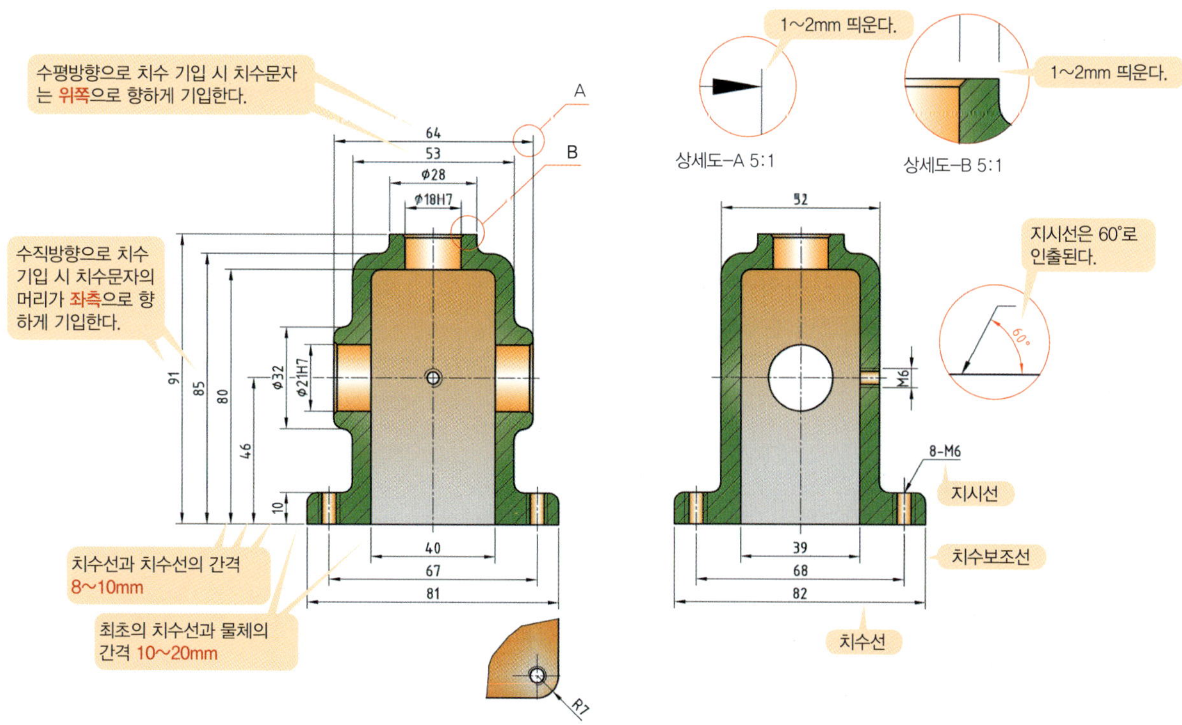


[그림 1-2] 치수선 · 치수보조선 · 치수문자 기입방법

## 02 치수보조기호 및 기입방법

[표 1-1] 치수보조기호 KS B 0001

| 구 분 | 기 호 | 호 칭 | 기입방법 | 예 |
|---|---|---|---|---|
| 지름 | Ø | 파이 | 치수보조기호는 치수문자 앞에 붙이고, 치수문자와 같은 크기로 쓴다. | Ø5 |
| 반지름 | R | 알 | | R5 |
| 구(Sphere)의 지름 | SØ | 에스파이 | | SØ5 |
| 구(Sphere)의 반지름 | SR | 에스알 | | SR5 |
| 정사각형의 변 | □ | 사각 | | □5 |
| 판재의 두께 | t= | 티 | | t=5 |
| 45°의 모떼기 | C | 씨 | | C5 |
| 원호의 길이 | ⌒ | 원호 | 치수문자 위에 원호를 붙인다. | $\overset{\frown}{20}$ |
| 이론적으로 정확한 치수 | ▭ | 테두리 | 치수문자를 직사각형으로 둘러싼다. | [20] |
| 참고치수 | ( ) | 괄호 | 치수문자를 괄호 기호로 둘러싼다. | (20) |
| 카운터보어 | ⌴ | | 평평한 바닥이 있는 원통형 구멍은 지름과 깊이로 표시 | ⌴Ø11 |
| 카운터싱크(접시 자리파기) | ⌵ | | 지름과 각도로 표시하는 원형 모따기 | ⌵Ø11 |
| 깊이 | ↧ | | 구멍 또는 내측 형체의 깊이 | ↧ 3.4 |

(1) Ø(지름 치수, Diameter)

치수를 기입하고자 하는 부분이 원형일 때 Ø를 치수문자 앞에 붙이고 투상도를 정면도 하나만 작도하고 측면도는 생략할 수 있다[그림 1-3].

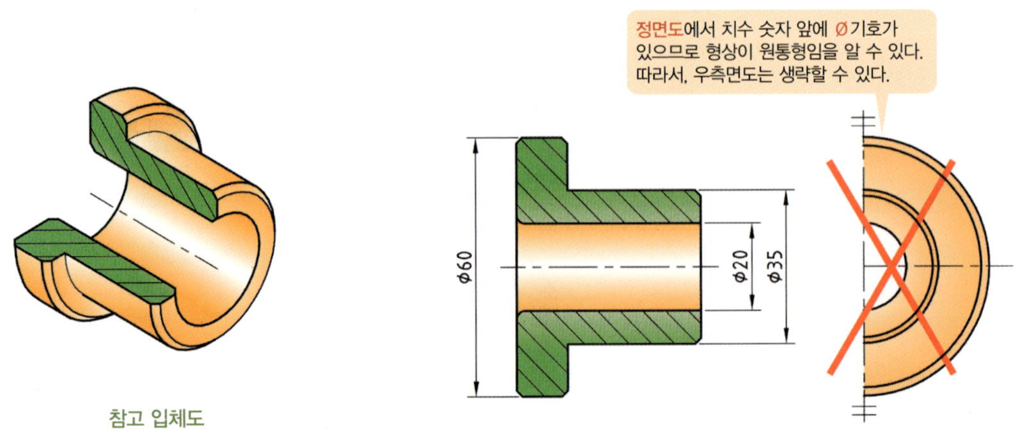


[그림 1-3] 지름 치수 기입법

### (2) 지름 치수 기입 시 주의사항

① 일반적으로 원형인 투상도는 [그림 1-4]와 같이 대칭도에 치수 기입을 할 때 치수선이 대칭 중심선을 넘지 않고 "R" 기호를 붙여 [그림 1-4(a)]와 같이 반지름 치수를 기입하는 것은 잘못된 것이다.

이 경우 반드시 치수선이 대칭중심선을 넘도록 하여 [그림 1-4(b)]와 같이 "Ø"를 붙여 **지름 치수**(예 : Ø100)를 기입해야 한다.

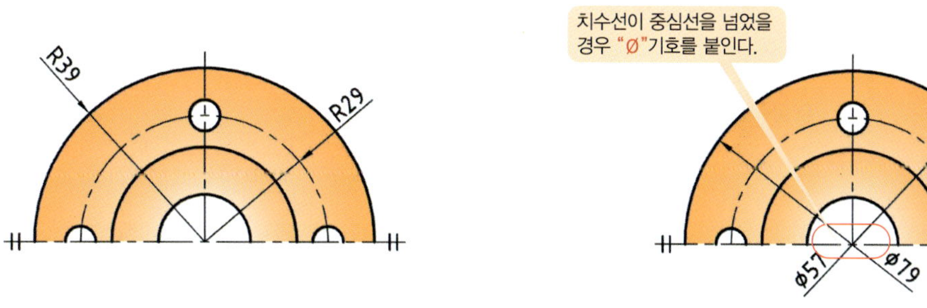


(a) 잘못된 치수 기입 예

(b) 지름(Ø) 치수 기입의 올바른 예

[그림 1-4] R과 Ø사용법

**TIP**

형체가 대칭 중심을 기준으로 180° 이상은 "Ø(파이)" 치수를 기입하고, 180°(까지) 미만은 "R(알)" 치수로 기입한다.

**적용 예**

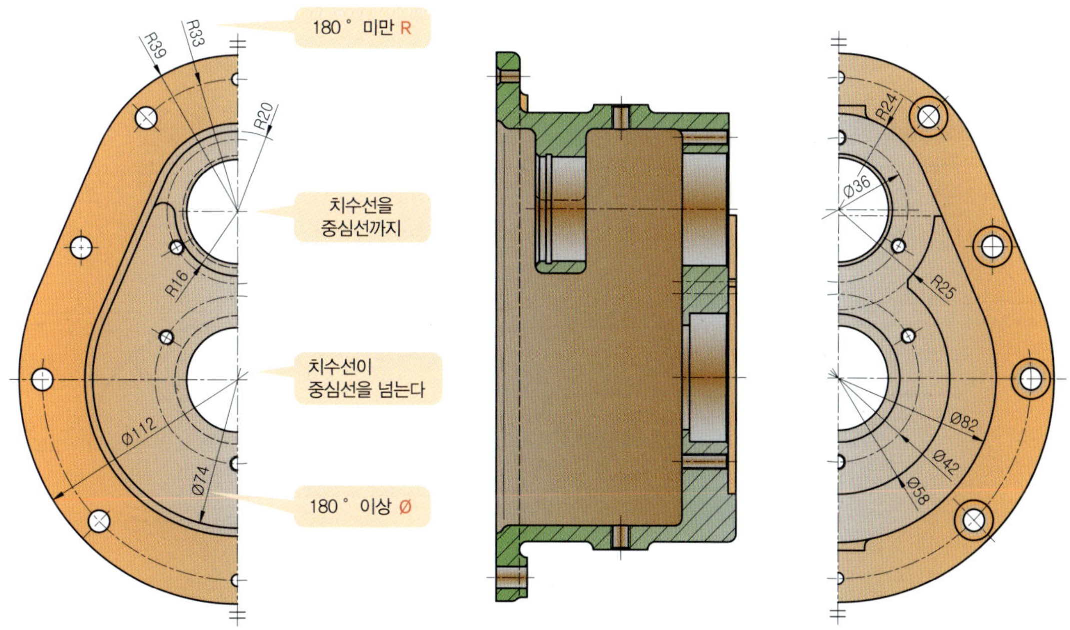

② 주투상도의 형상이 원형이고 볼트 구멍이 등간격(90°, 120°)일 경우 [그림 1-5(a)]와 같이 **1면도**만으로 나타낼 수 있으며, 명확한 투상도를 나타내기 위해서는 [그림 1-5(b)]와 같이 측면도를 그릴 수 있다.

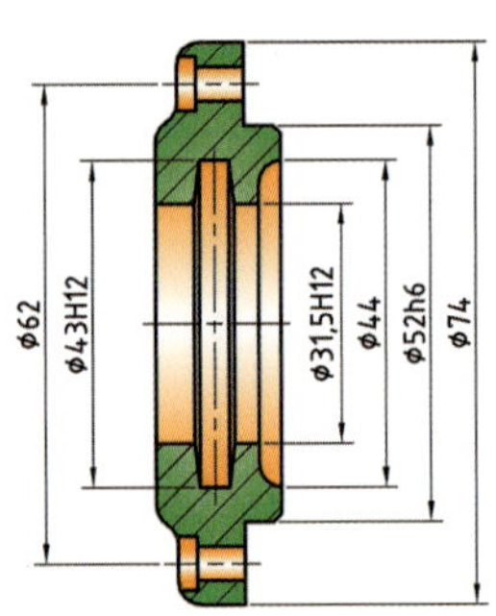


(a) 올바른 방법 – Ⅰ

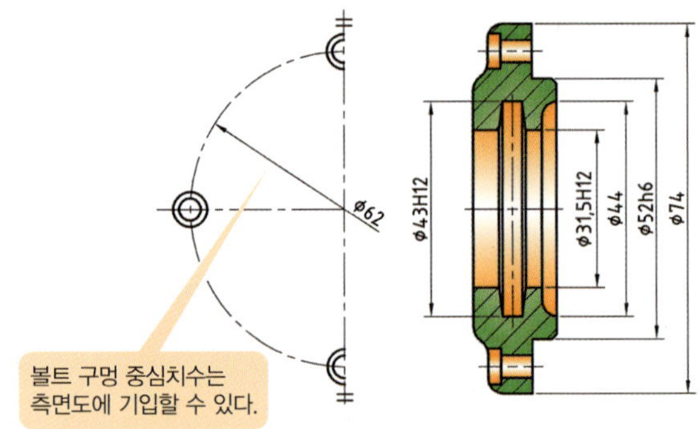


(b) 올바른 방법 – Ⅱ

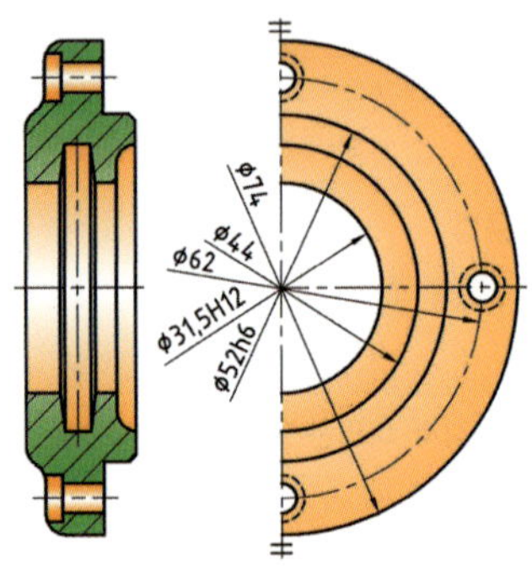


(c) 잘못된 방법 – Ⅰ

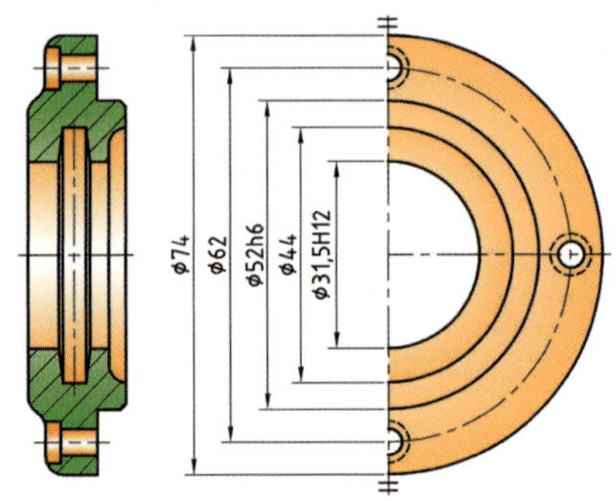


(d) 잘못된 방법 – Ⅱ

[그림 1–5] 지름 치수를 기입하는 방법

### (3) R(Radius, 반지름 치수)

① 반지름 치수를 기입할 때는 [그림 1-6(a)]와 같이 일반적으로 치수문자 앞에 "R" 기호를 붙인다. 그러나 치수선을 중심까지 그을 경우에는 R 기호를 생략할 수 있다[그림 1-6(b)].

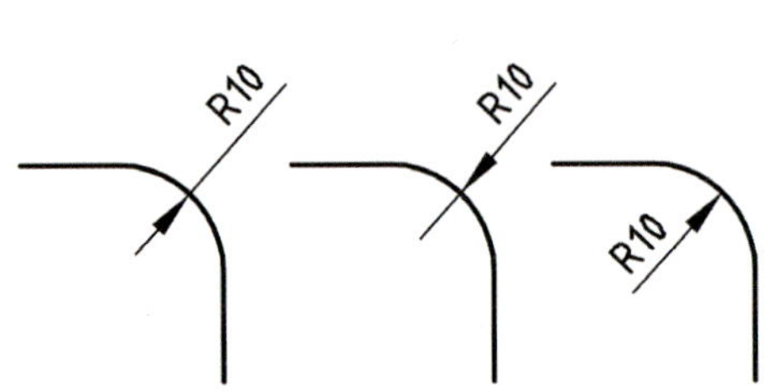


(a) R 기호를 붙인 경우

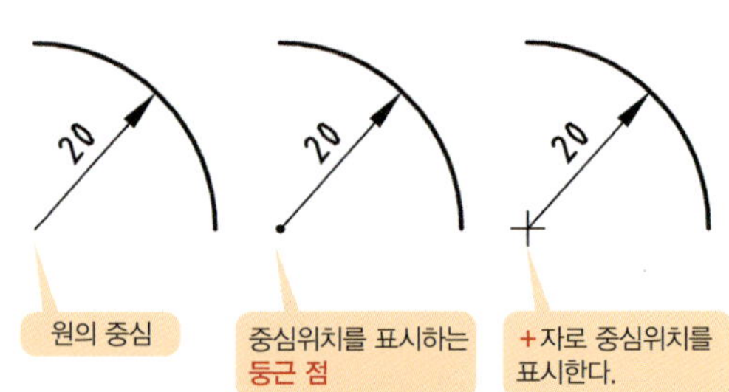


(b) R 기호를 생략한 경우

[그림 1–6] 반지름 치수기입법

② 큰 반지름일 경우 [그림 1-7]과 같이 Z자형으로 구부려서 치수를 기입할 수 있다. 이때 구부러진 치수선의 끝은 반드시 원호의 중심점을 향해야 한다.

참고 입체도

[그림 1-7] 반지름이 큰 경우의 치수기입법

### (4) SØ(구의 지름), SR(Sphere, 구의 반지름)

구(Sphere)의 지름 또는 구의 반지름을 나타내는 치수를 기입할 때 치수문자 앞에 각각 SØ, SR을 치수문자와 같은 크기로 표시한다[그림 1-8].

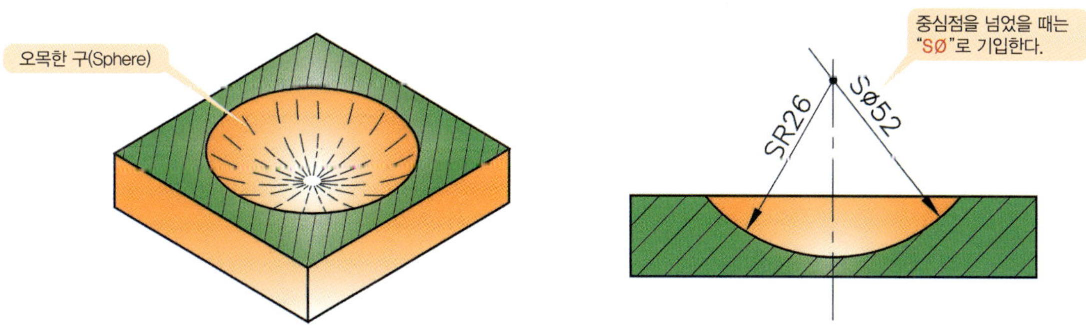


참고 입체도

(a) 구의 지름(SØ) 치수기입 예

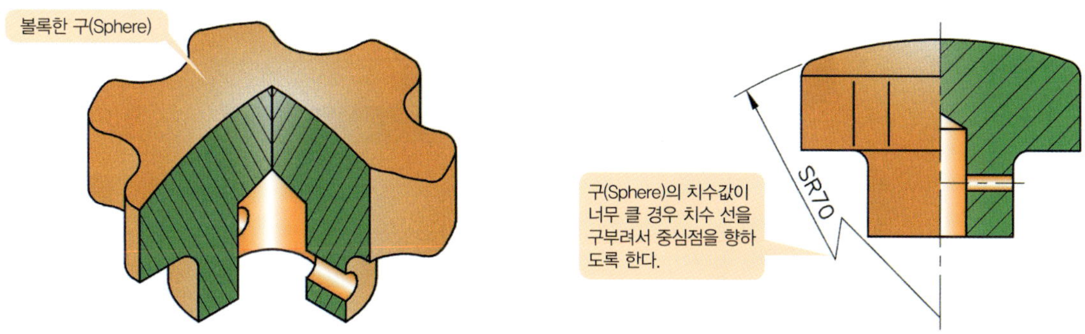


참고 입체도

(b) 구의 반지름(SR) 치수기입 예

[그림 1-8] 구의 지름(SØ), 반지름(SR) 치수기입법

### (5) □(정사각형임을 표시), t (두께 표시)

① 물체의 형상이 정사각형임을 표시할 때는 □ 기호를 치수문자 앞에 치수문자와 같은 크기로 표시한다[그림 1-9].

참고 입체도

[그림 1-9] 네 변의 길이가 같은 정사각형(□) 치수기입법

② 두께를 나타내는 치수 기입 시 정면도에 치수와 함께 t 기호를 쓰고 그에 해당하는 두께 치수값을 기입한다. 이때, 우측면도는 생략한다[그림 1-10].

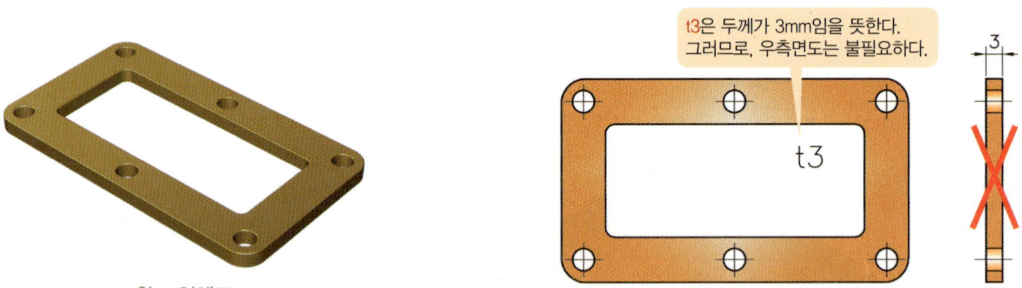


참고 입체도

[그림 1-10] 두께(t) 치수기입법

### (6) C(Chamfer, 45°의 모따기 표시)

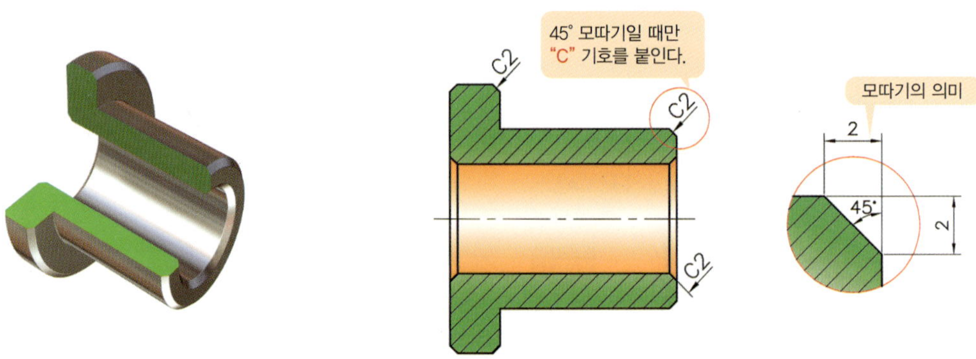


참고 입체도

[그림 1-11] 45° 모따기 치수기입법

**TIP**

제도에서 치수문자 및 도면에 쓰는 모든 문자는 고딕체를 쓰는 것을 원칙으로 한다.
그리고 치수 기입 시 기호문자는 대문자, 소문자를 정확히 구분해서 기입해야 한다.

## 03 그 밖의 여러 가지 치수기입법

### (1) 좁은 공간에서의 치수기입법

치수보조선의 간격이 좁을 때는 [그림 1-12]의 (a)와 같이 화살표 대신 지시선을 이용하여 그 위에 치수 기입을 한다거나 (b)와 같이 검은 점을 사용해도 좋다. 그리고 너무 좁을 때는 (c)와 같이 상세도법을 이용하도록 한다.

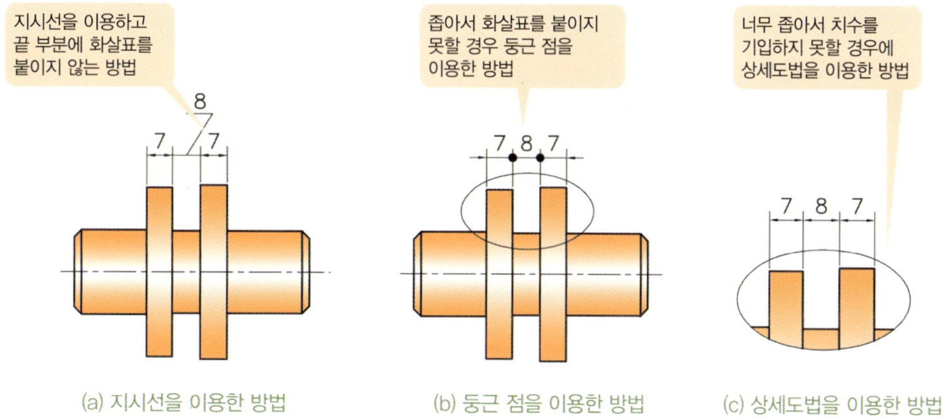


[그림 1-12] 좁은 공간에서의 치수기입법

### (2) 경사진 선이 교차하는 부분의 치수기입법

[그림 1-13]의 (a)와 같이 라운드나 모따기가 있는 부분에 치수를 기입할 때는 가는 실선으로 표시하고 그 교점에서 치수보조선을 긋는다. 또 명확히 나타낼 필요가 있을 때에는 (b)와 같이 각각의 선을 교차시키거나 (c)와 같이 교점에 검은 둥근 점을 붙인다.

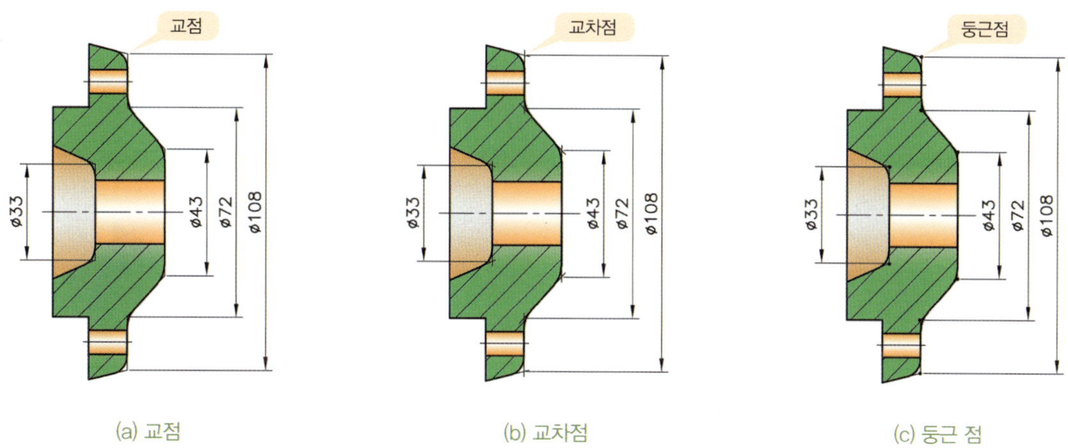


[그림 1-13] 선이 교차하는 부분의 치수기입법

### (3) 볼트 · 너트의 머리가 묻히는 곳의 자리파기 가공부의 치수기입법

볼트나 너트의 머리를 공작물에 묻히게 하기 위해서는 **카운터보링(Counter boring)**이나 **스폿페이싱(Spot facing)** 가공이 필요하다. 일반적으로 [그림 1-14]와 같은 6각구멍붙이 볼트 또는 [그림 1-15]와 같은 6각머리 볼트 · 너트의 자리파기 기호는 “ ⌴ ”를 표기하고, 그 깊이 기호는 “ ↧ ”를 표기한다.

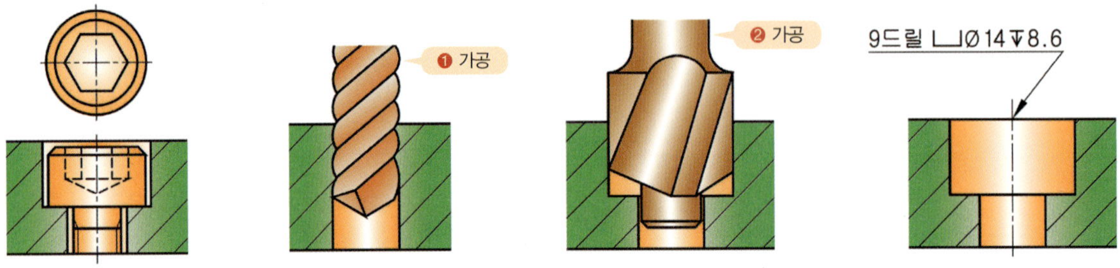


(a) 조립도 (b) 드릴 작업 (c) 카운터보링 작업 (d) 치수 기입

[그림 1-14] 카운터보링 가공 및 치수 기입(자리파기)

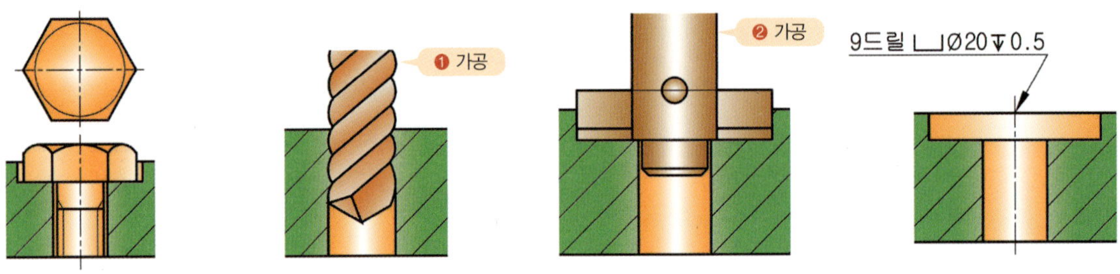


(a) 조립도 (b) 드릴 작업 (c) 스폿페이싱 작업 (d) 치수 기입

[그림 1-15] 스폿페이싱 가공 및 치수 기입

### (4) 키(Key)가 들어가는 축과 보스의 치수기입법

#### ① 축에 키홈 치수기입법

축에 키홈 가공을 하는 방법으로는 [그림 1-16]과 같이 엔드밀이나 밀링커터에 의한 가공이 일반적이다. 키홈의 치수로는 키홈의 **폭($b_1$)**, **키홈의 깊이($t_1$)**, **키홈의 길이(L)**, **키홈의 위치**가 가장 중요한 치수이자 꼭 필요한 치수이다.

(a) 키의 조립상태 (a) 키의 조립상태

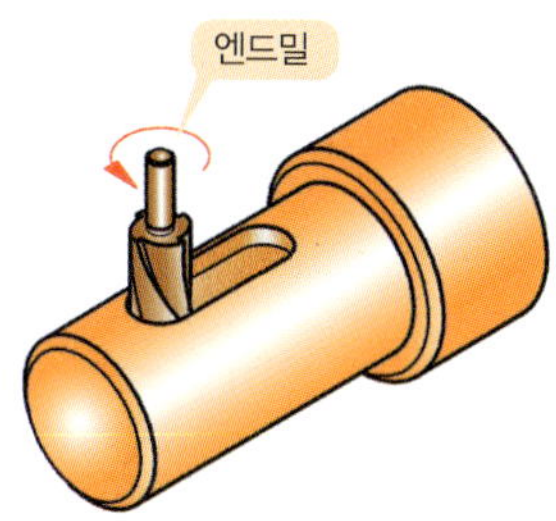


(b) 엔드밀에 의한 키홈 가공

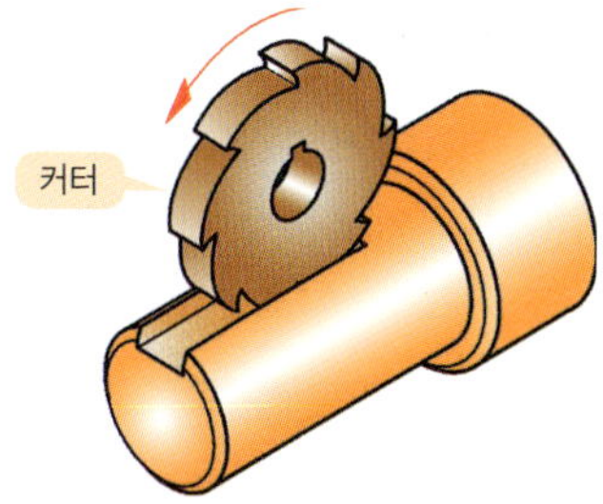


(b) 밀링커터에 의한 키홈 가공

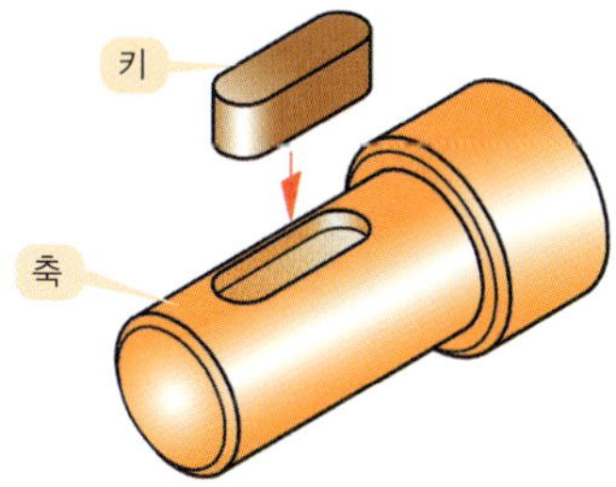


(c) 키와 키홈

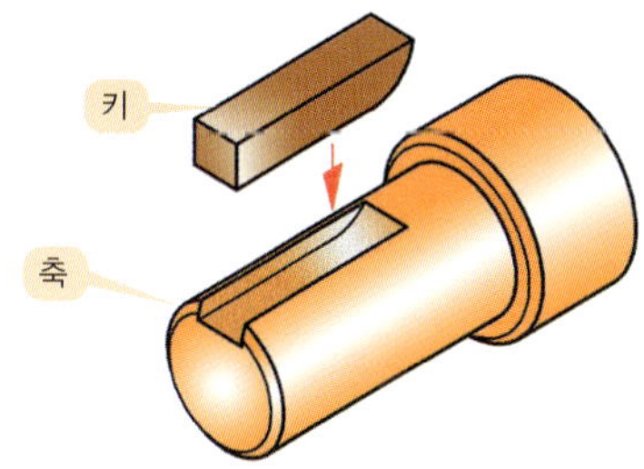


(c) 키와 키홈

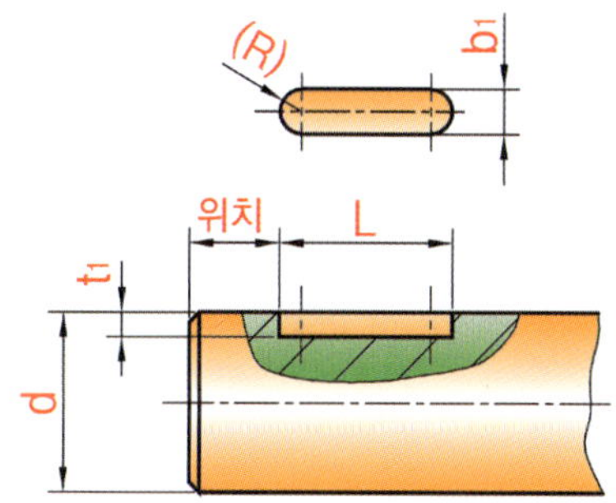


(d) 치수 기입

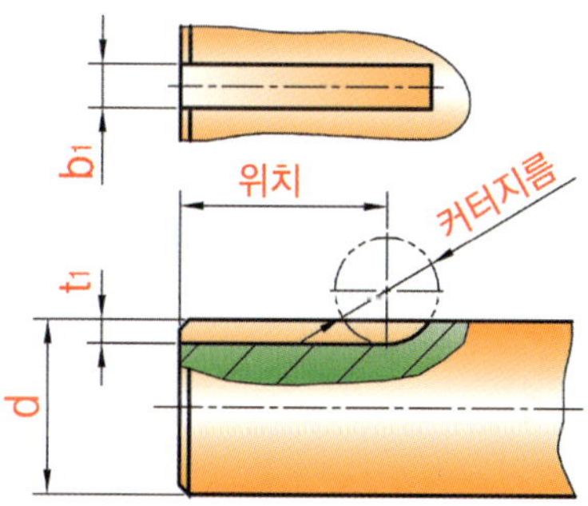


(d) 치수 기입

[그림 1-16] 엔드밀이나 밀링커터에 의한 키홈 가공

### ② 구멍에 키홈 치수기입법

보스에 키홈 가공을 하는 방법으로는 [그림 1-17]과 같이 세이퍼(Shaper)와 수직세이퍼라고도 하는 슬로터(Slotter)에 의해 가공 하는것이 일반적이고, 치수기입법은 [그림 1-18]과 같다.

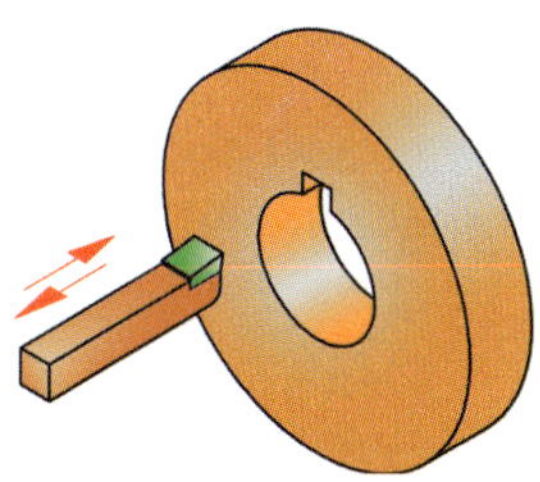

(a) 세이퍼가공

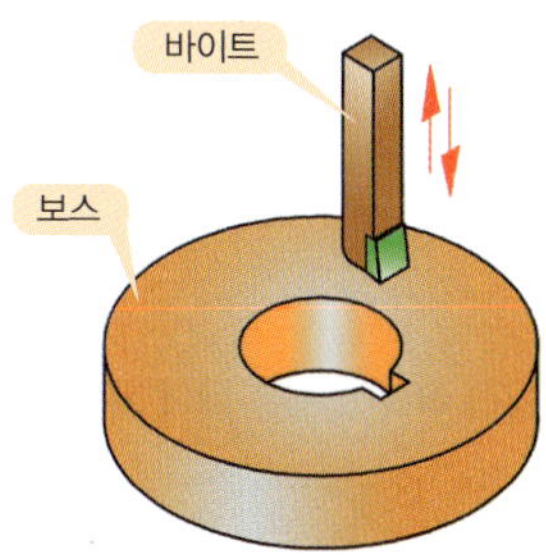


(b) 슬로터가공

[그림 1-17] 보스에 키홈 가공법

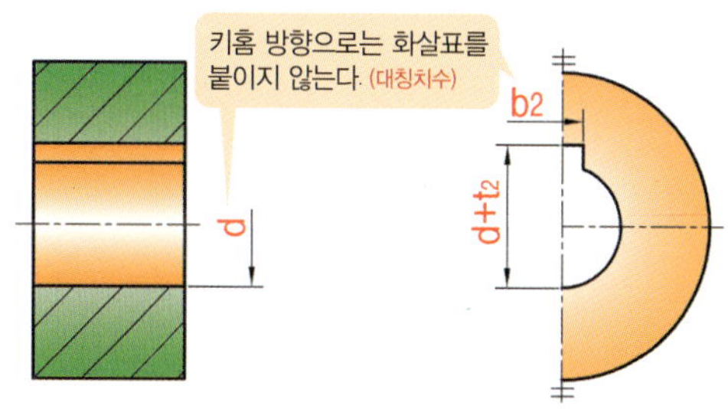


(c) 카운터보링 작업

(d) 치수 기입

[그림 1-18] 구멍에 키홈 치수기입법

### (5) 대칭된 도형의 치수기입법

**생략도법**에 의해 작도된 투상도에서는 치수 기입을 할 때 [그림 1-19]와 같이 중심선을 약간 넘도록 치수선을 연장시켜 전체치수를 기입한다. 이때 연장시킨 치수선 끝에는 화살표를 붙이지 않는다.

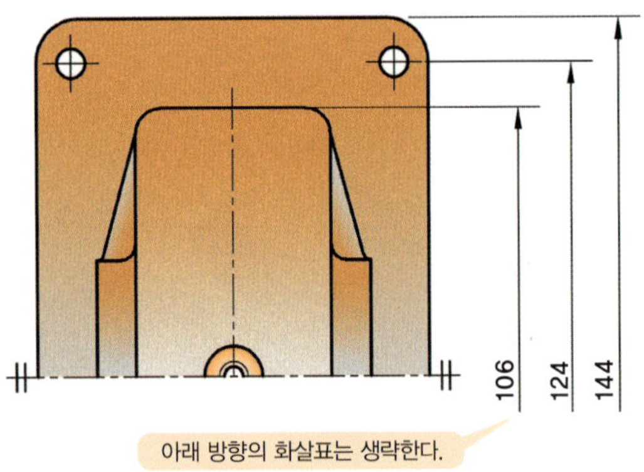


(a) 상하 대칭인 경우

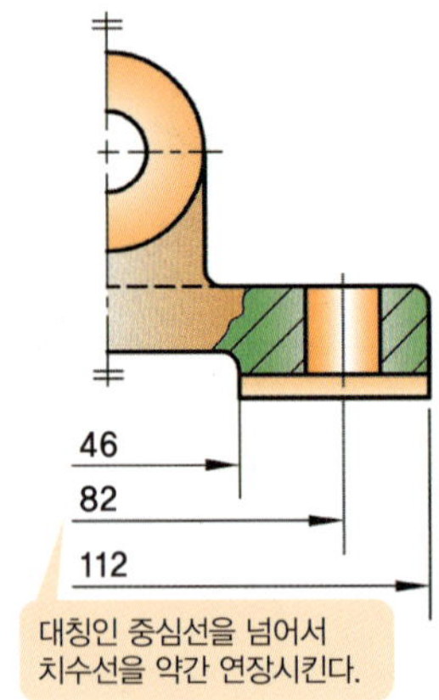


(b) 좌우 대칭인 경우

[그림 1-19] 대칭도형의 치수기입법

### (6) 같은 구멍이 여러 개 있을 때의 치수기입법

같은 중심선 상에 지름이 같은 구멍이 여러 개 나열되어 있을 경우에는 치수를 모두 기입할 필요 없이, 구멍의 개수와 함께 치수를 한 곳에 기입할 수 있다[그림 1-20].

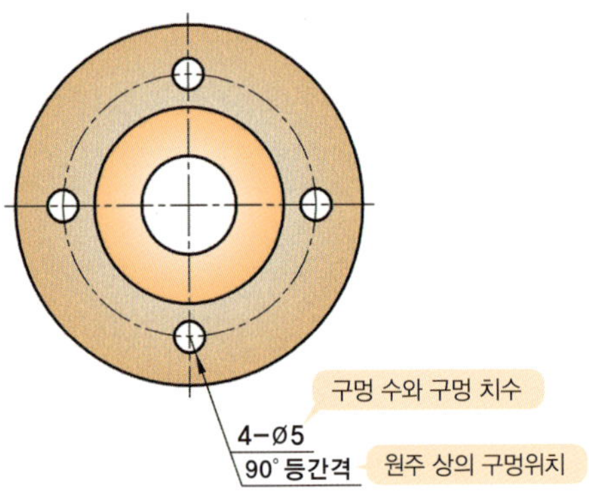


(a) 원형인 경우

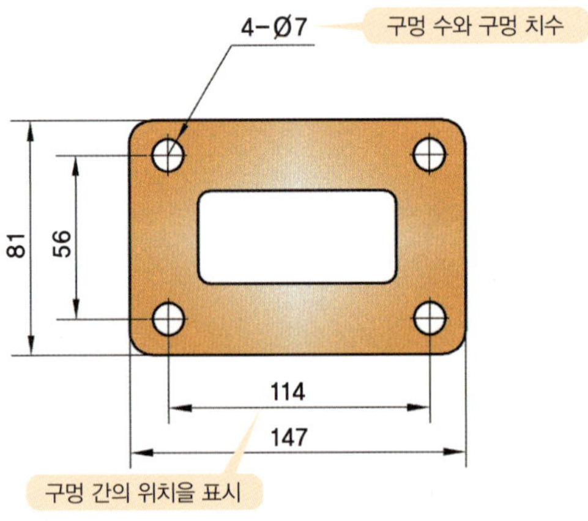


(b) 사각형인 경우

[그림 1-20] 같은 구멍이 여러 개 있을 때의 치수기입법

# 02 치수를 빠짐없이 기입할 수 있는 순서와 기법

투상도를 모두 작도하고 나면 치수 기입을 해야 한다. 그러나 어디서부터 어떻게 기입해야 할지 몰라 누구나 한번쯤은 당황하는 경우가 있다. 치수는 간단 명료해야 하고 설계자의 뜻을 분명히 전달할 수 있어야 한다고 앞에서도 언급한 바 있다. 지금부터 빠짐 없이 정확히 치수를 기입할 수 있는 기법을 제시하고자 한다.

## 01 기법 1 : 대칭인 경우와 비대칭인 경우를 찾아야 한다

대칭인 경우는 중심점이 기준이 되어 **"△,▽형"**으로 치수선이 인출되고[그림 2-1(a)], 비대칭인 경우 기준이 되는 **"면"**을 찾아 그 면으로부터 치수선이 인출된다[그림 2-1(b)]. 이때 기준면은 가공면이나 물체의 특성을 고려하여 선정하도록 한다.

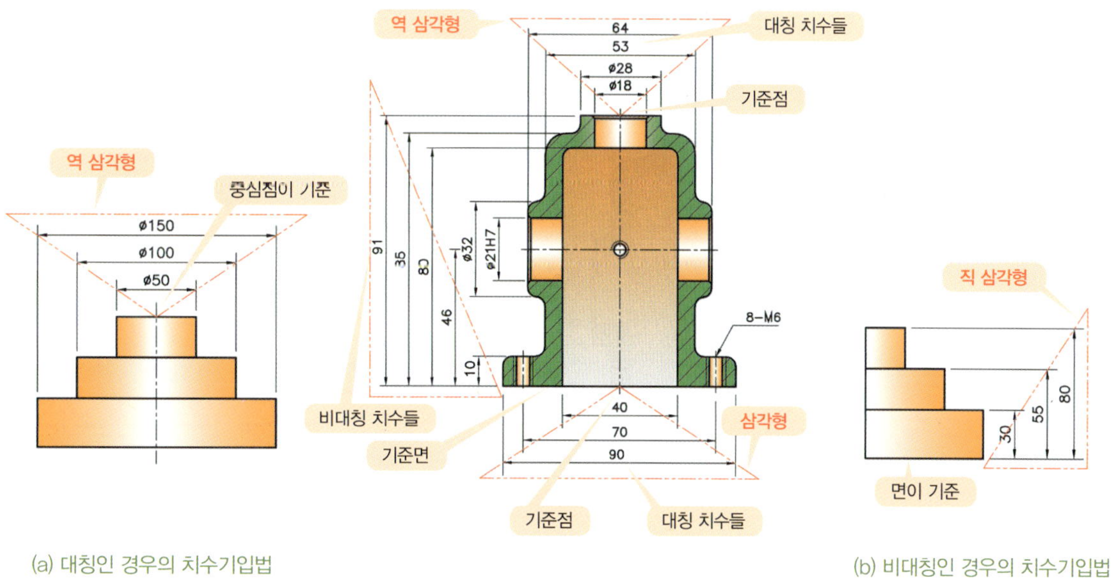


[그림 2-1] 대칭과 비대칭인 경우의 치수기입법

**TIP**

**치수 기입 시에는 머릿속에 항상 주의사항을 떠올리면서**

- 반드시 **전체 길이, 전체 높이, 전체 폭**을 기입한다.
- 되도록 치수는 중복되지 않도록 한다.
- 치수는 정면도에 집중하여 기입하도록 하고 관련된 치수는 한 곳에 모아서 기입한다. 왜냐하면 정면도가 물체의 형상이 가장 뚜렷한 투상도이기 때문이다.

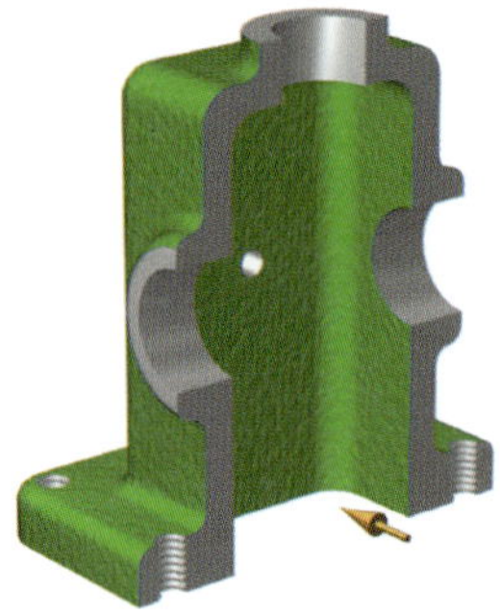

참고 입체도

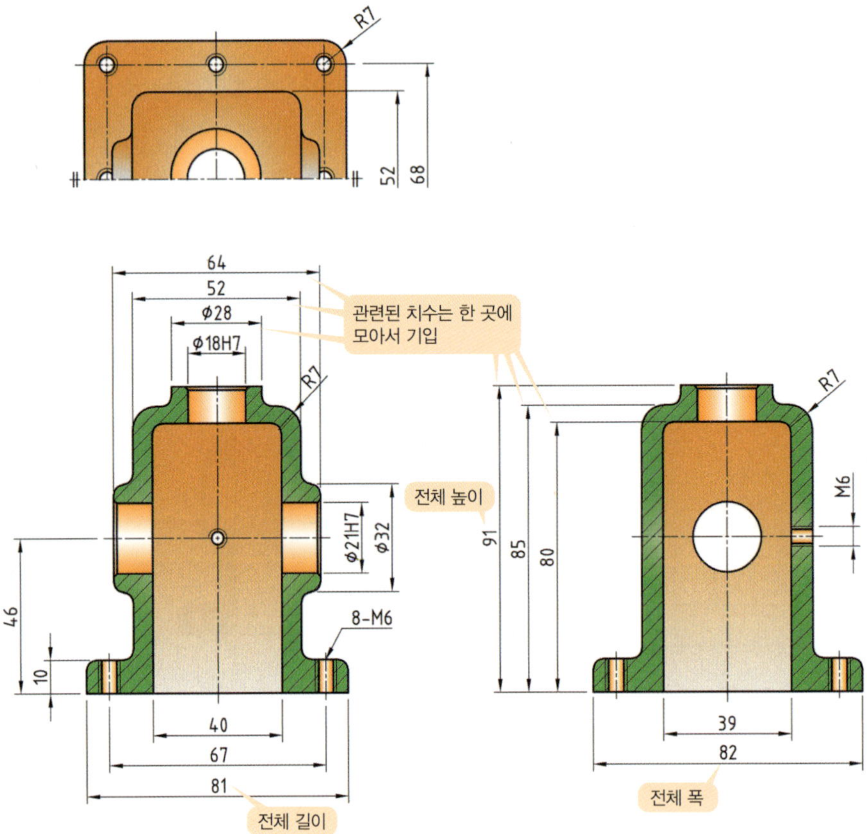


[그림 2-2] 치수 기입 시 주의사항

## 02 기법 2 : 길이에 관한 치수를 기입한다

① **길이**는 **정면도**와 **평면도, 저면도**의 관계를 나타낸다.

② 측면도는 신경 쓰지 않아도 된다.

③ 정면도와 평면도 혹은 저면도를 보면서 치수를 기입하고자 하는 부분이 뚜렷한 곳에 치수가 분산되지 않도록 기입한다.

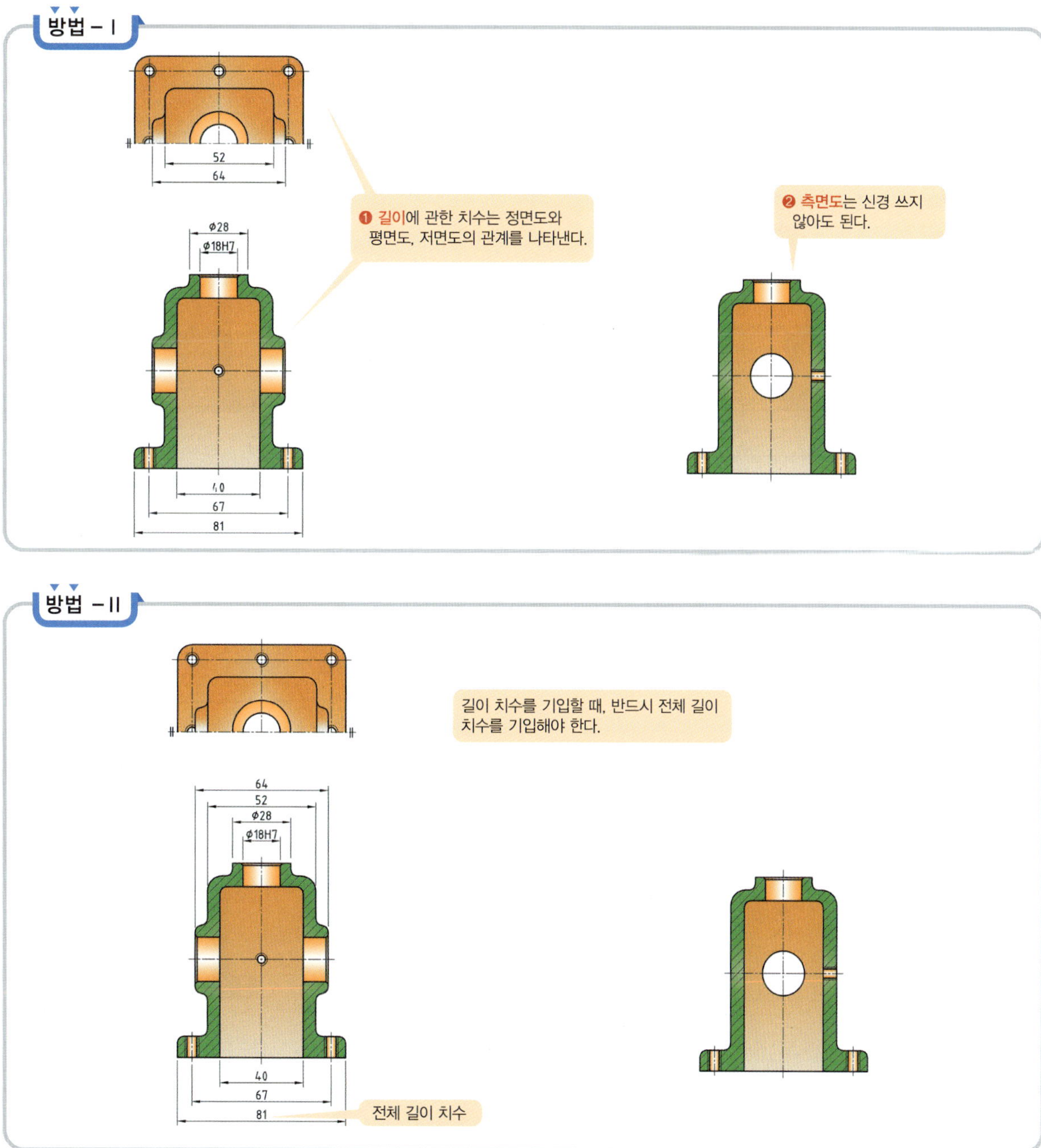


[그림 2-3] 길이에 관한 치수 기입

## 03 기법 3 : 높이에 관한 치수를 기입한다

① **높이**는 **정면도**와 **측면도**만의 관계를 나타낸다.

② 평면도는 신경 쓰지 않아도 된다.

**방법 – I**

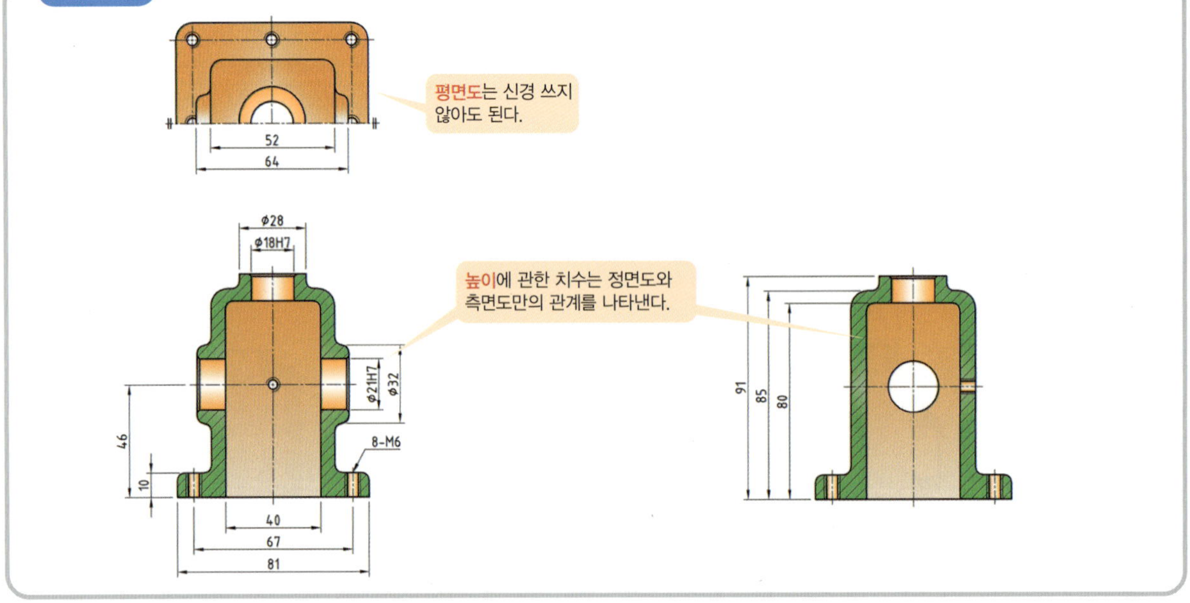


**방법 – II**

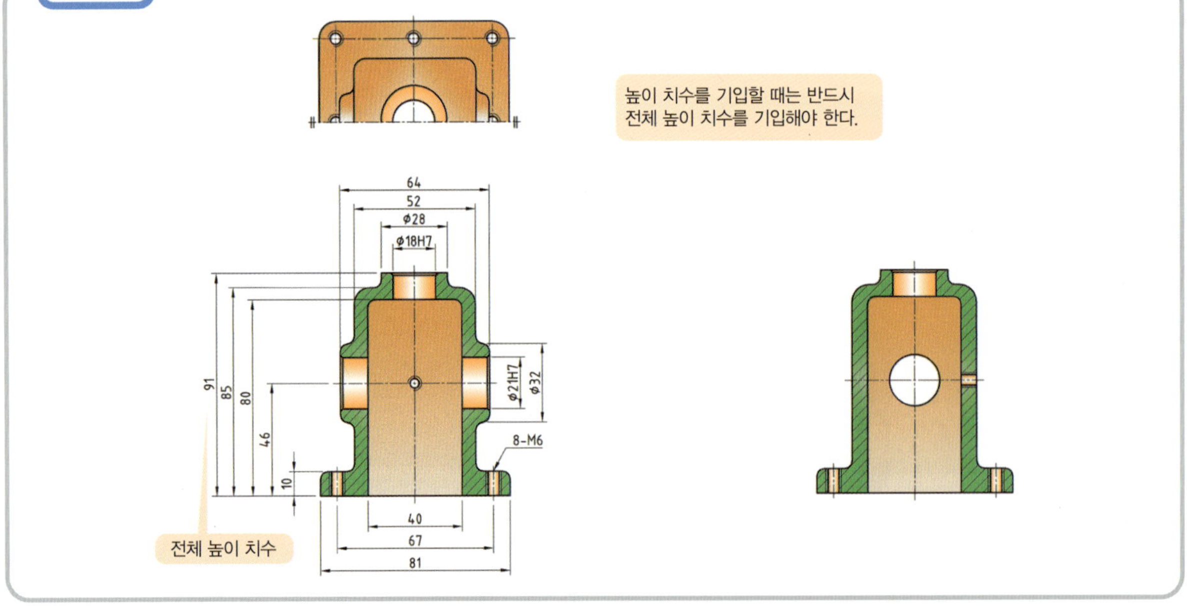


[그림 2-4] 높이에 관한 치수기입법

## 04 기법 4 : 폭에 관한 치수를 기입한다

① 폭은 측면도와 평면도, 저면도의 관계를 나타낸다.

② 정면도는 신경 쓰지 않아도 된다.

방법 – I

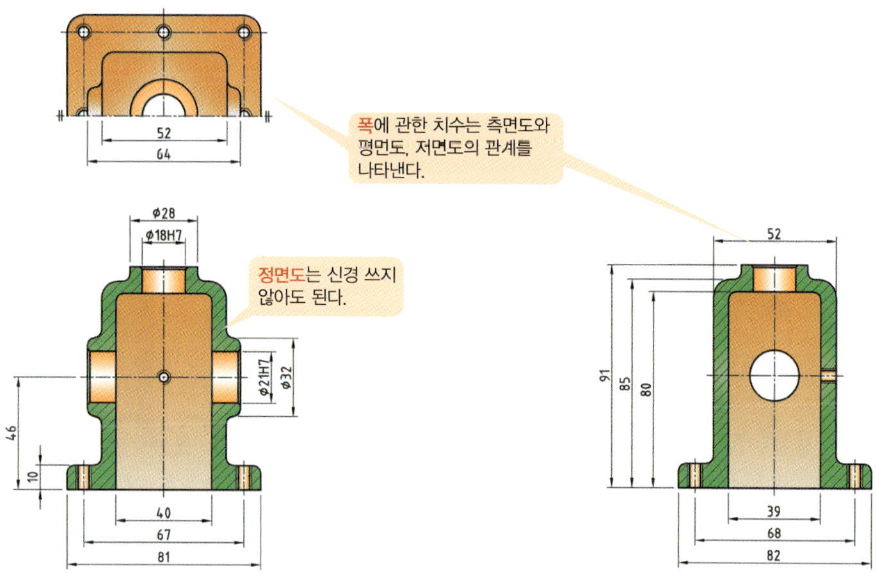


방법 – II

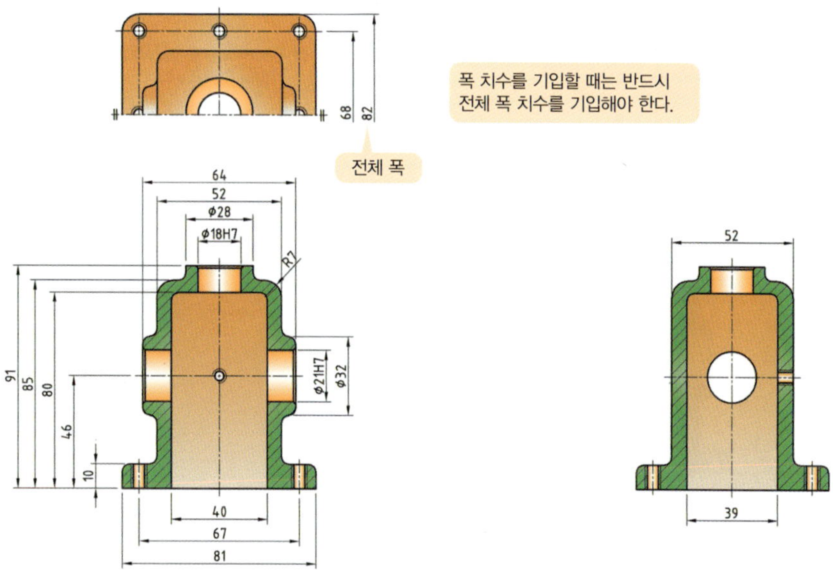


[그림 2-5] 폭에 관한 치수기입법

## 05 기법 5 : 특정 부위의 치수를 기입한다

"M, R, C, SR, SØ" 등과 함께 치수를 완성한다.

**방법 – I**

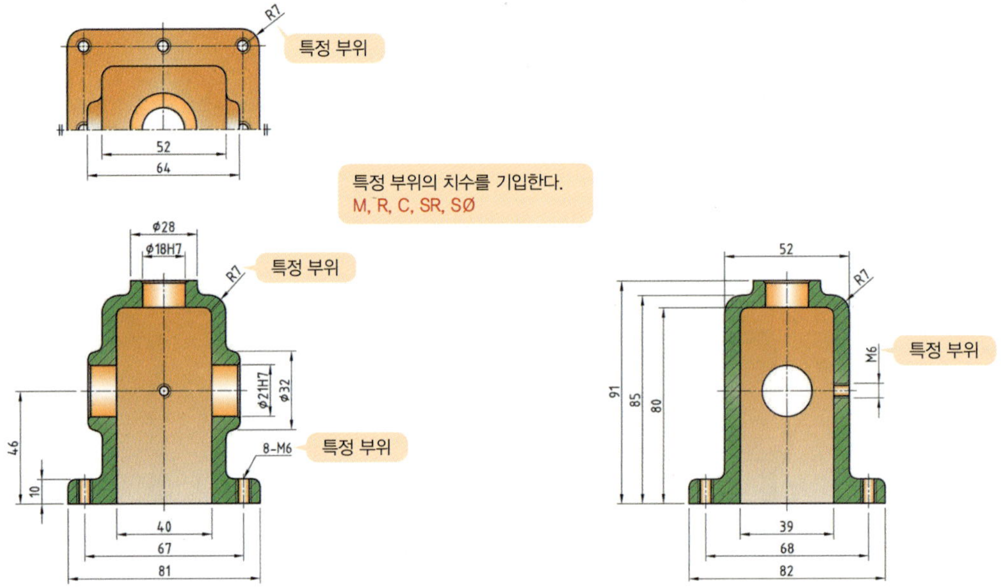


**방법 – II**

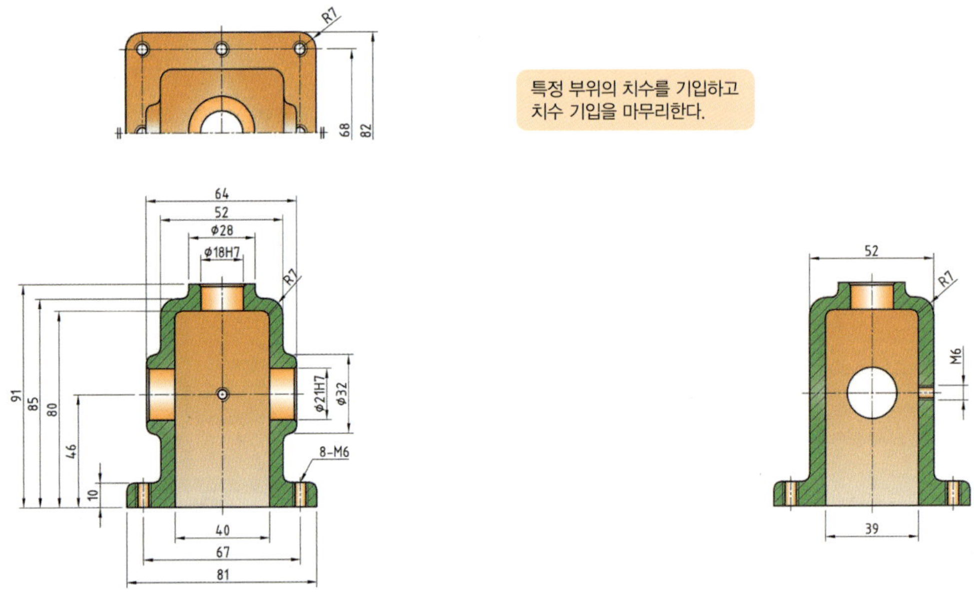


[그림 2-6] 특정 부위의 치수 기입

# 03 표면거칠기(KS B ISO 1302)

표면거칠기 표시는 가공된 표면의 거칠기를 기호로써 표기하는 것을 말한다. 어떤 부분은 어느 정도 거칠고, 또 어떤 부분은 얼마만큼 매끄럽다는 것을 가공자에게 기호로서 지시하는 것이다. 표면거칠기의 표시는 공차(公差)와 밀접한 관계가 있다. 표면거칠기 기호가 기입되어 있고, 끼워맞춤이 있는 가공부는 거기에 따른 정확한 공차값도 기입되어 있기 마련이다.

• 끼워맞춤 : 기준 치수가 같은 구멍과 축이 서로 결합되어 있는 상태(공차기입법 참조) 맞춤

## 01 표면거칠기 기호 표시방법

다듬질 기호(예 : ▽) 대신 되도록이면 표면지시 기호(예 : √)를 사용하고 반복해서 기입할 경우에는 알파벳의 소문자 부호(예 : y√)와 함께 사용하도록 한다.

그리고 그 뜻을 주투상도 곁이나 혹은 주석문에 반드시 표시하고 지시값은 KS A ISO 1302, KS B 0617, KS B 0161에 의거해서 **"산술(중심선) 평균거칠기(Ra)"**의 표준수열 중에서 선택하도록 한다[그림 3-1].

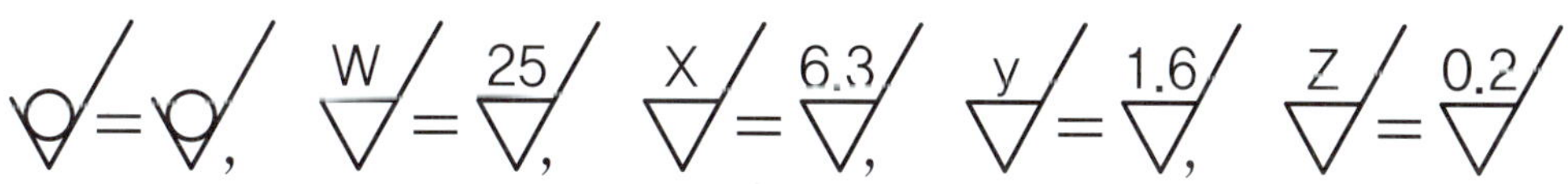


[그림 3-1] 표면거칠기 기호 표시방법

## 02 표면거칠기 기호의 뜻

[그림 3-2(a)]는 제거가공을 하지 않는 부분에 표시하는 기호이다. 즉, 일반 절삭가공을 해서는 안 되는 표면 부분에 표시하는 기호이다(예 : 주물의 표면).

[그림 3-2(b)]는 공작기계로 절삭가공 또는 연삭가공 및 각종 정밀입자가공이 요구되는 표면 부분에 표시하는 기호이다(예 : 선반가공, 밀링가공, 드릴가공, 기타 다른 공작기계들에 의한 일반 절삭가공).

그리고 w√, x√, y√, z√ 등과 같이 문자와 함께 쓰는 기호들은 절삭가공을 하는 표면 중에서 정밀도를 문자기호로써 표시한 것이다.

(a) 제거가공을 금할 때 표시

(b) 제거가공을 할 때 표시

[그림 3-2] 표면거칠기 기호의 뜻

## 03 어느 부분에 표시할 것인가

### (1) 표면거칠기 표기법 및 가공법

단위 : ㎛

| 명 칭 | 다듬질 기호 (종래의 심벌) | 표면거칠기 기호 (새로운 심벌) | 가공방법 및 표시(표기)하는 부분 |
|---|---|---|---|
| 제거 가공 금함 | ∼ | $\overset{\circ}{\checkmark}$ | • 기계가공 및 제거가공을 하지 않는 부분으로서 특별히 규정하지 않는다.<br>• 주조, 압연, 단조품의 표면 |
| 거친 가공부 | ▽ | $\overset{w}{\checkmark}$ | • 밀링, 선반, 드릴 등 기타 여러 가지 기계가공으로 가공 흔적이 뚜렷하게 남을 정도의 거친 면<br>• 끼워맞춤이 없는 가공면에 기입한다.<br>• 서로 끼워맞춤이 없는 기계가공부에 기입한다(볼트구멍, 자리파기). |
| 중다듬질 | ▽▽ | $\overset{x}{\checkmark}$ | • 기계가공 후 그라인딩(연삭) 가공 등으로 가공 흔적이 희미하게 남을 정도의 보통 가공면<br>• 단지 끼워맞춤만 있고 마찰운동은 하지 않는 가공면에 기입한다.<br>• 커버와 몸체의 끼워맞춤부, 키홈, 기타 축과 회전체와의 끼워맞춤부 등 |
| 상다듬질 | ▽▽▽ | $\overset{y}{\checkmark}$ | • 기계가공 후 그라인딩(연삭), 래핑 가공 등으로 가공 흔적이 전혀 남아 있지 않은 극히 깨끗한 정밀 고급 가공면<br>• 베어링과 같은 정밀가공된 축계 기계요소의 끼워맞춤부<br>• 기타 KS, ISO 정밀한 규격품의 끼워맞춤부<br>• 끼워맞춤 후 서로 마찰운동하는 부(회전운동, 왕복운동, 기타 마찰운동) |
| 정밀 다듬질 | ▽▽▽▽ | $\overset{z}{\checkmark}$ | • 기계가공 후 그라인딩(연삭), 래핑, 호닝, 버핑 등에 의한 가공으로 광택이 나며, 거울면처럼 극히 깨끗한 초정밀 고급 가공면<br>• 각종 게이지류 측정면 또는 유압실린더 안지름면<br>• 내연기관의 피스톤, 실린더 접촉면<br>• 베어링 볼, 롤러 외면 |

### (2) 표면거칠기 기호 및 상용하는 거칠기 구분치[KS B 0161, KS A ISO 1302]

단위 : ㎛

| 다듬질 기호 (종래의 심벌) | 표면거칠기 기호 (새로운 심벌) | 산술(중심선)평균 거칠기(Ra) 값 | 최대높이(Ry) 값 | 10점 평균 거칠기(Rz) 값 | 비교표준 게이지 번호 |
|---|---|---|---|---|---|
| ∼ | $\overset{\circ}{\checkmark}$ | 특별히 규정하지 않는다. | | | |
| ▽ | $\overset{w}{\checkmark}$ | Ra25<br>Ra12.5 | Ry100<br>Ry50 | Rz100<br>Rz50 | N11<br>N10 |
| ▽▽ | $\overset{x}{\checkmark}$ | Ra6.3<br>Ra3.2 | Ry25<br>Ry12.5 | Rz25<br>Rz12.5 | N9<br>N8 |
| ▽▽▽ | $\overset{y}{\checkmark}$ | Ra1.6<br>Ra0.8 | Ry6.3<br>Ry3.2 | Rz6.3<br>Rz3.2 | N7<br>N6 |
| ▽▽▽▽ | $\overset{z}{\checkmark}$ | Ra0.4<br>Ra0.2<br>Ra0.1<br>Ra0.05<br>Ra0.025 | Ry1.6<br>Ry0.8<br>Ry0.4<br>Ry0.2<br>Ry0.1 | Rz1.6<br>Rz0.8<br>Rz0.4<br>Rz0.2<br>Rz0.1 | N5<br>N4<br>N3<br>N2<br>N1 |

# 04 도면에 표시된 표면거칠기 기호 해석

[그림 4-1]의 동력전달장치 중 '**품번 ① 몸체, ② 축, ④ V벨트풀리, ⑤ 커버**' 등에 실제로 표면거칠기 기호를 표시한 후 해석해 보도록 하자.

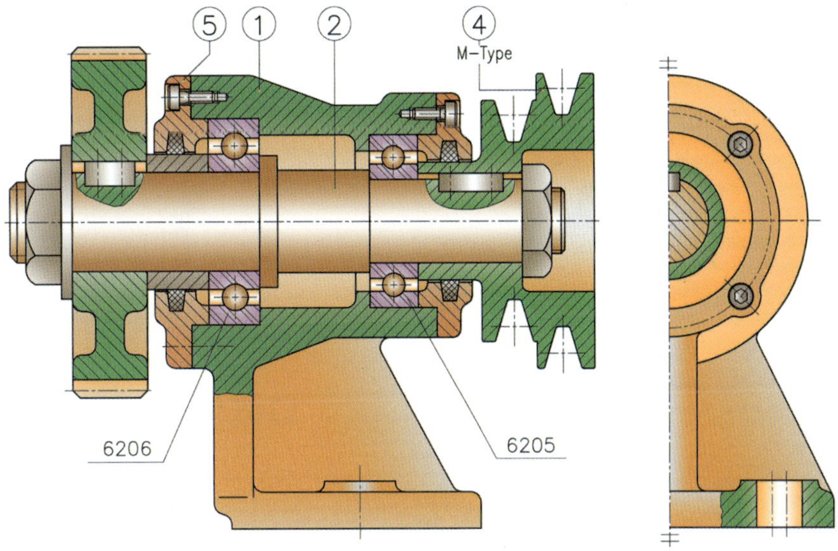


[그림 4-1] 전동전달장치 조립도

**동력전달장치**

참고 입체도 구조도

■ **품번 ① 몸체** ◇/ (w/, x/, y/)

"◇/"는 전체가 제거가공을 하지 않는 제품(예 : 주물제품)에 사용된다. 그러나 "w/, x/, y/"는 일반 절삭가공 및 정밀가공이 요구되는 거칠기이다.

그리고 이 부품에서 지시된 평균거칠기 값은 w/ = 25/, x/ = 6.3/, y/ = 1.6/ 이라는 뜻이다.

참고 입체도

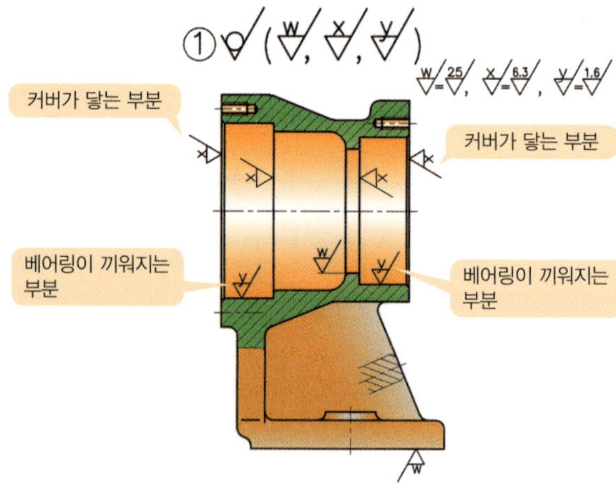


* 투상도 일부와 치수 기입은 생략하였음

■ **품번 ② 축** x/ (y/)

"x/"는 전체가 중다듬질 가공이다. 그러나 "y/"는 상다듬질 가공이 요구되는 특정 부위이다. 그리고 이 부품에서 지시된 평균거칠기 값은 x/ = 6.3/, y/ = 1.6/ 이라는 뜻이다.

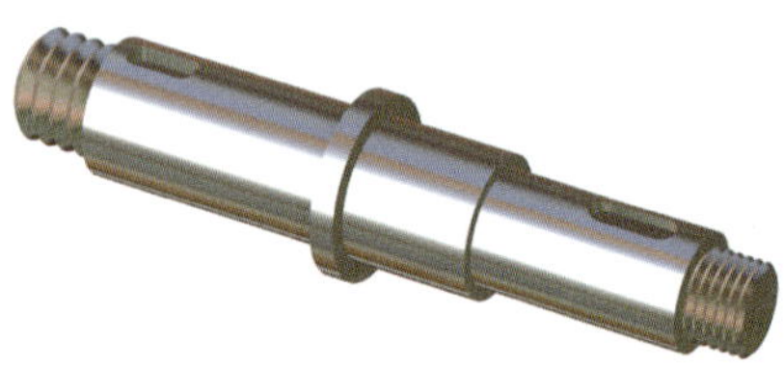

참고 입체도

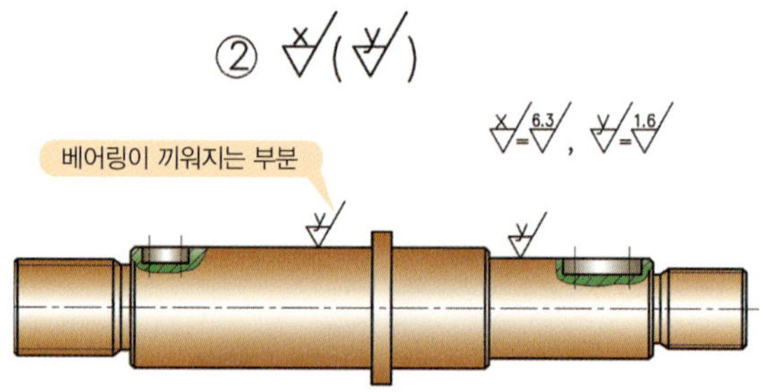


* 투상도 일부와 치수 기입은 생략하였음

■ **품번 ④ V벨트풀리** ◇/ (w/, x/, y/)

"◇/"는 전체가 제거가공을 하지 않는 제품(예 : 주물제품)에 사용된다. 그러나 "w/, x/, y/"는 특정 부위에 해당되는 절삭가공 및 정밀가공이 요구되는 부분이다. 그리고 이 부품에서 지시된 평균거칠기 값은 w/ = 25/, x/ = 6.3/, y/ = 1.6/ 이라는 뜻이다.

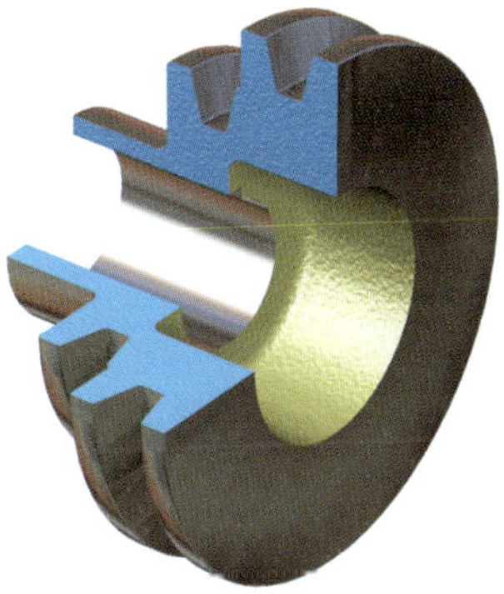

참고 입체도

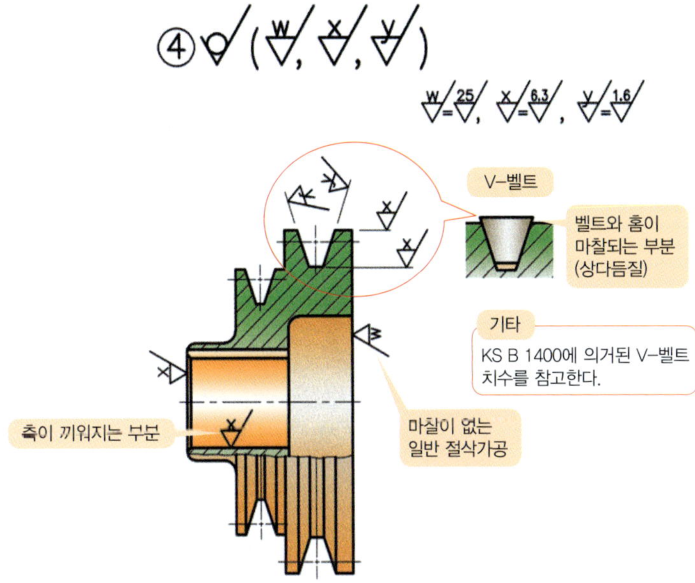


* 투상도 일부와 치수 기입은 생략하였음

## ■ 품번 ⑤ 커버 ∅/(w/, x/)

“∅/”는 전체가 제거가공을 하지 않는 제품(예 : 주물제품)에 사용된다. 그러나 “w/, x/”는 특정 부위에 해당되는 절삭가공 및 정밀가공이 요구되는 부분이다. 그리고 이 부품에서 지시된 평균거칠기 값은 w/ = 25/, x/ = 6.3/이라는 뜻이다.

참고 입체도

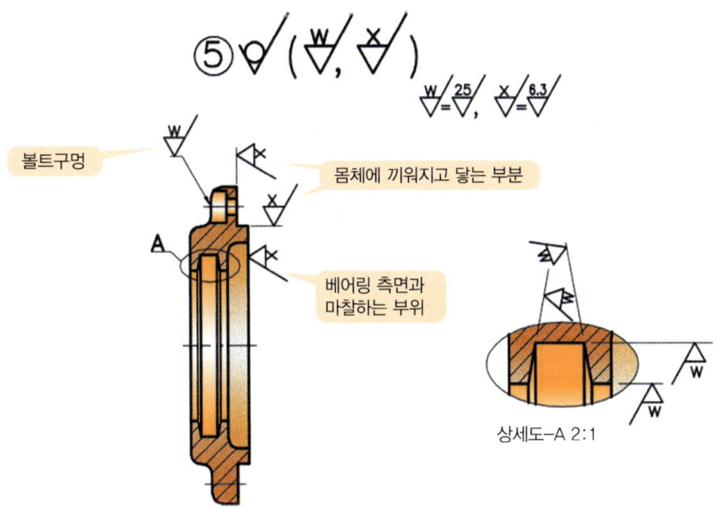


* 투상도 일부와 치수 기입은 생략하였음

## 01 부품 도면에 표면거칠기 기호를 표시하는 방법

도면에 표면거칠기 기호를 기입할 때는 공작물의 가공방향에서 지시해야 한다.
[그림 4-2]는 실제로 동력전달장치의 각 부품들이 가공되는 모습을 형상으로 표현해 본 것이고, 여기에 따른 표시방법은 **[표시방법 1]**과 **[표시방법 2]**를 참조하기 바란다.

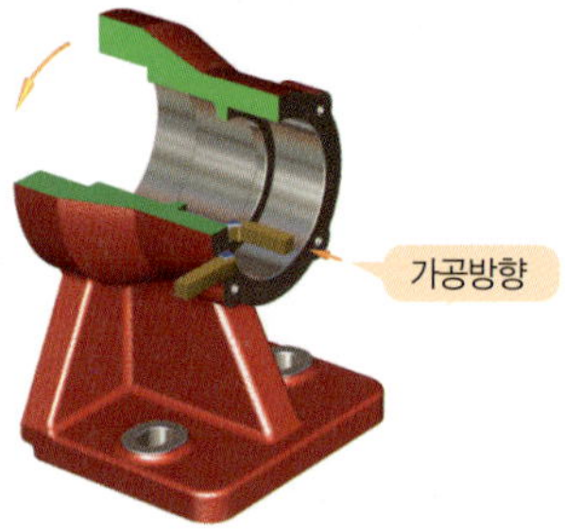


(a) 품번 ① 몸체 내경 및 측면의 가공방향

(b) 품번 ② 축의 외경 및 나사부의 가공방향

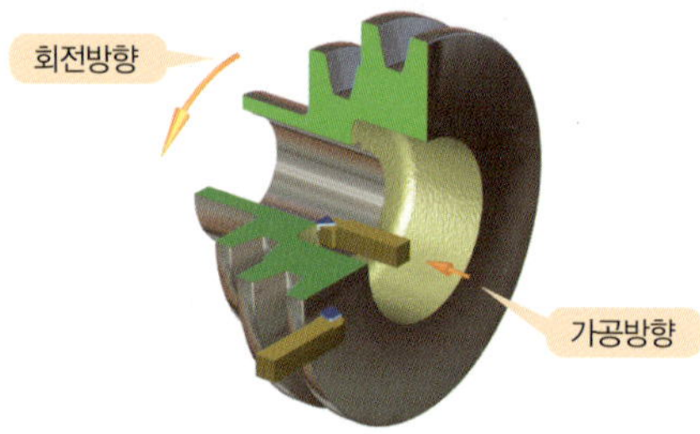


(c) 품번 ④ V벨트풀리 외경 및 내경의 가공방향

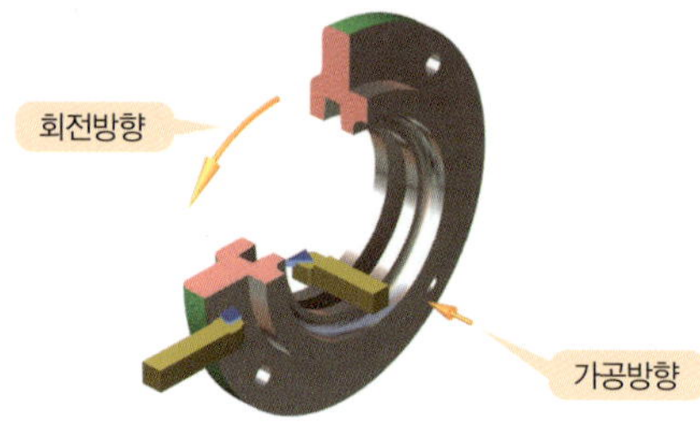


(d) 품번 ⑤ 커버 내경 및 측면의 가공방향

[그림 4-2] 각 부품들이 실제 가공되는 가공방향

### (1) 가공방향을 고려한 표면거칠기 기호를 옳게 표시하는 경우

표면거칠기 기호는 [그림 4-3(a)]와 같이 **치수보조선 위**에 기입하는 것이 바람직하다.
그러나 치수보조선이 없는 경우, 해당 다듬질 표면에 직접 기입해도 틀린 것은 아니다[그림 4-3(b)].

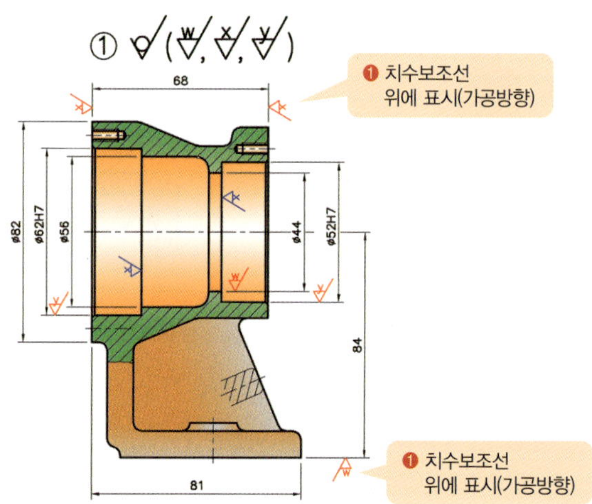


(a) 거칠기 기호를 치수보조선 위에 표시하는 경우

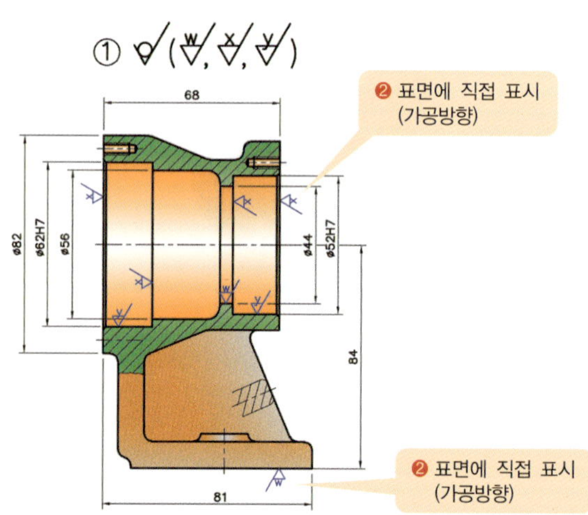


(b) 거칠기 기호를 해당 표면에 직접 표시하는 경우

[그림 4-3] 가공방향에 따른 표면거칠기 표시방법

① [표시방법 1]

표면거칠기 기호는 되도록 **치수보조선에 기입**해야 하나 부득이한 경우 다듬질 표면에 직접 기입할 수 있다.

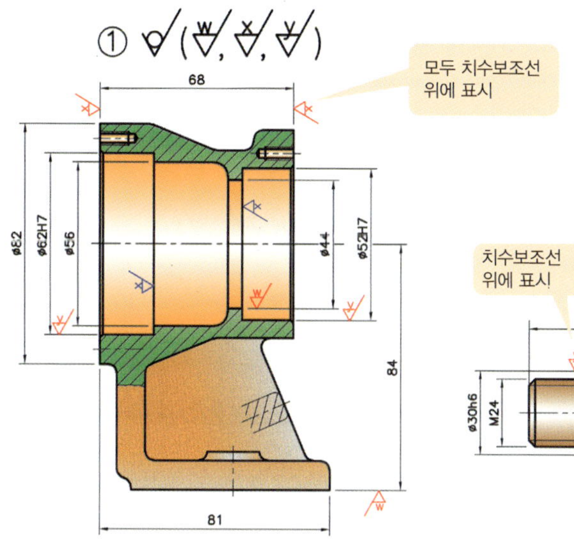


(a) 품번 ① 본체

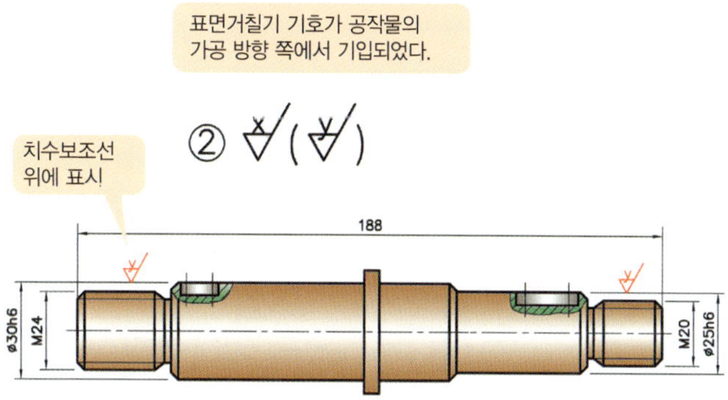


(b) 품번 ② 축

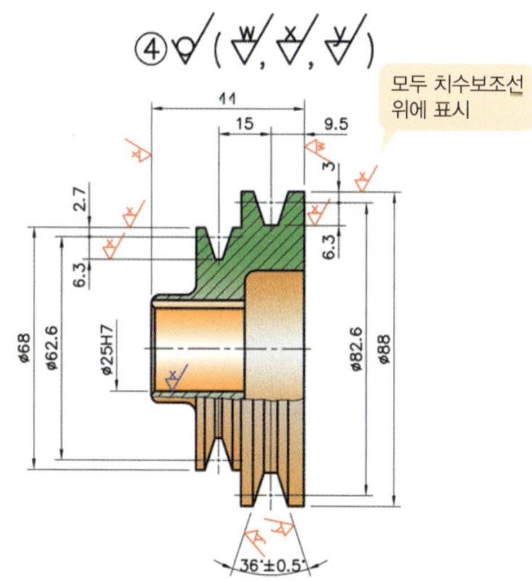


(c) 품번 ④ V벨트풀리

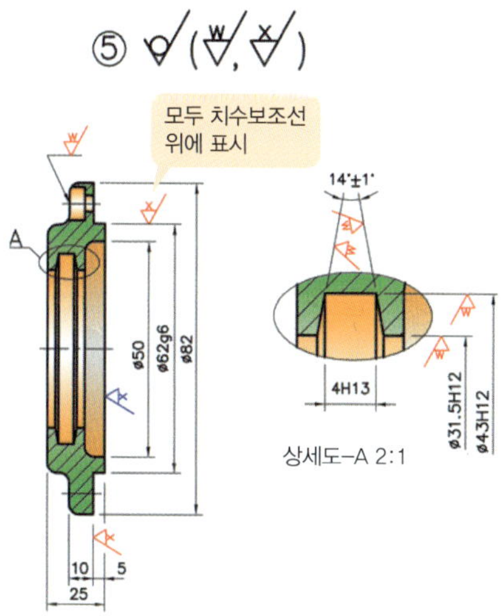


(d) 품번 ⑤ 커버

* 투상도 일부와 치수 기입은 생략하였음

② [표시방법 2]

아래 도면은 **다듬질 표면에 직접 기입**하고 부득이한 경우에는 치수보조선 위에 기입한 것이다.

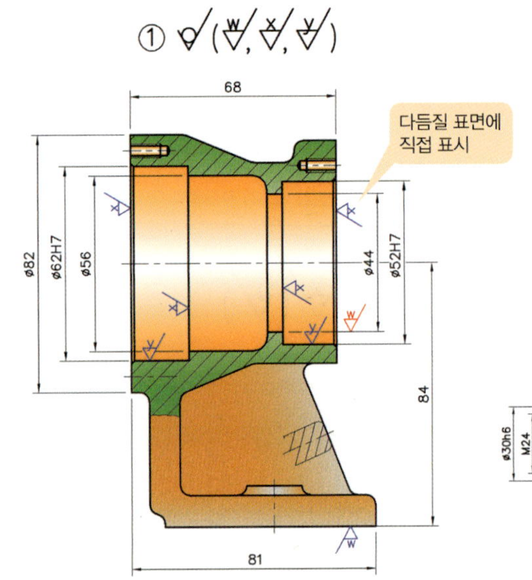


(a) 품번 ① 몸체

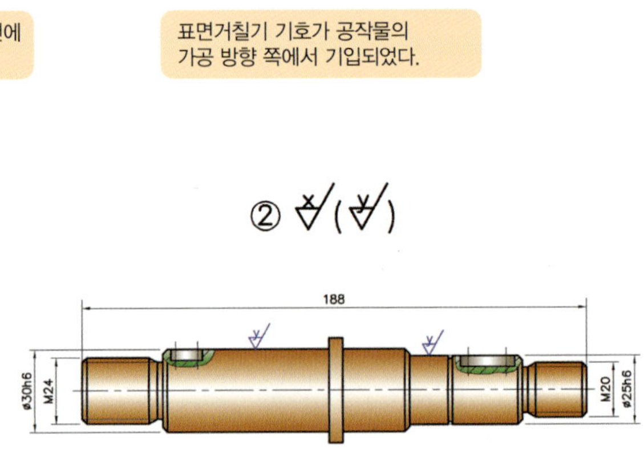


(b) 품번 ② 축

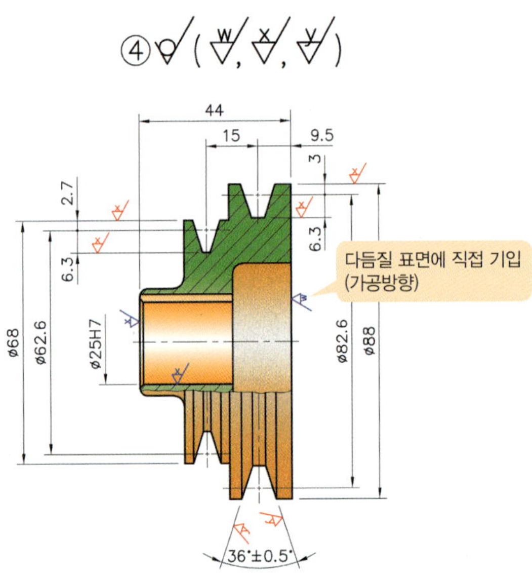


(c) 품번 ④ V-벨트풀리

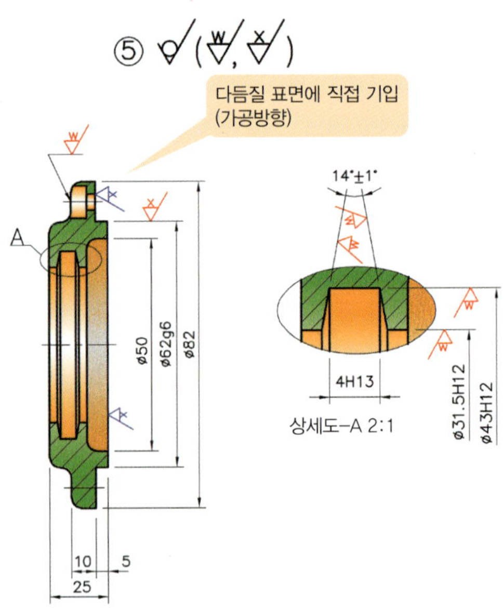


(d) 품번 ⑤ 커버

* 투상도 일부와 치수 기입은 생략하였음

### (2) 가공방향을 고려하지 않고 표면거칠기 기호를 잘못 표시하는 경우

표면거칠기는 가공방향에 의해서 기입하는데, 다음은 잘못 표시한 경우이다.

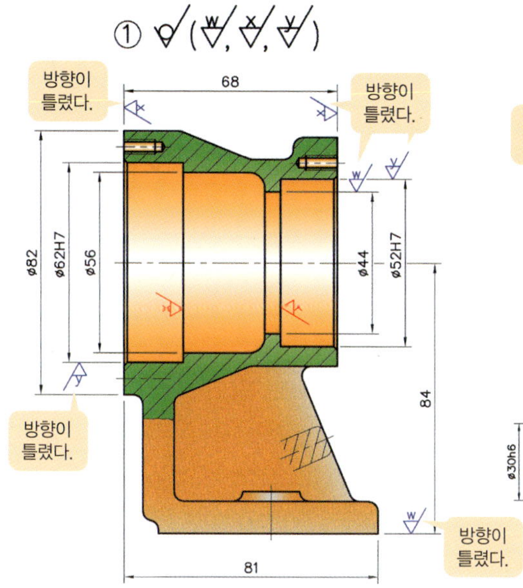


(a) 품번 ① 몸체

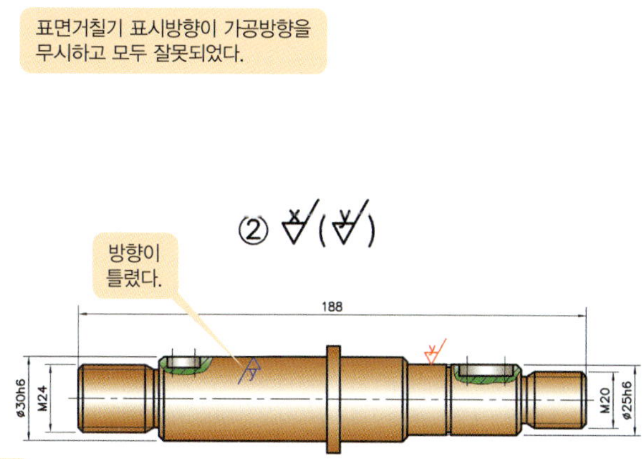


(b) 품번 ② 축

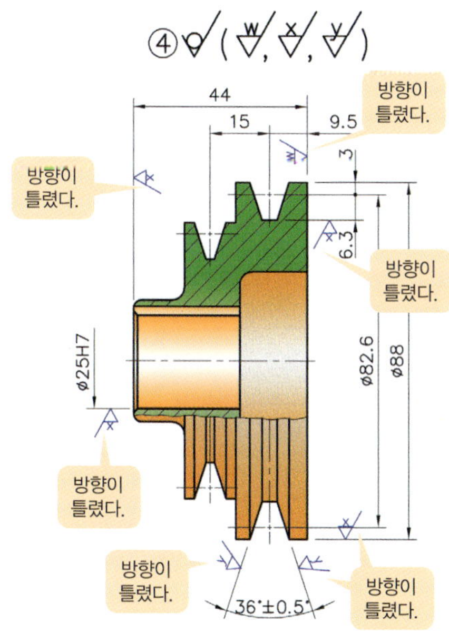


(c) 품번 ④ V-벨트풀리

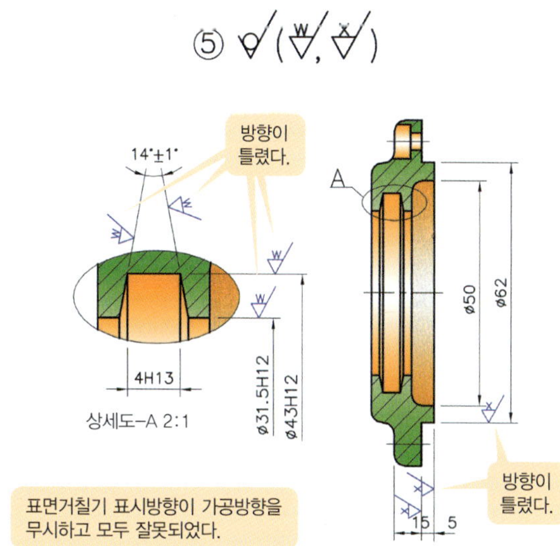


(d) 품번 ⑤ 커버

* 투상도 일부와 치수 기입은 생략하였음

## 02 일반도면 및 CAD 도면에서 표시되는 표면거칠기 기호의 방향 및 크기

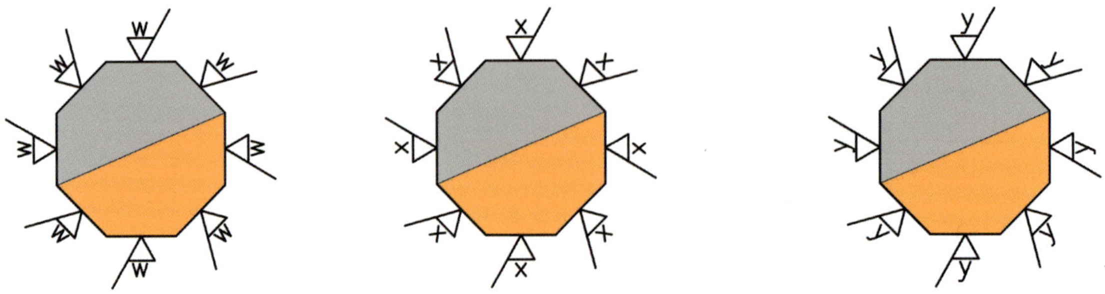

[그림 4-4] 표면거칠기 및 문자방향

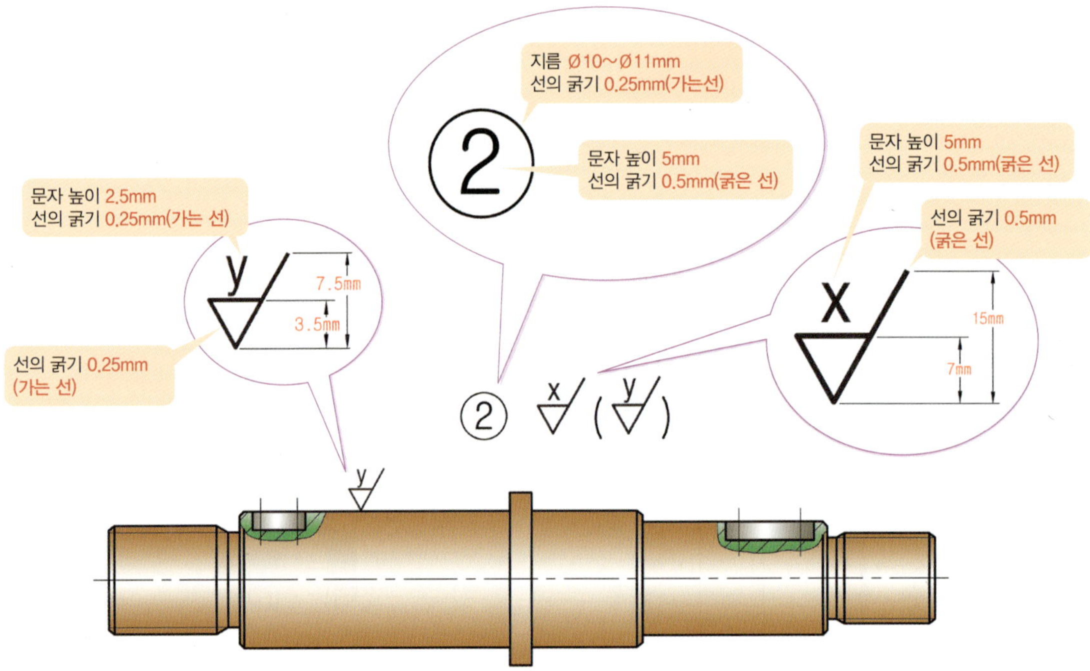


[그림 4-5] 일반도면 및 CAD 도면에서 표면거칠기 크기 및 선의 굵기

**TIP**

### 도면에 표면거칠기 기호 기입 시 주의사항

- 너무 정밀한 거칠기 값은 요구하지 않는다.
- 제품의 특성을 고려해서 기입한다.
- 지시된 표면거칠기 값은 반드시 주투상도 옆이나 주석에 표시하도록 한다.

# 05 IT 등급에 의한 끼워맞춤공차

기계제도 학습자들은 Ø50H7 혹은 Ø50h6 등의 공차치수들을 공개도면을 통해 많이 보았을 것이다. 여기서 Ø50은 **기준 치수**이고 알파벳 대문자 **H**는 **구멍 크기**, 소문자 **h**는 **축 크기**를 뜻한다[표 5-1].

**[표 5-1] 구멍과 축의 기호 및 상호관계**

| | |
|---|---|
| **구멍기호** | 여기서, 최소허용치수가 기준 치수와 일치한다.<br>← 점점 지름이 커진다. / 점점 지름이 작아진다. →<br>A B C D E F G **H** J K M N P R S T U X |
| **축 기 호** | 여기서, 최대허용치수가 기준 치수와 일치한다.<br>← 점점 지름이 작아진다. / 점점 지름이 커진다. →<br>a b c d e f g **h** j k n l p r s t u x |

또 알파벳 뒤에 붙은 숫자 7과 6은 ISO 공차방식에 따른 **IT 기본공차등급**을 표시하는 것으로서 등급이 낮을수록 정밀하다[표 5-2]. 즉 **정밀도**를 뜻한다.

**[표 5-2] IT 기본공차등급**

| 용도 | 게이지류 제작공차 | 일반 끼워맞춤공차 | 끼워맞춤이 없는 부분의 공차 |
|---|---|---|---|
| 구멍 | IT 01 ~ IT 05 | IT 06 ~ IT 10 | IT 11 ~ IT 18 |
| 축 | IT 01 ~ IT 04 | IT 05 ~ IT 09 | IT 10 ~ IT 18 |

## 01 정밀도

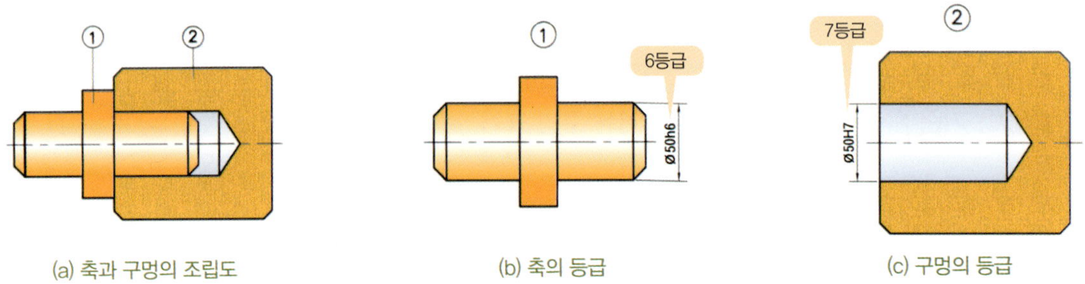


[그림 5-1] 축과 구멍의 등급에 의한 정밀도

■ [그림 5-1]에서

- Ø50h6 _______ 기준축(h) Ø50인 축의 등급은 6등급
- Ø50H7 _______ 기준구멍(H) Ø50인 구멍의 등급은 7등급

■ **결과 : 축이 구멍에 비해 정밀하다는 것을 알 수 있다.**

**TIP**

정밀도가 높을수록 가공 공정이 많이 필요하고 가공시간 등의 여러 가지 예산낭비만 초래할 수도 있다. 특별히 정밀한 부품이 아니고는 IT 등급 일반끼워맞춤 범위를 되도록 벗어나지 않도록 기입하는 것이 바람직하다.

## 02 크기

### (1) 끼워맞춤의 종류

- **헐거운 끼워맞춤** – 구멍이 축보다 클 경우 발생하는 끼워맞춤
- **중간 끼워맞춤** – 구멍과 축이 서로 크거나 같을 때 발생하는 끼워맞춤
- **억지 끼워맞춤** – 축이 구멍보다 클 경우 발생하는 끼워맞춤

▶ 단, 기준 치수는 구멍이나 축이나 항상 같아야 한다(예제 참조).

### (2) KS B 0401에 의한 구멍기준식 끼워맞춤

끼워맞춤은 KS B 0401에 의거한 구멍기준식 끼워맞춤 중 **기준구멍 H7**을 기준으로 축을 맞추는 끼워맞춤이 가장 많이 이용된다[표 5-3].

**TIP**

- 일반적으로 구멍이 축보다 가공하기 힘든 경우가 많다. 구멍의 경우 비교적 형태가 복잡한 공작물이 많지만, 축의 경우는 편심인 것을 제외하고는 일반적으로 쉽게 가공할 수 있고 또 가공하다가 잘못되더라도 더 작은 것으로 활용할 수 있다.
- H7은 KS B 0401 구멍기준식에서 적용범위가 가장 넓다.

[표 5-3] 상용하는 구멍기준식 끼워맞춤 KS B 0401

| 기준 구멍 | 축의 공차역 클래스 | | | | | | | | | | | | | | | | |
|---|---|---|---|---|---|---|---|---|---|---|---|---|---|---|---|---|---|
| | 헐거운 끼워맞춤 | | | | | | | 중간 끼워맞춤 | | | 억지 끼워맞춤 | | | | | | |
| H6 | | | | | | g5 | h5 | js5 | k5 | m5 | | | | | | | |
| | | | | | f6 | g6 | h6 | js6 | k6 | m6 | n6* | p6* | | | | | |
| H7 | | | | | f6 | g6 | h6 | js6 | k6 | m6 | n6 | p6 | r6 | s6 | t6 | u6 | x6 |
| | | | | e7 | f7 | | h7 | js7 | | | | | | | | | |
| | | | | | f7 | | h7 | | | | | | | | | | |
| H8 | | | | e8 | f8 | | h8 | | | | | | | | | | |
| | | | d9 | e9 | | | | | | | | | | | | | |
| H9 | | | d8 | e8 | | | h8 | | | | | | | | | | |
| | | c9 | d9 | e9 | | | h9 | | | | | | | | | | |
| H10 | b9 | c9 | d9 | | | | | | | | | | | | | | |
| | | | | | | | | | | | | | | | | | |

※ H7의 기준구멍이 가장 많은 축의 공차역 클래스 (f6~x6, e7~js7)가 규정되어 이용범위가 넓다.

* 이들의 끼워맞춤은 치수의 구분에 따라서 예외가 생긴다.

**예제**

### ① H7을 기준으로 한 구멍기준식 헐거운 끼워맞춤의 예

회전운동, 왕복운동, 마찰운동부 본체와 커버 조립부의 끼워맞춤 등

## Ø50H7 / Ø50g6

해설 : [표 5-3]에서 구멍 H7을 기준으로 축 g6이 끼워지는 헐거운 끼워맞춤

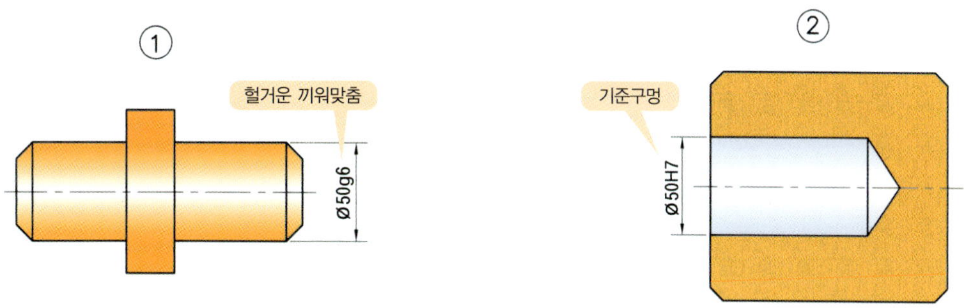


(a) 축 (b) 구멍

[그림 5-2] 구멍기준식 헐거운 끼워맞춤

② H7을 기준으로 한 구멍기준식 중간 끼워맞춤의 예

## Ø50H7 / Ø50js6

해설 : [표 5-3]에서 구멍 H7을 기준으로 축 js6이 끼워지는 중간 끼워맞춤

(a) 축 (b) 구멍

[그림 5-3] 중간 끼워맞춤

③ H7을 기준으로 한 구멍기준식 억지 끼워맞춤의 예

## Ø50H7 / Ø50p6

해설 : [표 5-3]에서 구멍의 H7을 기준으로 축 p6이 끼워지는 억지 끼워맞춤

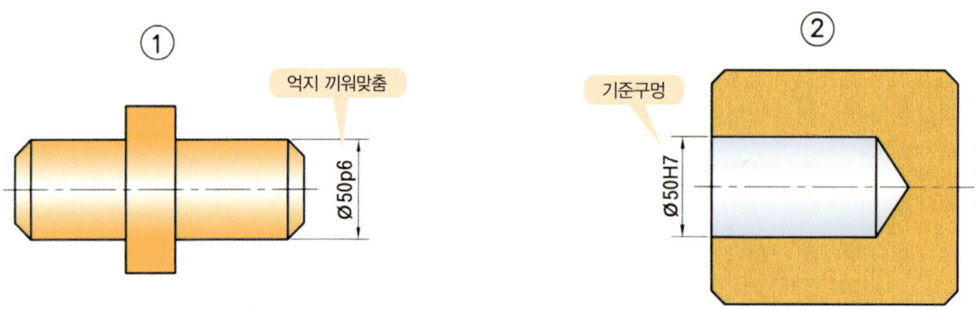


(a) 축 (b) 구멍

[그림 5-4] 억지 끼워맞춤

## (3) KS B 0401에 의한 축기준식 끼워맞춤

축기준식은 구멍기준식과 반대로 축을 기준으로 구멍을 맞추는 끼워맞춤이다.

[표 5-4] 상용하는 축기준식 끼워맞춤

KS B 0401

| 기준축 | 구멍의 공차역 클래스 | | | | | | | | | | | | | | | | |
|---|---|---|---|---|---|---|---|---|---|---|---|---|---|---|---|---|---|
| | 헐거운 끼워맞춤 | | | | | | | 중간 끼워맞춤 | | | 억지 끼워맞춤 | | | | | | |
| h5 | | | | | | | H6 | JS6 | K6 | M6 | N6* | P6 | | | | | |
| h6 | | | | | F6 | G6 | H6 | JS6 | K6 | M6 | N6 | P6* | | | | | |
| | | | | | F7 | G7 | H7 | JS7 | K7 | M7 | N7 | P7 | R7 | S7 | T7 | U7 | X7 |
| h7 | | | | E7 | F7 | | H7 | | | | | | | | | | |
| | | | | | F8 | | H8 | | | | | | | | | | |
| h8 | | | D8 | E8 | F8 | | H8 | | | | | | | | | | |
| | | | D9 | E9 | | | H9 | | | | | | | | | | |
| h9 | | | D8 | E8 | | | H8 | | | | | | | | | | |
| | | C9 | D9 | E9 | | | H9 | | | | | | | | | | |
| | B10 | C10 | D10 | | | | | | | | | | | | | | |

* 이들의 끼워맞춤은 치수의 구분에 따라서 예외가 생긴다.

# 06 일반공차

실무적으로는 끼워맞춤공차 기입법보다는 일반공차 기입법[그림 6-1(b)]이 널리 이용된다. 특히 일반공차 값의 범위는 실질적인 허용공차 값이므로 산업현장에서 가장 많이 쓰이는 측정용 게이지의 측정범위를 벗어나지 않도록 기입한다[표 6-1].

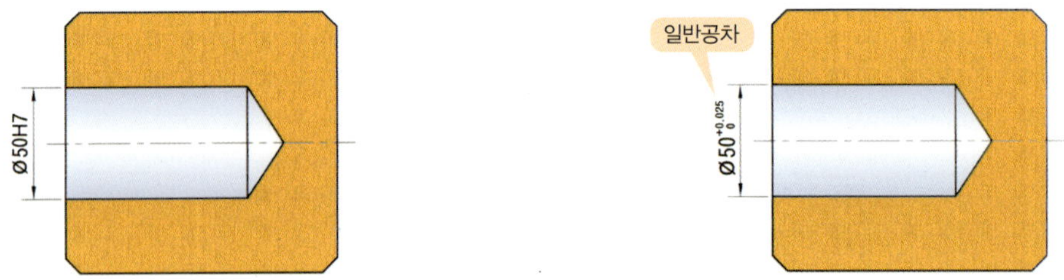


(a) 끼워맞춤공차 (b) 일반공차

[그림 6-1] 끼워맞춤공차와 일반공차

[표 6-1] 측정용 게이지의 측정범위

| 측정용 게이지 | 측정범위 |
|---|---|
| 버니어캘리퍼스(Vernier calipers) | 0.05~0.02mm(1/20~1/50) |
| 마이크로미터(Micrometer) | 0.01~0.001mm(1/100~1/1000) |
| 하이트게이지(Height gauge) | 0.05~0.02mm(1/20~1/50) |
| 다이얼게이지(Dial gauge) | 0.01~0.001mm(1/00~1/1000) |

## 01 KS B 0401에 의한 일반공차 값 적용

일반적으로 도면에 치수를 기입할 때 가장 까다롭고 어려운 부분이 공차 치수라 생각하지만 KS 규격을 찾아 적용하는 방법을 익히면 쉽다. 공차 치수를 응용하는 방법은 좀 더 실무적인 경험을 쌓고 적용해도 늦지 않을 것이다.

### (1) 끼워맞춤공차와 일반공차의 관계

| 표기 | 종류 | |
|---|---|---|
| Ø50H7 | 끼워맞춤공차 | 모두 같은 치수 |
| $Ø50^{+0.025}_{0}$ | 일반공차 | |
| (Ø50.025 / Ø50) | 한계치수공차 | |

① 피트공차 해석

Ø50H7

해석 : 기준 치수가 **Ø50**이고 **7등급**인 구멍의 치수 및 공차

② 일반공차 해석

$Ø50^{+0.025}_{0}$

해석 : [표 6-4]에서 끼워맞춤 공차를 일반공차 값으로 환산한 값

③ 한계치수공차 해석

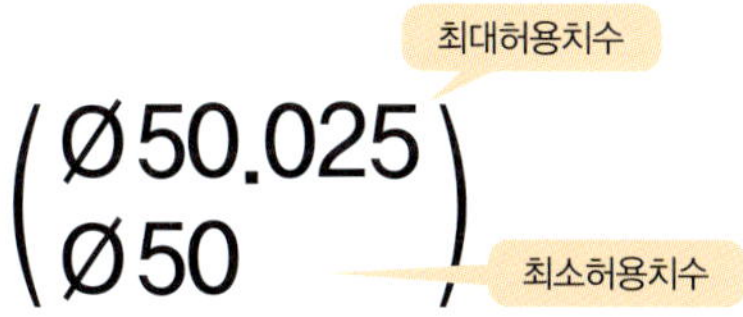


해석 : 최대허용치수와 최소허용치수를 모두 써주면 **한계치수** 값이다.

**골치 아픈 공차이론 맛보기**

- 기준 치수 + 위 치수 허용차 = 최대허용치수
  (예 : 50 + 0.025 = 50.025)
- 기준 치수 + 아래 치수 허용차 = 최소허용치수
  (예 : 50 + 0 = 50)
- 위 치수 허용차 – 아래 치수 허용차 = 공차
  (예 : 0.025 – 0 = 0.025)

## 02 헐거운 끼워맞춤공차

헐거운 끼워맞춤공차를 일반공차 값으로 환산해 보자.

### (1) 끼워맞춤공차

- [표 5-3]에서 적용한 구멍기준식 끼워맞춤공차

| 구멍 | Ø50H7 |
|---|---|
| 축 | Ø50h6 |

(a) 축 (b) 구멍

[그림 6-2] 끼워맞춤공차(헐거운 끼워맞춤)

### (2) 일반공차 값

- [표 6-3]과 [표 6-4]에서 찾은 축과 구멍의 일반공차 값

| 구멍 | $Ø50^{+0.025}_{0}$ |
|---|---|
| 축 | $Ø50^{0}_{-0.016}$ |

(a) 축 (b) 구멍

[그림 6-3] 일반공차(헐거운 끼워맞춤)

## 03 중간 끼워맞춤공차

중간 끼워맞춤공차를 일반공차 값으로 환산해 보자.

### (1) 끼워맞춤공차

- [표 5-3]에서 적용한 구멍기준식 끼워맞춤공차

| 구멍 | Ø60H7 |
|---|---|
| 축 | Ø60js6 |

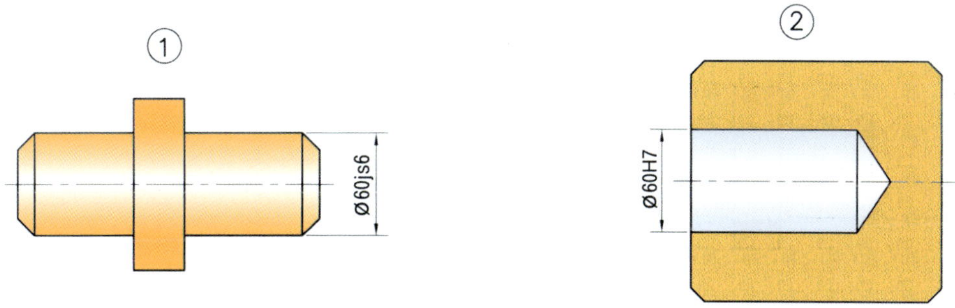


(a) 축 (b) 구멍

[그림 6-4] 끼워맞춤공차(중간 끼워맞춤)

### (2) 일반공차 값

- [표 6-3]과 [표 6-4]에서 찾은 축과 구멍의 일반공차 값

| 구멍 | Ø60$^{+0.030}_{0}$ |
|---|---|
| 축 | Ø60±0.0095 |

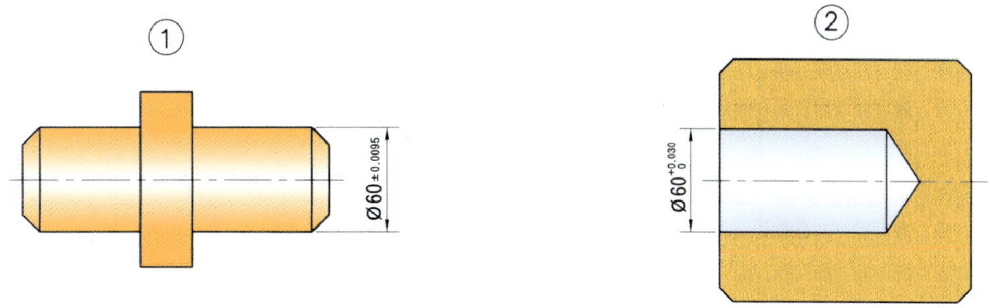


(a) 축 (b) 구멍

[그림 6-5] 일반공차(중간 끼워맞춤)

## 04 억지 끼워맞춤공차

억지 끼워맞춤공차를 일반공차 값으로 환산해 보자.

### (1) 끼워맞춤공차

- [표 5-3]에서 적용한 구멍 기준식 끼워맞춤공차

| 구멍 | Ø70H7 |
|---|---|
| 축 | Ø70p6 |

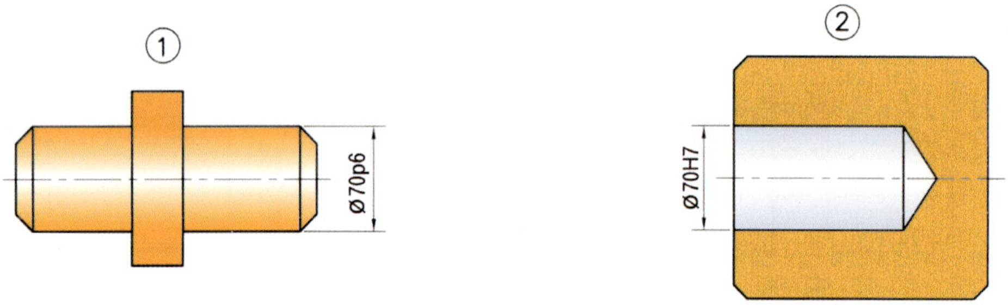


(a) 축 (b) 구멍

[그림 6-6] 끼워맞춤공차(억지 끼워맞춤)

### (2) 일반공차 값

- [표 6-3]과 [표 6-4]에서 찾은 축과 구멍의 일반 공차 값

| 구멍 | Ø$70^{+0.030}_{0}$ |
|---|---|
| 축 | Ø$70^{+0.051}_{+0.032}$ |

(a) 축 (b) 구멍

[그림 6-7] 일반공차(억지 끼워맞춤)

[표 6-2] 상용하는 구멍기준 끼워맞춤의 적용 예

| 기준 구멍 | 끼워맞춤의 종류 | | 구멍과 축의 가공법 | 조립 · 분해 작업 및 틈새의 상태 | 적용 예 |
|---|---|---|---|---|---|
| 6급 구멍 | H6/n5 | 억지 끼워맞춤 | 연삭, 래핑, 슈퍼피니싱, 극정밀공작 | 프레스, 잭 등에 의한 가벼운 압입 | 각종 계기, 엔진 및 그 부속품, 고급 공작기계, 베어링, 기타 정밀기계의 주요 부분 |
| | H6/m5<br>H6/m6 | 중간 끼워맞춤 | | 손망치 등으로 때려 박는다. | |
| | H6/k5<br>H6/k6 | | | | |
| | H6/j5<br>H6/j6 | | | | |
| | H6/h5<br>H6/h6 | 헐거운 끼워맞춤 | | 윤활유의 사용으로 쉽게 이동시킬 수 있다. | |
| 7 · 8급 구멍 | H7/u6<br>~H7/r6 | 억지 끼워맞춤 | 연삭 또는 정밀공작 | 수압기 등에 의한 강력한 압입, 수축끼워맞춤 | 철도 차량의 차륜과 타이어, 축과 바퀴, 대형 발전기의 회전체와 축 등의 결합 부분 |
| | H7/t7<br>~H7/r7 | | | | |
| | H7/r6<br>~ H7/p6<br>(H7/p7) | | | 수압기 프레스 등의 가벼운 압입 | 주철 차륜에 청동 부시 또는 베어링용 라이닝을 끼울 때 |
| | H7/m6<br>H7/n6 | 중간 끼워맞춤 | | 쇠망치로 때려 박음, 뽑아내기 | 자주 분해하지 않는 축과 기어, 핸들차, 플랜지 이음, 플라이 휠, 볼베어링 등의 끼워맞춤 |
| | H7/j6 | | | 나무망치, 납망치 등으로 때려 박는다. | 기 또는 고정나사로 고정하는 부분의 끼워맞춤, 볼베어링의 끼워맞춤, 축 컬러, 변속기어의 축 |
| | H7/h6<br>(H7/h7) | 헐거운 끼워맞춤 | | 윤활유를 공급하면 손으로도 움직일 수 있다. | 긴 축에 끼는 키, 고정 풀리와 축 컬러 |
| | H7/g6<br>(H7g7) | | | 틈새가 근소하고, 윤활유의 사용으로 서로 운동 가능 | 연삭기의 스핀들베어링 등 정밀공작기계 등의 주축과 베어링, 고급변속기의 주축과 베어링 |
| | H7/t7 | | | 작은 틈새, 윤활유의 사용으로 서로 운동 가능 | 크랭크 축, 크랭크 핀과 그들의 베어링 |
| | H8/e8 | | | 조금 큰 틈새 | 다소 하급인 베어링과 축, 소형엔진의 축과 베어링 |
| 8 · 9급 구멍 | H8/h8 | | 보통공작 | 쉽게 끼고 빼고 미끄러질 수 있다. | 축, 컬러, 풀리와 축, 소형엔진의 축과 베어링 |
| | H8/t8 | | | 작은 틈새, 윤활유의 사용으로 서로 운동 가능 | 내연기관의 크랭크베어링, 안내차와 축, 원심 펌프 송풍기 등의 축과 베어링 |
| | h8/d9 | | | 큰 틈새, 윤활유의 사용으로 서로 운동 가능 | 차량베어링, 일반 하급 베어링, 요동베어링, 아이들 휠과 축 등 |
| | H9/c9<br>H9/d8 | | | 대단히 큰 틈새, 윤활유의 사용으로 운동하는 부위 | |

MEMO

**[표 6-3] 상용하는 끼워맞춤 축의 치수허용차(KS B 0401)**

| 치수의 구분 (mm) | | b | c | d | | e | | | f | | | g | | | h | | | | |
|---|---|---|---|---|---|---|---|---|---|---|---|---|---|---|---|---|---|---|---|
| | | 9 | 9 | 8 | 9 | 7 | 8 | 9 | 6 | 7 | 8 | 4 | 5 | 6 | 4 | 5 | 6 | 7 | 8 |
| 초과 | 이하 | | | | | | | | | | | | | | | | | | |
| – | 3 | −140<br>−165 | −60<br>−85 | −20<br>−34 | −20<br>−45 | −14<br>−24 | −14<br>−28 | −14<br>−39 | −6<br>−12 | −6<br>−16 | −6<br>−20 | −2<br>−5 | −2<br>−6 | −2<br>−8 | 0<br>−3 | 0<br>−4 | 0<br>−6 | 0<br>−10 | (<br>−1 |
| 3 | 6 | −140<br>−170 | −70<br>−100 | −30<br>−48 | −30<br>−60 | −20<br>−32 | −20<br>−38 | −20<br>−50 | −10<br>−18 | −10<br>−22 | −10<br>−28 | −4<br>−8 | −4<br>−9 | −4<br>−12 | 0<br>−4 | 0<br>−5 | 0<br>−8 | 0<br>−12 | (<br>−1 |
| 6 | 10 | −150<br>−186 | −80<br>−116 | −40<br>−62 | −40<br>−76 | −25<br>−40 | −25<br>−47 | −25<br>−61 | −13<br>−22 | −13<br>−28 | −13<br>−35 | −5<br>−9 | −5<br>−11 | −5<br>−14 | 0<br>−4 | 0<br>−6 | 0<br>−9 | 0<br>−15 | (<br>−2 |
| 10 | 14 | −150<br>−193 | −95<br>−138 | −50<br>−77 | −50<br>−93 | −32<br>−50 | −32<br>−59 | −32<br>−75 | −16<br>−27 | 16<br>−34 | −16<br>43 | −6<br>11 | −6<br>14 | −6<br>−17 | 0<br>−5 | 0<br>−8 | 0<br>−11 | 0<br>−18 | (<br>−2 |
| 14 | 18 | | | | | | | | | | | | | | | | | | |
| 18 | 24 | −160<br>−212 | −110<br>−162 | −65<br>−98 | −65<br>−117 | −40<br>−61 | −40<br>−73 | −40<br>−92 | −20<br>−33 | −20<br>−41 | −20<br>−53 | −7<br>−13 | −7<br>−16 | −7<br>−20 | 0<br>−6 | 0<br>−9 | 0<br>−13 | 0<br>−21 | (<br>−3 |
| 24 | 30 | | | | | | | | | | | | | | | | | | |
| 30 | 40 | −170<br>−232 | −120<br>−182 | −80<br>−119 | −80<br>−142 | −50<br>−75 | −50<br>−89 | −50<br>−112 | −25<br>−41 | −25<br>−50 | −25<br>−64 | −9<br>−16 | −9<br>−20 | −9<br>−25 | 0<br>−7 | 0<br>−11 | 0<br>−16 | 0<br>−25 | (<br>−3 |
| 40 | 50 | −180<br>−242 | 130<br>−192 | | | | | | | | | | | | | | | | |
| 50 | 65 | −190<br>−264 | −140<br>−214 | −100<br>−146 | −100<br>−174 | −60<br>−90 | −60<br>−106 | −60<br>−134 | −30<br>−49 | −30<br>−60 | −30<br>−76 | −10<br>−18 | −10<br>−23 | −10<br>−29 | 0<br>−8 | 0<br>−13 | 0<br>−19 | 0<br>−30 | (<br>−4 |
| 65 | 80 | −200<br>−274 | −150<br>−224 | | | | | | | | | | | | | | | | |
| 80 | 100 | −220<br>−307 | −170<br>−257 | −120<br>−174 | 120<br>−207 | 72<br>−107 | 72<br>−126 | −72<br>−159 | | −36<br>−71 | −36<br>−90 | −12<br>−22 | −12<br>−27 | −12<br>−34 | 0<br>−10 | 0<br>−15 | 0<br>−22 | 0<br>−35 | (<br>−5 |
| 100 | 120 | −240<br>−327 | −180<br>−267 | | | | | | | | | | | | | | | | |
| 120 | 140 | −260<br>−360 | −200<br>−300 | −145<br>−208 | −145<br>−245 | −85<br>−125 | −85<br>−148 | −85<br>−185 | −43<br>−68 | −43<br>−83 | −43<br>−106 | −14<br>−26 | −14<br>−32 | −14<br>−39 | 0<br>−12 | 0<br>−18 | 0<br>−25 | 0<br>−40 | (<br>−6 |
| 140 | 160 | −280<br>−380 | −210<br>−310 | | | | | | | | | | | | | | | | |
| 160 | 180 | −310<br>−410 | −230<br>−330 | | | | | | | | | | | | | | | | |
| 180 | 200 | −340<br>−455 | −240<br>−355 | −170<br>−242 | −170<br>−285 | −100<br>−146 | −100<br>−172 | −100<br>−215 | −50<br>−79 | −50<br>−96 | −50<br>−122 | −15<br>−29 | −15<br>−35 | −15<br>−44 | 0<br>−14 | 0<br>−20 | 0<br>−29 | 0<br>−46 | (<br>−7 |
| 200 | 225 | −380<br>−495 | −260<br>−375 | | | | | | | | | | | | | | | | |
| 225 | 250 | −420<br>−535 | −280<br>−395 | | | | | | | | | | | | | | | | |
| 250 | 280 | −480<br>−610 | −300<br>−430 | −190<br>−271 | −190<br>−320 | −110<br>−162 | −110<br>−191 | −110<br>−240 | −56<br>−88 | −56<br>−108 | −56<br>−137 | −17<br>−33 | −17<br>−40 | −17<br>−49 | 0<br>−16 | 0<br>−23 | 0<br>−32 | 0<br>−52 | (<br>−8 |
| 280 | 315 | −540<br>−670 | −330<br>−460 | | | | | | | | | | | | | | | | |
| 315 | 355 | −600<br>−740 | −360<br>−500 | −210<br>−299 | −210<br>−350 | −125<br>−182 | −125<br>−214 | −125<br>−265 | −62<br>−98 | −62<br>−119 | −62<br>−151 | −18<br>−36 | −18<br>−43 | −18<br>−54 | 0<br>−18 | 0<br>−25 | 0<br>−36 | 0<br>−57 | (<br>−8 |
| 355 | 400 | −680<br>−820 | −400<br>−540 | | | | | | | | | | | | | | | | |
| 400 | 450 | −760<br>−915 | −440<br>−595 | −230<br>−327 | −230<br>−385 | −135<br>−198 | −135<br>−232 | −135<br>−290 | −68<br>−108 | −68<br>−131 | −68<br>−165 | −20<br>−40 | −20<br>−47 | −20<br>−60 | 0<br>−20 | 0<br>−27 | 0<br>−40 | 0<br>−63 | (<br>−9 |
| 450 | 500 | −840<br>−995 | −480<br>−635 | | | | | | | | | | | | | | | | |

비고) 표 속의 각 단에서 위쪽의 수치는 위치수허용차, 아래쪽의 수치는 아래치수허용차

(단위 : μm = 0.001mm)

| | | JS | | | K | | | M | | | N | | P | | R | S | T | U | X | 치수의 구분 (mm) | |
|---|---|---|---|---|---|---|---|---|---|---|---|---|---|---|---|---|---|---|---|---|---|
| 9 | 10 | 5 | 6 | 7 | 5 | 6 | 7 | 5 | 6 | 7 | 6 | 7 | 6 | 7 | 7 | 7 | 7 | 7 | 70 | 초과 | 이하 |
| +25<br>0 | +40<br>0 | ±2 | ±3 | ±5 | 0<br>−4 | 0<br>−6 | 0<br>−10 | −2<br>−6 | −2<br>−8 | −2<br>−12 | −4<br>−10 | −4<br>−14 | −6<br>−12 | −6<br>−16 | −10<br>−20 | −14<br>−24 | – | −18<br>−28 | −20<br>−30 | – | 3 |
| +30<br>0 | +48<br>0 | ±2.5 | ±4 | ±6 | 0<br>−5 | +2<br>−6 | +3<br>−9 | −3<br>−8 | −1<br>−9 | 0<br>−12 | −5<br>−13 | −4<br>−16 | −7<br>−17 | −8<br>−20 | −11<br>−23 | −15<br>−27 | – | −19<br>−31 | −24<br>−36 | 3 | 6 |
| +36<br>0 | +58<br>0 | ±3 | ±4.5 | ±7.5 | +1<br>−5 | +2<br>−7 | +5<br>−10 | −4<br>−10 | −3<br>−12 | 0<br>−15 | −7<br>−16 | −4<br>−19 | −12<br>−21 | −9<br>−24 | −13<br>−28 | −17<br>−32 | – | −22<br>−37 | −28<br>−43 | 6 | 10 |
| +43<br>0 | +70<br>0 | ±4 | ±5.5 | ±9 | +2<br>−6 | +2<br>−9 | +6<br>−12 | −4<br>−12 | −4<br>−15 | 0<br>−18 | −9<br>−20 | −5<br>−23 | −15<br>−26 | −11<br>−29 | −16<br>−34 | −21<br>−39 | – | −26<br>−44 | −33<br>−51 | 10 | 14 |
| | | | | | | | | | | | | | | | | | | | −38<br>−56 | 14 | 18 |
| +52<br>0 | +84<br>0 | ±4.5 | ±6.5 | ±10.5 | +1<br>−8 | +2<br>−11 | +6<br>−15 | −5<br>−14 | −4<br>−17 | 0<br>−21 | −11<br>−24 | −7<br>−28 | −18<br>−31 | −14<br>−35 | −20<br>−41 | −27<br>−48 | – | −33<br>−54 | −46<br>−67 | 18 | 24 |
| | | | | | | | | | | | | | | | | | −33<br>−54 | −40<br>−61 | −56<br>−77 | 24 | 30 |
| +62<br>0 | +100<br>0 | ±5.5 | ±8 | ±12.5 | +2<br>−9 | +3<br>−13 | +7<br>−18 | −5<br>−16 | −4<br>−20 | 0<br>−25 | −12<br>−28 | −8<br>−33 | −21<br>−37 | −17<br>−42 | −25<br>−50 | −34<br>−59 | −39<br>−64 | −51<br>−76 | – | 30 | 40 |
| | | | | | | | | | | | | | | | | | −45<br>−70 | −61<br>−86 | | 40 | 50 |
| +74<br>0 | +120<br>0 | ±6.5 | ±9.5 | ±15 | +3<br>−10 | +4<br>−15 | +9<br>−21 | −6<br>−19 | −5<br>−24 | 0<br>−30 | −14<br>−33 | −9<br>−39 | −26<br>−45 | −21<br>−51 | −30<br>−60 | −42<br>−72 | −55<br>−85 | −76<br>−106 | – | 50 | 65 |
| | | | | | | | | | | | | | | | −32<br>−62 | −48<br>−78 | −64<br>−94 | −91<br>−121 | | 65 | 80 |
| +87<br>0 | +140<br>0 | ±7.5 | ±11 | ±17.5 | +2<br>−13 | +4<br>−18 | +10<br>−25 | −8<br>−23 | −6<br>−28 | 0<br>−35 | −16<br>−38 | −10<br>−45 | −30<br>−52 | −24<br>−59 | −38<br>−73 | −58<br>−93 | −78<br>−113 | −111<br>−146 | – | 80 | 100 |
| | | | | | | | | | | | | | | | −41<br>−76 | −66<br>−101 | −91<br>−126 | −131<br>−166 | | 100 | 120 |
| 100<br>0 | +160<br>0 | ±9 | 12.5 | ±20 | +13<br>−15 | +4<br>−21 | +12<br>−28 | −9<br>−27 | −8<br>−33 | 0<br>−40 | −20<br>−45 | −12<br>−52 | −36<br>−61 | −28<br>−68 | −48<br>−88 | −77<br>−117 | −107<br>−147 | – | – | 120 | 140 |
| | | | | | | | | | | | | | | | −50<br>−90 | −85<br>−125 | −119<br>−159 | | | 140 | 160 |
| | | | | | | | | | | | | | | | −53<br>−93 | −93<br>−133 | −131<br>−171 | | | 160 | 180 |
| 115<br>0 | +185<br>0 | ±10 | ±14.5 | ±23 | +2<br>−18 | +5<br>−24 | +13<br>−33 | −11<br>−31 | −8<br>−37 | 0<br>−46 | −22<br>−51 | −14<br>−60 | −41<br>−70 | −33<br>−79 | −60<br>−106 | −105<br>−151 | – | – | – | 180 | 200 |
| | | | | | | | | | | | | | | | −63<br>−109 | −113<br>−159 | | | | 200 | 225 |
| | | | | | | | | | | | | | | | −67<br>−113 | −123<br>−169 | | | | 225 | 250 |
| 130<br>0 | +210<br>0 | ±11.5 | ±16 | ±26 | +3<br>−20 | +5<br>−27 | +16<br>−36 | −13<br>−36 | −9<br>−41 | 0<br>−52 | −25<br>−57 | −14<br>−66 | −47<br>−79 | −36<br>−88 | −74<br>−126 | – | – | – | – | 250 | 280 |
| | | | | | | | | | | | | | | | −78<br>−130 | | | | | 280 | 315 |
| 140<br>0 | +230<br>0 | ±12.5 | ±18 | ±28.5 | +3<br>−22 | +7<br>−29 | +17<br>−40 | −14<br>−39 | −10<br>−46 | 0<br>−57 | −26<br>−62 | −16<br>−73 | −51<br>−87 | −41<br>−98 | −87<br>−144 | – | – | – | – | 315 | 355 |
| | | | | | | | | | | | | | | | −93<br>−150 | | | | | 355 | 400 |
| 155<br>0 | +250<br>0 | ±13.5 | ±20 | ±31.5 | +2<br>−25 | +8<br>−32 | +18<br>−45 | −16<br>−43 | −10<br>−50 | 0<br>−63 | −27<br>−67 | −17<br>−80 | −55<br>−95 | −45<br>−108 | −103<br>−166 | – | – | – | – | 400 | 450 |
| | | | | | | | | | | | | | | | −109<br>−172 | | | | | 450 | 500 |

(단위 : μm = 0.001mm)

| | js | | | | k | | | m | | | n | p | r | s | t | u | x | 치수의 구분 (mm) | |
|---|---|---|---|---|---|---|---|---|---|---|---|---|---|---|---|---|---|---|---|
| 9 | 4 | 5 | 6 | 7 | 4 | 5 | 6 | 4 | 5 | 6 | 6 | 6 | 6 | 6 | 6 | 6 | 6 | 초과 | 이하 |
| 0<br>−25 | ±1.5 | ±2 | ±3 | ±5 | +3<br>0 | +4<br>0 | +6<br>+0 | +5<br>+2 | +6<br>+2 | +8<br>+2 | +10<br>+4 | +12<br>+6 | +16<br>+10 | +20<br>+14 | – | +24<br>+18 | +26<br>+20 | – | 3 |
| 0<br>−30 | ±2 | ±2.5 | ±4 | ±6 | +5<br>+1 | +6<br>+1 | +9<br>+1 | +8<br>+4 | +9<br>+4 | +12<br>+4 | +16<br>+8 | +20<br>+12 | +23<br>+15 | +27<br>+19 | – | +31<br>+23 | +36<br>+28 | 3 | 6 |
| 0<br>−36 | ±2 | ±3 | ±4.5 | ±7.5 | +5<br>+1 | +7<br>+1 | +10<br>+1 | +10<br>+6 | +12<br>+6 | +15<br>+6 | +19<br>+10 | +24<br>+15 | +28<br>+19 | +32<br>+23 | – | +37<br>+28 | +43<br>+34 | 6 | 10 |
| 0<br>−43 | ±2.5 | ±4 | ±5.5 | ±9 | +6<br>+1 | +9<br>+1 | +12<br>+1 | +12<br>+7 | +15<br>+7 | +18<br>+7 | +23<br>+12 | +29<br>+18 | +34<br>+23 | +39<br>+28 | – | +44<br>+33 | +51<br>+40 | 10 | 14 |
| | | | | | | | | | | | | | | | | | +56<br>+45 | 14 | 18 |
| 0<br>−52 | ±3 | ±4.5 | ±6.5 | ±10.5 | +8<br>+2 | +11<br>+2 | +15<br>+2 | +14<br>+8 | +17<br>+8 | +21<br>+8 | +28<br>+15 | +35<br>+22 | +41<br>+28 | +48<br>+35 | – | +54<br>+41 | +67<br>+54 | 18 | 24 |
| | | | | | | | | | | | | | | | +54<br>+41 | +61<br>+48 | +77<br>+64 | 24 | 30 |
| 0<br>−62 | ±3.5 | ±5.5 | ±8 | ±12.5 | +9<br>+2 | +13<br>+2 | +18<br>+2 | +16<br>+9 | +20<br>+9 | +25<br>+9 | +33<br>+17 | +42<br>+26 | +50<br>+34 | +59<br>+43 | +64<br>+48 | +76<br>+60 | – | 30 | 40 |
| | | | | | | | | | | | | | | | +70<br>+54 | +86<br>+70 | | 40 | 50 |
| 0<br>−74 | ±4 | 6.5 | ±9.5 | ±15 | +10<br>+2 | +15<br>+2 | +21<br>+2 | +19<br>+11 | +24<br>+11 | +30<br>+11 | +39<br>+20 | +51<br>+32 | +60<br>+41 | +72<br>+53 | +85<br>+66 | +106<br>+87 | – | 50 | 65 |
| | | | | | | | | | | | | | +62<br>+43 | +78<br>+59 | +94<br>+75 | +121<br>+102 | | 65 | 80 |
| 0<br>−87 | ±5 | ±7.5 | ±11 | ±17.5 | +13<br>+3 | +18<br>+3 | +25<br>+3 | +23<br>+13 | +28<br>+13 | +35<br>+13 | +45<br>+23 | +59<br>+37 | +73<br>+51 | +93<br>+71 | +113<br>+91 | +146<br>+124 | – | 80 | 100 |
| | | | | | | | | | | | | | +76<br>+54 | +101<br>+79 | +126<br>+104 | +166<br>+144 | | 100 | 120 |
| 0<br>−100 | ±6 | ±9 | ±12.5 | ±20 | +15<br>+3 | +21<br>+3 | +28<br>+3 | +27<br>+15 | +33<br>+15 | +40<br>+15 | +52<br>+27 | +68<br>+43 | +88<br>+63 | +117<br>+92 | +147<br>+122 | – | – | 120 | 140 |
| | | | | | | | | | | | | | +90<br>+65 | +125<br>+100 | +159<br>+134 | | | 140 | 160 |
| | | | | | | | | | | | | | +93<br>+68 | +133<br>+108 | +171<br>+146 | | | 160 | 180 |
| 0<br>−115 | ±7 | ±10 | ±14.5 | ±23 | +18<br>+4 | +24<br>+4 | +33<br>+4 | +31<br>+17 | +37<br>+17 | +46<br>+17 | +60<br>+31 | +79<br>+50 | +106<br>+77 | +151<br>+122 | – | – | – | 180 | 200 |
| | | | | | | | | | | | | | +109<br>+80 | +159<br>+130 | | | | 200 | 225 |
| | | | | | | | | | | | | | +113<br>+84 | +169<br>+140 | | | | 225 | 250 |
| 0<br>−130 | ±8 | ±11.5 | ±16 | ±26 | +20<br>+4 | +27<br>+4 | +36<br>+4 | +36<br>+20 | +43<br>+20 | +52<br>+20 | +66<br>+34 | +88<br>+56 | +126<br>+94 | – | – | – | – | 250 | 280 |
| | | | | | | | | | | | | | +130<br>+98 | | | | | 280 | 315 |
| 0<br>−140 | ±9 | ±12.5 | ±18 | ±28.5 | +22<br>+4 | +29<br>+4 | +40<br>+4 | +39<br>+21 | +46<br>+21 | +57<br>+21 | +73<br>+37 | +98<br>+62 | +144<br>+108 | – | – | – | – | 315 | 355 |
| | | | | | | | | | | | | | +150<br>+114 | | | | | 355 | 400 |
| 0<br>−155 | ±10 | ±13.5 | ±20 | ±31.5 | +25<br>+5 | +32<br>+5 | +45<br>+5 | +43<br>+23 | +50<br>+23 | +63<br>+23 | +80<br>+40 | +108<br>+68 | +168<br>+126 | – | – | – | – | 400 | 450 |
| | | | | | | | | | | | | | +172<br>+132 | | | | | 450 | 500 |

[표 6-4] 상용하는 끼워맞춤 구멍의 치수허용차 (KS B 0401)

| 치수의 구분 (mm) | | B | C | | D | | | E | | | F | | | G | | H | | | |
|---|---|---|---|---|---|---|---|---|---|---|---|---|---|---|---|---|---|---|---|
| | | 10 | 9 | 10 | 8 | 9 | 10 | 7 | 8 | 9 | 6 | 7 | 8 | 6 | 7 | 5 | 6 | 7 | 8 |
| 초과 | 이하 | | | | | | | | | | | | | | | | | | |
| – | 3 | +180<br>+140 | +85<br>+60 | +100<br>+60 | +34<br>+20 | +45<br>+20 | +60<br>+20 | +24<br>+14 | +28<br>+14 | +39<br>+14 | +12<br>+6 | +16<br>+6 | +20<br>+6 | +8<br>+2 | +12<br>+2 | +4<br>0 | +6<br>0 | +10<br>0 | +14<br>0 |
| 3 | 6 | +180<br>+140 | +100<br>+70 | +118<br>+70 | +48<br>+30 | +60<br>+30 | +78<br>+30 | +32<br>+20 | +38<br>+20 | +50<br>+20 | +18<br>+10 | +22<br>+10 | +28<br>+10 | +12<br>+4 | +16<br>+4 | +5<br>0 | +8<br>0 | +12<br>0 | +18<br>0 |
| 6 | 10 | +208<br>+150 | +116<br>+80 | +138<br>+80 | +62<br>+40 | +76<br>+40 | +98<br>+40 | +40<br>+25 | +47<br>+25 | +61<br>+25 | +22<br>+13 | +28<br>+13 | +35<br>+13 | +14<br>+5 | +20<br>+5 | +6<br>0 | +9<br>0 | +15<br>0 | +22<br>0 |
| 10 | 14 | +220<br>+150 | +138<br>+95 | +165<br>+95 | +77<br>+50 | +93<br>+50 | +120<br>+50 | +50<br>+32 | +59<br>+32 | +75<br>+32 | +27<br>+16 | +34<br>+16 | +43<br>+16 | +17<br>+6 | +24<br>+6 | +8<br>0 | +11<br>0 | +18<br>0 | +27<br>0 |
| 14 | 18 | | | | | | | | | | | | | | | | | | |
| 18 | 24 | +224<br>+160 | +162<br>+110 | +194<br>+110 | +98<br>+65 | +117<br>+65 | +149<br>+65 | +61<br>+40 | +72<br>+40 | +92<br>+40 | +33<br>+20 | +41<br>+20 | +53<br>+20 | +20<br>+7 | +28<br>+7 | +9<br>0 | +13<br>0 | +21<br>0 | +33<br>0 |
| 24 | 30 | | | | | | | | | | | | | | | | | | |
| 30 | 40 | +270<br>+170 | +182<br>+120 | +220<br>+120 | +119<br>+80 | +142<br>+80 | +180<br>+80 | +75<br>+50 | +89<br>+50 | +112<br>+50 | +41<br>+25 | +50<br>+25 | +64<br>+25 | +25<br>+9 | +34<br>+9 | +11<br>0 | +16<br>0 | +25<br>0 | +39<br>0 |
| 40 | 50 | +280<br>+180 | +192<br>+130 | +230<br>+130 | | | | | | | | | | | | | | | |
| 50 | 65 | +310<br>+190 | +214<br>+140 | +260<br>+140 | +146<br>+100 | +174<br>+100 | +220<br>+100 | +90<br>+60 | +106<br>+60 | +134<br>+60 | +49<br>+30 | +60<br>+30 | +76<br>+30 | +29<br>+10 | +40<br>+10 | +13<br>0 | +19<br>0 | +30<br>0 | +46<br>0 |
| 65 | 80 | +320<br>+200 | +224<br>+150 | +270<br>+150 | | | | | | | | | | | | | | | |
| 80 | 100 | +360<br>+220 | +257<br>+170 | +310<br>+170 | +174<br>+120 | +207<br>+120 | +260<br>+120 | +107<br>+72 | +126<br>+72 | +159<br>+72 | +58<br>+36 | +71<br>+36 | +90<br>+36 | +34<br>+12 | +47<br>+12 | +15<br>0 | +22<br>0 | +35<br>0 | +54<br>0 |
| 100 | 120 | +380<br>+240 | +267<br>+180 | +320<br>+180 | | | | | | | | | | | | | | | |
| 120 | 140 | +420<br>+260 | +300<br>+200 | +360<br>+200 | +208<br>+145 | +245<br>+145 | +305<br>+145 | +125<br>+85 | +148<br>+85 | +185<br>+85 | +68<br>+43 | +83<br>+43 | +106<br>+43 | +39<br>+14 | +54<br>+14 | +18<br>0 | +25<br>0 | +40<br>0 | +63<br>0 |
| 140 | 160 | +440<br>+280 | +310<br>+210 | +370<br>+210 | | | | | | | | | | | | | | | |
| 160 | 180 | +470<br>+310 | +330<br>+230 | +390<br>+230 | | | | | | | | | | | | | | | |
| 180 | 200 | +525<br>+340 | +355<br>+240 | +425<br>+240 | +242<br>+170 | +285<br>+170 | +355<br>+170 | +146<br>+100 | +172<br>+100 | +215<br>+100 | +79<br>+50 | +96<br>+50 | +122<br>+50 | +44<br>+15 | +61<br>+15 | +20<br>0 | +29<br>0 | +46<br>0 | +72<br>0 |
| 200 | 225 | +565<br>+380 | +375<br>+260 | +445<br>+260 | | | | | | | | | | | | | | | |
| 225 | 250 | +605<br>+420 | +395<br>+280 | +465<br>+280 | | | | | | | | | | | | | | | |
| 250 | 280 | +690<br>+480 | +430<br>+300 | +510<br>+300 | +271<br>+190 | +320<br>+190 | +400<br>+190 | +162<br>+110 | +191<br>+110 | +240<br>+110 | +88<br>+56 | +108<br>+56 | +137<br>+56 | +49<br>+17 | +69<br>+17 | +23<br>0 | +32<br>0 | +52<br>0 | +81<br>0 |
| 280 | 315 | +750<br>+540 | +460<br>+330 | +540<br>+330 | | | | | | | | | | | | | | | |
| 315 | 355 | +830<br>+600 | +500<br>+360 | +590<br>+360 | +299<br>+210 | +350<br>+210 | +440<br>+210 | +182<br>+125 | +214<br>+125 | +265<br>+125 | +98<br>+62 | +119<br>+62 | +151<br>+62 | +54<br>+18 | +75<br>+18 | +25<br>0 | +36<br>0 | +57<br>0 | +89<br>0 |
| 355 | 400 | +910<br>+680 | +540<br>+400 | +630<br>+400 | | | | | | | | | | | | | | | |
| 400 | 450 | +1010<br>+760 | +595<br>+440 | +690<br>+440 | +327<br>+230 | +385<br>+230 | +480<br>+230 | +198<br>+135 | +232<br>+135 | +290<br>+135 | +108<br>+68 | +131<br>+68 | +165<br>+68 | +60<br>+20 | +83<br>+20 | +27<br>0 | +40<br>0 | +63<br>0 | +97<br>0 |
| 450 | 500 | +1090<br>+840 | +635<br>+480 | +730<br>+480 | | | | | | | | | | | | | | | |

비고) 표 속의 각 단에서 위쪽의 수치는 위치수허용차, 아래쪽의 수치는 아래치수허용차

## 05 중심거리의 허용차(KS B 0420)

### (1) 적용범위

이 규격은 다음에 표시하는 중심거리의 허용차(이하 허용차라 한다.)에 대하여 규정한다.

① 기계부품에 뚫린 두 구멍의 중심거리
② 기계부품에 있어서 두 축의 중심거리
③ 기계부품에 가공된 두 홈의 중심거리
④ 기계부품에 있어서 구멍과 축, 구멍과 홈 또는 축과 홈의 중심거리

• 비고 : 여기서 구멍, 축 및 홈은 그 중심선에 서로 평행하고 구멍과 축은 원형 단면이며 테이퍼가 없고, 홈은 양 측면이 평행한 조건이다.

### (2) 용어의 뜻

중심거리 : 구멍, 축 또는 홈의 중심선에 직각인 단면 내에서 중심부터 중심까지의 거리

**(3) 등급 :** 허용차의 등급은 1~4급까지 4등급으로 한다. 또 0급을 참고로 표에 표시한다.

**(4) 허용차 :** 허용차 수치는 다음 표에 따른다.

**[표 6-5] 중심거리의 허용차**

단위 : ㎛

| 중심거리의 구분(mm) \ 등급 | | 0급(참고) | 1급 | 2급 | 3급 | 4급(mm) |
|---|---|---|---|---|---|---|
| 초과 | 이하 | | | | | |
| – | 3 | ±2 | ±3 | ±7 | ±20 | ±0.05 |
| 3 | 6 | ±3 | ±4 | ±9 | ±24 | ±0.06 |
| 6 | 10 | ±3 | ±5 | ±11 | ±29 | ±0.08 |
| 10 | 18 | ±4 | ±6 | ±14 | ±35 | ±0.09 |
| 18 | 30 | ±5 | ±7 | ±17 | ±42 | ±0.11 |
| 30 | 50 | ±6 | ±8 | ±20 | ±50 | ±0.13 |
| 50 | 80 | ±7 | ±10 | ±23 | ±60 | ±0.15 |
| 80 | 120 | ±8 | ±11 | ±27 | ±70 | ±0.18 |
| 120 | 180 | ±9 | ±13 | ±32 | ±80 | ±0.20 |
| 180 | 250 | ±10 | ±15 | ±36 | ±93 | ±0.23 |
| 250 | 315 | ±12 | ±16 | ±41 | ±105 | ±0.26 |
| 315 | 400 | ±13 | ±18 | ±45 | ±115 | ±0.29 |
| 400 | 500 | ±14 | ±20 | ±49 | ±125 | ±0.32 |
| 500 | 630 | – | ±22 | ±55 | ±140 | ±0.35 |
| 630 | 800 | – | ±25 | ±63 | ±160 | ±0.40 |
| 800 | 1,000 | – | ±28 | ±70 | ±180 | ±0.45 |
| 1,000 | 1,250 | – | ±33 | ±83 | ±210 | ±0.53 |
| 1,250 | 1,600 | – | ±29 | ±98 | ±250 | ±0.63 |
| 1,600 | 2,000 | – | ±46 | ±120 | ±300 | ±0.75 |
| 2,000 | 2,500 | – | ±55 | ±140 | ±350 | ±0.88 |
| 2,500 | 3,150 | – | ±68 | ±170 | ±430 | ±1.05 |

# 07 기하공차(KS B 0243, 0425, 0608)

기하공차는 제작물의 크기, 형상, 자세, 위치 등을 규제하는 공차로서 설계자–제작자–조립자–검사자 간의 보다 명확하고 일률적인 작업이 가능하도록 설계도면 상에 표시하는 기호공차를 말하는데 **규제기호**(공차기호), **공차 값**, **데이텀**(기준) 등으로 표시한다.

[표 7–1] 기하공차 종류와 기호 KS A ISO 1101

| 데이텀 | 종류 | | 기호 | 데이텀 | 종류 | | 기호 |
|---|---|---|---|---|---|---|---|
| 적용되지 않음 | 모양공차 | 진직도 | ⏤ | 적용 해야 함 | 자세공차 | 평행도 | // |
| | | 평면도 | ⏥ | | | 직각도 | ⊥ |
| | | 진원도 | ○ | | | 경사도 | ∠ |
| | | 원통도 | ⌭ | | 위치공차 | 동심(축)도 | ◎ |
| 적용할 수도 있음 | | 선의 윤곽 | ⌒ | | | 대칭도 | ⌯ |
| | | 면의 윤곽 | ⌓ | | | 위치도 | ⌖ |
| 적용 해야 함 | 흔들림공차 | 흔들림(온) | ⌰ | | 흔들림공차 | 흔들림(원주) | ↗ |

## 01 일반 치수공차와 기하공차의 비교(기하공차는 왜 필요한가?)

### (1) 치수공차만 기입된 제품의 경우

[그림 7-1(a)]에서 구멍의 경우, 구멍 중심축이 정확하게 직각이라면, 기준 치수가 Ø10인[그림 7-1(b)] 축에서 축의 최대 허용치수(최대직경)가 Ø9.85이므로 구멍치수 Ø9.95~Ø10.05에 항상 결합할 수 있다.

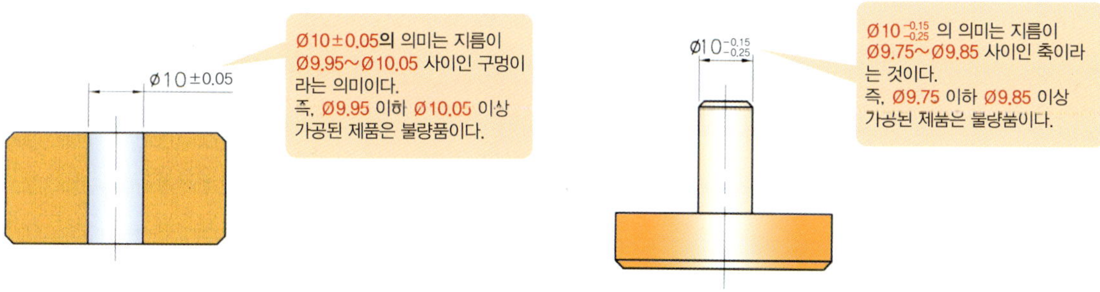


(a) 치수공차 기입 예 – 구멍　　(b) 치수공차 기입 예 – 축

[그림 7-1] 치수공차만 기입된 제품의 표시 예

### (2) 구멍과 축이 기울어졌을 경우의 간섭 발생

[그림 7-2(a)]와 같이 구멍의 크기가 Ø9.95이고 구멍 중심이 0.05만큼 기울어져 있다면 기울어진 구멍에 들어갈 수 있는 축의 최대직경은 [그림 7-2(b)]와 같이 Ø9.9보다 커서는 조립이 안 된다.
또한, [그림 7-2(c)]와 같이 끼워지는 축이 외경이 바닥을 기준으로 정확하게 직각이 되지 못하고 구멍이 기울어진 방향과 반대방향으로 기울어진다면 간섭이 발생하여 조립이 되지 못할 것이다.

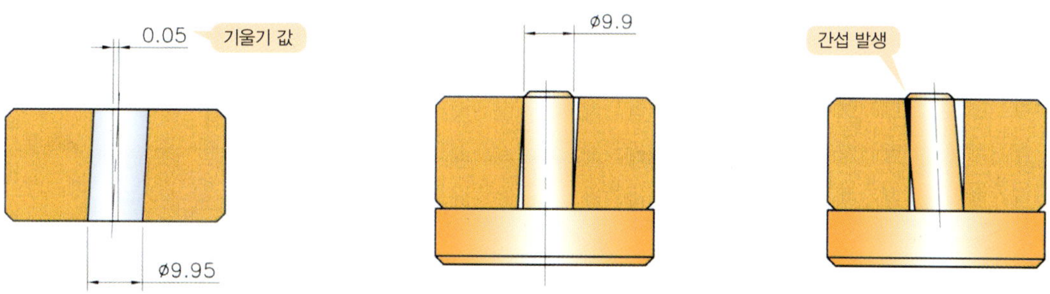


(a) 기울어진 구멍　　(b) 축의 최대직경　　(c) 간섭 발생

[그림 7-2] 조립 시 간섭이 발생한 경우

### (3) 구멍이 기울어졌을 경우의 틈새 발생

[그림7-3(a)]와 같이 축의 최대직경이 Ø9.85이고, 축의 중심이 0.05만큼 기울어졌다면 기울어진 이 축에 결합될 수 있는 구멍의 최소 직경은 [그림 7-3(b)]와 같이 Ø9.9보다 작아서는 조립이 안 된다.

또한, [그림 7-3(c)]와 같이 구멍은 기울어져 있고 끼워지는 축은 정확히 직각이라면 구멍의 기울어진 방향을 따라 결합할 수는 있으나 밑면이 밀착되지 않는 불완전한 조립이 된다.

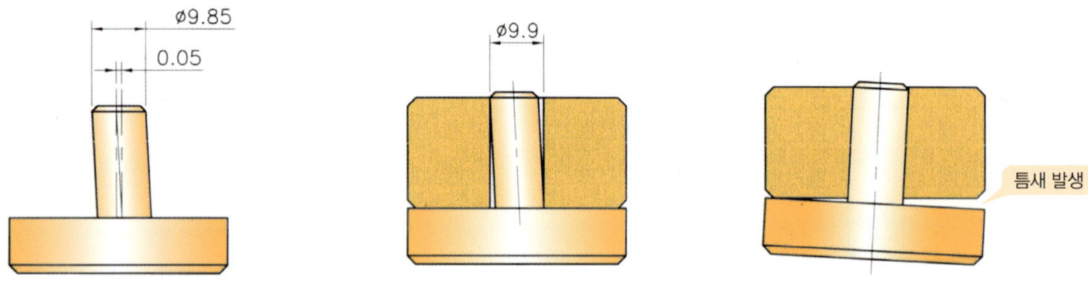


(a) 기울어진 축 (b) 구멍의 최소직경 (c) 기울어진 구멍에 조립된 직각인 축

[그림 7-3] 조립시 틈새가 발생한 경우

### (4) 치수공차와 기하공차를 같이 기입할 경우

조립할 때의 문제점을 해결하고, 부품의 정밀도를 향상시키기 위해서 [그림 7-4]와 같이 치수공차와 기하공차(직각도)를 기입하게 되면, 형상에 대한 정확한 이해와 조립이 가능하게 된다.

(a) 구멍에 직각도를 기입한 경우 (b) 축에 직각도를 기입한 경우

[그림 7-4] 치수공차와 기하공차를 기입한 경우

> **TIP**
>
> 이와 같이 구멍과 축에 정확한 기하공차를 기입하면 치수공차($Ø10^{\pm0.05}$, $Ø10^{-0.15}_{-0.25}$)와 기하공차(Ø0.05) 범위 내에서는 항상 조립이 보장된다.

## 02 데이텀(기준)

데이텀이란 기하공차를 기입하려는 부품에 이론적으로 정확한 기하학적 기준을 잡는 것을 말한다. 데이텀으로 선정할 수 있는 부분은 **점, 직선, 중심축, 평면, 중심평면** 등이 있는데, 도면에서는 일반적으로 표면거칠기 **"X"**이상의 가공부를 기준으로 잡는다.

### (1) 데이텀(Datum) 지시방법

데이텀은 도면에서 형체의 외형선이나 치수보조선 또는 치수선의 연장선 상에 검게 칠하거나, 칠하지 않은 삼각형의 한 변을 일치시켜 표시한다[그림 7-5].

① KS, JIS : **직각이등변삼각형**

② ISO, ANSI, BS : **정삼각형**

③ 데이텀 삼각기호에서 끌어낸 데이텀 지시선 끝에 가는 선 또는 중간선의 사각형 테두리를 붙이고 그 테두리 안에 데이텀을 지시하는 **알파벳 대문자**의 부호를 기입한다.

(a) KS, JIS 규격 표시법　　(b) ISO, ANSI, BS 규격 표시법

[그림 7-5] 데이텀 표시 삼각형 및 문자와 사각형 테두리

④ 치수가 기입된 형체의 **축직선**(축심) 또는 **중심 평면**이 데이텀(기준)인 경우, 치수선의 연장선을 데이텀의 지시선으로 사용한다. 이때, 치수선의 화살표를 치수보조선이나 외형선의 바깥쪽으로부터 기입한 경우에는 화살표와 데이텀 삼각기호가 중복되므로 화살표를 생략하고 데이텀 삼각기호로 표시한다[그림 7-6(a) ~ (e)].

⑤ 기하공차를 규제하고자 하는 형체와 관련이 없는 치수보조선 위에 데이텀을 지시할 때는 치수선 위치를 명확히 피해서 데이텀 삼각 기호를 붙인다[그림 7-6(f)].

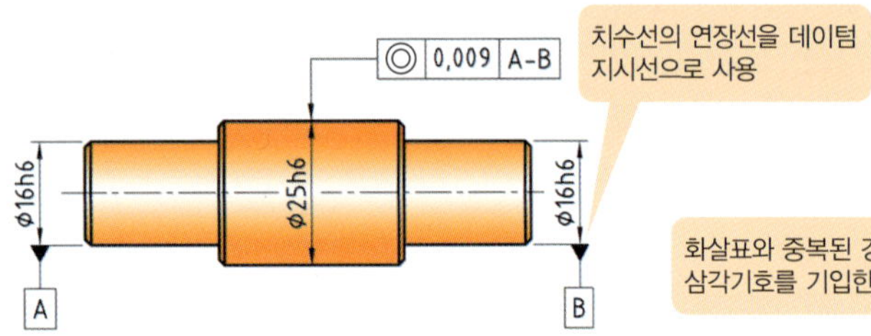


(a) 치수보조선 안쪽에 기입된 화살표

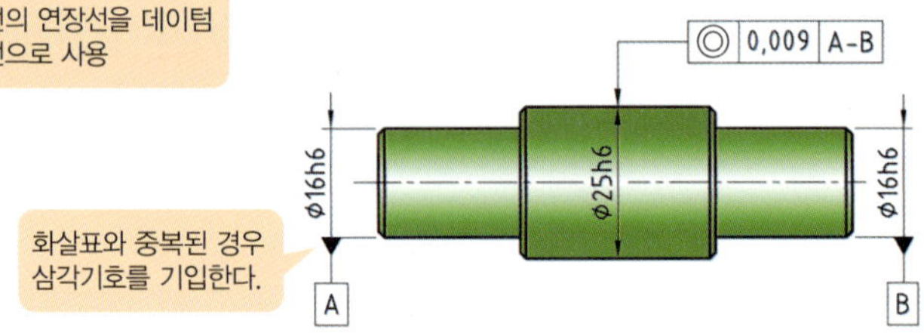


(b) 치수보조선 바깥쪽에 기입된 화살표

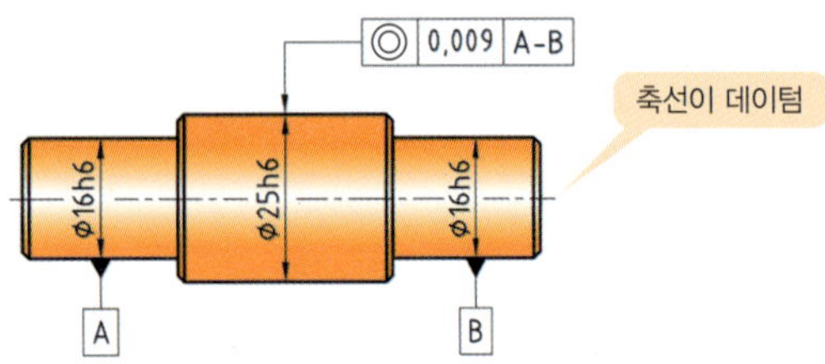


(c) 외형선 안쪽에 표시된 화살표

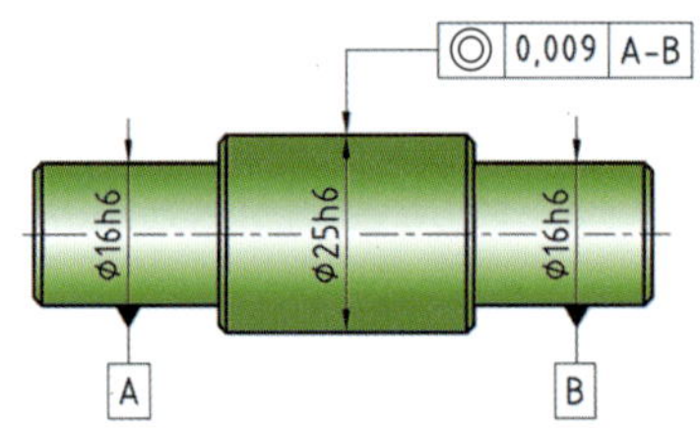


(d) 외형선 바깥쪽에 표시된 화살표

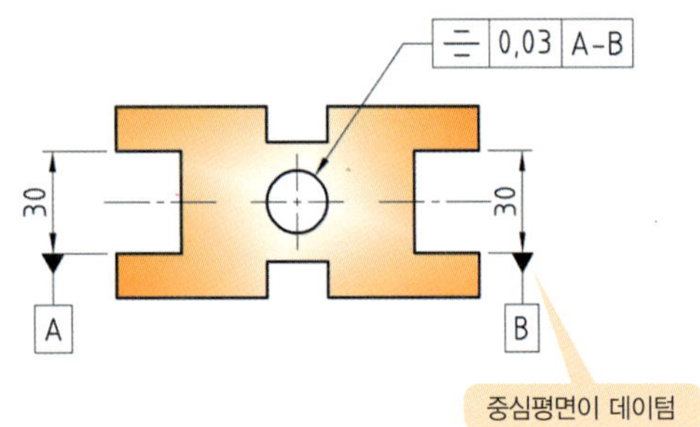


(e) 중심 평면이 데이텀인 경우

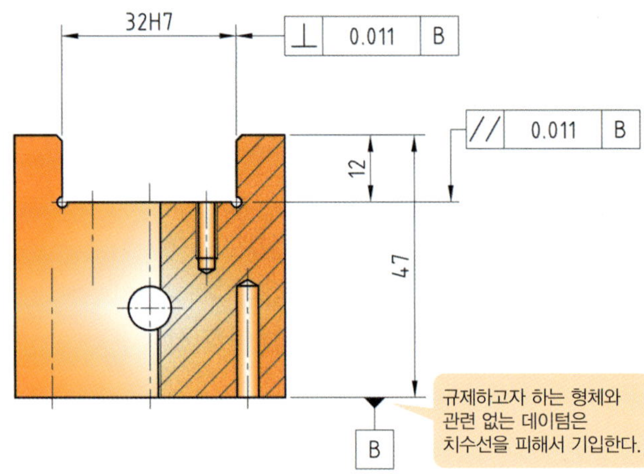


(f) 치수보조선에 데이텀 표시법

[그림 7-6] 외형선 및 치수보조선에 데이텀 표시법

⑥ 기하공차 규제 기입틀 내에 데이텀 문자부호를 표시할 때는, 공차 기입틀 3번째 구획 속에 기입하고[그림 7-7(a), (b)], 여러 개의 데이텀을 지정할 경우에는 데이텀의 우선순위별로 차례로 표시한다[그림 7-7(c)].

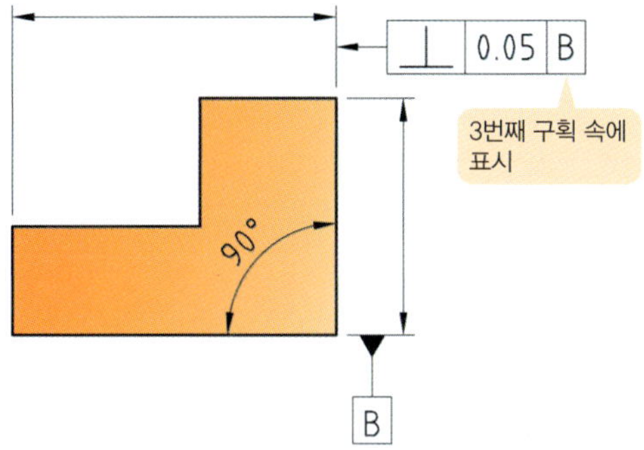


(a) 데이텀 문자부호 표시법 – Ⅰ

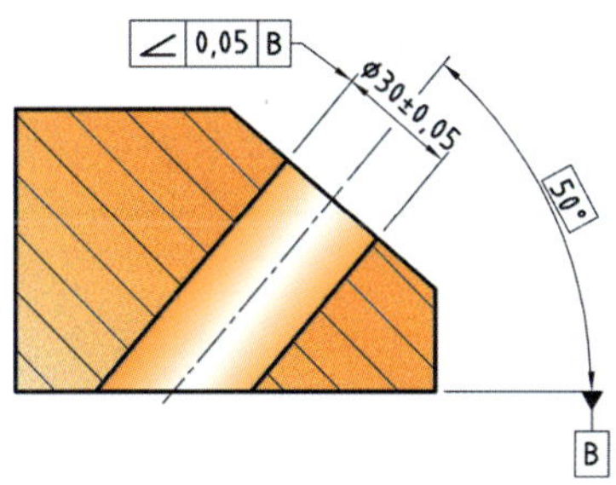


(b) 데이텀 문자부호 표시법 – Ⅱ

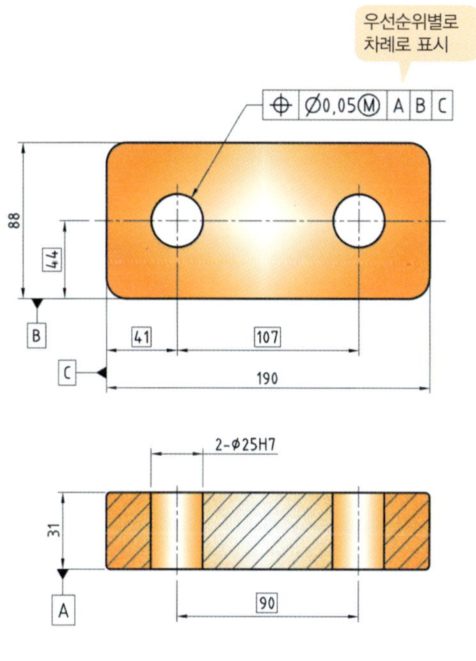


(c) 데이텀 문자부호 표시법 – Ⅲ

[그림 7-7] 공차 기입틀에 데이텀 문자부호 표시법

⑦ 하나의 형체를 두 개의 데이텀에 의해 규제할 경우에는 두 개의 데이텀을 나타내는 문자를 **하이픈**으로 연결하여 공차 기입틀 세 번째 구획에 표시한다[그림 7-8].

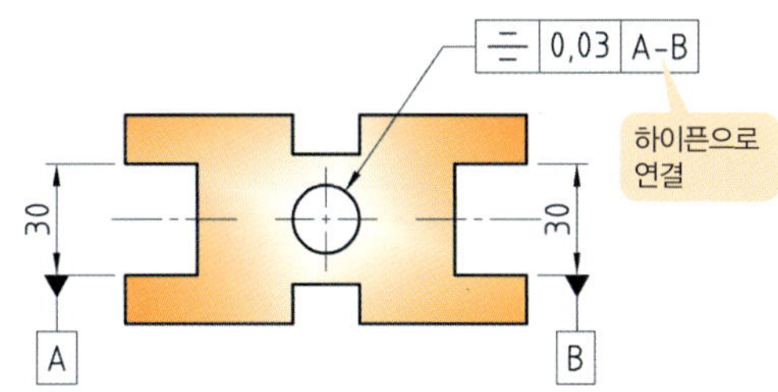


(a) 하나의 형체를 두 개로 규제할 경우 – Ⅰ

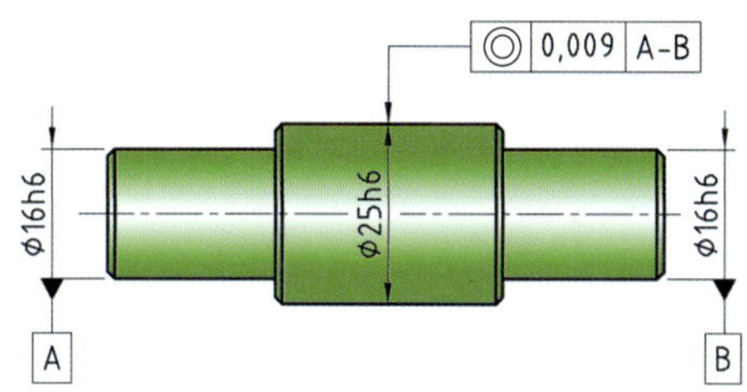


(b) 하나의 형체를 두 개로 규제할 경우 – Ⅱ

[그림 7-8] 하나의 형체를 두 개의 데이텀으로 규제할 경우

### (2) 데이텀 선정방법

데이텀을 선정할 때에는 다음과 같은 원칙을 준수해야 한다.

① 베어링과 같은 기능적인 부품이 끼워맞춤되는 형체(원통, 축)를 데이텀으로 선정한다.

② 끼워맞춤되는 상대 부품의 기준이 되는 형체(원통, 축, 평면)를 데이텀으로 선정한다.

③ 가공, 검사 및 측정상 기준을 데이텀으로 선정한다.

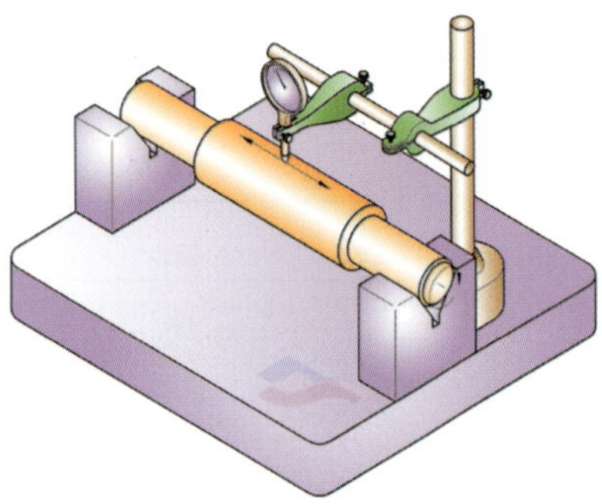

(a) V-블록을 이용한 측정 예

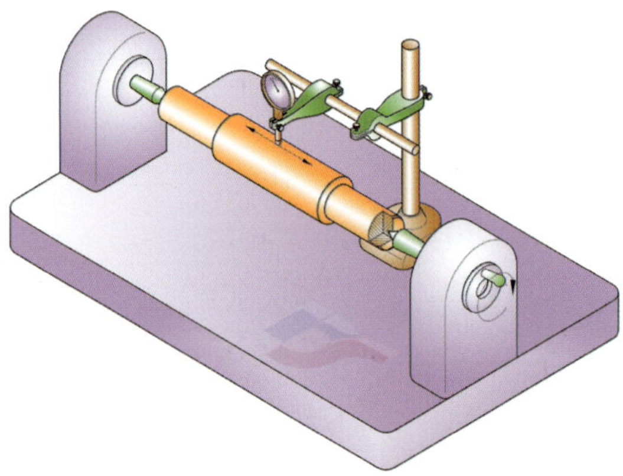

(b) 센터 고정 후 측정 예

[그림 7-9] 검사 및 측정상 기준을 데이텀으로 선정한 예

### (3) 데이텀 규제방법

① **데이텀이 불필요한 기하공차 :** 단독 형체인 진직도, 평면도, 진원도, 원통도

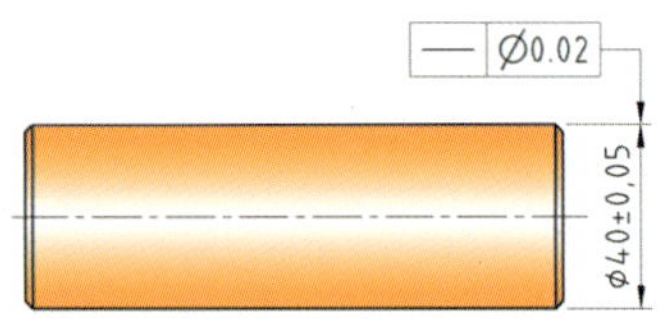


(a) 진직도

(b) 평면도

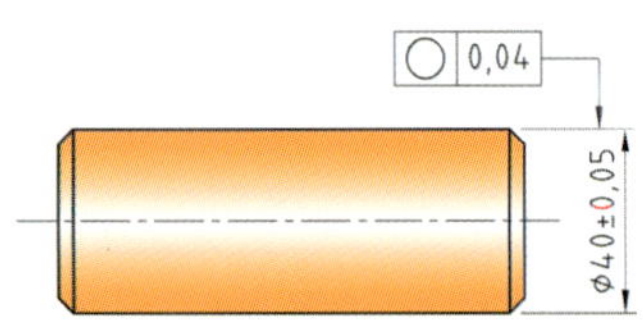


(c) 진원도

(d) 원통도

[그림 7-10] 데이텀이 불필요한 기하공차

② **데이텀 하나로 규제되는 기하공차 :** 관련 형체 중 자세공차인 직각도, 평행도, 경사도

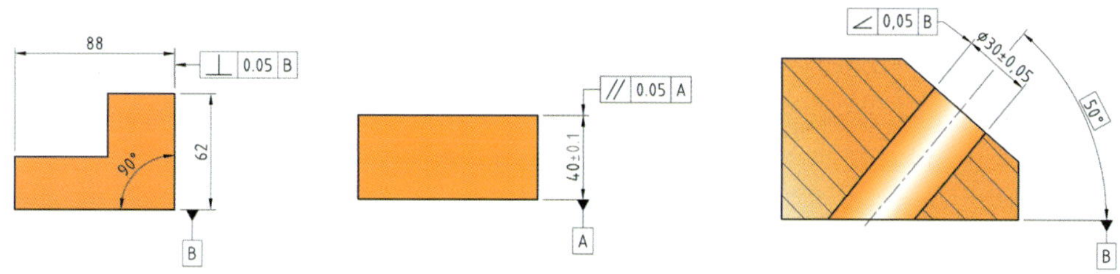


(a) 직각도 (b) 평행도 (c) 경사도

[그림 7-11] 데이텀 하나로 규제되는 기하공차

③ **데이텀 두 개 이상으로 규제되는 기하공차 :** 관련 형체 중 흔들림 및 위치도 공차인 흔들림(원주/온), 동축도, 대칭도(하나로도 규제 가능), 위치도(하나 또는 두 개로도 규제 가능)

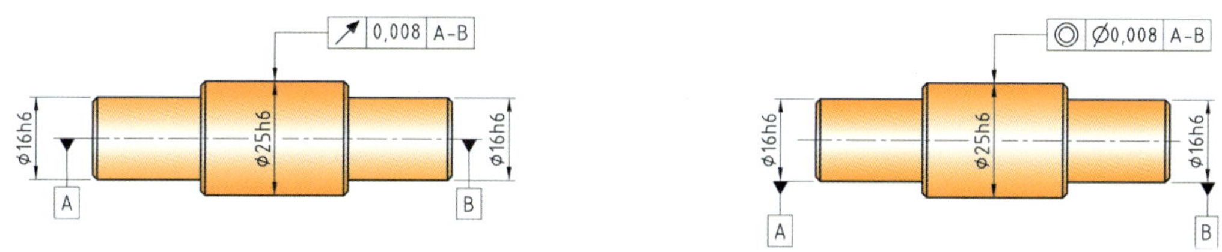


(a) 흔들림(원주/온) (b) 동축(심)도

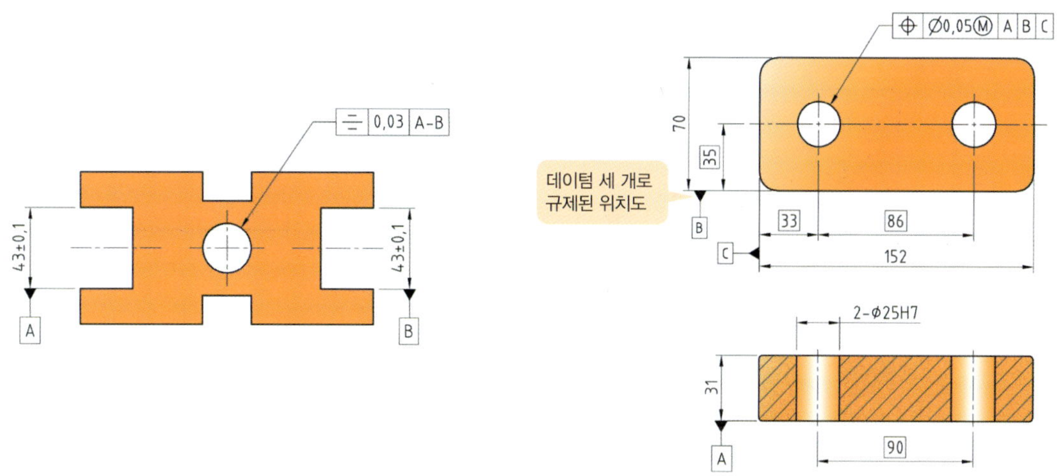


(c) 대칭도 (d) 위치도

[그림 7-12] 데이텀 두 개 이상으로 규제되는 기하공차

### (4) 데이텀(기준) 순서에 따른 위치도 기하공차 해석의 차이 비교 예

#### ① 측정 우선 순위가 A 가 먼저인 경우

기준을 [그림 7-13(a)]와 같이 A, B 순서로 기입하게 되면, A 면을 먼저 측정면에 접촉하고 B 면을 접촉하여 구멍의 위치를 찾는다.

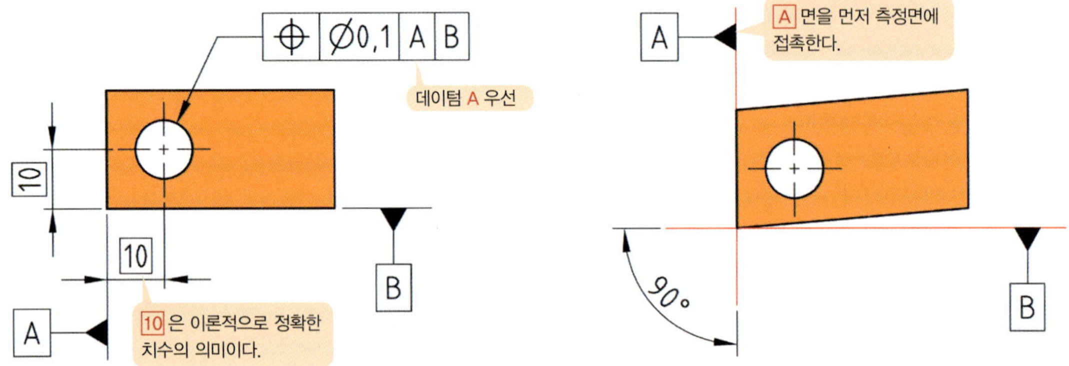


(a) 위치도 측정 우선 순위　　(b) 실제 적용된 예

[그림 7-13] 측정 우선 순위가 A가 먼저인 경우

#### ② 측정 우선 순위가 B 가 먼저인 경우

기준을 [그림 7-14(a)]와 같이 B, A 순서로 기입을 하게 되면, B 면을 먼저 측정면에 접촉하고 A 면을 접촉하여 구멍의 위치를 찾는다.

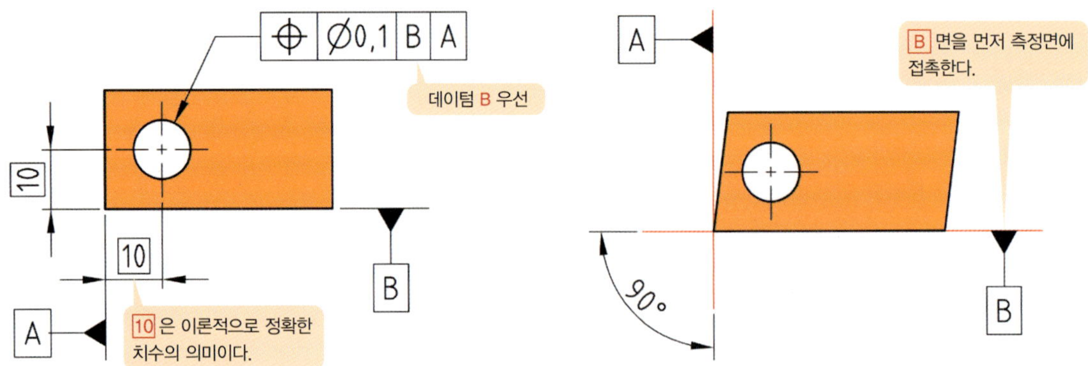


(a) 위치도 측정 우선순위　　(b) 실제 적용된 예

[그림 7-14] 측정 우선 순위가 B가 먼저인 경우

**TIP**

구멍의 위치를 기하공차로 규제할 경우 기준을 측면 A 로 먼저 하느냐, 측면 B 로 먼저 하느냐에 따라서 구멍의 위치가 달라질 수 있다.

### (5) 데이텀(기준) 위치에 따른 직각도 기하공차 해석의 차이 비교 예

#### ① 기준위치에 따른 직각도 해석 – I

기준을 [그림 7-15(a)]와 같이 A 를 기준으로 하게 되면, A 면을 측정면 또는 조립기준면으로 하고, **직각도 공차** 범위를 규제한다.

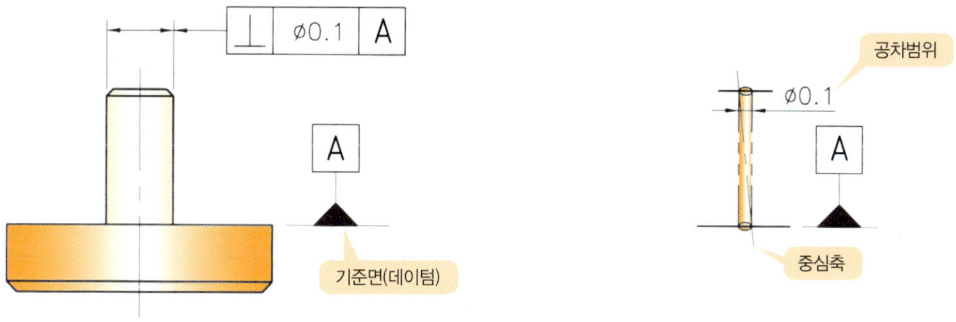


(a) 직각도 데이텀 (b) 직각도 공차 범위

[그림 7-15] 기준위치에 따른 직각도 해석 – I

#### ② 기준위치에 따른 직각도 해석 – II

기준을 [그림 7-16(a)]와 같이 B 를 기준으로 하게 되면, B 면을 측정면 또는 조립기준면으로 하고 **직각도 공차** 범위를 규제한다.

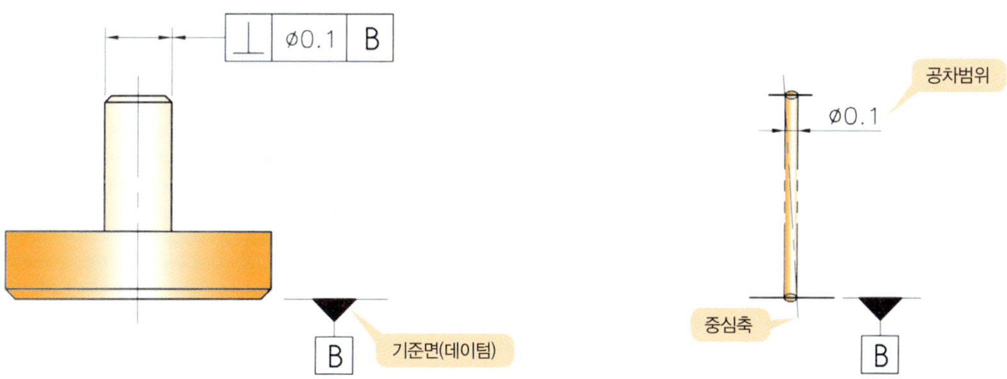


(a) 직각도 데이텀 (b) 직각도 공차 범위

[그림 7-16] 기준위치에 따른 직각도 해석 – II

TIP

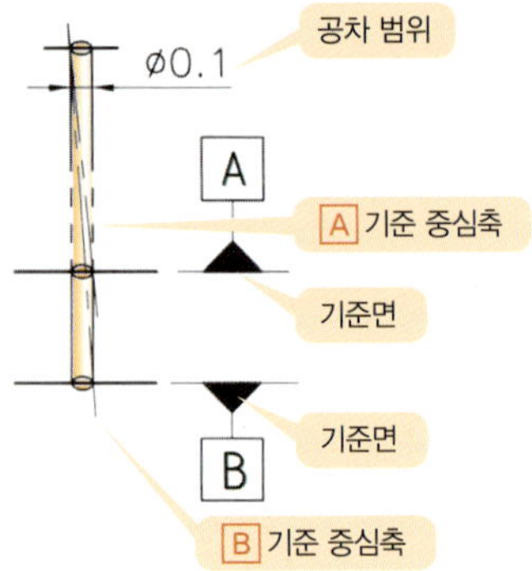


왼쪽의 그림과 같이 직각도의 공차 범위를 규제할 경우 데이텀(기준)을 측정면 A 로 하느냐, B 로 하느냐에 따라서 직각도의 경사 기울기가 달라진다.

### (6) 기하공차에 지름(Ø) 기호를 붙인 경우와 붙이지 않는 경우의 해석 예

기하공차 값에 **지름(Ø)** 기호를 붙일 때와 붙이지 않을 때는 해석의 차이가 명확하게 다르다.

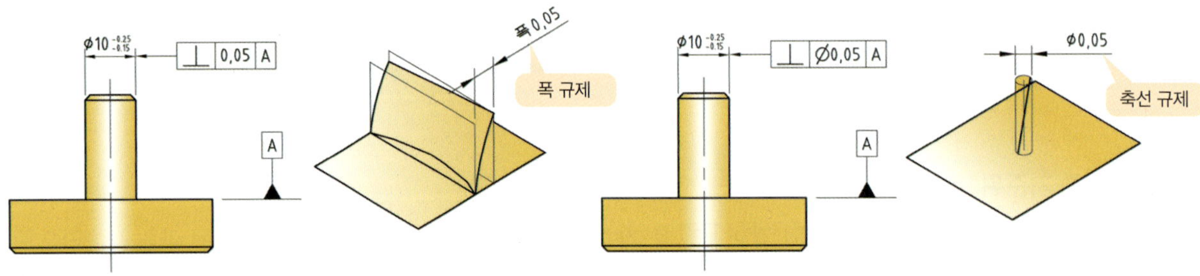


(a) 공차 앞에 지름(Ø) 기호를 붙이지 않는 경우 (b) 공차 앞에 지름(Ø) 기호를 붙이는 경우

[그림 7-17] 기하공차 앞에 지름(Ø) 기호를 붙이는 경우의 해석

## 03 최대 실체치수와 최소 실체치수

최대 실체치수와 최소 실체치수는 끼워맞춤이 있는 상호 부품 간의 최대 실체상태 또는 최소 실체상태의 치수차를 기하공차로 활용하는 방법을 말한다.

규제형체나 데이텀의 축심이 극단적인 위치를 유지할 필요가 있는 경우 또는 부품 특성상 강도나 변형에 문제가 생길 경우에 일반적으로 적용한다.

### (1) 최대 실체치수(MMS ; Maximum Material Size) : Ⓜ

치수공차를 갖는 형체의 허용한계범위 내에서 체적 또는 질량이 최대일 때의 치수를 **최대 실체치수**라 한다. 구멍과 축이 모두 최대 실체치수일 때 두 부품의 결합은 최악의 상태이다.

① **축 :** 최대 허용치수 = 최대 실체치수(MMS)

② **구멍 :** 최소 허용치수 = 최대 실체치수(MMS)

### (2) 최소 실체치수(LMS ; Least Meterial Size) : Ⓛ

치수공차를 갖는 형체의 허용한계범위 내에서 체적 또는 질량이 최소일 때의 치수를 **최소 실체치수**라 한다. 최소 실체치수 규제기호는 ANSI에서만 규제하고 ISO, KS에는 규제기호가 없다.

① **축 :** 최소 허용치수 = 최소 실체치수(LMS)

② **구멍 :** 최대 허용치수 = 최소 실체치수(LMS)

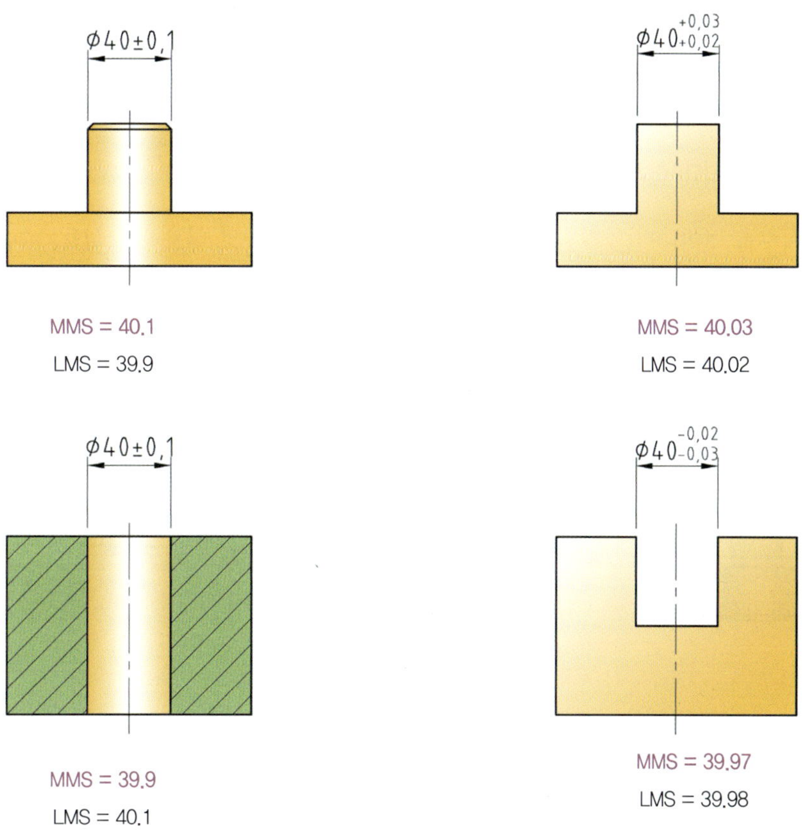


[그림 7-18] 구멍과 축의 최대 및 최소 실체치수 해석

### (3) 실효치수(VS ; Virtual Size)

실효치수(VS)는 형체에 규제된 최대 실체상태 또는 최소 실체상태일 때 허용한계치수와 기하공차 간에 종합적으로 발생하는 실효상태의 경계를 말하는데 설계상에서는 결합부품 간의 치수공차와 기하공차 값을 결정하는 데 고려해야 할 유효치수이기도 하다.

또한, 축일 때 실효치수(VS) = **최대치수**, 구멍일 때 실효치수(VS) = **최소치수**이다.

① **축** : MMS + 기하공차, LMS + 기하공차

② **구멍** : MMS − 기하공차, LMS − 기하공차

### (4) 최대 실체치수와 최소 실체치수의 적용방법 및 범위

① 부품 간에 서로 끼워맞춤이 있는 형체에 적용하며, 결합되는 부품이 아닌 형체는 적용하지 않는다.

② 중심(축선) 또는 중간 면이 있는 치수공차를 가진 형체에 적용하며, 평면이나 표면 상의 선에는 적용하지 않는다.

③ 최대 실체치수( Ⓜ )가 규제된 치수에서는 형체치수가 최대 실체치수를 벗어나면, 벗어난 크기만큼 추가 공차를 허용한다. 그래서 최대 실체치수 방식이 적용된 기하공차에서는 실효치수(VS)가 언제나 같다.

### (5) 축에 규제된 최대 실체치수와 최소 실체치수 해석

최대 실체치수를 벗어나면 벗어난 크기만큼 기하공차 값을 추가로 허용해서 **실효치수(VS)**를 같게 한다([표 7−2], [표 7−3]).

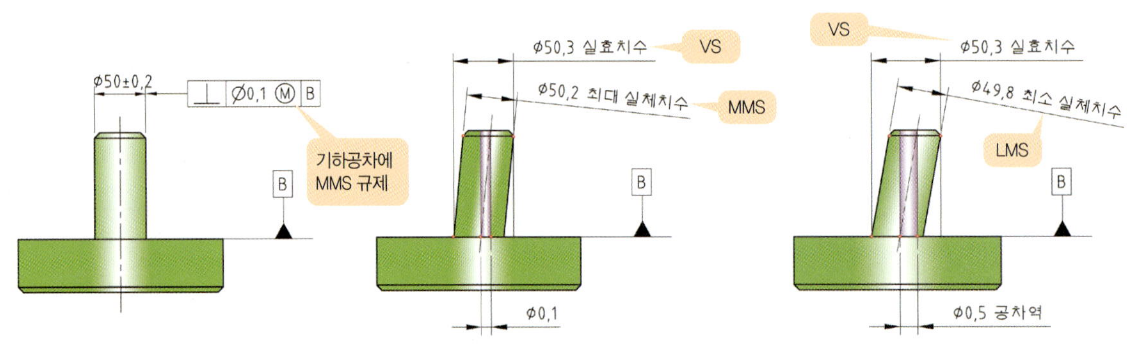


(a) 도면 (b) 최대 실체치수일 때 직각상태 (c) 최소 실체치수일 때 직각상태

[표 7-2] MMS를 규제하지 않을 때

| 축 치수 | TIR | 증가치 |
|---|---|---|
| Ø50.2 | Ø0.1 | Ø50.3 |
| Ø50.1 | Ø0.1 | Ø50.2 |
| Ø50 | Ø0.1 | Ø50.1 |
| Ø49.9 | Ø0.1 | Ø50 |
| Ø49.8 | Ø0.1 | Ø49.9 |

[표 7-3] MMS를 규제할 때

| 축 치수 | TIR | VS |
|---|---|---|
| Ⓜ Ø50.2 | Ø0.1 | Ø50.3 |
| Ø50.1 | Ø0.2 | Ø50.3 |
| Ø50 | Ø0.3 | Ø50.3 |
| Ø49.9 | Ø0.4 | Ø50.3 |
| Ⓛ Ø49.8 | Ø0.5 | Ø50.3 |

TIP

공차역(TIR ; Total Indicator Reading) : 기하공차 값(다이얼 인디케이터의 움직임 전량)

## (6) 구멍에 규제된 최대 실체치수와 최소 실체치수 해석

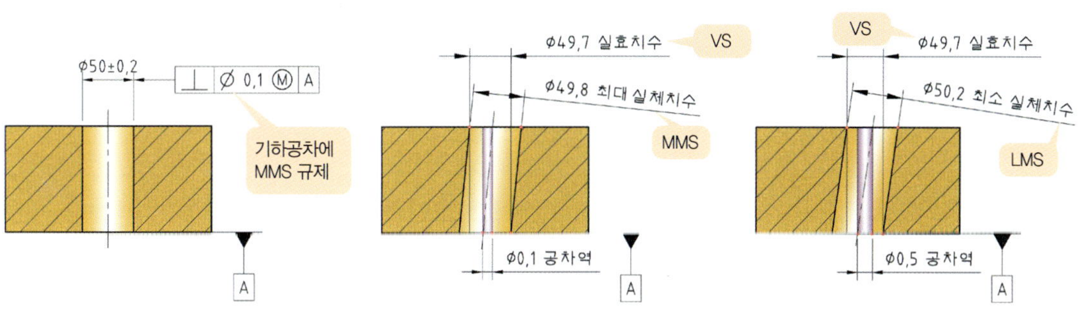


(a) 도면 (b) 최대 실체치수일 때 직각상태 (c) 최소 실체치수일 때 직각상태

[표 7-4] MMS를 규제하지 않을 때

| 구멍치수 | TIR | 증가치 |
|---|---|---|
| Ø49.8 | Ø0.1 | Ø49.7 |
| Ø49.9 | Ø0.1 | Ø49.8 |
| Ø50 | Ø0.1 | Ø49.9 |
| Ø50.1 | Ø0.1 | Ø50 |
| Ø50.2 | Ø0.1 | Ø50.1 |

[표 7-5] MMS를 규제할 때

| 구멍치수 | TIR | VS |
|---|---|---|
| Ⓜ Ø49.8 | Ø0.1 | Ø49.7 |
| Ø49.9 | Ø0.2 | Ø49.7 |
| Ø50 | Ø0.3 | Ø49.7 |
| Ø50.1 | Ø0.4 | Ø49.7 |
| Ⓛ Ø50.2 | Ø0.5 | Ø49.7 |

TIP

- MMS를 적용할 수 있는 기하공차 : 진직도, 직각도, 평행도, 경사도, 위치도, 대칭도, 동축도
- MMS를 적용할 수 없는 기하공차 : 평면도, 진원도, 원통도, 윤곽도(선, 면), 흔들림(온, 원주)

# 08 기하공차 해석

기하공차는 **모양공차**(진직도, 평면도, 진원도, 원통도, 윤곽도)와 **자세공차**(평행도, 직각도, 경사도), **위치공차**(위치도, 동축도, 대칭도) 그리고 **흔들림공차**(원주 흔들림, 온흔들림) 등으로 구분된다. 그러나 이러한 기하공차의 뜻을 명확히 이해하지 못하고 도면에 무작위로 표기한다면 조립상에 많은 문제점을 낳을 수 있다. 이 단원에서는 종류에 따른 기하공차를 도면에 실제로 적용해보고 해석과 함께 최적의 조건을 찾아보도록 하겠다. 기하공차값은 실무현장 경험치 **1/100~1/1000** 범위와 KS B 0401의 **구멍 IT 6급–10급**, **축 IT 5급–9급** 등을 병용해서 적용하도록 하겠다.

## 01 모양공차 중 — 진직도(Straitness) [데이터 불필요, MMS 적용 가능]

진직도는 축의 표면이나 축심이 직선의 허용범위로부터 벗어난 크기를 규제하는 단독공차이고, 축심을 규제하므로 **공차값에 Ø기호**를 붙인다. 공차역(TIR)은 길이방향이다.

### (1) 진직도 측정법의 예

측정물을 양 센터로 지지하고 축 방향으로 두 개의 다이얼 인디케이터를 움직여 눈금 **(Ma – Mb)/2**를 반복해서 측정한다. 이때 측정된 최대차가 진직도 공차값이다.

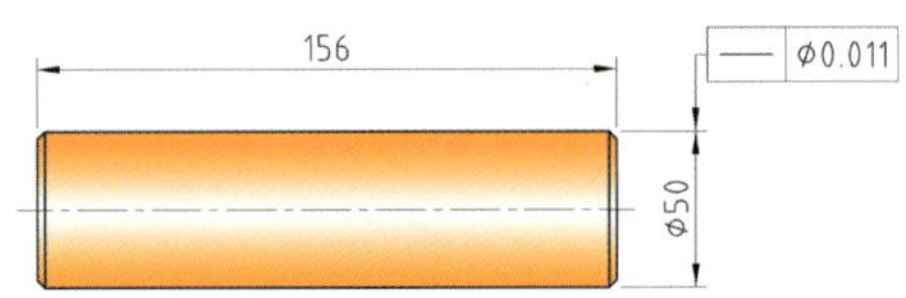


(a) 도면

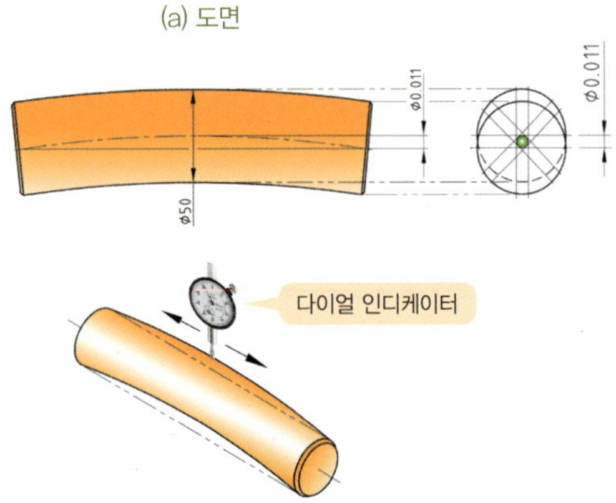


(b) 진직도 공차역

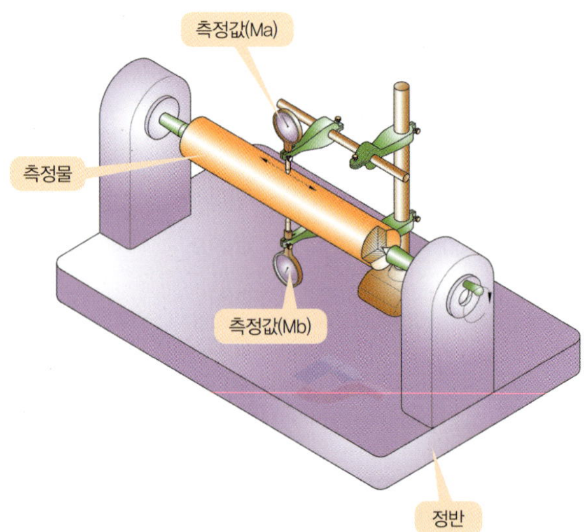


(c) 진직도 측정방법 예

### (2) 실제 도면에 기입된 진직도공차

진직도는 끼워맞춤이 있고 단이 없는 축이나 구멍과 같은 부품에 규제하고, 공차값은 형체의 치수공차보다 작아야 한다. 실제로 도면에 적용해보고 그에 따른 치수공차, 기하공차, MMS(최대 실체치수), VS(실효치수)를 각각 구해보자.

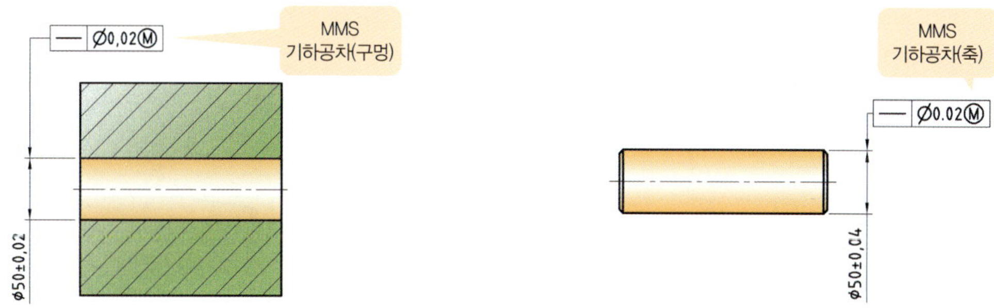


(a) 구멍에 규제된 MMS (b) 축에 규제된 MMS

[그림 8-1] 진직도 공차와 MMS

### (3) 실제 도면에 기입된 진직도공차 해석(구멍)

구멍의 최대 실체치수(MMS)가 Ø49.98일 때 진직도 공차는 Ø0.02이고, 실효치수(VS)는 Ø49.96이다. 즉, 핀의 최대 직경이 Ø49.96보다 커서는 안 된다.

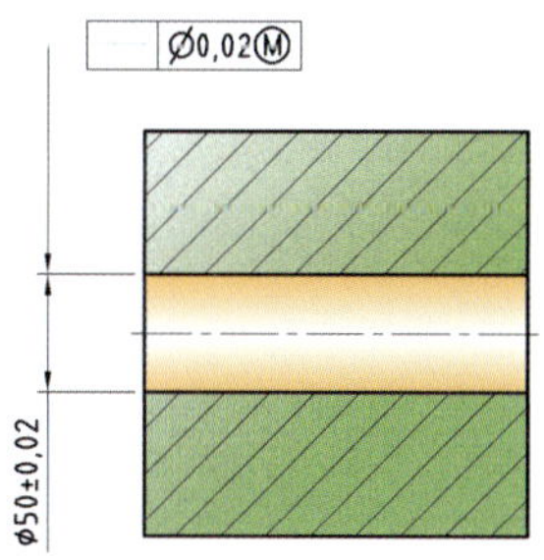


(a) 도면

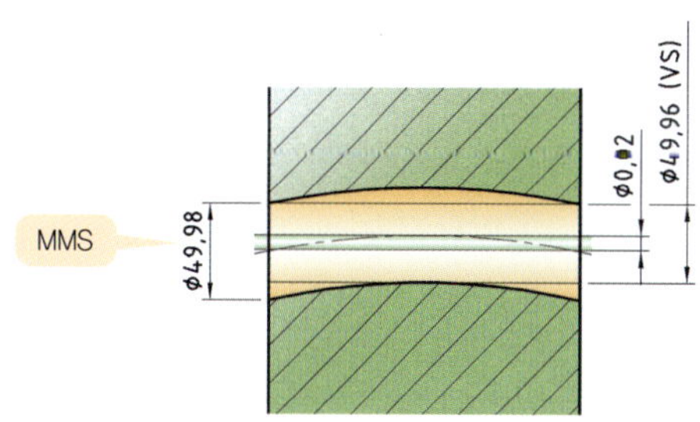


(b) 구멍의 MMS, VS 해석

[표 8-1] 구멍의 MMS 및 VS

| 구멍치수 | 진직도공차 | VS |
|---|---|---|
| Ⓜ Ø49.98 | Ø0.02 | Ø49.96 |
| Ø49.99 | Ø0.03 | Ø49.96 |
| Ø50 | Ø0.04 | Ø49.96 |
| Ø50.01 | Ø0.05 | Ø49.96 |
| Ⓛ Ø50.02 | Ø0.06 | Ø49.96 |

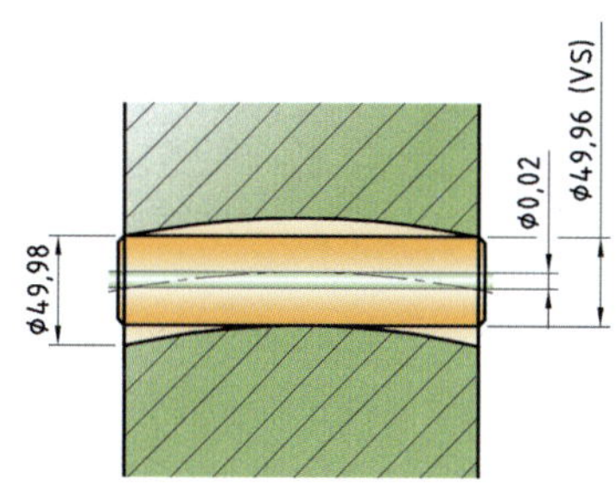


(c) 실제 끼워맞춤 해석

TIP

구멍일 때 MMS = 최소허용치수, VS = MMS − 기하공차

### (4) 실제 도면에 기입된 진직도공차 해석(축)

축의 최대 실체치수(MMS)가 Ø50.04일 때 진직도 공차는 Ø0.02이고, 실효치수(VS)는 Ø50.06이다. 즉, 구멍의 최소 직경이 Ø50.06보다 작아서는 안 된다.

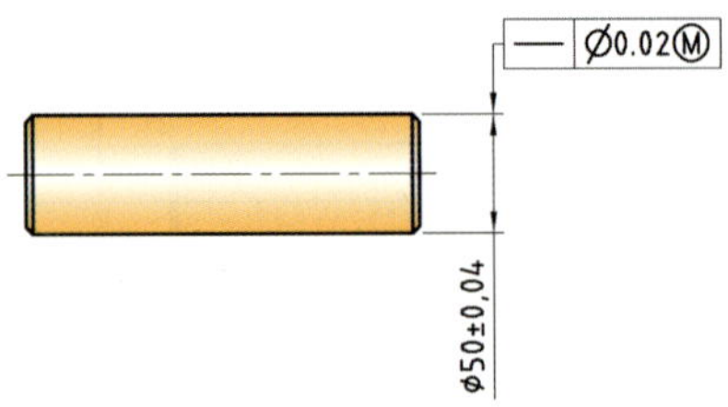

(a) 도면

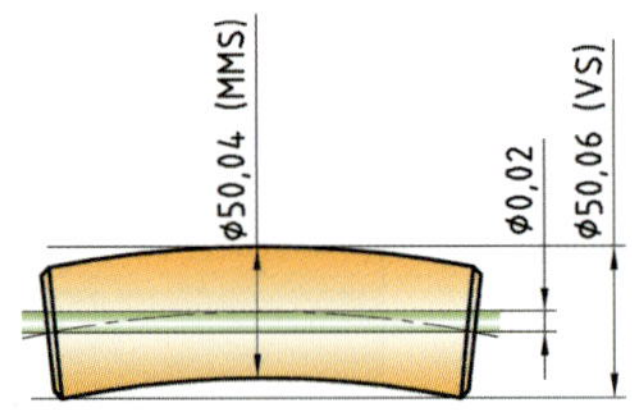

(b) 축의 MMS, VS 해석

[표 8-2] 축의 MMS 및 VS

| 구멍 치수 | 진직도공차 | VS |
|---|---|---|
| Ⓜ Ø50.04 | Ø0.02 | Ø50.06 |
| Ø50.02 | Ø0.04 | Ø50.06 |
| Ø50 | Ø0.06 | Ø50.06 |
| Ø49.98 | Ø0.08 | Ø50.06 |
| Ⓛ Ø49.96 | Ø0.1 | Ø50.06 |

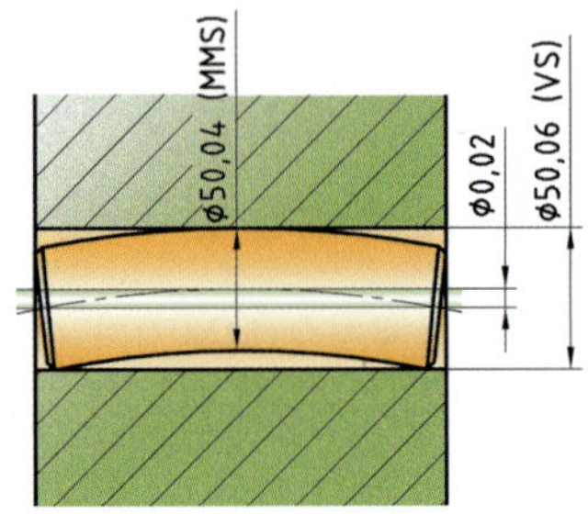

(c) 실제 끼워맞춤 해석

**TIP**

- 축일 때 MMS = 최대허용치수, VS = MMS + 기하공차

**기능**

- 기하공차와 데이텀은 끼워맞춤부와 부품 간 마찰부위에(표면거칠기 X 이상부위) 규제한다.

## 02 모양공차 중 ⏥ 평면도(Flatness) [데이텀 불필요, MMS 불필요]

평면도는 평면이 허용범위로부터 벗어난 크기를 규제하는 단독공차이고, 평면을 규제하므로 **공차값에 ∅기호**를 붙이지 않는다. 공차역(TIR)은 길이방향이다.

### (1) 평면도 측정법의 예

측정물을 올려놓고 측정방향으로 옮기면서 변위량을 측정한다. 이때 측정된 최대차가 평면도 공차값이다.

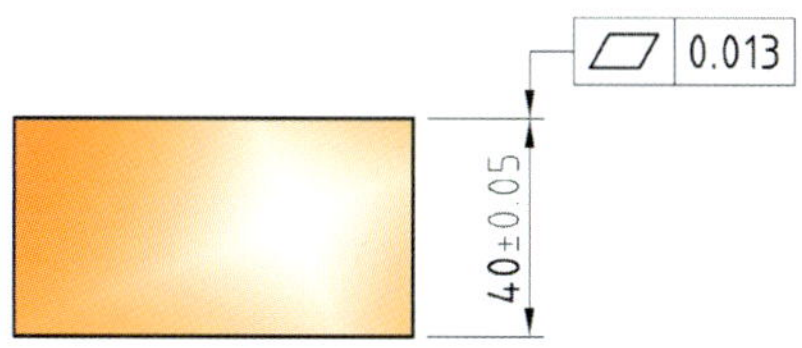


(a) 도면

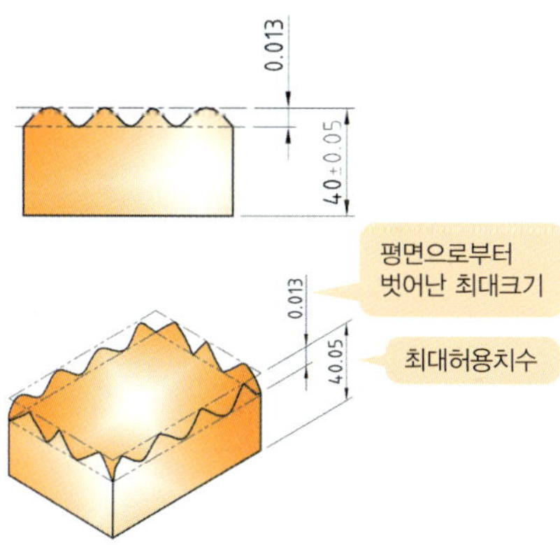


(b) 평면도 공차역

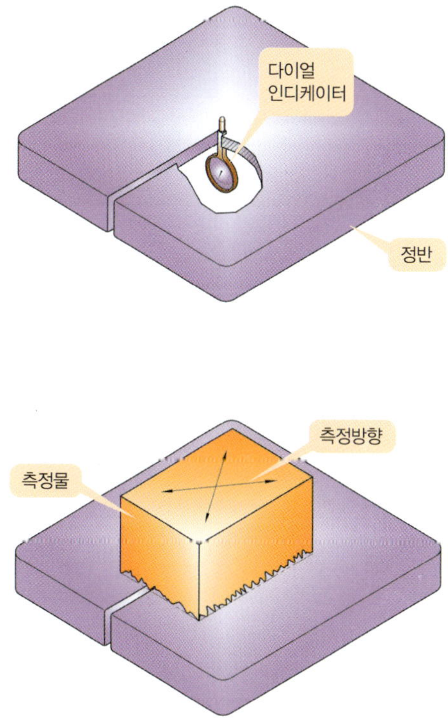


(c) 평면도 측정방법 예

### (2) 실제 도면에 기입된 평면도공차

평면도는 단독형상을 규제하는 모양공차로서 **데이텀과 MMS가 불필요**하다. 또한, 평면도공차는 형체의 치수공차보다 작아야 한다.

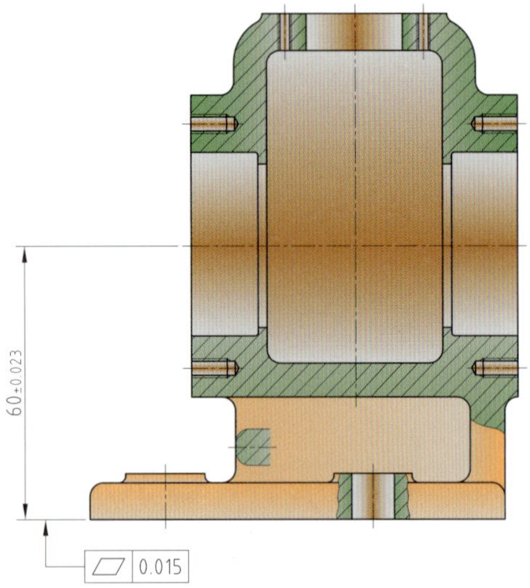


(a) 도면

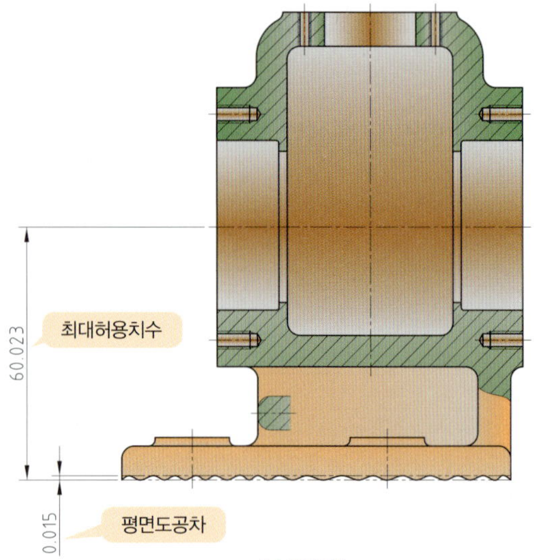


(b) 공차역

### (3) 실제 도면에 기입된 평면도공차 해석

평면도는 부품과 부품이 조립된 부분이나 서로 마찰되는 평면에 단독으로 기입한다.

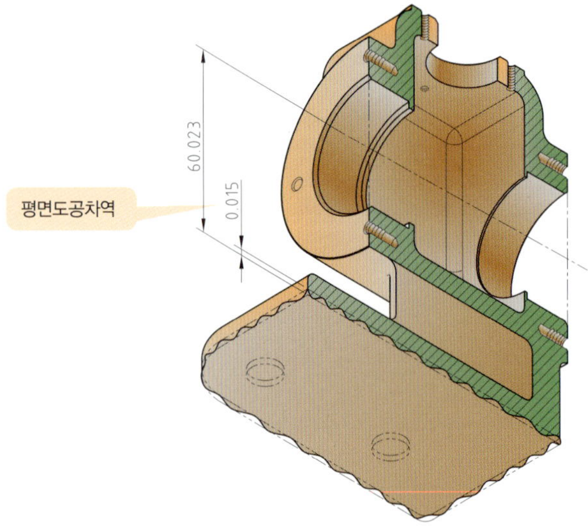


**TIP**

평면도공차는 치수공차보다 작아야 한다. 0.046(치수공차) > 0.015(평면도공차)

## 03 모양공차 중 ◯ 진원도(Roundnss) [데이텀 불필요, MMS 불필요]

진원도는 축심에 수직한 표면의 진원상태를 규제하는 단독공차이고, 원통외경과 내경 표면을 규제하므로 **공차값에 Ø기호**를 붙이지 않는다. 공차역(TIR)은 축직각방향이다.

### (1) 진원도 측정법의 예

측정물을 V-블록 또는 직각 정반에 밀착시켜 1회전 시키면서 각 표면을 다이얼 인디케이터로 측정한다. 이때, 바늘의 움직인 수치의 **1/2이 진원도공차값**이다.

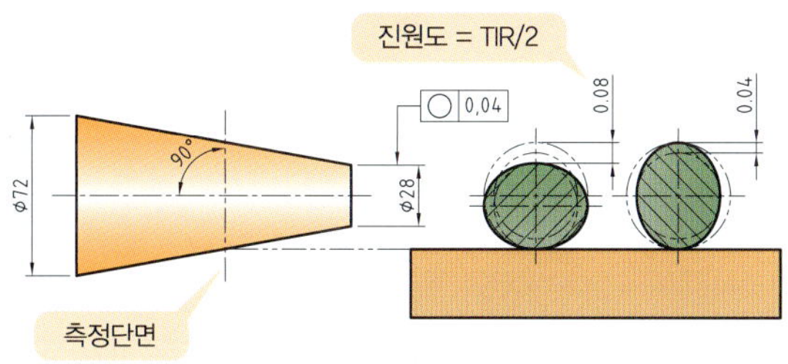


(a) 도면 – I

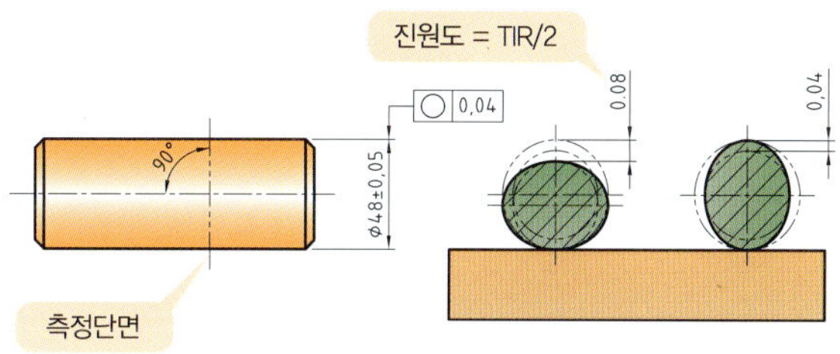


(b) 도면 – II

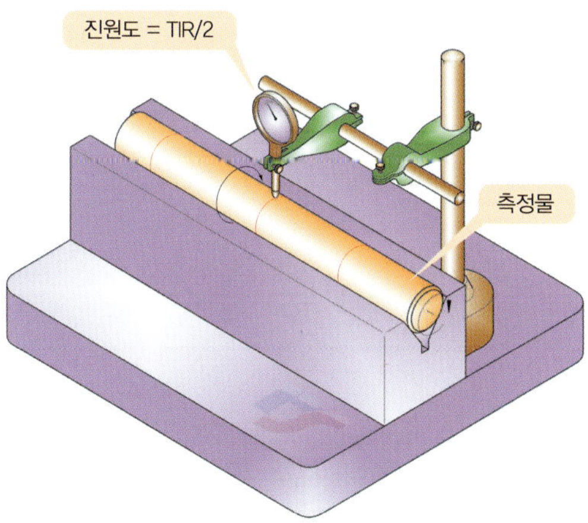


(c) V-블록을 이용한 진원도 측정방법 예

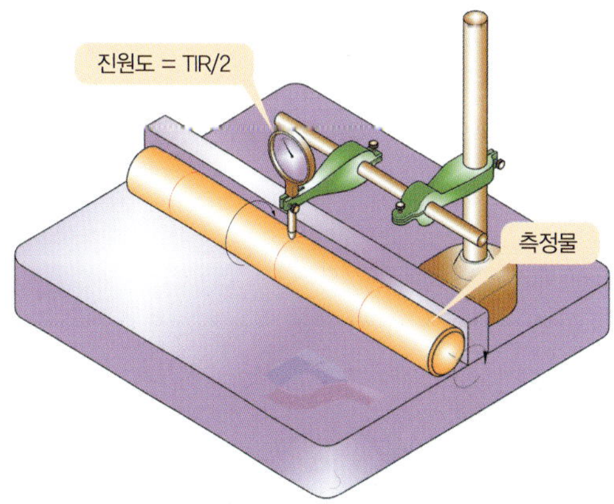


(d) 직각정반을 이용한 진원도 측정방법 예

**TIP**

공차역(TIR ; Total Indicator Reading) : 기하공차 값(다이얼 인디케이터의 움직임 전량)

### (2) 실제 도면에 기입된 진원도 공차 및 해설

진원도는 끼워맞춤이 있고 단이 없는 축이나 구멍에 규제하고 공차값은 치수공차의 1/2보다 작아야한다. 아래 평행축 도면에서 진원도가 기입된 축의 치수 Ø48의 치수공차는 0.1이다. 그러므로 진원도공차 0.04는 치수공차 1/2인 0.05보다 작다는 것을 알 수 있다.

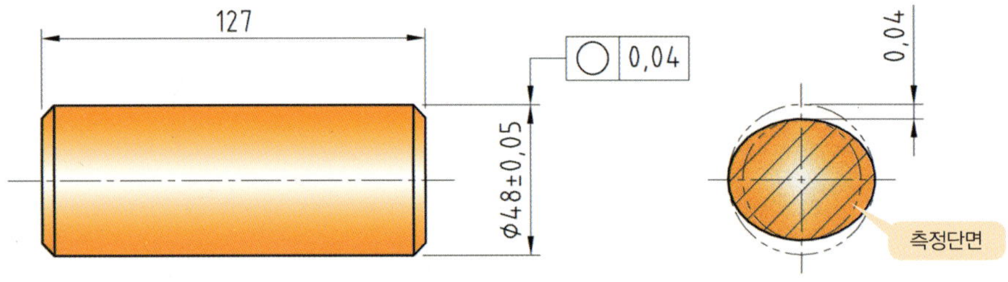


(a) 단면이 원형인 평행축

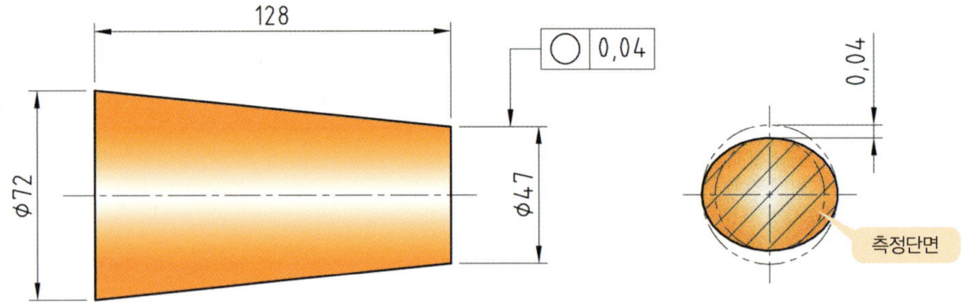


(b) 단면이 원형인 테이퍼축

**TIP**

공차역(Total indicator reading) TIR은 형체(부품)의 치수가 최대 허용치수일 때 적용한 값이다.

## 04 모양공차 중 ⌭ 원통도(Cylindricity) [데이텀 불필요, MMS 불필요]

원통도는 **진원도**, **진직도**, **평행도**를 포함한 **복합공차**로서 형체가 완전한 원통형상으로부터 벗어난 크기를 규제하는 단독공차이고, 원통외경과 내경 표면을 규제하므로 **공차값에 Ø기호**를 붙이지 않는다. 공차역(TIR)은 길이방향이다.

### (1) 원통도 측정법의 예

측정물을 V-블록 또는 직각 정반에 밀착시켜 회전시키면서 축 방향으로 다이얼 인디케이터를 이동시키며 표면의 전체 변위량을 측정한다. 이때, 바늘의 움직인 수치의 **1/2이 원통도공차값**이다.

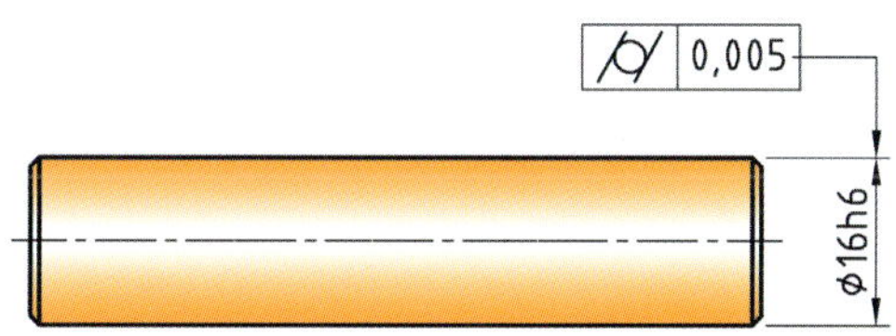


(a) 도면

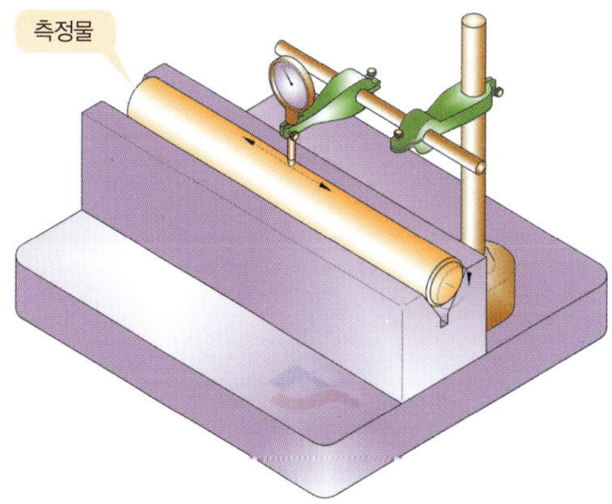


(b) V-블록을 이용한 원통도 측정방법 예

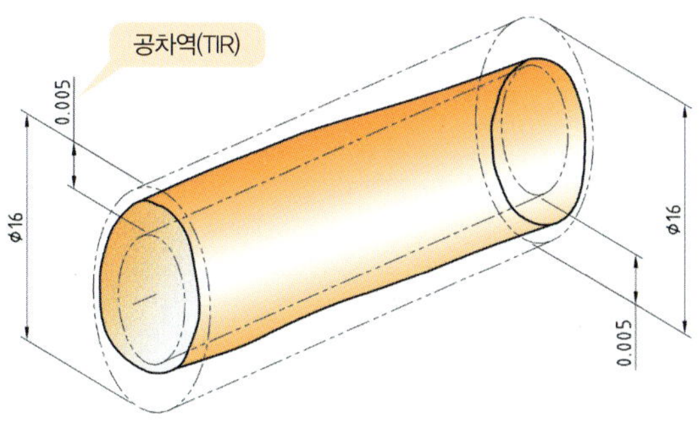


(c) 원통도 공차역

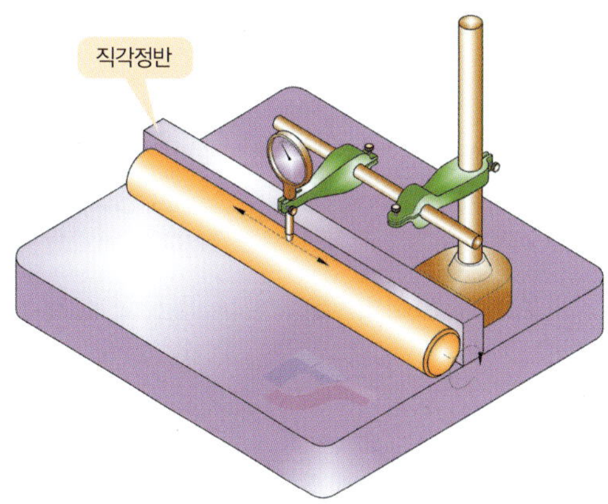


(d) 직각정반을 이용한 원통도 측정방법 예

### (2) 실제 도면에 기입된 원통도공차 및 해설

원통도는 끼워맞춤이 있는 축이나 구멍과 같은 부품에 규제하고 공차값은 형체 치수공차의 1/2보다 작아야 한다. 아래 도면에서 원통도가 기입된 축의 치수 **Ø16h6**의 치수공차는 **0.011**이다. 그러므로 원통도공차 **0.005**는 치수공차의 **1/2인 0.0055**보다 작다는 것을 알 수 있다.

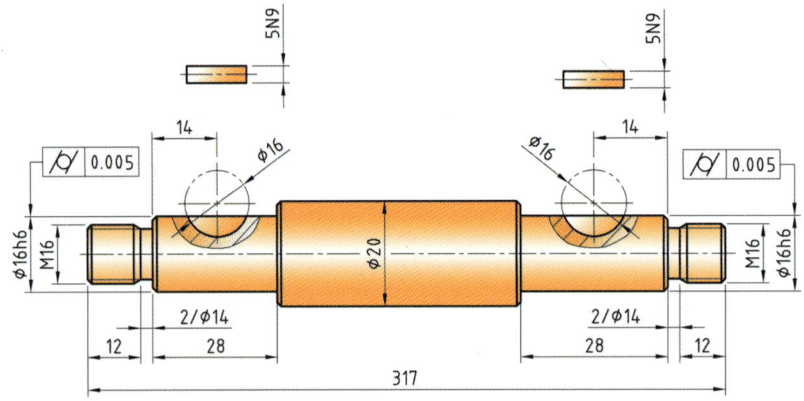


(a) 도면

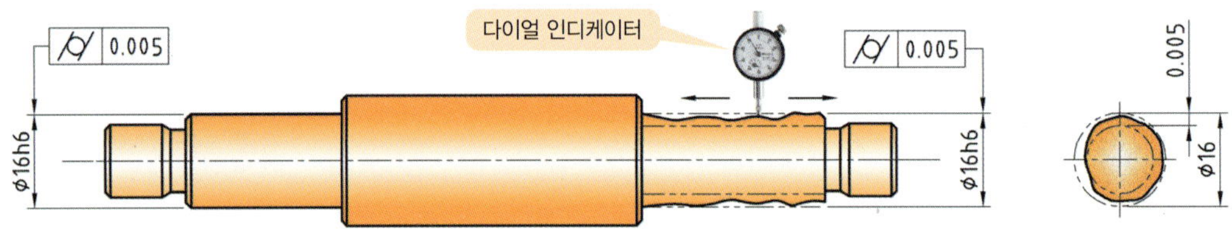


(b) 해석

## 05 자세공차 중 // 평행도(Palallelism) [데이텀 필요, MMS 적용 가능]

평행도는 데이텀 평면 또는 축심에 대하여 형체의 표면이나 축심이 허용범위로부터 벗어난 크기를 규제하는 공차이고, 원통중심 및 축심을 규제할 때는 **공차값에 Ø기호**를 붙이고, 평면을 규제할 때는 **공차값에 Ø기호**를 붙이지 않는다. 공차역(TIR)은 길이방향이다.

또한, 규제 조건은 다음과 같다.

**첫째,** 데이텀 **평면**에 평행한 **평면**

**둘째,** 데이텀 **평면**에 평행한 **축심**(축, 구멍)

**셋째,** 데이텀 **축심**에 평행한 **축심**(축, 구멍)

### (1) 평행도 측정법의 예

측정물을 정반에 올려놓고 다이얼 인디케이터로 측정면 변위량을 측정한다. 원통이나 축을 측정할 경우 원통 맨드릴이나 다이얼 인디케이터로 축방향으로 측정한다.

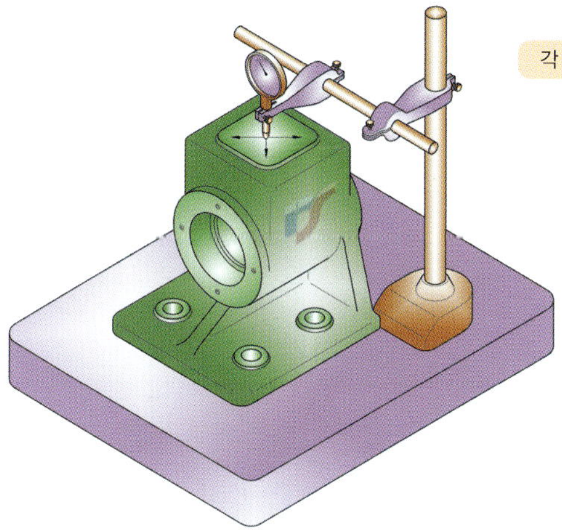

(a) 평행도 평면 측정방법 예

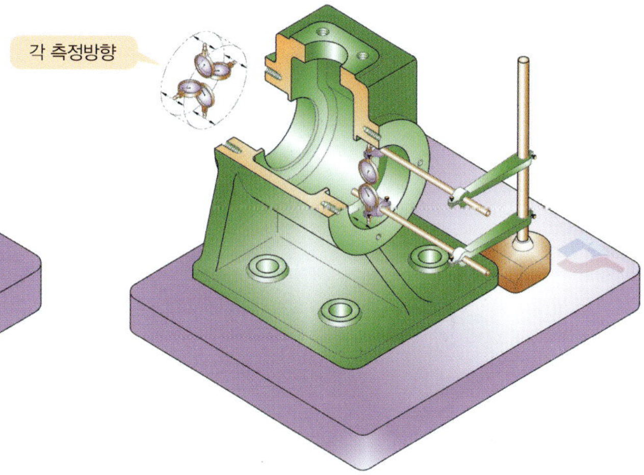


(b) 평행도 원통 측정방법 예

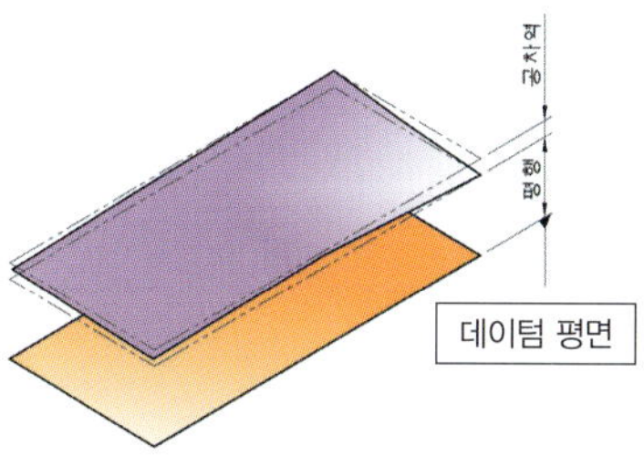


(c) 데이텀 평면과 평면

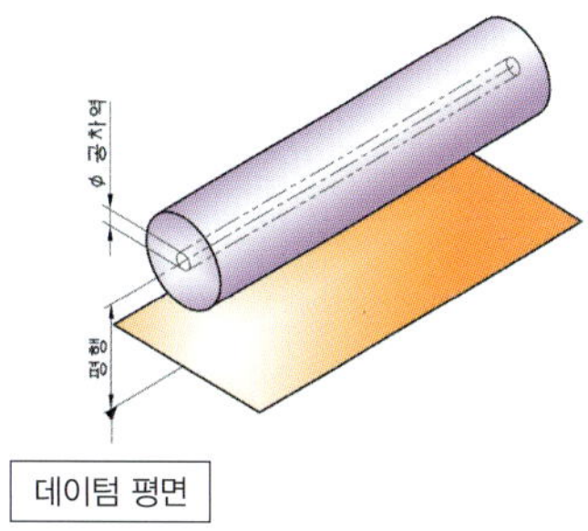


(d) 데이텀 평면과 축심

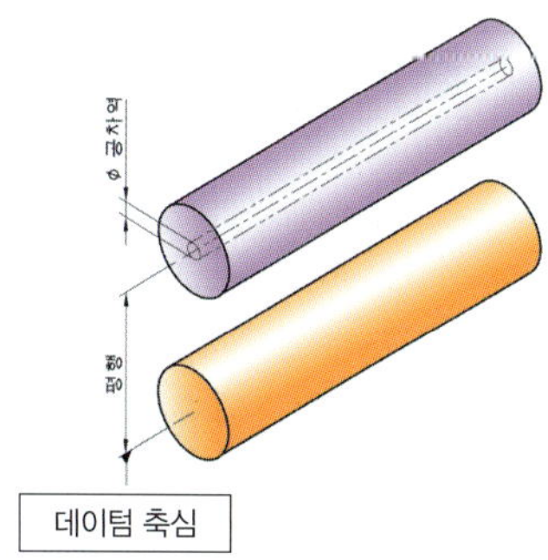


(e) 데이텀 축직선과 축심

### (2) 하나의 데이텀 평면과 평면이 마주보고 있을 때의 평행도

두 평면에 평행도를 규제할 경우에 하나의 평면은 데이텀으로 규제해야 하며, 서로 다른 평면이라면 더 넓은 평면 쪽을 데이텀으로 지정한다.

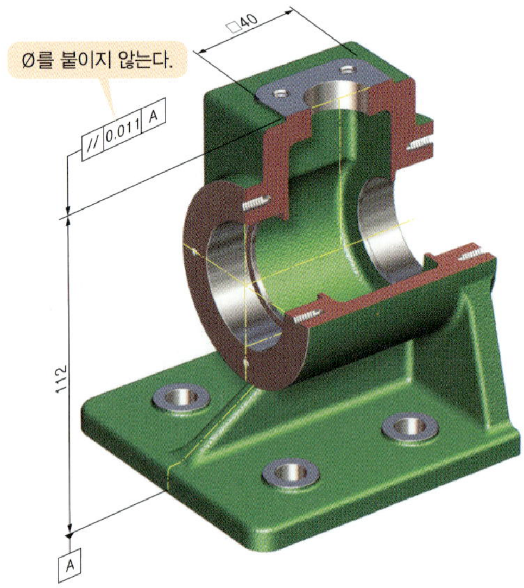


(a) 하나의 평면과 평면에 규제된 평행도

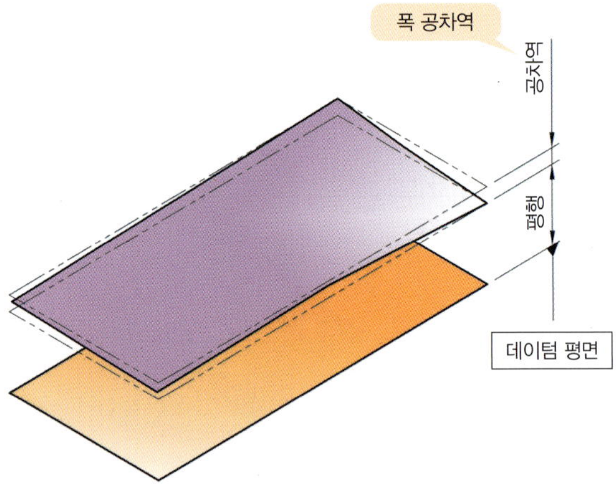


(b) 데이텀 평면과 평면

### (3) 하나의 데이텀 평면과 축심이 마주보고 있을 때의 평행도

하나의 평면과 중심을 갖는 형체에 평행도를 규제할 경우에는 두 개의 형체 중 특성과 기능을 고려해 한쪽을 데이텀으로 결정한다.

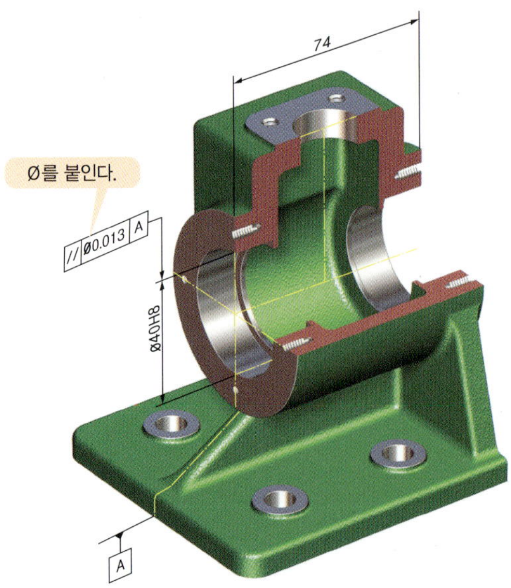


(a) 하나의 평면과 축심에 규제된 평행도

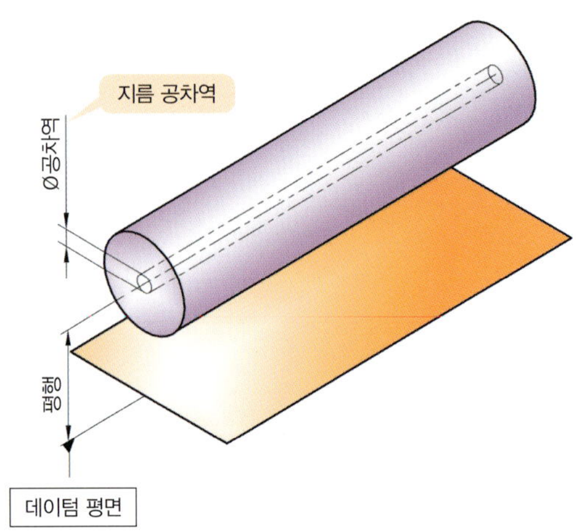


(b) 데이텀 평면과 축심

### (4) 하나의 데이텀 축심과 축심이 마주보고 있을 때의 평행도

규제하는 형체와 데이텀이 모두 원통일 경우 공차역은 평행도 공차수치 앞에 **Ø 기호**가 있으면 **지름 공차역**이고 공차수치 앞에 **Ø 기호**가 없으면 **폭 공차역**이다.

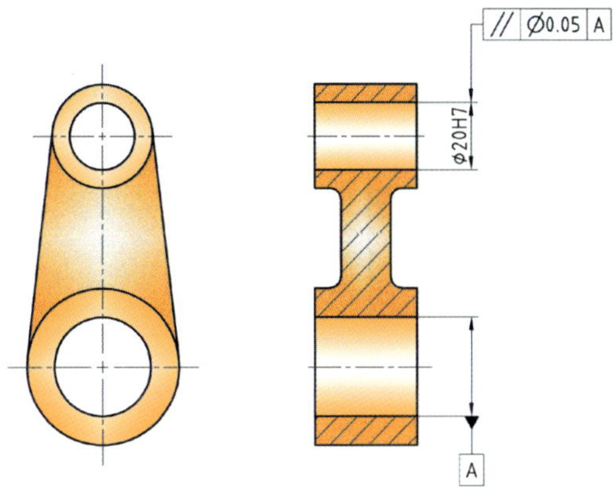


(a) 하나의 축심과 축심에 규제된 평행도

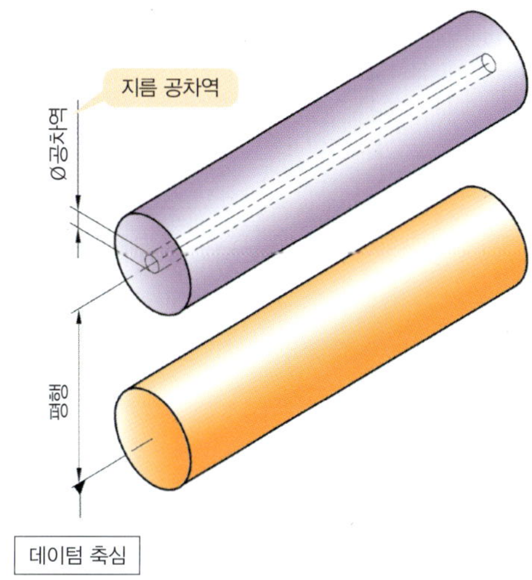


(b) 데이텀 축심과 축심

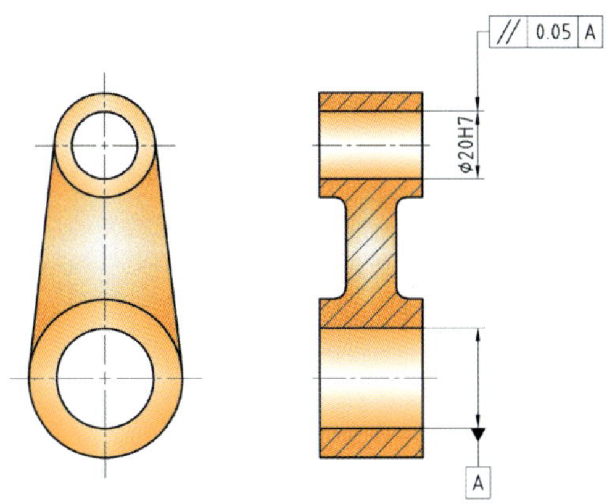


(a) 하나의 축심과 중간면에 규제된 평행도

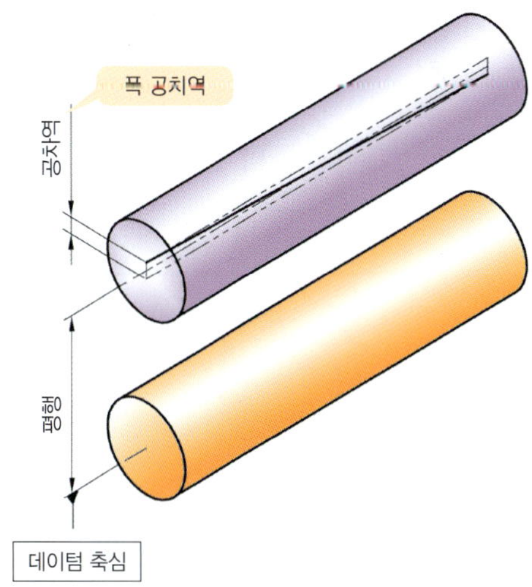


(b) 데이텀 축심과 중간면

### (5) 실제 도면에 기입된 평행도공차 해석

데이터텀 A를 기준으로 위쪽 구멍 중심은 Ø0.02 범위 내에서 **평행해야** 한다. 또한 평행도공차 앞에 **Ø 기호**를 붙였으므로 **축심**을 규제하는 것이다.

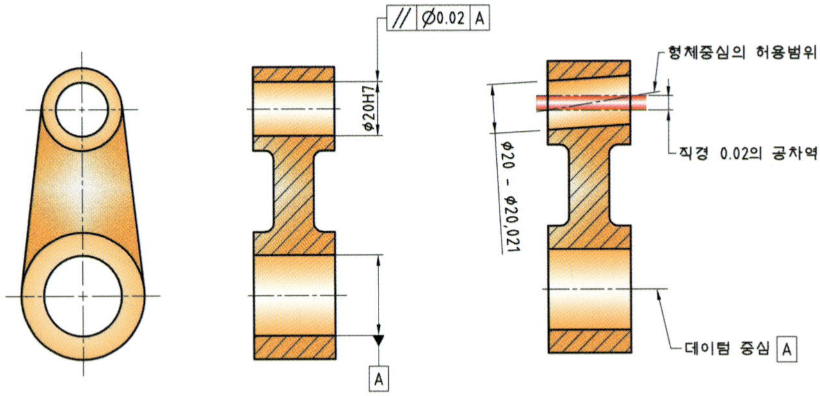


(a) 평행도가 적용된 도면 (b) 해석

### (6) 실제 도면에 MMS가 적용된 평행도공차 해석

데이텀 A를 기준으로 구멍의 최대 실체치수(MMS)가 Ø20일 때 평행도공차는 Ø0.02이고, 실효치수(VS)는 Ø19.98이다([표 8-3], [표 8-4]).

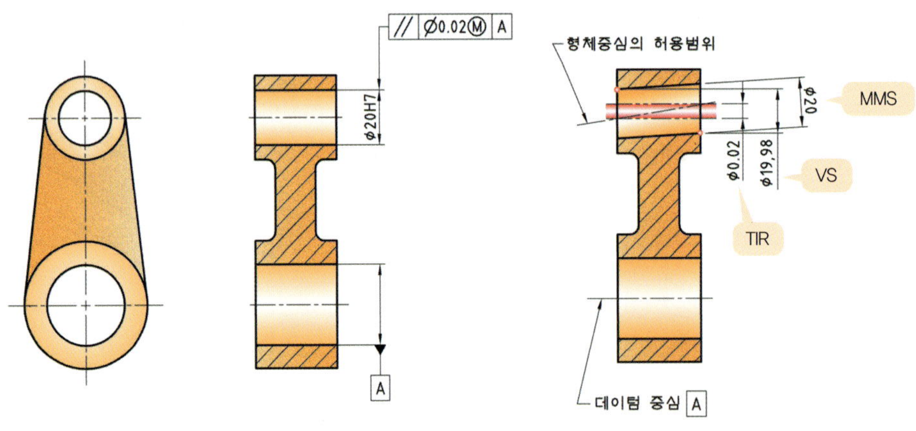


(a) MMS가 적용된 평행도 도면 (b) 해석

**[표 8-3] MMS를 규제할 때**

| 구멍 치수 | TIR | VS |
|---|---|---|
| Ⓜ Ø20 | Ø0.02 | Ø19.98 |
| Ⓛ Ø20.021 | Ø0.041 | Ø19.98 |

**[표 8-4] MMS를 규제하지 않을 때**

| 구멍 치수 | TIR | VS |
|---|---|---|
| Ø20 | Ø0.02 | Ø19.98 |
| Ø20.021 | Ø0.02 | Ø20.001 |

### (7) 데이텀과 평행도공차에 MMS가 모두 적용된 도면 해석

데이텀 A 의 최대 실체치수(MMS) Ø35를 기준으로, 구멍의 최대 실체치수(MMS)가 Ø20일 때, 평행도공차(TIR)는 Ø0.02이고 VS는 Ø19.98이다[표 8-5].

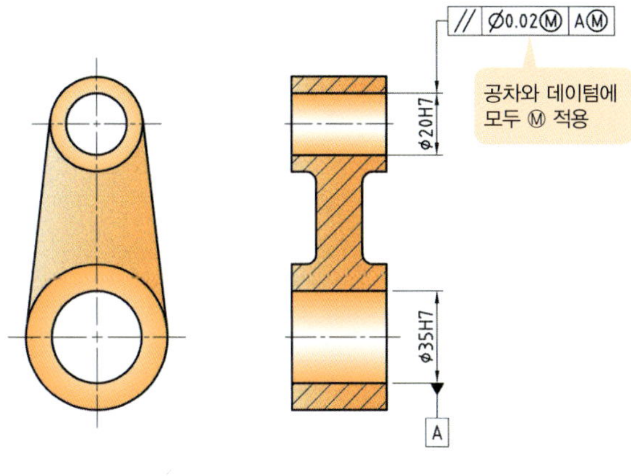


(a) MMS가 적용된 평행도 도면

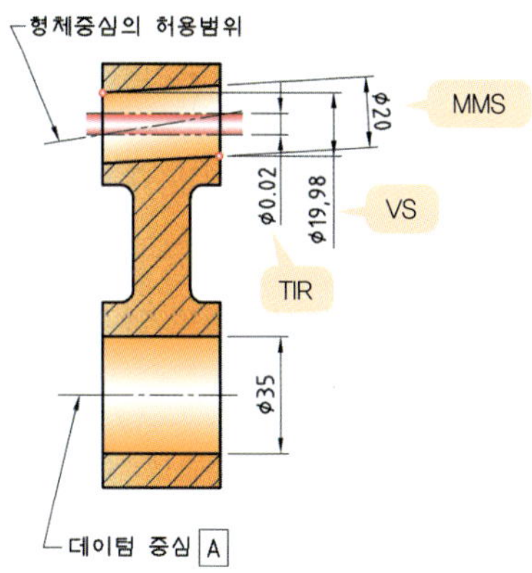


(b) 해석

[표 8-5] MMS가 모두 기입된 기하공차와 데이텀

| 데이텀 치수 | 구멍 치수 | TIR | VS |
|---|---|---|---|
| Ⓜ Ø35 | Ø20 | Ø0.02 | Ø19.98 |
| Ⓘ Ø35.025 | Ø20.021 | Ø0.041 | Ø19.98 |

[표 8-6] IT 공차와 일반공차

| 구멍 치수 | TIR |
|---|---|
| Ø20H7 | $Ø20^{+0.021}_{0}$ |
| Ø35H7 | $Ø35^{+0.025}_{0}$ |

TIP

구멍일 때 MMS = 최소 허용치수, VS = MMS − 기하공차(20 − 0.02=**19.98**)

## 06 자세공차 중 ⊥ 직각도(Squareness) [데이텀 필요, MMS 적용 가능]

직각도는 데이텀 평면 또는 축심에 대하여 형체의 표면이나 축심이 허용범위로부터 벗어난 크기를 규제하는 공차이고, 원통중심 및 축심을 규제할 때는 **공차값에 Ø기호**를 붙이고, 평면을 규제할 때는 **공차값에 Ø기호**를 붙이지 않는다. 공차역(TIR)은 길이방향이다.

또한, 규제 조건은 다음과 같다.

**첫째,** 데이텀 **평면**에 직각인 **평면**

**둘째,** 데이텀 **평면**에 직각인 **축심**(축, 구멍)

**셋째,** 데이텀 **축심**에 직각인 **축심**(축, 구멍)

### (1) 직각도 측정법의 예

측정물을 회전테이블에 올려놓고 원통 부분의 최하부에서 축을 맞춘 다음 회전시키면서 수직방향으로 다이얼 인디케이터를 이동시키며 전체 변위량을 측정한다.

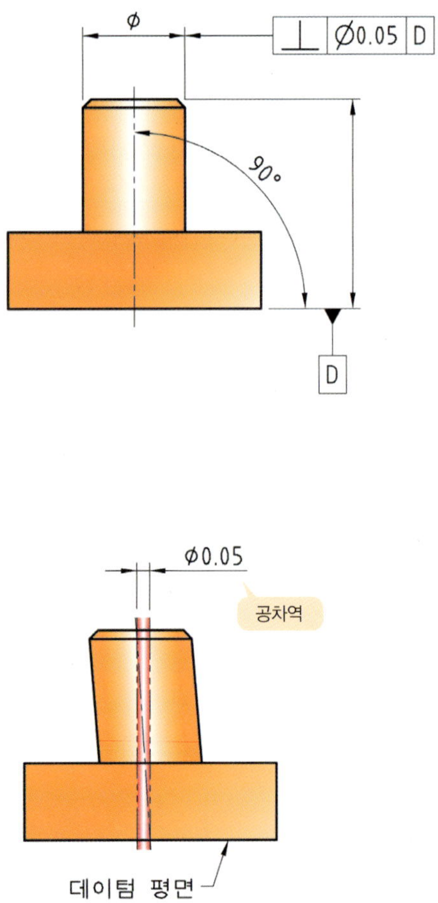


(a) 직각도 공차역

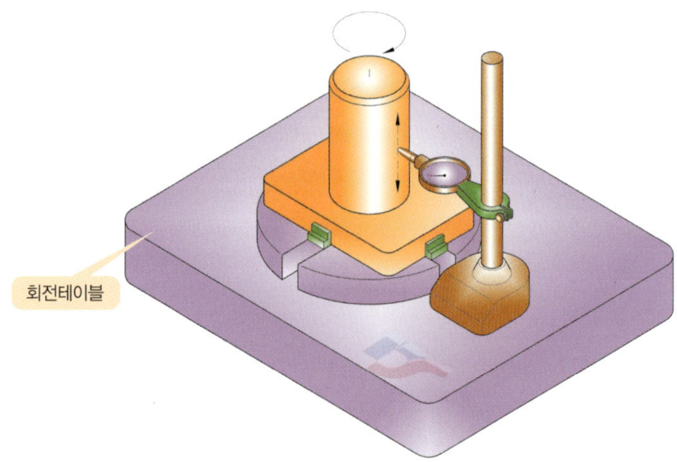


(b) 일반적인 직각도 측정방법 예

### (2) 실제 도면에 기입된 직각도 공차

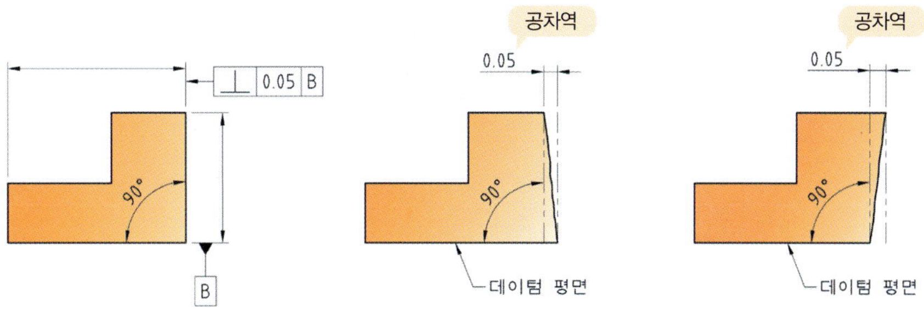


[그림 8-2] 데이텀 평면에 직각인 평면

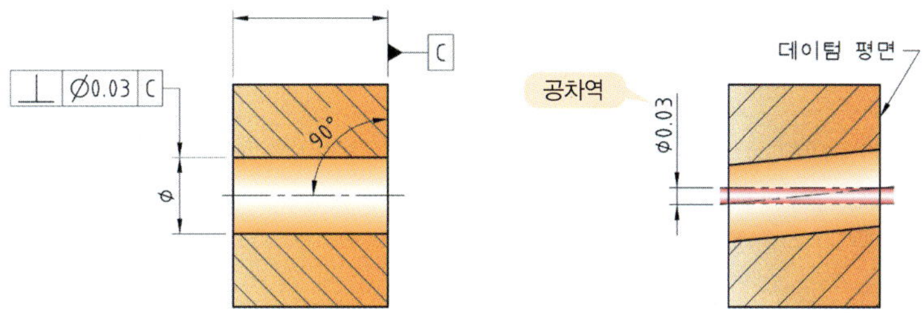


[그림 8-3] 데이텀 평면에 직각인 축심(구멍)

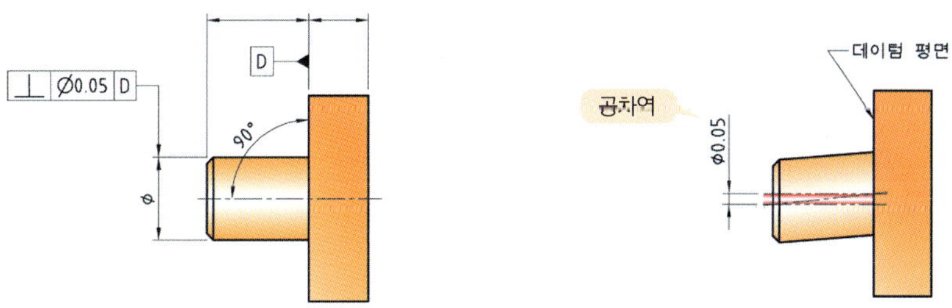


[그림 8-4] 데이텀 평면에 직각인 축심(축)

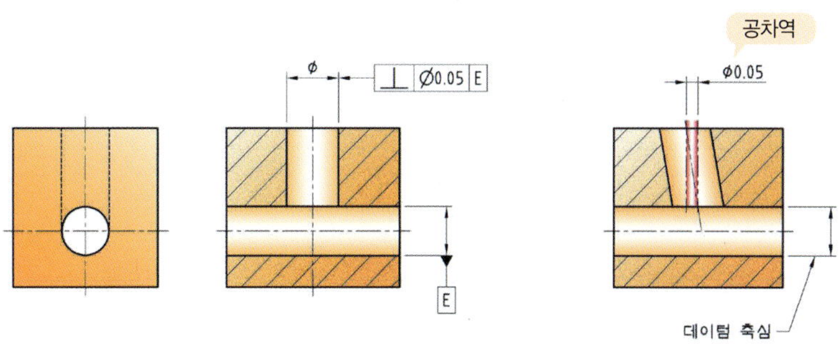


[그림 8-5] 데이텀 축심에 직각인 축심

### (3) 데이텀과 직각도공차에 MMS가 모두 적용된 도면의 해석

데이텀 B에 대하여 구멍의 최대 실체치수(MMS)가 Ø22일 때 직각도공차는 Ø0.013이고, 실효치수(VS)는 Ø21.987이다.

또한, 최소 실체치수(LMS)가 Ø22.021일 때 커진 양만큼 직각도 공차는 추가되어 Ø0.034가 된다.

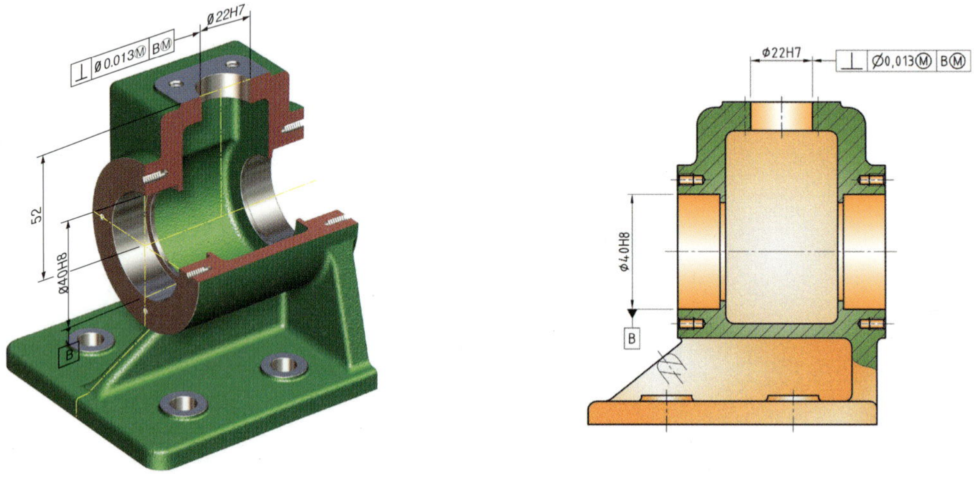


(a) MMS가 모두 기입된 공차와 데이텀

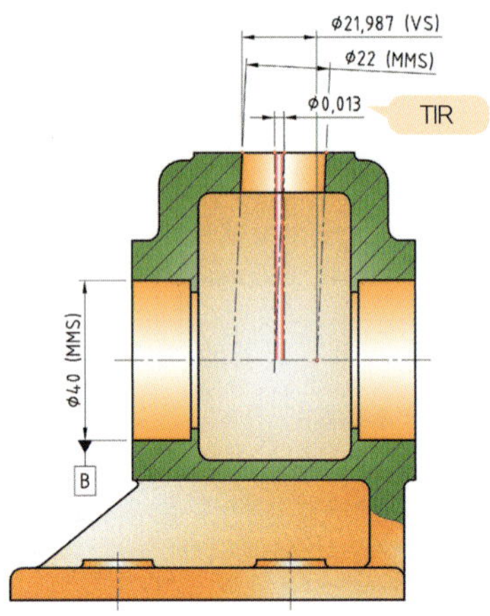


(b) MMS일 때 치수해석

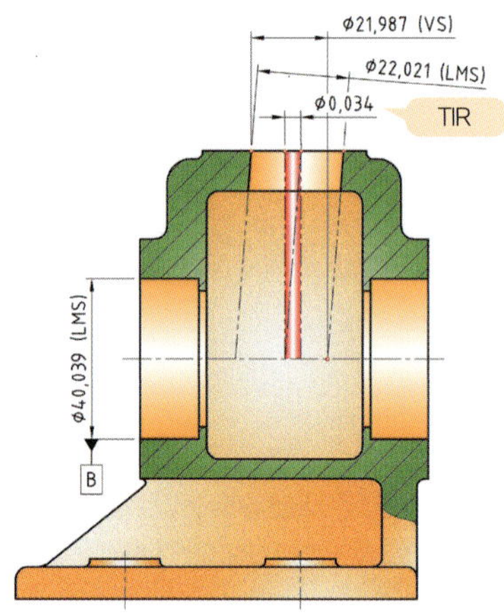


(c) LMS일 때 치수해석

**[표 8-7] MMS가 모두 기입된 기하공차와 데이텀**

| 데이텀 치수 | 구멍 치수 | TIR | VS |
|---|---|---|---|
| Ⓜ Ø40 | Ø22 | Ø0.013 | Ø21.987 |
| Ⓛ Ø40.039 | Ø22.021 | Ø0.034 | Ø21.987 |

**TIP**

구멍일 때 최대 실체치수(MMS) = 최소 허용치수,
실효치수(VS) = 22 − 0.013 = **Ø21.987**

## 07 자세공차 중 ∠ 경사도(Angularity) [데이텀 필요, MMS 적용 가능]

경사도는 **90°를 제외한 임의의 각도**를 갖는 평면이나 형체의 중심이 데이텀을 기준으로 허용범위로부터 벗어난 크기를 규제하는 공차이고 평면, 폭, 중간면을 규제하므로 **공차값에 Ø기호**를 붙이지 않는다.

### (1) 경사도 측정방법

측정물을 지정된 각도의 정반 위에 올려놓고 공차가 주어진 면을 다이얼 인디케이터를 옮기면서 전체 변위량을 측정한다.

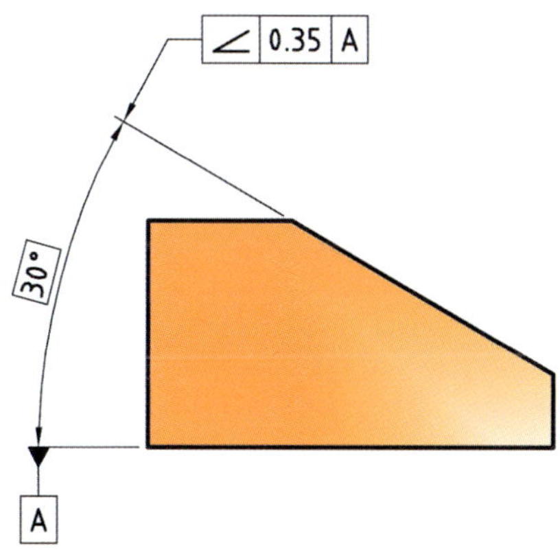


(a) 도면

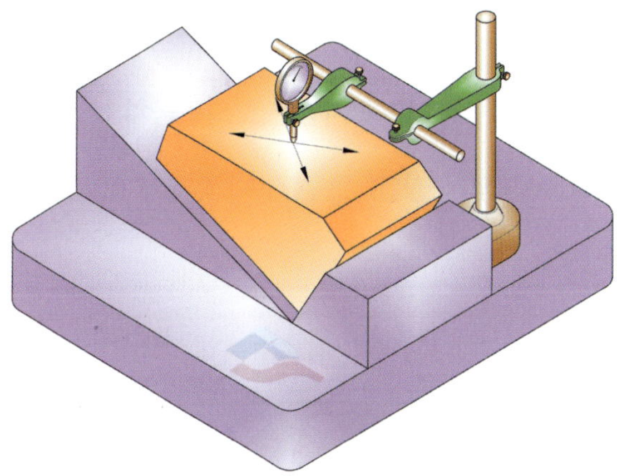

(b) 경사도 측정방법 예

### (2) 일반 각도공차와 경사도공차 비교

경사도 공차역은 각도의 공차가 아니라 규정된 각도의 기울기를 갖는 두 평면 사이의 간격이고 규제된 공차는 규제 형체의 **표면, 축심 또는 중간면**이 공차범위 내에 있어야 한다[그림 8-7].

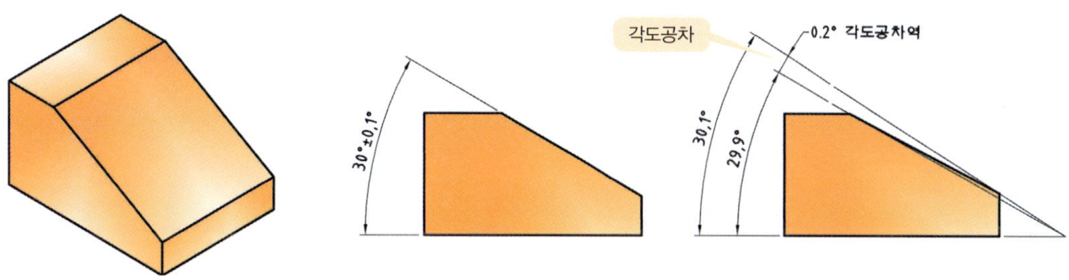


[그림 8-6] 각도공차

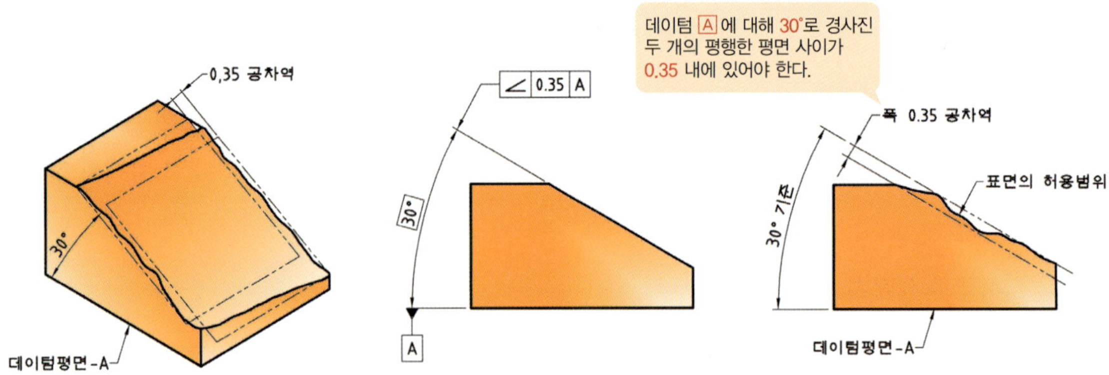


[그림 8-7] 경사도공차

## (3) 실제 도면에 기입된 경사도공차

구멍의 중심은 데이텀 A에 대해 50˚로 경사진 구멍 중심으로부터 0.05의 평행한 폭 사이에 구멍 중심이 있어야 한다.

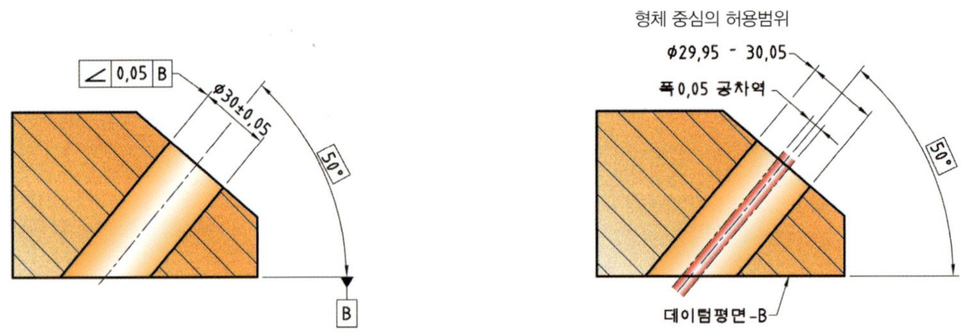


(a) 경사도공차의 예

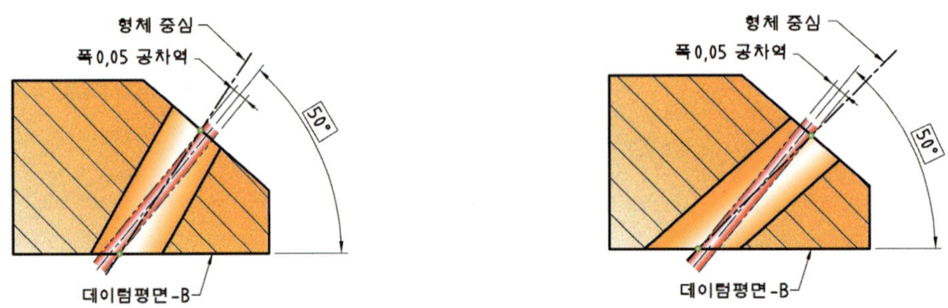


(b) 경사도공차의 해석

### (4) 데이텀과 경사도공차에 MMS가 모두 적용된 도면 해석

끼워맞춤이 있는 부품의 경우 경사도공차의 MMS 조건으로 규제하고, 홈의 위치가 일정한 각도상에 있다면 위치도공차로 규제하는 것이 더 바람직한 규제방법이다.

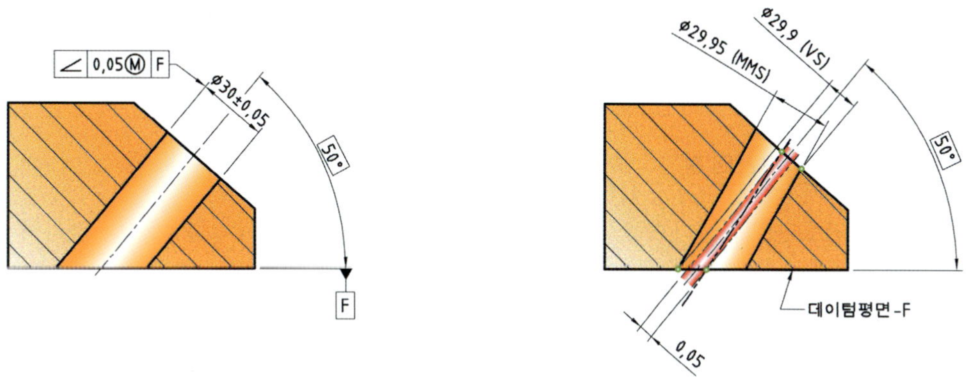


(a) MMS로 규제한 경사도 공차

[표 8-8] MMS가 기입된 경사도공차

| 구멍 치수 | TIR | VS |
|---|---|---|
| Ⓜ 29.95 | 0.05 | 29.9 |
| Ⓛ 30.05 | 0.15 | 29. 9 |

## 08 흔들림공차 중 [↗] 원주 흔들림(Circular Runout) [데이텀 필요, MMS 불필요]

원주 흔들림은 **진원도**, **직각도**를 포함한 **복합공차**로서 형체가 완전한 원통형상으로부터 벗어난 크기를 규제하는 공차이고, 원통의 외경과 내경 표면을 규제하므로 **공차값에 Ø기호**를 붙이지 않는다. 공차역(TIR)은 축직각 방향이다.

### (1) 원주 흔들림 측정방법의 예

측정물을 양 센터로 지지하고 **1회전** 시키면서 데이텀 축심에 수직한 표면을 다이얼 인디케이터로 측정한다. 이때 측정된 최대차가 원주 흔들림공차값이다.

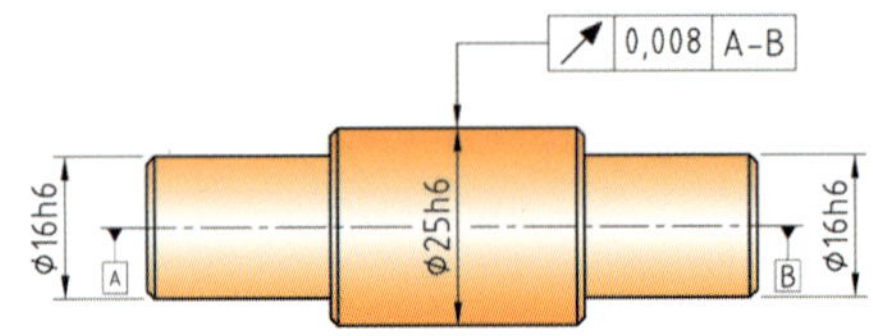

(a) 도면

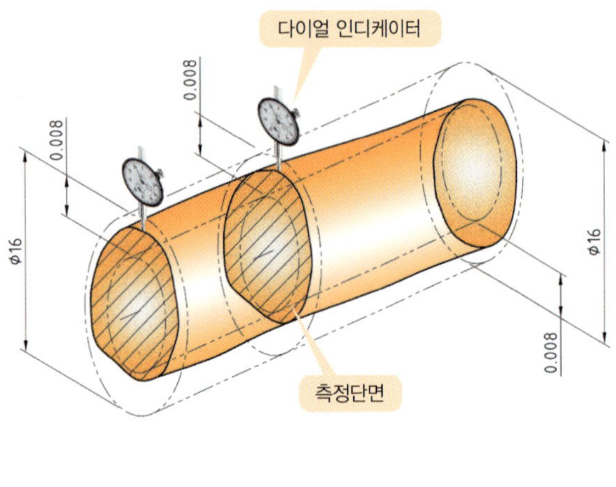

(b) 원주 흔들림공차역 표현

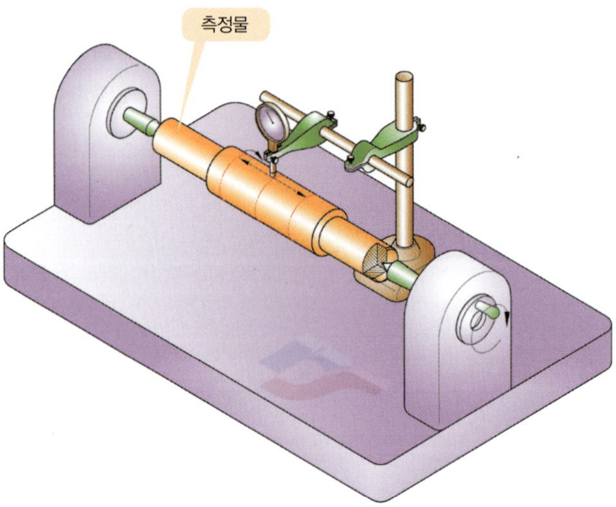

(c) 원주 흔들림 측정방법 예

### (2) 실제 도면에 기입된 원주 흔들림공차(측정단면)

원주 흔들림은 끼워맞춤이 있는 축이나 측면에 기입한다. 아래 도면의 원주 흔들림공차역은 데이텀(축심) A 를 기준으로 **1회전**시켰을 때 데이텀 A에 수직한 임의의 측정원통면 위에서 반지름 방향으로 **0.008mm** 떨어진 동심원 사이에 있어야 한다.

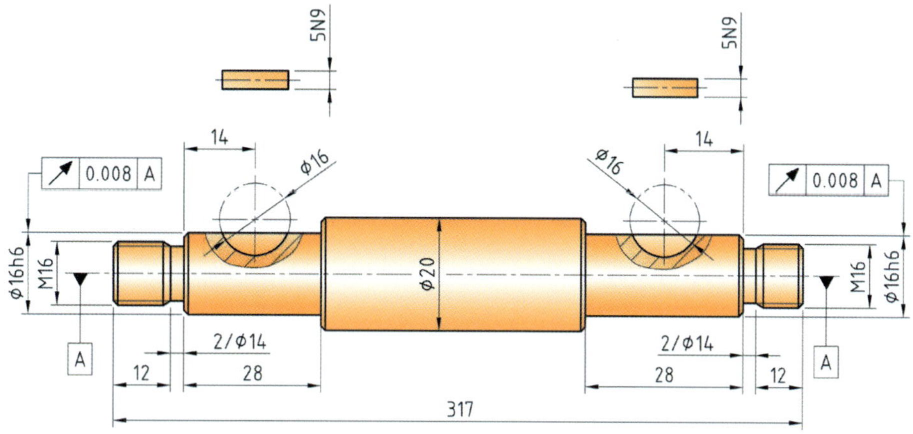


(a) 원주 흔들림이 적용된 축

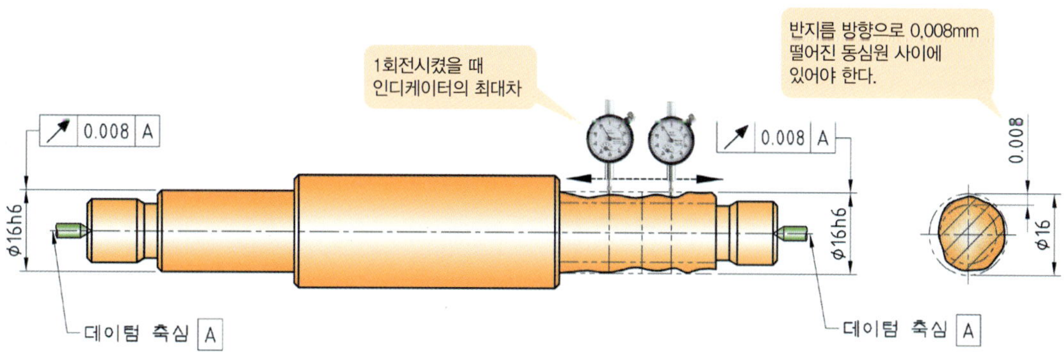


(b) 원주 흔들림 해석

### (3) 실제 도면에 기입된 원주 흔들림공차(원통 표면)

아래 도면의 원주 흔들림공차역은 데이텀 B를 기준으로 **1회전**시켰을 때 데이텀 B에 수직한 임의의 원통 표면 위에서 기준 치수(55mm) 방향으로 **0.013mm** 떨어진 두 개의 원 사이에 있어야 한다.

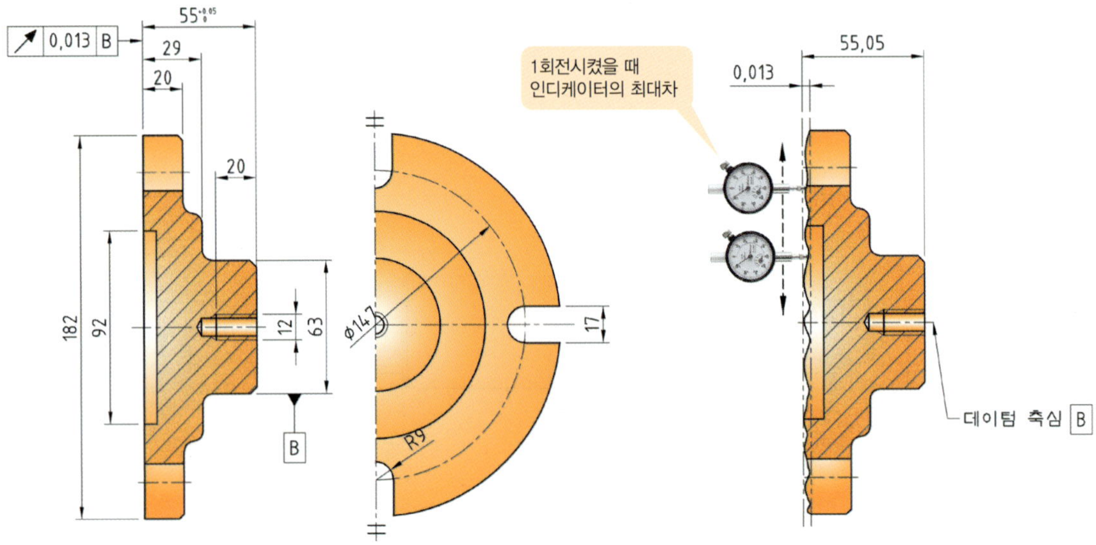


(a) 원주 흔들림이 적용된 플랜지

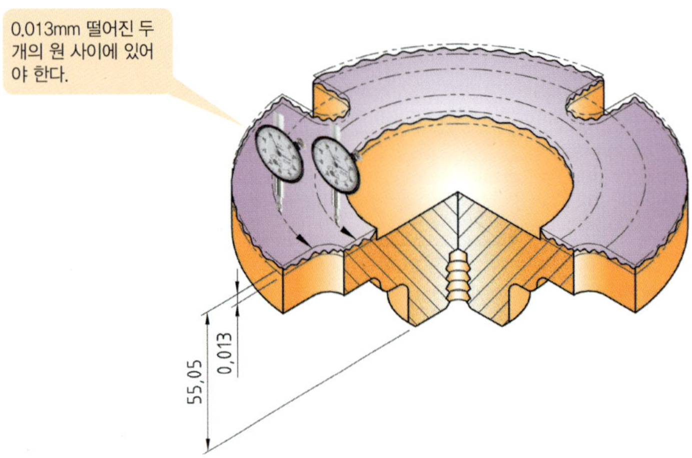


(b) 원주 흔들림 해석

## 09 흔들림공차 중 ⌰ 온 흔들림(Total Runout) [데이텀 필요, MMS 불필요]

온 흔들림은 **진직도**, **원통도**를 포함한 **복합공차**로서 형체가 완전한 원통형상으로부터 벗어난 크기를 규제하는 공차이고, 원통의 전체 외경과 내경 전체 표면을 규제하므로 **공차값에 Ø기호**를 붙이지 않는다. 공차역(TIR)은 길이방향이다.

### (1) 온 흔들림 측정방법의 예

측정물을 양 센터로 지지하고 축방향으로 다이얼 인디케이터를 이동시키면서 측정물을 이동시키며 표면의 전체 변위량을 측정한다. 이때 측정된 최대차가 원주흔들림 공차값이다.

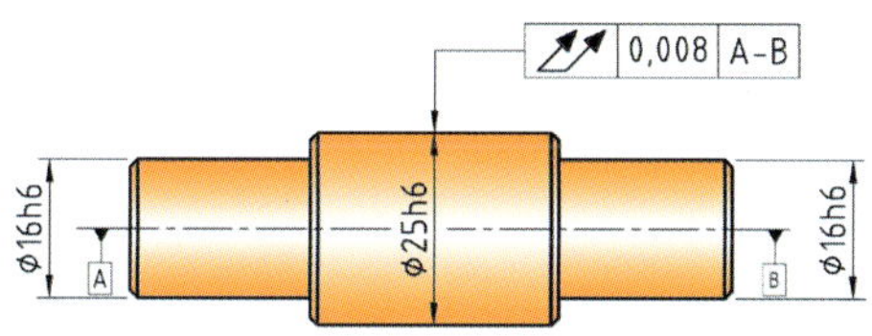


(a) 도면

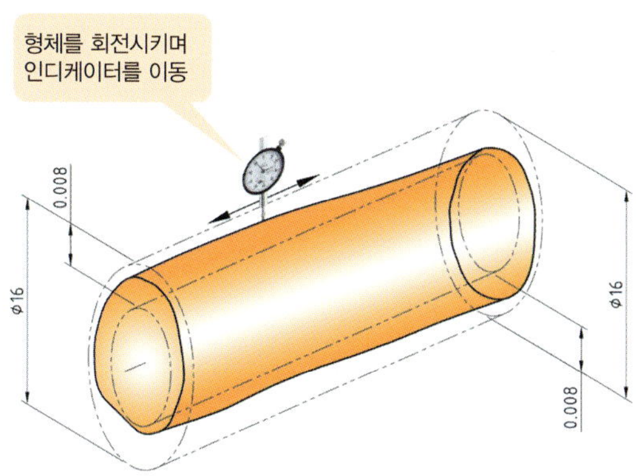


(b) 온 흔들림 공차역 표현

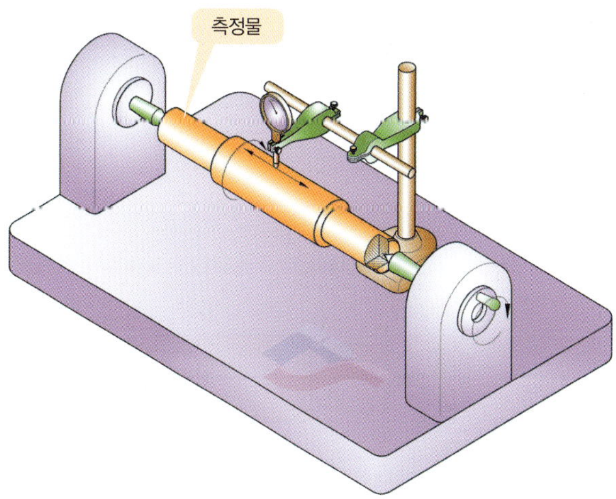


(c) 온 흔들림 측정방법 예

### (2) 실제 도면에 기입된 온 흔들림공차(측정 단면)

온 흔들림은 끼워맞춤이 있는 축이나 측면에 기입한다. 아래 도면의 온 흔들림공차역은 데이텀 A 와 직각방향에서 회전시켰을 때의 공차역과 원통 표면에서 축방향으로 이동시키면서 측정한 값이 0.008mm를 벗어나지 않아야 한다.

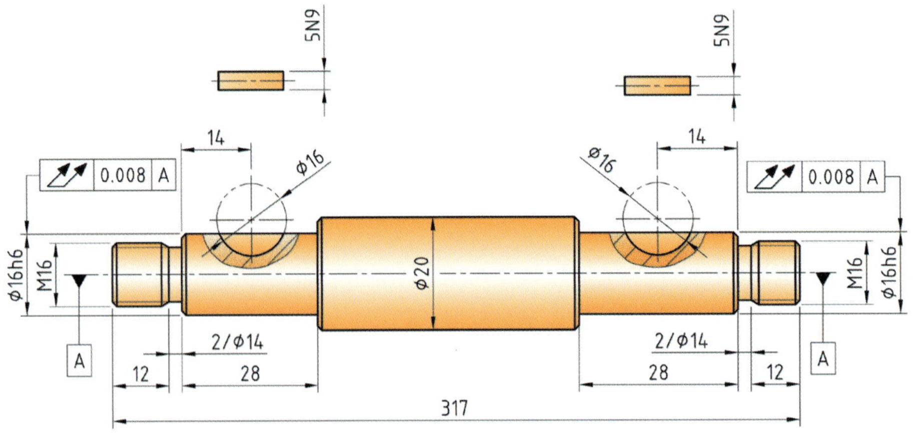


(a) 온 흔들림이 적용된 축

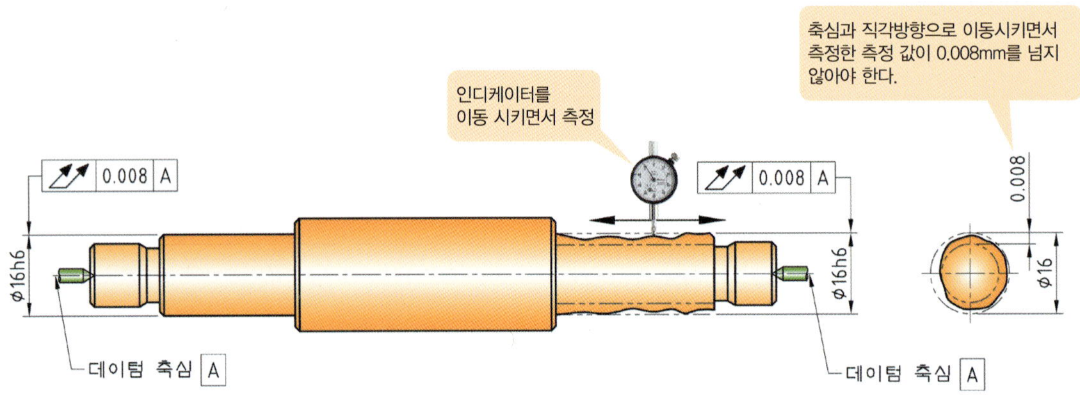


(b) 온 흔들림 해석

### (3) 실제 도면에 기입된 온 흔들림공차(원통 표면)

아래 도면의 온 흔들림공차역은 데이텀 B를 기준으로 회전시키면서 다이얼 인디케이터를 반지름방향으로 이동시켰을 때 측정한 값이 기준 치수(55mm)에 대하여 0.013mm 떨어진 두 개의 평행한 평면사이에 있어야 한다.

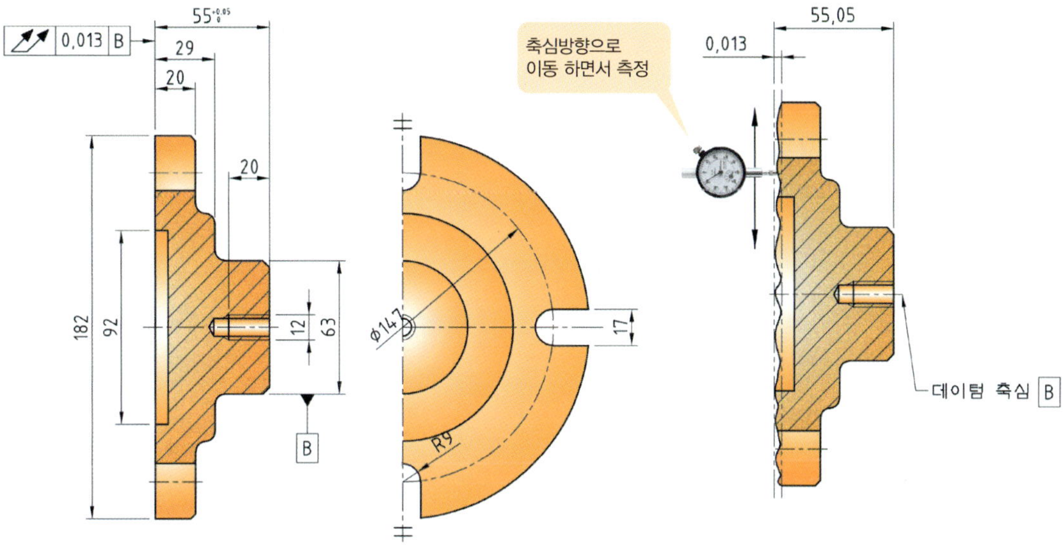


(a) 온 흔들림이 적용된 플랜지

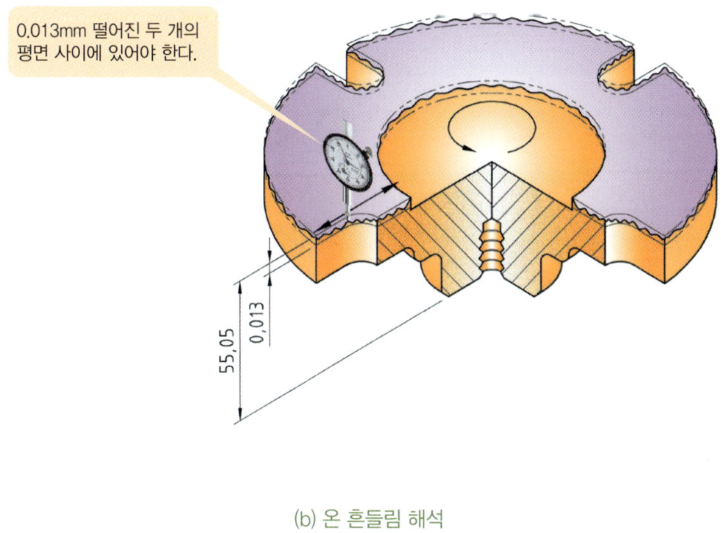


(b) 온 흔들림 해석

## 10 위치공차 중 ◎ 동축도(Concentricity) [데이텀 필요, MMS 적용 가능]

동축도는 데이텀 축심 또는 원통 중심에 대하여 동축(同軸)에 있어야 할 형체 축심과 원통중심이 허용범위로부터 벗어난 크기를 규제하는 공차이고, 축심과 원통중심을 규제하므로 **공차값에 Ø기호**를 붙인다. 공차역(TIR)은 길이방향이다.

### (1) 동축도 측정방법의 예

측정물 데이텀 표면을 V-블록에 올려놓고 회전시키면서 축 방향으로 다이얼 인디케이터를 이동시키며 표면의 전체 편심량을 측정한다.

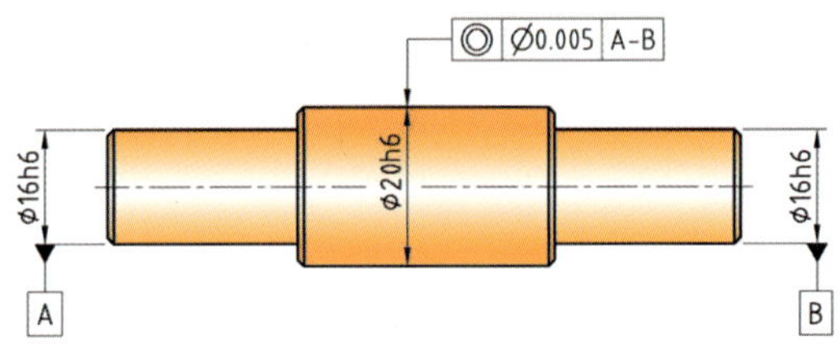


(a) 도면

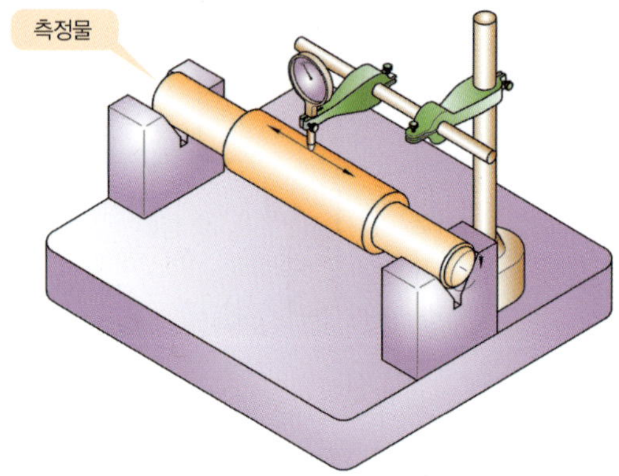


(b) 동축도 측정방법 예

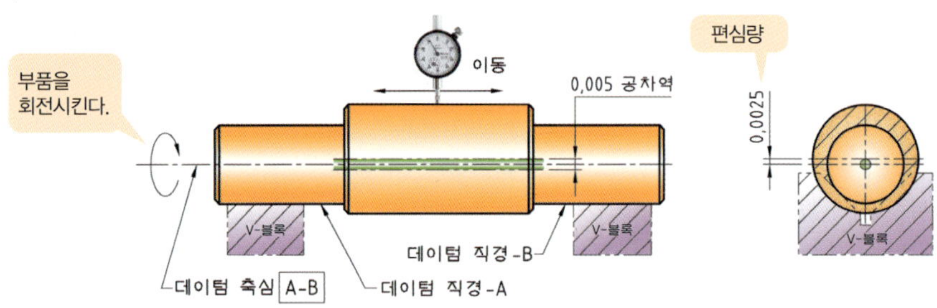


(c) 동심도공차역 – I

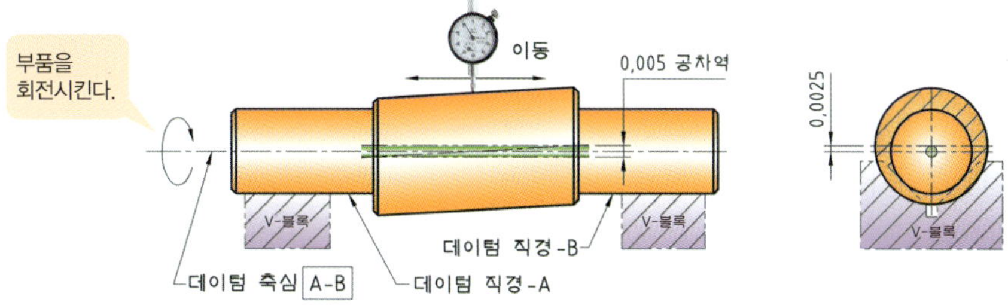


(d) 동심도공차역 – II

## (2) 실제 도면에 기입된 동축도공차

동축도는 끼워맞춤이 있는 축이나 구멍과 같은 부품에 규제한다.

아래 도면에서 데이텀 A 와 B 의 공통 축심을 기준으로 중앙에 동축도로 규제된 형체의 축심은 동축도공차 Ø0.005를 벗어나지 않아야 한다.

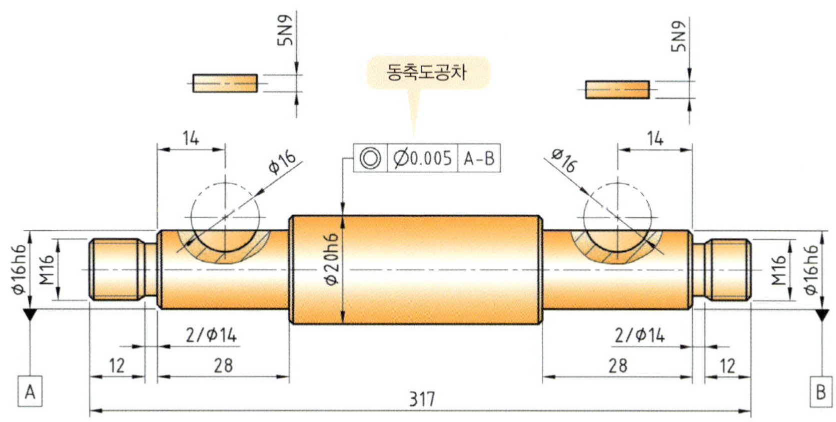

## 11 위치공차 중 ⌯ 대칭도(Symmetry) [데이텀 필요, MMS 적용 가능]

대칭도는 데이텀 축심면 또는 중간면에 대하여 대칭에 있어야 할 형체의 축심면과 중간면이 허용범위로부터 벗어난 크기를 규제하는 공차이고, 축심면과 중간면을 규제하므로 **공차값에 Ø기호**를 붙이지 않는다. 공차역(TIR)은 길이방향이다.

### (1) 대칭도 측정방법의 예

측정물을 정반 위에 올려놓고 다이얼 인디케이터로 측정면의 변위량을 측정하고, 같은 방법으로 반전시켜 측정한다.

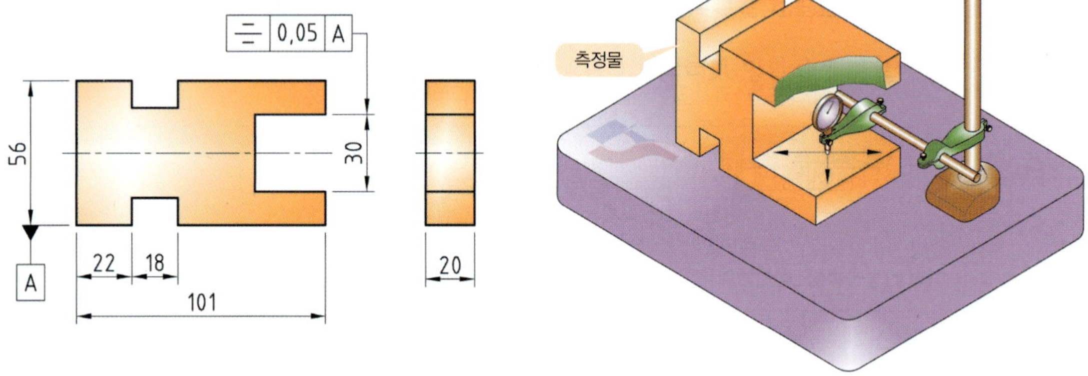


(a) 대칭도공차 측정방법 예

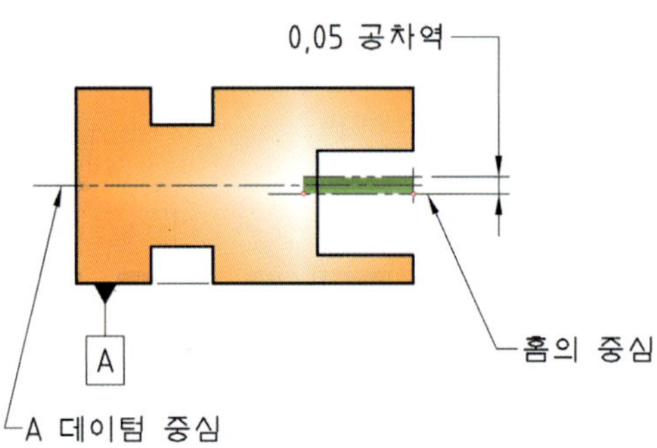


(b) 대칭도공차역 – I

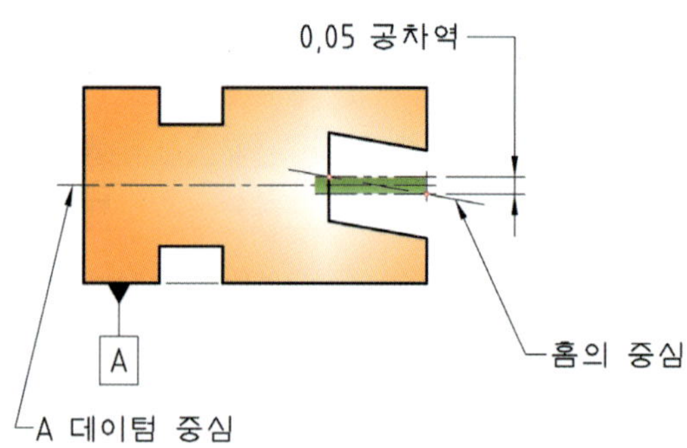


(c) 대칭도공차역 – II

### (2) 실제 도면에 기입된 대칭도공차

아래 도면에서 데이텀 B 의 중심선을 기준으로 중앙에 대칭도로 규제된 형체의 중심면은 대칭도공차 0.009를 벗어나지 않아야 한다. 또한 데이텀 기준 치수 20H7의 치수공차는 0.021이다.

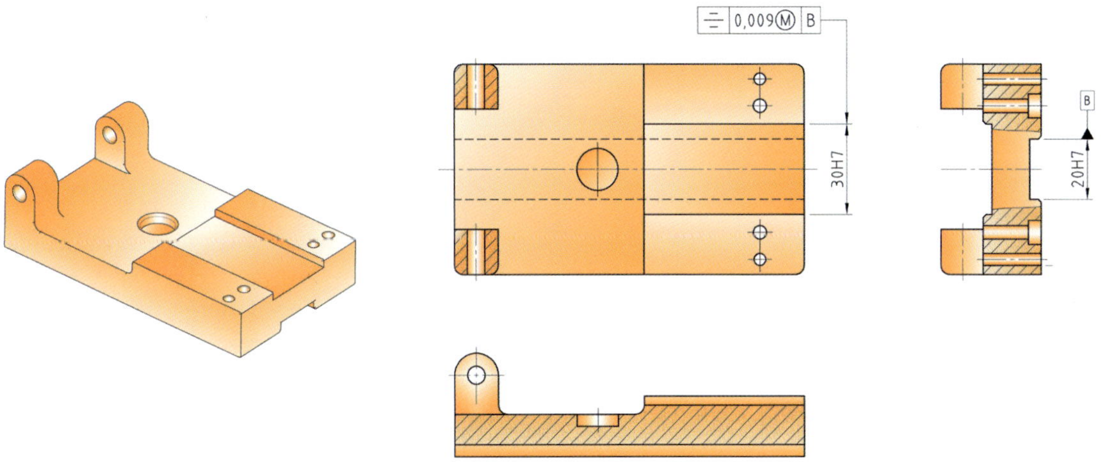


(a) 실제 도면에 적용된 대칭도공차

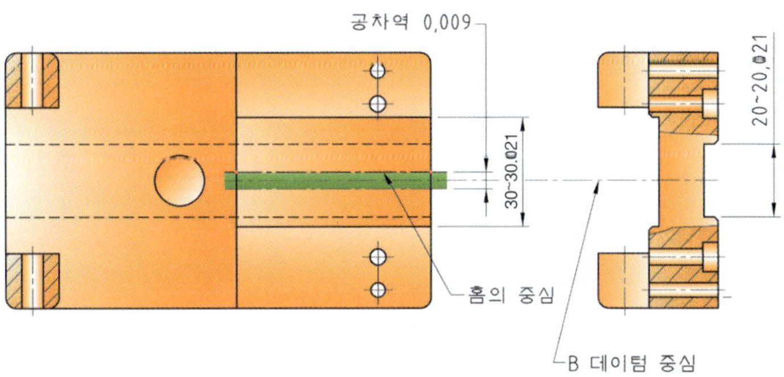


(b) 대칭도 해석

### (3) 실제 도면에 MMS가 적용된 대칭도공차 해석

규제 홈의 최대 실체치수(MMS)가 30일 때 대칭도공차는 0.009이고, 실효치수(VS)는 29.991이다. 또한, 최소 실체치수(LMS)가 30.021일 때 커진 양만큼 대칭도공차는 추가되어 0.03이 된다.

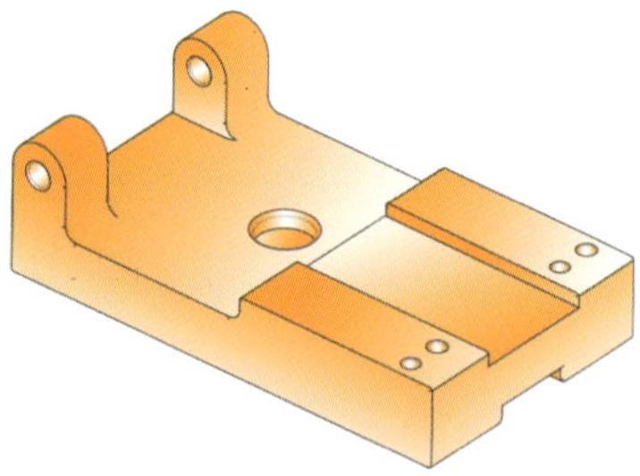

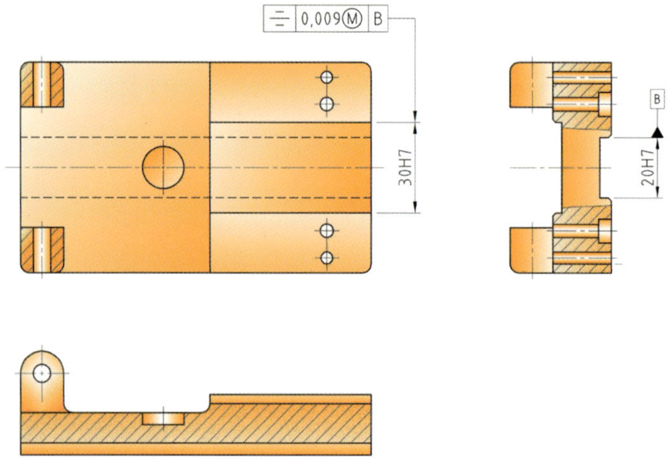


(a) MMS가 적용된 대칭도공차

[표 8-9] MMS가 기입된 기하공차

| 홈의 치수 | TIR | VS |
| --- | --- | --- |
| Ⓜ 30 | 0.009 | 29.991 |
| Ⓛ 30.021 | 0.03 | 29.991 |

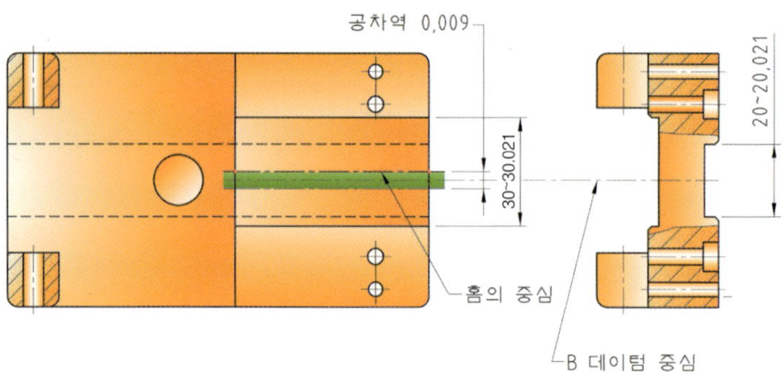


(b) 대칭도 해석

TIP

구멍(홈)일 때 최대 실체치수(MMS) = 최소 허용치수, 실효치수(VS) = 30 – 0.009 = 29.991

## 12 위치공차 중 ⌖ 위치도(Position) [데이텀 필요 또는 불필요, MMS 적용 가능]

위치도는 **진직도**, **진원도**, **평행도**, **직각도**, **동축도**를 포함한 **복합공차**로서 형체의 축심 또는 중간면이 이론적으로 정확한 위치에서 벗어난 크기를 규제하는 공차이고, 원통중심과 축심을 규제할 때는 **공차값에 Ø 기호**를 붙이고, 중간면을 규제할 때는 **공차값에 Ø기호**를 붙이지 않는다.

또한, 규제 조건은 다음과 같다.

**첫째**, 위치를 갖는 원형인 축이나 구멍 위치

**둘째**, 위치를 갖는 비원형인 축이나 홈 위치

**셋째**, 기타 데이텀을 기준으로 규제되는 형체의 위치

### (1) 위치도 측정방법의 예

측정물을 정반 위에 올려놓고 3면을 기준으로 하여 이론적으로 정확한 구멍위치에 기능게이지 역할을 하는 핀을 설치한 후 측정한다.

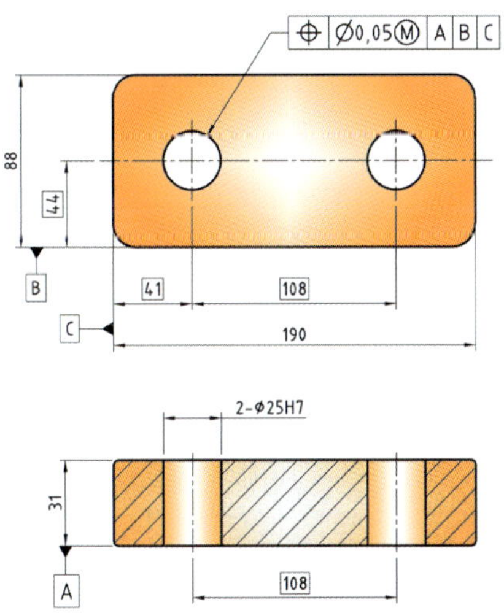


(a) 도면

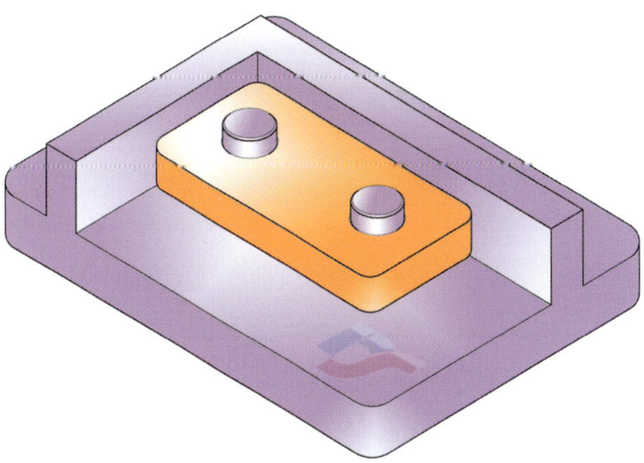

(b) 위치도공차의 측정방법 예

## (2) 실제 도면에 기입된 위치도공차

아래 도면은 구멍의 위치도공차역 Ø0.05 범위 내에서 변동 가능한 구멍의 위치를 해석해 놓은 것이다. 또한 이론적으로 정확한 치수 45 를 기준으로 규제된 구멍의 위치도공차 Ø0.05 범위 내에서 구멍 중심이 제작되면 공차 누적은 발생하지 않는다.

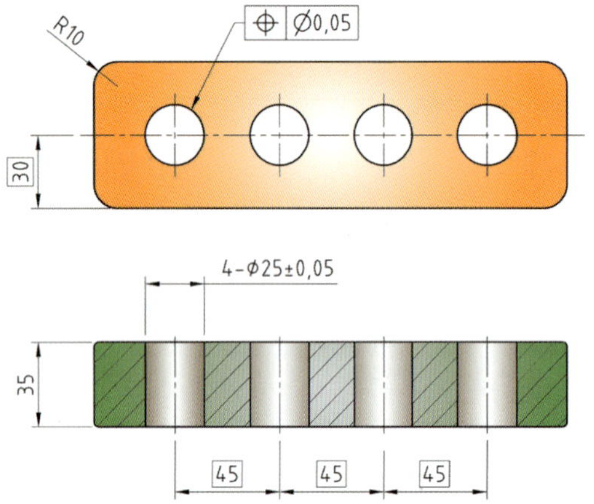


(a) 구멍의 위치도공차

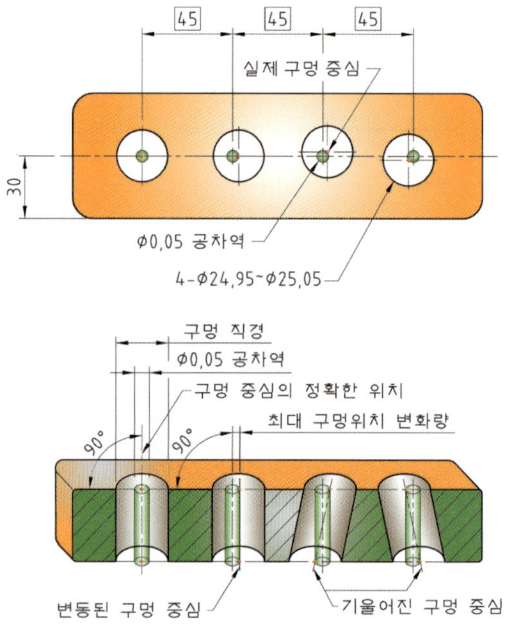


(b) 공차역 범위 내에서 변동 가능한 구멍의 위치

## (3) 실제 도면에 MMS가 적용된 위치도공차의 해석(구멍)

아래 도면은 구멍과 구멍 사이의 위치가 [90] 인 구멍 두 개의 위치도공차를 Ø0.02로 규제한 것이다. 구멍의 최대 실체치수(MMS)가 Ø24.95일 때 핀의 최대 직경은 Ø24.93보다 커서는 안 된다. 또한 두 개의 핀 직경이 Ø24.93일 때 핀과 핀 사이는 정확히 90 위치에 있어야 한다.(즉, 위치도공차가 0이어야 한다.)

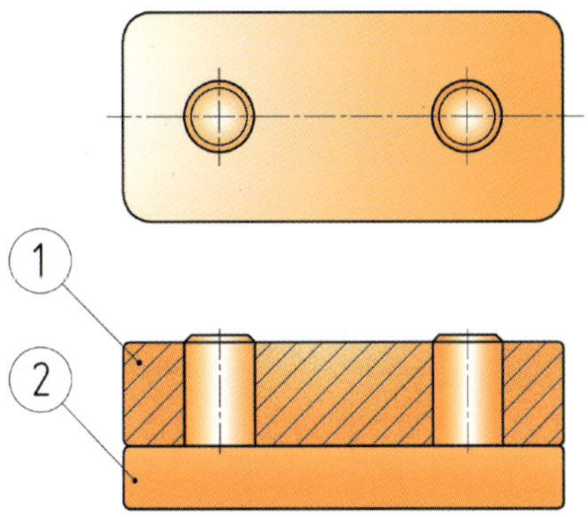


(a) 구멍과 핀의 조립도

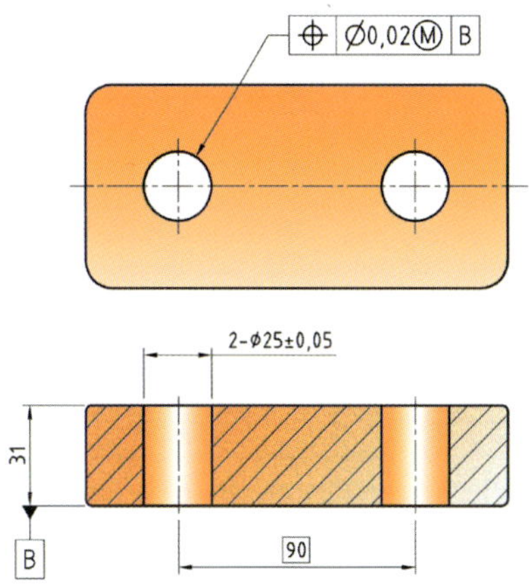


(b) 위치도공차로 규제된 구멍

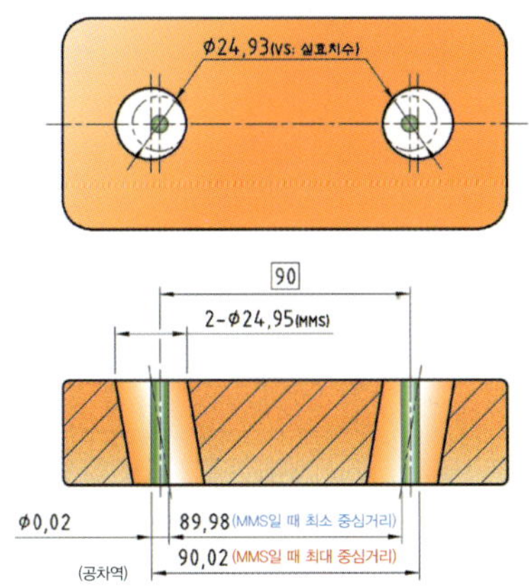


(c) MMS(Ø24.95)일 때 두 구멍의 중심위치

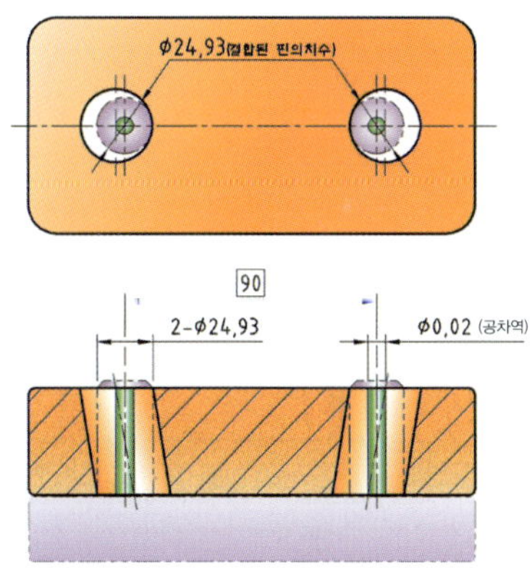


(d) 구멍에 결합된 핀의 치수(최악의 결합상태)

[표 8-10] 규제조건에 따른 구멍치수 및 중심거리

| | 위치도공차 | 구멍 지름 | 위치도공차 | VS | 중심거리 | 최소 중심거리 | 최대 중심거리 |
|---|---|---|---|---|---|---|---|
| Ø25±0.05 | ⌖ Ø0,02 B | Ø24.95 | Ø0.02 | | [90] | 89.98 | 90.02 |
| | | Ø25.05 | Ø0.02 | | | | |
| | ⌖ Ø0,02Ⓜ B | Ø24.95(MMS) | Ø0.02 | Ø24.93 | [90] | 89.98 | 90.02 |
| | | Ø25.05(LMS) | Ø0.12 | Ø24.93 | [90] | 89.88 | 90.12 |

### (4) 실제 도면에 MMS가 적용된 위치도공차의 해석(핀)

아래 도면은 핀과 핀 사이의 위치가 90 인 핀 두 개의 위치도공차를 Ø0.02로 규제한 것이다.
핀의 최대 실체치수(MMS)가 Ø25일 때 구멍의 최소직경은 Ø25.02보다 작아서는 안 된다. 또한 두 개의 구멍 직경이 Ø25.02일 때 구멍과 구멍 사이는 정확히 90 위치에 있어야 한다.(즉, 위치도공차가 0이어야 한다.)

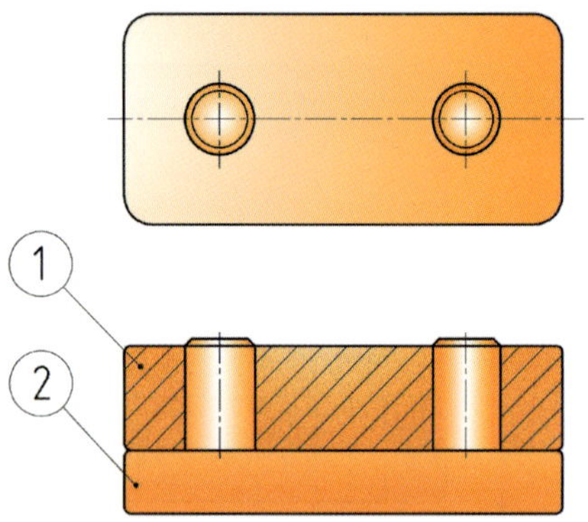


(a) 핀과 구멍의 조립도

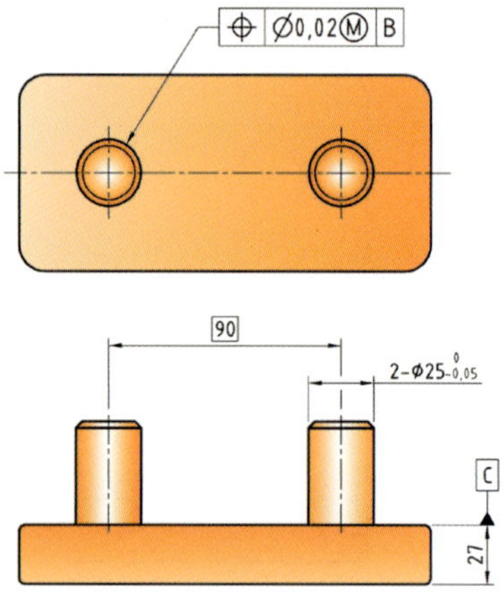


(b) 위치도공차로 규제된 핀

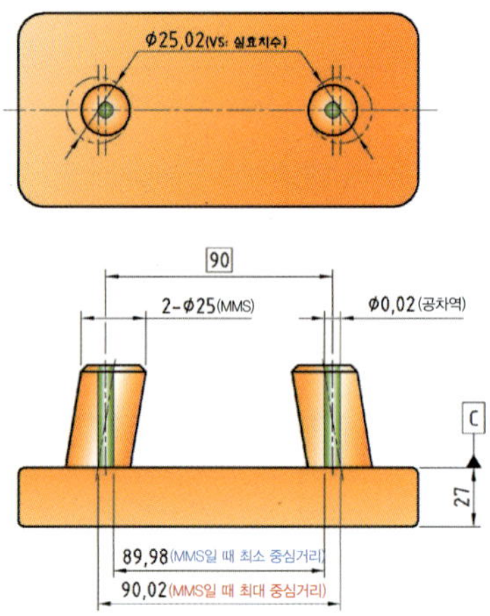


(c) MMS(Ø25)일 때 두 핀의 중심위치

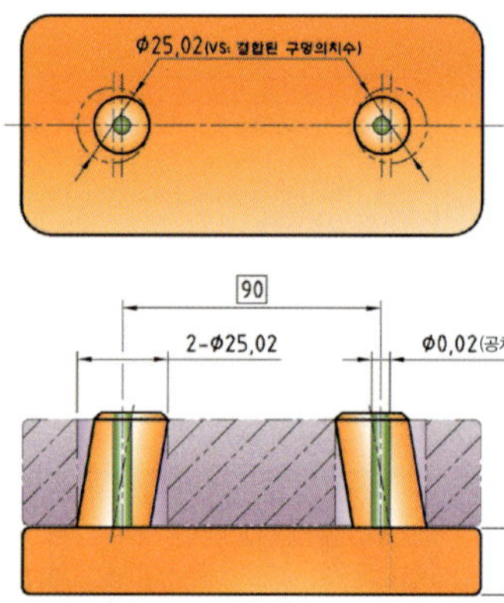


(d) 핀에 결합된 구멍의 치수(최악의 결합상태)

**[표 8-11] 규제조건에 따른 핀 치수 및 중심거리**

| | 위치도공차 | 구멍 지름 | 위치도공차 | VS | 중심거리 | 최소 중심거리 | 최대 중심거리 |
|---|---|---|---|---|---|---|---|
| $Ø25^{0}_{-0.05}$ | ⌖ Ø0.02 B | Ø25 | Ø0.02 | | 90 | 89.98 | 90.02 |
| | | Ø24.95 | Ø0.02 | | | | |
| | ⌖ Ø0.02Ⓜ B | Ø25(MMS) | Ø0.02 | Ø25.02 | 90 | 89.98 | 90.02 |
| | | Ø24.95(LMS) | Ø0.07 | Ø25.02 | 90 | 89.93 | 90.07 |

# 09 과제도면에 기하공차 적용해 보기

실제로 과제도면을 통해서 기하공차를 직접 적용하고 해석해 보면서 기하공차 기입법에 관한 전체적인 흐름을 이해하고 습득해 보자.

## ■ 기하공차 값과 기준길이

기하공차 값은 앞 단원에서 설명했듯이 가공 및 규제조건에 따라 규제범위(기준길이)를 결정하고 **1/100~1/1000의 현장 경험치**와 **IT등급**을 병용해서 기입할 수 있는데, **구멍은 IT 6~10급, 축은 IT 5~9급**을 가공 환경에 따라 선택적으로 기입할 수 있다.

이 단원에서는 규제범위(기준길이)에 따라 평균적으로 **KS B 0401 IT 5급**을 과제도면 편심구동장치에 일괄적으로 적용해 보도록 하자.(과제도면 전체에 적용됨)

**[표 9-1] IT 등급** KS B 0401

500mm 이하의 치수 구분에 대한 IT 기본공차 (단위 1$\mu m$=0.001mm)

| 등급 | | IT | IT | IT | IT | IT | IT | IT | IT | IT | IT | IT | IT | IT | IT | IT | IT |
|---|---|---|---|---|---|---|---|---|---|---|---|---|---|---|---|---|---|
| 치수 구분 초과 / 이하 | | 1급 | 2급 | 3급 | 4급 | 5급 | 6급 | 7급 | 8급 | 9급 | 10급 | 11급 | 12급 | 13급 | 14급 | 15급 | 16급 |
| – | 3 | 0.8 | 1.2 | 2 | 3 | 4 | 6 | 10 | 14 | 25 | 40 | 60 | 100 | 140 | 250 | 400 | 600 |
| 3 | 6 | 1 | 1.5 | 2.5 | 4 | 5 | 8 | 12 | 18 | 30 | 48 | 75 | 120 | 180 | 300 | 480 | 750 |
| 6 | 10 | 1 | 1.5 | 2.5 | 4 | 6 | 9 | 15 | 22 | 36 | 58 | 90 | 150 | 220 | 360 | 580 | 900 |
| 10 | 18 | 1.2 | 2 | 3 | 5 | 8 | 11 | 18 | 27 | 43 | 70 | 110 | 180 | 270 | 430 | 700 | 110 |
| 18 | 30 | 1.5 | 2.5 | 4 | 6 | 9 | 13 | 21 | 33 | 52 | 84 | 130 | 210 | 330 | 520 | 840 | 1300 |
| 30 | 50 | 1.5 | 2.5 | 4 | 7 | 11 | 16 | 25 | 39 | 62 | 100 | 160 | 250 | 390 | 620 | 1000 | 1600 |
| 50 | 80 | 2 | 3 | 5 | 8 | 13 | 19 | 30 | 46 | 74 | 120 | 190 | 300 | 460 | 740 | 1200 | 1900 |
| 80 | 120 | 2.5 | 4 | 6 | 10 | 15 | 22 | 35 | 54 | 87 | 140 | 220 | 350 | 540 | 870 | 1400 | 2200 |
| 120 | 180 | 3.5 | 5 | 8 | 12 | 18 | 25 | 40 | 63 | 100 | 160 | 250 | 400 | 630 | 1000 | 1600 | 2500 |
| 180 | 250 | 4.5 | 7 | 10 | 14 | 20 | 29 | 46 | 72 | 115 | 185 | 290 | 460 | 720 | 1150 | 1850 | 2900 |
| 250 | 315 | 6 | 8 | 12 | 16 | 23 | 32 | 52 | 81 | 130 | 210 | 320 | 520 | 810 | 1300 | 2100 | 3200 |
| 315 | 400 | 7 | 9 | 13 | 18 | 25 | 36 | 57 | 89 | 140 | 230 | 360 | 570 | 890 | 1400 | 2300 | 3600 |
| 400 | 500 | 8 | 10 | 15 | 20 | 27 | 40 | 63 | 97 | 155 | 250 | 400 | 630 | 970 | 1550 | 2500 | 4000 |

**TIP**

실무에서 기하공차값은 기계가공조건을 고려하여 기입하는 것이 바람직하며 실제로 1/100을 넘지 않은 경우가 많다.
또한, 주요 KS B 규격 중 별도로 규정되어 있는 규격치수도 있다.

참고 입체도

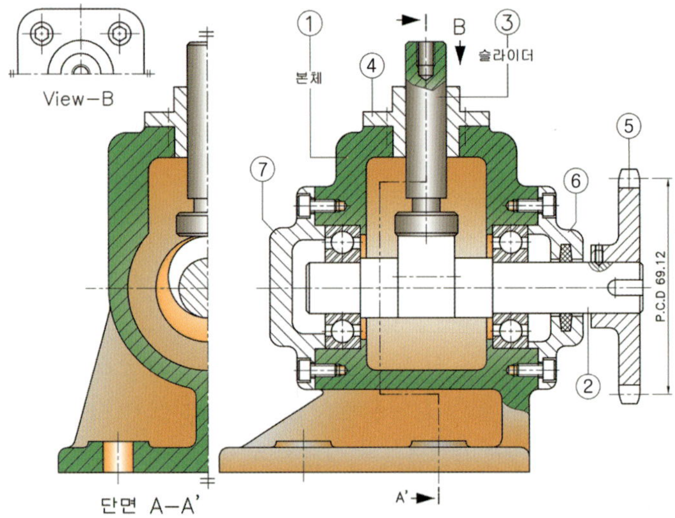


[그림 9-1] 편심구동장치 조립도

## 몸체 부품도

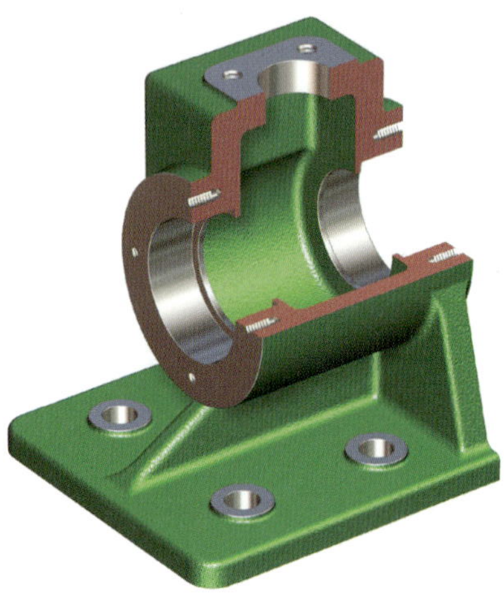

참고 입체도

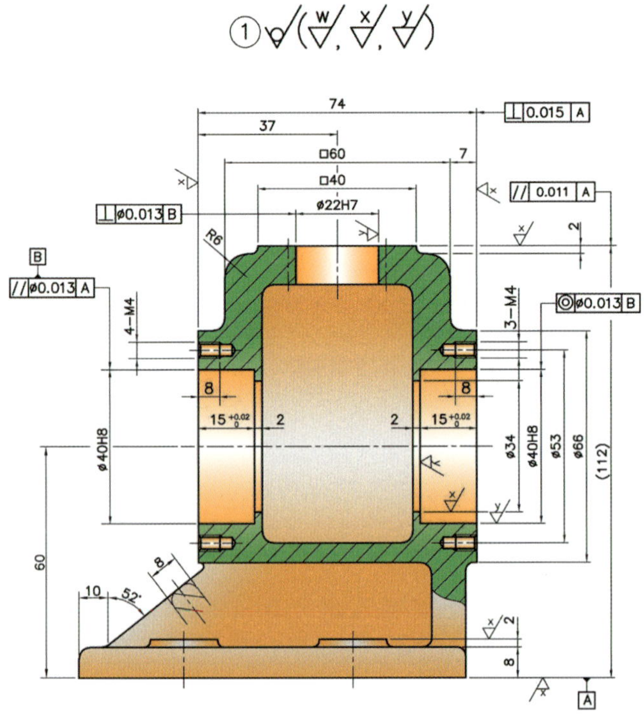

## 01 본체에 적용된 기하공차 분석하기

### (1) 기준(데이텀) 잡기

본체에서의 기준은 바닥과 축이 지나가는 구멍의 축선이다. 왜냐하면 이 본체의 바닥면은 조립과 가공의 기준이 되고, 수평구멍의 축선은 주요 운동 부분이기 때문이다(주의 : 본체의 종류에 따라서 기준은 달라질 수 있다).

### (2) 평행도공차 기입하기

평행도는 데이텀 평면 또는 축심에 대하여 형체의 표면이나 축심이 허용범위로부터 벗어난 크기를 규제하는 공차인데, 규제 조건은 다음과 같다.

**첫째,** 데이텀 **평면**에 평행한 **평면**

**둘째,** 데이텀 **평면**에 평행한 **축심**(축, 구멍)

**셋째,** 데이텀 **축심**에 평행한 **축심**(축, 구멍)

■ **평행도공차 기입 – I**

바닥면 A 와 ④번 부품인 가이드부시가 조립되는 평면이 서로 평행하므로, 평행도 기입 조건 중 **"두 개의 평면이 평행할 때"**를 적용한다.
공차값은 IT 5급을 적용하는데, 기준길이는 기입하고자 하는 평면에서 가장 긴 치수를 선정한다. 즉, 가이드부시가 닿는 부분의 크기가 40이므로 IT 5급 30~50을 선택하면 공차값은 0.011이 적용된다.

| 500mm 이하 | | |
|---|---|---|
| 등급 | | IT |
| 치수 구분 초과 / 이하 | | 5급 |
| – | 3 | 4 |
| 3 | 6 | 5 |
| 6 | 10 | 6 |
| 10 | 18 | 8 |
| 18 | 30 | 9 |
| 30 | 50 | 11 |
| 50 | 80 | 13 |
| 80 | 120 | 15 |
| 120 | 180 | 18 |
| 180 | 250 | 20 |
| 250 | 315 | 23 |
| 315 | 400 | 25 |
| 400 | 500 | 27 |

적용할 기하공차값

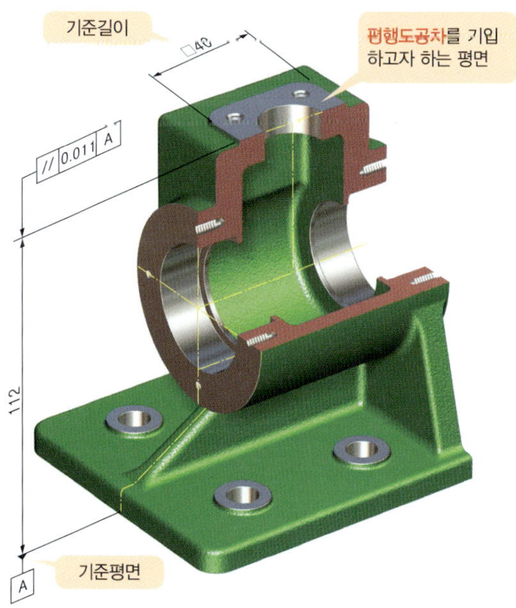


**TIP**

면을 규제하므로 평행도공차값 앞에 Ø 기호를 표기하지 않는다.

### ■ 평행도공차 기입 – II

바닥면 A 와 Ø40H8 구멍의 축심이 서로 평행하므로, 평행도 기입조건 중 **"평면과 축심이 평행할 때"**를 적용하고, 기준길이는 기입하고자 하는 축심의 길이로 선정한다.

즉, Ø40H8의 구멍의 길이는 왼쪽과 오른쪽에 두 개가 있고, 그 사이의 거리가 74이므로 기준 길이는 74가 된다. 따라서 IT 5급 50~80을 선택하면 공차값은 0.013이 적용된다.

| 500mm 이하 | | |
|---|---|---|
| 등급 | | IT |
| 치수 구분 초과 / 이하 | | 5급 |
| – | 3 | 4 |
| 3 | 6 | 5 |
| 6 | 10 | 6 |
| 10 | 18 | 8 |
| 18 | 30 | 9 |
| 30 | 50 | 11 |
| 50 | 80 | 13 |
| 80 | 120 | 15 |
| 120 | 180 | 18 |
| 180 | 250 | 20 |
| 250 | 315 | 23 |
| 315 | 400 | 25 |
| 400 | 500 | 27 |

적용할 기하공차값

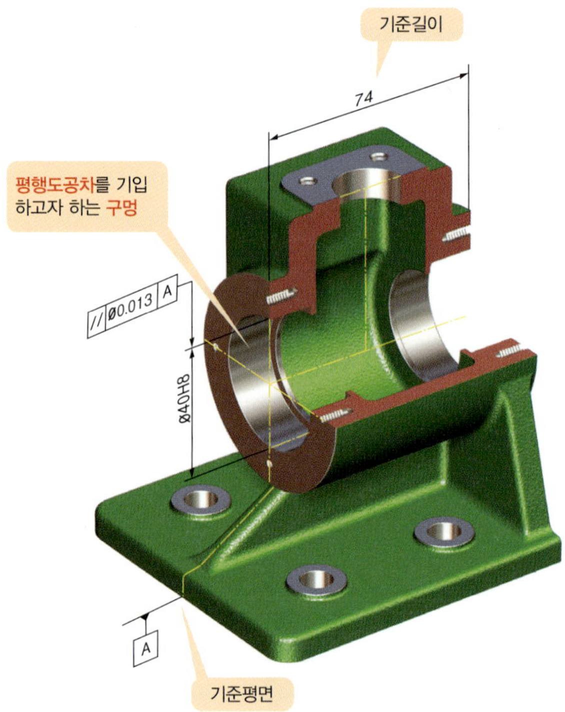


**TIP**

구멍의 축심을 규제하므로 평행도공차값 앞에 Ø 기호를 표기한다.

### (3) 직각도공차 기입하기

직각도는 데이텀 평면 또는 축심에 대하여 형체의 표면이나 축심이 직각(90°)으로부터 벗어난 크기를 규제하는 공차인데, 규제 조건은 다음과 같다.

**첫째,** 데이텀 **평면**에 직각인 **평면**

**둘째,** 데이텀 **평면**에 직각인 **축심**(축, 구멍)

**셋째,** 데이텀 **축심**에 직각인 **축심**(축, 구멍)

#### ■ 직각도공차 기입 – I

바닥면 [A]와 ⑥, ⑦번 커버가 닿는 면이 직각이므로, 직각도 기입조건 중 **"평면과 직각인 평면"**을 적용한다. 공차값은 IT 5급을 적용하는데, 기준길이는 공차를 기입하고자 하는 부분의 최대 높이로 선정한다. 즉, 바닥면 [A]에서 측면의 가장 높은 곳의 치수가 60+33=93이므로 기준길이는 93이 된다. 따라서 IT 5급 80~120을 선택하면 공차값은 0.015가 적용된다.

| 500mm 이하 | | |
|---|---|---|
| 등급 | | IT |
| 치수 구분 초과 / 이하 | | 5급 |
| – | 3 | 4 |
| 3 | 6 | 5 |
| 6 | 10 | 6 |
| 10 | 18 | 8 |
| 18 | 30 | 9 |
| 30 | 50 | 11 |
| 50 | 80 | 13 |
| 80 | 120 | 15 |
| 120 | 180 | 18 |
| 180 | 250 | 20 |
| 250 | 315 | 23 |
| 315 | 400 | 25 |
| 400 | 500 | 27 |

적용할 기하공차값

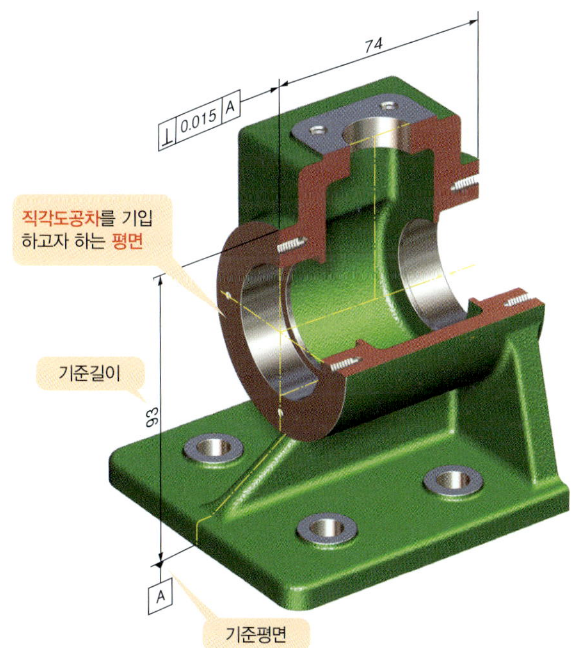


**TIP**

면을 규제하므로 직각도공차값 앞에 Ø 기호를 표기하지 않는다.

### ■ 직각도공차 기입 – II

Ø40H8 구멍과 Ø22H7 구멍이 서로 직각이므로 직각도 기입조건 중 **"축심과 직각인 축심"**을 적용하고, 기준길이는 공차를 기입하고자 하는 부분의 최대 높이로 선정한다.

즉, 기준축 B에서 Ø22H7 구멍까지의 최대 높이는 115−60=52이므로 기준길이는 52가 된다. 따라서 IT 5급 50~80을 선택하면 공차값은 0.013이 적용된다.

| 500mm 이하 | | |
|---|---|---|
| 등급 | | IT |
| 치수 구분<br>초과 / 이하 | | 5급 |
| – | 3 | 4 |
| 3 | 6 | 5 |
| 6 | 10 | 6 |
| 10 | 18 | 8 |
| 18 | 30 | 9 |
| 30 | 50 | 11 |
| 50 | 80 | 13 |
| 80 | 120 | 15 |
| 120 | 180 | 18 |
| 180 | 250 | 20 |
| 250 | 315 | 23 |
| 315 | 400 | 25 |
| 400 | 500 | 27 |

적용할 기하공차값

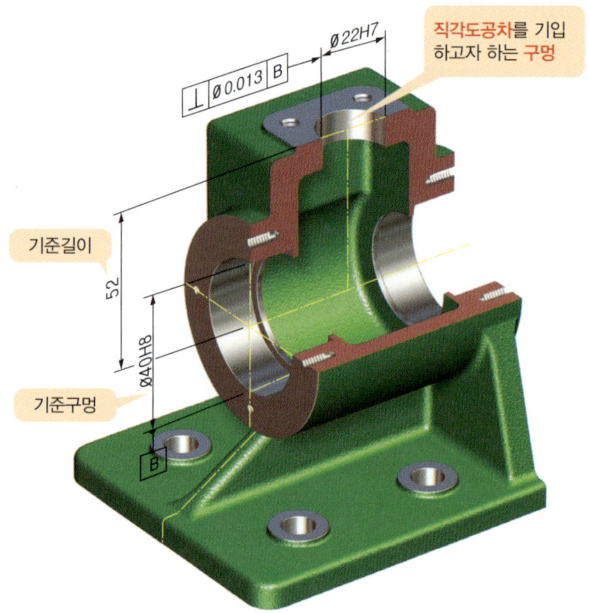


**TIP**

구멍의 축심을 규제하므로 직각도공차값 앞에 Ø 기호를 표기한다.

### (4) 동축도(동심도)공차 기입하기

동축도는 데이텀 축심 또는 원통 중심에 대하여 동축(同軸)에 있어야 할 형체의 축심과 원통 중심이 허용범위로부터 벗어난 크기를 규제하는 공차이다.

■ **동축도공차 기입**

입체도에서 왼쪽의 Ø40H8 구멍과 오른쪽의 Ø40H8 구멍이 같은 축심에 위치해야 하므로, **동축도공차**를 적용한다.

공차값은 IT 5급을 적용하는데, 기준길이는 공차를 기입하고자 하는 부분의 최대 길이로 선정한다.

즉, 왼쪽의 기준구멍 Ø40H8에서부터 오른쪽의 Ø40H8 구멍까지의 거리가 74이므로 기준길이는 74가 된다. 따라서 IT 5급 50~80을 선택하면 0.013이 적용된다.

| 500mm 이하 | | IT |
|---|---|---|
| 등급 | | IT |
| 치수 구분 초과 / 이하 | | 5급 |
| – | 3 | 4 |
| 3 | 6 | 5 |
| 6 | 10 | 6 |
| 10 | 18 | 8 |
| 18 | 30 | 9 |
| 30 | 50 | 11 |
| 50 | 80 | 13 |
| 80 | 120 | 15 |
| 120 | 180 | 18 |
| 180 | 250 | 20 |
| 250 | 315 | 23 |
| 315 | 400 | 25 |
| 400 | 500 | 27 |

적용할 기하공차값

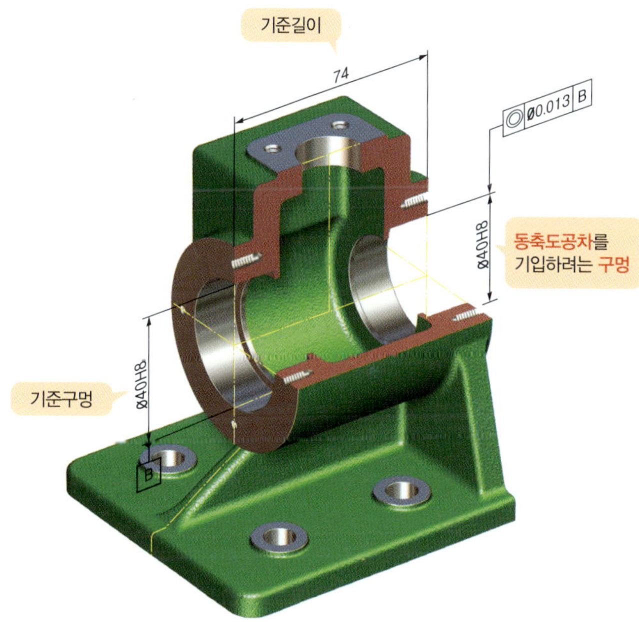


**TIP**

구멍의 축심을 규제하므로 동축도공차값 앞에 Ø 기호를 표기한다.

## 02 피스톤(슬라이더)에 적용된 기하공차

피스톤(또는 슬라이더)에 필요한 기하공차의 종류에는 **원통도공차, 온 흔들림공차**가 필요하고, 적용되는 **IT 공차**의 등급은 **5급**을 적용해보도록 하겠다.

**슬라이더 부품도**

참고 입체도

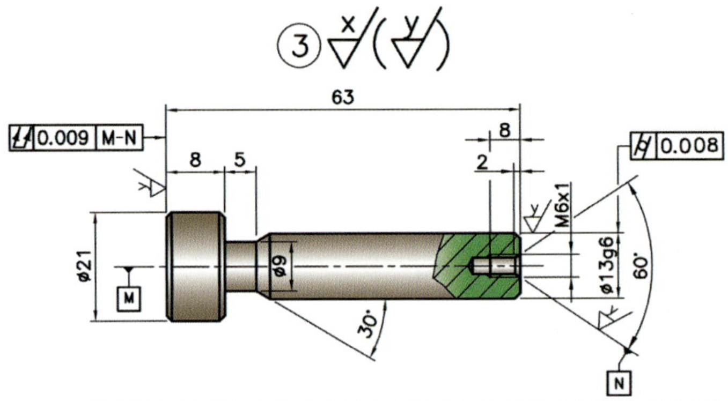


＊원통도 부분은 온 흔들림 적용도 가능하다.

## 03 피스톤에 적용된 기하공차 분석하기

### (1) 기준(데이텀) 잡기

피스톤(슬라이더)에서의 기준은 피스톤의 축심이다.

**주의** 센터 또는 암나사를 작업한 경우는 센터 구멍의 경사면이 기준이 된다.

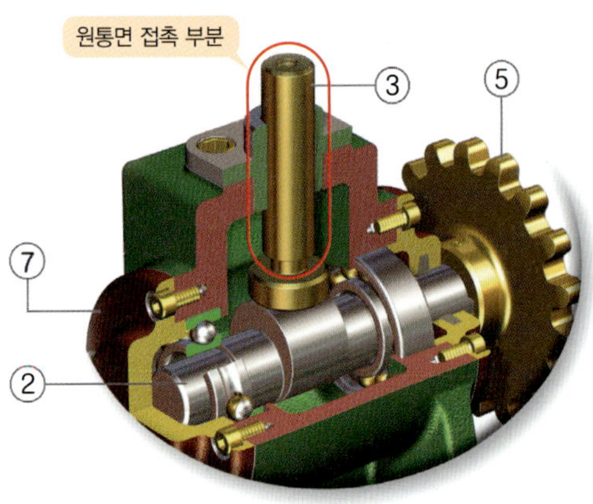

참고 입체도

### (2) 온 흔들림공차 기입하기

온 흔들림은 진직도, 원통도를 포함한 복합공차로서 형체가 완전한 원통형상으로부터 벗어난 크기를 규제하는 공차인데, 부품 전체가 접촉되는 원통측면, 끼워맞춤이 발생한 원통 외경 및 내경에 규제한다.

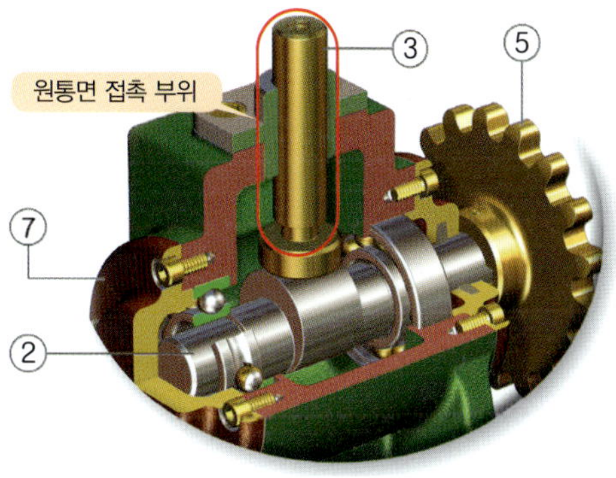


#### ■ 온 흔들림공차 기입

피스톤(슬라이더)에서는 Ø21 부분이 ②번 편심축과 면이 접촉되는 부분이므로 온 흔들림공차를 적용한다. 공차값은 IT 5급을 적용하는데, 기준길이는 공차를 기입하고자 하는 부분의 축지름으로 선정한다. 즉, 지름이 Ø21이므로 IT 5급 18~30을 선택하면 0.009가 된다.

| 500mm 이하 | | IT |
|---|---|---|
| 등급 | | |
| 치수구분 초과 / 이하 | | 5급 |
| – | 3 | 4 |
| 3 | 6 | 5 |
| 6 | 10 | 6 |
| 10 | 18 | 8 |
| 18 | 30 | 9 |
| 30 | 50 | 11 |
| 50 | 80 | 13 |
| 80 | 120 | 15 |
| 120 | 180 | 18 |
| 180 | 250 | 20 |
| 250 | 315 | 23 |
| 315 | 400 | 25 |
| 400 | 500 | 27 |

적용할 기하공차값

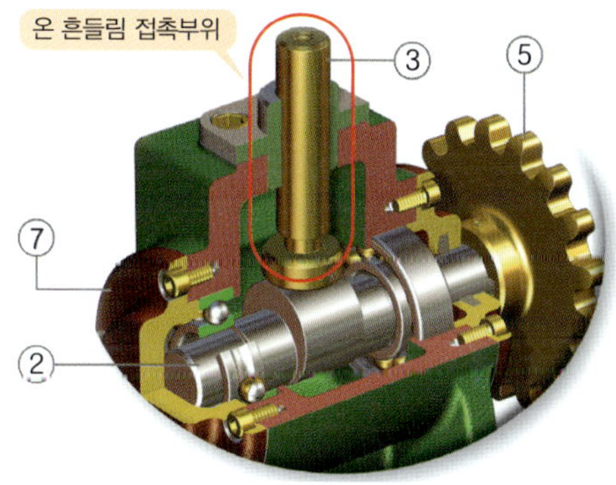


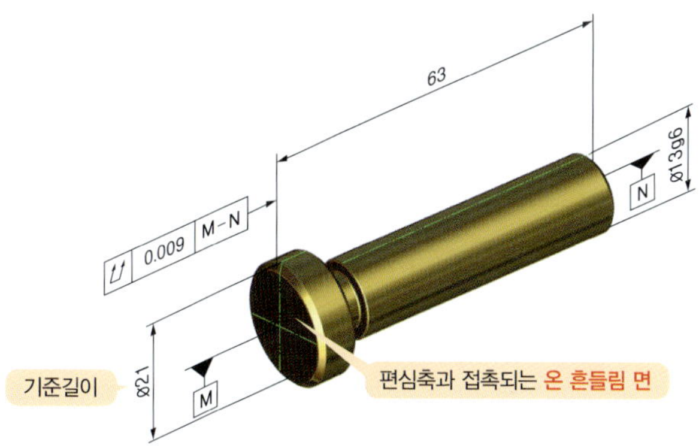


**TIP**

면을 규제하므로 흔들림공차 값 앞에 Ø 기호를 표기하지 않는다.

### (3) 원통도공차 기입하기

원통도는 진원도, 진직도, 평행도를 포함한 복합공차로서 형체가 완전한 원통형상으로부터 벗어난 크기를 규제하는 단독공차인데, 끼워맞춤이 발생한 원통 외경 및 내경에 규제한다.

#### ■ 원통도공차 기입

Ø13g6 부분이 ④번 가이드부시 원통 내경에 조립되는 부분이므로 **원통도공차**를 적용한다.

공차값은 IT 5급을 적용하는데, 기준길이는 공차를 기입하고자 하는 부분의 축지름으로 선정한다.

즉, 지름이 Ø13g6이므로 IT 5급 10~18을 선택하면 0.008이 된다.

| 500mm 이하 | | |
|---|---|---|
| **등급** | | **IT** |
| **치수 구분 초과 / 이하** | | **5급** |
| – | 3 | 4 |
| 3 | 6 | 5 |
| 6 | 10 | 6 |
| 10 | 18 | 8 |
| 18 | 30 | 9 |
| 30 | 50 | 11 |
| 50 | 80 | 13 |
| 80 | 120 | 15 |
| 120 | 180 | 18 |
| 180 | 250 | 20 |
| 250 | 315 | 23 |
| 315 | 400 | 25 |
| 400 | 500 | 27 |

적용할 기하공차값

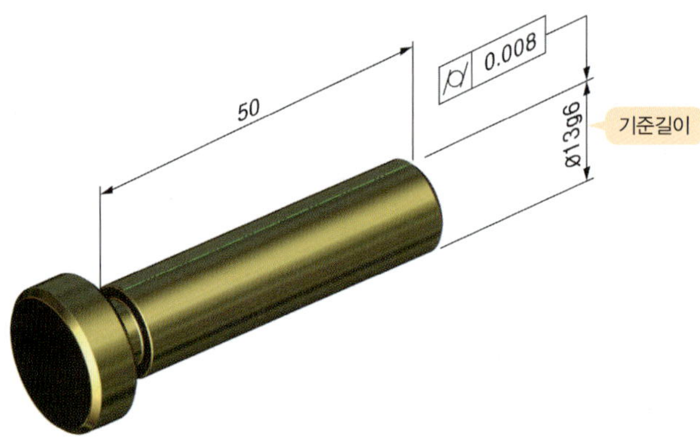


**TIP**

원통도는 단독형체일 때 기입하는 기하공차로서 데이텀을 표기하지 않고, 원통면을 규제하므로 Ø 기호를 표기하지 않는다.

## 04 축에 적용된 기하공차

[그림 9-2]와 같은 편심구동장치의 축에서 필요한 기하공차의 종류에는 **원주 흔들림공차, 원통도, 평행도**가 있다.

축에 적용되는 IT 공차 등급은 역시 **IT 5~9급**을 선택적으로 사용할 수 있는데, 일반적으로 **IT 5급**을 적용하는 것이 가장 이상적이다.

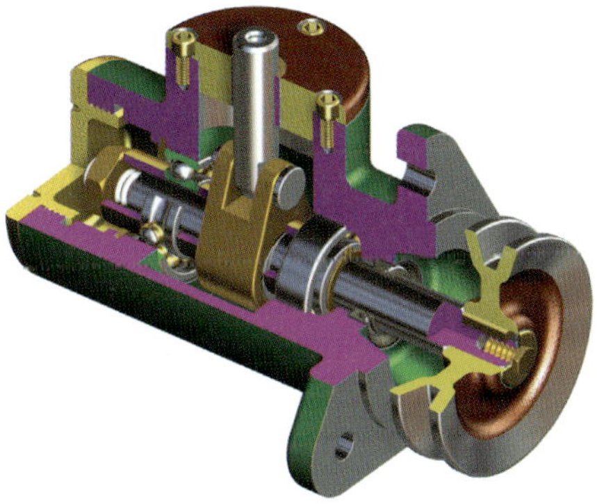

참고 입체도

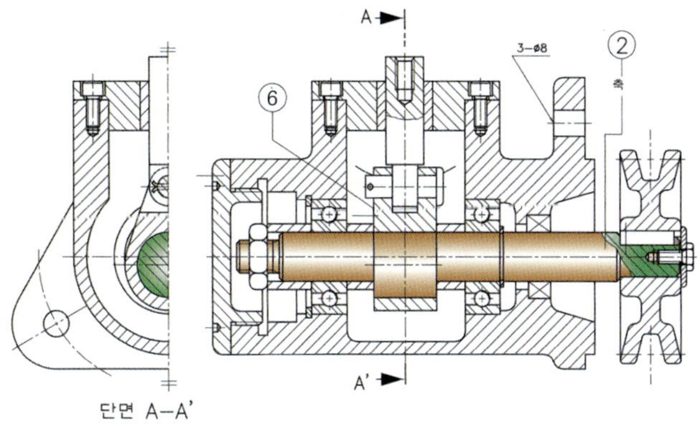


[그림 9-2] 편심구동장치 조립도

### 축 부품도

참고 입체도

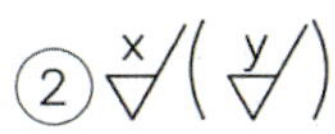


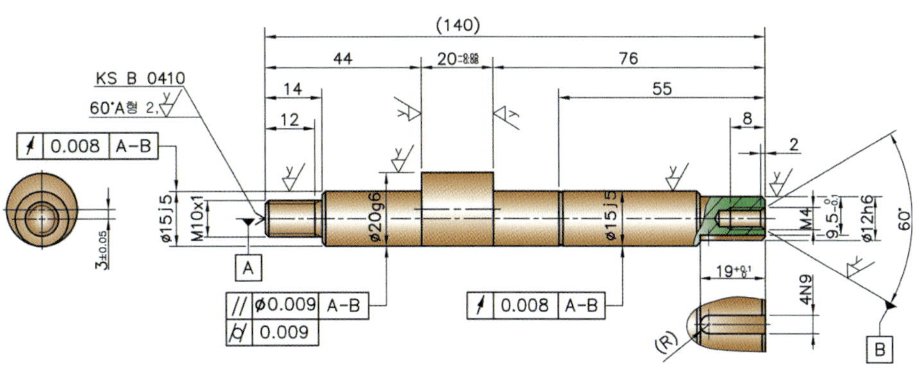

## 05 축에 적용된 기하공차 분석하기

### (1) 기준 잡기

축에서는 연결된 양끝의 축심이 기준이 된다.

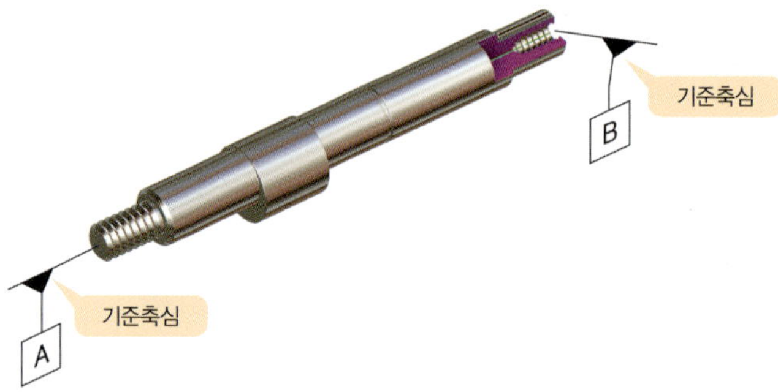


### (2) 원주 흔들림공차 기입하기

원주 흔들림은 진원도, 직각도를 포함한 복합공차로서 형체가 완전한 원통형상으로부터 벗어난 크기를 규제하는 공차인데, 부품 전체가 접촉되는 원통 측면, 끼워맞춤이 발생한 원통 외경 및 내경에 규제한다.

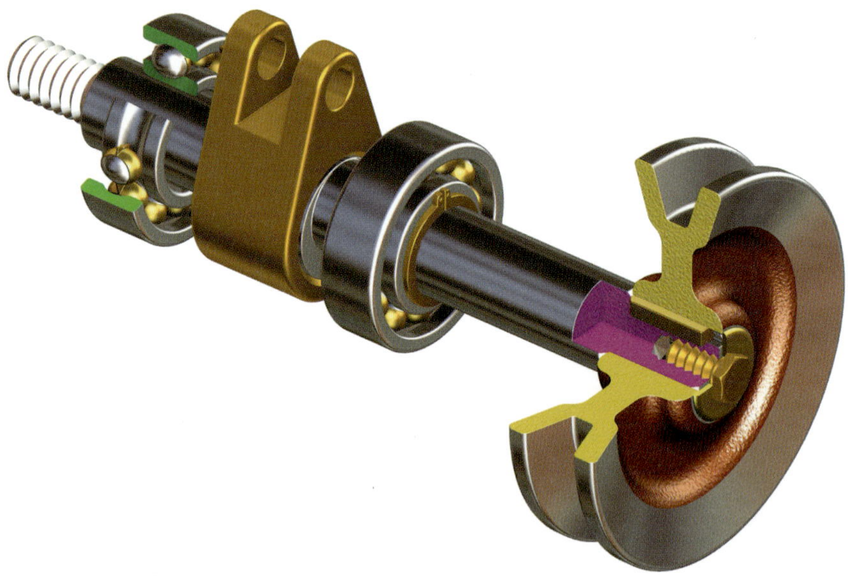

### ■ 원주 흔들림공차 기입

축에서 왼쪽 Ø15j5 부분과 오른쪽 Ø15j5 부분이 모두 베어링이 조립되는 부분이므로 원주 흔들림공차를 적용한다. 기준길이는 공차를 기입하고자 하는 부분의 축지름으로 선정한다.

즉, 지름이 Ø15j5이므로 IT 5급 10~18을 선택하면 0.008이 된다.

| 500mm 이하 | | |
|---|---|---|
| 등급 | | IT |
| 치수 구분<br>초과 / 이하 | | 5급 |
| – | 3 | 4 |
| 3 | 6 | 5 |
| 6 | 10 | 6 |
| 10 | 18 | 8 |
| 18 | 30 | 9 |
| 30 | 50 | 11 |
| 50 | 80 | 13 |
| 80 | 120 | 15 |
| 120 | 180 | 18 |
| 180 | 250 | 20 |
| 250 | 315 | 23 |
| 315 | 400 | 25 |
| 400 | 500 | 27 |

적용할 기하공차값

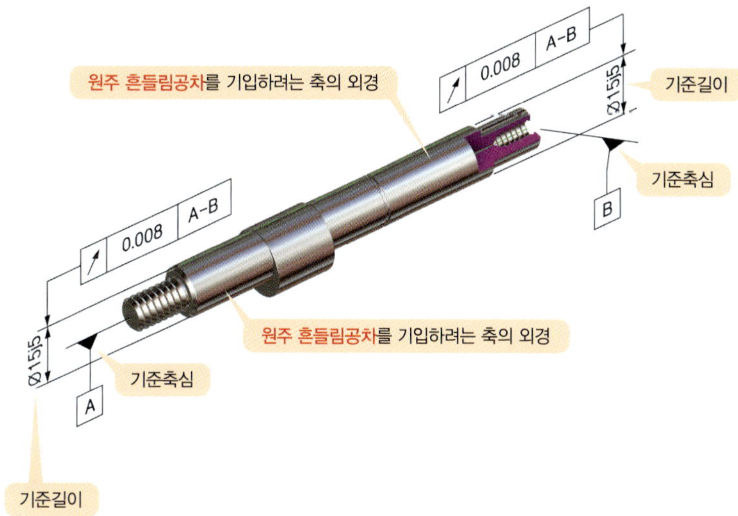


**TIP**

- 흔들림공차는 원통면을 규제하므로 공차값 앞에 Ø 기호를 표기하지 않는다.
- 하나의 기준 치수에 베어링, 오일실 등과 같은 서로 다른 끼워맞춤 공차를 갖는 축계 기계요소가 적용된 축에서는 원주 흔들림이 규제되는 것이 바람직하다.

### (3) 원통도공차 기입하기

원통도는 진원도, 진직도, 평행도를 포함한 복합공차로서 형체가 완전한 원통형상으로부터 벗어난 크기를 규제하는 단독공차인데, 끼워맞춤이 발생한 원통 외경 및 내경을 규제한다.

#### ■ 원통도공차 기입

Ø20g6 부분이 ⑥번 링크와 같은 원통형의 물체가 조립되는 부분이므로 **원통도공차**를 적용한다.

기준길이는 공차를 기입하고자 하는 부분의 축지름으로 선정한다. 즉, 지름이 Ø20g6이므로 IT 5급 18~30을 선택하면 0.009가 된다.

| 500mm 이하 | | |
|---|---|---|
| 등급 | | IT |
| 치수 구분 초과 / 이하 | | 5급 |
| – | 3 | 4 |
| 3 | 6 | 5 |
| 6 | 10 | 6 |
| 10 | 18 | 8 |
| 18 | 30 | 9 |
| 30 | 50 | 11 |
| 50 | 80 | 13 |
| 80 | 120 | 15 |
| 120 | 180 | 18 |
| 180 | 250 | 20 |
| 250 | 315 | 23 |
| 315 | 400 | 25 |
| 400 | 500 | 27 |

적용할 기하공차값

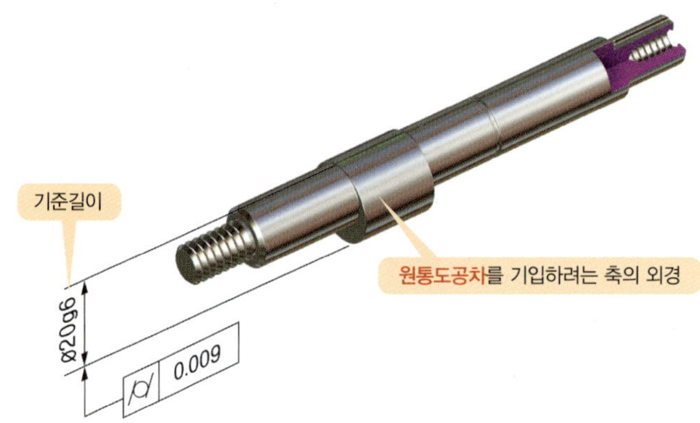


**TIP**

원통도는 원통면을 규제하므로 공차값 앞에 Ø 기호를 표기하지 않는다.

## (4) 평행도공차 기입하기

평행도는 데이텀 축심 또는 평면에 대하여 규제하는 형체의 표면이나 축심이 허용범위로부터 벗어난 크기를 규제하는 공차이다.

### ■ 평행도공차 기입

Ø20g6 부분이 3mm만큼 편심되어 있으므로 평행도를 적용한다.

기준길이는 공차를 기입고자 하는 부분의 축지름의 길이로 선정한다. 즉, 지름 Ø20g6의 길이가 20이므로, IT 5급 18~30을 선택하면 0.009가 된다.

| 500mm 이하 | | |
|---|---|---|
| 등급 | | IT |
| 치수구분 초과 / 이하 | | 5급 |
| – | 3 | 4 |
| 3 | 6 | 5 |
| 6 | 10 | 6 |
| 10 | 18 | 8 |
| 18 | 30 | 9 |
| 30 | 50 | 11 |
| 50 | 80 | 13 |
| 80 | 120 | 15 |
| 120 | 180 | 18 |
| 180 | 250 | 20 |
| 250 | 315 | 23 |
| 315 | 400 | 25 |
| 400 | 500 | 27 |

적용할 기하공차값

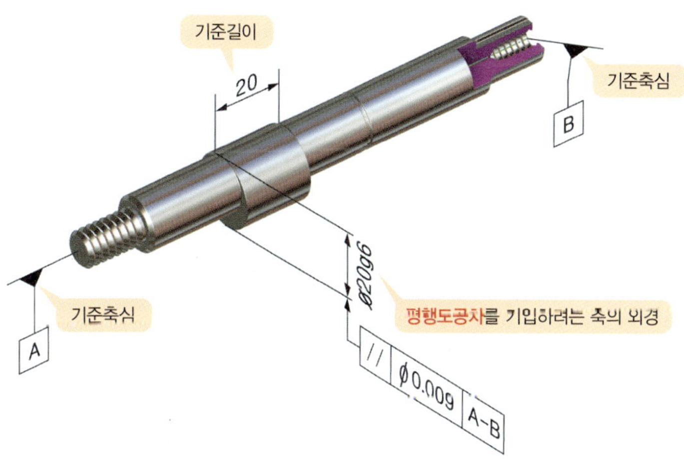


**TIP**

축심을 규제하므로 Ø 기호를 표기한다.

## 06 V-벨트풀리에 적용된 기하공차

[그림 9-3]과 같은 V-벨트전동장치의 V-벨트풀리에서 필요한 기하공차의 종류에는 **원주 흔들림공차, 온 흔들림공차**가 있다.

V-벨트풀리에는 IT 공차 등급으로 IT 5급을 적용할 수 있는데, 특히 V-벨트풀리의 바깥둘레 흔들림공차와 림(Rim) 측면 흔들림공차는 KS 규격에 정의되어 있는 허용차 값을 적용해도 된다.

**[표 9-2] 주철재 V-벨트풀리의 바깥 둘레 및 림 측면의 흔들림 허용차와 바깥 지름의 허용차(단위 : mm)** KS B 1400

| 호칭 지름 | 바깥 둘레의 흔들림 허용차 | 림 측면의 흔들림 허용차 | 바깥 지름의 허용차 |
|---|---|---|---|
| 75 이하 118 이하 | 0.3 | 0.3 | ±0.6 |
| 125 이상 300 이하 | 0.4 | 0.4 | ±0.8 |
| 315 이상 630 이하 | 0.6 | 0.6 | ±1.2 |
| 710 이상 900 이하 | 0.8 | 0.8 | ±1.6 |

참고 입체도

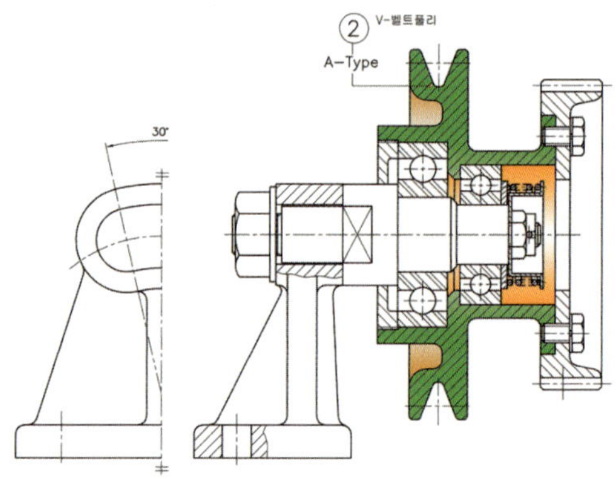


[그림 9-3] V-벨트전동장치 조립도

### V-벨트풀리 부품도

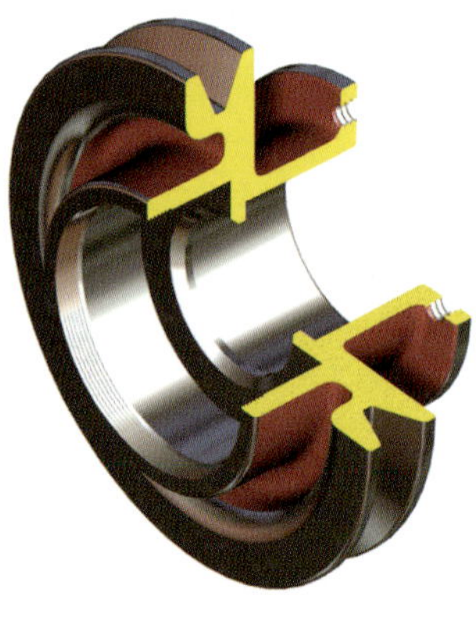
참고 입체도

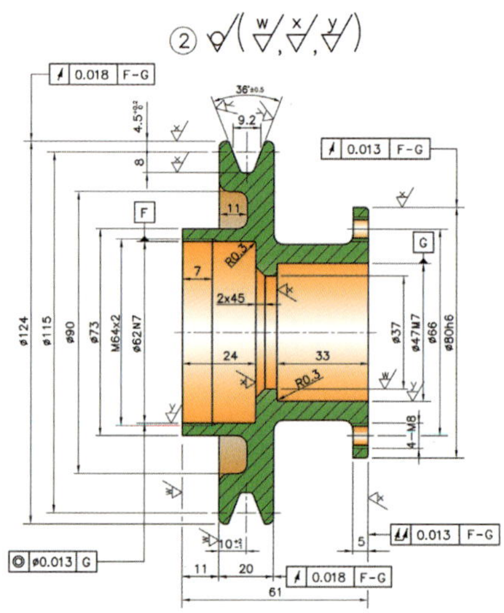

## 07 V-벨트풀리에 적용된 기하공차 분석하기

### (1) 기준(데이텀) 잡기

V-벨트풀리에서의 기준은 축 또는 베어링이 끼워지는 구멍이 된다.

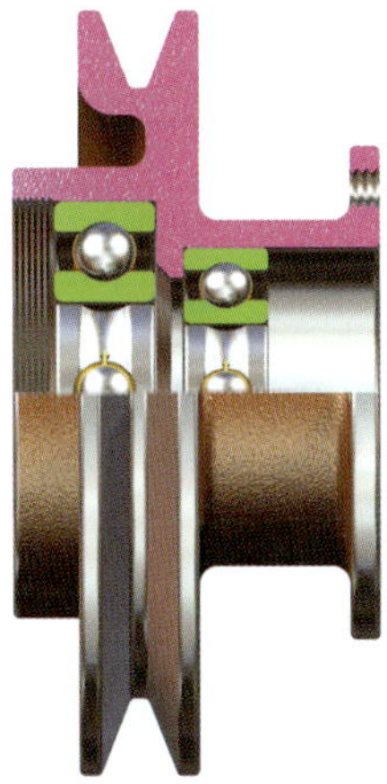

참고 입체도

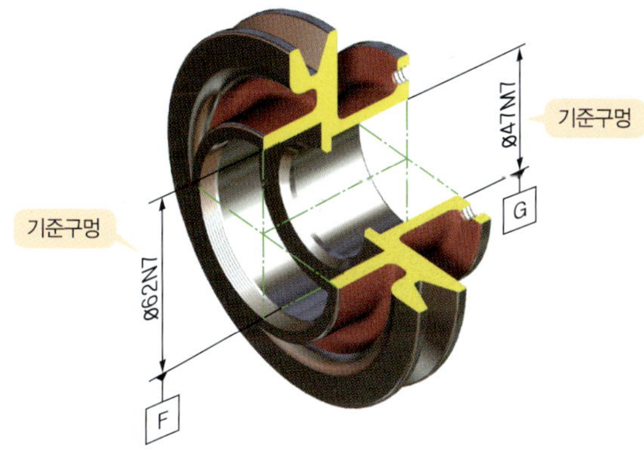


### (2) 원주 및 온 흔들림공차 기입하기

흔들림은 진직도, 원통도 진원도, 직각도를 포함한 복합공차로서 형체가 완전한 원통형상으로부터 벗어난 크기를 규제하는 공차인데, 부품 전체가 접촉되는 원통 측면, 끼워맞춤이 발생한 원통 외경 및 내경을 규제한다.

■ 원주 흔들림공차 기입

V-벨트풀리의 바깥둘레와 림 측면에 **원주 흔들림공차**를 적용한다.
흔들림공차 값은 IT 5급을 적용하는데, 기준길이는 공차를 기입하고자 하는 부분의 외경으로 선정한다. 즉, 지름이 Ø124이므로 IT 5급 120~180을 선택하면 0.018이 된다.

| 500mm 이하 | | |
|---|---|---|
| 등급 | | IT |
| 치수 구분 초과 / 이하 | | 5급 |
| – | 3 | 4 |
| 3 | 6 | 5 |
| 6 | 10 | 6 |
| 10 | 18 | 8 |
| 18 | 30 | 9 |
| 30 | 50 | 11 |
| 50 | 80 | 13 |
| 80 | 120 | 15 |
| 120 | 180 | 18 |
| 180 | 250 | 20 |
| 250 | 315 | 23 |
| 315 | 400 | 25 |
| 400 | 500 | 27 |

적용할 기하공차값

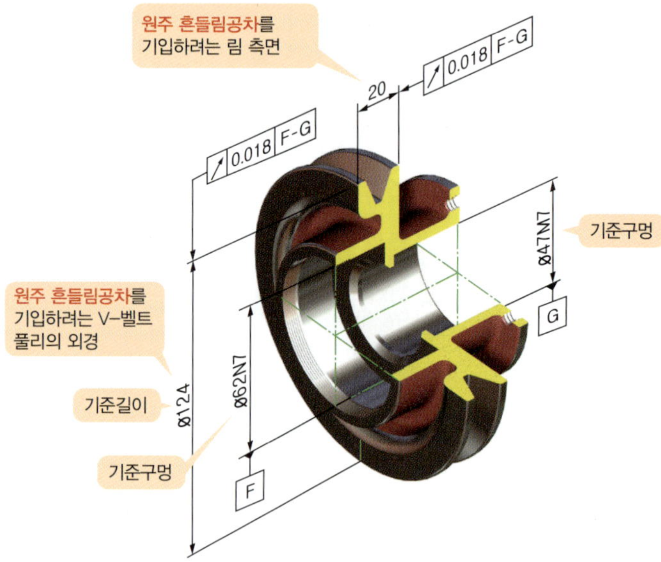


TIP

원통면이나 측면을 규제하므로 공차값 앞에 Ø 기호를 표기하지 않는다.

■ 온 흔들림공차 기입

V-벨트풀리가 ④번 스퍼기어와 면 접촉을 하고 있으므로 온 흔들림공차를 적용한다. 따라서 V-벨트풀리의 오른쪽 Ø80h6 부분의 외경과 측면에 온 흔들림공차를 적용한다.

공차값은 IT 5급을 적용하는데, 기준길이는 공차를 기입하고자 하는 부분의 외경으로 선정한다. 즉, 지름이 Ø80h6이므로 IT 5급 50~80을 선택하면 0.013이 된다.

| 500mm 이하 | | |
|---|---|---|
| 등급 | | IT |
| 치수 구분 초과 / 이하 | | 5급 |
| – | 3 | 4 |
| 3 | 6 | 5 |
| 6 | 10 | 6 |
| 10 | 18 | 8 |
| 18 | 30 | 9 |
| 30 | 50 | 11 |
| 50 | 80 | 13 |
| 80 | 120 | 15 |
| 120 | 180 | 18 |
| 180 | 250 | 20 |
| 250 | 315 | 23 |
| 315 | 400 | 25 |
| 400 | 500 | 27 |

적용할 기하공차값

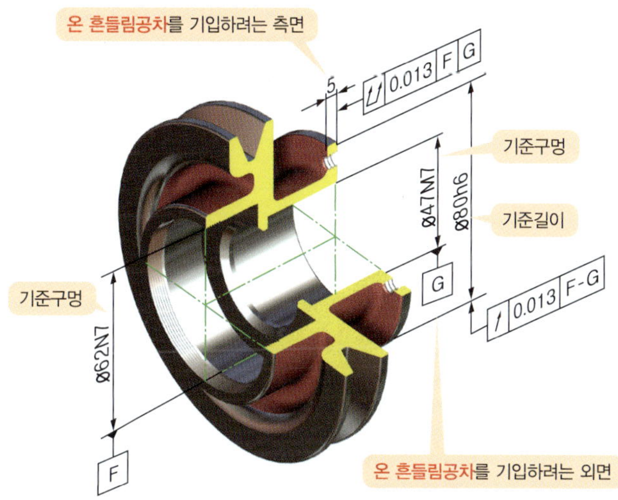


TIP

원통면이나 측면을 규제하므로 공차값 앞에 Ø 기호를 표기하지 않는다.
주철제 V-벨트풀리의 흔들림 허용차는 KS B 1400에 별도로 정의되어 있다.

### (3) 동축도 공차 기입하기

동축도는 데이텀 축심 또는 원통 중심에 대하여 동축(同軸)에 있어야 할 형체의 축심과 원통중심이 허용범위로부터 크기를 규제하는 공차이다.

#### ■ 동축도공차 기입

V-벨트풀리에서 왼쪽 Ø62N7 구멍과 오른쪽 Ø47M7 구멍이 같은 축심에 위치해야 하므로 **동축도공차**를 적용한다.

공차값은 IT 5급을 적용하는데, 기준길이는 공차를 기입하고자 하는 부분의 최대 길이로 선정한다. 즉, 왼쪽 기준구멍 Ø62N7에서부터 오른쪽의 Ø47M7 구멍까지의 거리가 61이므로 동축도공차의 기준길이를 61로 선택한다. 따라서 IT 5급 50~80을 선택하면 0.013이 된다.

500mm 이하

| 등급 | | IT |
|---|---|---|
| 치수 구분 초과 / 이하 | | 5급 |
| – | 3 | 4 |
| 3 | 6 | 5 |
| 6 | 10 | 6 |
| 10 | 18 | 8 |
| 18 | 30 | 9 |
| 30 | 50 | 11 |
| 50 | 80 | 13 |
| 80 | 120 | 15 |
| 120 | 180 | 18 |
| 180 | 250 | 20 |
| 250 | 315 | 23 |
| 315 | 400 | 25 |
| 400 | 500 | 27 |

적용할 기하공차값

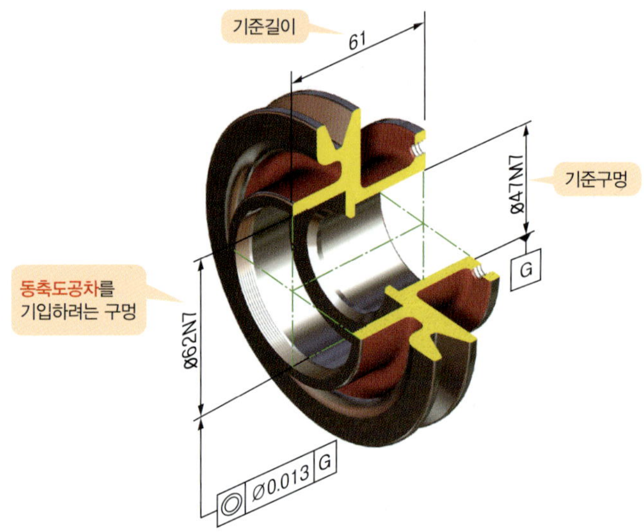


**TIP**

축심을 규제하므로 공차값 앞에 Ø 기호를 표기한다.

## 08 기어에 적용된 기하공차

[그림 9-3]과 같은 동력전달장치의 기어에서 필요한 기하공차의 종류에는 **원주 흔들림공차**가 있고, IT 공차 등급은 **IT 5급**을 적용한다.

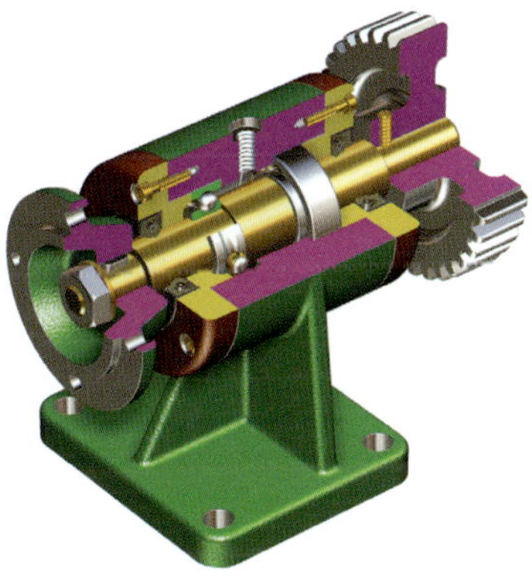

참고 입체도

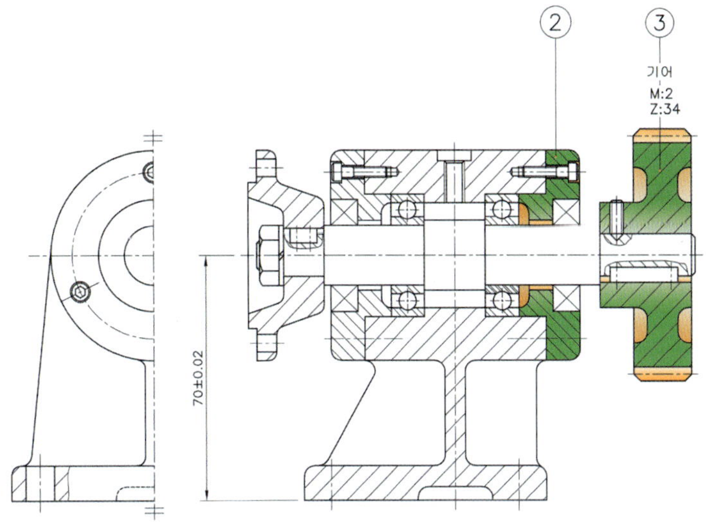


[그림 9-3] 동력전달장치 조립도

### 기어 부품도

참고 입체도

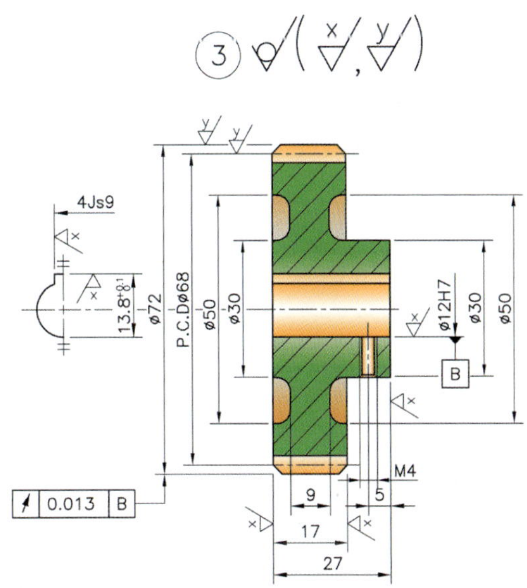


[그림 9-4] 동력전달장치 조립도

## 09 기어에 적용된 기하공차 분석하기

### (1) 기준(데이텀) 잡기

기어에서의 기준은 축이 끼워지는 구멍이 된다.

참고 입체도

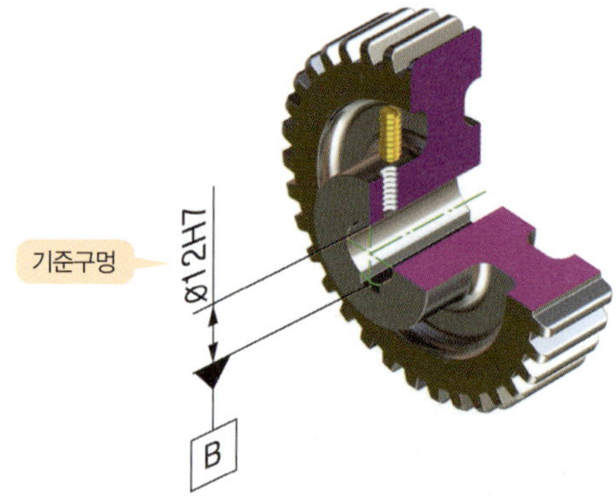


### (2) 원주 흔들림공차 기입하기

기어 외경에는 **원주 흔들림공차**를 적용한다. 공차값은 IT 5급을 적용하는데, 기준길이는 공차를 기입하고자 하는 부분의 외경으로 선정한다. 즉, 지름이 Ø72이므로 IT 5급 50~80을 선택하면 0.013이 된다.

| 500mm 이하 | | |
|---|---|---|
| 등급 | | IT 5급 |
| 치수 구분 초과 | 이하 | |
| – | 3 | 4 |
| 3 | 6 | 5 |
| 6 | 10 | 6 |
| 10 | 18 | 8 |
| 18 | 30 | 9 |
| 30 | 50 | 11 |
| 50 | 80 | 13 |
| 80 | 120 | 15 |
| 120 | 180 | 18 |
| 180 | 250 | 20 |
| 250 | 315 | 23 |
| 315 | 400 | 25 |
| 400 | 500 | 27 |

적용할 기하공차값

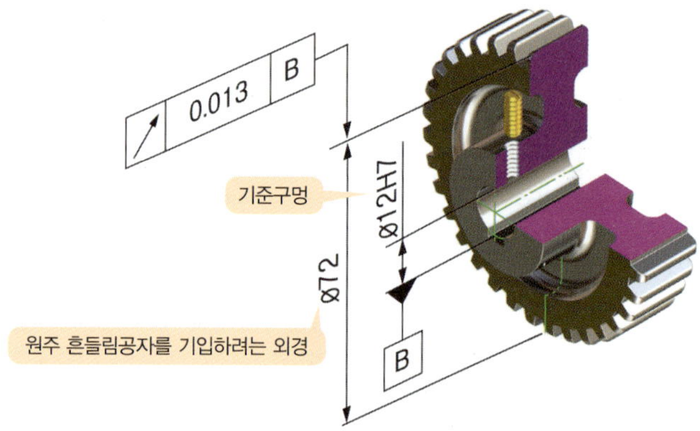


**TIP**

원통면을 규제하므로 공차값 앞에 Ø 기호를 표기하지 않는다.

## 10 커버에 적용된 기하공차

커버에 필요한 기하공차의 종류에는 **원주 흔들림공차, 동축도**가 있고, IT 공차 등급은 **IT 5급**을 적용한다.

커버 부품도

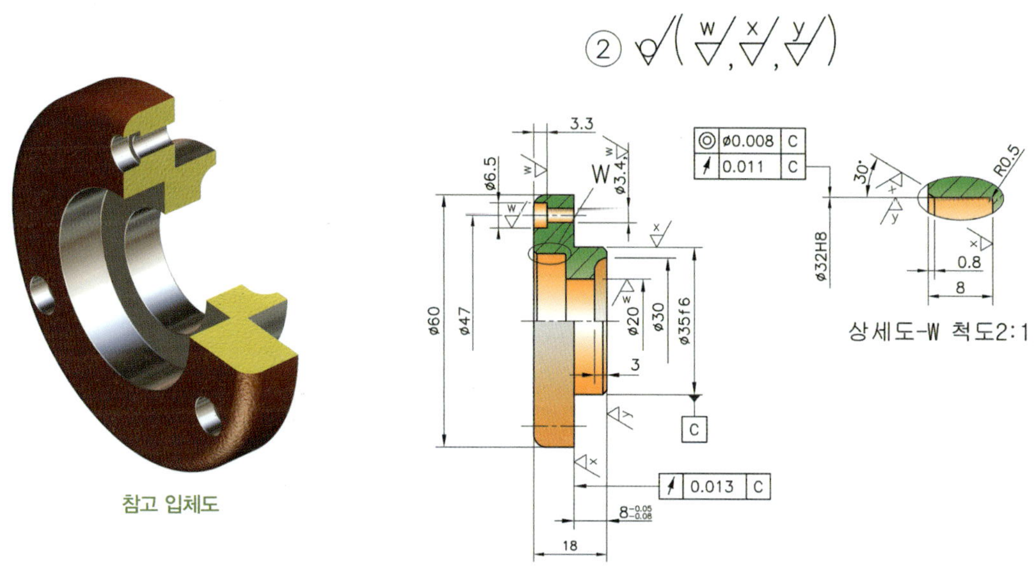


참고 입체도

*오일실 구멍에서는 흔들림공차를 생략해도 된다.

## 11 커버에 적용된 기하공차 분석하기

### (1) 기준(데이텀) 잡기

커버에서의 기준은 몸체에 끼워지는 외경이 된다.

참고 입체도

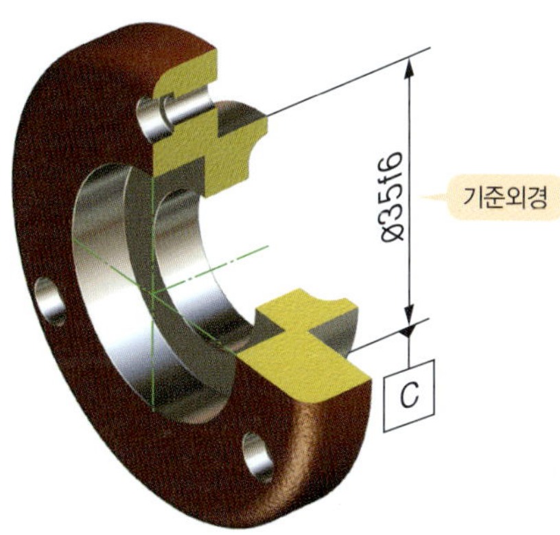

■ 원주 흔들림공차 기입

커버에서 오일실이 들어가는 구멍과 몸체와 커버가 끼워맞추어지는 측면에 원주 흔들림공차를 적용한다.

공차값은 IT 5급을 적용하는데, 오일실 조립부의 원주 흔들림공차값의 기준길이는 공차를 기입하고자 하는 부분의 구멍의 지름으로 선정한다. 즉, 지름이 Ø32H8이므로 IT 5급 30~50을 선택하면 0.011이 된다.

또한, 커버와 몸체가 끼워맞추어지는 측면의 원주 흔들림공차값의 기준길이는 접촉면적이 가장 큰 지름으로 선정한다. 지름이 Ø60이므로 IT 5급 50~80을 선택하면 0.013이 된다.

| 500mm 이하 | | |
|---|---|---|
| 등급 | | IT |
| 치수 구분 초과 / 이하 | | 5급 |
| – | 3 | 4 |
| 3 | 6 | 5 |
| 6 | 10 | 6 |
| 10 | 18 | 8 |
| 18 | 30 | 9 |
| 30 | 50 | 11 |
| 50 | 80 | 13 |
| 80 | 120 | 15 |
| 120 | 180 | 18 |
| 180 | 250 | 20 |
| 250 | 315 | 23 |
| 315 | 400 | 25 |
| 400 | 500 | 27 |

적용할 기하공차값

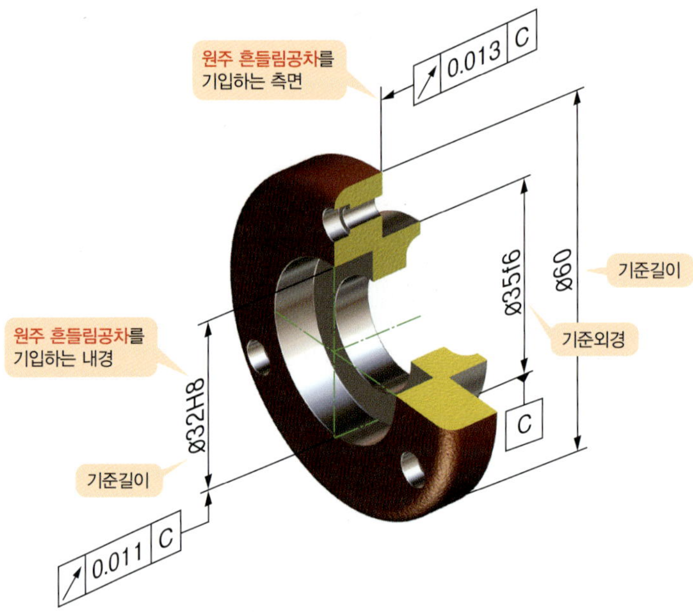


TIP

• 원통면이나 측면을 규제하므로 Ø 기호를 표기하지 않는다.
• 동축도가 규제되는 곳은 원주 흔들림공차를 생략해도 좋다.

■ 동축도공차 기입

커버에서 왼쪽의 Ø32H8 구멍과 오른쪽의 Ø35f6 외경이 같은 축선에 위치해야 하므로 동축도를 적용한다.

공차값은 IT 5급을 적용하는데, 기준길이는 공차를 기입하고자 하는 부분의 최대 길이로 선정한다. 즉, 왼쪽의 구멍 Ø32H8에서부터 오른쪽의 Ø35f6 구멍까지의 거리가 18이므로 동축도 공차의 기준길이는 IT 5급 10~18을 선택하면 0.008이 된다.

| 500mm 이하 | | |
|---|---|---|
| 등급 | | IT |
| 치수 구분 초과 / 이하 | | 5급 |
| – | 3 | 4 |
| 3 | 6 | 5 |
| 6 | 10 | 6 |
| 10 | 18 | 8 |
| 18 | 30 | 9 |
| 30 | 50 | 11 |
| 50 | 80 | 13 |
| 80 | 120 | 15 |
| 120 | 180 | 18 |
| 180 | 250 | 20 |
| 250 | 315 | 23 |
| 315 | 400 | 25 |
| 400 | 500 | 27 |

적용할 기하공차값

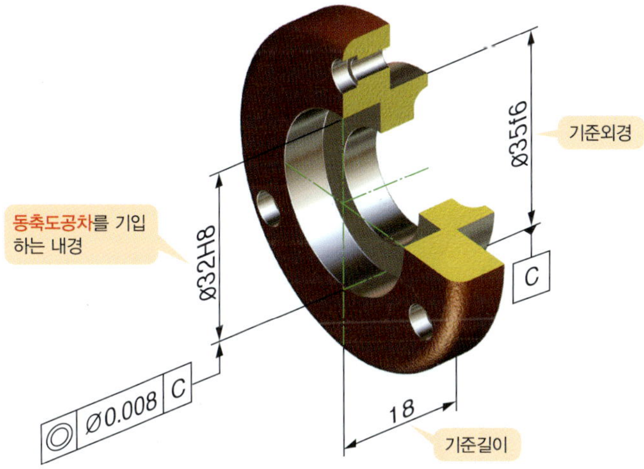


TIP

축선(축직선)을 규제하므로 공차값 앞에 Ø 기호를 표기한다.

# CHAPTER 05

전산응용기계제도 실기 · 실무

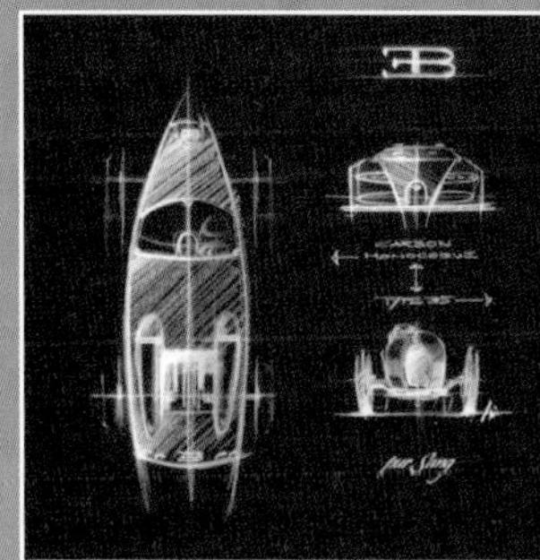

# KS 규격 찾는 방법 및 실제 적용법

**BRIEF SUMMARY**

이 장은 설계자라면 꼭 알아야 할 KS 규격집 찾는 방법과 실제 도면 작도 시 적용방법을 기술하였고, 전산응용(CAD) 기계제도기능사/기계기사 · 산업기사시험 그리고 실무적으로 꼭 필요한 사항을 예제로 수록하였다.

# 01 널링(KS B 0901)

• **용도** : 공구나 게이지류의 손잡이 부분을 미끄러지지 않도록 톱니모양으로 흠집을 내는 것을 널링이라고 한다[그림 1-1].

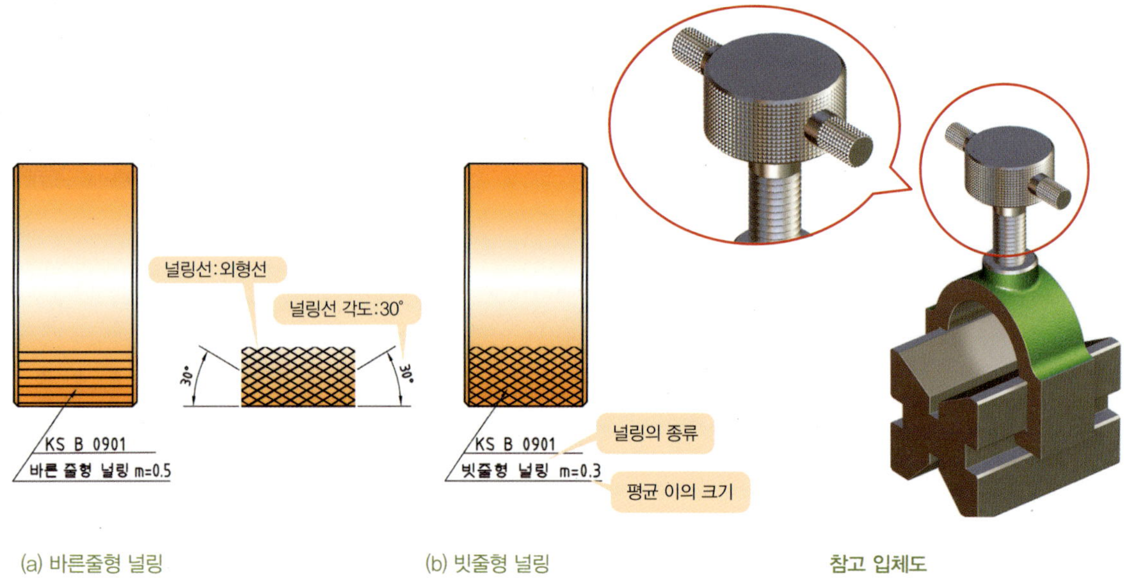


[그림 1-1] 널링의 표시방법

**적용예**

[그림 1-2]는 축의 손잡이 부분을 빗줄형 널링으로 가공했을 때 실제로 치수를 기입한 경우이다. 이때 널링부의 치수로는 **널링의 종류, 평균 이의 크기** 등을 기입할 수 있다.

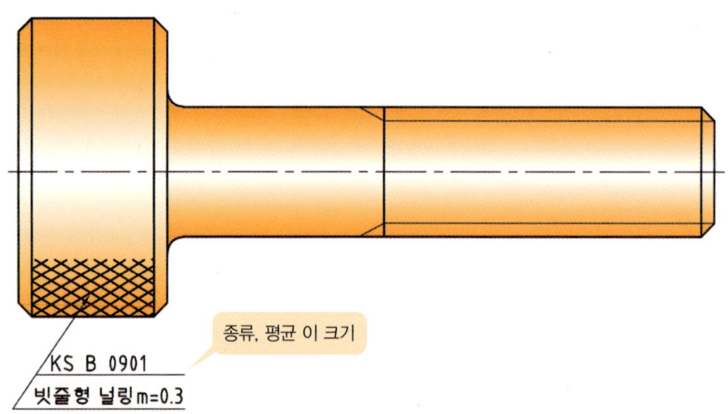


[그림 1-2] 나사축 손잡이 부위의 빗줄형 널링

# 02 키(Key, KS B 1311)

• **용도** : 축에 기어나 풀리 등의 회전체를 고정시켜 회전력을 전달시키고자 할 때 회전체를 미끄러지지 않게 하기 위하여 축과 보스에 홈을 파고 쐐기역할을 할 수 있게 체결하는 축계기계요소이다[그림 2-1].

• **종류** : 평행키(활동형, 보통형, 조립형), 반달키, 경사키, 핀키, 스플라인, 세레이션 등이 있다.

(a) 축　(b) V-벨트풀리　(c) 기어

[그림 2-1] 키의 역할

## 01 KS 규격 찾는 방법

키의 치수를 찾는 것이 아니라 키가 들어갈 수 있는 키홈의 치수를 찾는 것이 중요하다. 기준이 되는 치수는 키홈이 파져 있는 **축지름 d**가 된다[그림 2-2(a)].

찾아 적용할 수 있는 치수에는 축에 파져 있는 **키홈의 깊이($t_1$)**, 구멍에 파져 있는 **키홈의 깊이($t_2$)**, 그리고 **축과 구멍 폭($b_1$), ($b_2$)**이 있고 **길이**는 규격범위만 벗어나지 않으면 적용이 가능하다.

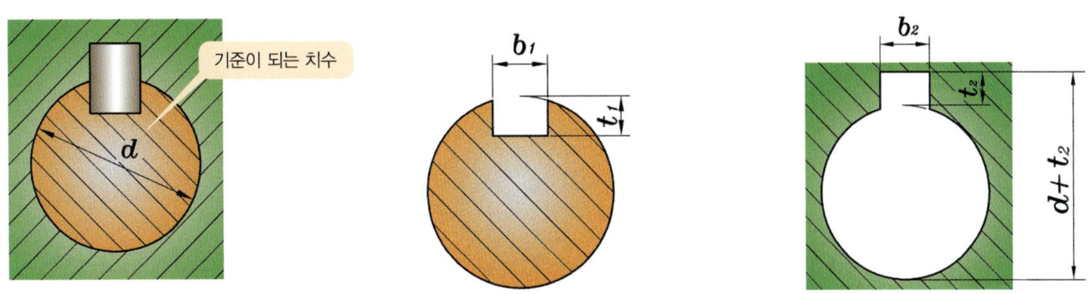


(a) 기준 치수(축지름)　(b) 축의 치수　(c) 구멍의 치수

[그림 2-2] 기준 치수 및 축과 구멍의 KS 주요부 치수

> **TIP**
> KS 데이터를 찾을 때에는 가장 먼저 **호칭**(기준)이 되는 치수를 찾는 것이 중요하다.

## 02 평행키(활동형 · 보통형 · 조립형, KS B 1311)

평행키 홈에 관한 치수를 축과 구멍에 적용해 보도록 하자. 평행키에서 기준 치수는 앞에서 설명한 바와 같이 키홈이 파져 있는 축지름(축경) "d"가 기준이 된다. "d"를 기준으로 $t_1$, $t_2$, $b_1$, $b_2$에 관한 KS 규격치수 및 허용차를 도면에 기입할 수 있다.

KS B 1311

**평행키**

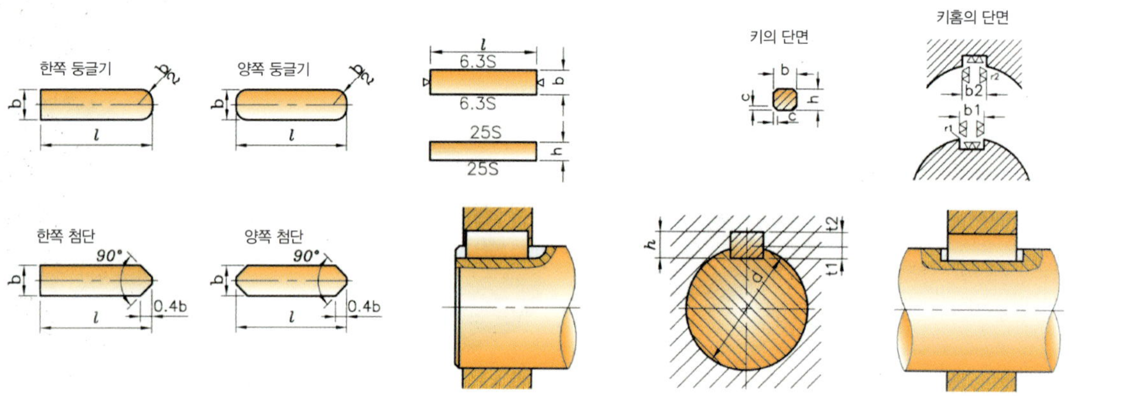


끝부분의 모양은 각형으로 하나, 경우에 따라서는 위 그림과 같이 해도 좋다.

| 참고<br>적용하는 축지름 d (초과 ~ 이하) | 키의 호칭 치수 b×h | $b_1$, $b_2$ 기준 치수 | 키홈 치수<br>활동형<br>$b_1$(축)<br>허용차 (H9) | <br>활동형<br>$b_2$(구멍)<br>허용차 (D10) | <br>보통형<br>$b_1$(축)<br>허용차 (N9) | <br>보통형<br>$b_2$(구멍)<br>허용차 (Js9) | <br>조립형<br>$b_1$, $b_2$<br>허용차 (P9) | $t_1$ (축) 기준 치수 | $t_2$ (구멍) 기준 치수 | $t_1$, $t_2$ 허용차 |
|---|---|---|---|---|---|---|---|---|---|---|
| 6~8 | 2×2 | 2 | +0.025<br>0 | +0.060<br>+0.020 | −0.004<br>−0.029 | ±0.0125 | −0.006<br>−0.031 | 1.2 | 1.0 | +0.1<br>0 |
| 8~10 | 3×3 | 3 | | | | | | 1.8 | 1.4 | |
| 10~12 | 4×4 | 4 | +0.030<br>0 | +0.078<br>+0.030 | 0<br>−0.030 | ±0.0150 | −0.012<br>−0.042 | 2.5 | 1.8 | |
| 12~17 | 5×5 | 5 | | | | | | 3.0 | 2.3 | |
| 17~22 | 6×6 | 6 | | | | | | 3.5 | 2.8 | |
| 20~25 | (7×7) | 7 | +0.036 | +0.098<br>+0.040 | 0<br>−0.036 | ±0.0180 | −0.015<br>−0.051 | 4.0 | 3.3 | +0.2<br>0 |
| 22 ~30 | 8×7 | 8 | | | | | | 4.0 | 3.3 | |
| 30~38 | 10×8 | 10 | | | | | | 5.0 | 3.3 | |

### (1) 기어 전동장치에 적용된 키(Key) 치수 찾아 넣기

기어 전동장치 축과 회전체(기어, V-벨트풀리)에 적용된 **평행키**에 관한 KS 규격 주요 치수들을 찾아서 적용해 보도록 하겠다.

참고 입체도

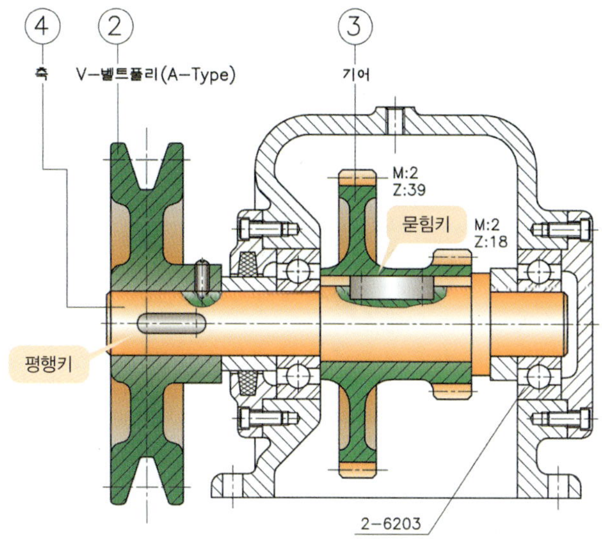


[그림 2-3] 기어 전동장치에 적용된 묻힘키

**기어전동장치 축과 회전체**

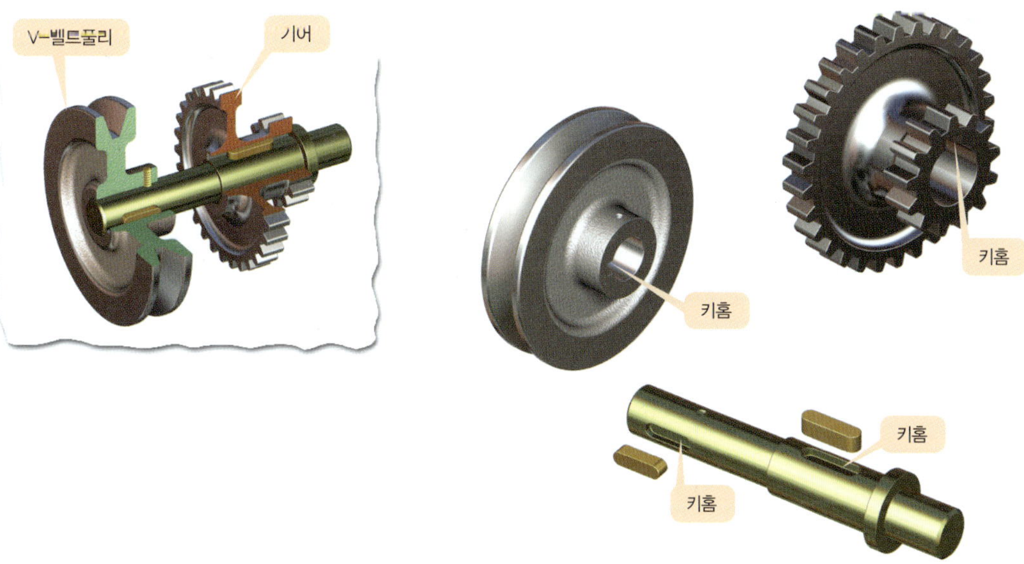

### (2) 축과 구멍의 치수 중 축에 파져 있는 키홈의 치수

축에 관한 치수는 **축지름 d**를 기준으로 KS B 1311에 의거 $t_1$, $b_1$을 찾아 적용할 수 있다[그림 2-4].

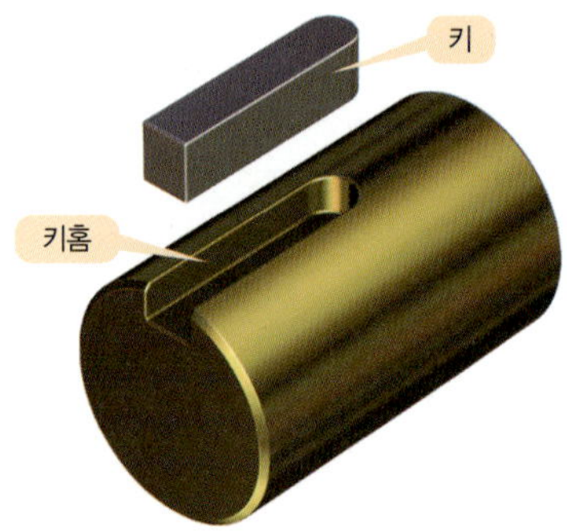


참고 입체도

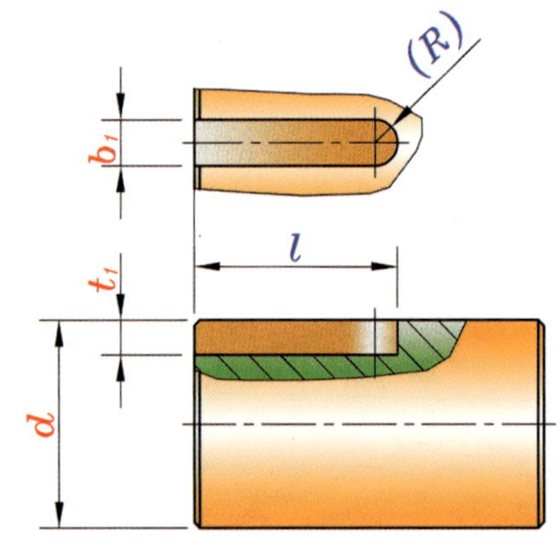


[그림 2-4] 키홈 치수 중 축에 관한 KS 주요 치수들

**축에 관한 키홈 치수**

축 A부와 B부분에 각각 키홈이 파져 있다고 할 때 이 치수들을 설계자 임의대로 정해서 기입해서는 안 된다.

[표 2-1]의 KS B 1311 데이터에 의거하여 키홈이 파져 있는 A와 B의 **축지름(d)이 기준**이 되어 키홈의 치수 중 **깊이($t_1$)**, **폭($b_1$)**, **길이($l$)**가 각각 정의되어 있음을 알 수 있다.

기준 축지름 A=Ø17mm, B=Ø20mm

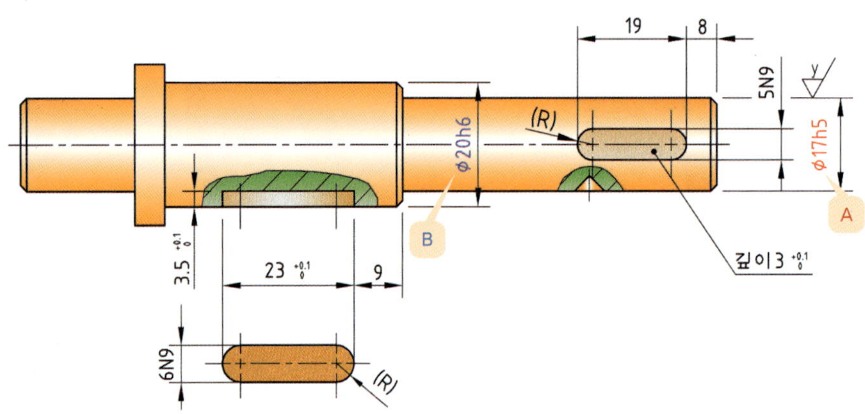


[그림 2-5] 나사축 손잡이 부위의 빗줄형 널링

★ 투상도와 치수는 키(Key)와 관련된 사항들만 표시하였다.

[표 2-1] 평행키 KS 데이터

KS B 1311

| 참고 | | | 키홈 치수 | | | | | | | |
|---|---|---|---|---|---|---|---|---|---|---|
| 적용하는 축지름 d (초과~이하) | 키의 호칭 치수 b×h | $b_1$, $b_2$ 기준 치수 | 활동형 | | 보통형 | | 조립형 | $t_1$ (축) 기준 치수 | $t_2$ (구멍) 기준 치수 | $t_1$, $t_2$ 허용차 |
| | | | $b_1$(축) 허용차 (H9) | $b_2$(구멍) 허용차 (D10) | $b_1$(축) 허용차 (N9) | $b_2$(구멍) 허용차 (Js9) | $b_1$, $b_2$ 허용차 (P9) | | | |
| 6~8 | 2×2 | 2 | +0.0250<br>0 | +0.060<br>+0.020 | −0.004<br>−0.029 | ±0.0125 | −0.006<br>−0.031 | 1.2 | 1.0 | +0.1<br>0 |
| 8~10 | 3×3 | 3 | | | | | | 1.8 | 1.4 | |
| 10~12 | 4×4 | 4 | +0.0300<br>0 | +0.078<br>+0.030 | 0<br>−0.030 | ±0.0150 | −0.012<br>−0.042 | 2.5 | 1.8 | |
| 12~17 | 5×5 | 5 | | | | | | 3.0 | 2.3 | |
| 17~22 | 6×6 | 6 | | | | | | 3.5 | 2.8 | |
| 20~25 | (7×7) | 7 | +0.0360<br>0 | +0.098<br>+0.040 | 0<br>−0.036 | ±0.0180 | −0.015<br>−0.051 | 4.0 | 3.3 | +0.2<br>0 |
| 22~30 | 8×7 | 8 | | | | | | 4.0 | 3.3 | |
| 30~38 | 10×8 | 10 | | | | | | 5.0 | 3.3 | |

TIP

키홈 길이 "$l$"의 치수는 규격범위 내에서 설계자가 결정한다. 왜냐하면 키(Key)는 긴 소재를 판매하기 때문에 현장에서 필요에 맞게 절단해서 사용한다. 또한, 규격 단품을 사용할 경우 키홈 길이( $l$ ) 공차는 $t_1$ 공차를 적용한다.

### (3) 축과 구멍의 치수 중 구멍에 파져 있는 키홈의 치수

구멍 쪽의 키홈 치수는 $d+t_2$로 기입하고, $t_2$ 공차를 적용해준다[그림 2-6].

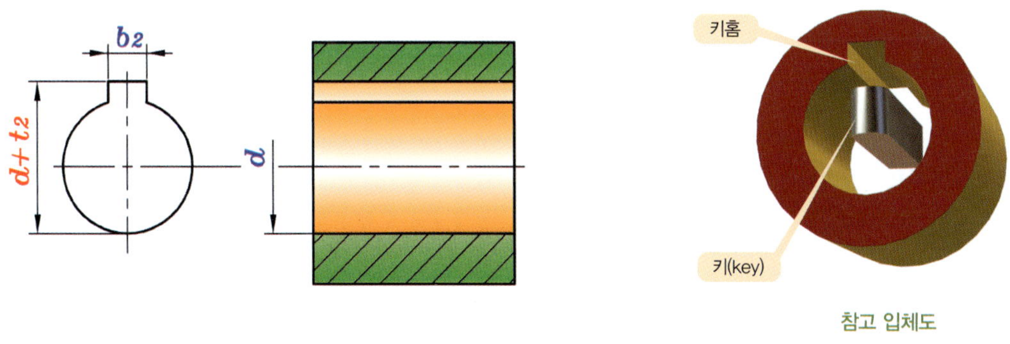


[그림 2-6] 키홈의 치수 중 구멍에 관한 KS 주요 치수들

**구멍에 관한 키홈 치수**

축지름 d가 기준이 되어 [표 2-1]의 KS B1 311에서 찾은 구멍 치수 중 각부의 KS 주요 치수들이다.

기준 치수는 변함없이 A와 B의 축지름 A=Ø17mm, B=Ø20mm

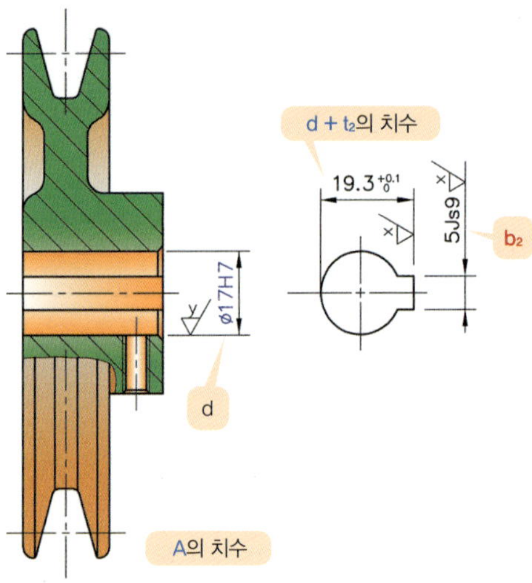


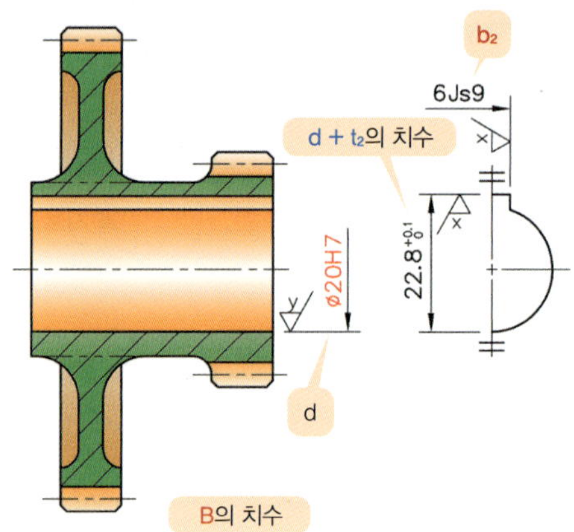


* 키홈에 관한 치수만 기입하였다.

## 03 반달키(KS B 1311)

찾는 방법은 평행키와 동일하나 반달키는 $t_1$의 깊이가 깊게 파임으로써 축을 약화시킬 우려가 높아 큰 회전력을 전달하는 데는 적합하지 않다[그림 2-7].

**축지름** d를 기준으로 $d_1$의 치수가 작은 것과 $t_1$의 깊이가 작은 치수를 찾아 적용하는데, **축지름** d를 기준으로 $d_1$, $t_1$, $t_2$, $b_1$, $b_2$를 찾을 수 있다.

[그림 2-7] 반달키 홈과 반달키

KS B 1311

## 반달키와 홈

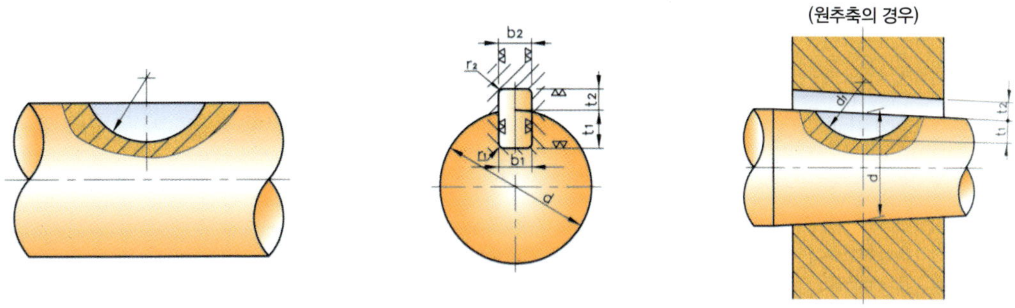


| 적용하는 축지름 d (초과~이하) | 키의 호칭 치수 $b \times d_0$ | $b_1$ 및 $b_2$의 기준 치수 | 키홈 치수 | | | | | | | | |
|---|---|---|---|---|---|---|---|---|---|---|---|
| | | | 보통형 | | 조립(임)형 | $t_1$(축) | | $t_2$(구멍) | | $d_1$(키홈 지름) | |
| | | | $b_1$(축) 허용차(N9) | $b_2$(구멍) 허용차(Js9) | $b_1$ 및 $b_2$ 허용차(P9) | 기준 치수 | 허용차 | 기준 치수 | 허용차 | 기준 치수 | 허용차 |
| 7~12 | 2.5×10 | 2.5 | -0.004<br>-0.029 | ±0.012 | -0.006<br>-0.031 | 2.7 | +0.1<br>0 | 1.2 | +0.1<br>0 | 10 | +0.2<br>0 |
| 8~14 | 3×10 | 3 | | | | 2.5 | | 1.4 | | 10 | |
| 9~16 | 3×13 | | | | | 3.8 | +0.2<br>0 | | | 13 | |
| 11~18 | 3×16 | | | | | 5.3 | | | | 16 | |
| 11~18 | (4×13) | | | | | 3.5 | +0.1<br>0 | 1.7 | | 13 | |

* "Ø13"은 축의 적용범위($t_1$, $d_1$)를 고려하여 적용하는 것이 바람직하다.

### 적용 예

기준 축지름이 Ø13mm인 경우의 적용 예

① 축의 각부 치수

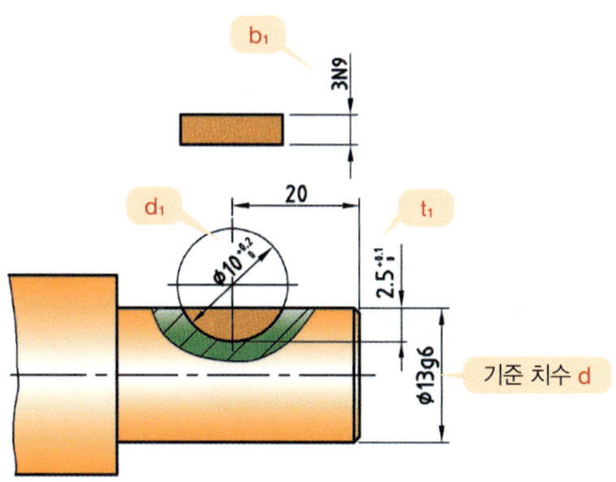


(a) 축의 KS 주요부 치수

② 구멍의 각부 치수

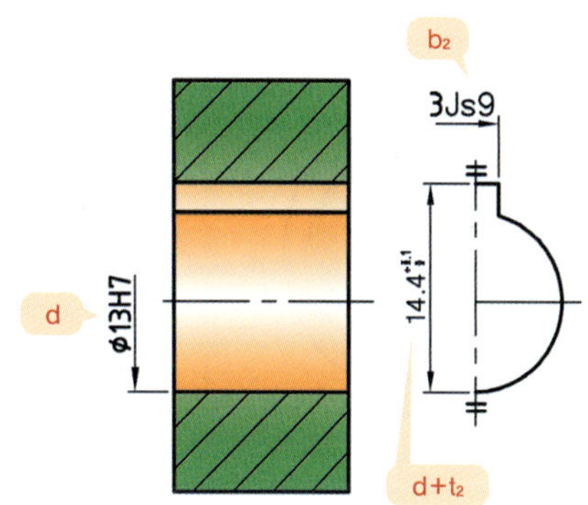


(b) 구멍의 KS 주요부 치수

[그림 2-8] 반달키 축과 구멍의 치수들

# 03 | 스냅링, 멈춤링(KS B 1336~KS B 1338)

• **용도 :** 베어링과 같은 축계 기계요소들의 좌우 요동을 방지하기 위해 축 또는 구멍에 홈을 파고 체결하는 고리 모양의 스프링이며, **축용**과 **구멍용**이 있다.

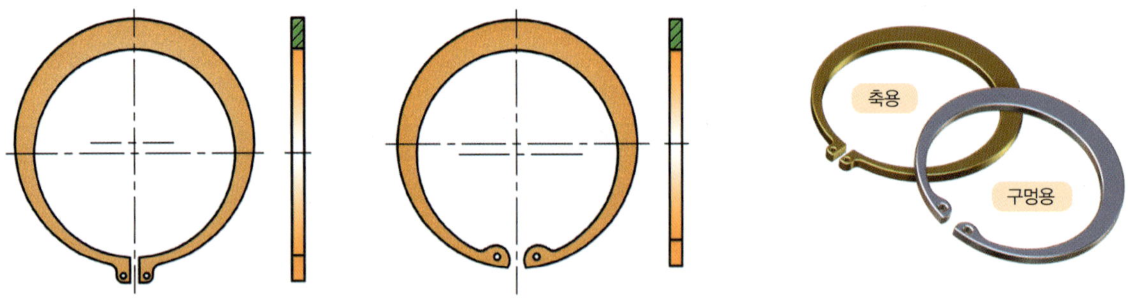


(a) 축용 (b) 구멍용 참고 입체도

[그림 3-1] 스냅링, 멈춤링

## 01 KS 규격 찾는 방법

스냅링의 치수를 찾는 것이 아니라 스냅링이 들어갈 수 있는 홈의 치수를 찾는 것이 중요하다. 기준이 되는 치수는 스냅링이 들어가야 할 축과 구멍의 호칭치수라 할 수 있는 $d_1$이 된다[그림 3-2].

$d_1$을 기준으로 스냅링이 체결되는 $d_2$, 홈의 폭 m, 그리고 각 부위의 허용차들을 찾아 적용할 수 있다.

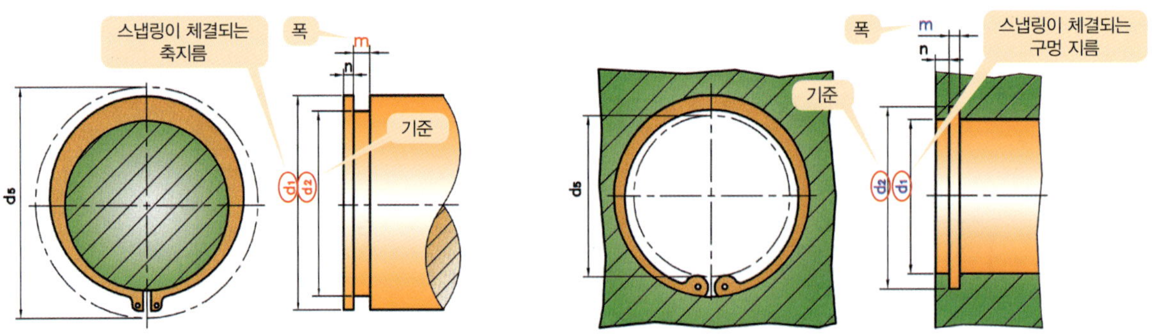


(a) 축의 주요 치수 (b) 구멍 홈의 각 부위 치수

[그림 3-2] 스냅링이 적용되는 축과 구멍의 KS 주요 치수들

적용 예

구멍용과 축용 스냅링이 **품번** ①과 ②에 각각 적용되어 베어링 유동 및 탈선을 방지하고 있는 것을 알 수 있다.

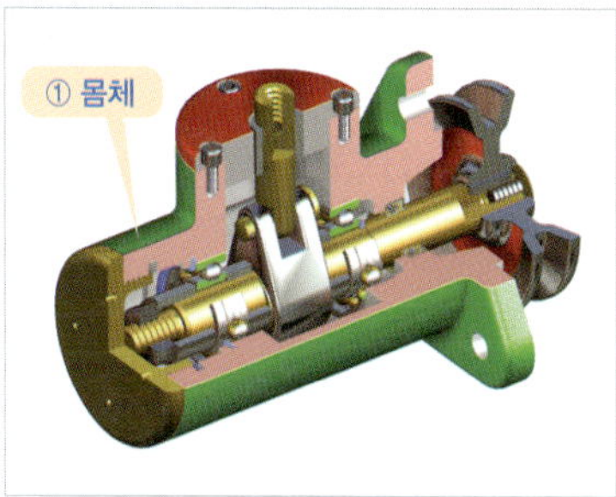


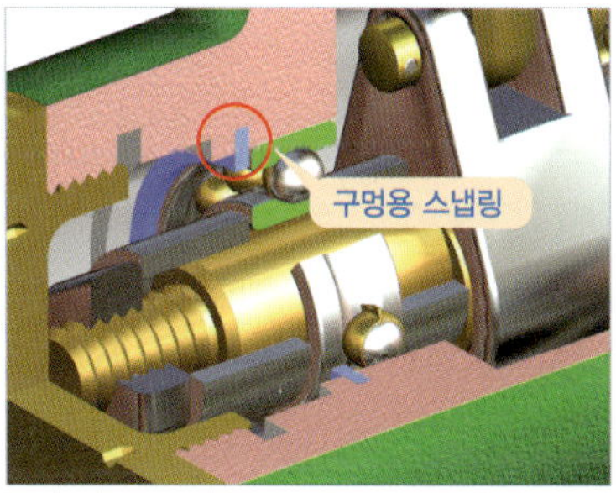


(a) 구멍용 스냅링

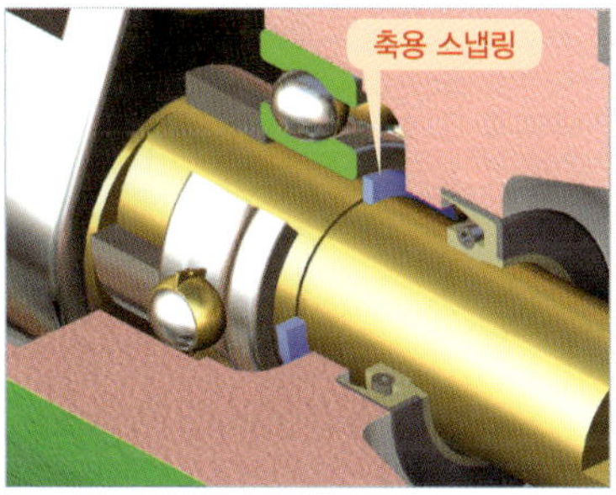


(b) 축용 스냅링

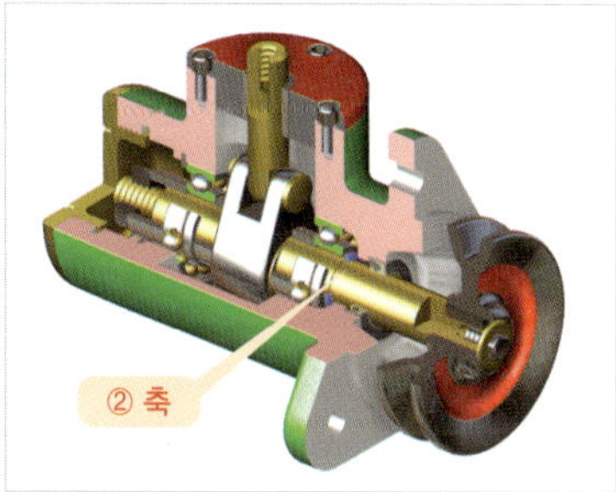


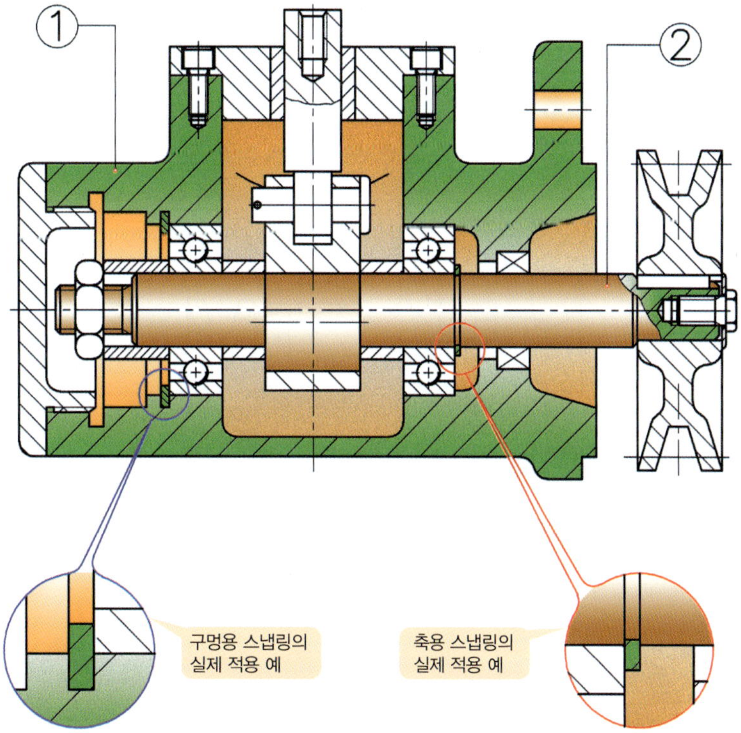


[그림 3-3] 편심구동장치에 적용된 스냅링

### (1) 축에 관한 치수를 찾아 적용하는 방법

[표 3-1] KS B 1336 데이터에서 스냅링의 치수가 아닌, 적용하는 축의 치수 중 축지름 $d_1$을 기준으로 $d_2$, m의 치수를 찾을 수 있다.

**[표 3-1] C형 축용 스냅링의 KS 데이터** KS B 1336

| C형 멈춤링 축용 치수 | | | | | | | | | | | | | |
|---|---|---|---|---|---|---|---|---|---|---|---|---|---|
| 멈춤링 호칭 | 적용하는 축(참고) | | | | | | 멈춤링 호칭 | 적용하는 축(참고) | | | | | |
| | 호칭 축지름 $d_1$ | $d_2$ | | m | | n | | 호칭 축지름 $d_1$ | $d_2$ | | m | | n |
| | | 기준 치수 | 허용차 | 기준 치수 | 허용차 | 최소 | | | 기준 치수 | 허용차 | 기준 치수 | 허용차 | 최소 |
| 1란 | 10 | 9.6 | 0<br>−0.09 | 1.15 | +0.14<br>0 | 1.5 | 1란 | 40 | 38 | 0<br>−0.25 | 1.95 | +0.14<br>0 | 2 |
| 2란 | 11 | 10.5 | 0<br>−0.11 | | | | 2란 | 42 | 39.5 | | | | |
| 1란 | 12 | 11.5 | | | | | 1란 | 45 | 42.5 | | | | |
| 3란 | 13 | 12.4 | | | | | 2란 | 48 | 45.5 | | | | |
| 1란 | 14 | 13.4 | | | | | 1란 | 50 | 47 | | 2.2 | | |
| | 15 | 14.3 | | | | | 3란 | 52 | 49 | | | | |
| | 16 | 15.2 | | | | | 1란 | 55 | 52 | 0<br>−0.3 | | | |
| | 17 | 16.2 | | | | | 2란 | 56 | 53 | | | | |
| | 18 | 17 | | 1.35 | | | 3란 | 58 | 55 | | | | |
| 2란 | 19 | 18 | | | | | 1란 | 60 | 57 | | | | |
| 1란 | 20 | 19 | | | | | 3란 | 62 | 59 | | | | |

**실제 적용된 치수의 예**

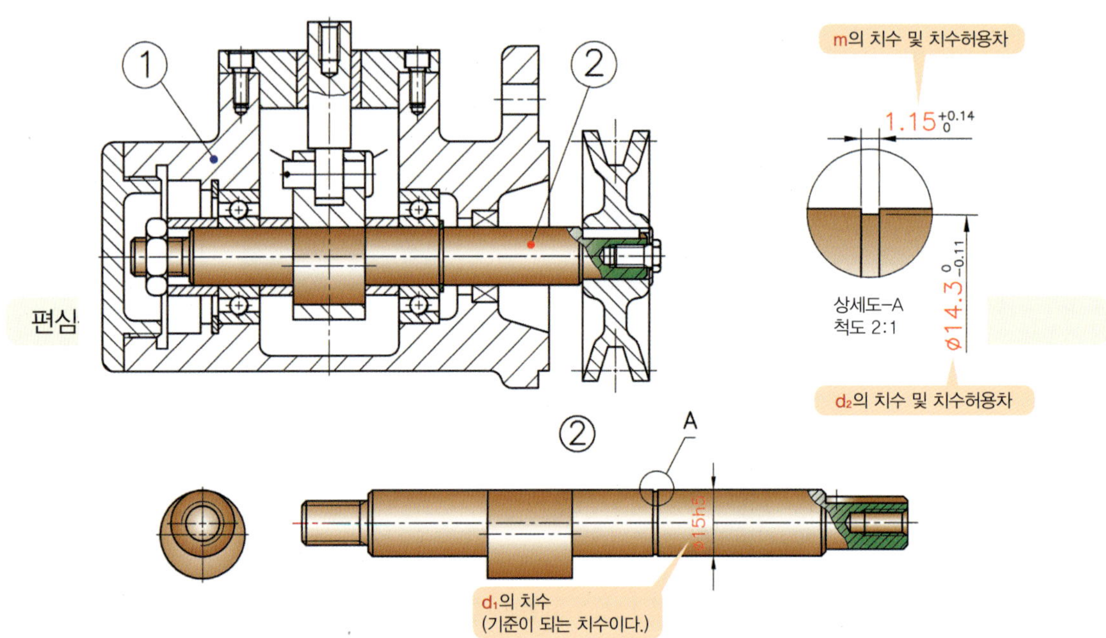


[그림 3-4] 축에 대한 스냅링 적용치수

### (2) 구멍에 관한 치수를 찾아 적용하는 방법

구멍의 치수 역시 축과 마찬가지로 적용하는 구멍 쪽에서 $d_1$을 기준으로 $d_2$, m의 치수를 찾을 수 있다.

**[표 3-2] C형 구멍용 스냅링 KS 데이터** KS B 1336

C형 멈춤링 구멍용 치수

| 멈춤링 호칭 | 호칭 구멍 지름 $d_1$ | $d_2$ 기준치수 | $d_2$ 허용차 | m 기준치수 | m 허용차 | n 최소 |
|---|---|---|---|---|---|---|
| 1란 | 10 | 10.4 | +0.11 / 0 | 1.15 | +0.14 / 0 | 1.5 |
| | 11 | 11.4 | | | | |
| | 12 | 12.5 | | | | |
| 2란 | 13 | 13.6 | | | | |
| 1란 | 14 | 14.6 | | | | |
| 3란 | 15 | 15.7 | | | | |
| 1란 | 28 | 29.4 | +0.25 / 0 | | +0.14 / 0 | |
| | 30 | 31.4 | | | | |
| | 32 | 33.7 | | | | |
| 3란 | 34 | 35.7 | | 1.75 | | 2 |
| 1란 | 35 | 37 | | | | |
| 2란 | 36 | 38 | | | | |
| 1란 | 37 | 39 | | | | |
| 2란 | 38 | 40 | | | | |

| 멈춤링 호칭 | 호칭 구멍 지름 $d_1$ | $d_2$ 기준치수 | $d_2$ 허용차 | m 기준치수 | m 허용차 | n 최소 |
|---|---|---|---|---|---|---|
| 1란 | 40 | 42.5 | +0.25 / 0 | 1.95 | +0.14 / 0 | 2 |
| | 42 | 44.5 | | | | |
| | 45 | 47.5 | | | | |
| | 47 | 49.5 | | 1.9 | | |
| 2란 | 48 | 50.5 | +0.3 / 0 | 1.9 | | |
| 1란 | 50 | 53 | | 2.2 | | |
| 1란 | 72 | 75 | | | | |
| | 75 | 78 | | | | |
| 3란 | 78 | 81 | +0.35 / 0 | | | |
| 1란 | 80 | 83.5 | | | | |
| 3란 | 82 | 85.5 | | | | |
| 1란 | 85 | 88.5 | | 3.2 | +0.18 / 0 | 3 |
| 3란 | 88 | 91.5 | | | | |
| 1란 | 90 | 93.5 | | | | |

**실제 적용된 치수의 예**

편심구동장치에서 품번 ① 기준구멍의 지름이 Ø35mm인 경우의 적용 예

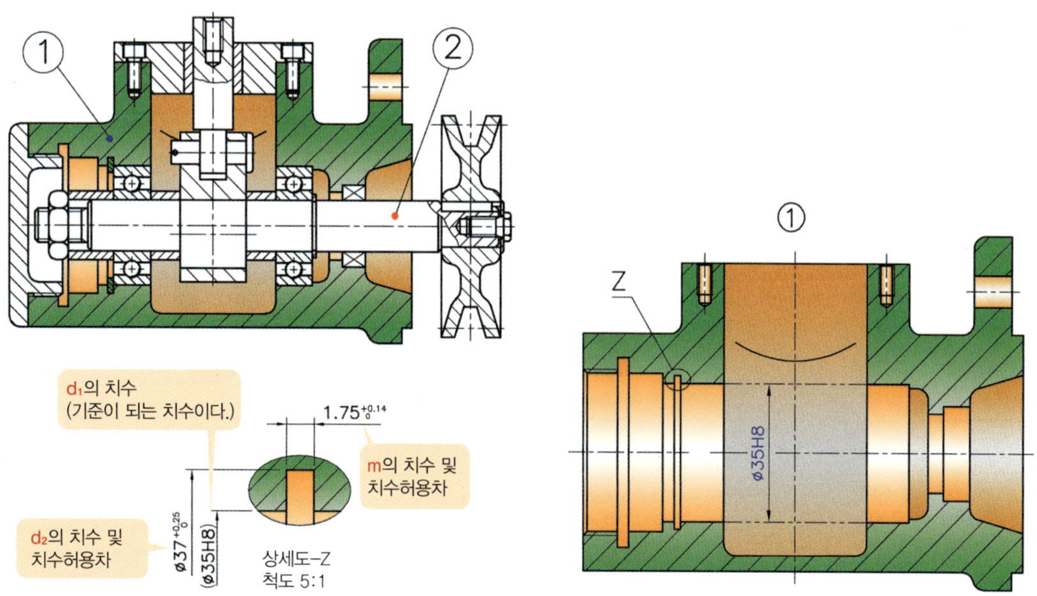


[그림 3-5] 구멍에 관한 스냅링 적용치수

# 04 베어링

• **용도 :** 축계 기계요소로서 축과 보스 사이에서 회전운동을 원활하게 하기 위해 사용되며 동작 특성에 따라 크게 미끄럼 베어링과 구름 베어링으로 나뉘고, 힘의 방향에 따라 레이디얼형과 스러스트형으로 구분할 수 있다.

(a) 깊은 홈 볼베이링 (b) 스러스트 볼베어링 (c) 자동조심형 볼베어링

[그림 4-1] 베어링의 종류

## 01 KS 규격 찾는 방법

베어링은 호칭번호에 의해 **안지름(d)**, **바깥지름(D)**, **폭(B)**이 정의되어 있다[표 4-1]. 호칭번호 중 끝번호 두 자리는 안지름 번호이므로 그에 따른 계산방법을 알아두면 데이터를 찾아보지 않더라도 안지름 치수만큼은 알 수 있으므로 암기해 두면 유용하게 쓸 수 있다. 또한 2번째 기호(지름 번호)는 KS B 2051에 의한 베어링 끼워맞춤 공차와 관련 있다.

**6 2 0 6**

• 형식(첫 번째 숫자)
1, 2, 3 : 복렬 자동조심형
6, 7 : 단열
N : 원통롤러

• 지름번호(두 번째 숫자)
0, 1 : 특별경하중
2 : 경하중
3 : 보통하중
4 : 큰 하중

• 안지름번호(세, 네 번째 숫자)
00 : 10mm
01 : 12mm
02 : 15mm
03 : 17mm
04×5=20mm

**적용 예**

깊은 홈 볼베어링의 호칭번호 – 6202

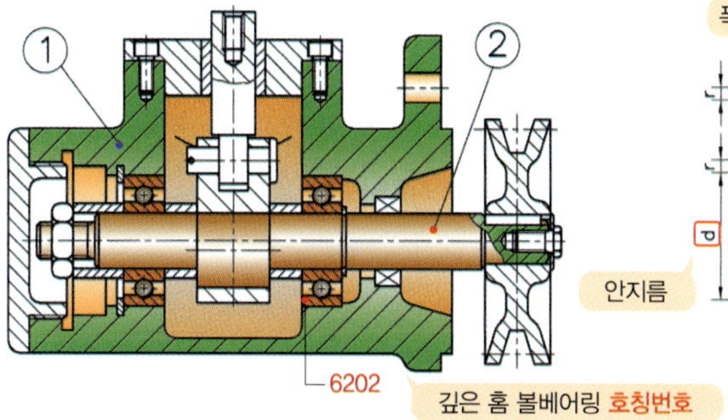


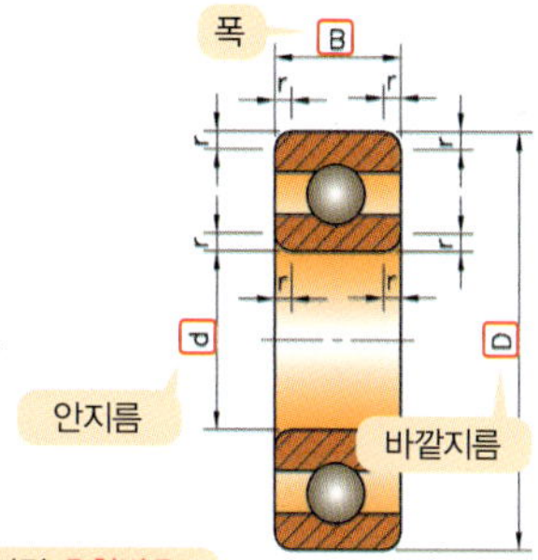

참고 입체도

[표 4-1] 깊은 홈 볼베어링 KS 데이터

KS B 2023

| 호칭번호 | 베어링 계열 60 치수 | | | | 호칭번호 | 베어링 계열 60 치수 | | | |
|---|---|---|---|---|---|---|---|---|---|
| | d (안지름) | D (바깥지름) | B (폭) | $r_{smin}$ | | d (안지름) | D (바깥지름) | B (폭) | $r_{smin}$ |
| 601.5 | 1.5 | 6 | 2.5 | 0.15 | 623 | 3 | 10 | 4 | 0.15 |
| 602 | 2 | 7 | 2.8 | 0.15 | 624 | 4 | 13 | 5 | 0.2 |
| 60/2.5 | 2.5 | 8 | 2.8 | 0.15 | 625 | 5 | 16 | 5 | 0.3 |
| 603 | 3 | 9 | 3 | 0.15 | 626 | 6 | 19 | 6 | 0.3 |
| 608 | 8 | 22 | 7 | 0.3 | 6201 | 12 | 32 | 10 | 0.6 |
| 609 | 9 | 24 | 7 | 0.3 | 6202 | 15 | 35 | 11 | 0.6 |
| 6000 | 10 | 26 | 8 | 0.3 | 6203 | 17 | 40 | 12 | 0.6 |
| 6001 | 12 | 28 | 8 | 0.3 | 6204 | 20 | 47 | 14 | 1 |

## (1) 축과 구멍의 치수

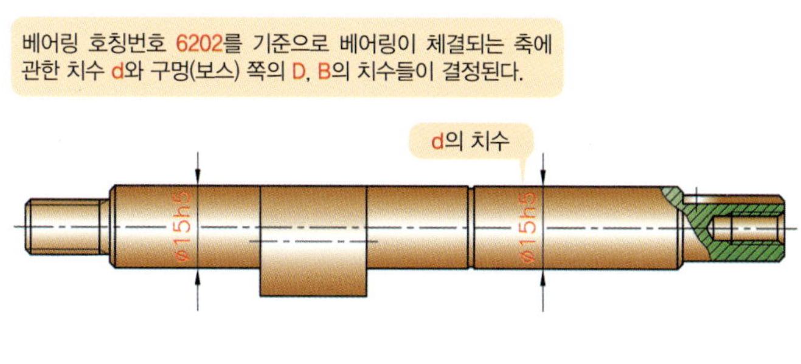


(a) 축에 관한 치수

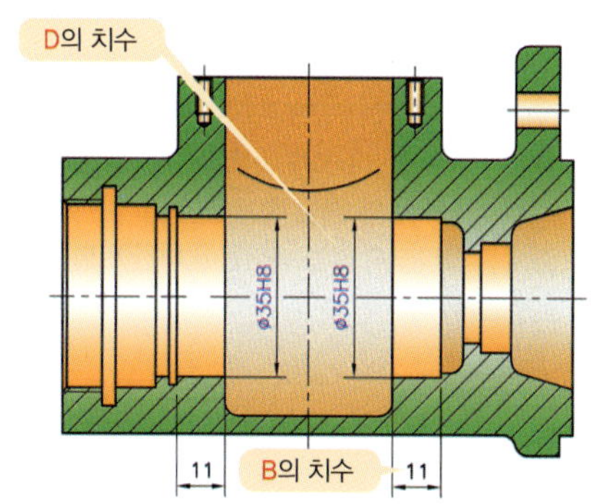


(b) 구멍에 관한 치수

[그림 4-2] 볼베어링 6202에 관한 축과 구멍의 적용치수

**TIP**

기타 다른 베어링도 호칭 번호에 의해 각부 치수가 정의된다. 베어링 끼워맞춤공차 KS B 2051에 따른다.

# 02 구름베어링의 끼워맞춤

## (1) 끼워맞춤의 적용순서

① 베어링의 종류를 결정하고 하중을 계산하여 적절한 베어링을 선택한다.

② 회전축인 경우는 내륜회전란을 찾고 고정축, 즉 하우징이 회전하는 경우는 외륜회전란을 선택한다.

③ 하중기호(베어링기호 두 번째)를 보고, 하중에 따른 구분란을 선택한다.

## (2) 레이디얼 베어링과 하우징 구멍의 끼워맞춤

단위 : mm

| 조건 | | | | 하우징 구멍 공차 | 적용 보기 |
|---|---|---|---|---|---|
| 하우징 | 하중의 종류 등 | | 외륜의 축방향의 이동[1] | | |
| 일체 또는 분할 하우징 | 내륜 회전 하중 | 모든 종류의 하중 | 쉽게 이동할 수 있다. | H7 | 대형 베어링 또는 외륜과 하우징의 온도차가 큰 경우 G7을 사용해도 된다. |
| | | 경하중 또는 보통하중 (0, 1, 2, 3) | 쉽게 이동할 수 있다. | H8 | – |
| | | 축과 내륜이 고온으로 된다. | 쉽게 이동할 수 있다. | G7 | 대형 베어링 또는 외륜과 하우징의 온도차가 큰 경우 F7을 사용해도 된다. |
| 일체 하우징 | | 경하중 또는 보통하중에서 정밀 회전을 요한다. | 원칙적으로 이동할 수 없다. | K6 | 주로 롤러 베어링에 적용한다. |
| | | | 이동할 수 있다. | JS6 | 주로 볼 베어링에 적용한다. |
| | | 조용한 운전을 요한다. | 쉽게 이동할 수 있다. | H6 | – |
| | 외륜 회전 하중 | 경하중 또는 변동하중 (0, 1, 2) | 이동할 수 없다. | M7 | – |
| | | 보통하중 또는 중하중(3, 4) | 이동할 수 없다. | N7 | 주로 볼 베어링에 적용한다. |
| | | 얇은 하우징에서 중하중 또는 큰 충격하중 | 이동할 수 없다. | P7 | 주로 볼 베어링에 적용한다. |
| | 방향 부정 하중 | 경하중 또는 보통하중 | 통상, 이동할 수 있다. | JS7 | 정밀을 요하는 경우 JS7, K7 대신에 JS6, K6을 사용한다. |
| | | 보통하중 또는 중하중(3, 4) | 원칙적으로 이동할 수 없다. | K7 | |
| | | 큰 충격하중 | 이동할 수 없다. | M7 | – |

비고1) 이 표는 주철제 하우징 또는 강제 하우징에 적용한다.
2) 베어링에 중심 축 하중만 걸리는 경우 외륜에 레이디얼 방향의 틈새를 주는 공차범위 등급을 선정한다.
주[1] 분리되지 않는 베어링에 대하여 외륜이 축방향으로 이동할 수 있는지 없는지의 구별을 나타낸다.

### (3) 레이디얼 베어링과 축의 끼워맞춤

단위 : mm

| 조건 | | 축지름(mm) | | | | | | 축 공차 | 적용 보기 |
|---|---|---|---|---|---|---|---|---|---|
| | | 볼 베어링 | | 원통롤러베어링 원뿔롤러베어링 | | 자동 조심롤러 베어링 | | | |
| | | 초과 | 이하 | 초과 | 이하 | 초과 | 이하 | | |
| 내륜 회전하중 | 경하중[(1)] 또는 변동 하중(0, 1, 2) | – | 18 | – | – | – | – | h5 | 정밀도를 필요로 하는 경우 js6, k6, m6 대신에 js5, k5, m5를 사용한다. |
| | | 18 | 100 | – | 40 | – | – | js6(j6) | |
| | | 100 | 200 | 40 | 140 | – | – | k6 | |
| | | – | – | 140 | 200 | – | – | m6 | |
| | 보통 하중[(1)](3) | – | 18 | – | – | – | – | js5(j5) | 단열 앵귤러 볼베어링 및 원뿔롤러베어링인 경우 끼워맞춤으로 인한 내부 틈새의 변화를 생각할 필요가 없으므로 k5, m5 대신에 k6, m6을 사용할 수 있다. |
| | | 18 | 100 | – | 40 | – | 40 | k5 | |
| | | 100 | 140 | 40 | 100 | 40 | 65 | m5 | |
| | | 140 | 200 | 100 | 140 | 65 | 100 | m6 | |
| | | 200 | 280 | 140 | 200 | 100 | 140 | n6 | |
| | | – | – | 200 | 400 | 140 | 280 | p6 | |
| | | – | – | – | – | 280 | 500 | r6 | |
| | 중하중[(1)] 또는 충격 하중(4) | – | – | 50 | 140 | 50 | 100 | n6 | 보통 틈새의 베어링보다 큰 내부 틈새의 베어링이 필요하다. |
| | | – | – | 140 | 200 | 100 | 140 | p6 | |
| | | – | – | 200 | – | 140 | 200 | r6 | |
| 외륜 회전하중 | 내륜이 축 위를 쉽게 움직일 필요가 있다. | 전체 축지름 | | | | – | – | g6 | 정밀도를 필요로 하는 경우 g5를 사용한다. 큰 베어링에서는 쉽게 움직일 수 있도록 f6을 사용해도 된다. |
| | 내륜이 축 위를 쉽게 움직일 필요가 없다. | 전체 축지름 | | | | – | – | h6 | 정밀도를 필요로 하는 경우 h5를 사용한다. |
| 중심축 하중 | | 전체 축지름 | | | | – | – | js6(j6) | – |

주[(1)] 경하중, 보통하중 및 중하중은 레이디얼 하중을 사용하는 베어링의 기본 레이디얼 정격하중의 각각 6% 이하, 6% 초과, 12% 이하 및 12%를 초과하는 하중을 말한다.

### (4) 스러스트 베어링과 베어링 하우징 구멍의 끼워맞춤

| 조건 | | 하우징 구멍 공차 | 적용 범위 |
|---|---|---|---|
| 중심축 하중 (스러스트 베어링 전반) | | – | 외륜에 레이디얼 방향의 틈새를 주도록 적절한 공차범위 등급을 선정한다. |
| | | H8 | 스러스트 볼베어링에서 정밀을 요하는 경우 |
| 합성 하중 (스러스트 자동 조심롤러베어링) | 외륜정지 하중 | H7 | – |
| | 외륜회전 하중 또는 방향 부정하중 | K7 | 보통 사용 조건인 경우 |
| | | M7 | 비교적 레이디얼 하중이 큰 경우 |

* 이 표는 주철제 하우징 또는 강제 하우징에 적용한다.

### (5) 스러스트 베어링과 축의 끼워맞춤

단위 : mm

| 조건 | | 축지름(mm) 초과 | 축지름(mm) 이하 | 축 공차 | 적용 범위 |
|---|---|---|---|---|---|
| 중심 축 하중 (스러스트 베어링 전반) | | 전체 축지름 | | js6 | h6도 사용할 수 있다. |
| 합성 하중 (스러스트 자동 조심롤러베어링) | 내륜정지 하중 | 전체 축지름 | | js6 | – |
| | 내륜회전 하중 또는 방향 부정하중 | – | 200 | k6 | k6, m6, n6 대신에 각각 js6, k6, m6도 사용할 수 있다. |
| | | 200 | 400 | m6 | |
| | | 400 | – | n6 | |

### (6) 니들 롤러 베어링 축/ 하우징 공차

단위 : mm

| 구분 | 조건 | 공차 |
|---|---|---|
| 하우징(D) | RAN 계열(내륜 없음) | G6 |
| | NA 계열(내륜 있음) | K5 |
| 축(d) | Ø50 이하 | js5 |
| | Ø50 초과 | h5 |
| | 고온에서 사용할 경우 | f6 |

# 05 베어링용 너트와 와셔(KS B 2004)

• **용도 :** 베어링용 너트는 주로 베어링 탈선 방지용으로 사용되고, 와셔는 너트 풀림 방지용으로 사용된다. 베어링용 너트와 와셔는 각각 실과 바늘에 해당된다고 할 수 있다.
[그림 5-1]은 전동장치 중 베어링용 너트와 와셔가 축 부위에 체결되어 있는 모습이다.

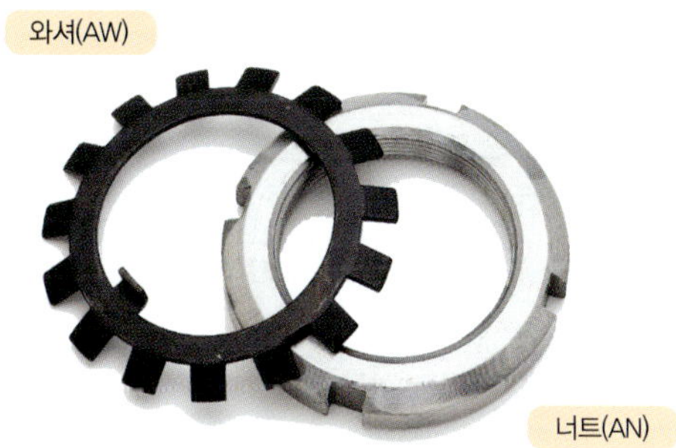


베어링용 너트와 와셔

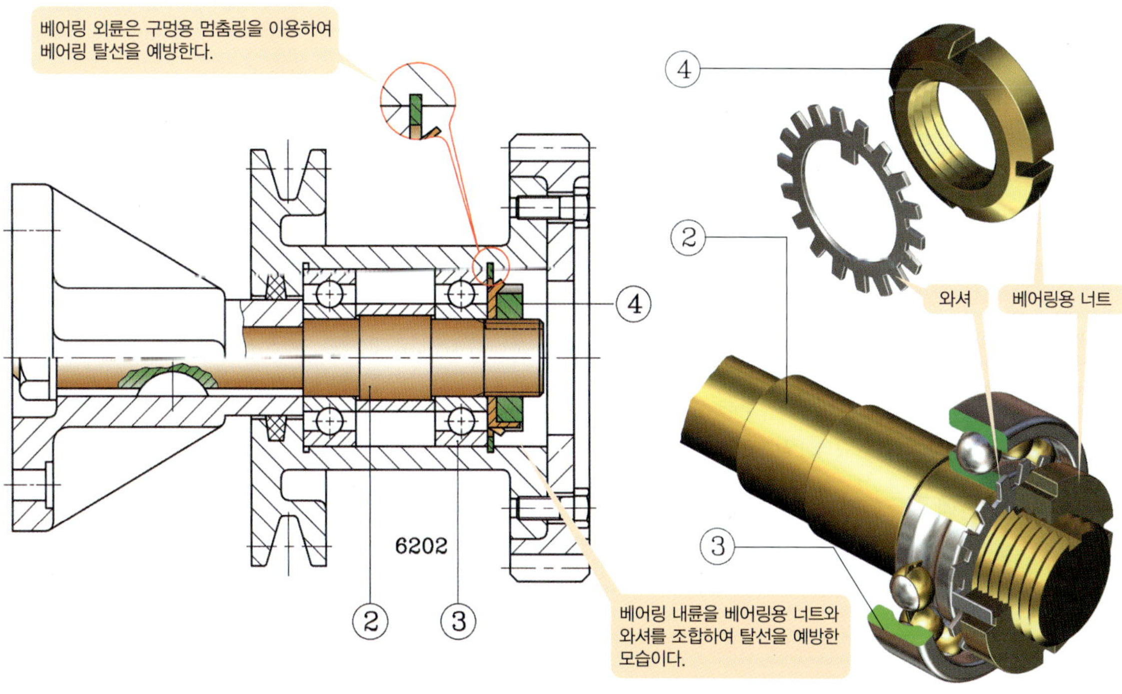


[그림 5-1] 전동장치에 적용된 베어링용 너트와 와셔

# 01 KS 규격 찾는 방법

와셔 계열 AW는 같은 번호의 AN 너트용과 같고, 기준 치수는 [표 5-1]의 KS B 2004 데이터에서 너트 쪽 나사의 호칭인 G(d)가 되며, 와셔에서 축에 적용되는 치수는 [표 5-2]의 KS B 2004 데이터에서 $d_3$을 기준으로 M부 치수와 $f_1$부의 치수가 각각 축에 적용된다[그림 5-2 실제 적용 예 참조].

**[표 5-1] 베어링용 너트 KS 데이터** KS B 2004

**구름베어링용 너트(와셔를 사용하는 너트)**

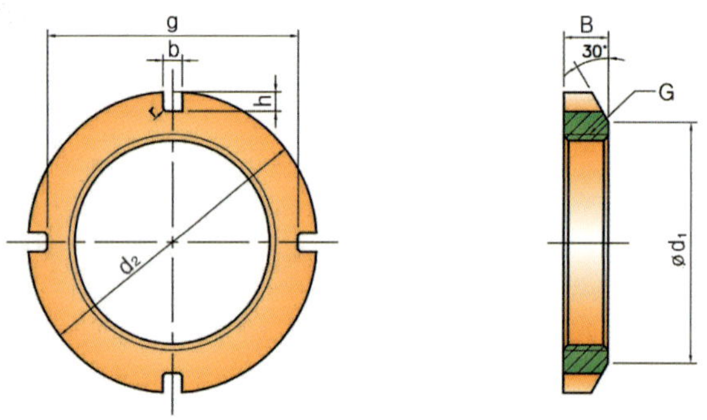


기준 치수

| 너트 계열 AN(어댑터, 빼내기 슬리브 및 축용) | | | | | | | | | | 참고 | |
|---|---|---|---|---|---|---|---|---|---|---|---|
| 호칭 번호 | 나사의 호칭 G(d) | 기준 치수 | | | | | | | | 어댑터 슬리브의 내경 번호 | 축경 (축용) |
| | | $d_2$ | $d_1$ | g | b | h | d6 | B | r(최대) | | |
| AN 02 | M15×1 | 25 | 21 | 21 | 4 | 2 | 15.5 | 5 | 0.4 | – | 15 |
| AN 03 | M17×1 | 28 | 24 | 24 | 4 | 2 | 17.5 | 5 | 0.4 | – | 17 |
| AN 04 | M20×1 | 32 | 26 | 28 | 4 | 2 | 20.5 | 6 | 0.4 | 0.4 | 20 |

* AN 00, AN 01 치수는 규격집 참조

**적용 예**

전동장치에서 품번 ② 기준축지름 d가 M15mm일 때의 적용 예

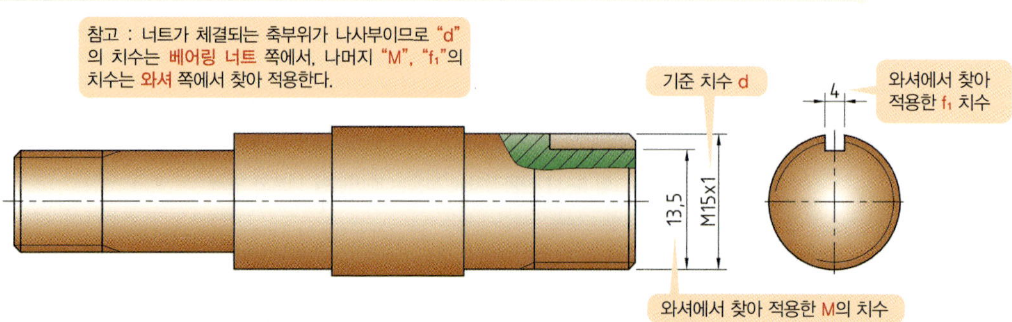


[그림 5-2] 베어링용 너트와 와셔가 적용된 치수

[표 5-2] 구름베어링 너트용 와셔 KS 데이터

KS B 2004

**구름베어링 너트용 와셔**

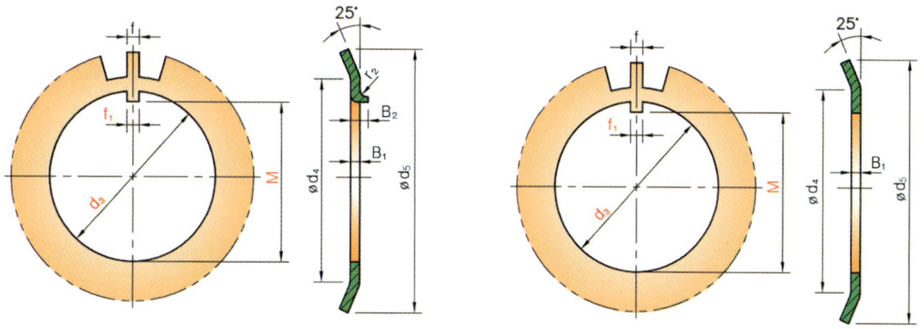


A형 와셔 X형 와셔

적용 치수

| | 호칭번호 | | 기준 치수 | | | | | | | | | | 참고 | |
|---|---|---|---|---|---|---|---|---|---|---|---|---|---|---|
| | 허를 구부린 형식 | 허를 구부리지 않은 형식 | $d_3$ | M | $f_1$ | $B_1$ | f | $d_4$ | $d_5$ | 허를 구부린 형식 $r_2$ | 허를 구부린 형식 $B_2$ | 잇수 | 어댑터 슬리브의 안지름 번호 | 축경 (축용) |
| 와셔 계열 AW (같은 번호의 AN너트용) | AW02A | AW02X | 15 | 13.5 | 4 | 1 | 4 | 21 | 28 | 1 | 2.5 | 11 | – | 15 |
| | AW03A | AW03X | 17 | 15.5 | 4 | 1 | 4 | 24 | 32 | 1 | 2.5 | 11 | – | 17 |
| | AW04A | AW04X | 20 | 18.5 | 4 | 1 | 4 | 26 | 36 | 1 | 2.5 | 11 | 04 | 20 |

* AW00X, AW01X 치수는 규격집 참조

**TIP**

베어링용 너트와 와셔는 공구상가에서 쉽게 구입해서 사용할 수 있다.
여기서 우리가 찾고자 하는 치수는 베어링용 너트와 와셔를 깎기 위한 치수가 아닌 실제로 현장에서 가공되는 베어링용 너트와 와셔가 끼워지는 축 부위의 치수임을 일러두고 싶다. 그래서 필요한 치수만을 찾아 적용하는 것이다.

# 06 오일실(KS B 2804)

- **용도 :** 립(Lip)을 이용하여 레이디얼 방향으로 죄어 붙여 주로 전동장치에서 회전운동을 하는 부위에서의 오일(Oil) 누유 및 기타 외부로부터의 이물질을 차단하여 밀봉작용을 하는 실(Seal)을 말한다[그림 6-1].
- [그림 6-1]의 (a)와 (b)는 표현방법은 다르지만 둘 다 오일실이 적용되는 경우이다.

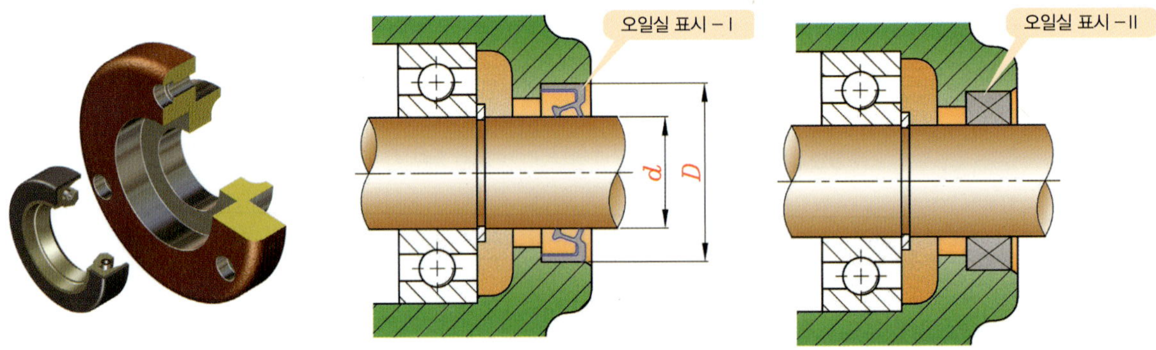


참고 입체도 (a) 오일실 표시방법 – I (b) 오일실 표시방법 – II

[그림 6-1] 오일실

## 01 KS 규격 찾는 방법

[표 6-1]의 KS B 2804 **축지름(d)**를 기준으로 **외경(D)**, **폭(B)**을 찾을 수 있으며, 오일실(Oil Seal)에서 가장 중요한 치수는 오일실 삽입부의 **모떼기(Chamfer) 치수**라 할 수 있다[그림 6-2].

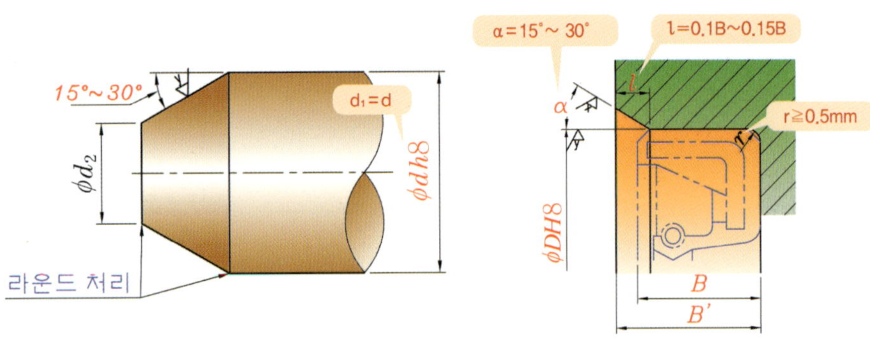


| 오일실 폭 | 하우징 폭 |
|---|---|
| B | B′ |
| 6 이하 | B + 0.2 |
| 6 ~ 10 | B + 0.3 |
| 10 ~ 14 | B + 0.4 |
| 14 ~ 18 | B + 0.5 |
| 18 ~ 25 | B + 0.6 |

(a) 축단의 모떼기 치수 (b) 오일실 삽입을 위한 모떼기 치수

[그림 6-2] 오일실 삽입을 위한 모떼기치수

**적용 예**

기준 축지름이 Ø17mm일 때 적용되는 예

참고 입체도

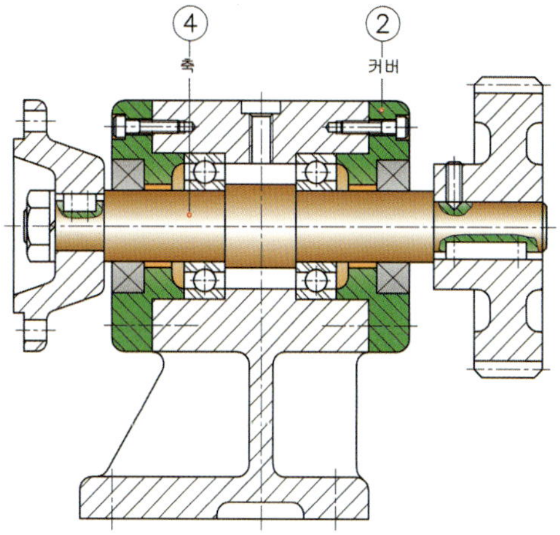


[그림 6-3] 동력전달장치에 적용된 오일실

[표 6-1] 오일실 KS 데이터

KS B 2804

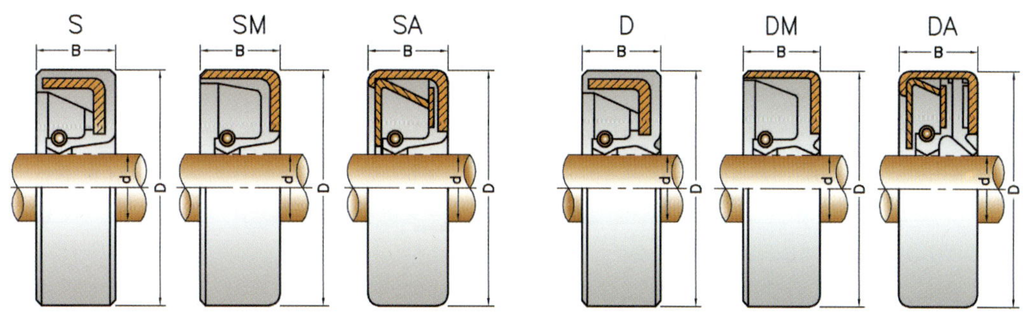


| G, GM, GA 계열 치수 | | | | | | | | | | | | | |
|---|---|---|---|---|---|---|---|---|---|---|---|---|---|
| 호칭 d (h8) | $d_2$ (최대) | 외경 D (H8) | 너비 B | 구멍 폭 B′ | $l$ (최소/최대) 0.1B~ 0.15B | $r$ (최소) $r \geq 0.5$ | 호칭 d (h8) | $d_2$ (최대) | 외경 D (H8) | 너비 B | 구멍 폭 B′ | $l$ (최소/최대) 0.1B~ 0.15B | $r$ (최소) $r \geq 0.5$ |
| 16 | 14 | 28 | 4 | 4.2 | 0.4/0.6 | 0.5 | 42 | 38.7 | 55 | 6 | 6.2 | 0.6/0.9 | 0.5 |
| | | 30 | 7 | 7.3 | 0.7/1.05 | 0.5 | | | 65 | 12 | 12.4 | 1.2/1.8 | 0.5 |
| 17 | 14.9 | 30 | 5 | 5.2 | 0.5/0.75 | 0.5 | 45 | 41.6 | 60 | 6 | 6.2 | 0.6/0.9 | 0.5 |
| | | 32 | 8 | 8.3 | 0.8/1.2 | 0.5 | | | 68 | 12 | 12.4 | 1.2/1.8 | 0.5 |

적용 예

**구멍의 치수** 축지름(호칭) d = 17, 바깥 지름 D = 32, 너비 B = 8

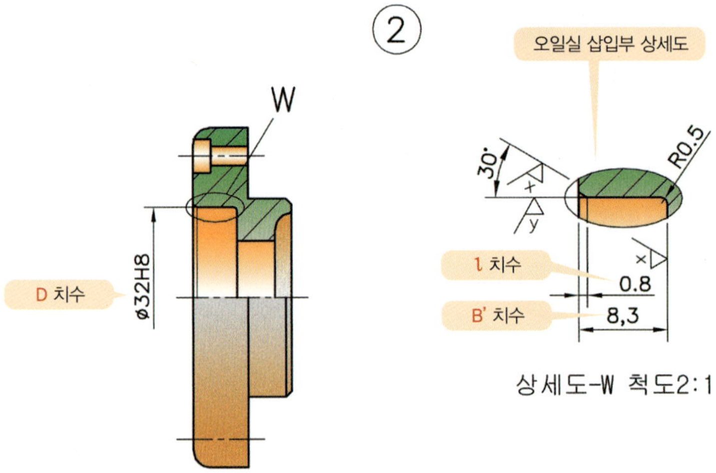


[그림 6-4] 오일실 삽입부 구멍의 치수

**축의 치수**

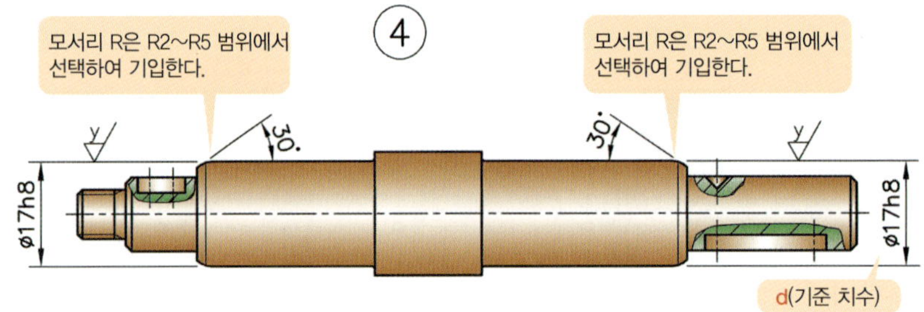


[그림 6-5] 오일실 삽입부 축의 치수

**TIP**

기사/산업기사/기능사 자격검정 실기에서는 오일실이 적용된 축지름(d)과 구멍(D) 치수 그리고 폭(B)을 기준으로 제도자(수험생)가 형별을 결정한다.

# 07 플러머블록 (KS B 2052 : 폐지) (대체표준 : KS B ISO 113)

• **용도** : 일반적으로 분할베어링 케이스에 실(Seal)이 들어갈 수 있는 블록을 말한다. 회전운동을 주로 하는 전동장치의 커버 부분에 이물질의 침입경로를 차단하기 위해 많이 적용된다.

## 01 KS 규격 찾는 방법

[그림 7-1]에서 $d_2$와 가장 인접한 $d_1$의 치수가 기준이 되고 $d_1$의 치수는 축일 수도 있고, 다른 것일 수도 있다. 적용되는 주요 치수는 $d_1$을 기준으로 $d_2$, $d_3$, $f_1$, $f_2$, 각도(°)가 된다[표 7-1].

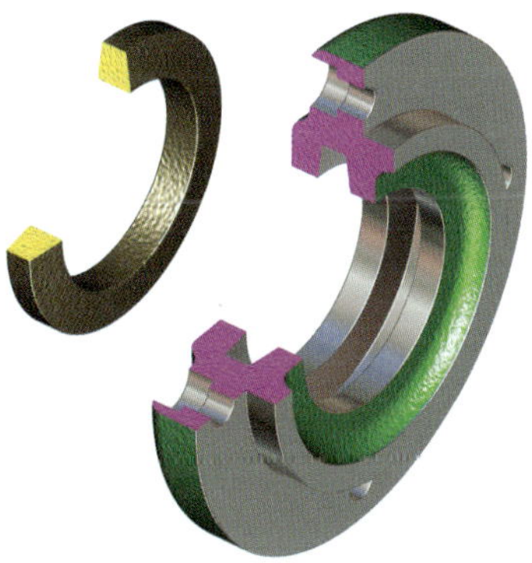

참고 입체도

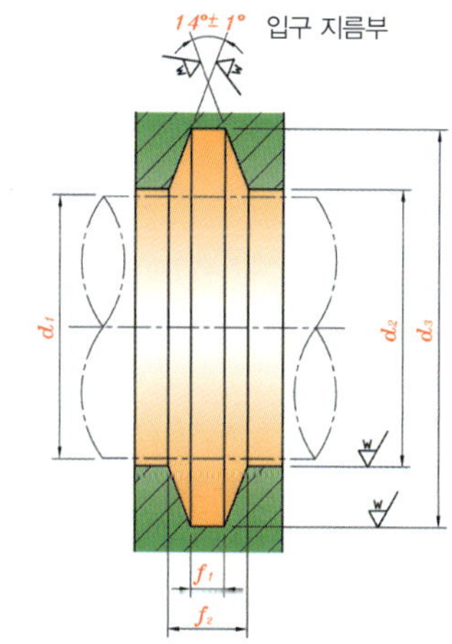


(a) 플러머블록 주요부 치수

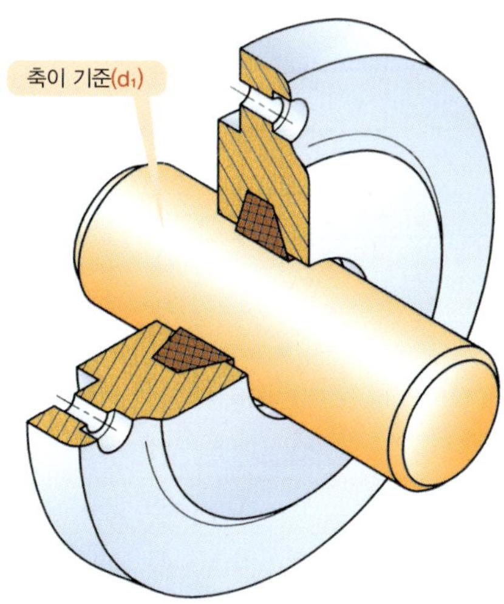


(b) 축이 기준이 되는 경우

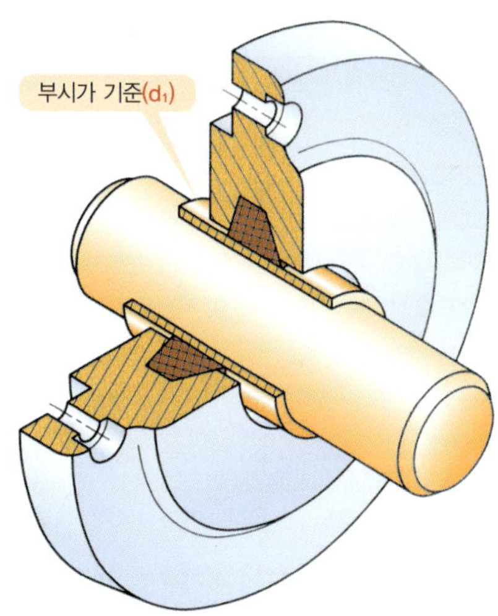


(c) 부시가 기준이 되는 경우

[그림 7-1] 플러머블록이 적용된 커버

### 적용 예

전동장치에서 부시의 외경 $d_1$이 Ø30mm일 때의 적용 예

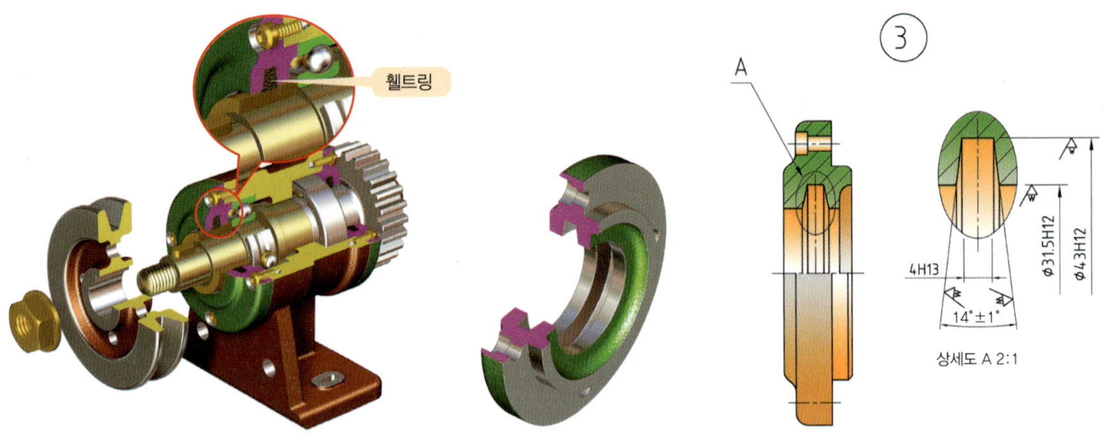


(a) 전동장치 구조도

(b) 플러머블록 홈의 치수

[그림 7-2] 전동장치에 적용된 플러머블록

**[표 7-1] 플러머블록 KS 데이터**

KS B 2052 : 폐지

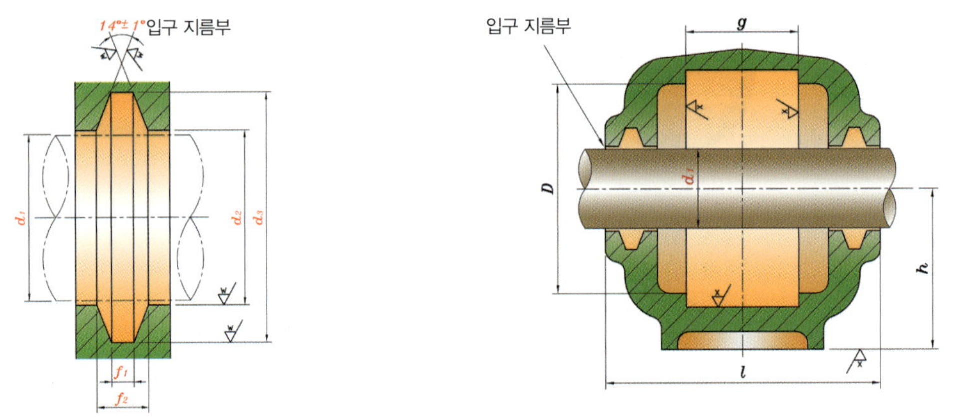


기준 치수

| 호칭 번호 | 호칭경 (참고) $d_1$ | D H8 | a | b | c | H13 | h13 | l | w | m | u | v | $d_2$ H12 | $d_3$ H12 | $f_1$ H13 | 참고 | | |
|---|---|---|---|---|---|---|---|---|---|---|---|---|---|---|---|---|---|---|
| | | | | | | | | | | | | | | | | $f_2$ (약) | 고정 볼츠 호칭 | 중량 kg |
| SN 504 | 17 | 47 | 150 | 45 | 19 | 24 | 35 | 66 | 70 | 115 | 12 | 20 | 18.5 | 28 | 3 | 4.2 | M10 | 0.88 |
| SN 505 | 20 | 52 | 165 | 46 | 22 | 25 | 40 | 67 | 75 | 130 | 15 | 20 | 21.5 | 31 | 3 | 4.2 | M12 | 1.1 |
| SN 506 | 25 | 62 | 185 | 52 | 22 | 30 | 50 | 77 | 90 | 150 | 15 | 20 | 26.5 | 38 | 4 | 5.4 | M12 | 1.6 |
| SN 507 | 30 | 72 | 185 | 52 | 22 | 33 | 50 | 82 | 95 | 150 | 15 | 20 | 31.5 | 43 | 4 | 5.4 | M12 | 1.9 |
| SN 508 | 35 | 80 | 205 | 60 | 25 | 33 | 60 | 85 | 110 | 170 | 15 | 20 | 36.5 | 48 | 4 | 5.4 | M12 | 2.6 |

# 08 나사(KS B ISO 6410)

- **용도** : 기계부품을 체결, 고정 또는 거리 조정 등에 사용하는 것 이외에 동력전달에도 널리 사용된다.
- 나사는 KS B ISO 6410에 의거하여 약도법으로 제도하는 것을 원칙으로 한다.

## 01 나사 제도

### (1) 관통된 나사의 조립도

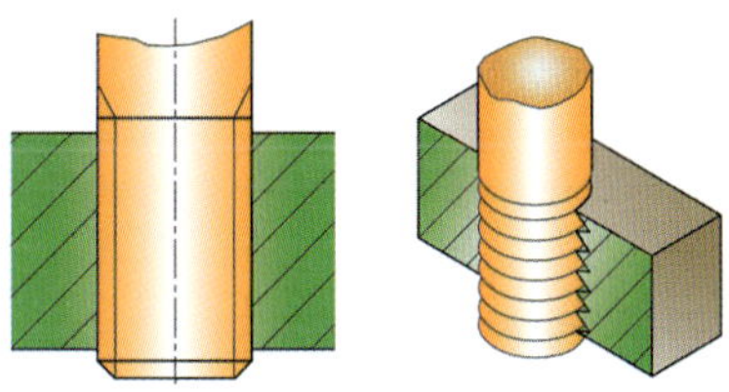

### (2) 탭나사의 조립도

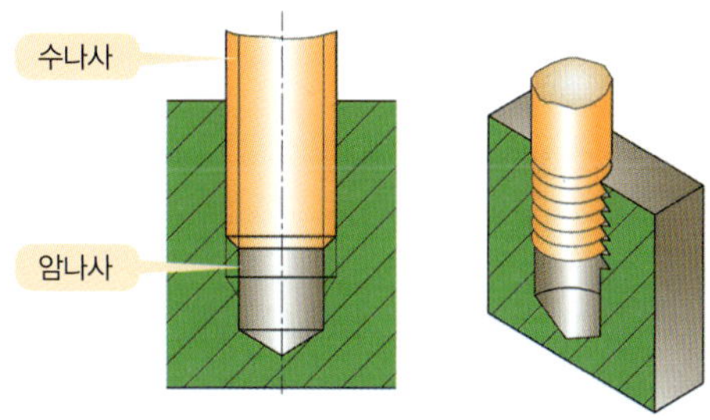


## 02 암나사 제도

### (1) 관통된 암나사 제도

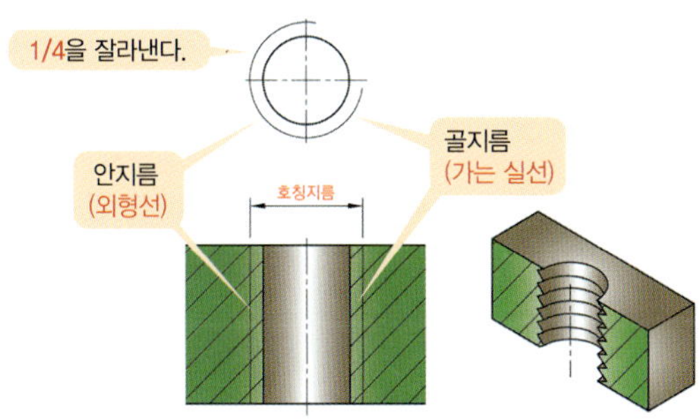


### (2) 탭나사 제도

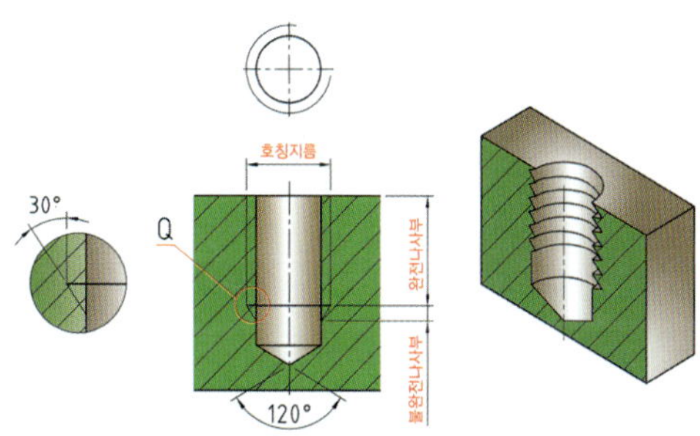

### (3) 관통된 암나사 치수기입법

① 치수선과 치수보조선에 의한 치수기입법

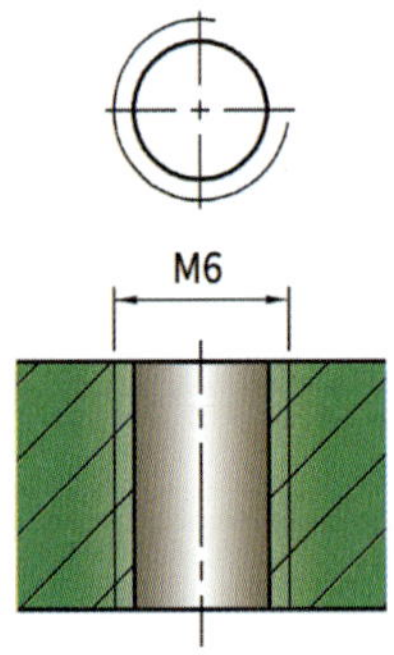


② 지시선에 의한 치수 기입법

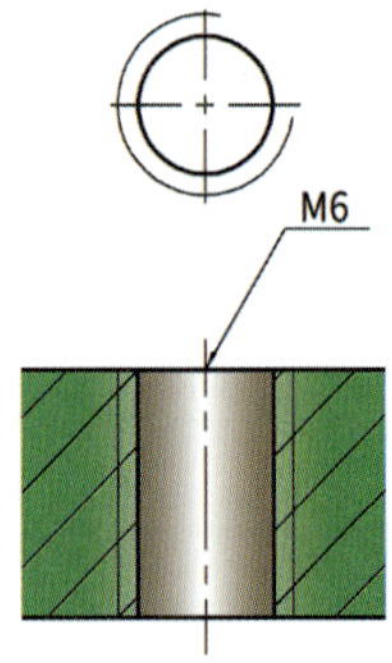


### (4) 탭나사 치수기입법

① 치수선과 치수보조선에 의한 치수기입법

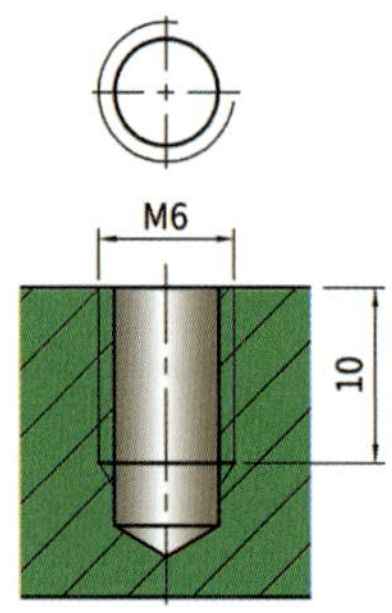


② 지시선에 의한 치수 기입법

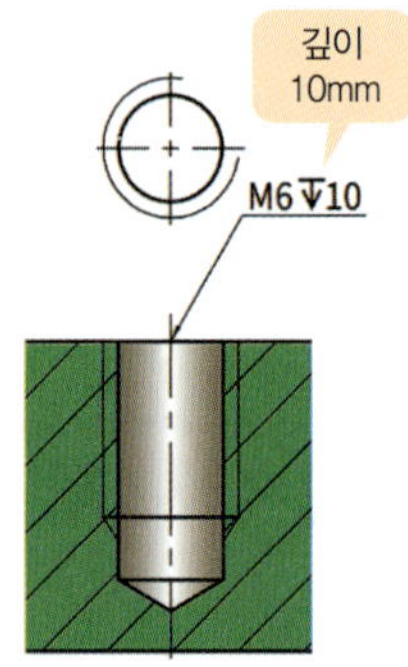


## 03 수나사 제도

### (1) 끝이 모서리진 수나사 제도

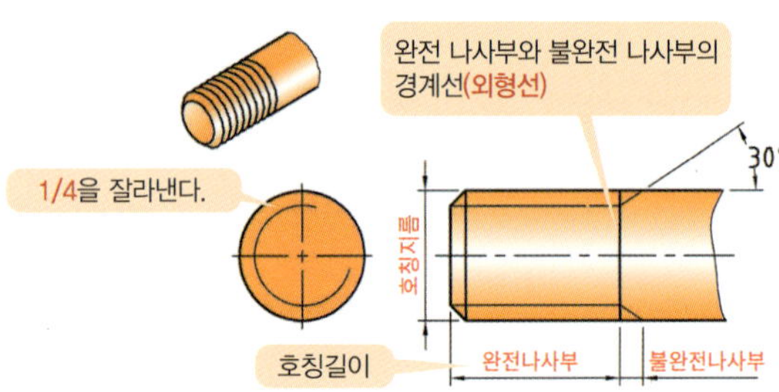


### (2) 끝이 둥근 수나사 제도

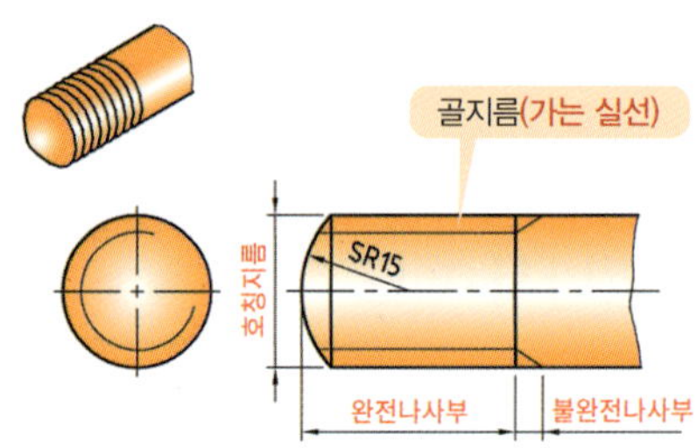


### (3) 끝이 모서리진 수나사 치수기입법

① 치수선과 치수보조선에 의한 치수기입법

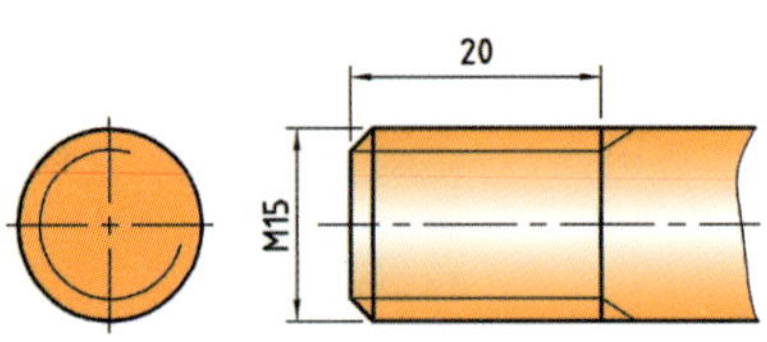


② 지시선에 의한 치수기입법

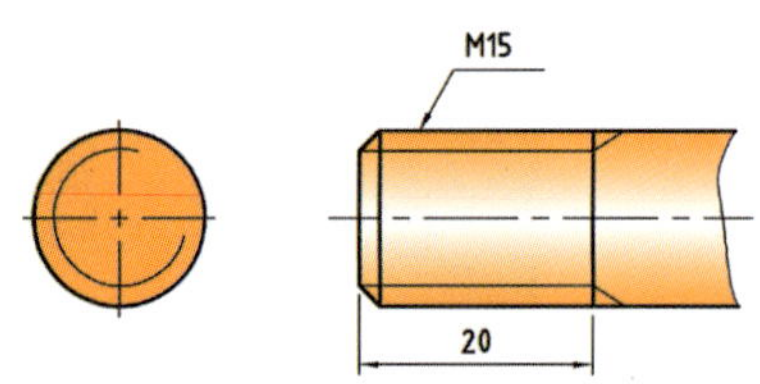

### (4) 끝이 둥근 수나사 치수기입법

① 치수선과 치수보조선에 의한 치수기입법

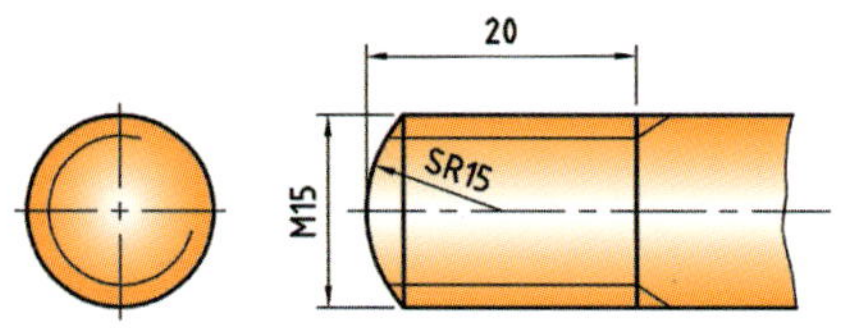


② 지시선에 의한 치수기입법

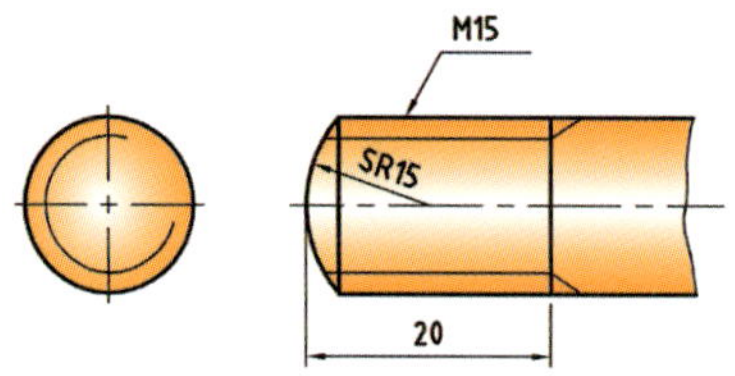


## 04 나사기호 및 호칭기호 표시방법

[표 8–1] 나사기호 표시방법 KS B 0200

| 구분 | | 나사의 종류 | | 기호 | 나사의 호칭기호 표시방법 | 관련 규격 |
|---|---|---|---|---|---|---|
| 일반용 | ISO 표준에 있는 것 | 미터 보통나사 | | M | M8 | KS B 0201 |
| | | 미터 가는나사 | | M | M8X1 | KS B 0204 |
| | | 미니추어 나사 | | S | S0.5 | KS B 0228 |
| | | 유니파이 보통나사 | | UNC | 3/8 – 16 UNC | KS B 0203 |
| | | 유니파이 가는나사 | | UNF | No.8 – 36 UNF | KS B 0206 |
| | | 미터 사다리꼴나사 | | Tr | Tr10X2 | KS B 0229의 본문 |
| | | 관용 테이퍼나사 | 테이퍼 수나사 | R | R3/4 | KS B 0222의 본문 |
| | | | 테이퍼 암나사 | Rc | Rc3/4 | |
| | | | 평행 암나사 | Rp | Rp3/4 | |

## 05 KS 규격 찾는 방법

설계자가 선정한 나사의 호칭이 [표 8-2]에서와 같은 KS 데이터에 있는지 없는지를 먼저 알아볼 수 있어야 한다. 보통나사(예 : M3×0.5)에 피치와 호칭치수를 같이 기입하지 않아도 되나 기입해도 틀린 것은 아니다(예 : 나사제도법 참조).

**[표 8-2] KS 미터보통나사 데이터** KS B 0201

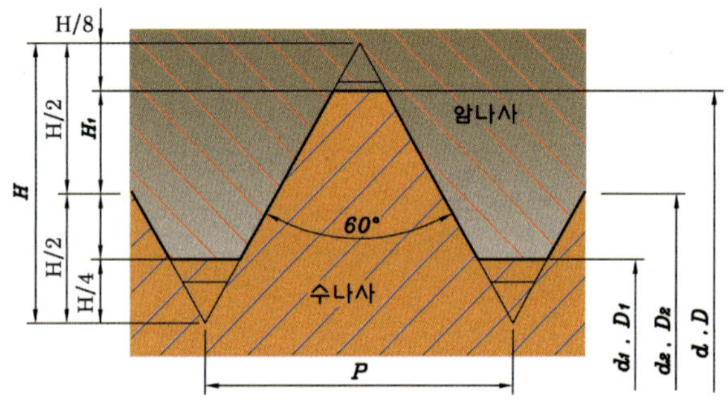


$H=0.866025P$

$H_1=0.541266P$

$d_2=d-0.649519P$

$d_1=d-1.082532P$

$D=d \quad D_2=d_2 \quad D_1=d_1$

미터보통나사

| 나사의 호칭 | | | 피치 P | 접촉높이 $H_1$ | 암나사 | | |
|---|---|---|---|---|---|---|---|
| | | | | | 골지름 D | 유효지름 $D_2$ | 안지름 $D_1$ |
| 1 | 2 | 3 | | | 수나사 | | |
| | | | | | 바깥지름 d | 유효지름 $d_2$ | 골지름 $d_1$ |
| M1 | | | 0.25 | 0.135 | 1.000 | 0.838 | 0.729 |
| | M1.1 | | 0.25 | 0.135 | 1.100 | 0.938 | 0.829 |
| M1.2 | | | 0.25 | 0.135 | 1.200 | 1.038 | 0.929 |
| | M1.4 | | 0.3 | 0.162 | 1.400 | 1.205 | 1.075 |
| M1.6 | | | 0.35 | 0.189 | 1.600 | 1.373 | 1.221 |
| | M1.8 | | 0.35 | 0.189 | 1.800 | 1.578 | 1.421 |
| M2 | | | 0.4 | 0.217 | 2.000 | 1.740 | 1.567 |
| | M2.2 | | 0.45 | 0.244 | 2.200 | 1.908 | 1.713 |
| M2.5 | | | 0.45 | 0.244 | 2.500 | 2.208 | 2.013 |
| M3 | | | 0.5 | 0.271 | 3.000 | 2.675 | 2.459 |
| | M3.5 | | 0.6 | 0.325 | 3.500 | 3.110 | 2.850 |
| M4 | | | 0.7 | 0.379 | 4.000 | 3.545 | 3.242 |

# 09 자리파기(ISO : 4762)

• **용도** : 볼트, 너트 혹은 작은 나사의 머리가 공작물에 가지런히 묻힐 수 있도록 가공하는 작업이다. 그러나 자리파기 가공을 하게 되면 가공 공수(工數)가 많아지고 체결부의 강도 및 강성이 저하되는 단점도 있으므로 적용할 때 이와 같은 사항도 고려해야 할 것이다.

## 01 KS 규격 찾는 방법

미터나사의 호칭(예 : M6)을 기준으로 드릴구멍(D), 자리파기의 모양( ⌴, ⌵ ), 깊이( ↧ )를 찾아 적용할 수 있다.

**적용 예**

육각구멍붙이볼트 M6, 카운터보링에 관한 치수기입을 해보면 [그림 9-1]과 같이 지시선에 의해 기입하는 방법(a)과 치수선과 치수보조선에 의한 기입법(b)이 있다.

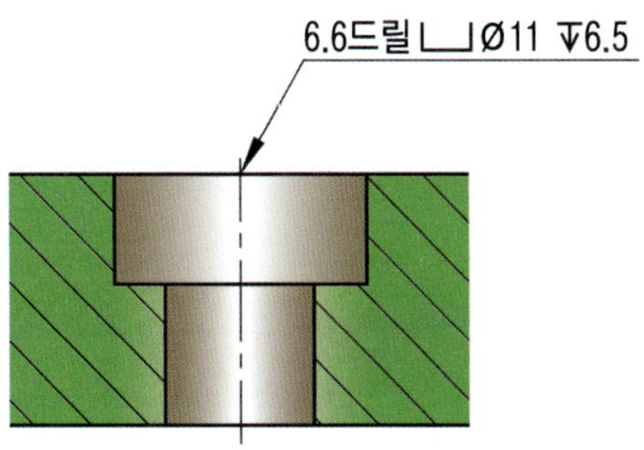


(a) 지시선에 의한 치수기입법

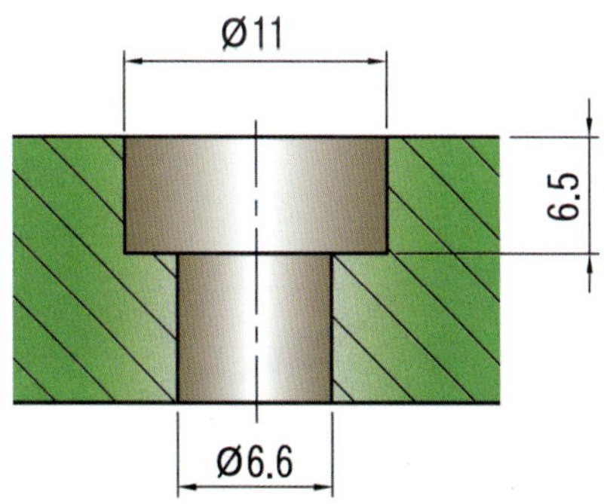


(b) 치수 및 치수보조선에 의한 치수기입법

[그림 9-1] 자리파기 치수기입법

[표 9-1] 볼트구멍 KS B1007, 자리파기 ISO 4762

| 호칭 | | DS | | DCB | | DCS | |
|---|---|---|---|---|---|---|---|
| BOLT TAP | 볼트구멍 | D | DP | D | DP | DP | ANGLE |
| M3 | 3.4 | 9 | 0.2 | 6.5 | 3.3 | 1.75 | |
| M4 | 4.5 | 11 | 0.3 | 8 | 4.4 | 2.3 | |
| M5 | 5.5 | 13 | 0.3 | 9.5 | 5.4 | 2.8 | 90° |
| M6 | 6.6 | 15 | 0.5 | 11 | 6.5 | 3.4 | |
| M8 | 9 | 20 | 0.5 | 14 | 8.6 | 4.4 | |
| M10 | 11 | 24 | 0.8 | 17.5 | 10.8 | 5.5 | |
| M12 | 14 | 28 | 0.8 | 20 | 13 | 6.5 | |
| (M14) | 16 | 32 | 0.8 | 23 | 15.2 | 7 | 90° |
| M16 | 18 | 35 | 1.2 | 26 | 17.5 | 7.5 | |
| M18 | 20 | 39 | 1.2 | 29 | 19.5 | 8 | |
| M20 | 22 | 43 | 1.2 | 32 | 21.5 | 8.5 | |
| M22 | 24 | 46 | 1.2 | 35 | 23.5 | 13.2 | |
| M24 | 26 | 50 | 1.6 | 39 | 25.5 | 14 | |
| M27 | 30 | 55 | 1.6 | 43 | 29 | – | 60° |
| M30 | 33 | 62 | 1.6 | 48 | 32 | 16.6 | |
| M33 | 36 | 66 | 2 | 54 | 35 | – | |

기준이 되는 나사치수

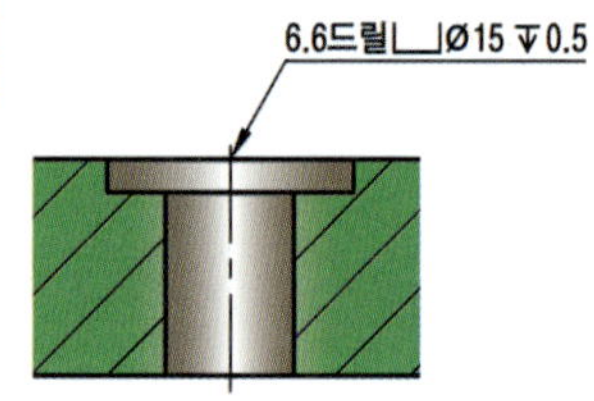


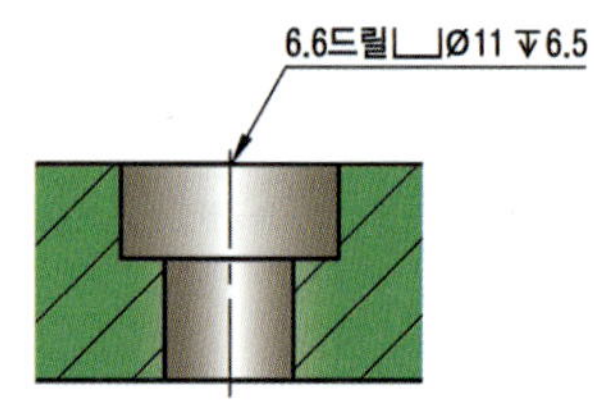


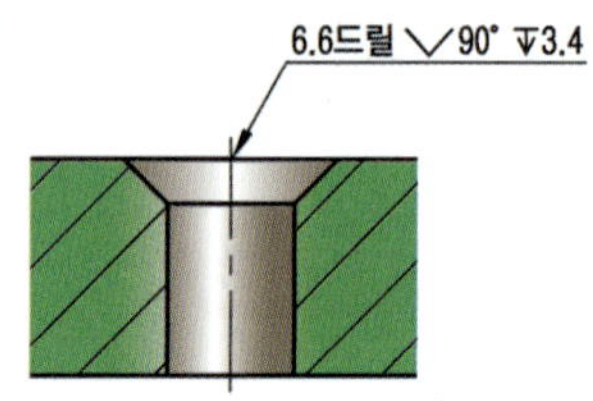


* 볼트구멍 지름은 KS B 1007 2급과 해당 표준에 따르고, 자리파기 치수는 ISO 4762 표준에 따르나 약간씩 치수차가 있다.

**적용 예**

전동장치 몸체에 M4 나사가 파져 있을 때 품번 ⑤에 카운터보링(DCB) 치수를 적용한 경우이다.

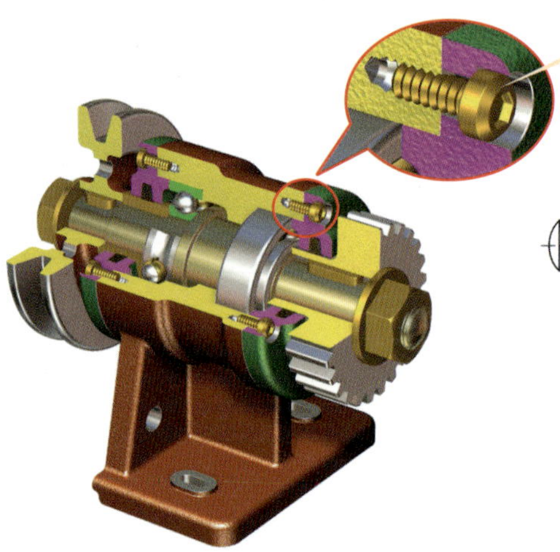

참고 입체도

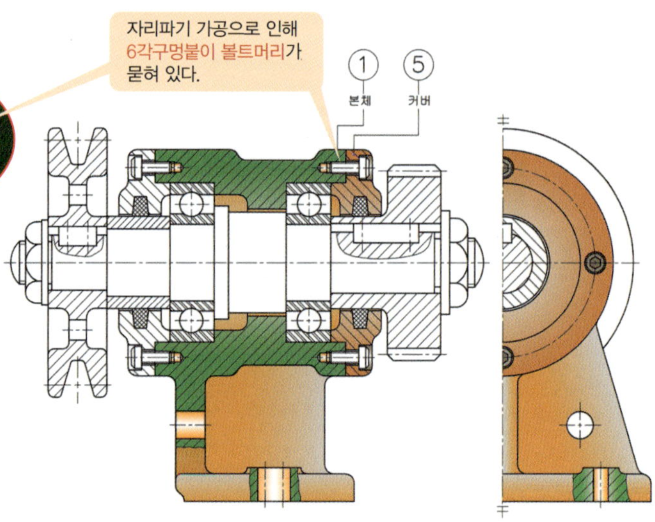


[그림 9-2] 전동장치 커버에 적용된 자리파기(카운터 보링)

**적용 예**

[표 9-1]의 KS 데이터에 의거한 전동장치 부품도 치수

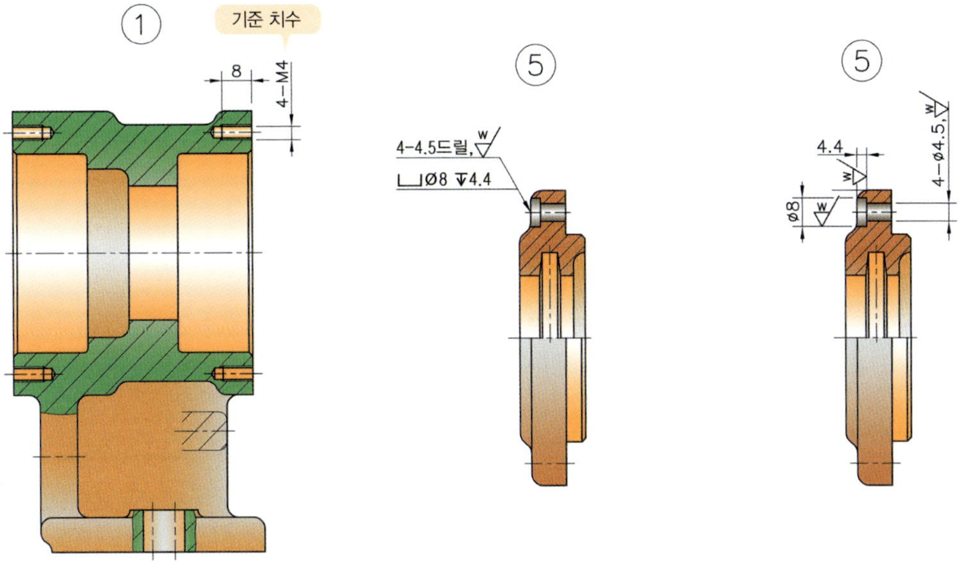


(a) 지시선에 의한 치수기입법

(b) 치수 및 치수보조선에 의한 치수기입법

**TIP**

- **스폿페이싱(Spot Facing)** : 육각볼트, 너트의 머리가 조금 묻힐 수 있도록 자리파기를 하는 가공
- **카운터보링(Counter Boring)** : 육각구멍붙이 머리가 완전히 묻힐 수 있도록 자리파기를 하는 가공
- **카운터싱킹(Counter Sinking)** : 접시머리나사의 머리부가 완전히 묻힐 수 있도록 자리파기를 하는 가공

※ 스폿페이싱 가공은 표피만 깎아내는 정도의 미미한 가공이므로 실무에서는 거의 사용하지 않는다.

# 10 V-벨트풀리(KS B 1400)

• **용도** : 간접 접촉으로 동력을 전달하는 회전체이다. V-벨트풀리 전동효율은 95~99% 정도이며 크기는 형별에 따라 M, A, B, C, D, E형으로 정의하고 폭이 가장 작은 것은 M형, 가장 큰 것은 E형이다.

## 01 KS 규격 찾는 방법

[표 10-1]의 KS 데이터에서, 호칭치수는 형별(예 : M형)과 dp(호칭경)가 된다. 그리고 dp를 기준으로 α°, lo, k, ko, e, f, de, r 치수 등과 그에 따른 허용차 값들을 적용할 수 있다.

**[표 10-1] V-벨트풀리 KS 데이터** KS B 1400

**V-벨트풀리 홈 치수**

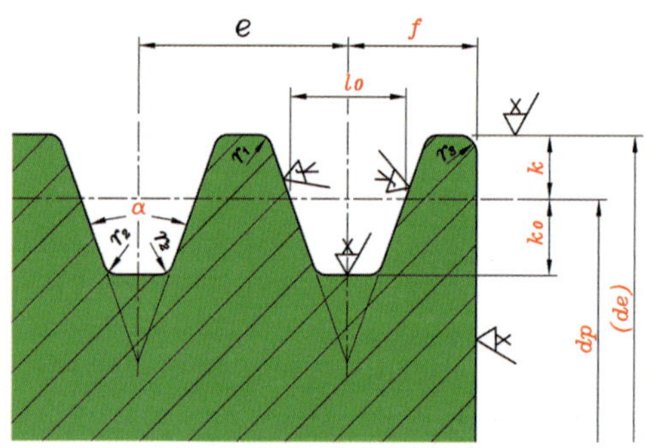


* M형은 원칙적으로 한 줄만 걸친다.(e)

**홈부의 치수허용차**

| V벨트의 형별 | α의 허용차(°) | k의 허용차 | e의 허용차 | f의 허용차 |
|---|---|---|---|---|
| M | ±0.5 | +0.2<br>0 | − | ±1 |
| A | | | ±0.4 | |
| B | | | | |
| C | | +0.3<br>0 | ±0.5 | |
| D | | +0.4<br>0 | | +2<br>−1 |
| E | | +0.5<br>0 | | +3<br>−1 |

* k의 허용치는 외경 de를 기준으로 하며 홈 폭의 $l_0$가 되는 dp 위치의 허용차를 표시한다.

| 형별 | 호칭경(dp) | α° | lo | k | ko | e | f | $r_1$ | $r_2$ | $r_3$ | (참고) V벨트의 두께 |
|---|---|---|---|---|---|---|---|---|---|---|---|
| M | 50 이상 71 이하<br>71 초과 90 이하<br>90 초과 | 34<br>36<br>38 | 8.0 | 2.7 | 6.3 | − | 9.5 | 0.2~0.5 | 0.5~1.0 | 1~2 | 5.5 |
| A | 71 이상 100 이하<br>100 초과 125 이하<br>125 초과 | 34<br>36<br>38 | 9.2 | 4.5 | 8.0 | 15.0 | 10.0 | 0.2~0.5 | 0.5~1.0 | 1~2 | 9 |
| B | 125 이상 160 이하<br>160 초과 200 이하<br>200 초과 | 34<br>36<br>38 | 12.5 | 5.5 | 9.5 | 19.0 | 12.5 | 0.2~0.5 | 0.5~1.0 | 1~2 | 11 |
| C | 200 이상 250 이하<br>250 초과 315 이하<br>315 초과 | 34<br>36<br>38 | 16.9 | 7.0 | 12.0 | 25.5 | 17.0 | 0.2~0.5 | 1.0~1.6 | 2~3 | 14 |
| D | 355 이상 450 이하<br>450 초과 | 36<br>38 | 24.6 | 9.5 | 15.5 | 37.0 | 24.0 | 0.2~0.5 | 1.6~2.0 | 3~4 | 19 |
| E | 500 이상 630 이하<br>630 초과 | 36<br>38 | 28.7 | 12.7 | 19.3 | 44.5 | 29.0 | 0.2~0.5 | 1.6~2.0 | 4~5 | 25.5 |

[표 10-2] 주철재 V-벨트풀리의 바깥 둘레 및 측면의 흔들림 허용차와 바깥지름의 허용차 KS B 1400

| 호칭지름 | 바깥둘레 흔들림의 허용차 | 림 측면 흔들림의 허용차 | 바깥지름 de의 허용차 |
|---|---|---|---|
| 75 이상 118 이하 | 0.3 | 0.3 | ±0.6 |
| 125 이상 300 이하 | 0.4 | 0.4 | ±0.8 |
| 125 이상 300 이하 | 0.6 | 0.6 | ±1.2 |
| 125 이상 300 이하 | 0.8 | 0.8 | ±1.6 |

적용 예

## (1) 전동장치 조립

전동장치에서 품번 ④ A형, dp=101㎜일 때의 적용 예

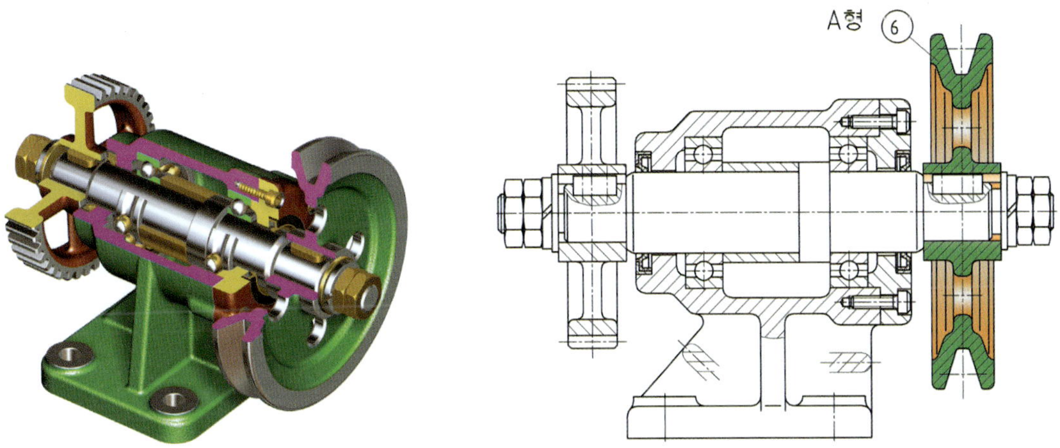


[그림 10-1] 전동장치에 적용된 V-벨트풀리

## (2) 품번 ④ V-벨트풀리 부품도

KS B 1400에 의거하여 치수 기입

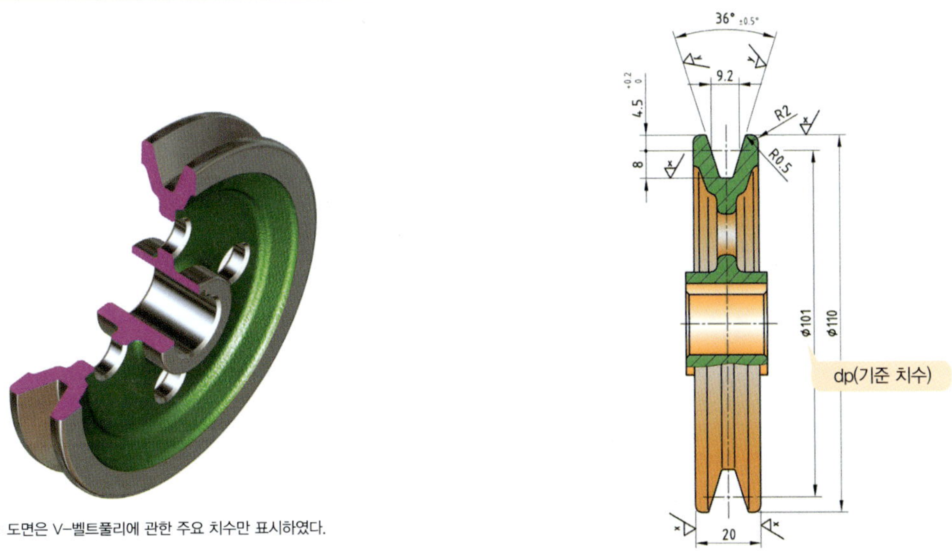


* 도면은 V-벨트풀리에 관한 주요 치수만 표시하였다.

[그림 10-2] KS 데이터에 의한 V-벨트풀리 주요부 치수

# 11 롤러 체인스프로킷(KS B 1408)

• **용도 :** 간접 접촉에 의한 동력 전달에 이용되는 치차라 생각하면 쉽다. 체인전동은 전동효율이 확실하고 (95% 이상) 또 속도비가 정확한 장점은 있으나 고속회전용으로는 부적당하고 진동 및 소음 등이 심하다는 단점도 있다.

## 01 KS 규격 찾는 방법

체인 호칭번호와 잇수에 의해 각 치수들이 정의된다.

호칭, 원주피치, 롤러 외경, 잇수, 치형, 피치원지름 등의 치수는 요목표를 따로 만들어 정확히 기입하는 것이 바람직하다.

예를 들어 **호칭번호 40, N(Z) : 17**이란 값이 정의되어 있다고 하면, 이것은 **호칭번호가 40**이고, **잇수가 17개**란 뜻이다. **호칭번호**에 의해 원주피치 p, 롤러외경 Dr, 치형 하나를 가공하기 위한 각부 치수들이 정의되고 **잇수**에 의해 피치원직경 Dp, 표준직경 Do, 최대보스직경 $D_H$ 등이 KS 규격에 정의되며, 적용되는 치수와 스프로킷 제도법은 [그림 11-1]과 같다.

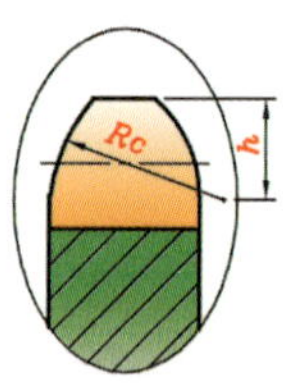

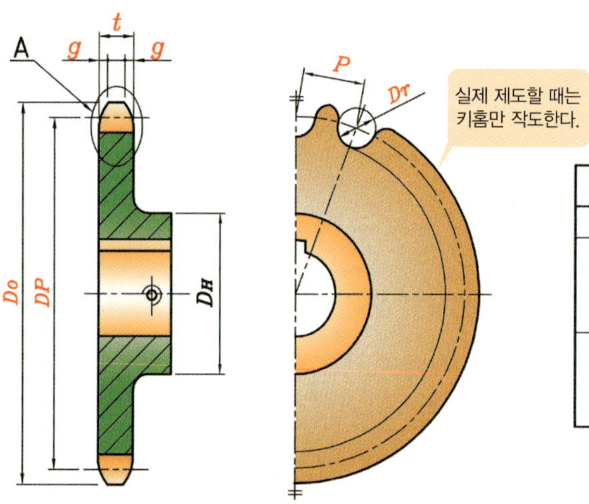


| 체인과 스프로킷 요목표 | | |
|---|---|---|
| 종 류 | 구분 \ 품번 | |
| 체인 | 호 칭 | |
| | 원주피치 | |
| | 롤러외경 | |
| 스프로킷 | 이모양 | |
| | 잇 수 | |
| | 피치원 지름 | |

[그림 11-1] 롤러 체인스프로킷 제도와 주요부 치수 기입방법

[표 11-1] 롤러 체인스프로킷 KS 데이터 – I

KS B 1408

가로 치형

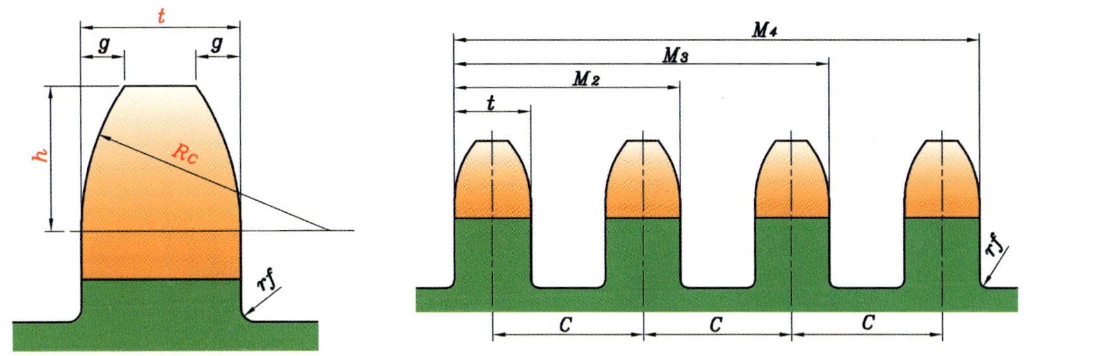


| 체인 호칭 번호 | 체인 | | | 공동치수 | | | | 치폭 t(최대) | | | 가로피치 C |
|---|---|---|---|---|---|---|---|---|---|---|---|
| | 피치 P | 롤러 외경 Dr(최대) | 롤러링 내폭 W (최소) | 모떼기폭 g (약) | 모떼기 깊이 h (약) | 모떼기 반경 Rc (최소) | 둥글기 rf (최대) | 단열 | 2, 3열 | 4열 이상 | |
| 25 | 6.35 | 3.30 | 3.10 | 0.8 | 3.2 | 6.8 | 0.3 | 2.8 | 2.7 | 2.4 | 6.4 |
| 35 | 9.525 | 5.08 | 4.68 | 1.2 | 4.8 | 10.1 | 0.4 | 4.3 | 4.1 | 3.8 | 10.1 |
| 41 | 12.70 | 7.77 | 6.25 | 1.6 | 6.4 | 13.5 | 0.5 | 5.8 | – | – | – |
| 40 | 12.70 | 7.95 | 7.85 | 1.6 | 6.4 | 13.5 | 0.5 | 7.2 | 7.0 | 6.5 | 14.4 |
| 50 | 15.875 | 10.16 | 9.40 | 2.0 | 7.9 | 16.9 | 0.6 | 8.7 | 8.4 | 7.9 | 18.1 |

[표 11-2] 롤러 체인스프로킷 KS 데이터 – II

KS B 1408

| 체인 호칭번호 40용 스프로킷의 기준 치수 | | | | | | | | | | | |
|---|---|---|---|---|---|---|---|---|---|---|---|
| 잇수 N | 피치원 직경 Dp | 표준 외경 Do | 치저원 직경 $D_B$ | 치저 거리 Dc | 최대보수 직경 $D_H$ | 잇수 N | 피치원 직경 Dp | 표준 외경 Do | 치저원 직경 $D_B$ | 치저 거리 Dc | 최대보스 직경 $D_H$ |
| 11 | 45.08 | 51 | 37.13 | 36.67 | 30 | 66 | 266.91 | 274 | 258.96 | 258.96 | 253 |
| 12 | 49.07 | 55 | 41.13 | 41.12 | 34 | 67 | 370.95 | 278 | 263.00 | 262.92 | 257 |
| 13 | 53.07 | 59 | 45.12 | 44.73 | 38 | 68 | 274.99 | 282 | 267.04 | 267.04 | 261 |
| 14 | 57.07 | 63 | 49.12 | 49.12 | 42 | 69 | 279.03 | 286 | 271.08 | 271.01 | 265 |
| 15 | 61.08 | 67 | 53.13 | 52.80 | 46 | 70 | 283.07 | 290 | 275.12 | 275.12 | 269 |
| 16 | 65.10 | 71 | 57.15 | 57.15 | 50 | 71 | 287.11 | 294 | 279.16 | 279.09 | 273 |
| 17 | 69.12 | 76 | 61.17 | 60.87 | 54 | 72 | 291.16 | 299 | 283.21 | 283.21 | 277 |
| 18 | 73.14 | 80 | 65.19 | 65.19 | 59 | 73 | 295.20 | 303 | 287.25 | 287.18 | 281 |
| 19 | 77.16 | 84 | 69.21 | 68.95 | 63 | 74 | 299.24 | 307 | 291.29 | 291.29 | 286 |
| 20 | 81.18 | 88 | 73.23 | 73.23 | 67 | 75 | 303.28 | 311 | 295.33 | 295.26 | 290 |

**적용 예**

## (1) 편심장치 조립도

편심장치에서 **품번 ⑤, 호칭번호 40, N(Z) : 17**일 때의 적용 예

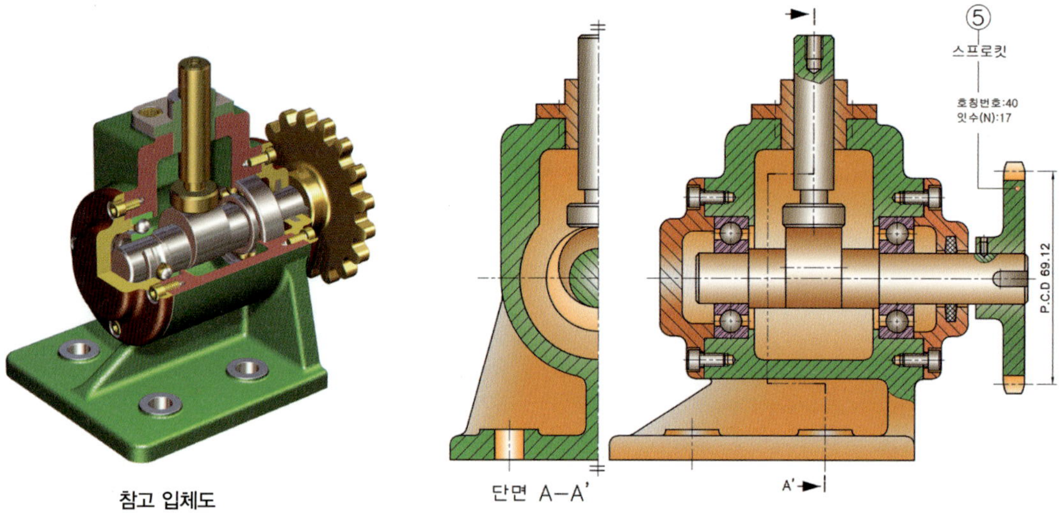


[그림 11-2] 편심장치에 적용된 롤러 체인스프로킷

## (2) 편심장치 부품도

[표 11-1]과 [표 11-2]에 의거하여 치수 입력

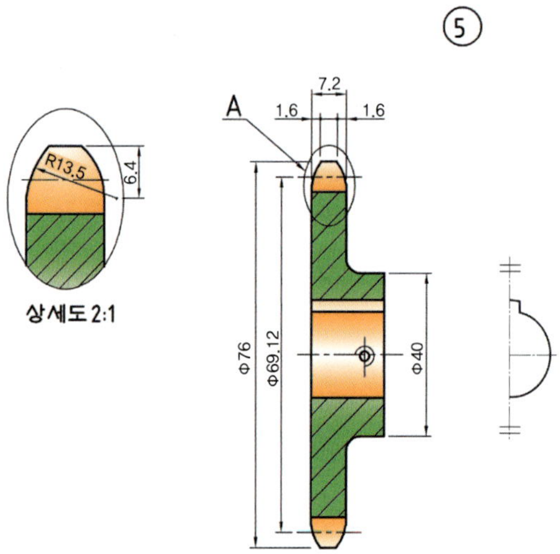

| 체인과 스프로킷 요목표 | | |
|---|---|---|
| 종 류 | 구분 \ 품번 | 5 |
| 체인 | 호 칭 | 40 |
| | 원주피치 | 12.70 |
| | 롤러외경 | 7.95 |
| 스프로킷 | 이모양 | U |
| | 잇 수 | 17 |
| | 피치원 지름 | 69.12 |

[그림 11-3] 적용된 롤러 체인스프로킷의 주요부 치수와 요목표

# 12 O링(KS B 2799)

• **용도** : 니트릴 고무 재질로 만든 단면이 원형인 실(Seal)용 링으로서 축이나 하우징에서 오일 누유(가스) 및 이물질 차단의 목적으로 이용된다.
(참고 : P계열은 운동용과 고정용, G계열은 고정용으로만 사용한다.)

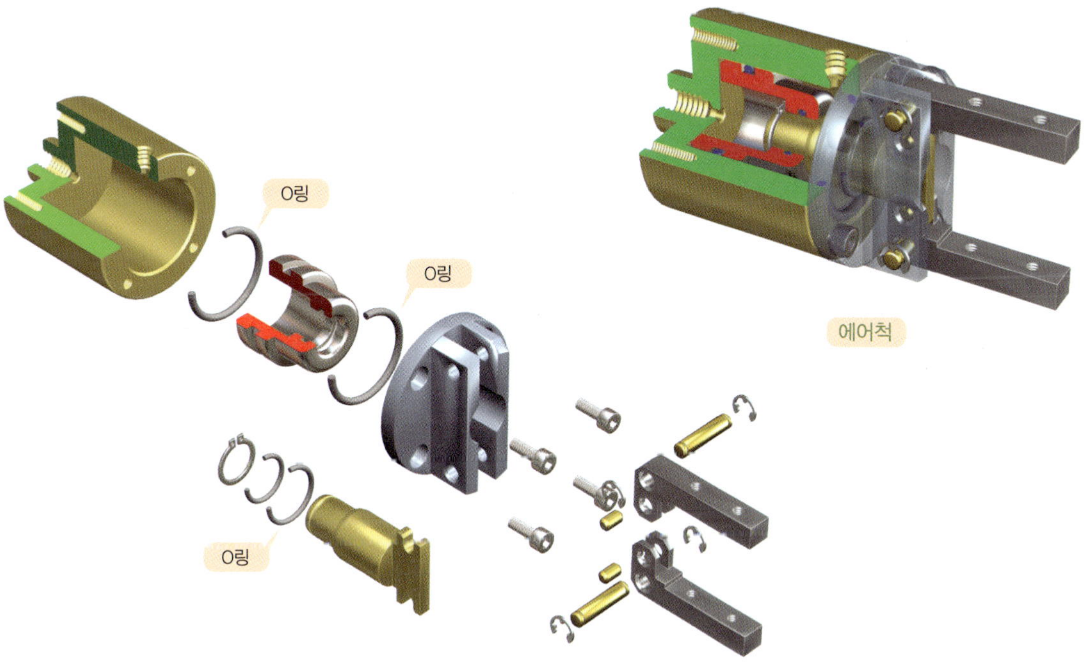


[그림 12-1] 에어척에 적용된 O링

**TIP**

에어척은 반도체 조립공장과 자동차 생산공장 기타 자동화 생산라인에서 부품 조립 시 가장 중요한 역할을 한다. 로봇 손가락의 기초라고 할 수 있으며 Air(공기)를 이용하기 때문에 O링의 역할이 매우 크다.

## 01 KS 규격 찾는 방법 – I

호칭치수 d와 D를 기준으로 홈의 폭인 G와 홈의 구석 라운드 R 그리고 그에 따른 공차값을 적용할 수 있다.
(1) 적용 예 : 호칭치수 D = 40H9, d = 20h9

[표 12-1] O링 부착부의 치수 KS B 2799

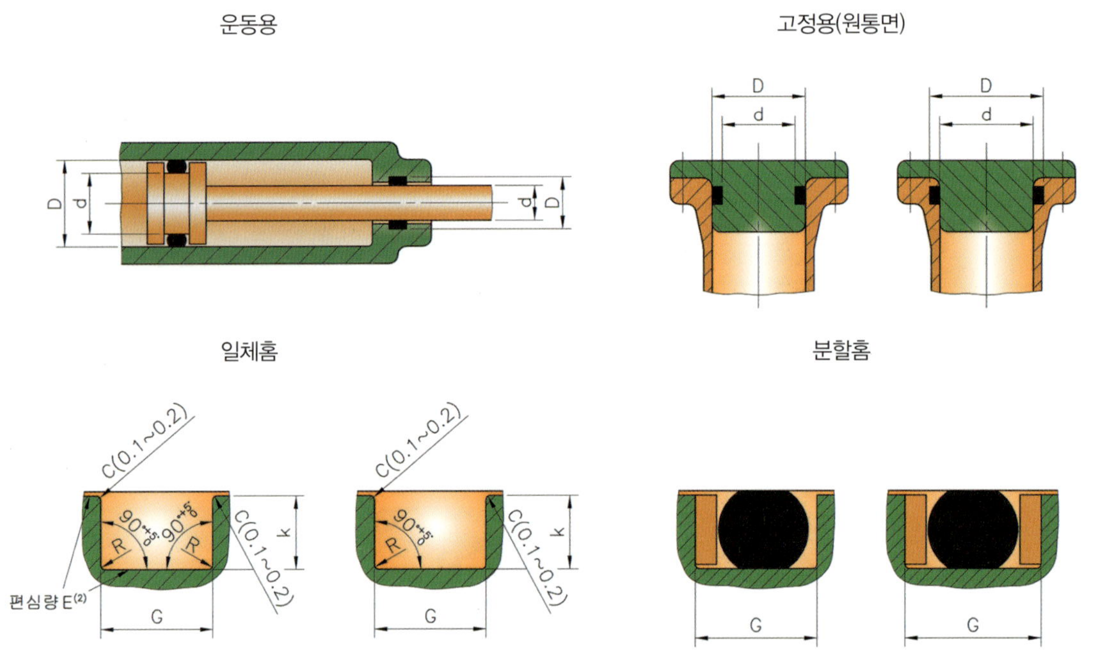


(주) H9/h9는 끼워맞춤 치수이다.

| 호칭 번호 | d(호칭) (h9) | | D(호칭) (H9) | | G 백업링 없음 | G 백업링 1개 | G 백업링 2개 | G 공차 | R (최대) | E (최대) |
|---|---|---|---|---|---|---|---|---|---|---|
| P14 | 14 | | 18 | | | | | | | |
| P15 | 15 | | 19 | | | | | | | |
| P16 | 16 | 0<br>–0.06 | 20 | +0.06<br>0 | 3.2 | 4.4 | 6 | +0.25<br>0 | 0.4 | 0.05 |
| P18 | 18 | | 22 | | | | | | | |
| P20 | 20 (기준) | | 24 | | | | | | | |
| P34 | 34 | | 40 (기준) | | | | | | | |
| P35 | 35 | | 41 | | | | | | | |
| P35.5 | 35.5 | 0<br>–0.08 | 41.5 | +0.08<br>0 | 4.7 | 6 | 7.8 | +0.25<br>0 | 0.8 | 0.08 |
| P36 | 36 | | 43 | | | | | | | |
| P38 | 38 | | 44 | | | | | | | |

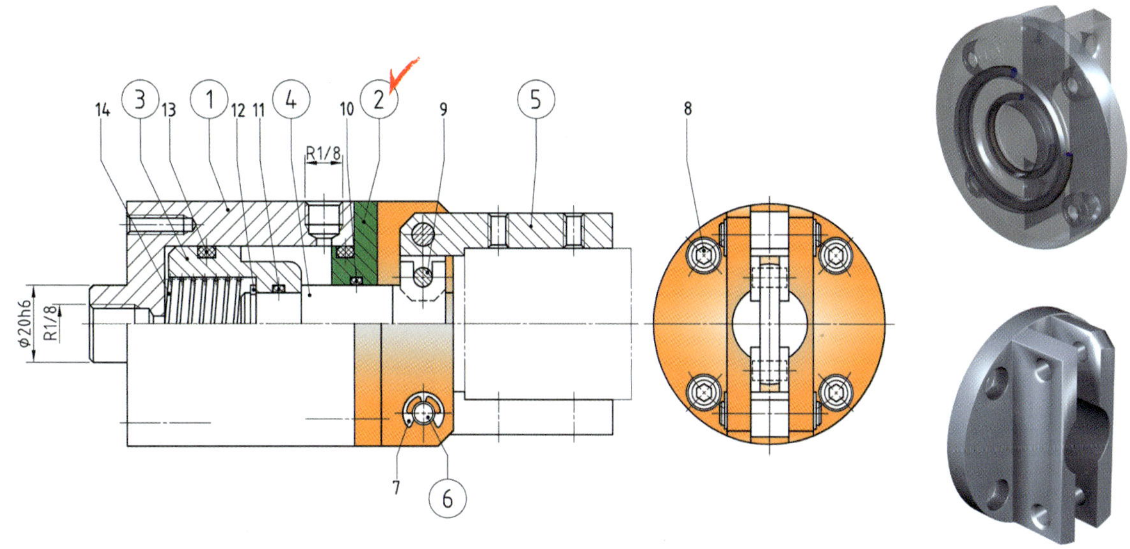


[그림 12-2] 실린더헤드에 적용된 O링

• **에어척 부품 ②번에 적용된 O링 :** 호칭치수 D(호칭) = 40H9, d(호칭) = 20h9을 기준으로 도면에 적용된 규격치수

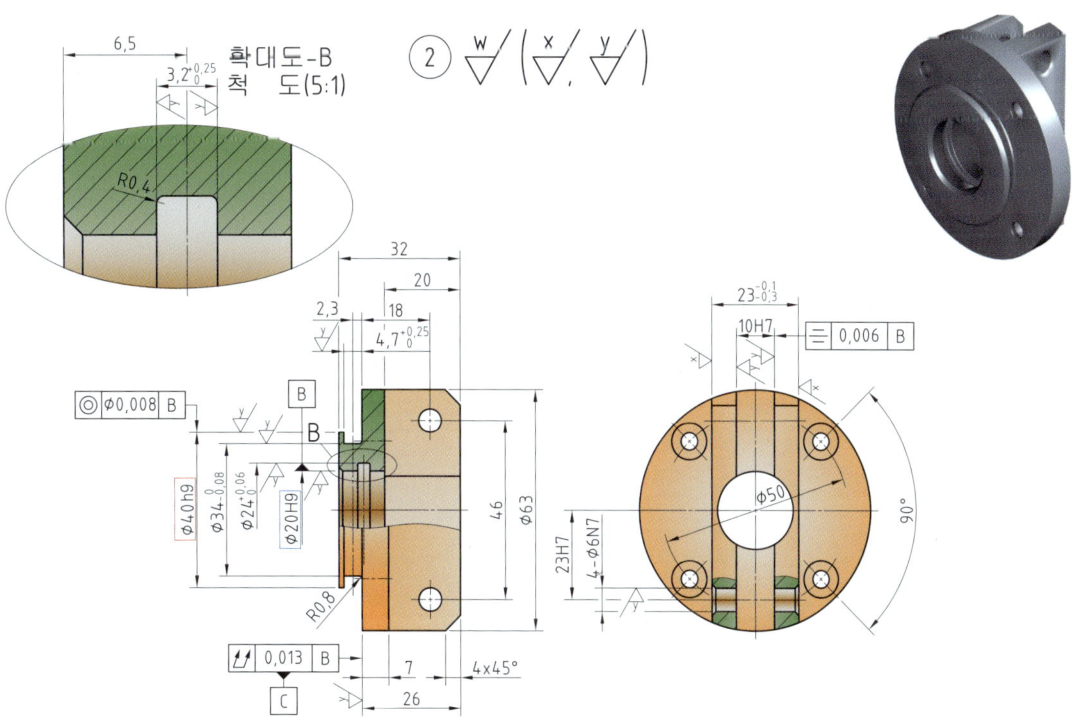

## 02 KS 규격 찾는 방법 – II

호칭치수 d와 D를 기준으로 홈의 폭인 G와 홈의 구석 라운드 R 그리고 그에 따른 공차값을 적용할 수 있다.
(2) 적용 예 : 호칭치수 D(호칭) = 40H9, d(호칭) = 16h9

[표 12-2] O링 부착부의 치수 KS B 2799

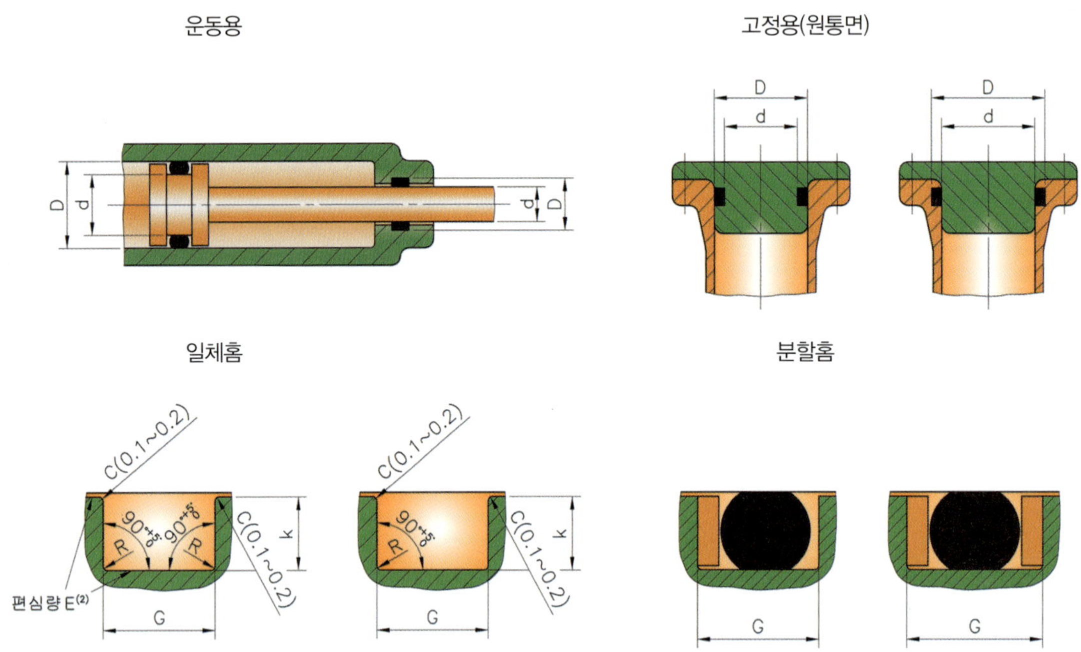


(주) H9/h9는 끼워맞춤 치수이다.

| 호칭 번호 | d(호칭) (h9) | | D(호칭) (H9) | | G 백업링 없음 | G 백업링 1개 | G 백업링 2개 | G 공차 | R (최대) | E (최대) |
|---|---|---|---|---|---|---|---|---|---|---|
| P14 | 14 | | 18 | | | | | | | |
| P15 | 15 | | 19 | | | | | | | |
| P16 | 16 (기준) | 0<br>−0.06 | 20 | +0.06<br>0 | 3.2 | 4.4 | 6 | +0.25<br>0 | 0.4 | 0.05 |
| P18 | 18 | | 22 | | | | | | | |
| P20 | 20 | | 24 | | | | | | | |
| P34 | 34 | | 40 (기준) | | | | | | | |
| P35 | 35 | | 41 | | | | | | | |
| P35.5 | 35.5 | 0<br>−0.08 | 41.5 | +0.08<br>0 | 4.7 | 6 | 7.8 | +0.25<br>0 | 0.8 | 0.08 |
| P36 | 36 | | 43 | | | | | | | |
| P38 | 38 | | 44 | | | | | | | |

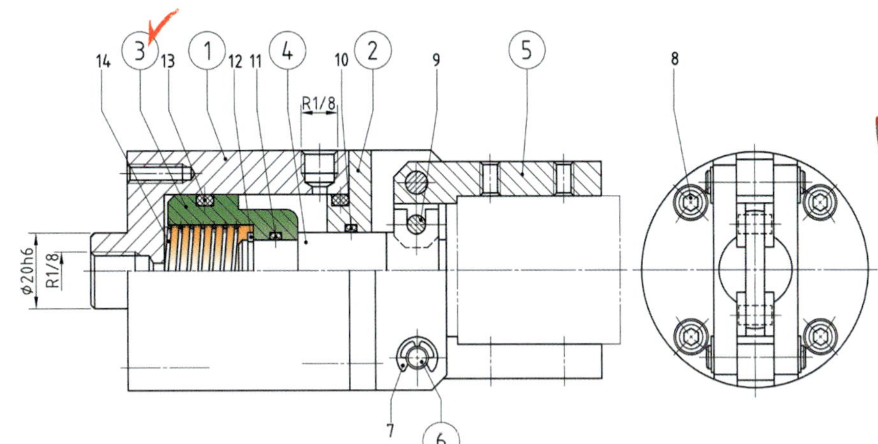

[그림 12-3] 피스톤에 적용된 O링

• **에어척 부품 ③번에 적용된 O링 :** 호칭치수 D(호칭) = 40H9, d(호칭) = 16h9을 기준으로 도면에 적용된 규격치수

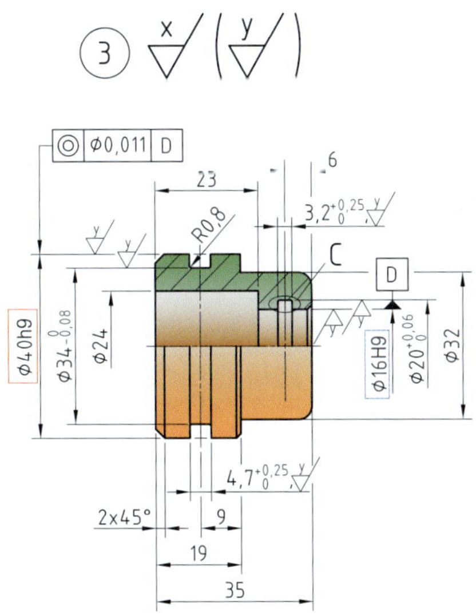


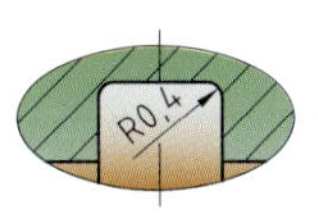


확대도-C
척 도(5:1)

# 13 센터 구멍 도시 및 표시방법 (KS B ISO 6411)

센터는 선반가공에서 공작물을 지지하는 부속장치로서 주로 축가공 시 사용된다.
센터 구멍의 **치수는 KS B 0410**을 따르고, **도시 및 표시방법은 KS B ISO 6411**에 따른다.

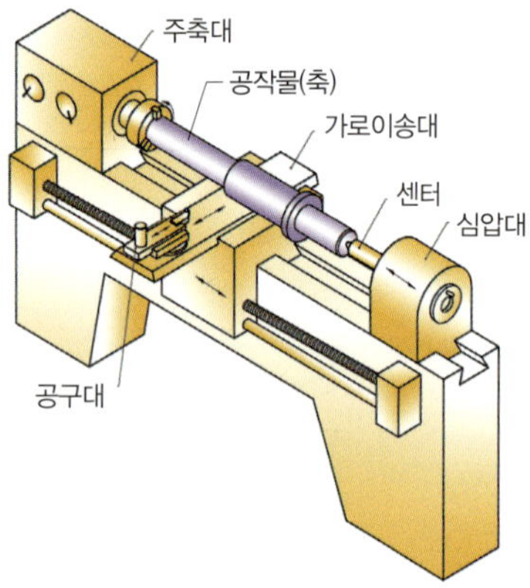


[그림 13-1] 선반의 센터로 지지한 축 가공

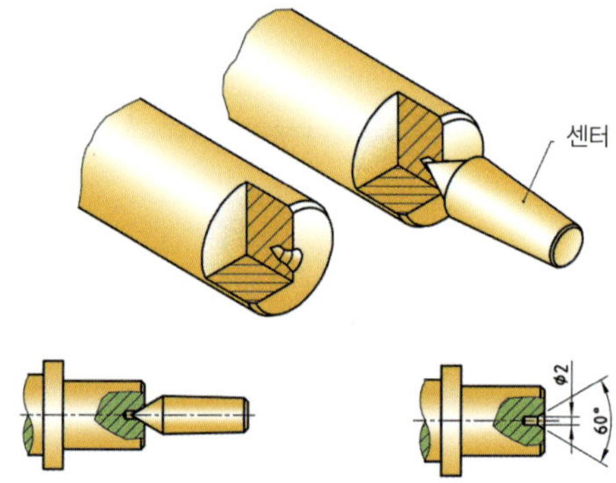


[그림 13-2] 센터 구멍

## (1) 센터 구멍의 종류[KS B 0410] ＊제2종(75° 센터 구멍)은 되도록 사용하지 않는다.

| 종류 | 센터 각도 | 형식 | 비고 |
|---|---|---|---|
| 제1종 | 60° | A형, B형, C형, R형 | A형 : 모떼기부가 없다. |
| 제2종 | 75° | A형, B형, C형 | B형, C형 : 모떼기부가 있다. |
| 제3종 | 90° | A형, B형, C형 | R형 : 곡선 부분에 곡률 반지름 $r$이 표시된다. |

## (2) 센터 구멍의 표시방법

| 센터 구멍 | 반드시 남겨둔다. | 남아 있어도 좋다. | 남아 있어서는 안 된다. | 기호 크기 |
|---|---|---|---|---|
| 도시 기호 |  | 없음 |  | 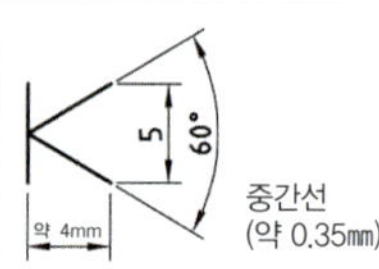  |
| 도시 방법 |   | 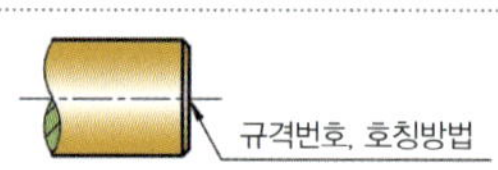  | 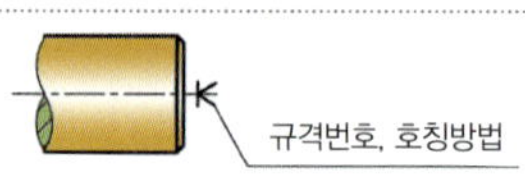  | |

### 적용 예

(1) 센터 구멍을 남겨놔야 할 때 치수기입법

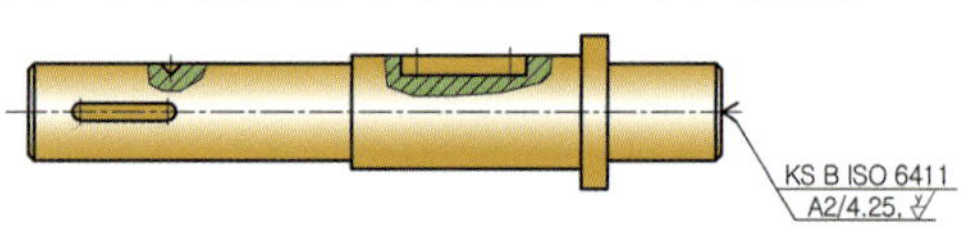


(2) 센터 구멍을 남겨놓지 말아야 할 때 치수기입법

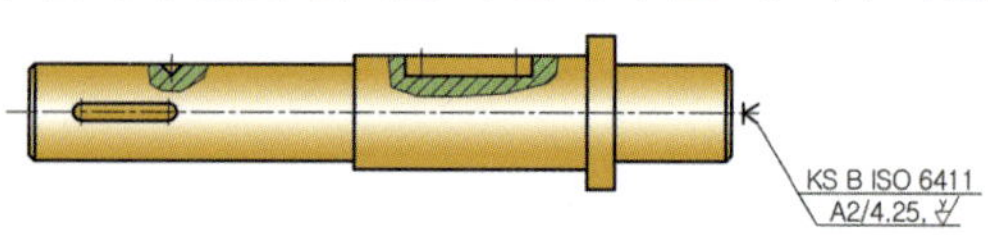


KS B ISO 6411= 규격번호, A= 센터 구멍 종류(R 또는 B), 2/4.25= 호칭 지름(d)/카운터싱크 지름(D)

# 14 센터 구멍 규격 (KS B 0410)

단위 : mm

**호칭 방법 설명 — 종류**

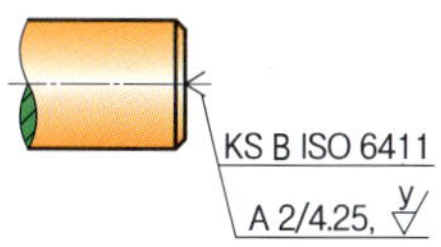


두줄 표기법

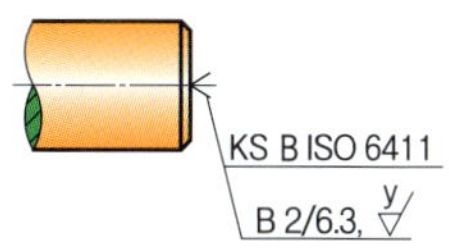


두줄 표기법

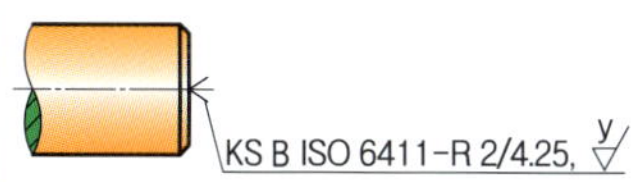


한줄 표기법

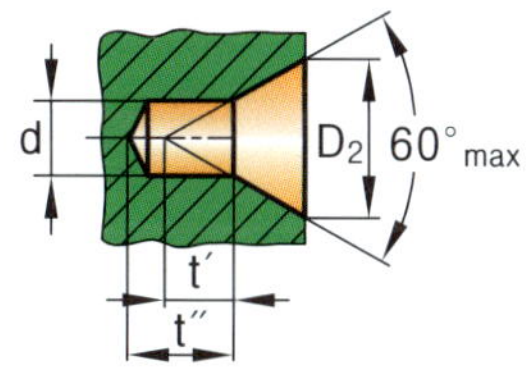


d=2
$D_2$= 4.25

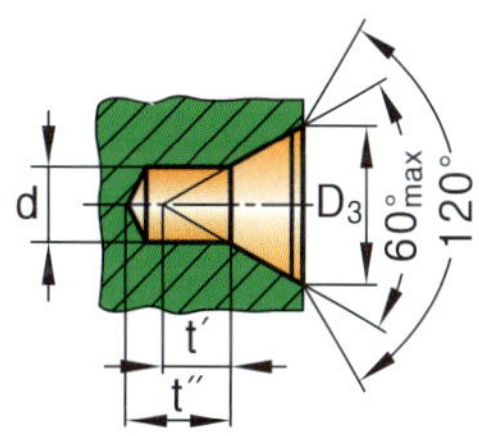


d=2
$D_3$= 6.3

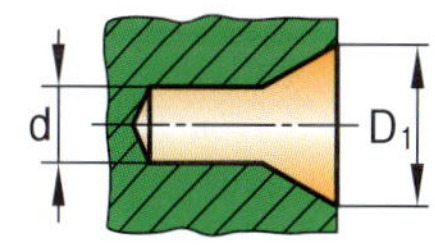


d=2
$D_1$= 4.25

60°센터구멍 치수

| d 호칭 지름 | A형 KS B ISO 866에 따름 | | B형 KS B ISO 2540에 따름 | | R형 KS B ISO 2541에 따름 |
|---|---|---|---|---|---|
| | $D_2$ | t′ | $D_3$ | t′ | $D_1$ |
| (0.5) | 1.06 | 0.5 | – | – | – |
| (0.63) | 1.32 | 0.6 | – | – | – |
| (0.8) | 1.70 | 0.7 | – | – | – |
| 1.0 | 2.12 | 0.9 | 3.15 | 0.9 | 2.12 |
| (1.25) | 2.65 | 1.1 | 4 | 1.1 | 2.65 |
| 1.6 | 3.35 | 1.4 | 5 | 1.4 | 3.35 |
| 2.0 | 4.25 | 1.8 | 6.3 | 1.8 | 4.25 |
| 2.5 | 5.30 | 2.2 | 8 | 2.2 | 5.30 |
| 3.15 | 6.70 | 2.8 | 10 | 2.8 | 6.70 |
| 4.0 | 8.50 | 3.5 | 12.5 | 3.5 | 8.50 |
| (5.0) | 10.60 | 4.4 | 16 | 4.4 | 10.60 |
| 6.3 | 13.20 | 5.5 | 18 | 5.5 | 13.20 |
| (8.0) | 17.00 | 7.0 | 22.4 | 7.0 | 17.00 |
| 10.0 | 21.20 | 8.7 | 28 | 8.7 | 21.20 |

**비고**

1. t″는 t′보다 작은 값이 되면 안 된다.
2. (　)를 붙인 호칭의 것은 되도록 사용하지 않는다.

CHAPTER

# 06

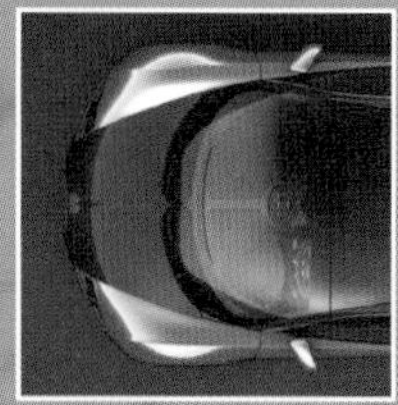

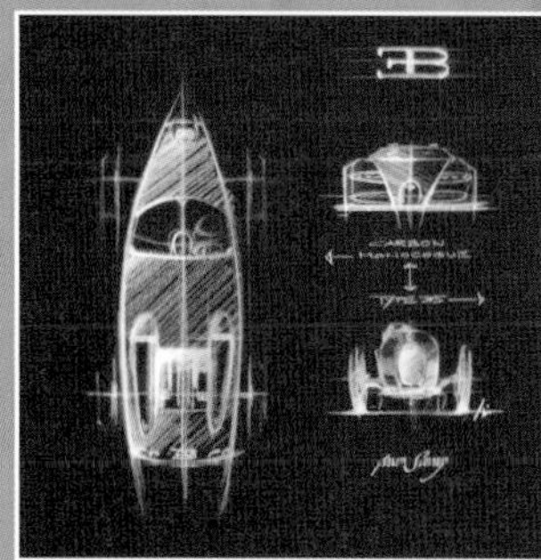

# 주석(주서)문의 보기와 해석

**BRIEF SUMMARY**

주석(주서)문은 도면에 표현하지 못한 내용이나 혹은 특별한 가공이 있는 부분 등 기타 지시사항들을 문서로써 간단명료하게 지시하는 것이다.

# 01 주석(주서)문의 보기

도면을 읽기 전에 가장 먼저 확인해야 할 것은 주석문과 표제란, 부품란이다.
주석문에는 미처 도면에 그림으로 표현하지 못한 부분이나 기타 도면에 자주 중복이 되는 치수들, 공작자에게 지시할 기타 사항들을 문서로써 간단 명료하게 기입하는 것이다.
주석문에는 특별한 규정이나 순서는 없다. 그러나 문장 형식으로 너무 길게 쓴다든가, 보는 사람으로 하여금 혼동을 줄 수 있는 용어는 되도록 생략하는 것이 좋다.

**주 서**

1. 일반공차 가) 가공부 : KS B ISO 2768-m
   나) 주조부 : KS B 0250 CT-11
   다) 주강부 : KS B 0418 보통급
2. 도시되고 지시 없는 모따기는 C1, 필렛 및 라운드 R3
3. 일반 모따기 C = 0.2~0.5
4. ◯∀ 부 외면 명청색, 명적색 도장 후 가공(품번 ①, ②)
5. 표면 열처리 HRC43~52(품번 ③, ④)
6. 표면 거칠기 기호 비교표

   ◯∀ = ◯∀ , – , –

   w∀ = 12.5∀ , Ry50, Rz50, N10

   x∀ = 3.2∀ , Ry12.5, Rz12.5, N8

   y∀ = 0.8∀ , Ry3.2, Rz3.2, N6

   z∀ = 0.2∀ , Ry0.8, Rz0.8, N4

# 02 주석(주서)문의 해석

1. 일반공차

가) 가공부 : KS B ISO 2768-m

나) 주조부 : KS B 0250 CT-11

다) 주강부 : KS B 0418 보통급

■ 해석

도면에 작도된 부품도 중 **일반기계 가공부는 KS B ISO 2768-m(중간급), 주조품은 KS B 0250 CT-11(11등급), 주강품은 KS B 0418**에 규정된 일반공차값에 따른다는 내용이다.

① 일반기계 가공부 치수 허용차

[표 2-1] 일반기계 가공부 허용편차[KS B ISO 2768]

단위 : mm

| 공차등급 | | 보통 치수에 대한 허용차 | | | | | | | |
|---|---|---|---|---|---|---|---|---|---|
| 호칭 | 설명 | 0.5초과 3 이하 | 3 초과 6 이하 | 6 초과 30 이하 | 30 초과 400 이하 | 120 초과 400 이하 | 400 초과 1000 이하 | 1000 초과 2000 이하 | 2000 초과 4000 이하 |
| f | 정밀 | ±0.05 | ±0.05 | ±0.1 | ±0.15 | ±0.2 | ±0.3 | ±0.5 | - |
| m | 중간 | ±0.1 | ±0.1 | ±0.2 | ±0.3 | ±0.5 | ±0.8 | ±1.2 | ±2 |
| c | 거침 | ±0.2 | ±0.3 | ±0.5 | ±0.8 | ±1.2 | ±2 | ±3 | ±4 |
| v | 매우 거침 | - | ±0.5 | ±1 | ±1.5 | ±2.5 | ±4 | ±6 | ±8 |

* 표시법 : KS B ISO 2768-m

[표 2-2] 일반기계 가공부 각도의 허용차[KS B ISO 2768]

단위 : mm

| 공차등급 | | 각을 이루는 치수에 대한 허용차 | | | | |
|---|---|---|---|---|---|---|
| 호칭 | 설명 | 10 이하 | 10 초과 50 이하 | 50 초과 120 이하 | 120 초과 400 이하 | 400 초과 |
| f | 정밀 | ±1° | ±0°30′ | ±0°20′ | ±0°10′ | ±0°5′ |
| m | 중간 | | | | | |
| c | 거침 | ±1°30′ | ±1° | ±0°30′ | ±0°15′ | ±0°10′ |
| v | 매우 거침 | ±3° | ±2° | ±1° | ±0°30′ | ±0°20′ |

### ② 주조부 치수 허용차

[표 2-3] 주조한 그대로의 주조품의 치수공차[KS B 0250]

단위 : mm

| 주조품의 기준 치수 | | 전체 주조공차 | | | | | | | | | | | | | | | |
|---|---|---|---|---|---|---|---|---|---|---|---|---|---|---|---|---|---|
| 초과 | 이하 | 주조 공차 등급 CT | | | | | | | | | | | | | | | |
| | | 1 | 2 | 3 | 4 | 5 | 6 | 7 | 8 | 9 | 10 | 11 | 12 | 13 | 14 | 15 | 16 |
| – | 10 | 0.09 | 0.13 | 0.18 | 0.26 | 0.36 | 0.52 | 0.74 | 1 | 1.5 | 2 | 2.8 | 4.2 | – | – | – | – |
| 10 | 16 | 0.1 | 0.14 | 0.2 | 0.28 | 0.38 | 0.54 | 0.78 | 1.1 | 1.6 | 2.2 | 3 | 4.4 | – | – | – | – |
| 16 | 25 | 0.11 | 0.15 | 0.22 | 0.3 | 0.42 | 0.58 | 0.82 | 1.2 | 1.7 | 2.4 | 3.2 | 4.6 | 6 | 8 | 10 | 12 |
| 25 | 40 | 0.12 | 0.17 | 0.24 | 0.32 | 0.46 | 0.64 | 0.9 | 1.3 | 1.8 | 2.6 | 3.6 | 5 | 7 | 9 | 11 | 14 |
| 40 | 63 | 0.13 | 0.18 | 0.26 | 0.36 | 0.5 | 0.7 | 1 | 1.4 | 2 | 2.8 | 4 | 5.6 | 8 | 10 | 12 | 16 |
| 63 | 100 | 0.14 | 0.2 | 0.28 | 0.4 | 0.56 | 0.78 | 1.1 | 1.6 | 2.2 | 3.2 | 4.4 | 6 | 9 | 11 | 14 | 18 |
| 100 | 160 | 0.15 | 0.22 | 0.3 | 0.44 | 0.62 | 0.88 | 1.2 | 1.8 | 2.5 | 3.6 | 5 | 7 | 10 | 12 | 16 | 20 |
| 160 | 250 | – | 0.24 | 0.34 | 0.5 | 07 | 1 | 1.4 | 2 | 2.8 | 4 | 5.6 | 8 | 11 | 14 | 18 | 22 |
| 250 | 400 | – | – | 0.4 | 0.56 | 0.78 | 1.1 | 1.6 | 2.2 | 3.2 | 4.4 | 6.2 | 9 | 12 | 16 | 20 | 25 |
| 400 | 630 | – | – | – | 0.64 | 0.9 | 1.2 | 1.8 | 2.6 | 3.6 | 4 | 7 | 10 | 14 | 18 | 22 | 28 |
| 630 | 1,000 | – | – | – | – | 1 | 1.4 | 2 | 2.8 | 4 | 6 | 8 | 11 | 16 | 20 | 25 | 32 |
| 1,000 | 1,600 | – | – | – | – | – | 1.6 | 2.2 | 3.2 | 4.6 | 7 | 9 | 13 | 18 | 23 | 29 | 37 |
| 1,600 | 2,500 | – | – | – | – | – | – | 2.6 | 3.8 | 5.4 | 8 | 10 | 15 | 21 | 26 | 33 | 42 |
| 2,500 | 4,000 | – | – | – | – | – | – | – | 4.4 | 6.2 | 9 | 12 | 17 | 24 | 30 | 38 | 49 |
| 4,000 | 6,300 | – | – | – | – | – | – | – | – | 7 | 10 | 14 | 20 | 28 | 35 | 44 | 56 |
| 6,300 | 10,000 | – | – | – | – | – | – | – | – | – | 11 | 16 | 23 | 32 | 40 | 50 | 64 |

* 표시법 : KS B ISO 2050 CT-12, KS B ISO 8062 CT-12

### ③ 주강부 치수 허용차

주강부 등급은 A급(정밀급), B급(중급), C급(보통급)의 3등급으로 규정한다(KS B 0418 규격 참조).

## 2. 도시되고 지시 없는 모따기는 C1, 필렛 및 라운드 R3

### ■ 해석

모따기나 라운딩 치수 중 같은 값이 여러 곳에 중복되면 [그림 2-1]과 같이 도면이 조잡스럽고 복잡해 보인다. 여기에서 지시된 내용을 해석해 보자면, C1과 R3에 해당되는 치수들은 굳이 도면에 기입하지 않아도 된다. 그러나 그 이상의 값이나 이하의 값은 기입해야 한다.

**TIP**

가장 많이 쓰이는 평균값을 일괄적으로 주투상도 곁에나 주석에 간결하고 알기 쉽도록 표기한 것이다.

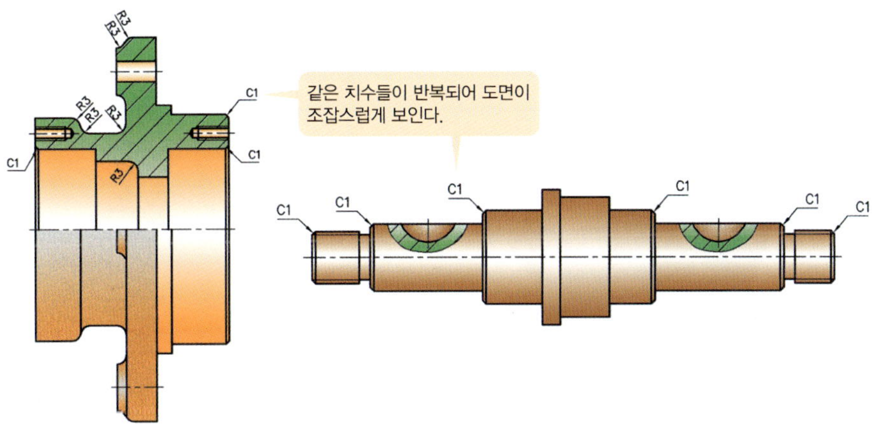


[그림 2-1] 모따기, 라운딩 치수에 관한 주석문 표기

## 3. 일반 모따기 C = 0.2~0.5

### ■ 해석

[그림 2-2]와 같이 C나 R의 치수값이 특별히 도면에 기입되어 있지 않아도 주석문에 지시된 '일반 모따기 C = 0.2~0.5'라는 정의에 따라 그림에서 B 와 같은 날카로운 부분의 모따기, 치수값의 범위를 정의한 내용이다.

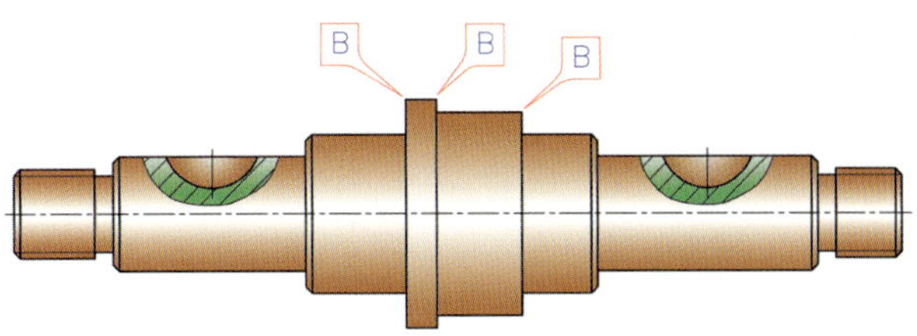


[그림 2-2] 일반 모따기 주석문 표기

## 4. ∀ 부 외면 명청색, 명적색 도장 후 가공(품번 ①, ②)

### ■ 해석

[그림 2-3]에서와 같은 주조품인 부품도에서 기계가공 부위와 주물면의 구분으로 주물면에 밝은 청색 도장 또는 적색 도장을 하라는 내용이다.

> **TIP**
>
> 회주철품은 주물면과 기계가공부 모두 회색에 가깝다. 이를 쉽게 구분할 수 있도록 주물면에 청색이나 적색 도장을 하는 경우가 있다.

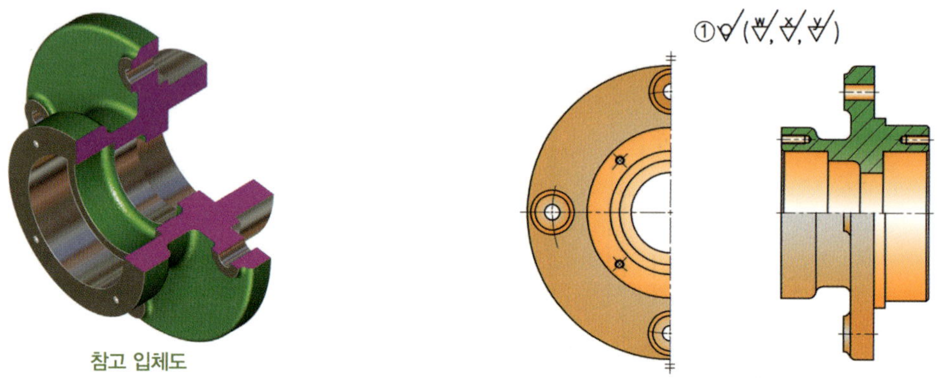


(a) 주조부 외면의 명청색 도장

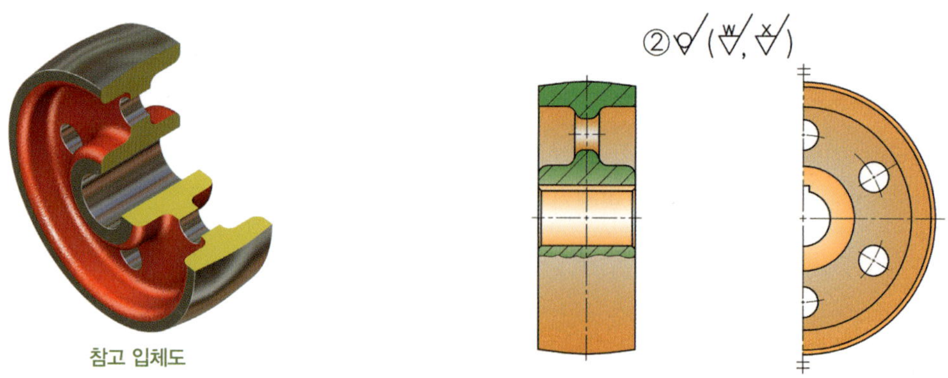


(b) 주조부 외면의 명적색 도장

[그림 2-3] 기계가공부와 주조부를 구분하기 위한 주석문 표기

## 5. 표면 열처리 HRC 43~52(품번 ③, ④)

### ■ 해석

[그림 2-5, 2-6]과 같이 굵은 일점쇄선( —·— )으로 표시한 부분에 표면열처리를 하라는 내용이고 그 열처리부의 로크웰 경도값이 43~52라는 뜻이다[표 2-4], [표 2-5].

**TIP**

주로 마찰운동을 하는 부위는 마찰열로 인한 변형이 생기기 쉬우므로 특수한 가공이나 표면열처리를 부여하는 경우가 있다.

HRC = 경도시험 중 로크웰 경도 C스케일을 뜻한다.
시험원리는 선단각 120° 원뿔 다이아몬드를 이용해, 측정 대상의 표면에 눌러대고 압입깊이(h)로서 경도를 측정하게 된다.

**TIP**

**로크웰 경도시험**에서 압입강구를 이용한 B스케일은 연한 재료의 경도시험을, C스케일은 단단한 재료의 경도시험에 이용된다.

참고 입체도

**TIP**

주석문 작성 시 반드시 위 형식과 동일하게 할 필요는 없다. 위에서 보여준 형식은 하나의 예일 뿐 그 순서와 내용은 어떠한 형식이건 자유롭다. 다만, 보는 사람으로 하여금 이해하기 쉽고 도면에 꼭 필요한 사항만을 간단 명료하게 표기하는 것이 바람직하다.

## V-블록의 예

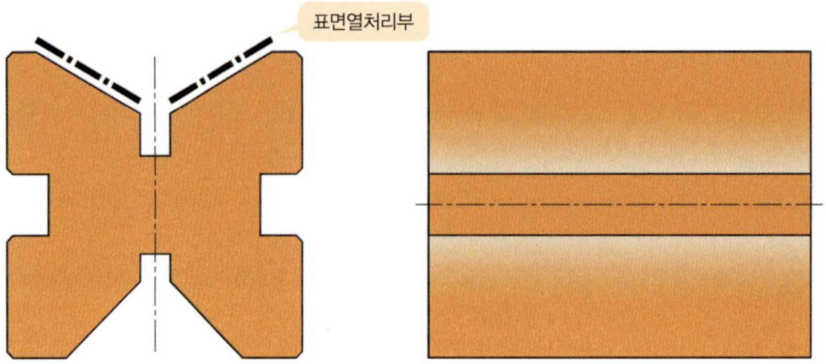


[그림 2-5] 특수가공에 관한 주석문표기 I

## 스퍼어기어의 예

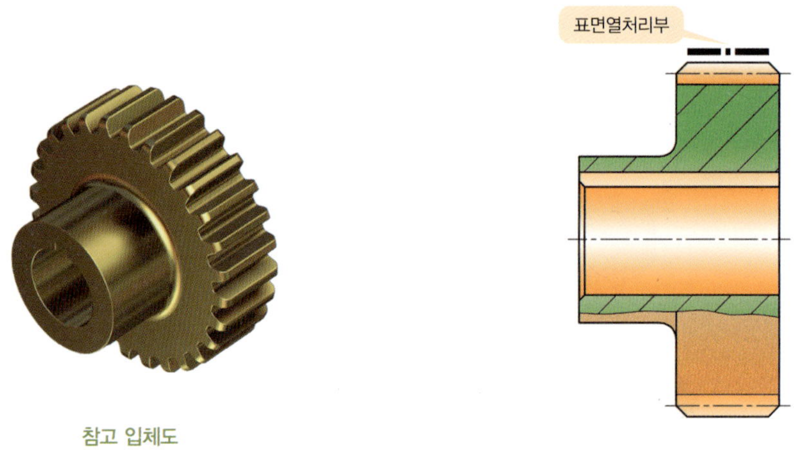


[그림 2-6] 특수가공에 관한 주석문 표기 II

[표 2-4] 강의 열처리 경도

| 강의 종류 | 구 분 | 탄소 함유량 | 담금질 | 용 도 | 경 도 |
|---|---|---|---|---|---|
| 기계 구조용 탄소강 | SM20CK | 0.18~0.23 | 화염고주파 | 강도와 경도가 크게 요구되지 않는 기계부품 | $H_RC40$ |
| | SM35C | 0.32~0.38 | 화염고주파 | 크랭크축, 스플라인축, 커넥팅로드 | $H_RC30$ |
| | SM45C | 0.42~0.48 | 화염고주파 | 톱, 스프링, 레버, 로드 | $H_RC40$ |
| | SM55C | 0.52~0.58 | 화염고주파 | 강도와 경도가 크게 요구되지 않는 기계부품 | $H_RC50$ |
| | SM9CK | 0.13~0.18 | 침탄 | 강도와 경도가 크게 요구되지 않는 기계부품 | $H_RC30$ |
| | SM15CK | 0.13~0.18 | 침탄 | 강도와 경도가 크게 요구되지 않는 기계부품 | $H_RC35$ |
| 특수강 | SCr430 | 0.28~0.33 | 화염고주파 | 롤러, 줄, 볼트, 캠축, 액슬축, 스터드 | $H_RC36$ |
| | SCr440 | 0.38~0.43 | 화염고주파 | 강력볼트, 너트, 암, 축류, 키, Lock pin | $H_RC50$ |
| | SCr420 | 0.18~0.23 | 침탄 | 강력볼트, 너트, 암, 축류, 키, Lock pin | $H_RC45$ |
| 크롬, 몰리브덴강 | SCM430 | 0.28~0.33 | 화염고주파 | 롤러, 줄, 볼트, 너트 | $H_RC50$ |
| | SCM440 | 0.38~0.43 | 화염고주파 | 암, 축류, 기어, 볼트, 너트 | $H_RC55$ |
| 니켈크롬강 | SNC236 | 0.32~0.4 | 화염고주파 | 강력볼트, 너트, 크랭크축, 축류, 기어, 스플라인축, 건설기계부품 | $H_RC55$ |
| | SNC631 | 0.27~0.35 | 화염고주파 | 강력볼트, 너트, 크랭크축, 축류, 기어, 스플라인축, 건설기계부품 | $H_RC50$ |
| | SNC836 | 0.32~0.4 | 화염고주파 | 강력볼트, 너트, 크랭크축, 축류, 기어, 스플라인축, 건설기계부품 | $H_RC55$ |
| | SNC415 | 0.12~0.18 | 침탄 | 기어, 피스톤, 핀, 캠축 | $H_RC55$ |
| 니켈, 크롬, 몰리브덴강 | SNCM240 | 0.38~0.43 | 화염고주파 | 크랭크축, 축류, 연결봉, 기어, 강력볼트, 너트 | $H_RC56$ |
| | SNCM439 | 0.36~0.43 | 화염고주파 | 크랭크축, 축류, 연결봉, 기어, 강력볼트, 너트 | $H_RC55$ |
| | SNCM220 | 0.17~0.23 | 침탄 | 기어, 축류, 롤러, 캠축 | $H_RC45$ |
| 탄소공구강 | STC3 | 1.0~1.1 | 화염고주파 | 드릴, 끌, 해머, 펀치, 칼, 탭, 블랭킹다이 | $H_RC62$ |
| 합금공구강 | STS 3 | 0.9 | 화염고주파 | 냉간성형, 다이스, 브로우치, 블랭킹다이 | $H_RC65$ |

[표 2-5] 실용적인 고주파 담금질 기준사항

| 재질 | 담금질 경도 | | | | | | 담금질 깊이(mm) | | 깊이 (mm) | 최고 전처리 |
|---|---|---|---|---|---|---|---|---|---|---|
| | A(水) | | | B(油) | | | | | | |
| | $H_RC$ | Hv | Hs | HrC | Hv | Hs | A(水) | B(油) | | |
| SM35C | 40-50 | 390-510 | 54-67 | 35-45 | 350-450 | 48-60 | 1.0~2.0 | 1.0~2.0 | 4.0 | 조질 |
| SM40C | 45-55 | 451-600 | 60-74 | 40-50 | 390-510 | 54-67 | 1.0~2.0 | 1.0~2.0 | 4.0 | 조질불림 |
| SM45C | 50-60 | 510-700 | 67-81 | 43-53 | 420-560 | 57-71 | 0.8~1.5 | 1.0~2.0 | 4.0 | 조질불림 |
| SM50C | 55-62 | 600-750 | 74-85 | 45-55 | 450-600 | 60-74 | 0.8~1.5 | 1.0~2.0 | 5.0 | 조질불림 |
| SM55C | 58-63 | 650-770 | 78-87 | 50-60 | 510-700 | 67-81 | 0.8~1.5 | 1.0~2.0 | 5.0 | 조질불림 |
| SNC236 | 45-55 | 450-600 | 60-74 | 40-50 | 390-510 | 54-67 | 1.0~1.8 | 1.0~1.8 | 6.0 | 조질 |
| SNC631 | 42-52 | 380-540 | 56-69 | 37-47 | 360-470 | 50-63 | 1.0~1.8 | 1.0~1.8 | 6.0 | 조질 |
| SNC836 | 50-60 | 510-700 | 67-81 | 45-55 | 450-600 | 60-74 | 1.0~1.8 | 1.0~1.8 | 6.0 | 조질 |
| SNCM439 | 50-58 | 510-650 | 67-78 | 45-53 | 450-560 | 60-71 | 1.0~1.8 | 1.0~1.8 | 8.0 | 조질 |
| SNCM447 | 55-63 | 600-770 | 74-87 | 50-58 | 510-650 | 67-78 | 1.0~1.8 | 1.0~1.8 | 8.0 | 조질 |
| SCr430 | 50-60 | 510-770 | 67-81 | 45-55 | 450-600 | 60-74 | 1.0~1.8 | 1.0~1.8 | 6.0 | 조질 |
| SCr435 | 50-60 | 510-770 | 67-81 | 45-55 | 450-600 | 60-74 | 1.0~1.8 | 1.0~1.8 | 6.0 | 조질 |
| SCr440 | 55-63 | 600-700 | 74-87 | 50-58 | 510-650 | 67-78 | 1.0~1.8 | 1.0~1.8 | 6.0 | 조질 |
| SCr423 | 55-63 | 600-700 | 74-87 | 50-58 | 510-650 | 67-78 | 1.0~1.8 | 1.0~1.8 | 6.0 | 조질 |
| SCM425 | 50-60 | 510-700 | 67-81 | 45-55 | 450-600 | 60-74 | 1.0~1.8 | 1.0~1.8 | 8.0 | 조질 |
| SCM430 | 50-60 | 510-700 | 67-81 | 45-55 | 450-600 | 60-74 | 1.0~1.8 | 1.0~1.8 | 8.0 | 조질 |
| SCM435 | 52-62 | 543-750 | 68-85 | 47-57 | 470-630 | 63-76 | 1.0~1.8 | 1.0~1.8 | 8.0 | 조질 |
| SCM440 | 55-65 | 600-830 | 74-85 | 50-60 | 510-700 | 67-81 | 1.0~1.8 | 1.0~1.8 | 8.0 | 조질 |
| SKH3 | 50-60 | 510-700 | 67-91 | 45-55 | 450-600 | 60-74 | 1.0~2.0 | 1.0~2.0 | – | 조질 |
| SK2 | 58-63 | 650-770 | 78-87 | 53-58 | 560-650 | 71-78 | 1.0~1.8 | 1.0~1.8 | 5.0 | 조질 |
| SK5 | 58-63 | 650-770 | 78-87 | 53-58 | 560-650 | 71-78 | 1.0~1.8 | 1.0~1.8 | 5.0 | 조질 |
| SK7 | 58-63 | 650-770 | 78-87 | 58-58 | 560-650 | 71-78 | 1.0~1.8 | 1.0~1.8 | 5.0 | 조질 |

* 최고 담금질 깊이 데이터는 수냉(水冷)의 경우임

## 6. 표면 거칠기 기호 비교표

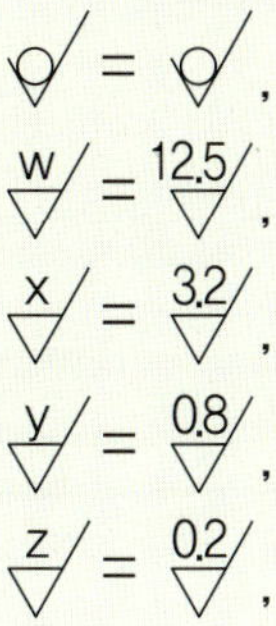


, –, –

, Ry50, Rz50, N10

, Ry12.5, Rz12.5, N8

, Ry3.2, Rz3.2, N6

, Ry0.8, Rz0.8, N4

■ 해석

도면 내에 기입한 산술(중심선) 평균거칠기(Ra), 최대높이(Ry), 10점평균거칠기(Rz) 값 등을 정의한 내용이다. 주의할 점은 반드시 도면에 기입된 거칠기 값만을 정의해야 한다[표 2-6], [표 2-7].

**[표 2-6] 산술 평균거칠기(Ra)의 구분치에 따른 표면 거칠기 비교표준 범위[KS B 0507]** 단위 : ㎛

| 거칠기 구분치 | | Ra0.025 | Ra0.05 | Ra0.1 | Ra0.2 | Ra0.4 | Ra0.8 | Ra1.6 | Ra3.2 | Ra6.3 | Ra12.5 | Ra25 | Ra50 |
|---|---|---|---|---|---|---|---|---|---|---|---|---|---|
| Ra 거칠기 범위 | 최소치 | 0.02 | 0.04 | 0.08 | 0.17 | 0.33 | 0.66 | 1.3 | 2.7 | 5.2 | 10 | 21 | 42 |
| | 최대치 | 0.03 | 0.06 | 0.11 | 0.22 | 0.45 | 0.90 | 1.8 | 3.6 | 7.1 | 14 | 28 | 56 |
| 비교표준 게이지 번호 | | N1 | N2 | N3 | N4 | N5 | N6 | N7 | N8 | N9 | N10 | N11 | N12 |

**[표 2-7] 최대높이(Ry)와 10점 평균거칠기(Rz)의 구분치에 따른 표면 거칠기 비교표준 범위[KS B 0507]** 단위 : ㎛

| 거칠기 구분치 | | Ry0.1<br>Rz0.1 | Ry0.2<br>Rz0.2 | Ry0.4<br>Rz0.4 | Ry0.8<br>Rz0.8 | Ry1.6<br>Rz1.6 | Ry3.2<br>Rz3.2 | Ry6.3<br>Rz6.3 | Ry12.5<br>Rz12.5 | Ry25<br>Rz25 | Ry50<br>Rz50 | Ry100<br>Rz100 | Ry200<br>Rz200 |
|---|---|---|---|---|---|---|---|---|---|---|---|---|---|
| Ry 및 Rz 거칠기 범위 | 최소치 | 0.08 | 0.17 | 0.33 | 0.66 | 1.3 | 2.7 | 5.2 | 10 | 21 | 42 | 83 | 166 |
| | 최대치 | 0.11 | 0.22 | 0.45 | 0.90 | 1.8 | 3.6 | 7.1 | 14 | 28 | 56 | 112 | 224 |
| 비교표준 게이지 번호 | | N1 | N2 | N3 | N4 | N5 | N6 | N7 | N8 | N9 | N10 | N11 | N12 |

# CHAPTER 07

## AutoCAD와 기계설계제도

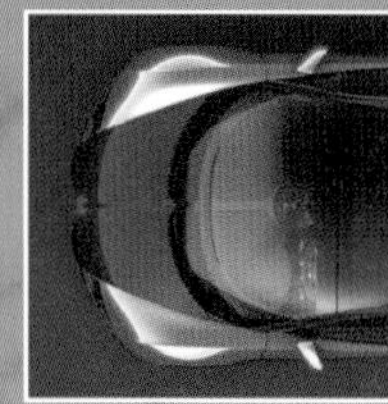

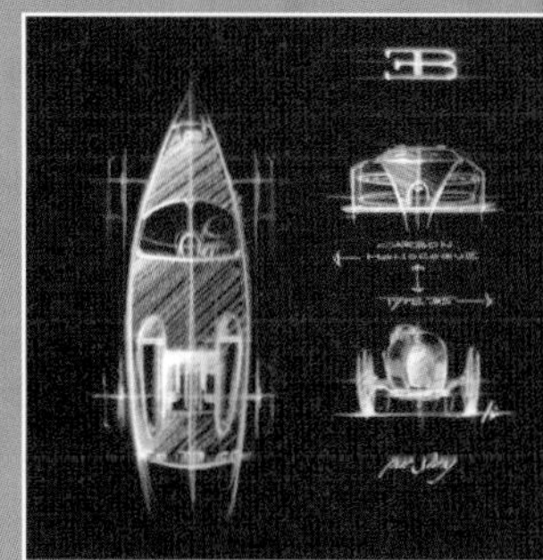

# 기계요소제도 및 요목표

**BRIEF SUMMARY**

이 장에는 여러 가지 기계요소제도 및 요목표 작성법을 정리해 두었다.

# 01 스퍼기어 제도 · 요목표(KS B 0002)

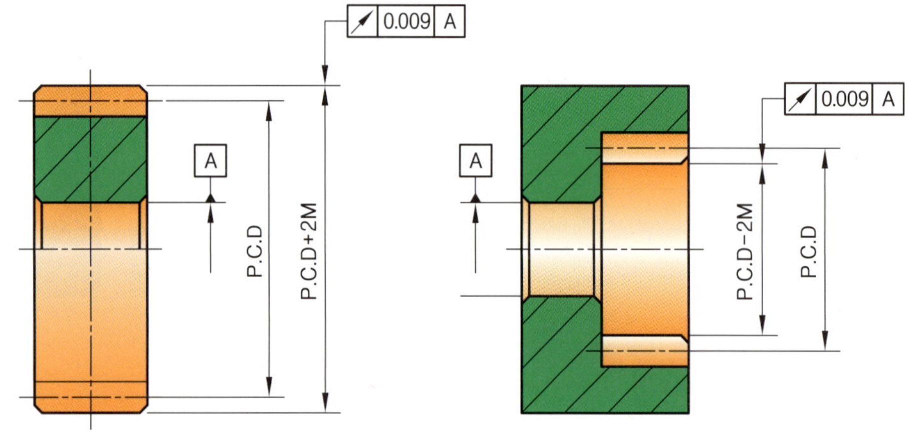


| 스퍼기어 요목표 | | | |
|---|---|---|---|
| 구분 \ 품번 | | ○ | ○ |
| 기어치형 | | 표준 | |
| 공구 | 치형 | 보통 이 | |
| | 모듈 | □ | |
| | 압력각 | 20° | |
| 잇수 | | □ | □ |
| 피치원 지름 | | □ | □ |
| 전체 이 높이 | | □ | |
| 다듬질방법 | | 호브 절삭 | |
| 정밀도 | | KS B ISO 1328-1, 4급 | |

**스퍼기어 도시법**

1. 피치원 : 가는 1점 쇄선(빨강/흰색)으로 작도한다.
2. 이뿌리원 : 가는 실선(빨강/흰색)으로 작도하고, 단면투상 시 외형선(초록색)으로 작도한다.
3. 이끝원 : 외형선(초록색)으로 작도한다.

**요목표**

1. 요목표 테두리선(바깥선)은 외형선(초록색)으로 작도한다.
2. 요목표 안쪽 선은 가는 실선(빨강/흰색)으로 작도한다.

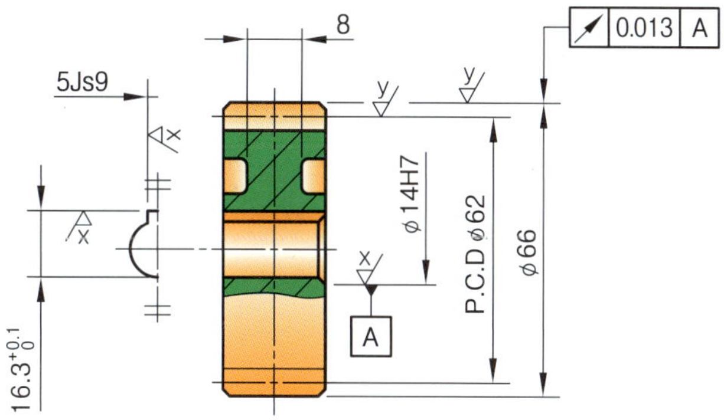


단위 : mm

| 스퍼기어 | | |
|---|---|---|
| 기어치형 | | 표준 |
| 공구 | 치형 | 보통 이 |
| | 모듈 | 2 |
| | 압력각 | 20° |
| 잇수 | | 31 |
| 피치원 지름 | | 62 |
| 전체 이 높이 | | 4.5 |
| 다듬질 방법 | | 호브 절삭 |
| 정밀도 | | KS B ISO 1328-1, 4급 |

단위 : mm

| 적용 예 | 스퍼기어 계산식 |
|---|---|
| 1. 모듈(M)이 2이고 잇수(Z)가 31인 경우<br>2. PCD = 2×31 = 62<br>3. 이끝원 지름 = 62 + (2×2) = 66<br>4. 재질 : SCM415, 대형 기어 : SC450 | 1. 피치원(PCD) = M×Z<br>2. 이끝원 지름(D)<br>(외접기어) D = PCD + (2M)<br>(내접기어) D = PCD − (2M)<br>3. 전체 이 높이(h) = 2.25×M<br>4. M : 모듈, Z : 잇수 |

# 02 헬리컬기어 제도 · 요목표(KS B 0002)

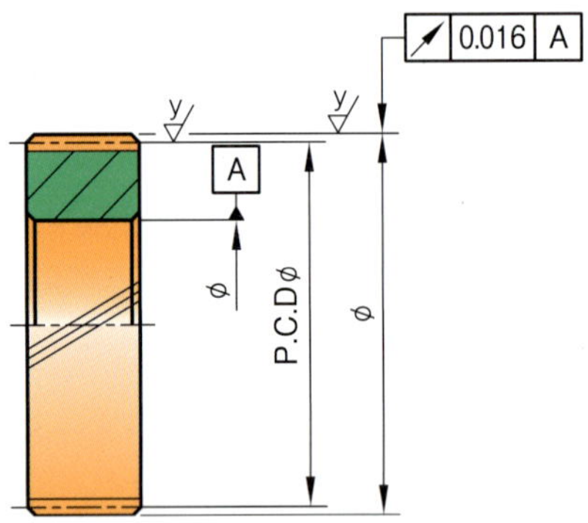

| 헬리컬기어 요목표 | | |
|---|---|---|
| 구분 / 품번 | | ○ |
| 기어치형 | | 표준 |
| 기준 래크 | 치형 | 보통 이 |
| | 모듈 | $M_t$(이직각) |
| | 압력각 | 20° |
| 잇수 | | □ |
| 치형 기준면 | | 치직각 |
| 비틀림각 | | □ |
| 리드 | | □ |
| 방향 | | 좌 또는 우 |
| 피치원 지름 | | P.C.DØ |
| 전체 이 높이 | | 2.25×$M_t$ |
| 다듬질 방법 | | 호브 절삭 |
| 정밀도 | | KS B ISO 1328-1, 4급 |

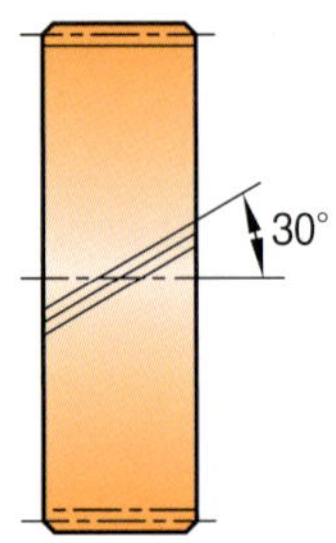


(a) 비틀림 방향이 왼쪽인 경우

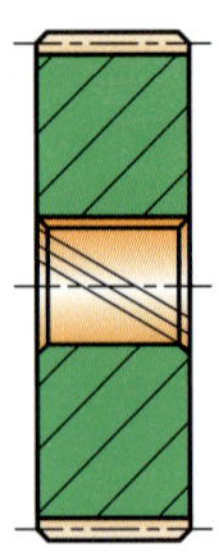

(b) 비틀림 방향이 오른쪽인 경우

**헬리컬기어 도시법**

1. 피치원(가는 1점 쇄선), 이뿌리원(가는 실선, 단면투상 시 외형선), 이끝원(외형선)
2. 잇줄의 방향은 단면을 하지 않는 경우 3개의 가는 실선으로 표현하며 단면을 한 경우는 3개의 가는 2점 쇄선으로 표현한다. 이때 비틀림각과 상관없이 잇줄은 중심선에 대하여 30°로 그린다.

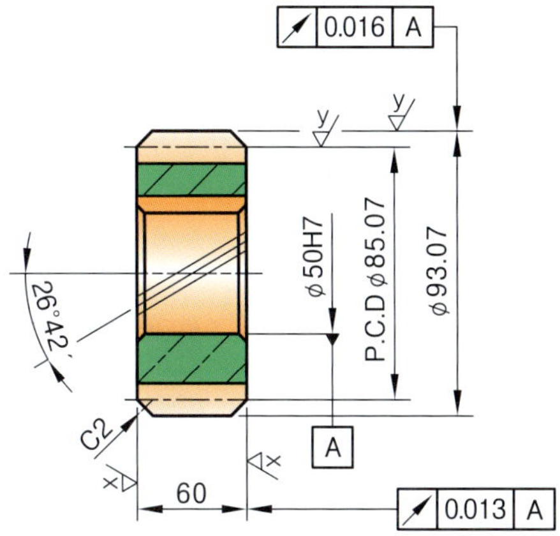

단위 : mm

| 스퍼기어 | | |
|---|---|---|
| 기어치형 | | 표준 |
| 기준 래크 | 치형 | 보통 이 |
| | 모듈 | 2 |
| | 압력각 | 20° |
| 잇수 | | 19 |
| 치형 기준면 | | 치직각 |
| 비틀림각 | | 26.7° |
| 리드 | | 531.39 |
| 방향 | | 좌 |
| 피치원 지름 | | 85.07 |
| 전체 이 높이 | | 9.40 |
| 다듬질 방법 | | 호브 절삭 |
| 정밀도 | | KS B ISO 1328-1, 4급 |

### 헬리컬기어 계산식

1. 모듈(M) : 치직각 모듈($M_t$), 축직각 모듈($M_s$)

$$M_t = M_s \times \cos\beta,\ M_s = \frac{M_t}{\cos\beta}$$

2. 잇수(Z)

$$Z = \frac{PCD}{M_s} = \frac{PCD \times \cos\beta}{M_t}$$

3. 피치원 지름(PCD) $= Z \times M_s = \dfrac{Z \times M_t}{\cos\beta}$

4. 비틀림각(β) $= \tan^{-1}\dfrac{3.14 \times PCD}{L}$

5. 리드(L) $= \dfrac{3.14 \times PCD}{\tan\beta}$

6. 전체 이 높이 $= 2.25M_t = 2.25M_s \times \cos\beta$

**적용 예**

1. 이 직각 모듈($M_t$)이 4이고 잇수가 19인 경우
2. 재질 : SCM435, SNCM415, 대형 기어 : SC450
3. 치부 침탄퀜칭 HRC55~61, 깊이 0.8~1.2

# 03 웜과 웜휠 제도 · 요목표(KS B 0002)

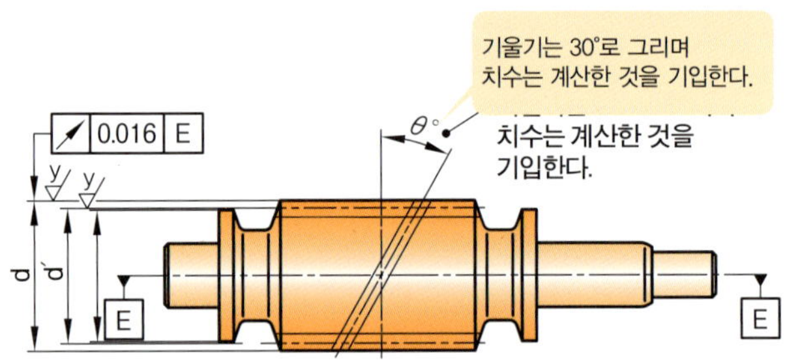


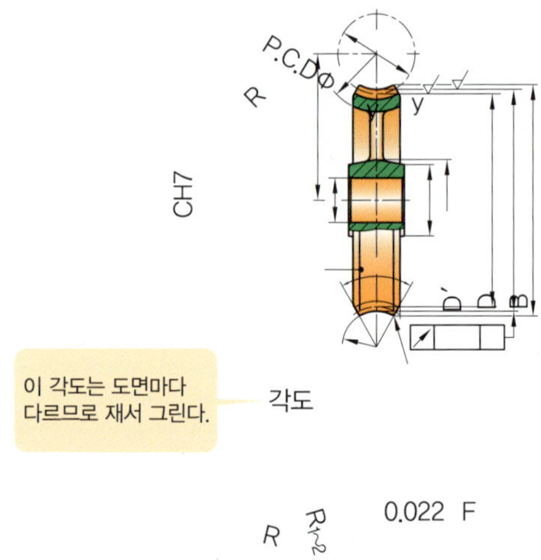


| 구분 \ 품번 | ○웜 | ○웜휠 |
|---|---|---|
| 치형기준단면 | 축직각 | |
| 원주피치 | – | □ |
| 리드 | □ | – |
| 줄 수와 방향 | 줄, 좌 또는 우 | |
| 모듈 | □ | |
| 압력각 | □ | 20° |
| 잇수 | – | □ |
| 피치원 지름 | □ | □ |
| 진행각 | □ | |
| 다듬질 방법 | 호브 절삭 | 호브 |

(표 제목: 웜과 웜휠 요목표)

10, 8

30 | 50

80

**웜과 웜휠 계산식**

1. 원주 피치 $P = \pi M = 3.14 \times M$
2. 리드(L) : 1줄인 경우 L = P,
   2줄인 경우 L = 2P, 3줄인 경우 L = 3P
3. 피치원 지름(PCD)
   웜축(d') = $\frac{L}{\pi \tan\theta}$
   바깥 지름(d) = d' +2M
   웜휠(D') = M×Z 모듈×잇수
   D = D'+2M
4. 진행각 $\theta = \frac{L}{\pi d'}$
5. 중심거리 $C = \frac{D'+d'}{2}$
6. 웜휠의 최대 지름(B)
   $B = D+(d'-2M)(1-\cos\frac{\lambda}{2})$

**주**

1. 이때 θ값이 주어지지 않았을 때는 d'값을 도면에서 측정하여 진행각(θ)을 결정한다.
2. 웜휠의 페이스각 λ는 보통 60~80°이며 도면에서 측정한다.

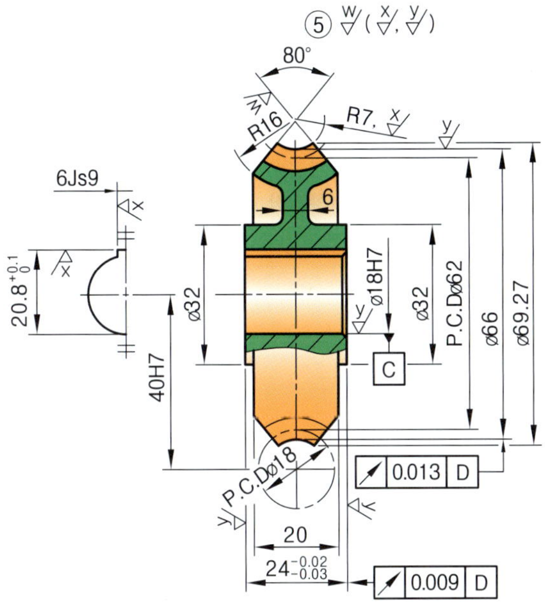


단위 : mm

| 웜과 웜휠과 요목표 | | |
|---|---|---|
| 구분 \ 품번 | 4 | 5 |
| 치형기준단면 | 축직각 | |
| 원주 피치 | – | 6.29 |
| 리드 | 12.56 | – |
| 줄 수와 방향 | 2줄, 우 | |
| 모듈 | 2 | |
| 압력각 | 20° | |
| 잇수 | – | 31 |
| 피치원 지름 | Ø18 | 62 |
| 진행각 | 12° 31′ | |
| 다듬질 방법 | 호브 절삭 | 연삭 |

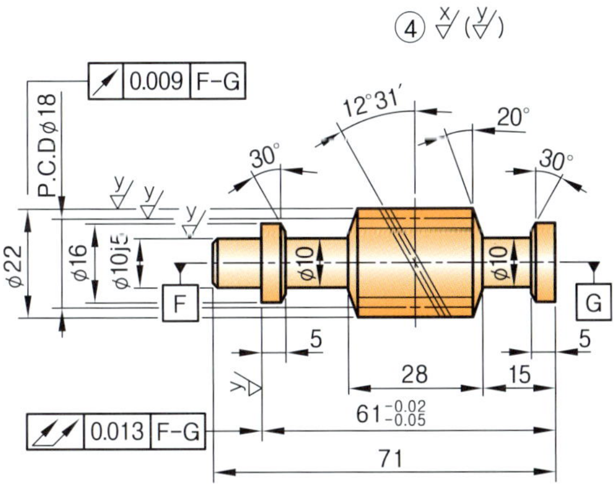

**적용 예**

1. 모듈(M)=2 : 줄 수(N)=2이며 웜휠의 잇수(Z)=31
2. 재질 : 웜축(SCM435, SM48C), 웜휠(PBC2B)
3. 웜축 표면경도 : HRC50~55

# 04 베벨기어 제도 · 요목표(KS B 0002)

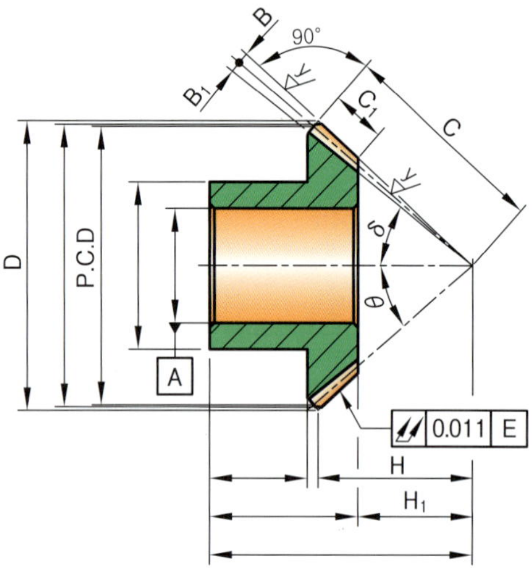


| 베벨기어 요목표 | |
|---|---|
| 치형 | 그리슨식 |
| 축각 | 90° |
| 모듈 | |
| 압력각 | 20° |
| 피치원추각 | |
| 잇수 | |
| 피치원 지름 | |
| 다듬질 방법 | 절삭 |
| 정밀도 | KS B 1412, 5급 |

10 8
30 20 20

## 베벨기어 계산식

1. 이뿌리 높이 A = M×1.25(M : 모듈)
2. 피치원 지름(PCD)
   PCD = M×Z (잇수)
3. 바깥끝 원뿔거리(C)
   ① $C = \sqrt{(PCD_1^2+PCD_2^2)/2}$
   ($PCD_1$ : 큰 기어, $PCD_2$ : 작은 기어)
   ② $C = \dfrac{PCD}{2\sin\theta}$
   (기어가 1개인 경우 θ는 피치 원추각)
4. 이의 너비($C_1$)
   $C_1 \leq \dfrac{C}{3}$
5. 이끝각(B)
   $B = \tan^{-1}\dfrac{M}{C}$
6. 이뿌리각($B_1$)
   $B_1 = \tan^{-1}\dfrac{A}{C}$
7. 피치원추각(θ)
   ① $\theta = \sin^{-1}\left(\dfrac{PCD}{2C}\right)$ (기어가 1개인 경우)
   ② $\theta_1 = \tan^{-1}\left(\dfrac{Z_1}{Z_2}\right)$
   $\theta_2 = 90° - \theta_1$(기어가 2개인 경우 $Z_1$ : 작은 기어 잇수,
   $Z_2$ : 큰 기어 잇수, $\theta_1$ : 작은 기어, $\theta_2$ : 큰 기어)
8. 바깥 지름(D)
   $D = PCD+(2M\cos\theta)$
9. 이끝원추각(δ)
   δ=θ+B=피치원추각+이끝각
10. 대단치 끝높이(H)
    $H = (C\times\cos\delta)$
    소단치 골높이($H_1$)
    $H_1 = (C-C_1)\times\cos\delta$

**베벨기어 도시법**

피치원(가는 1점 쇄선), 이뿌리원(단면투상 및 외형선), 이끝원(외형선)

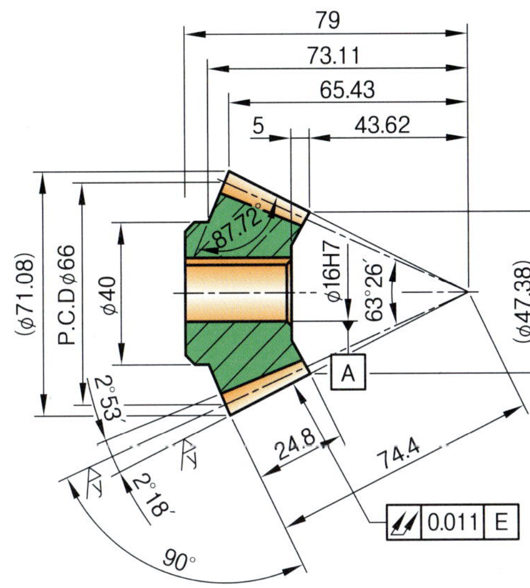


단위 : mm

| 베벨기어 요목표 | |
|---|---|
| 치형 | 그리슨식 |
| 압력각 | 20° |
| 모듈 | 3 |
| 잇수 | 22 |
| 피치원 지름 | Ø |
| 피치 원추각 | 63°26′ |
| 축각 | 90° |
| 다듬질 방법 | 절삭 |
| 정밀도 | KS B 1412, 4급 |

마이터 베벨기어

스파이럴 베벨기어

앵귤러 마이터 베벨기어

직선 베벨기어

**적용 예**

1. 재료 : SCM415, SM45C
2. 열처리 : 치부열처리 HRC60±3

# 05 래크 및 피니언 제도 · 요목표(KS B 0002)

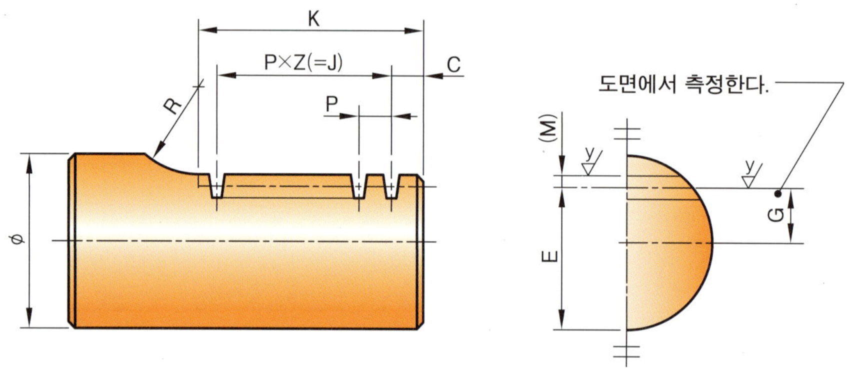


단위 : mm

| 레크, 피니언 요목표 | | | |
|---|---|---|---|
| 구분 / 품번 | | ◯래크 | ◯피니언 |
| 기어치형 | | 표준 | |
| 기준 래크 | 치형 | 보통 이 | |
| | 모듈 | ▭ | |
| | 압력각 | 20° | |
| 잇수 | | ▭ | ▭ |
| 피치원 지름 | | – | ▭ |
| 전체 이 높이 | | ▭ | |
| 다듬질방법 | | 호브 절삭 | |
| 정밀도 | | KS B ISO 1328-1, 4급 | |

30 20 20
70
10 8

| 래크, 피니언 |
|---|
| 1. 원주 피치(P) = M×π |
| 2. 치형시작치수(C) = $\frac{P}{2}$ |
| 3. 래크 길이(J) = P×Z |
| 4. 기어중심거리(G) : 도면에서 측정하여 기입 |
| 5. E = (Ø÷2) + G Ø : 축지름 |
| 6. K : 도면에서 측정하여 기입 |
| 7. R : 도면에서 측정하여 기입 |
| 8. 피니언 피치원 지름(PCD) = M×Z |
| 9. 피니언 바깥 지름(D) = PCD + 2M |
| 10. 전체 이 높이(h) = 2.25×M |

**래크 및 피니언 도시법**

1. 피치원 : 가는 1점 쇄선(빨강/흰색)으로 작도한다.
2. 이뿌리원 : 가는 실선(빨강/흰색)으로 작도하고, 단면투상 시 외형선(초록색)으로 작도한다.
3. 이끝원 : 외형선(초록색)으로 작도한다.

단위 : mm

| 래크, 피니언 요목표 | | | |
|---|---|---|---|
| 구분 \ 품번 | | 3 | 4 |
| 기어치형 | | 표준 | |
| 기준 래크 | 치형 | 보통 이 | |
| | 모듈 | 1.5 | |
| | 압력각 | 20° | |
| 잇수 | | 7 | 12 |
| 피치원 지름 | | – | Ø18 |
| 전체 이 높이 | | 3.38 | |
| 다듬질 방법 | | 호브 절삭 | |
| 정밀도 | | KS B 1328–1, 4급 | |

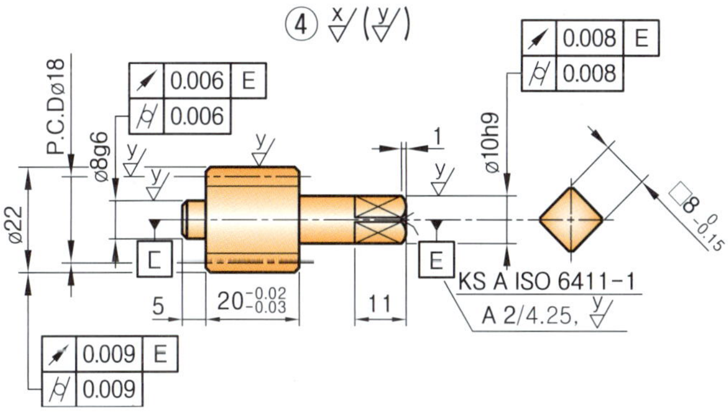


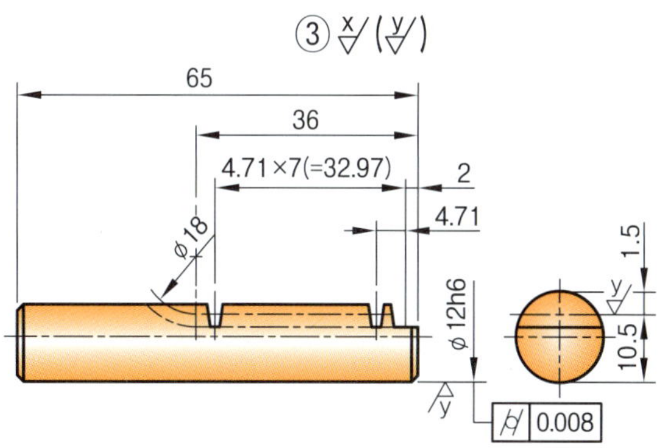


**적용 예**

1. 모듈(M) = 1.5, 잇수(Z) : 피니언(12개), 래크(7개)
2. 재질 : 피니언, 래크 모두 SCM415, SCM435
3. 전체 경화처리 : HRC55~61

# 06 기어등급 설정(용도에 따른 분류)

| 사용기어 \ 등급 | 0급 | 1급 | 2급 | 3급 | 4급 | 5급 | 6급 | 7급 | 8급 |
|---|---|---|---|---|---|---|---|---|---|
| 검사용 모기어 | ■ | | | | | | | | |
| 계측기용 기어 | ■ | ■ | ■ | ■ | ■ | | | | |
| 고속감속기용 기어 | | ■ | ■ | | | | | | |
| 증속기용 기어 | | ■ | ■ | | | | | | |
| 항공기용 기어 | | ■ | ■ | | | | | | |
| 영화기계용 기어 | | ■ | ■ | ■ | | | | | |
| 인쇄기계용 기어 | | ■ | ■ | ■ | ■ | | | | |
| 철도차량용 기어 | | ■ | ■ | ■ | ■ | ■ | | | |
| 공작기계용 기어 | | ■ | ■ | ■ | ■ | ■ | ■ | | |
| 사진기용 기어 | | | ■ | ■ | ■ | | | | |
| 자동차용 기어 | | | ■ | ■ | ■ | ■ | | | |
| 기어식 펌프용 기어 | | | | ■ | ■ | | | | |
| 변속기용 기어 | | | | ■ | ■ | ■ | | | |
| 압연기용 기어 | | | | ■ | ■ | ■ | | | |
| 범용 감속기용 기어 | | | | ■ | ■ | ■ | ■ | | |
| 권상기용 기어 | | | | ■ | ■ | ■ | ■ | | |
| 기중기용 기어 | | | | ■ | ■ | ■ | ■ | | |
| 제지기계용 기어 | | | | ■ | ■ | ■ | ■ | | |
| 분쇄기용 대형 기어 | | | | | ■ | ■ | ■ | | |
| 농기구용 기어 | | | | | | ■ | ■ | | |
| 섬유기계용 기어 | | | | | | ■ | ■ | ■ | |
| 회전 및 선회용 대형 기어 | | | | | | ■ | ■ | ■ | |
| 캠왈츠용 기어 | | | | | | ■ | ■ | ■ | |
| 수동용 기어 | | | | | | | | ■ | ■ |
| 내기어(대형 제외) | | | | | ■ | ■ | ■ | | |
| 대형 내기어 | | | | | | | | ■ | ■ |

MEMO

# 07 래칫 휠 · 제도 요목표

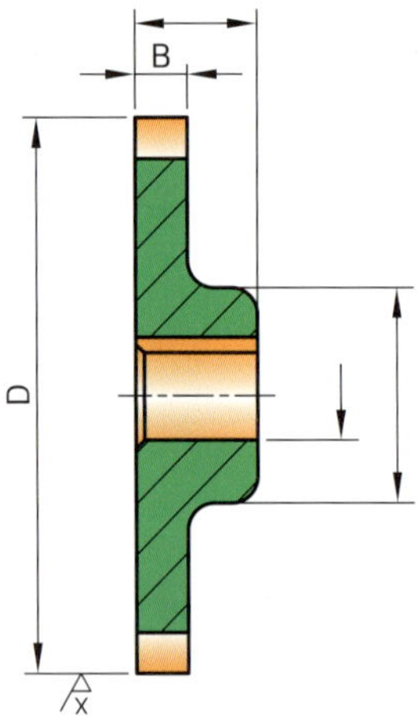


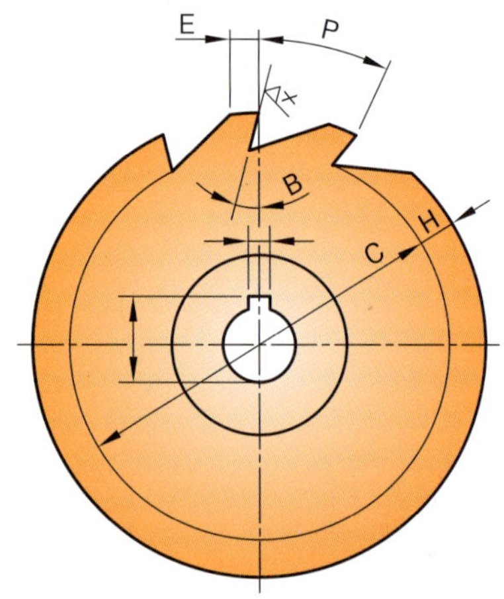

단위 : mm

| 래칫 휠 | |
|---|---|
| 구분 ＼ 품번 | |
| 잇수 | |
| 원주 피치 | |
| 이 높이 | |

10

8

30 30

**래칫 휠 계산식**

1. 모듈(M) = $\frac{D}{Z}$ (D : 바깥지름, Z : 잇수)

   ※ 도면에 잇수와 모듈이 주어지지 않았을 경우 도면에 있는 외경(D)을 측정하고 피치각(P)을 측정하여 잇수(Z)를 구한 후 모듈(M)을 계산한다.

2. 잇수(Z) = $\frac{360}{\text{피치각(P)}}$

3. 이 높이(H) : 도면에서 측정, 측정할 수 없을 때는 H = 0.35P

4. 이 뿌리 지름(C) = D–2H

5. 이 나비(E) : 도면에서 측정, 측정할 수 없을 때는 E = 0.5P(주철), E = 0.3~0.5P(주강)

6. 톱니각(B) : 15~20°

**래칫 휠 도시법**

이뿌리원 : 가는 실선(빨강/흰색)으로 작도하고, 단면투상 시 외형선(초록색)으로 작도한다.

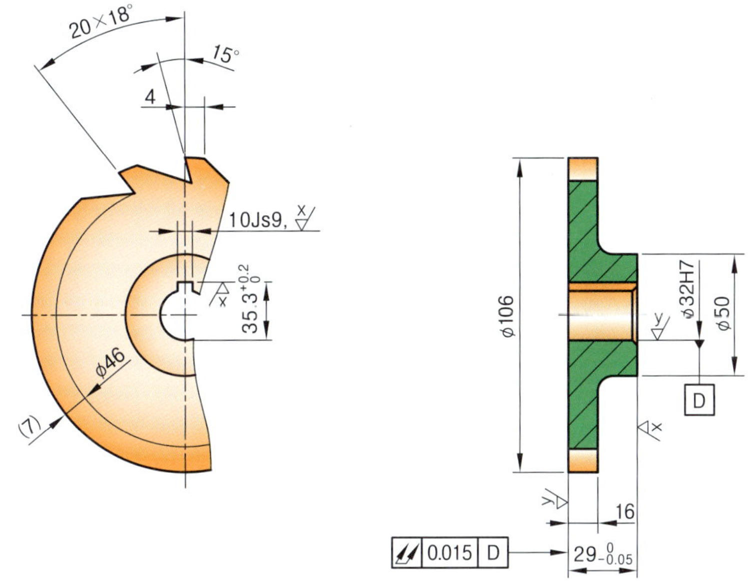

단위 : mm

| 래칫 휠 요목표 | |
|---|---|
| 구분 / 품번 | |
| 잇수 | 20 |
| 원주 피치 | 16.65 |
| 이 높이 | 7 |

**적용 예**

1. 재질 : SCM415
2. 표면경화 : HRC50±2
3. 모듈(M) = $\frac{외경}{잇수} = \frac{106}{20} = 5.3$

# 08 등속 판캠 제도

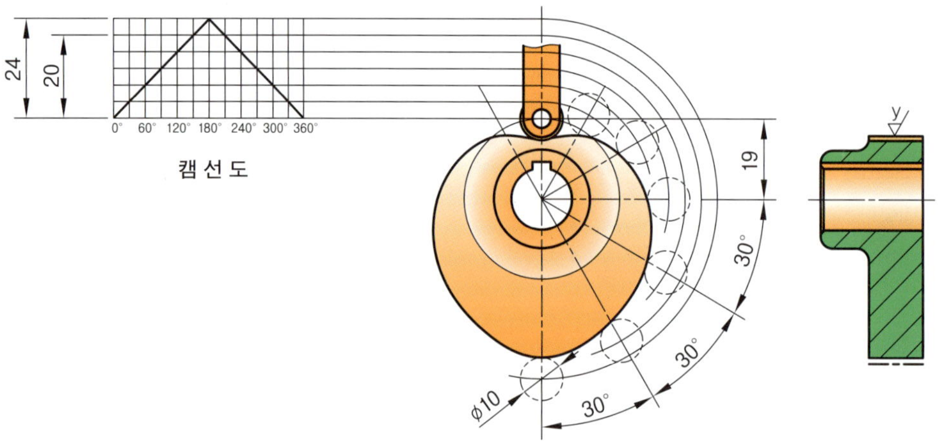

| 회전각 | 종동절 |
|---|---|
| 0~180° | 등속운동 상승 24mm |
| 180~360° | 등속운동 하강 24mm |

**적용 예**

① 재질 : SM15CK
② 표면처리부 침탄 HRC50±2, 깊이 0.6~1

**작동순서**

① 회전축을 중심으로 30° 각도로 원주를 등분한다.
② 롤러의 중심 위치를 30° 각도로 표시한다.
③ 캠선도를 그리기 위한 보조 등분선을 12등분(30°)한다.
④ 각 각도에 맞는 롤러의 중심을 연결하여 보조등분선까지 연장한다.
⑤ 해당하는 각도와 교점을 체크하여 각 점을 연결하면 캠선도가 완성된다.

# 09 단현운동 판캠 제도

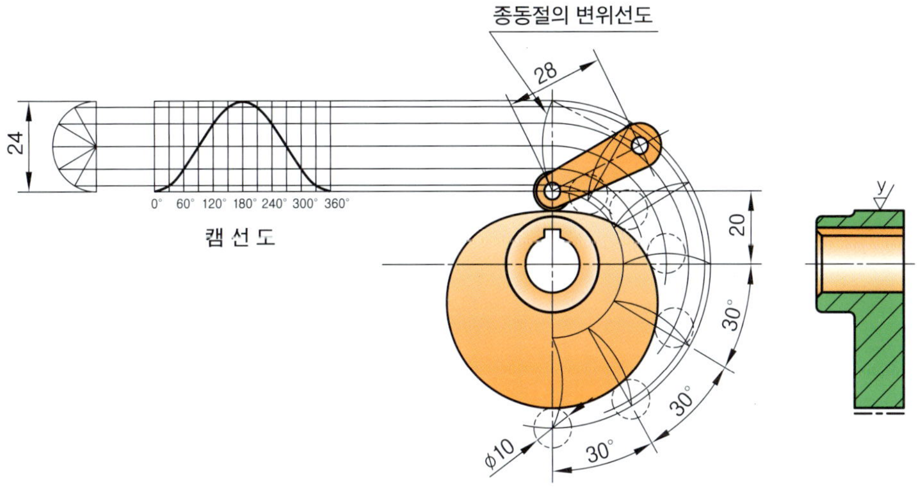

| 캠 | 종동절 |
|---|---|
| 기초원의 반지름 20 | 종동절의 길이 L=28, 롤러 지름 Ø10 |
| 180° 회전 | 단현운동각 180° 변위 24mm까지 상승 |
| 180° 회전 | 단현운동각 180° 변위 24mm까지 하강 |

**적용 예**

① 재질 : SM15CK
② 표면처리부 침탄 HRC50±2, 깊이 0.6~1

**작동순서**

① 회전축을 중심으로 30° 각도로 원주를 등분한다.
② 롤러의 중심 위치를 30° 각도로 표시한다.
③ 캠선도를 그리기 위한 보조 등분선을 12등분(30°)한다.
④ 각 각도에 맞는 롤러의 중심을 연결하여 보조등분선까지 연장한다.
⑤ 해당하는 각도와 교점을 체크하여 각 점을 연결하면 캠선도가 완성된다.

# 10 등가속 판캠 제도

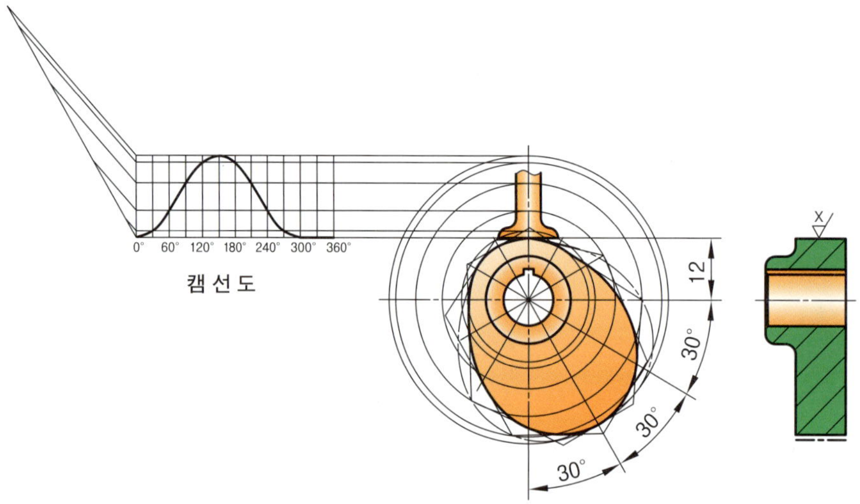

| 캠 | 종동절 |
|---|---|
| 기초원의 반지름 12 | 캠축 0의 축상에서 선단평형 |
| 150° 회전 | 등가속으로 변위 24mm까지 상승 |
| 150° 회전 | 등가속으로 변위 24mm까지 하강 |
| 60° | 정지 |

**적용 예**

① 재질 : SM15CK
② 표면처리부 침탄 HRC50±2, 깊이 0.6~1

# 11 원통캠 제도

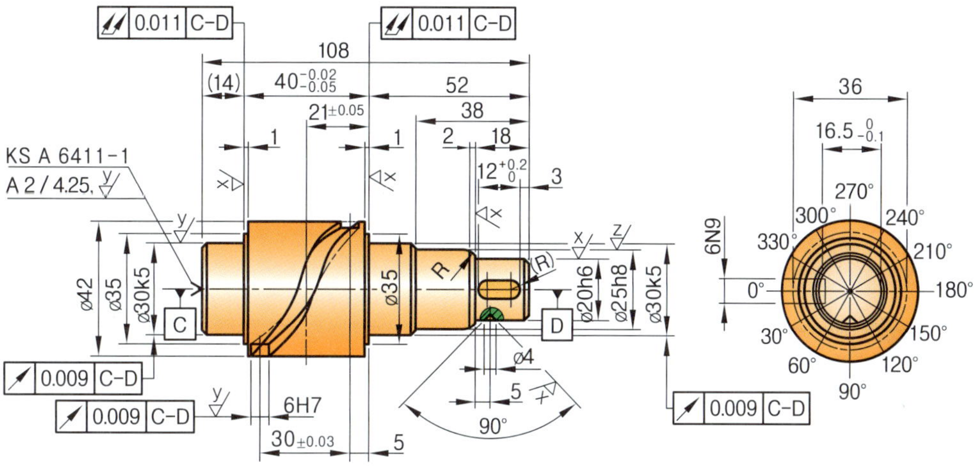

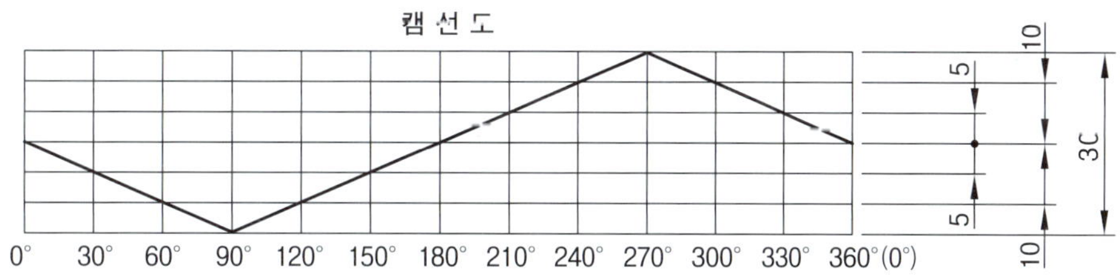


적용 예

① 재질 : SM15CK
② 표면처리부 침탄 HRC50±2, 깊이 0.6~1

# 12 문자, 눈금 각인 요목표

단위 : mm

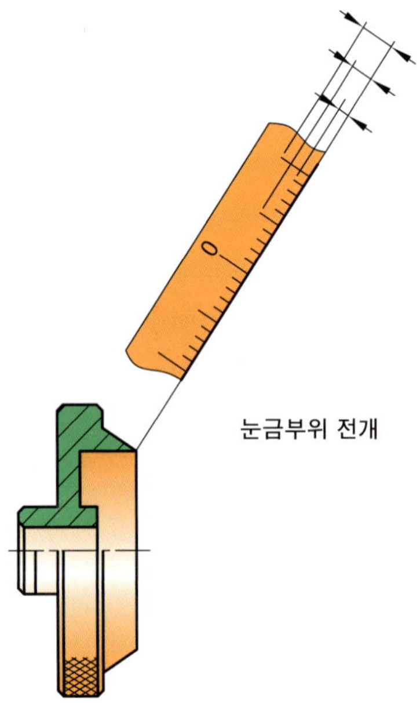


| 문자, 눈금 각인 요목표 | | |
|---|---|---|
| 품번 | | |
| 구분 \ 종류 | 눈금 | 숫자 |
| 숫자높이 | – | |
| 각인 | 음각 | |
| 선폭 | 0.2 | |
| 선깊이 | 0.2 | |
| 글체 | – | 고딕 |
| 도장 | 흑색, 0은 적색 | |

* 요목표의 크기는 도면의 배치에 맞게 설정하여도 된다.

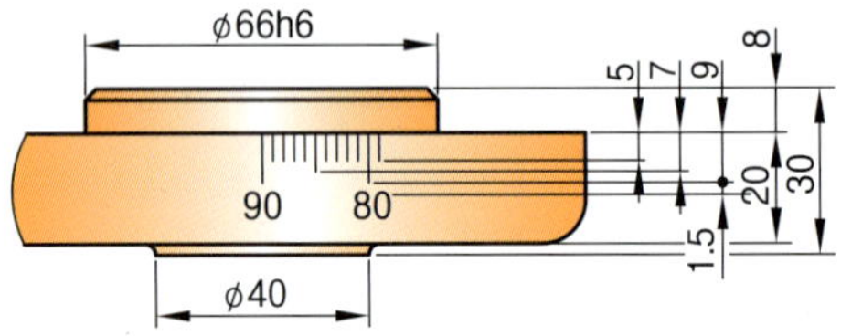


| 눈금, 각인 요목표 | | |
|---|---|---|
| 품번 | ①, ⑥ | |
| 구분 \ 종류 | 눈금 | 숫자 |
| 숫자높이 | – | 3.5 |
| 각인 | 음각 | |
| 선폭 | 0.2 | |
| 선깊이 | 0.2 | |
| 체 | – | 고딕 |
| 도장 | 흑색, 0은 적색 | |

※ 문자는 1°마다 각인하고 숫자는 10°마다 각인한다.(상하)

**적용 예**

눈금은 원주를 100등분하여 각인하고 10등분마다 숫자를 각인한다.

① 각인이란?
눈금이나 글자를 새기는 것을 말하며 음각은 오목(凹)하게 파는 것이고 양각은 볼록(凸)하게 만드는 것을 의미한다.

② 도장이란?
일종의 페인트칠을 하는 것으로 문자나 눈금에 색을 입히는 것을 말한다.

MEMO

# 13 압축코일 스프링 제도 · 요목표(KS B 0005)

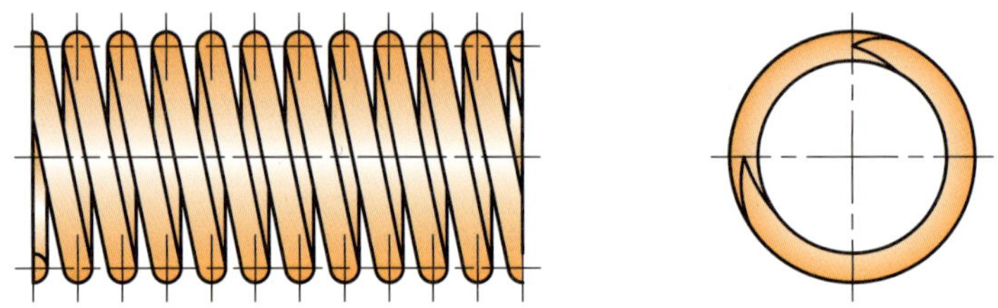

외관도

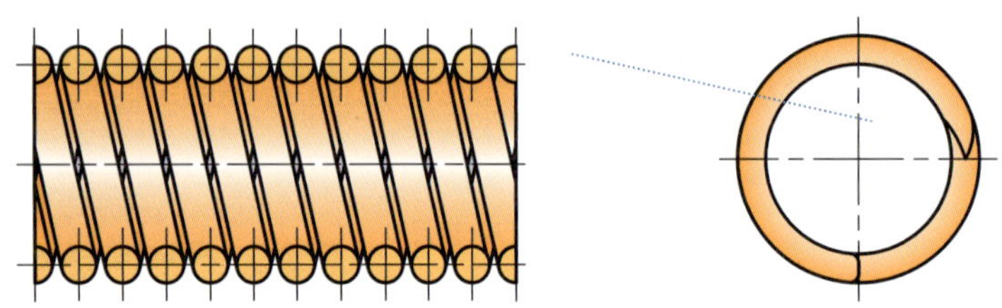

단면도

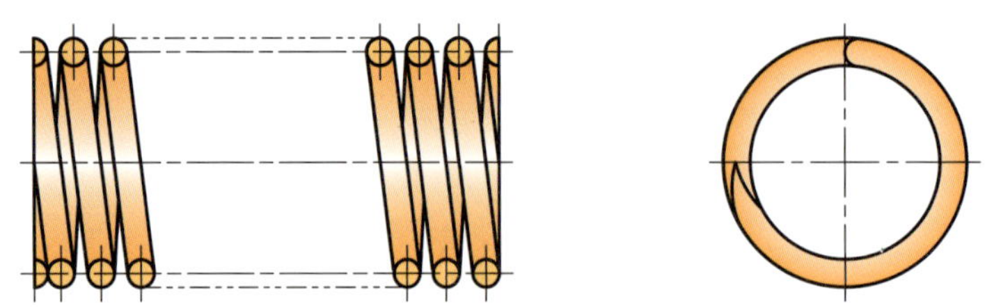

일부 생략도

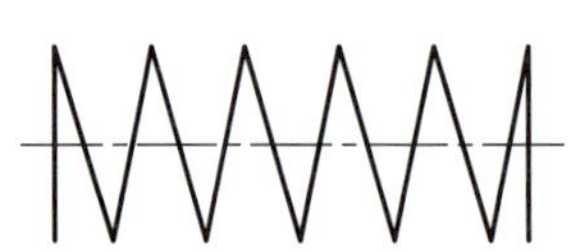

간략도

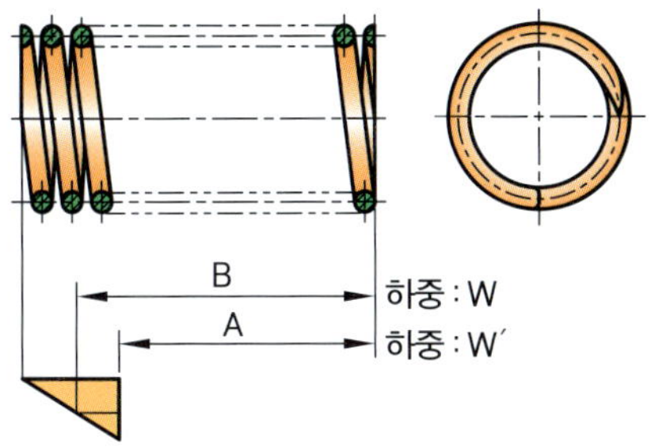


단위 : mm

| 스프링 요목표 | |
|---|---|
| 구분 ＼ 품번 | |
| 재료 지름 | d |
| 코일 평균 지름 | D |
| 총 감김 수 | |
| 유효 감김 수 | |
| 감긴 방향 | 오른쪽 또는 왼쪽 |
| 자유 높이 | L |
| 표면처리 | 쇼트피닝 |
| 방청처리 | 방청유 도포 |
| 30 | 40 |

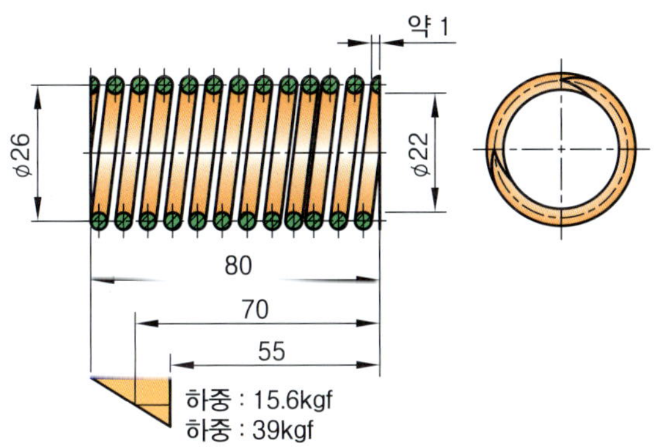


| 스프링 요목표 | |
|---|---|
| 구분 ＼ 품번 | |
| 재료 지름 | Ø4 |
| 코일 평균 지름 | Ø26 |
| 총 감김 수 | 11.5 |
| 유효 감김 수 | 9.5 |
| 감긴 방향 | 오른쪽 |
| 지유높이 | 80 |
| 표면처리 | 쇼트피닝 |
| 방청처리 | 방청유 도포 |

**적용 예**

1. 재료 : SPS8(스프링 강재)
2. 감긴 방향 : 오른쪽
3. 스프링 상수 = $\frac{39}{80-55}$ = 1.56

**계산식**

하중을 받고 있는 상태의 길이 A 또는 B를 측정한 뒤 스프링 상수(K)를 구한다.

① 스프링 상수(K) = $\frac{\text{하중(W)}}{\text{변위량}(\delta)} = \frac{\text{스프링에 가해지는 하중(W or W')}}{\text{스프링 자유길이(L)} - \text{하중 시의 길이(A or B)}}$

② 하중(W) = 변위량(δ)×스프링 상수(K)(스프링 상수가 주어질 경우)

③ 총 감김 수 : 코일에서 끝까지 감김 수

④ 유효 감김 수 : 스프링의 기능을 발휘하는 감김 수

※ 하중을 받지 않을 경우에는 A 또는 B값을 생략한다.

# 14 각 스프링 제도 · 요목표(KS B 0005)

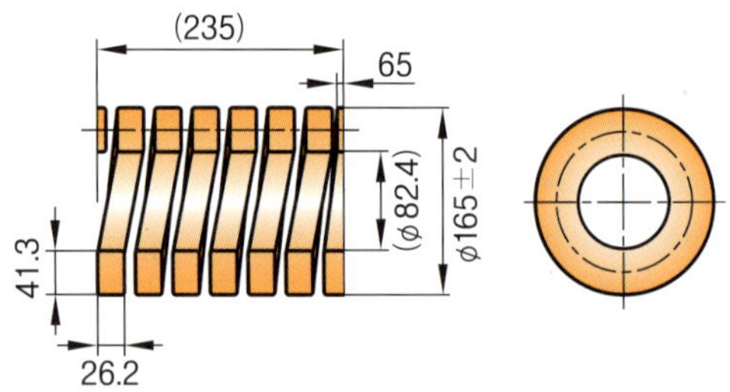

단위 : mm

| 스프링 요목표 | | |
|---|---|---|
| 재료 | | SPS9 |
| 재료의 치수 | | 41.3×26.2 |
| 코일 평균 지름 | | 123.8 |
| 코일 바깥 지름 | | 165±2 |
| 총 감김 수 | | 7.25±0.25 |
| 자리 감김 수 | | 각 0.75 |
| 유효 감김 수 | | 5.75 |
| 감김 방향 | | 오른쪽 |
| 자유 길이 | | (235) |
| 스프링상수 | | 1,570 |
| 지정 | 하중(N)[(1)] | 49,000 |
| | 하중 시의 길이 | 203±3 |
| | 응력($N/mm^2$) | 596 |
| 최대 압축 | 하중(N) | 73,500 |
| | 하중 시의 길이 | 188 |
| | 응력($N/mm^2$) | 894 |
| 경도(HBW) | | 388~461 |
| 코일 끝부분의 모양 | | 맞댐끝(테이퍼 후 연삭) |
| 표면 처리 | 재료의 표면가공 | 연삭 |
| | 성형 후의 표면가공 | 쇼트피닝 |
| | 방청 처리 | 흑색 에나멜 도장 |

**주**

(1) 수치보기는 하중을 기준으로 하였다.

**비고**

1. 기타 항목 : 세팅한다.
2. 용도 또는 사용조건 : 상온, 반복하중
3. $1N/mm^2 = 1MPa$

# 15 이중코일 스프링 제도 · 요목표(KS B 0005)

단위 : mm

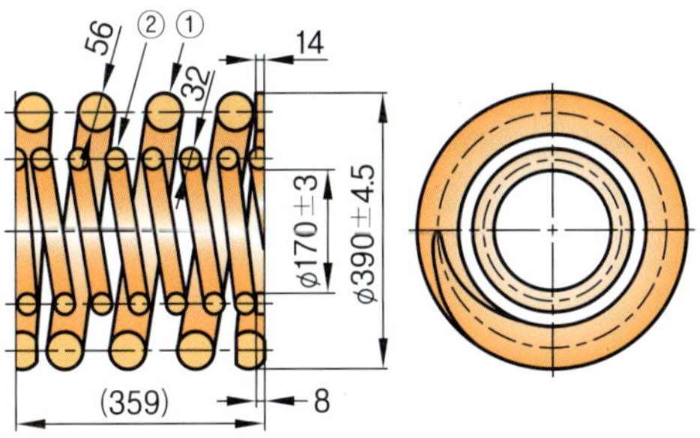

<table>
<tr><th colspan="4">스프링 요목표</th></tr>
<tr><td colspan="2">조합 No.</td><td>①</td><td>②</td></tr>
<tr><td colspan="2">재료</td><td>SPS11A</td><td>SPS9A</td></tr>
<tr><td colspan="2">재료의 지름</td><td>56</td><td>32</td></tr>
<tr><td colspan="2">코일 평균 지름(mm)</td><td>334</td><td>202</td></tr>
<tr><td colspan="2">코일 안 지름(mm)</td><td>278</td><td>170±3</td></tr>
<tr><td colspan="2">코일 바깥 지름(mm)</td><td>390±4.5</td><td>234</td></tr>
<tr><td colspan="2">총 감김 수</td><td>4.75</td><td>7.75</td></tr>
<tr><td colspan="2">자리 감김 수</td><td>각 1</td><td>각 1</td></tr>
<tr><td colspan="2">유효 감김 수</td><td>2.75</td><td>5.75</td></tr>
<tr><td colspan="2">감김 방향</td><td>오른쪽</td><td>왼쪽</td></tr>
<tr><td colspan="2">자유 길이(mm)</td><td>(359)</td><td>(359)</td></tr>
<tr><td colspan="2" rowspan="2">스프링상수(N/mm)</td><td colspan="2">1,086</td></tr>
<tr><td>71,760</td><td>16,500</td></tr>
<tr><td rowspan="5">지정</td><td rowspan="2">하중(N)[1]</td><td colspan="2">88,260</td></tr>
<tr><td>71,760</td><td>16,500</td></tr>
<tr><td rowspan="2">하중 시의 길이(mm)</td><td colspan="2">277.5±4.5</td></tr>
<tr><td>277.5</td><td>277.5</td></tr>
<tr><td>응력(N/mm²)</td><td>435</td><td>321</td></tr>
<tr><td rowspan="5">최대 압축</td><td rowspan="2">하중(N)</td><td colspan="2">73,500</td></tr>
<tr><td>106,800</td><td>24,560</td></tr>
<tr><td rowspan="2">하중 시의 길이(mm)</td><td colspan="2">238</td></tr>
<tr><td>238</td><td>238</td></tr>
<tr><td>응력(N/mm²)</td><td>648</td><td>478</td></tr>
<tr><td colspan="2">밀착 길이(mm)</td><td>(238)</td><td>(232)</td></tr>
<tr><td colspan="2">코일 바깥쪽 면의 경사(mm)</td><td>6.3</td><td>6.3</td></tr>
<tr><td colspan="2">경도(HBW)</td><td colspan="2">388~461</td></tr>
<tr><td colspan="2">코일 끝부분의 모양</td><td colspan="2">맞댐끝(테이퍼 후 연삭)</td></tr>
<tr><td rowspan="3">표면 처리</td><td>재료의 표면가공</td><td colspan="2">연삭</td></tr>
<tr><td>성형 후의 표면가공</td><td colspan="2">쇼트피닝</td></tr>
<tr><td>방청 처리</td><td colspan="2">흑색 에나멜 도장</td></tr>
</table>

**주**

[1] 수치보기는 하중을 기준으로 하였다.

**비고**

1. 기타 항목 : 세팅한다.
2. 용도 또는 사용조건 : 상온, 반복하중
3. 1N/mm² = 1MPa

# 16 인장 코일 스프링 제도 · 요목표(KS B 0005)

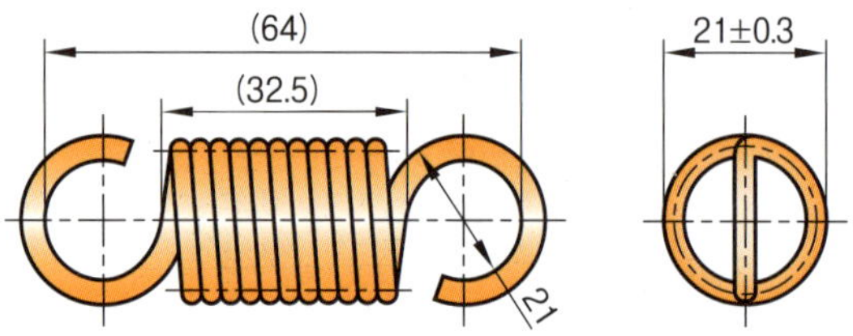

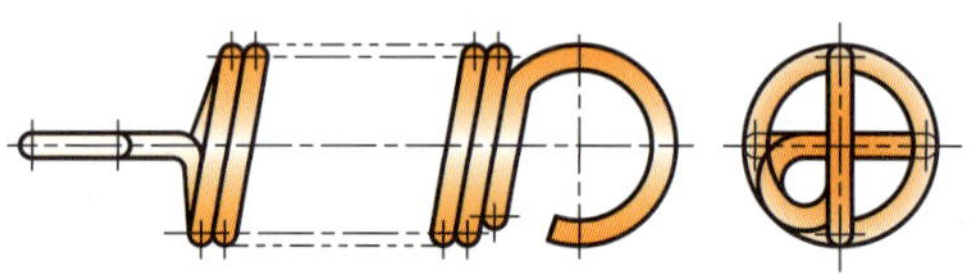

일부 생략도

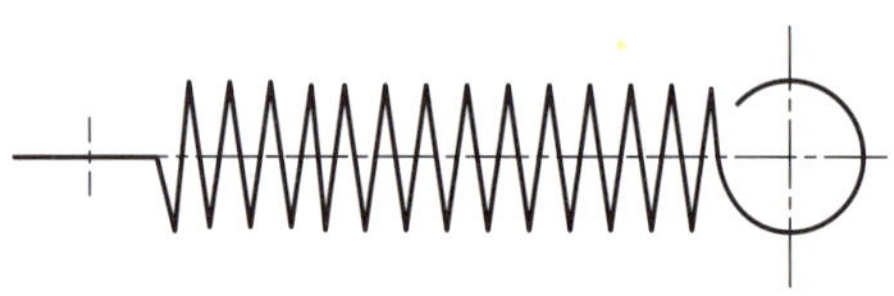

간략도

단위 : mm

| 스프링 요목표 | | |
|---|---|---|
| 재료 | | HSW-3 |
| 재료의 치수 | | 2.6 |
| 코일 평균 지름 | | 18.4 |
| 코일 바깥 지름 | | 21±0.3 |
| 총 감김 수 | | 11.5 |
| 감김 방향 | | 오른쪽 |
| 자유 길이 | | (64) |
| 스프링상수(N/mm) | | 6.28 |
| 초장력(N) | | (26.8) |
| 지정 | 하중(N) | – |
| | 하중 시의 길이 | – |
| | 길이 시의 하중(N) | 165±10% |
| | 응력(N/mm$^2$) | 532 |
| 최대 허용 인장 길이 | | 92 |
| 고리의 모양 | | 둥근 고리 |
| 표면 처리 | 성형 후의 표면가공 | – |
| | 방청 처리 | 방청유 도포 |

**비고**

1. 기타 항목 : 세팅한다.
2. 용도 또는 사용조건 : 상온, 반복하중
3. 1N/mm$^2$ = 1MPa

# 17 비틀림 코일 스프링 제도 · 요목표(KS B 0005)

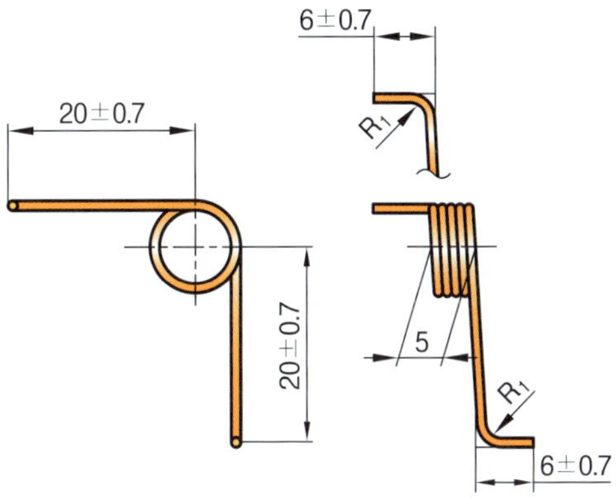

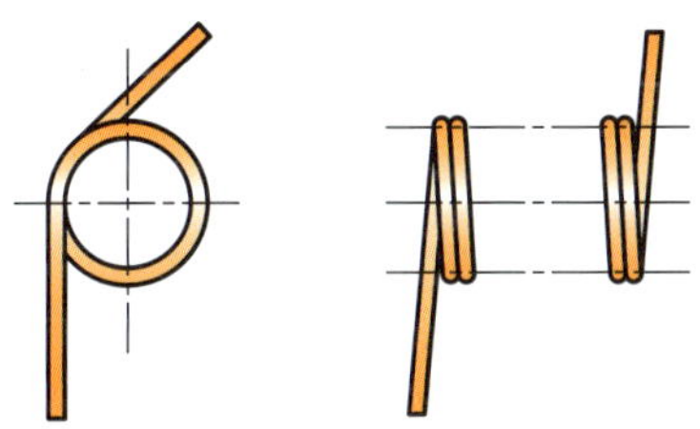

일부 생략도

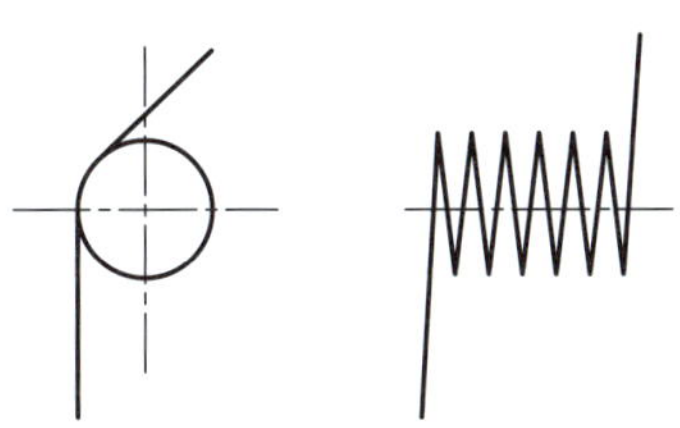

간략도

단위 : mm

| 스프링 요목표 | | |
|---|---|---|
| 재료 | | STS 304-WPB |
| 재료의 지름 | | 1 |
| 코일 평균 지름 | | 9 |
| 코일 안 지름 | | 8±0.3 |
| 총 감김 수 | | 4.25 |
| 감김 방향 | | 오른쪽 |
| 자유 각도(°)(1) | | 90±15 |
| 지정 | 나선각(°) | - |
| | 나선각 시의 토크(N · mm) | - |
| 안내봉의 지름 | | 6.8 |
| 사용 최대 토크 시의 응력($N/mm^2$) | | - |
| 표면처리 | | - |

**주**

(1) 수치보기는 하중을 기준으로 하였다.

**비고**

1. 기타 항목 : 세팅한다.
2. 용도 또는 사용조건 : 상온, 반복하중
3. $1N/mm^2$ = 1MPa

# 18 지지, 받침 스프링 제도 · 요목표(KS B 0005)

스프링이 수평인 경우

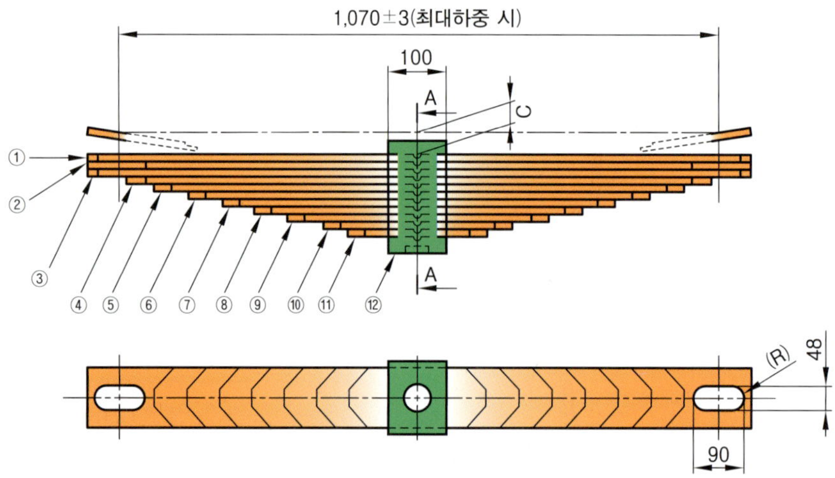

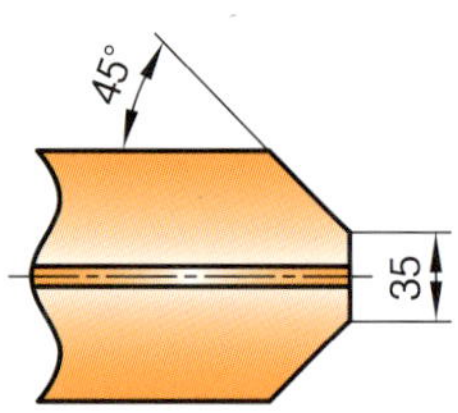


스프링 판 ⑤~⑪ 끝모양

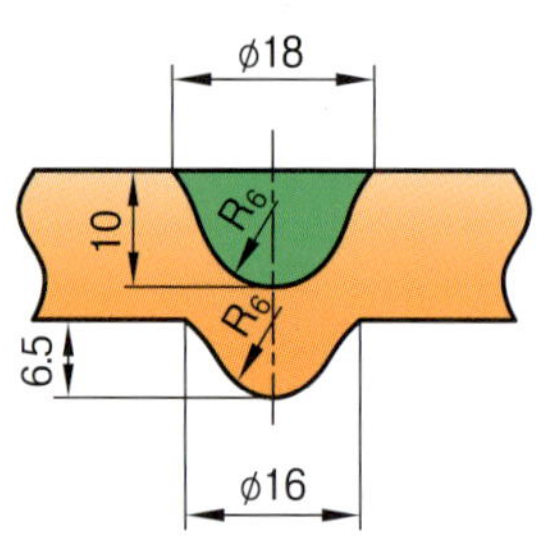


스프링 판 중앙부 니브 모양

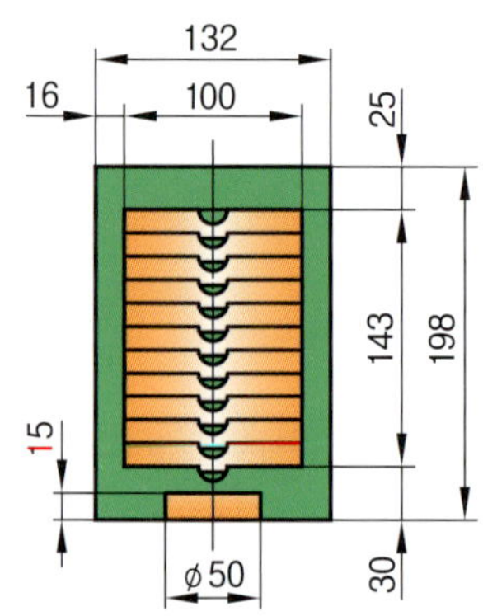


단면 A-A

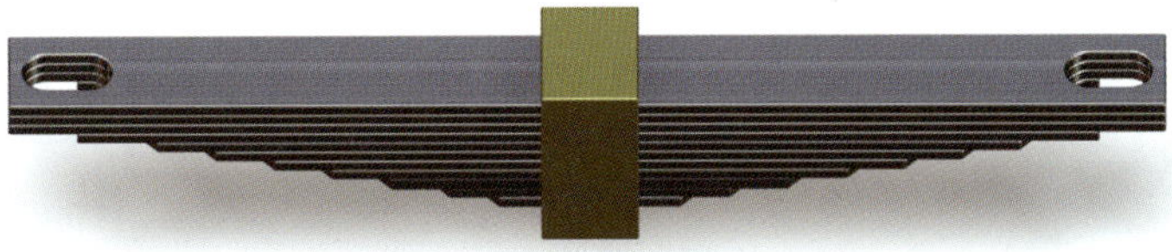

단위 : mm

| 스프링 요목표 | | | | | |
|---|---|---|---|---|---|
| 스프링 판 | | | | | |
| 재료 | SPS 3 | | | | |
| 치수 · 모양 | 번호 | 길이 | 판 두께 | 판 너비 | 단면 모양 |
| | 1 | 1,190 | 13 | 100 | KS D 3701의 A종 |
| | 2 | 1,190 | | | |
| | 3 | 1,190 | | | |
| | 4 | 1,050 | | | |
| | 5 | 950 | | | |
| | 6 | 830 | | | |
| | 7 | 710 | | | |
| | 8 | 590 | | | |
| | 9 | 470 | | | |
| | 10 | 350 | | | |
| | 11 | 250 | | | |

| 부속품 | | | |
|---|---|---|---|
| 번호 | 명칭 | 재료 | 개수 |
| 12 | 허리죔 띠 | SM10C | 1 |

| 하중 특성 | | | | |
|---|---|---|---|---|
| | 하중(N) | 뒤말림(mm) | 스팬(mm) | 응력(N/mm²) |
| 무하중 시 | 0 | 38 | – | 0 |
| 표준하중 시 | 45,990 | 5 | – | 343 |
| 최대하중 시 | 52,560 | 0±3 | 1,070±3 | 392 |
| 시험하중 시 | 91,990 | – | – | 686 |

**비고**

1. 기타 항목
   - 스프링 판의 경도 : 331~401HBW
   - 첫 번째 스프링 판의 텐션면 및 허리죔 띠에 방청 도장한다.
   - 완성 도장 : 흑색 도장
   - 스프링 판 사이에 도포한다.
2. $1N/mm^2 = 1MPa$

# 19 테이터 판 스프링 제도 · 요목표(KS B 0005)

스프링이 수평인 경우

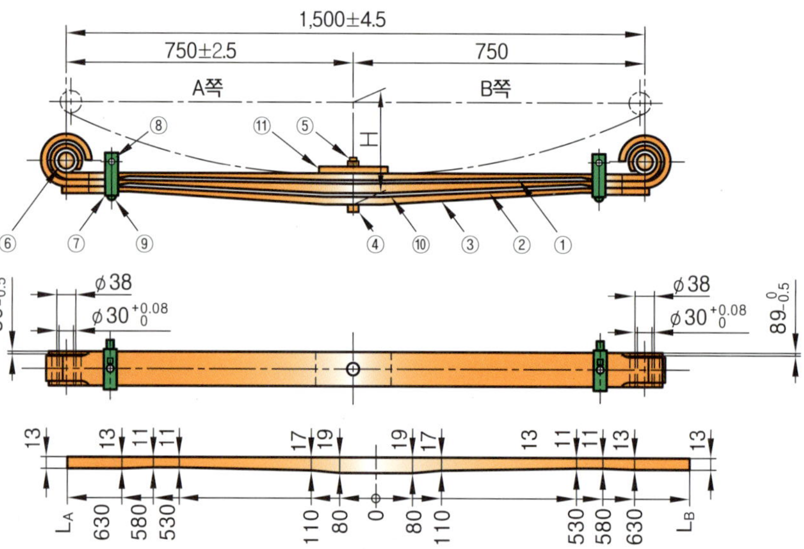


전개 모양

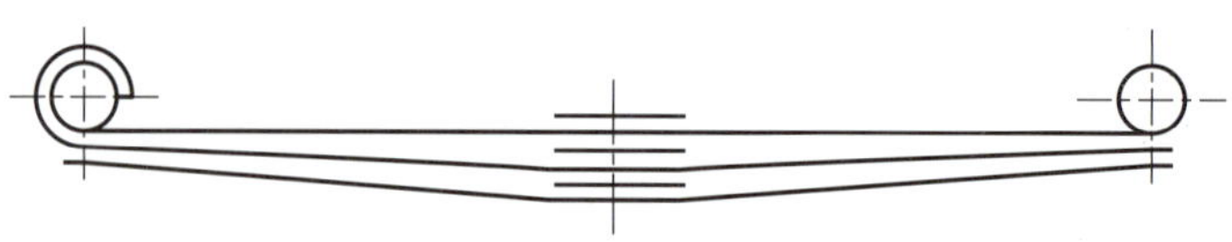

간략도

단위 : mm

**스프링 요목표**

스프링 판

| 번호 | 전개 길이 | | | 판 너비 | 재료 |
|---|---|---|---|---|---|
| | $L_A$(A쪽) | $L_B$(B쪽) | 계 | | |
| 1 | 916 | 916 | 1,832 | 90 | SPS11A |
| 2 | 950 | 465 | 1,415 | | |
| 3 | 765 | 765 | 1,530 | | |

| 번호 | 명칭 | 수량 |
|---|---|---|
| 4 | 센터 볼트 | 1 |
| 5 | 너트, 센터 볼트 | 1 |
| 6 | 부시 | 2 |
| 7 | 클립 | 2 |
| 8 | 클립 볼트 | 2 |
| 9 | 리벳 | 2 |
| 10 | 인터리프 | 3 |
| 11 | 스페이서 | 1 |

| 스프링 상수(N/mm) | 250 |
|---|---|

| 하중(N) | | 높이(mm) | 스팬(mm) | 응력(N/mm²) |
|---|---|---|---|---|
| 무하중 시 | 0 | 180 | – | 0 |
| 지정하중 시 | 22,000 | 92±6 | 1,498 | 535 |
| 시험하중 시 | 37,010 | 35 | – | 900 |

**비고**

1. 경도 : 388~461HBW
2. 쇼트피닝 : No. 1~3 리프
3. 완성 도장 : 흑색 도장
4. 1N/mm² = 1MPa

# 20 겹판 스프링 제도 · 요목표(KS B 0005)

스프링이 수평인 경우

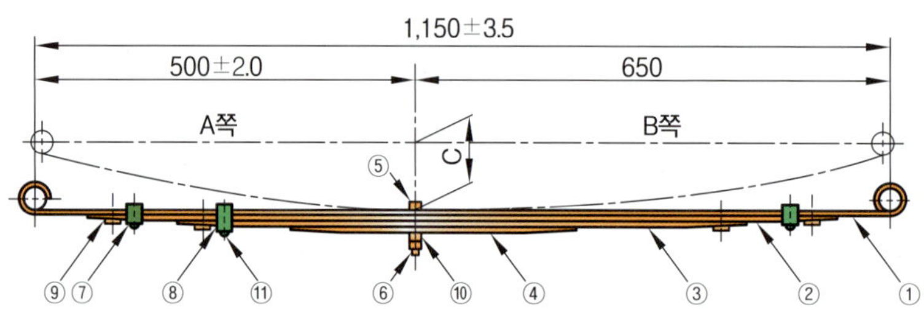


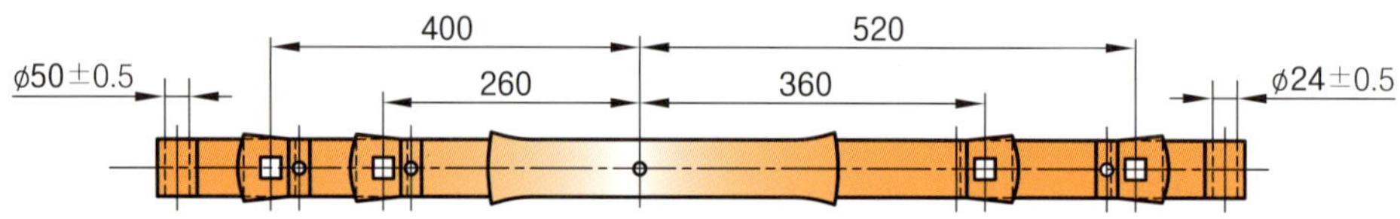


전개 모양

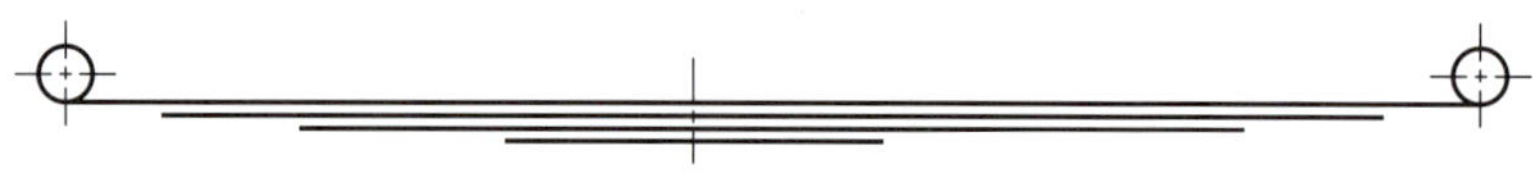

간략도

단위 : mm

**스프링 요목표**

스프링 판(KS D 3701의 B종)

| 번호 | 전개 길이 | | | 판 너비 | 재료 |
|---|---|---|---|---|---|
| | A쪽 | B쪽 | 계 | | |
| 1 | 676 | 748 | 1,424 | 90 | SPS6 |
| 2 | 430 | 550 | 980 | | |
| 3 | 310 | 390 | 700 | | |
| 4 | 160 | 205 | 365 | | |

| 번호 | 명칭 | 수량 |
|---|---|---|
| 5 | 센터 볼트 | 1 |
| 6 | 너트, 센터 볼트 | 1 |
| 7 | 클립 | 2 |
| 8 | 클립 | 1 |
| 9 | 라이너 | 4 |
| 10 | 디스턴스 피스 | 1 |
| 11 | 리벳 | 3 |

| 스프링 상수(N/mm) | | 250 | | |
|---|---|---|---|---|
| 하중(N) | | 뒤말림(mm) | 스팬(mm) | 응력(N/$mm^2$) |
| 무하중 시 | 0 | 112 | – | 0 |
| 지정하중 시 | 2,300 | 6±5 | 1,152 | 451 |
| 시험하중 시 | 5,100 | – | – | 1,000 |

**비고**

1. 경도 : 388~461HBW
2. 쇼트피닝 : No. 1~3 리프
3. 완성 도장 : 흑색 도장
4. 1N/$mm^2$ = 1MPa

# 21 | 이중 스프링 제도(KS B 0005)

스프링이 수평인 경우

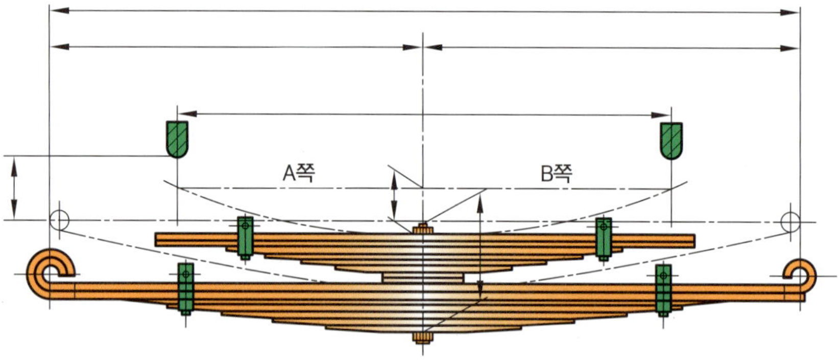


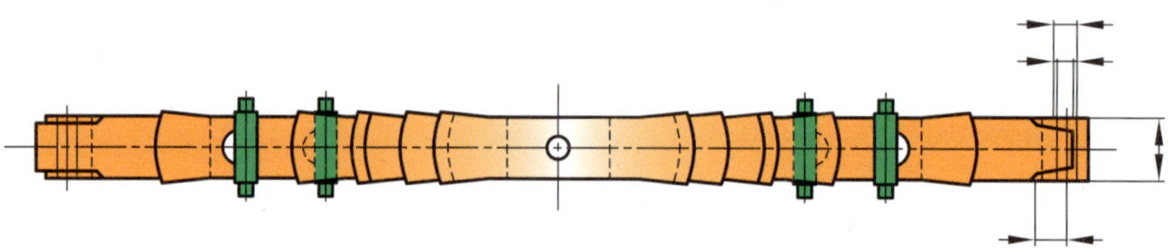

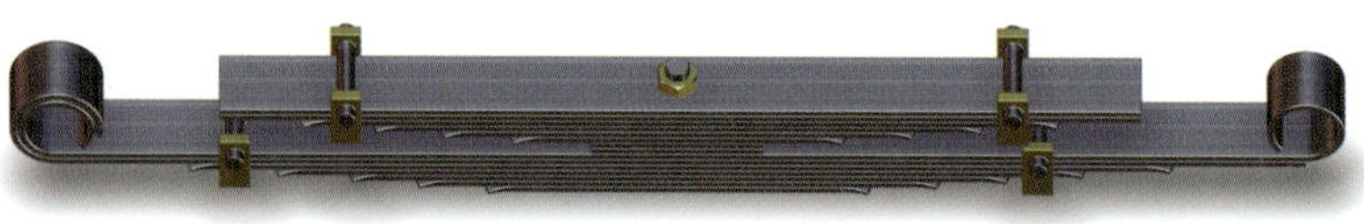

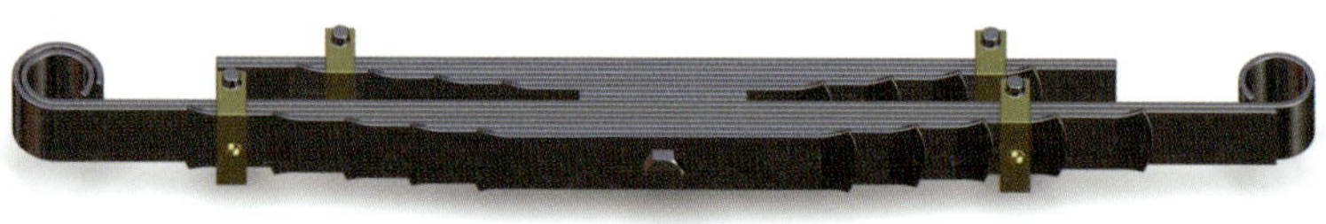

# 22 토션바 제도 · 요목표(KS B 0005)

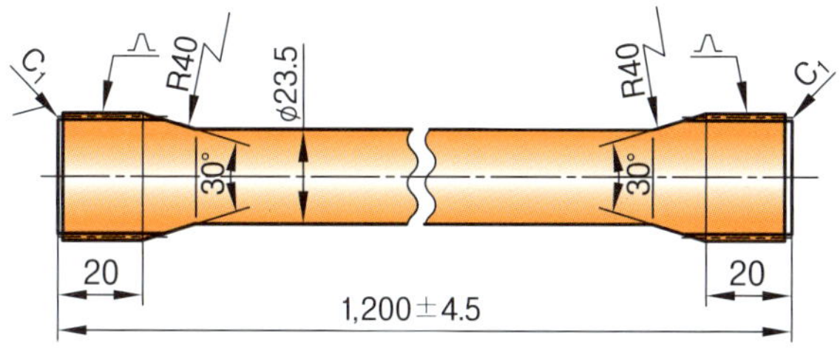


토션바

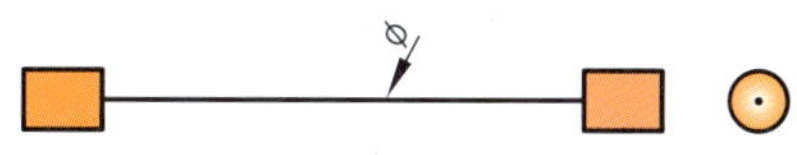


간략도

단위 : mm

| 토션바 요목표 | | |
|---|---|---|
| 재료 | | SPS12 |
| 바의 지름 | | 23.5 |
| 바의 길이 | | 1,200±4.5 |
| 손잡이 부분의 길이 | | 20 |
| 손잡이 부분의 모양 및 치수 | 모양 | 인벌류트 세레이션 |
| | 모듈 | 0.75 |
| | 압력각(°) | 45 |
| | 잇수 | 40 |
| | 큰 지름 | 30.75 |
| 스프링 상수(N · m/°) | | 35.8±1.1 |
| 표준 토크(N · m) | | 1,270 |
| 응력(N/mm²) | | 500 |
| 최대 토크(N · m) | | 2,190 |
| 응력(N/mm²) | | 855 |
| 경도(HBW) | | 415~495 |
| 표면 처리 | 재료의 표면가공 | 연삭 |
| | 성형 후의 표면가공 | 쇼트피닝 |
| | 방청 처리 | 흑색 에나멜 도장 |

**비고**

1. 기타 항목 : 세팅한다.(세팅 방향을 지정하는 경우에는 방향을 명기한다.)
2. $1N/mm^2=1MPa$

# 23 벌류트 스프링 제도 · 요목표(KS B 0005)

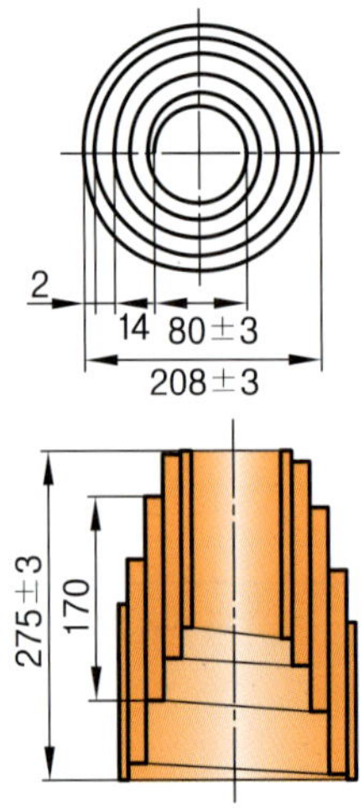


벌류트 스프링

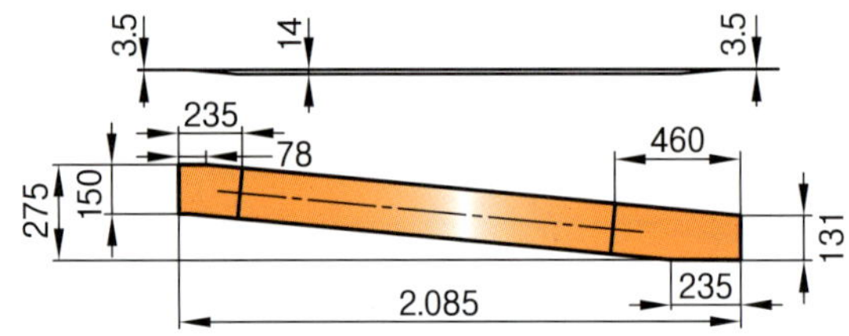


벌류트 스프링 재료 전개 모양

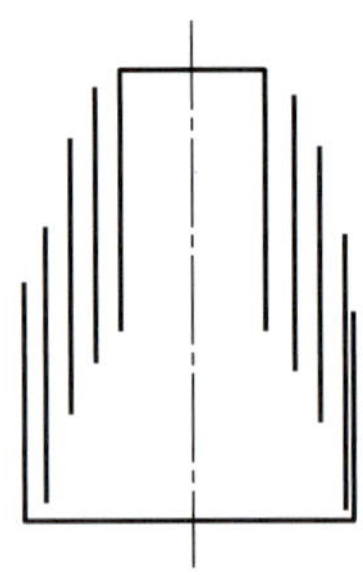

간략도

단위 : mm

| 벌류트 스프링 요목표 | | |
|---|---|---|
| 재료 | | SPS 9 또는 SPS 9A |
| 재료 사이즈(판 너비×판 두께) | | 170×14 |
| 안 지름 | | 80±3 |
| 바깥 지름 | | 208±3 |
| 총 감김 수 | | 4.5 |
| 자리 감김 수 | | 각 0.75 |
| 유효 감김 수 | | 3 |
| 감김 방향 | | 오른쪽 |
| 자유 길이 | | 275±3 |
| 스프링 상수(처음 접착까지)(N/mm) | | 1,290 |
| 지정 | 길이 | 245 |
| | 길이 시의 하중(N) | 39,230±15% |
| | 응력(N/mm²) | 390 |
| 최대 압축 | 길이 | 194 |
| | 길이 시의 하중(N) | 111,800 |
| | 응력(N/mm²) | 980 |
| 처음 접합 하중(N) | | 85,710 |
| 경도(HBW) | | 341~444 |
| 표면 처리 | 성형 후의 표면가공 | 쇼트피닝 |
| | 방청 처리 | 흑색 에나멜 도장 |

**비고**

1. 기타 항목 : 세팅한다.
2. 용도 또는 사용조건 : 상온, 반복하중
3. 1N/mm² = 1MPa

# 24 스파이럴 스프링 제도 · 요목표(KS B 0005)

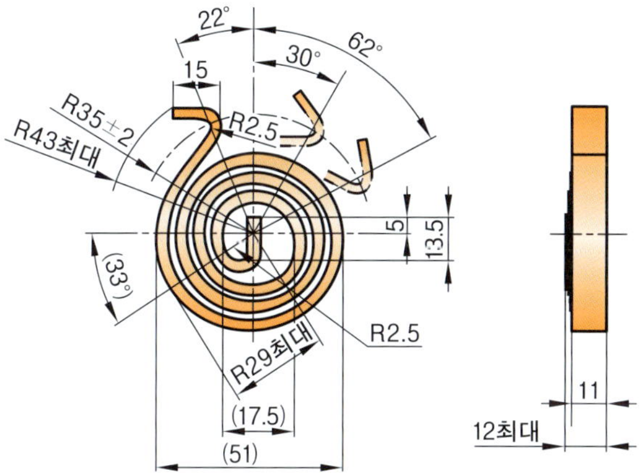


스파이럴 스프링

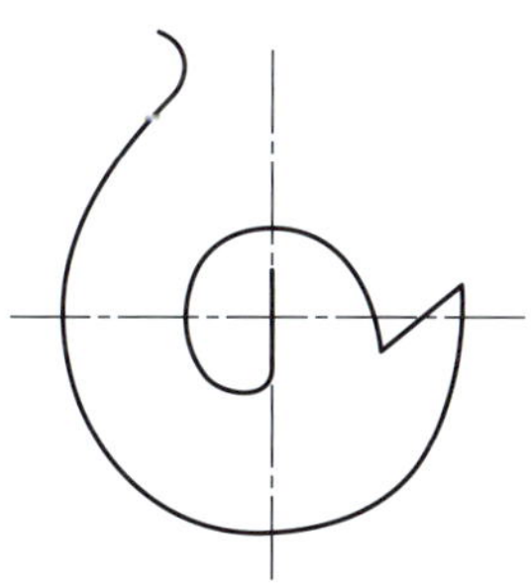

간략도

단위 : mm

| 스파이럴 스프링 요목표 | | |
|---|---|---|
| 재료 | | HSWR 62A |
| 판 두께 | | 3.4 |
| 판 너비 | | 11 |
| 감김 수 | | 약 3.3 |
| 전체 길이 | | 410 |
| 축지름 | | Ø14 |
| 사용범위(°) | | 30~62 |
| 지정 | 토크(N · m) | 7.9±4.0 |
| | 응력(N/mm²) | 764 |
| 경도(HRC) | | 35~43 |
| 표면 처리 | | 인산염 피막 |

비고

1N/mm² = 1MPa

# 25 S자형 스파이럴 스프링 제도 · 요목표 (KS B 0005)

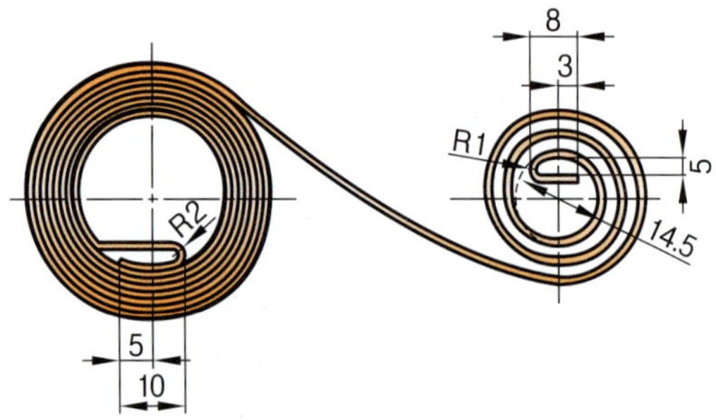


S자형 스파이럴 스프링

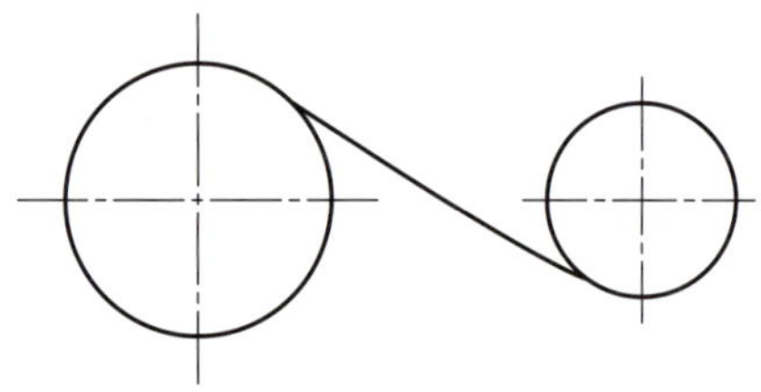

간략도

단위 : mm

| S자형 스파이럴 스프링 요목표 | |
|---|---|
| 재료 | STS301-CSP |
| 판 두께 | 0.2 |
| 판 너비 | 7.0 |
| 전체 길이 | 4,000 |
| 경도(HV) | 490 이상 |
| 10회전 시 되감기 토크(N · mm) | 69.6 |
| 10회전 시 응력($N/mm^2$) | 1,486 |
| 감김 축지름 | 14 |
| 스프링 상자의 안지름 | 50 |
| 표면 처리 | - |

**비고**

$1N/mm^2 = 1MPa$

# 26 접시 스프링 제도 · 요목표(KS B 0005)

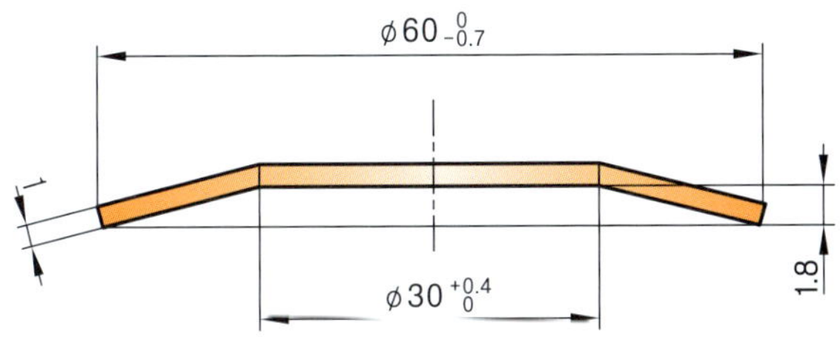


접시 스프링

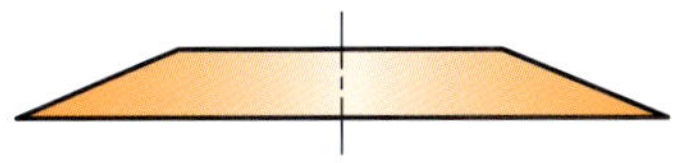

간략도

단위 : mm

| 접시 스프링 요목표 | | |
|---|---|---|
| 재료 | | STC5－CSP |
| 안지름 | | 30 $^{+0.4}_{0}$ |
| 바깥지름 | | 60 $^{0}_{-0.7}$ |
| 판 두께 | | 1 |
| 길이 | | 1.8 |
| 지정 | 휨 | 1.0 |
| | 하중(N) | 766 |
| | 응력(N/mm²) | 1,100 |
| 최대 압축 | 휨 | 1.4 |
| | 하중(N) | 752 |
| | 응력(N/mm²) | 1,410 |
| 경도(HV) | | 400~480 |
| 표면 처리 | 성형 후의 표면 가공 | 쇼트피닝 |
| | 방청 처리 | 방청유 도포 |

**비고**

1N/mm² = 1MPa

# 27 동력전달장치의 부품별 재료표

| 품명 | 재료 기호 | 재료명 | 비고 |
|---|---|---|---|
| 본체(하우징) 또는 몸체, 커버류 | GC200 | 회 주철품 | 일반적인 동력전달 장치 및 편심구동장치<br>외면 명적색 또는 명회색 도장 |
| | GC250 | | |
| | SC450 | 탄소강 주강품 | 펌프 등의 본체에 사용, 강도를 요하는 곳 |
| 축류 | SCM435 | 크롬 몰리브덴강 | 강도 경도를 요하는 축 재질 |
| | SCM415 | | |
| | SM35C | 기계구조용 탄소강 | 일반적인 축 재질<br>SM28C 이상 재질에서 열처리(퀜칭, 템퍼링) 가능 |
| | SM40C | | |
| | SM45C | | |
| | SM15CK | 침탄용 기계구조용 강 | 강도 경도를 요하는 축 재질(침탄 열처리용) |
| 스퍼기어 및 헬리컬 기어, 스프로킷 | SCM435 | 크롬 몰리브덴강 | 기어 치면 퀜칭, 템퍼링 HB 241~302 |
| | SNCM415 | 니켈 크롬 몰리브덴강 | 기어 치면 퀜칭 HRC 55~61, 경화층 깊이 : 0.8~1.2 |
| | SC480 | 탄소강 주강품 | 암이 있는 대형 기어 재질 주조 후 치면 열처리 |
| 베벨, 스파이럴, 하이포이드 기어 웜축 | SCM420H | 크롬 몰리브덴강 | 기어 치면 침탄 퀜칭, 템퍼링<br>HRC 60±3, 경화층 깊이: 0.9~1.4 |
| 웜축 | SM48C | 기계 구조용 탄소강 | 기어 치면 고주파 퀜칭 HRC 50~55 |
| 웜휠 | CAC 402 | 청동주물 | 밸브, 기어, 펌프 등 |
| | CAC 502A | 인청동주물 | 웜기어, 베어링 부시 |
| 래크 | SNC415 | 니켈 크롬강 | – |
| 피니언 | SNC415 | | – |
| 래칫 | SM15CK | 침탄용 기계구조용 강 | 침탄 열처리용 |
| 제네바 기어, 링크 | SCM415 | 크롬 몰리브덴강 | 표면경화 HRC50±2 |
| V벨트 풀리 및 로프 풀리 | GC250 | 회 주철품 | – |
| | SC415 | 탄소강 주강품 | – |
| | SC450 | | – |
| 커버 | GC200 | 회 주철품 | 본체와 같은 재질 사용<br>외면 명회색 도장 |
| | GC250 | | |
| | SC450 | 탄소강 주강품 | |
| 클러치 | SC480 | 탄소강 주강품 | – |
| 베어링용 부시 | CAC 502A | 인청동주물 | 웜기어, 베어링부시 |
| | WM3 | 화이트 메탈 | 고속 중하중용 |
| 칼라 | SM45C | 기계구조용강 | 간격유지용 |
| 스프링 | SPS3 | 실리콘 망간강재 | 겹판, 코일, 비틀림막대 스프링 |
| | SPS6 | 크롬 바나듐강재 | 코일, 비틀림막대 스프링 |
| | SPS8 | 실리콘 크롬강재 | 코일 스프링 |
| | PW1 | 피아노선 | 스프링용 |

# 28 지그 · 유공압기구 부품별 재료표

| 지그 부품별 재료표 | | | |
|---|---|---|---|
| 부품명 | 재료 기호 | 재료명 | 비고 |
| 베이스 | SCM415 | 크롬 몰리브덴강 | 기계가공용 |
| | STC105 | 탄소공구강재 | |
| | SM45C | 기계구조용 강 | |
| 하우징, 몸체 | SC46 | 주강 | 주물용 |
| 가이드 부시(공구 안내용) | STC105 | 탄소공구강재 | 드릴, 엔드밀 등의 안내용 |
| | SK3 | 탄소공구강 | – |
| 플레이트 | SM45C | 기계구조용 강 | – |
| 스프링 | SPS3 | 실리콘 망간강재 | 겹판, 코일, 비틀림막대 스프링 |
| | SPS6 | 크롬 바나듐강재 | 코일 비틀림막대 스프링 |
| | SPS8 | 실리콘 크롬강재 | 코일 스프링 |
| | PW1 | 피아노선 | 스프링용 |
| 서포트 | STC105 | 탄소공구강재 | – |
| 가이드 블록 | SCM430 | 크롬 몰리브덴강 | – |
| 베어링 부시 | CAC502A | 인청동주물 | – |
| | WM3 | 화이트 메탈 | – |
| V블록 | STC105 | 탄소공구강 | 지그 고정구용 |
| 조 | | | |
| 로케이터 | SCM430 | 크롬 몰리브덴강 | – |
| 측정핀 | | | – |
| 슬라이더 | | | – |
| 고정대 | | | – |
| 유공압기구 부품별 재료표 | | | |
| 부품명 | 재료 기호 | 재료명 | 비고 |
| 하우징 | ALDC 7 | 알루미늄합금 다이캐스팅 | – |
| | AC4C | 알루미늄합금 주물 | – |
| | AC5C | | – |
| 레버형 핑거 | SCM430 | 크롬 몰리브덴강 | – |
| 프레스 축 | SCM430 | | – |
| 커버 | ADLC6 | 알루미늄합금 다이캐스팅 | – |
| 실린더 | ADLC6 | | – |
| 피스톤 | CAC502A | 인청동주물 | – |
| 코일 스프링 | PW1 | 피아노선 | – |
| 롤러 | SM45C | 기계구조용 강 | – |

CHAPTER

# 08

## AutoCAD와 기계설계제도

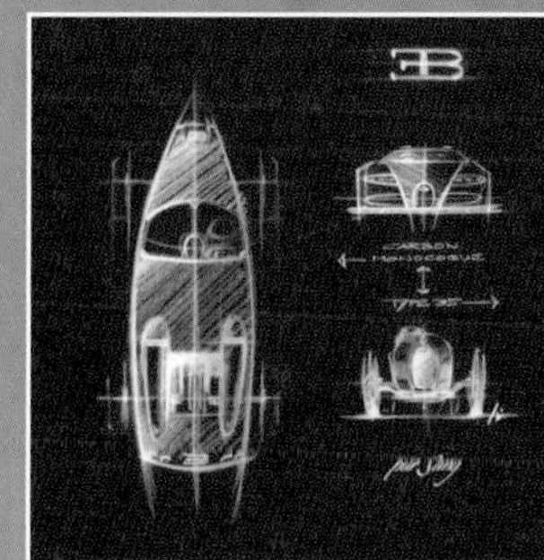

# 여러 가지 기계요소 형상

**BRIEF SUMMARY**

이 장에서는 여러 가지 기계요소들을 입체도로 볼 수 있어 기계요소 부품들을 이해하는 데 많은 도움이 될 것이다.

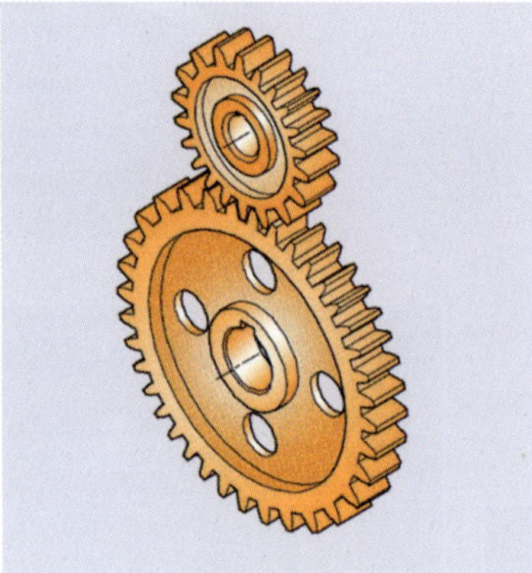
스퍼 기어

스퍼 기어

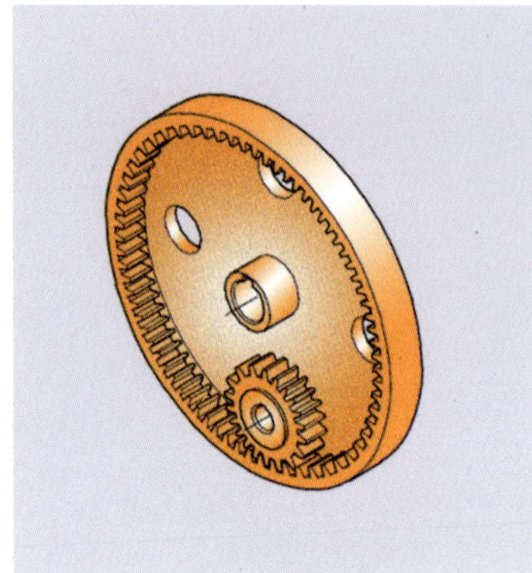
내접 기어

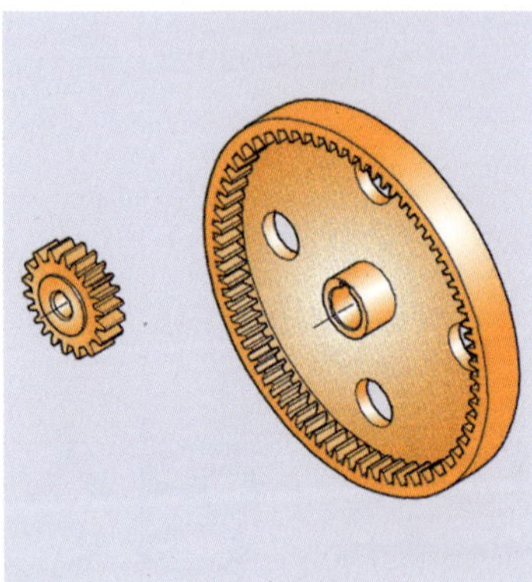
내접 기어

헬리컬 기어

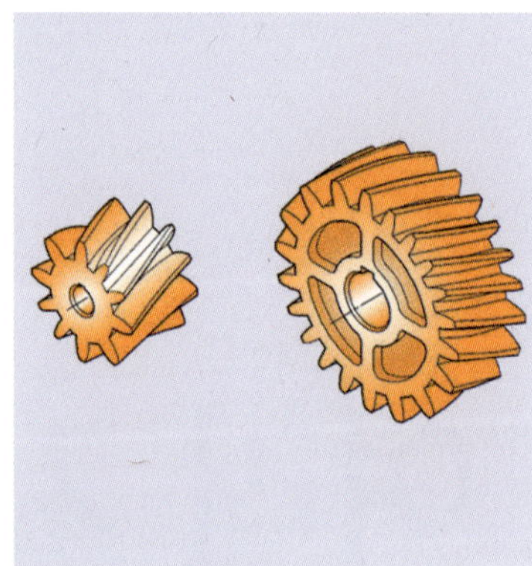
헬리컬 기어

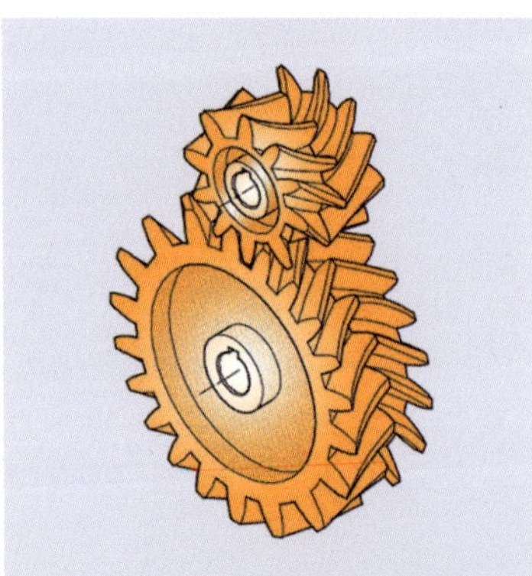
더블 헬리컬 기어

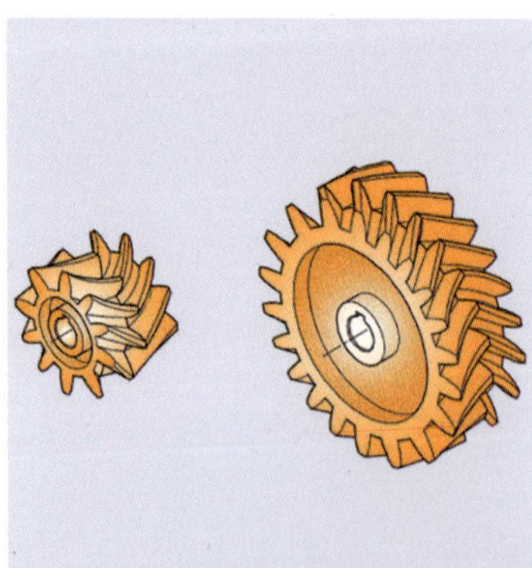
더블 헬리컬 기어

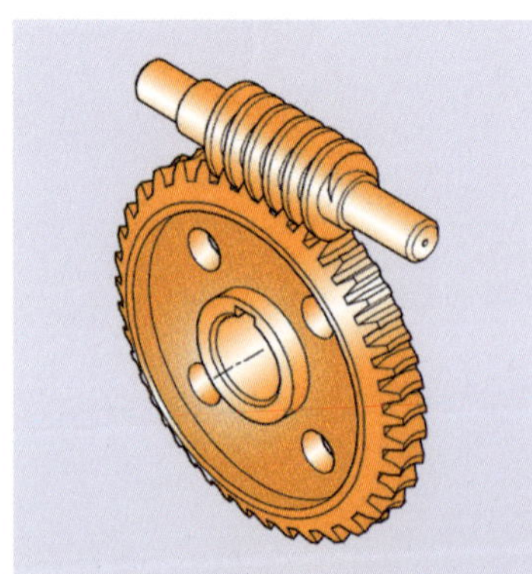
웜휠 · 기어

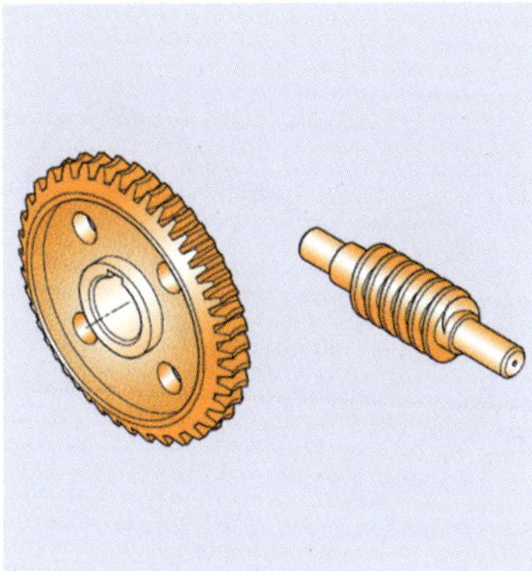

웜휠 · 기어

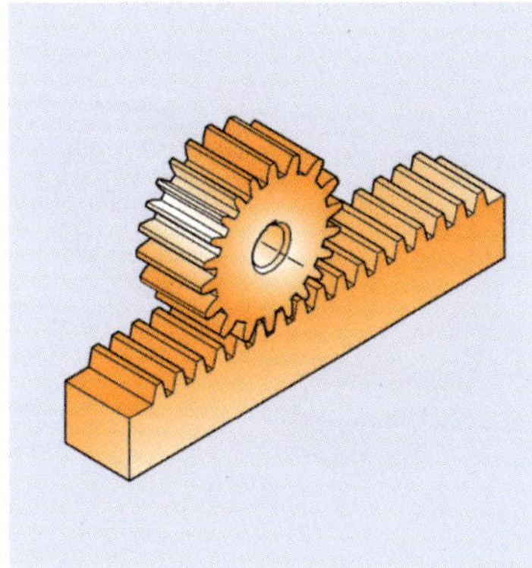

래크 · 피니언

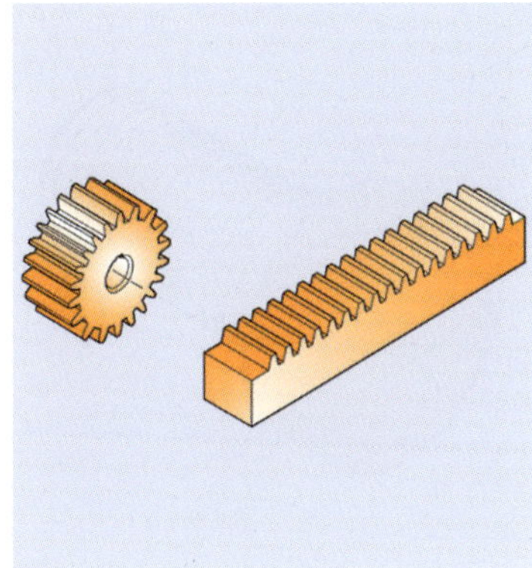

래크 · 피니언

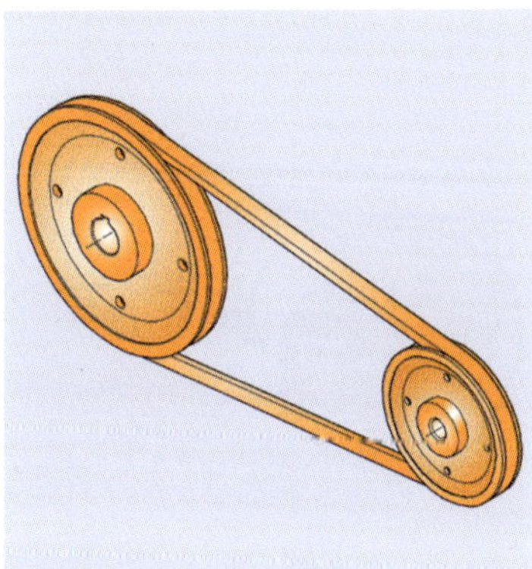

V-벨트풀리

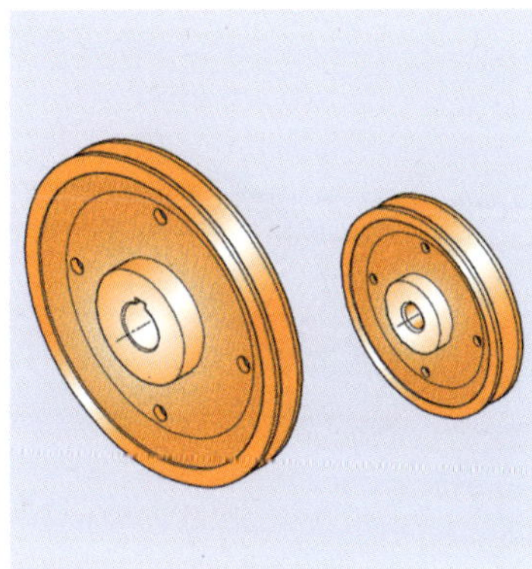

V-벨트풀리

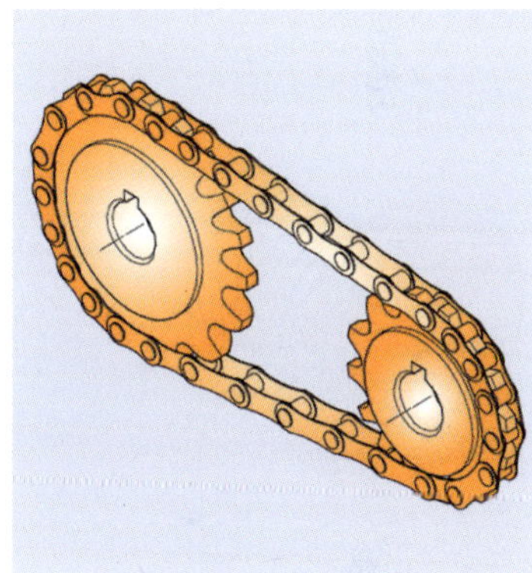

체인 · 스프로킷

스프로킷

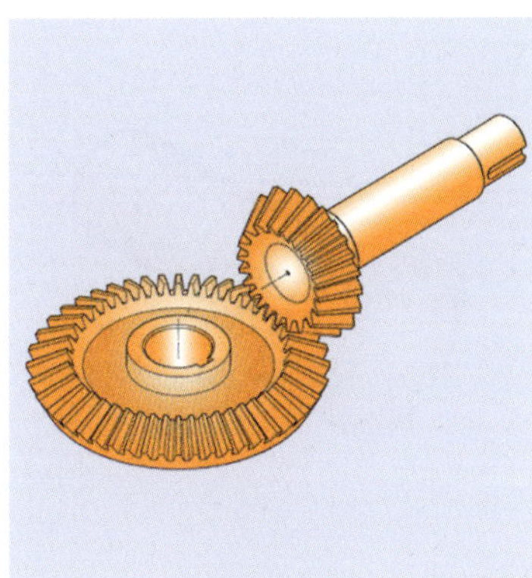

베벨 기어

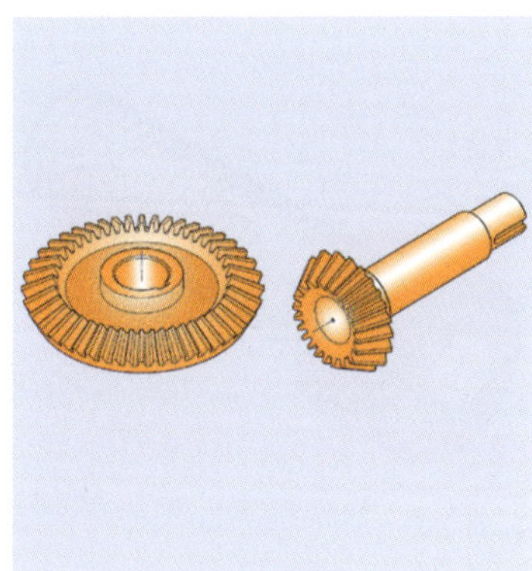

베벨 기어

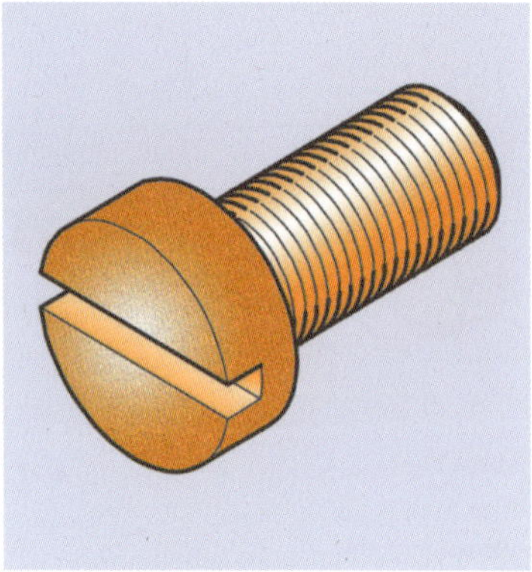

홈붙이 납작머리 작은 나사

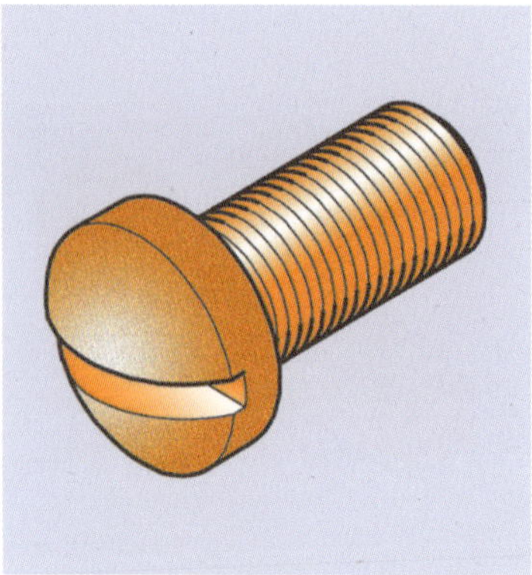

홈붙이 둥근 납작머리 작은 나사

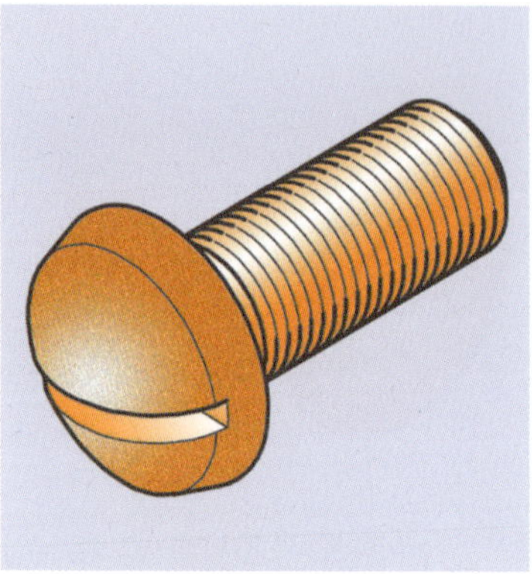

냄비머리 작은 나사

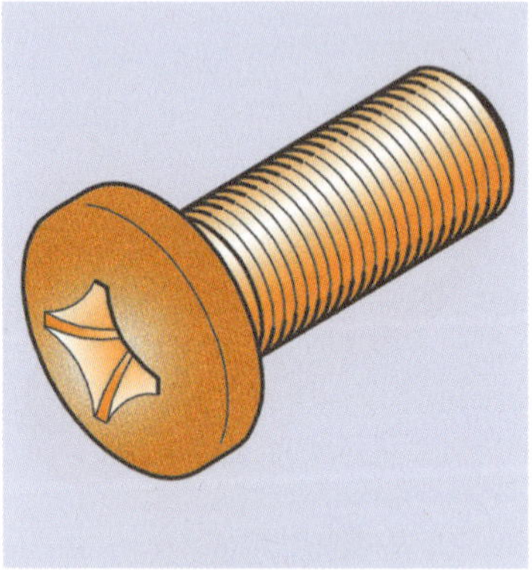

바인딩헤드 작은 나사

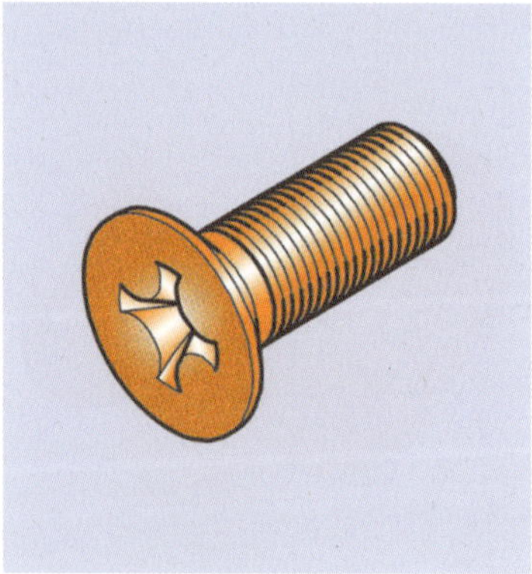

십자홈 접시머리 작은 나사

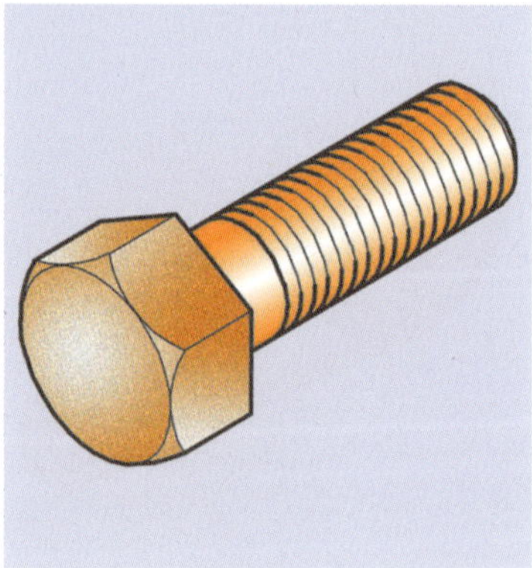

육각 볼트

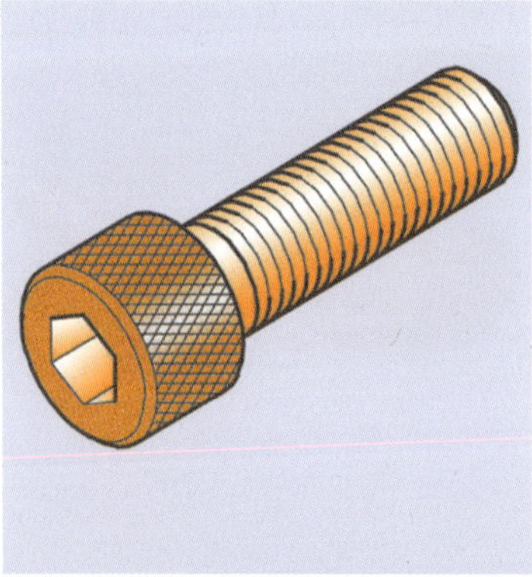

육각 홈붙이 볼트

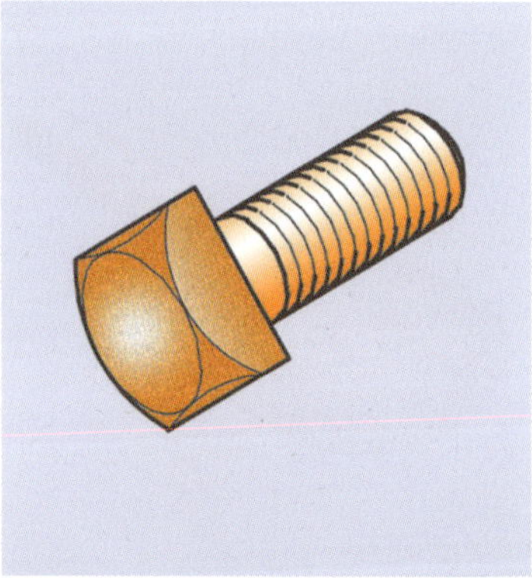

사각 볼트

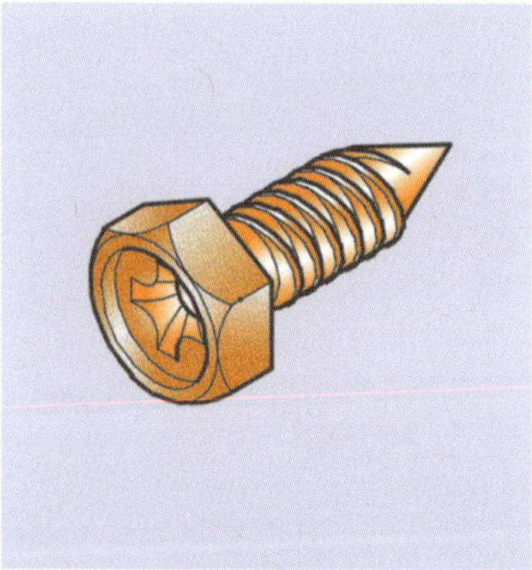

태핑 나사

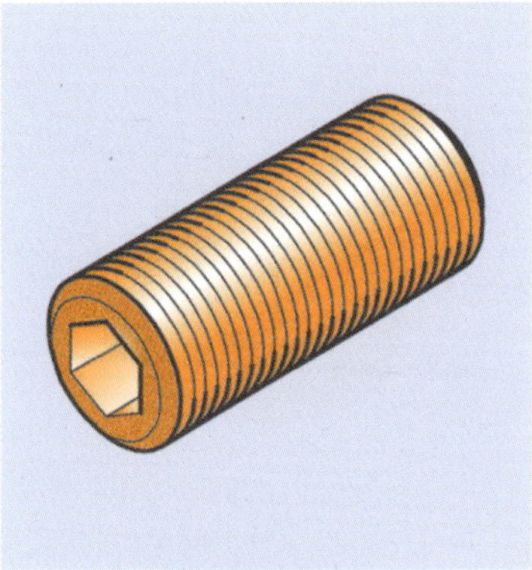
육각홈 멈춤나사

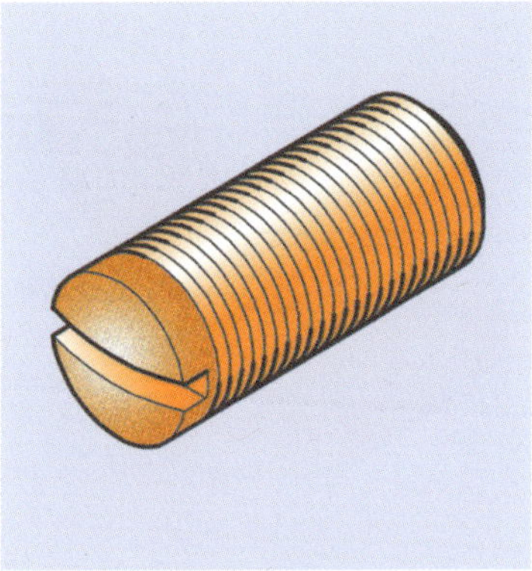
홈붙이 멈춤나사

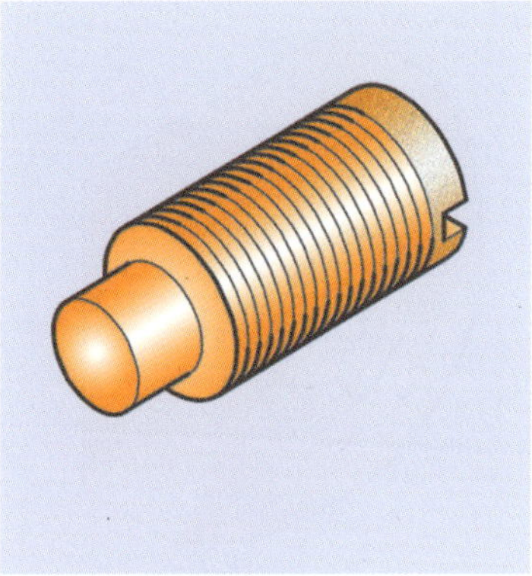
원통끝 멈춤나사

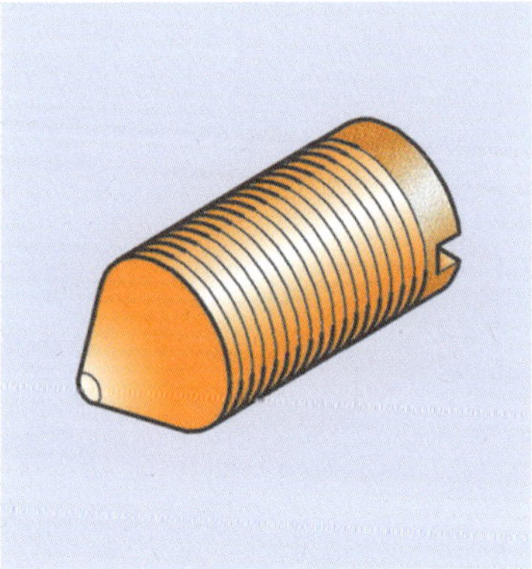
뾰족끝 멈춤나사

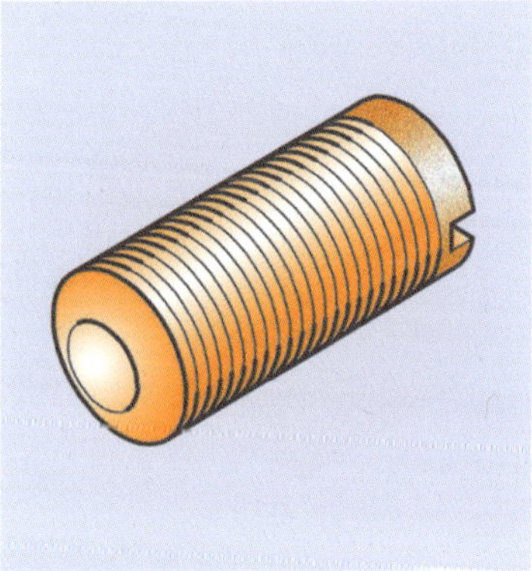
오목끝 멈춤나사

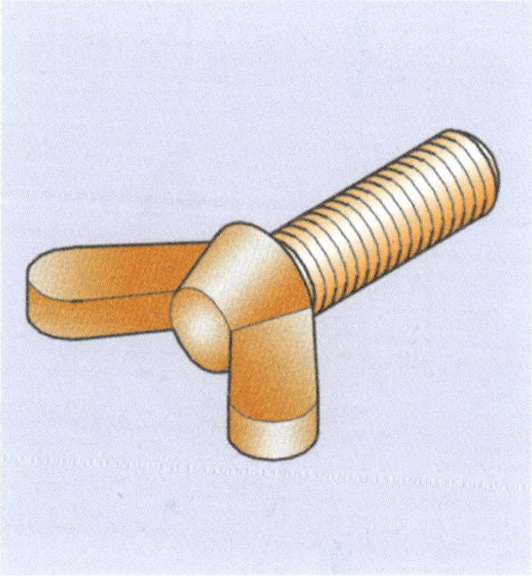
나비 볼트

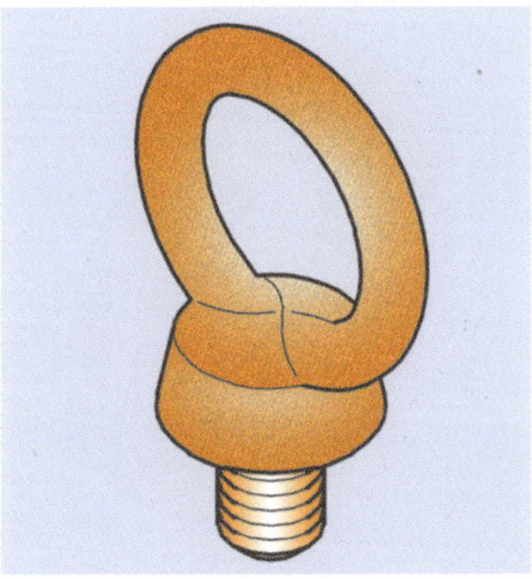
아이 볼트

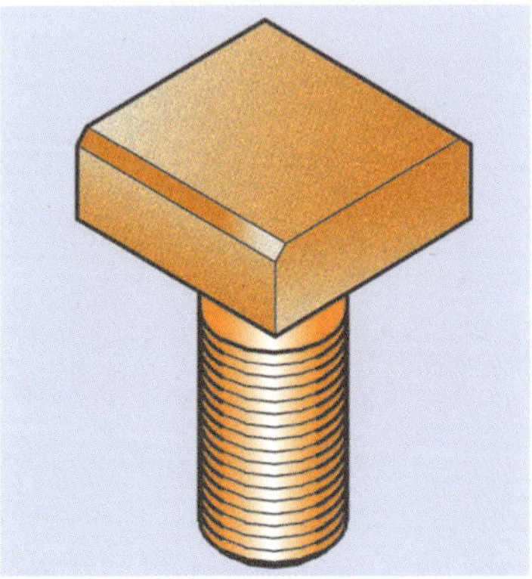
T홈 볼트

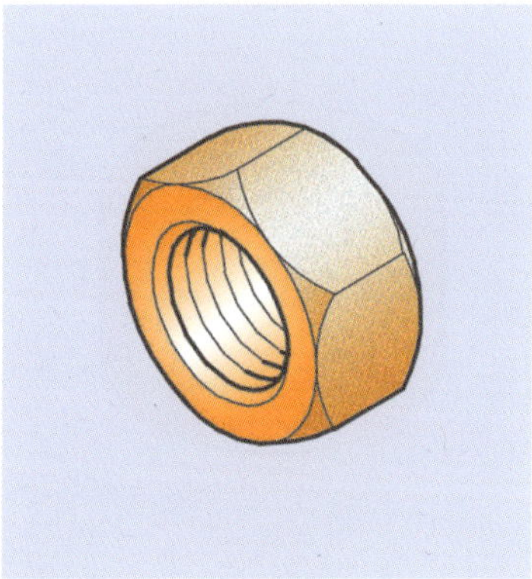
육각 너트

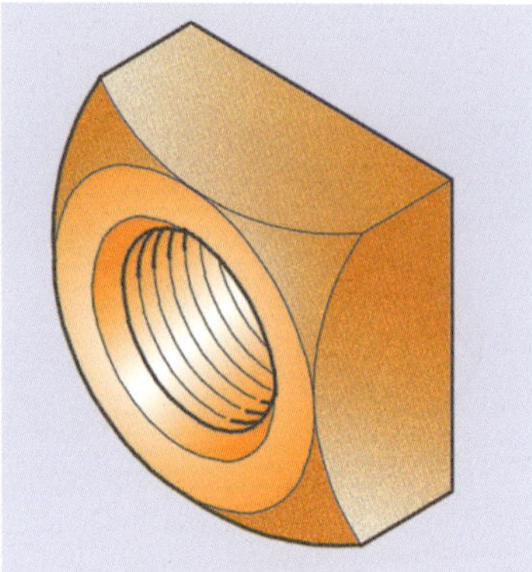
사각 너트

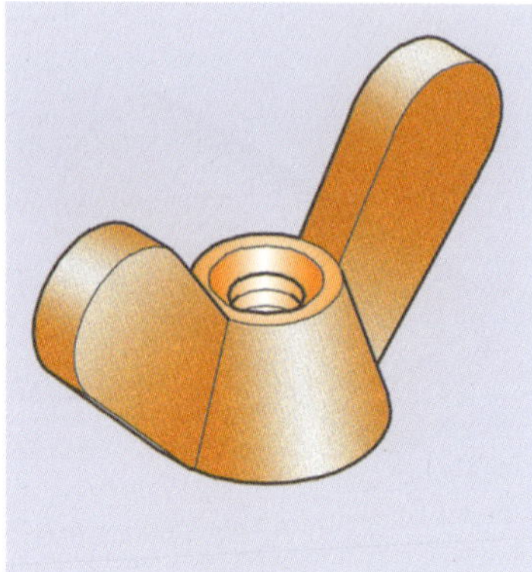
나비 너트

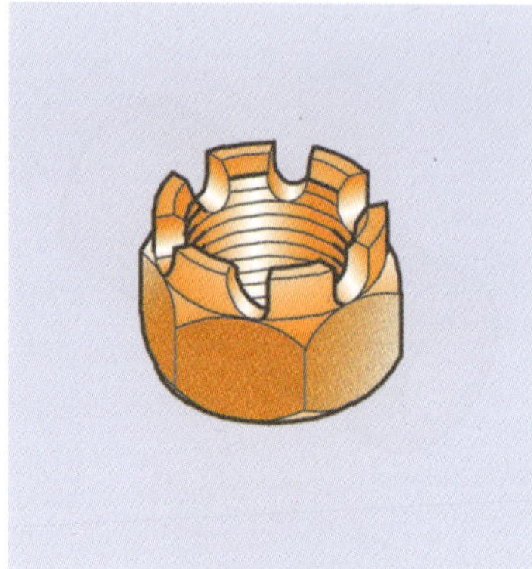
홈붙이 육각 너트

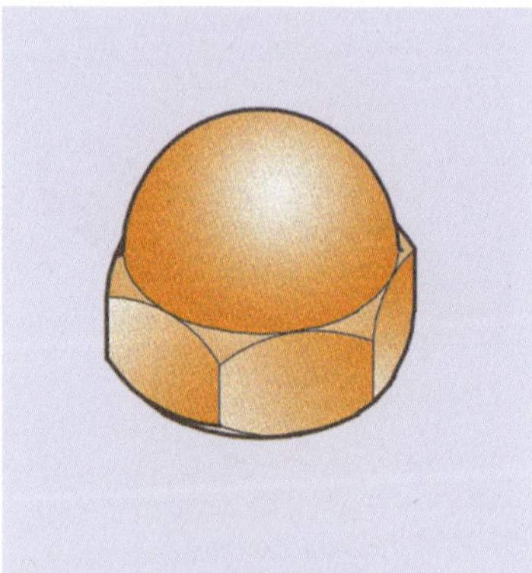
육각 캡 너트

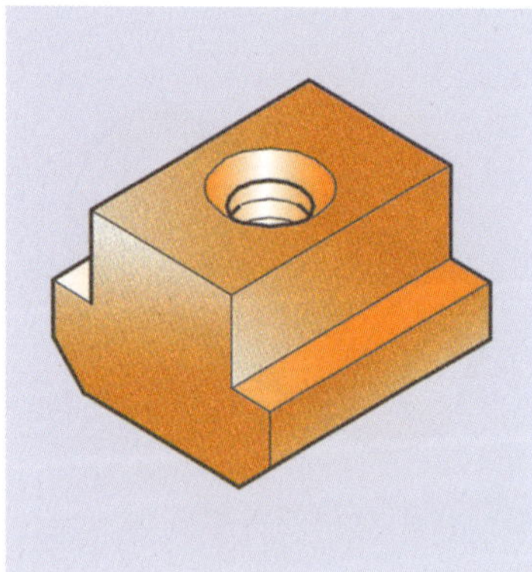
T홈 너트

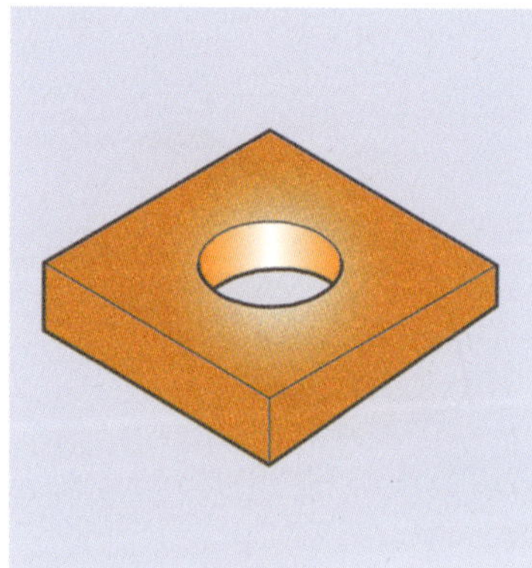
경사 너트

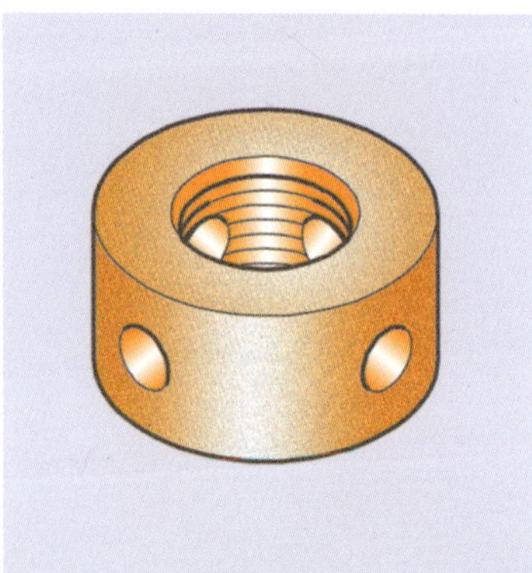
구멍붙이 너트

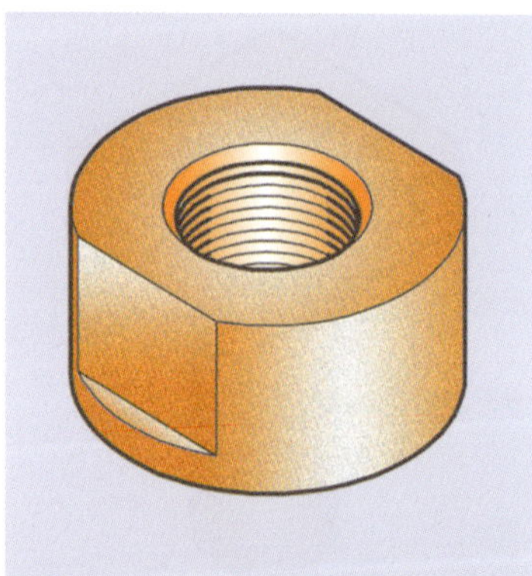
양면각 너트

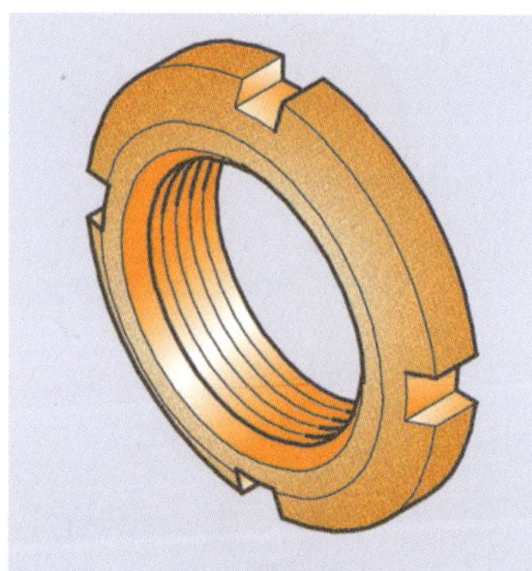
구름베어링 너트

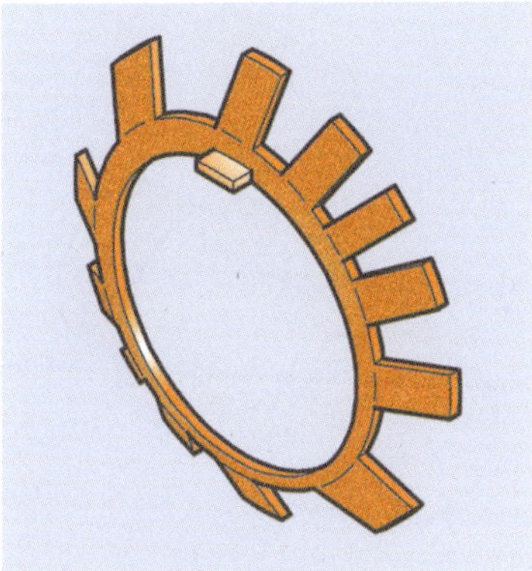

구름베어링 너트용 와셔

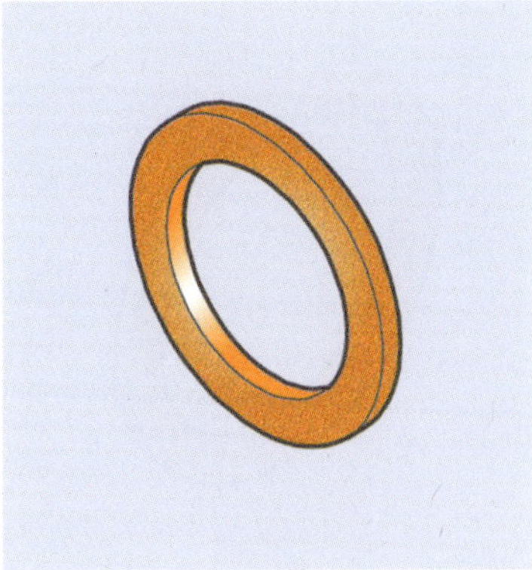

평와셔

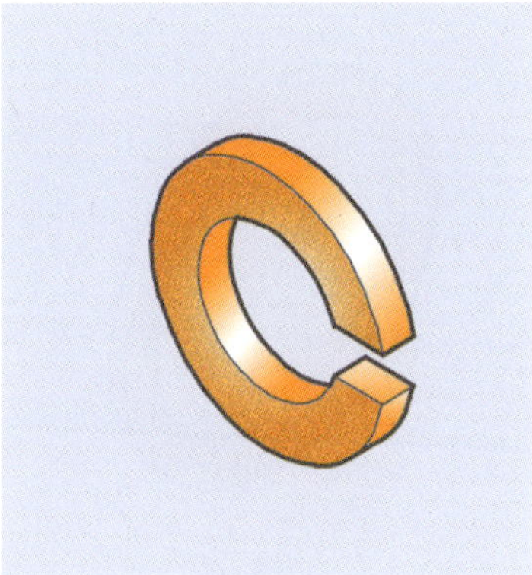

스프링 와셔

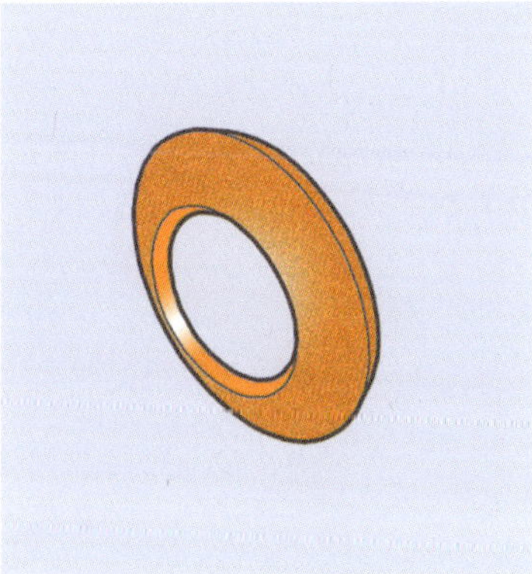

접시 스프링 와셔

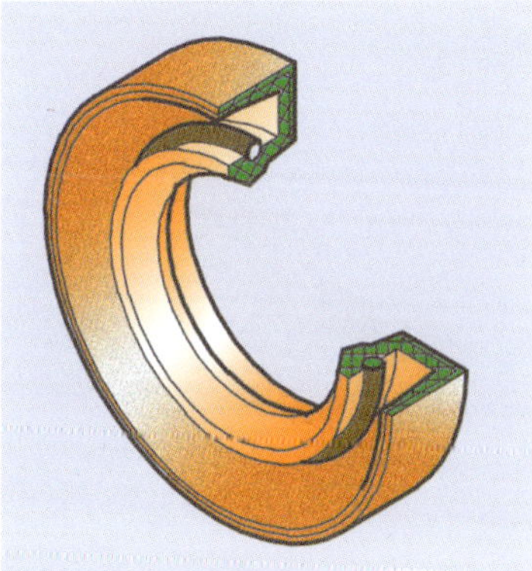

오일 실

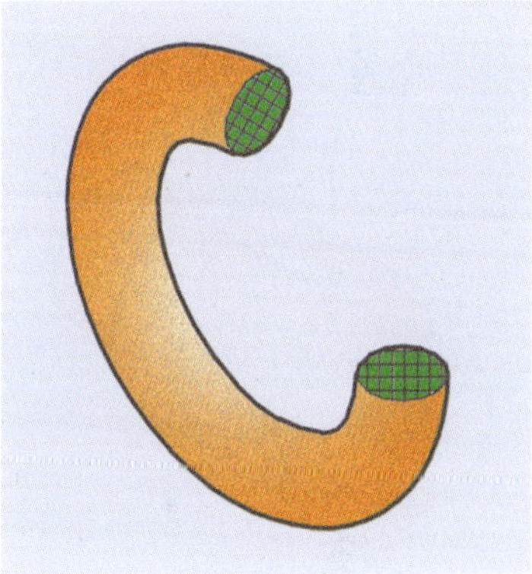

O링

C형 축용 멈춤링

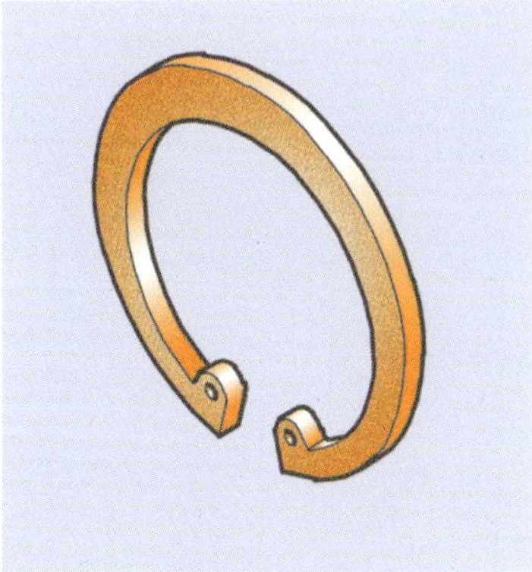

C형 구멍용 멈춤링

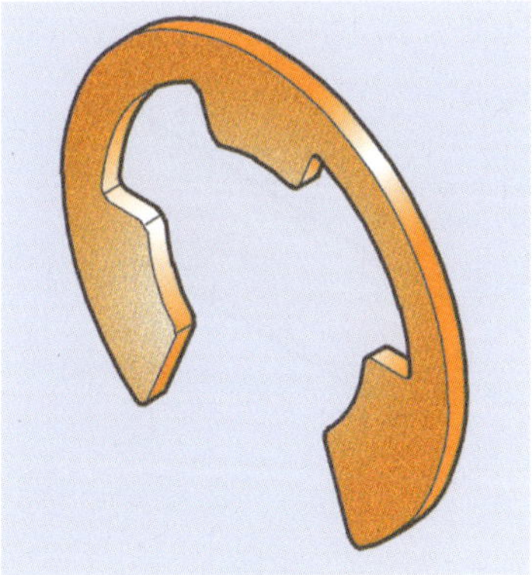

E형 멈춤링

C형 축용 동심 멈춤링

C형 구멍용 동심 멈춤링

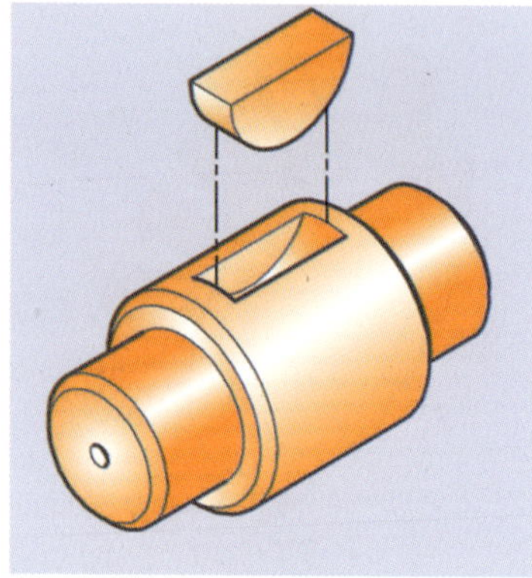
반달키

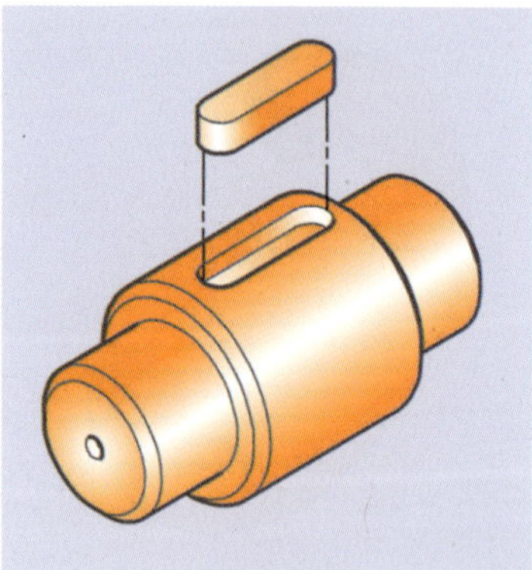
평행키

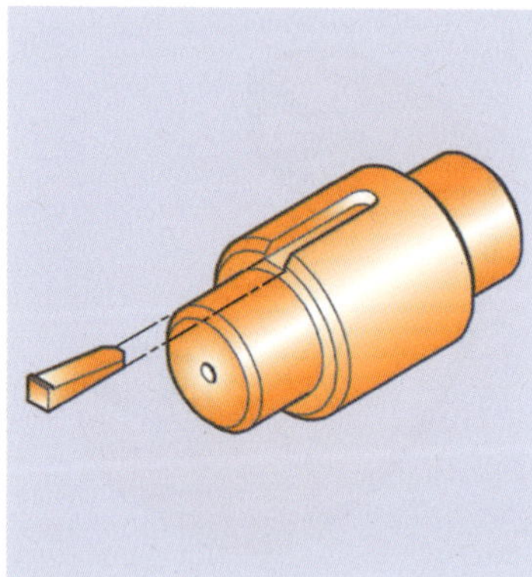
경사키

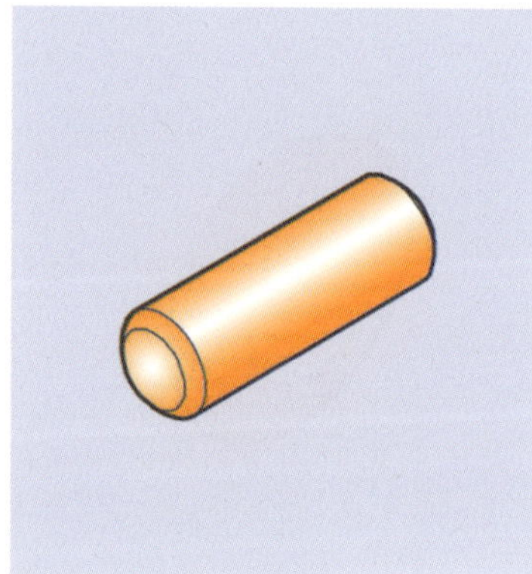
평행핀

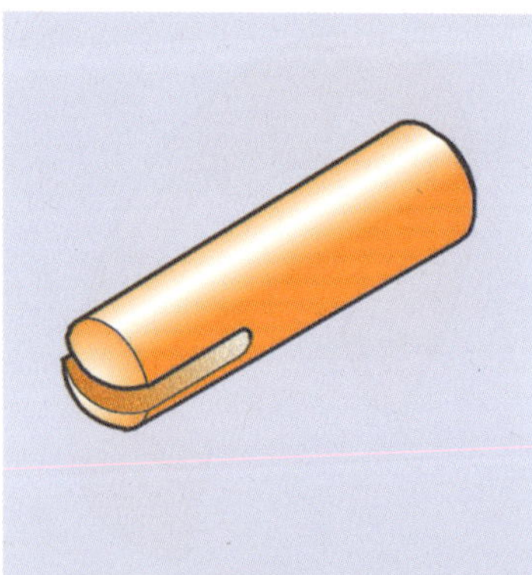
스플릿 테이퍼 핀

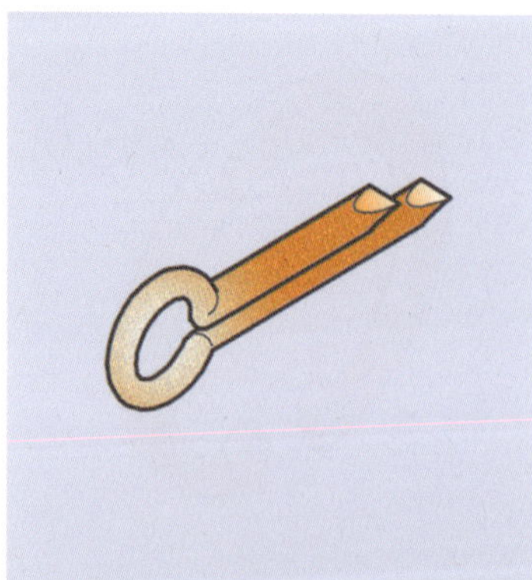
분할핀

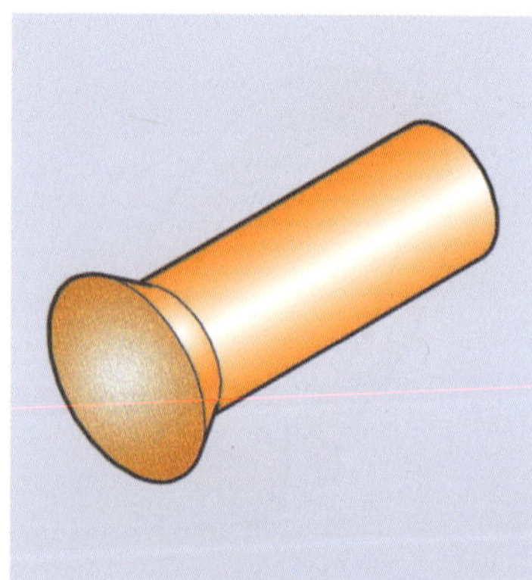
접시머리 리벳

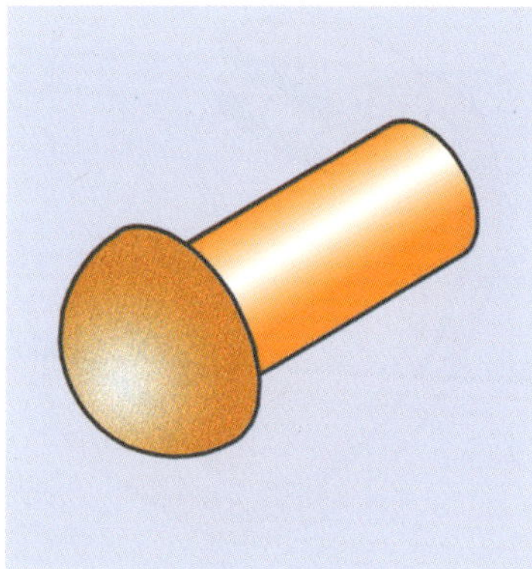

둥근 머리 리벳

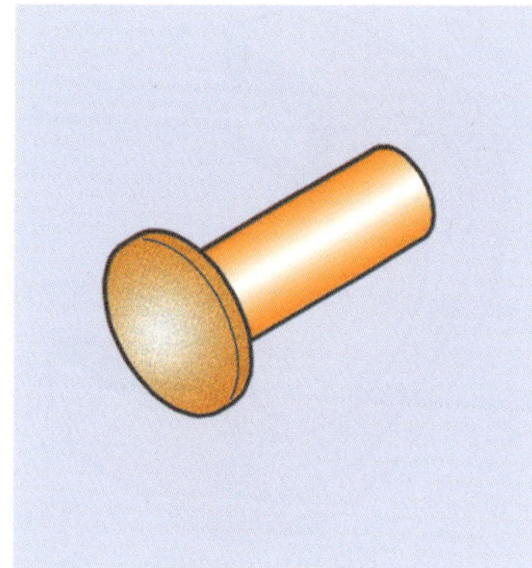

얇은 납작머리 리벳

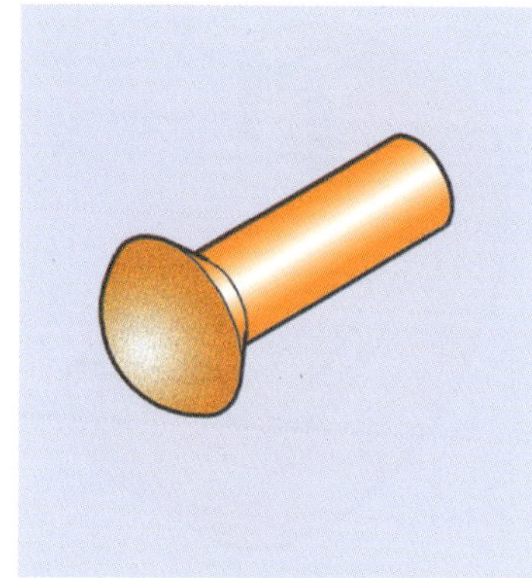

둥근 접시머리 리벳

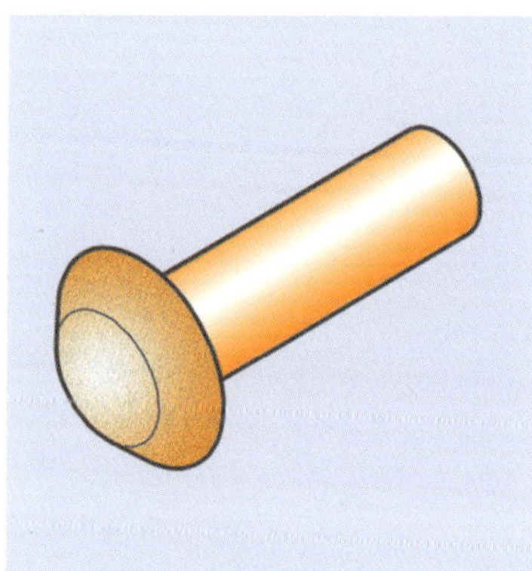

냄비머리 리벳

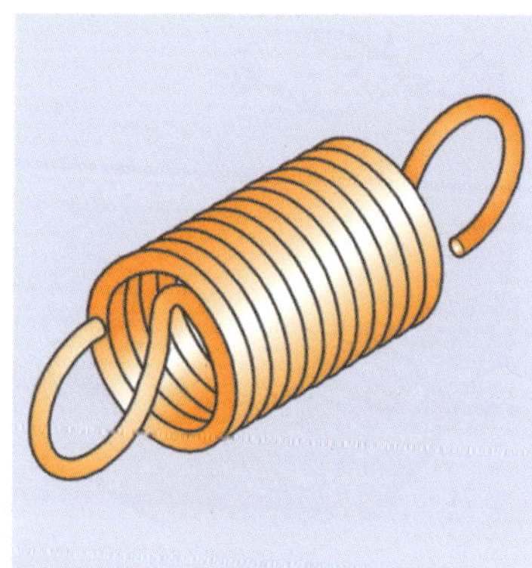

코일 스프링

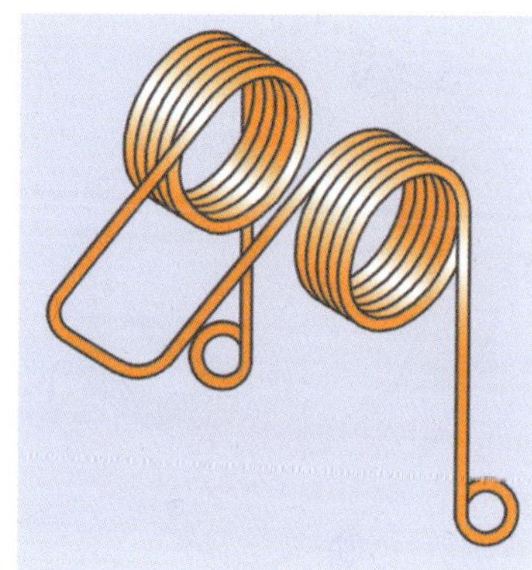

토션 코일 스프링

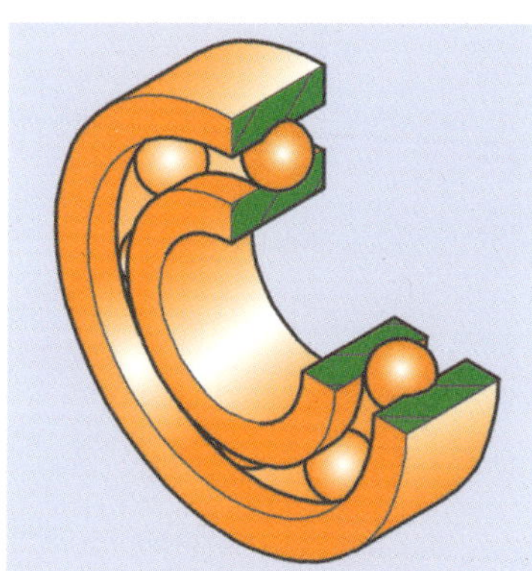

깊은 홈 볼 베어링

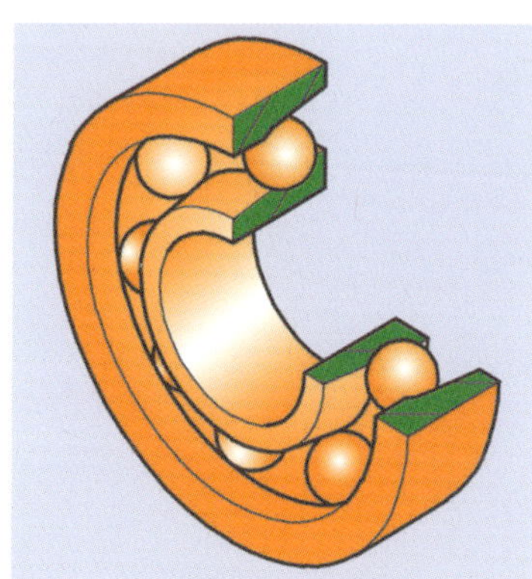

앵귤러 볼 베어링

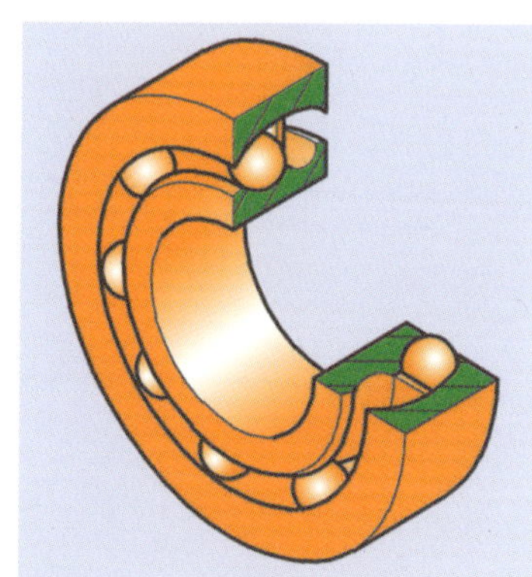

자동조심 볼 베어링

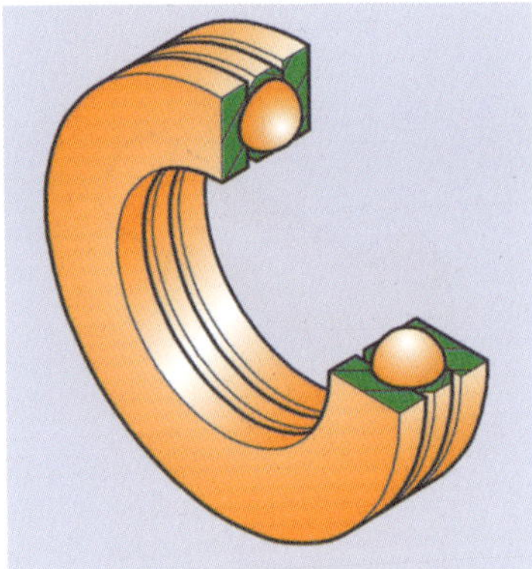

평면자리 스러스트 볼 베어링

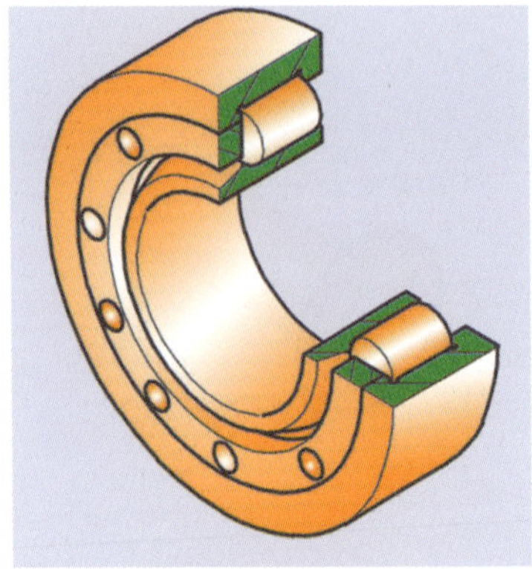

원통 롤러 베어링

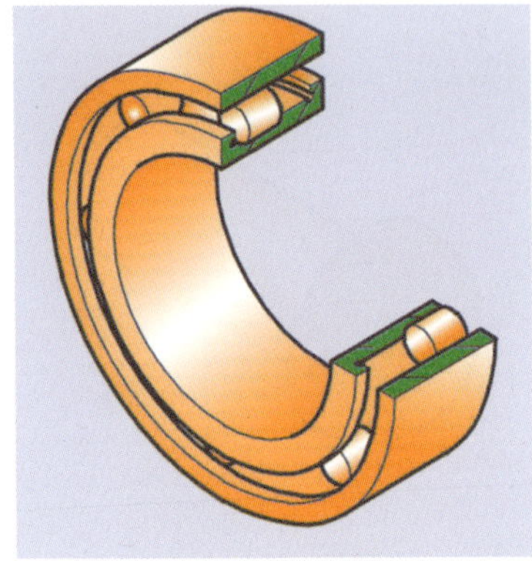

원통 롤러 베어링(복식)

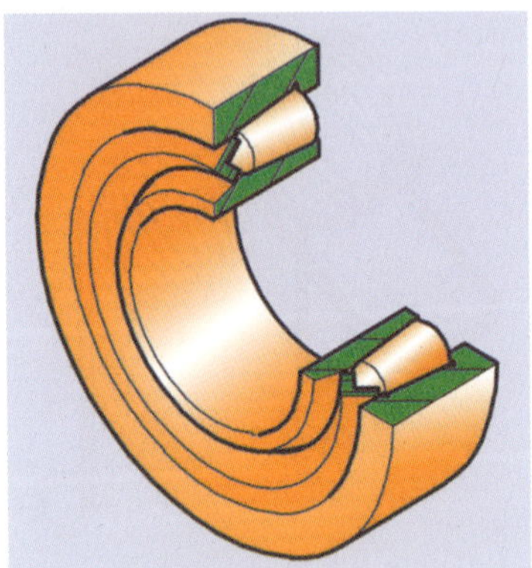

테이퍼 롤러 베어링

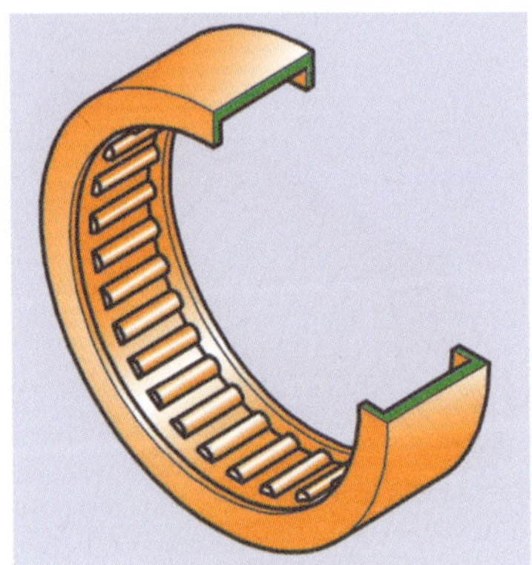

니들 롤러 베어링

MEMO

MEMO

MEMO

# AutoCAD와 기계설계제도


발행일 | 2012년 3월 5일 초판 발행
2013년 1월 5일 1차 개정
2013년 7월 10일 2차 개정
2014년 3월 10일 3차 개정
2015년 1월 20일 2쇄
2015년 3월 11일 3쇄
2016년 1월 15일 4쇄
2016년 4월 1일 5쇄
2017년 3월 10일 4차 개정
2018년 3월 5일 5차 개정
2019년 3월 20일 2쇄
2020년 3월 30일 3쇄
2021년 3월 30일 6차 개정
2022년 9월 10일 7차 개정
2024년 3월 20일 8차 개정
2025년 10월 30일 9차 개정

저 자 | 권 신 혁

발행인 | 정 용 수

발행처 | 예문사

주 소 | 경기도 파주시 직지길 460(출판도시) 도서출판 예문사

T E L | 031) 955-0550

F A X | 031) 955-0660

등록번호 | 11-76호

정가 : 34,000원





http://www.yeamoonsa.com

ISBN 978-89-274-5961-3 13550